Ma vie

tome 1

Richard Wagner

Writat

Cette édition parue en 2024

ISBN : 9789359941936

Publié par
Writat
email : info@writat.com

Contenu

PRÉFACE

Le contenu de ces volumes a été rédigé directement sous ma dictée, pendant plusieurs années, par mon amie et épouse, qui souhaitait que je lui raconte l'histoire de ma vie. Nous souhaitions tous deux que ces détails de ma vie soient accessibles à notre famille et à nos amis sincères et de confiance ; et nous avons donc décidé, afin de parer à une éventuelle destruction de l'unique manuscrit, de faire imprimer à nos frais un petit nombre d'exemplaires. Comme la valeur de cette autobiographie réside dans sa véracité sans fioritures, qui, dans les circonstances, est sa seule justification, mes déclarations devaient donc être accompagnées de noms et de dates précis ; il ne saurait donc être question de leur publication avant quelque temps après ma mort, si l'intérêt pour eux survit encore chez nos descendants, et sur ce point j'ai l'intention de laisser des indications dans mon testament.

Si, en revanche, nous ne refusons pas dès maintenant à certains amis intimes de consulter ces documents, c'est que, nous appuyant sur leur intérêt réel pour leur contenu, nous sommes sûrs qu'ils ne transmettront pas leur savoir à qui que ce soit. partager leurs sentiments à ce sujet.

Richard Wagner

**Richard Wagner en 1842 ,
d'après le Portrait d'E. Kietz.**

PARTIE I
1813-1842

Je suis né à Leipzig le 22 mai 1813, dans une chambre au deuxième étage du Lion Rouge et Blanc, et deux jours plus tard j'ai été baptisé à l'église Saint-Thomas et j'ai baptisé Wilhelm Richard.

Mon père, Friedrich Wagner, était au moment de ma naissance commis au service de police de Leipzig et espérait obtenir le poste de commissaire de police dans cette ville, mais il est décédé en octobre de la même année. Sa mort était due en partie aux efforts considérables que lui imposait le stress du travail de la police pendant les troubles de la guerre et la bataille de Leipzig, et en partie au fait qu'il était victime de la fièvre nerveuse qui faisait rage à cette époque. En ce qui concerne la position de son père dans la vie, j'ai appris plus tard qu'il avait occupé une petite fonction civile comme percepteur de péages à la porte de Ranstädt, mais qu'il s'était distingué de ceux de la même gare en donnant à ses deux fils une éducation supérieure, mon père Friedrich , étudiant le droit, et le fils cadet, Adolph, la théologie.

Mon oncle a par la suite exercé une influence non négligeable sur mon développement ; nous le reverrons à un tournant critique de l'histoire de ma jeunesse.

Mon père, que j'avais perdu si tôt, était, comme je l'ai découvert plus tard, un grand amateur de poésie et de littérature en général, et possédait en particulier une affection presque passionnée pour le théâtre, alors très en vogue parmi les gens instruits. Des classes. Ma mère m'a raconté, entre autres choses, qu'il l'avait emmenée à Lauchstadt pour la première représentation du *Braut von Messina* , et que sur la promenade, il lui avait montré Schiller et Goethe et lui avait reproché chaleureusement de n'avoir jamais entendu parler de ces grands Hommes. On dit qu'il n'était pas tout à fait exempt d'un intérêt galant pour les actrices. Ma mère se plaignait en plaisantant de devoir souvent lui faire attendre le déjeuner pendant qu'il faisait la cour à une certaine actrice célèbre de l'époque. [1] Lorsqu'elle le gronda, il jura qu'il avait été retardé par des papiers dont il fallait s'occuper, et comme preuve de son affirmation, il montra ses doigts, qui étaient censés être tachés d'encre, mais qui, en y regardant de plus près, étaient trouvé assez propre. Son grand penchant pour le théâtre se manifeste également par le choix de l'acteur Ludwig Geyer comme l'un de ses amis intimes. Bien que le choix de cet ami soit sans doute dû principalement à son amour du théâtre, il introduisit en même temps dans sa famille le plus noble des bienfaiteurs ; car ce modeste artiste, animé par un vif intérêt pour le sort de la nombreuse famille de son ami, si inopinément laissée dans le dénuement, consacra le reste de sa vie à faire des efforts acharnés pour entretenir et éduquer les orphelins. Même lorsque le policier passait ses soirées au théâtre, le digne comédien occupait généralement sa place dans le cercle familial, et il semble qu'il ait souvent dû apaiser ma mère, qui, à tort ou à raison, se plaignait de la frivolité de son mari.

[1] Madame Hartwig.

À quel point l'artiste sans abri, pressé par la vie et ballotté, désirait ardemment se sentir chez lui dans un cercle familial sympathique, cela a été prouvé par le fait qu'un an après la mort de son ami, il épousa sa veuve et, à partir de ce moment-là, est devenu un père très aimant pour les sept enfants restés derrière lui.

Dans cette entreprise onéreuse, il fut favorisé par une amélioration inattendue de sa position, car il obtint un engagement rémunérateur, respectable et permanent, en tant qu'acteur de personnage, au Théâtre de la Cour nouvellement créé à Dresde. Son talent pour la peinture, qui l'avait déjà aidé à gagner sa vie lorsque l'extrême pauvreté l'avait contraint à interrompre ses études universitaires, lui fut à nouveau très utile dans sa position à Dresde. Certes, il se plaignait encore plus que ses critiques d'avoir été tenu à l'écart d'une étude régulière et systématique de cet art, mais son extraordinaire aptitude, notamment pour le portrait, lui assurait des commandes si importantes qu'il épuisa malheureusement prématurément ses forces par sa double efforts en tant que peintre et acteur. Un jour, alors qu'il était invité à Munich pour remplir un engagement temporaire au Théâtre de la Cour, il reçut, grâce à la recommandation distinguée de la cour saxonne, des commandes si pressantes de la cour bavaroise pour des portraits de la famille royale qu'il jugea sage d'annuler. son contrat complètement. Il avait aussi un penchant pour la poésie. Outre des fragments, souvent en vers très délicats, il écrivit plusieurs comédies, dont l'une, *Der Bethlehemitische Kindermord*, en alexandrins rimés, était souvent jouée ; il fut publié et reçut les éloges les plus chaleureux de Goethe.

Cet excellent homme, sous la garde duquel notre famille s'était installée à Dresde lorsque j'avais deux ans, et dont ma mère avait une autre fille, Cecilia, s'occupa désormais également de mon éducation avec le plus grand soin et la plus grande affection. Il voulait m'adopter complètement et c'est pourquoi, lorsque je fus envoyé dans ma première école, il me donna son propre nom, de sorte que jusqu'à l'âge de quatorze ans, mes camarades de Dresde m'appelaient Richard Geyer ; et ce n'est que quelques années après la mort de mon beau-père, et au retour de ma famille à Leipzig, la maison de mes amis et parents, que je repris le nom de Wagner.

Les premiers souvenirs de mon enfance sont associés à mon beau-père et transmis de lui au théâtre. Je me souviens bien qu'il aurait aimé me voir développer un talent pour la peinture ; et son atelier, avec le chevalet et les tableaux dessus, n'a pas manqué de m'impressionner. Je me souviens notamment que j'avais essayé, avec un amour enfantin de l'imitation, de copier un portrait du roi Frédéric-Auguste de Saxe ; mais quand ce simple barbouillage a dû faire place à une étude sérieuse du dessin, je n'ai pas pu le supporter, peut-être parce que j'étais découragé par la technique pédante de mon professeur, un de mes cousins, qui était plutôt ennuyeux. À un moment donné de ma petite enfance, je suis devenu si faible à la suite d'une maladie infantile que ma mère m'a dit plus tard qu'elle souhaitait presque ma mort, car il semblait que je ne me rétablirais jamais. Cependant, ma bonne santé ultérieure a apparemment étonné mes parents. J'appris ensuite le noble rôle joué par mon excellent beau-père dans cette occasion également ; il n'a jamais cédé au désespoir, malgré les soucis et les ennuis d'une si nombreuse famille, mais il est resté patient tout au long et n'a jamais perdu l'espoir de m'en sortir sain et sauf.

Mon imagination à cette époque était profondément impressionnée par ma connaissance du théâtre, avec lequel j'étais mis en contact, non seulement en tant que spectateur enfantin de la mystérieuse loge de scène, avec son accès à la scène, et par les visites à la garde-robe avec ses fantastiques costumes, perruques et autres déguisements, mais aussi en participant moi-même aux représentations. Après avoir été rempli de peur en voyant mon père jouer le rôle du méchant dans des tragédies telles que *Die Waise und der Mörder, Die beiden Galeerensklaven*, je participais occasionnellement à des comédies. Je me souviens que j'ai joué dans *Der Weinberg an der Elbe*, une pièce spécialement écrite pour accueillir le roi de Saxe à son retour de captivité, avec une musique du chef d'orchestre CM von Weber. J'y figurais dans un *tableau vivant* comme un ange, cousu dans des collants avec des ailes sur le dos, dans une pose gracieuse que j'avais laborieusement pratiquée. Je me souviens aussi qu'on m'avait offert à cette occasion un gros gâteau glacé, que, m'a-t-on assuré, le roi m'avait destiné personnellement. Enfin, je me souviens d'avoir joué un rôle d'enfant dans lequel j'avais quelques mots à dire dans *Menschenhass und Reue* [2] de Kotzebue, qui m'ont fourni une excuse à l'école pour ne pas avoir appris mes leçons. J'ai dit que j'avais trop à faire, car je devais apprendre par cœur un rôle important de *Den Menschen ausser der Reihe*. [3]

[2] « Misanthropie et remords ».

[3] « L'homme hors du rang ou du rang. » En allemand, il s'agit d'une simple corruption phonétique du titre de Kotzebue, qui pourrait facilement venir à l'esprit d'un enfant qui aurait seulement entendu et non lu ce titre.

D'autre part, pour montrer combien mon père prenait au sérieux mon éducation, quand j'avais six ans, il m'emmena chez un ecclésiastique de la campagne à Possendorf, près de Dresde, où je devais recevoir une éducation solide et saine avec d'autres garçons. de ma propre classe. Le soir, le curé, qui s'appelait Wetzel, nous racontait l'histoire de Robinson Crusoé et en discutait avec nous d'une manière très instructive. J'ai d'ailleurs été très impressionné par une biographie de Mozart qui était lue à haute voix ; et les articles des journaux et les rapports mensuels sur les événements de la guerre d'indépendance grecque ont profondément stimulé mon imagination. Mon amour pour la Grèce, qui m'a ensuite fait me tourner avec enthousiasme vers la mythologie et l'histoire de l'ancienne Hellas, était donc le résultat naturel de l'intérêt intense et douloureux que je portais aux événements de cette période. Au fil des années, le récit de la lutte des Grecs contre les Perses a toujours ravivé mes impressions sur cette révolte moderne de la Grèce contre les Turcs.

Un jour, alors que j'étais dans cette maison de campagne depuis à peine un an, un messager vint de la ville pour demander au curé de me conduire chez mes parents à Dresde, car mon père était mourant.

Nous avons fait le trajet de trois heures à pied ; et comme j'étais très épuisé en arrivant, je comprenais à peine pourquoi ma mère pleurait. Le lendemain, j'ai été conduit au chevet de mon père ; l'extrême faiblesse avec laquelle il me parlait, jointe à toutes les précautions prises dans le dernier traitement désespéré de son mal, l'hydrothorax aigu, me faisait apparaître toute la scène comme un rêve, et je crois que j'étais trop effrayé et trop surpris pour pleurer.

.

Dans la pièce voisine, ma mère m'a demandé de lui montrer ce que je savais jouer au piano, espérant sagement détourner les pensées de mon père par le son. J'ai joué Ueb' immer Treu und Redlichkeit et mon père lui a dit : « Est-il possible qu'il ait un talent musical ?

Aux premières heures du lendemain matin, ma mère entra dans la grande chambre d'enfant et, se tenant tour à tour au chevet de chacun de nous, nous annonça en sanglotant que notre père était mort et nous donna à chacun un message avec son bénédiction. Elle m'a dit : « Il espérait faire quelque chose de toi.

Dans l'après-midi, mon maître d'école Wetzel est venu me ramener à la campagne. Nous avons marché jusqu'à Possendorf et sommes arrivés à la tombée de la nuit. En chemin, je lui ai posé de nombreuses questions sur les étoiles, dont il m'a donné ma première idée intelligente.

Une semaine plus tard, le frère de mon beau-père arriva d'Eisleben pour les funérailles. Il promit, autant qu'il le pourrait, de subvenir aux besoins de la famille, désormais de nouveau démunie, et s'engagea à pourvoir à mon éducation future.

Je pris congé de mes compagnons et du bon ecclésiastique, et c'est pour ses funérailles que je rendis ma prochaine visite à Possendorf quelques années plus tard. Je n'y retournai que longtemps après, lorsque je le visitai dans une excursion comme je faisais souvent, loin dans la campagne, à l'époque où je dirigeais l'orchestre à Dresde. J'étais très peiné de ne plus trouver là le vieux presbytère, mais à sa place une construction moderne plus prétentieuse, qui me tournait tellement contre la localité, que désormais mes excursions se faisaient toujours dans une autre direction.

Cette fois, mon oncle me ramena à Dresde en calèche. J'ai trouvé ma mère et ma sœur dans le plus profond deuil, et je me souviens avoir été reçues pour la première fois avec une tendresse peu habituelle dans notre famille ; et je remarquai que la même tendresse marqua nos adieux, lorsque, quelques jours plus tard, mon oncle m'emmena avec lui à Eisleben.

Cet oncle, qui était un frère cadet de mon beau-père, s'y était installé comme orfèvre, et Julius, un de mes frères aînés, avait déjà été son apprenti. Notre vieille grand-mère vivait aussi avec ce fils célibataire, et comme il était évident qu'elle ne pourrait pas vivre longtemps, elle n'a pas été informée de la mort de son fils aîné, que j'avais moi aussi l'ordre de garder pour moi. La servante enleva soigneusement le crêpe de mon manteau, me disant qu'elle le garderait jusqu'à la mort de ma grand-mère, ce qui serait probablement bientôt.

J'étais alors souvent appelé à lui parler de mon père, et il ne m'était pas très difficile de garder le secret de sa mort, car je m'en étais à peine rendu compte moi-même. Elle vivait dans une pièce sombre au fond, donnant sur une cour étroite, et prenait un grand plaisir à observer les rouges-gorges qui voltigeaient librement autour d'elle et pour lesquels elle gardait toujours des branches vertes et fraîches près du poêle. Lorsque certains de ces rouges-gorges furent tués par le chat, je réussis à en attraper d'autres pour elle dans le quartier, ce qui lui plut beaucoup, et, en échange, elle me gardait propre et bien rangé. Sa mort, comme on l'avait prévu, eut lieu peu de temps après, et le crêpe rangé était désormais ouvertement porté à Eisleben.

L'arrière-boutique, avec ses rouges-gorges et ses branches vertes, ne me connaissait plus, mais je me suis vite installé chez une famille de savonniers, à qui appartenait la maison, et je suis devenu populaire auprès d'eux grâce aux histoires que je leur racontais. .

J'ai été envoyé dans une école privée tenue par un homme appelé Weiss, qui a laissé dans mon esprit une impression de gravité et de dignité.

Vers la fin des années cinquante, je fus très ému en lisant dans un journal musical le récit d'un concert à Eisleben, composé de parties de Tannhäuser, auquel avait assisté mon ancien maître, qui n'avait pas oublié son jeune élève.

La petite vieille ville avec la maison de Luther et les innombrables souvenirs qu'elle contenait de son séjour là-bas, m'est souvent revenue, plus tard, dans mes rêves. J'ai toujours souhaité y revenir et vérifier la clarté de mes souvenirs, mais, chose étrange, cela n'a jamais été mon destin. Nous vivions sur la place du marché, où j'étais souvent diverti par des spectacles étranges, comme, par exemple, des spectacles d'une troupe d'acrobates, dans lesquels un homme faisait marcher une corde tendue de tour en tour à travers la place, un exploit qui a longtemps m'a inspiré une passion pour de telles prouesses audacieuses. En effet, j'en suis arrivé à marcher moi-même assez facilement sur une corde à l'aide d'une perche d'équilibrage. J'avais fabriqué la corde avec des cordes torsadées et tendues à travers la cour, et même maintenant, j'éprouve toujours le désir de satisfaire mes instincts acrobatiques. Mais ce qui m'attirait le plus, c'était la fanfare d'un régiment de hussards cantonné à Eisleben. Il jouait souvent une certaine pièce qui venait de paraître et qui faisait grande sensation, je veux parler du « Chœur des chasseurs » du Freischutz, qui avait été récemment joué à l'Opéra de Berlin. Mon oncle et mon frère m'ont posé des questions passionnées sur son compositeur, Weber, que j'ai dû voir chez mes parents à Dresde, lorsqu'il y était chef d'orchestre.

À peu près à la même époque, le Jungfernkranz était joué et chanté avec zèle par quelques amis qui habitaient près de chez nous. Ces deux pièces m'ont guéri de mon faible pour la valse Ypsilanti, que j'avais jusqu'alors considérée comme la plus merveilleuse des compositions.

Je me souviens de fréquentes bagarres avec les garçons de la ville, qui se moquaient constamment de moi à cause de ma casquette « carrée » ; et je me souviens aussi que j'aimais beaucoup les promenades aventureuses sur les rives rocheuses de l'Unstrut.

Le mariage tardif de mon oncle et le début de sa nouvelle maison provoquèrent un changement marqué dans ses relations avec ma famille.

Au bout d'un an, il me conduisit à Leipzig et me confia pendant quelques jours aux Wagner, parents de mon propre père, composés de mon oncle Adolph et de sa sœur Friederike Wagner. Cet homme extraordinairement intéressant, dont l'influence est devenue ensuite de plus en plus stimulante pour moi, s'est introduit pour la première fois dans ma vie, ainsi que son environnement singulier.

Lui et ma tante étaient des amis très proches de Jeannette Thome, une vieille fille bizarre qui partageait avec eux une grande maison sur la place du marché, dans laquelle, si je ne me trompe, la famille électorale de Saxe avait, depuis l'époque de Auguste le Fort loua et meublea les deux étages principaux pour son propre usage chaque fois qu'il se trouvait à Leipzig.

A ma connaissance, Jeannette Thome était réellement propriétaire du deuxième étage, dont elle n'habitait qu'un modeste appartement donnant sur la cour. Cependant, comme le roi n'occupait les appartements loués que quelques jours dans l'année, Jeannette et sa suite utilisaient généralement ses magnifiques appartements, et l'un de ces appartements servait de chambre à coucher pour moi.

Les décorations et les aménagements de ces pièces dataient également de l'époque d'Auguste le Fort. Ils étaient luxueux, avec de la soie épaisse et de riches meubles rococo, tous très souillés par le temps. En effet, j'étais enchanté par ces grandes salles étranges, donnant sur la place du marché animée de Leipzig, où j'aimais par-dessus tout regarder défiler dans la foule les étudiants en tenue de « Club » à l'ancienne. , et remplissant toute la largeur de la rue.

Il n'y avait qu'une partie de la décoration des chambres qui me détestait profondément, c'étaient les divers portraits, mais particulièrement ceux de dames de haute naissance en jupons à cerceaux, avec des visages juvéniles et des cheveux poudrés. Ceux-ci m'apparurent exactement comme des fantômes qui, lorsque j'étais seul dans la chambre, semblaient revenir à la vie et me remplissaient de la peur la plus abjecte. Dormir seul dans cette chambre lointaine, dans ce lit de cérémonie à l'ancienne mode, sous ces images surnaturelles, était pour moi une terreur constante. Il est vrai que j'essayais de cacher ma peur à ma tante lorsqu'elle m'éclairait le soir avec sa bougie, mais jamais une nuit ne se passait sans que je ne sois en proie aux plus horribles visions fantomatiques, dont ma peur me laissait. moi dans un bain de transpiration.

La personnalité des trois principaux occupants de cet étage était admirablement adaptée pour matérialiser les impressions fantomatiques de la maison en une réalité qui ressemblait à un étrange conte de fées.

Jeannette Thome était très petite et très grosse ; elle portait une blonde perruque de Titus et semblait serrer contre elle le sentiment d'une beauté disparue. Ma tante, sa fidèle amie et tutrice, qui était aussi vieille fille, était remarquable par la taille et l'extrême maigreur de sa personne. La bizarrerie de son visage par ailleurs très agréable était accentuée par un menton extrêmement pointu.

Mon oncle Adolph avait choisi comme bureau permanent une pièce sombre dans la cour. C'est là que je le vis pour la première fois, entouré d'un grand désert de livres et vêtu d'un costume d'intérieur sans prétention, dont l'élément le plus frappant était un grand bonnet de feutre pointu, comme celui que j'avais vu porter par le clown qui appartenait à la troupe de danseurs de corde d'Eisleben. Un grand amour de l'indépendance l'avait poussé vers cette étrange retraite. Il était initialement destiné à l'Église, mais il y renonça bientôt pour se consacrer entièrement aux études philologiques. Mais comme il avait la plus grande répugnance à exercer le rôle de professeur et d'enseignant dans un poste régulier, il essaya bientôt de gagner sa maigre vie grâce au travail littéraire. Il avait certains dons sociaux, et surtout une belle voix de ténor, et semble avoir été accueilli dans sa jeunesse comme homme de lettres parmi un cercle d'amis assez large à Leipzig.

Lors d'un voyage à Iéna, au cours duquel lui et un compagnon semblent avoir trouvé leur chemin dans diverses associations musicales et oratoires, il rendit visite à Schiller. Dans ce but, il était venu armé d'une requête de la direction du Théâtre de Leipzig, qui voulait s'assurer les droits de Wallenstein, qui venait de se terminer. Il me parla plus tard de l'impression magique que lui produisit Schiller, avec sa haute silhouette légère et ses yeux bleus irrésistiblement attirants. Son seul reproche était que, à la suite d'un tour bien intentionné que lui avait joué son ami, il avait été placé dans une position des plus pénibles ; car celui-ci avait réussi à envoyer à l'avance à Schiller un petit volume de poèmes d'Adolph Wagner.

Le jeune poète était très gêné d'entendre Schiller lui parler en termes flatteurs au sujet de sa poésie, mais il était convaincu que le grand homme ne faisait que l'encourager par gentillesse. Par la suite, il se consacre entièrement aux studios de philologie, l'une de ses publications les plus connues dans ce domaine étant son Parnasso Italiano, qu'il dédie à Goethe dans un poème italien. Il est vrai que j'ai entendu des experts dire que ce dernier était écrit dans un italien particulièrement pompeux ; mais Goethe lui envoya une lettre pleine d'éloges, ainsi qu'une coupe en argent prise dans son assiette domestique. L'impression que j'ai eu, alors que j'avais huit ans, d'Adolph Wagner, au milieu de sa propre maison, était qu'il était un personnage particulièrement déroutant.

J'ai rapidement dû abandonner l'influence de cet environnement et j'ai été ramené auprès de mon peuple à Dresde. Entre-temps, ma famille, sous la direction de ma mère endeuillée, avait été obligée de s'installer du mieux qu'elle le pouvait compte tenu des circonstances. Mon frère aîné Albert, qui avait initialement l'intention d'étudier la médecine, avait, sur les conseils de Weber, qui admirait beaucoup sa belle voix de ténor, commencé sa carrière théâtrale à Breslau. Ma seconde sœur Louisa suivit bientôt son exemple et devint actrice. Ma sœur aînée Rosalie avait obtenu un excellent engagement au Théâtre de la Cour de Dresde, et les plus jeunes membres de la famille l'admiraient tous ; car elle était désormais le principal soutien de notre pauvre mère affligée. Ma famille occupait toujours la même maison confortable que mon père leur avait aménagée. Certaines chambres libres étaient parfois louées à des étrangers, et Spohr faisait partie de ceux qui logeaient autrefois chez nous. Grâce à sa grande énergie et à l'aide reçue de diverses sources (parmi lesquelles il ne faut pas oublier la générosité constante de la Cour, par respect pour la mémoire de mon défunt beau-père), ma mère a si bien réussi à joindre les deux bouts , que même mon éducation n'en a pas souffert.

Après qu'il fut décidé que ma sœur Clara, grâce à sa très belle voix, monterait aussi sur scène, ma mère prit le plus grand soin pour que je ne prenne aucun goût pour le théâtre. Elle ne cessait de se reprocher d'avoir consenti à la carrière théâtrale de mon frère aîné, et comme mon second frère ne montrait pas de talents plus grands que ceux qui lui étaient utiles comme orfèvre, c'était maintenant son principal désir de voir quelques progrès vers ce métier. la réalisation des espoirs et des souhaits de mon beau-père, « qui espérait faire quelque chose de moi ». À la fin de ma huitième année, j'ai été envoyé au lycée Kreuz à Dresde, où l'on espérait que j'étudierais ! Là, j'ai été placé au bas de la classe la plus basse et j'ai commencé mon éducation sous les auspices les plus modestes.

Ma mère remarquait avec beaucoup d'intérêt les moindres signes que je pouvais montrer d'un amour et d'une capacité grandissants pour mon travail. Elle-même, bien que peu instruite, a toujours créé une impression durable sur tous ceux qui ont réellement appris à la connaître et a fait preuve d'une combinaison particulière d'efficacité domestique pratique et d'une vive animation intellectuelle. Elle n'a jamais donné à aucun de ses enfants aucune information précise sur ses antécédents. Elle venait de Weissenfels et avouait que ses parents y étaient boulangers [4] . Même en ce qui concerne son nom de jeune fille, elle parlait toujours avec un certain embarras et laissait entendre que c'était « Perthes », bien que, comme nous l'avons constaté par la suite, c'était en réalité « Bertz ». Curieusement, elle avait été placée dans un internat de grande classe à Leipzig, où elle avait bénéficié des soins et de l'intérêt d'un des « amis influents de son père », qu'elle qualifiait plus tard de prince de Weimar. qui avait été très gentille avec sa famille à Weissenfels. Ses études dans cet établissement semblent avoir été interrompues en raison de la mort subite de cet « ami ». Elle a connu mon père très jeune et l'a épousé dans la première floraison de sa jeunesse, lui aussi étant très jeune, bien qu'il ait déjà eu un rendez-vous. Ses principales caractéristiques semblent avoir été un sens de l'humour aigu et un caractère aimable. Il ne faut donc pas supposer que ce soit simplement un sens du devoir envers la famille d'un camarade décédé qui a ensuite incité l'admirable Ludwig Geyer à se marier avec elle. quand elle n'était plus jeune, mais plutôt qu'il y était poussé par un respect sincère et chaleureux pour la veuve de son ami. Un portrait d'elle, peint par Geyer du vivant de mon père, donne une impression très favorable de ce qu'elle a dû être. Même du temps où mon souvenir d'elle est très net, elle devait toujours porter un bonnet à cause de quelque légère affection de la tête, de sorte que je n'ai aucun souvenir d'elle comme une jeune et jolie mère. Sa position éprouvante à la tête d'une famille nombreuse (dont j'étais le septième membre survivant), la difficulté de se procurer de quoi les élever et de maintenir les apparences avec des ressources très limitées, n'ont pas permis de développer cette tendre douceur et sollicitude qui sont habituellement associées à la maternité. Je ne me souviens presque jamais qu'elle m'ait caressé. En effet, les démonstrations d'affection n'étaient pas courantes dans notre famille, même si une certaine manière impétueuse, presque passionnée et bruyante, caractérisait toujours nos relations. Cela étant, cela m'a naturellement paru un événement assez grand lorsqu'une nuit, inquiet de somnolence, je l'ai regardée avec des yeux pleins de larmes alors qu'elle m'emmenait au lit, et je l'ai vue me regarder avec fierté et tendresse et parler. de moi à un visiteur alors présent avec une certaine dose de tendresse.

[4] Selon des informations plus récentes – propriétaires d'usines.

Ce qui m'a particulièrement frappé chez elle, c'est l'enthousiasme étrange et la manière presque pathétique avec laquelle elle parlait du grand et du beau dans l'art. Mais sous cette rubrique, elle ne m'aurait jamais laissé supposer qu'elle incluait l'art dramatique, mais seulement la poésie, la musique et la peinture. Par conséquent, elle me menaçait même souvent de sa malédiction si jamais j'exprimais le désir de monter sur scène. De plus, elle était très encline à la religion. Avec une ferveur intense, elle nous faisait souvent de longs sermons sur Dieu et la qualité divine de l'homme, au cours desquels, de temps en temps, baissant brusquement la voix d'une manière assez amusante, elle s'interrompait pour réprimander l'un de nous. Après la mort de notre beau-père, elle nous rassemblait chaque matin autour de son lit, lorsque l'un de nous lisait un hymne ou une partie du service religieux dans le livre de prières avant de prendre son café. Parfois, le choix de la partie à lire n'était guère approprié, comme, par exemple, lorsque ma sœur Clara, un jour, lut inconsidérément la "Prière à dire en temps de guerre", et la récita avec une telle expression que ma mère l'interrompit. elle en disant : « Oh, arrête ! Bon Dieu ! Les choses ne sont pas si mauvaises que ça. Il n'y a pas de guerre en ce moment !

Malgré nos moyens limités, nous organisions parfois des soirées animées et – comme elles apparaissaient à mon imagination d'enfant – même brillantes. Après la mort de mon beau-père, qui, grâce à son succès comme portraitiste, avait élevé dans les dernières années de sa vie ses revenus à ce qui était pour l'époque un total vraiment décent, de nombreuses connaissances agréables et de très bonne position sociale qu'il ce que nous avions fait pendant cette période florissante restait toujours en bons termes avec nous et nous rejoignait occasionnellement lors de nos soirées. Parmi ceux qui vinrent se trouvaient les membres du Théâtre de la Cour, qui organisaient à cette époque leurs propres fêtes très charmantes et très divertissantes, que, plus tard, à mon retour à Dresde, je constatai avoir complètement abandonnées.

Les pique-niques organisés entre nous et nos amis dans quelques-uns des plus beaux endroits des environs de Dresde étaient également très délicieux, car ces excursions étaient toujours égayées par un certain esprit artistique et une bonne humeur générale. Je me souviens d'une de ces sorties que nous avions organisées à Loschwitz, où nous avions constitué une sorte de camp de gitans, dans lequel Carl Maria von Weber jouait son rôle de cuisinier. À la maison, nous avions aussi de la musique. Ma sœur Rosalie jouait du piano et Clara commençait à chanter. Parmi les diverses représentations théâtrales que nous organisions à cette époque, souvent après une préparation minutieuse, dans le but de nous amuser lors des anniversaires de nos aînés, je ne me souviens guère d'une seule, si ce n'est une parodie de la pièce romantique de Sappho, de Grillparzer, en auquel je pris part comme l'un des chanteurs de la foule qui précédait le char triomphal de Phaon. J'ai essayé de raviver ces souvenirs au moyen d'un beau spectacle de marionnettes, que j'ai trouvé parmi les effets de mon défunt beau-père, et pour lequel il avait lui-même peint de beaux décors. J'avais l'intention de surprendre mon peuple au moyen d'une brillante performance sur cette petite scène. Après avoir fabriqué très maladroitement plusieurs marionnettes et leur avoir fourni une maigre garde-robe faite de coupes d'étoffes volées à mes sœurs, j'ai commencé à composer un drame chevaleresque, dans lequel je me proposais de répéter mes marionnettes. Lorsque j'ai rédigé la première scène, mes sœurs ont découvert par hasard le MS. et, à mon grand mécontentement, pendant longtemps après, ils m'ont plaisanté en répétant une phrase particulière que j'avais mise dans la bouche de l'héroïne, et qui était : Ich hore schon den Ritter trapsen (« Ich hore schon den Ritter trapsen »). J'entends tomber ses pas chevaleresques'). Je reviens maintenant avec une ardeur renouvelée au théâtre, avec lequel, déjà à cette époque, ma famille était en contact étroit. Den Freischutz, en particulier, a fortement attiré mon imagination, principalement en raison de son thème fantomatique. Les émotions de terreur et la peur des fantômes constituaient un facteur assez important dans le développement de mon esprit. Dès ma plus tendre enfance, certaines choses mystérieuses et inquiétantes ont exercé sur moi une énorme influence. Si je restais longtemps seul dans une pièce, je me souviens que, lorsque je regardais des objets sans vie, comme des meubles, et que je concentrais mon attention sur eux, je criais soudain d'effroi, parce qu'ils me semblaient vivants. Même pendant les dernières années de mon enfance, il ne se passait pas une nuit sans que je me réveille d'un rêve fantomatique et que je ne pousse des cris les plus effrayants, qui ne s'apaisaient qu'au son d'une voix humaine. La réprimande la plus sévère, voire le châtiment, ne me paraissait alors qu'une libération bénie. Aucun de mes frères ou sœurs ne dormirait près de moi. Ils m'ont endormi le plus loin possible des autres, sans penser que mes appels à l'aide n'en seraient que plus forts et plus longs ; mais à la fin ils s'habituèrent même à ce bruit nocturne.

A propos de cette terreur enfantine, ce qui m'attirait si fortement vers le théâtre — j'entends aussi la scène, les coulisses et les loges — n'était pas tant le désir de divertissement et d'amusement comme celui qui qui anime les amateurs de théâtre d'aujourd'hui, mais le plaisir fascinant de me retrouver dans une toute autre atmosphère, dans un monde purement fantastique et souvent terriblement attrayant. Ainsi, une scène, même une aile, représentant un buisson, ou un costume ou une partie caractéristique de celui-ci, me paraissait venir d'un autre monde, être en quelque sorte aussi attrayante qu'une apparition, et je sentais que le contact avec elle pouvait servir. comme un levier pour me sortir de la triste réalité de la routine quotidienne vers cette délicieuse région des esprits. Tout ce qui concernait une représentation théâtrale avait pour moi le charme du mystère, cela m'envoûtait et me fascinait à la fois, et tandis que j'essayais, avec l'aide de quelques camarades de jeu, d'imiter la représentation de Der Freischutz, et de me consacrer énergiquement à reproduire les costumes et les masques nécessaires à mon style grotesque de peinture, le contenu plus élégant des armoires de mes sœurs, à l'embellissement desquelles j'avais souvent vu la famille s'occuper, exerçaient un charme subtil sur mon imagination ; bien plus, mon cœur battait à tout rompre au simple contact d'une de leurs robes.

Bien que, comme je l'ai déjà mentionné, notre famille n'était pas encline aux manifestations extérieures d'affection, le fait que j'ai été élevé entièrement dans un environnement féminin a dû nécessairement influencer le développement du côté sensible de ma nature. Peut-être était-ce précisément parce que mon entourage immédiat était généralement rude et impétueux que les caractéristiques opposées de la féminité, notamment celles liées au monde imaginaire du théâtre, créaient en moi un sentiment de nostalgie si tendre.

Heureusement, ces humeurs fantastiques, passant du macabre au mièvre, furent contrecarrées et équilibrées par des influences plus sérieuses subies à l'école par mes professeurs et mes camarades. Même là, c'était surtout l'étrange qui suscitait mon plus vif intérêt. J'ai peine à juger si j'avais ce qu'on appellerait une bonne tête pour étudier. Je pense qu'en général, ce qui me plaisait vraiment, j'ai pu le saisir rapidement sans trop d'effort, alors que je ne m'efforçais guère d'étudier des sujets qui ne me plaisaient pas. Cette caractéristique était plus marquée en ce qui concerne l'arithmétique et, plus tard, les mathématiques. Dans aucun de ces domaines, je n'ai jamais réussi à amener mon esprit sérieusement à se consacrer aux tâches qui m'étaient assignées. En ce qui concerne les classiques également, je n'y accordai que l'attention absolument nécessaire pour pouvoir les comprendre ; car j'étais stimulé par le désir de me les reproduire dramatiquement. C'est ainsi que le grec m'attirait particulièrement, car les histoires de la mythologie grecque s'emparaient tellement de mon imagination que j'essayais d'imaginer leurs héros me parlant dans leur langue maternelle, afin de satisfaire mon désir de parfaite familiarité avec eux. Dans ces conditions, on comprendra aisément que la grammaire de la langue ne me paraissait qu'un obstacle fastidieux, et nullement en soi une branche intéressante de la connaissance.

Le fait que mon étude des langues n'ait jamais été très approfondie explique peut-être mieux le fait que j'étais par la suite si disposé à cesser complètement de m'en préoccuper. Ce n'est que bien plus tard que cette étude a vraiment commencé à m'intéresser à nouveau, et c'est seulement lorsque j'ai appris à comprendre son côté physiologique et philosophique, tel qu'il a été révélé à nos germanistes modernes par les travaux pionniers de Jakob Grimm. Puis, lorsqu'il était trop tard pour m'appliquer à fond à une étude que j'avais enfin appris à apprécier, j'ai regretté que cette nouvelle conception de l'étude des langues n'ait pas encore été acceptée dans nos collèges lorsque j'étais plus jeune.

Néanmoins, grâce à mes succès dans le travail philologique, j'ai réussi à attirer l'attention d'un jeune professeur du lycée de Kreuz, un maître ès arts nommé Sillig, qui m'a été d'une grande aide. Il me permettait souvent de lui rendre visite et de lui montrer mon travail, composé de traductions métriques et de quelques poèmes originaux, et il semblait toujours très satisfait de mes efforts de récitation. Ce qu'il pensait de moi peut être mieux jugé par le fait qu'il m'a fait réciter, alors que j'étais un garçon d'environ douze ans, non seulement « Les adieux d'Hector » de l'Iliade, mais même le célèbre monologue d'Hamlet. Un jour, alors que j'étais en quatrième année de l'école, un de mes camarades de classe, un garçon nommé Starke, tomba subitement mort, et l'événement tragique suscita une telle sympathie que non seulement toute l'école assista aux funérailles, mais le directeur a également ordonné qu'un poème soit écrit en commémoration de la cérémonie et que ce poème soit publié. Parmi les divers poèmes soumis, parmi lesquels il y en avait un de moi-même, préparé très à la hâte, aucun ne parut au maître digne de l'honneur qu'il avait promis, et il annonça donc son intention de substituer un de ses propres discours à la place de notre tentatives rejetées. Très affligé par cette décision, j'ai rapidement contacté le professeur Sillig, dans le but de le pousser à intervenir en faveur de mon poème. Nous l'avons alors vécu ensemble. Ses vers bien construits et bien rimés, écrits en strophes de huit vers, le déterminèrent à en réviser le tout avec soin. Une grande partie de ses images étaient grandiloquentes et bien au-delà de la conception d'un garçon de mon âge. Je me souviens que dans une partie, je m'étais largement inspiré du monologue de Cato d'Addison, prononcé par Caton juste avant son suicide. J'avais rencontré ce passage dans une grammaire anglaise, et il m'avait fait une profonde impression. Les mots : « Les étoiles disparaîtront, le soleil lui-même pâlira avec l'âge et la nature sombrera avec les années », qui, en tout cas, étaient un plagiat direct, firent rire Sillig, ce dont j'étais un peu offensé. Cependant, je lui en fus très reconnaissant, car, grâce au soin et à la rapidité avec lesquels il débarrassa mon poème de ces extravagances, il fut finalement accepté par le directeur, imprimé et largement diffusé.

L'effet de ce succès fut extraordinaire, tant sur mes camarades de classe que sur ma propre famille. Ma mère joignit dévotement les mains en signe de reconnaissance et, dans mon esprit, ma vocation semblait tout à fait établie. Il était clair, sans aucun doute, que j'étais destiné à être poète. Le professeur Sillig souhaitait que je compose une grande épopée et me proposa comme sujet « La bataille du Parnasse », telle que décrite par Pausanias. Les raisons de ce choix étaient basées sur la légende racontée par Pausanias, à savoir qu'au deuxième siècle avant JC, les Muses du Parnasse aidèrent les armées grecques combinées contre l'invasion destructrice des Gaules en provoquant la panique parmi ces dernières. En fait, j'ai commencé mon poème héroïque en vers hexamétriques, mais je n'ai pas pu terminer le premier chant.

N'étant pas assez avancé dans la langue pour comprendre complètement les tragédies grecques dans l'original, mes propres tentatives pour construire une tragédie sous la forme grecque ont été grandement influencées par le fait que, tout à fait par hasard, je suis tombé sur l'imitation intelligente de ce style par August Apel dans ses poèmes saisissants « Polyidos » et « Aitolier ». J'ai choisi pour thème la mort d'Ulysse, tirée d'une fable d'Hyginus, selon laquelle le vieux héros est tué par son fils, né de son union avec Calypso. Mais je ne suis pas non plus allé très loin dans ce travail, avant d'y renoncer.

Mon esprit était si occupé à ce genre de choses, que des études plus ennuyeuses cessèrent naturellement de m'intéresser. Seules la mythologie, les légendes et enfin l'histoire de la Grèce m'attiraient.

J'étais amoureux de la vie, joyeux avec mes compagnons et toujours prêt à plaisanter ou à vivre une aventure. D'ailleurs, je nouais sans cesse des amitiés, presque passionnées dans leur ardeur, avec l'un ou l'autre de mes camarades, et dans le choix de mes associés j'étais surtout influencé par la mesure dans laquelle ma nouvelle connaissance faisait appel à mon imagination excentrique. Autrefois, ce serait la poétisation et la versification qui décidaient du choix de mon ami ; tantôt, des entreprises théâtrales, tandis que de temps en temps, ce serait une envie de divagation et de malice.

De plus, lorsque j'atteignis ma treizième année, un grand changement se produisit dans nos affaires familiales. Ma sœur Rosalie, qui était devenue le principal soutien de notre maison, obtint un engagement avantageux au théâtre de Prague, où mère et enfants partirent en 1820, abandonnant ainsi complètement la maison de Dresde. Je suis resté à Dresde pour pouvoir continuer à fréquenter le lycée de Kreuz jusqu'à ce que je sois prêt à aller à l'université. Je fus donc envoyé en pension et en logement chez une famille nommée Bohme, dont j'avais connu les fils à l'école et dans la maison de laquelle je me sentais déjà tout à fait chez moi. Avec ma résidence dans cette famille un peu rude, pauvre et peu bien conduite, commencèrent mes années de dissipation. Je ne bénéficiais plus de la retraite tranquille nécessaire au travail, ni de la douce influence spirituelle de la compagnie de mes sœurs. Au contraire, j'étais plongé dans une vie mouvementée, agitée, pleine de chahuts et de querelles. Néanmoins, c'est là que j'ai commencé à ressentir l'influence du sexe doux d'une manière qui m'était jusqu'alors inconnue, car les filles adultes de la famille et leurs amies remplissaient souvent les pièces rares et étroites de la maison. En effet, mes premiers souvenirs d'amour enfantin datent de cette période. Je me souviens d'une très belle jeune fille, qui s'appelait, si je ne me trompe, Amalie Hoffmann, venue un dimanche chez moi. Elle était joliment habillée et son apparence lorsqu'elle entra dans la pièce m'a littéralement frappé d'étonnement. À d'autres occasions, je me souviens avoir fait semblant d'être trop endormi pour bouger, afin que les filles puissent me porter jusqu'au lit, car c'était, comme elles le pensaient, le seul remède à mon état. Et j'ai répété cela, parce que j'ai découvert, à ma grande surprise, que leur attention dans ces circonstances m'amenait à une proximité plus étroite et plus gratifiante avec eux.

L'événement le plus important de cette année de séparation d'avec ma famille fut cependant une courte visite que je leur rendis à Prague. Au milieu de l'hiver, ma mère est venue à Dresde et m'a emmené avec elle à Prague pendant une semaine. Sa façon de voyager était assez unique. Jusqu'à la fin de ses jours, elle préféra le voyage plus dangereux en fiacre au voyage plus rapide en voiture postale, de sorte que nous passâmes trois jours entiers dans un froid glacial sur la route de Dresde à Prague. Le voyage à travers les montagnes de Bohême semblait souvent semé des plus grands dangers, mais heureusement nous avons survécu à nos aventures passionnantes et sommes enfin arrivés à Prague, où je me suis soudainement plongé dans un environnement entièrement nouveau.

Depuis longtemps, l'idée de quitter la Saxe pour une nouvelle visite en Bohême, et en particulier à Prague, exerçait pour moi une attirance assez romantique. La nationalité étrangère, l'allemand brisé du peuple, les coiffures particulières des femmes, les vins indigènes, les harpistes et les musiciens, et enfin les signes toujours présents du catholicisme, ses nombreuses chapelles et sanctuaires, tout cela a produit sur moi un sentiment d'émotion. impression étrangement exaltante. Cela était sans doute dû à mon engouement pour tout ce qui est théâtral et spectaculaire, par opposition aux simples mœurs bourgeoises. Surtout, la splendeur et la beauté antiques de l'incomparable ville de Prague sont restées gravées de manière indélébile dans mon imagination. Même dans mon propre environnement familial, j'ai découvert des attraits auxquels j'étais jusqu'alors étranger. Par exemple, ma sœur Ottilie, de seulement deux ans mon aînée, s'était gagnée l'amitié dévouée d'une famille noble, celle du comte Pachta, dont deux filles, Jenny et Auguste, longtemps réputées comme les principales beautés de Prague, lui était devenu affectueusement attaché. Pour moi, de telles personnes et une telle connexion étaient quelque chose de tout à fait nouveau et enchanteur. En outre, certains beaux esprits de Prague, parmi lesquels W. Marsano, un homme d'une beauté et d'un charme saisissants, visitaient fréquemment notre maison. Ils discutaient souvent avec ardeur des contes d'Hoffmann, qui à cette époque étaient relativement nouveaux et avaient fait sensation. C'est alors que j'ai fait ma première connaissance, quoique plutôt superficielle, avec ce visionnaire romantique et j'ai reçu ainsi un stimuli qui m'a influencé pendant de nombreuses années jusqu'à l'engouement et qui m'a donné des idées très particulières sur le monde.

Au printemps suivant, 1827, je répétai ce voyage de Dresde à Prague, mais cette fois à pied et accompagné de mon ami Rudolf Bohme. Notre tournée était pleine d'aventures. Nous sommes arrivés à moins d'une heure de Teplitz la première nuit, et le lendemain nous avons dû nous faire transporter dans un chariot, car nous avions mal aux pieds ; mais cela ne nous conduisit qu'à Lowositz, car nos fonds étaient épuisés. Sous un soleil brûlant, affamés et à moitié évanouis, nous errons le long de sentiers détournés à travers des pays absolument inconnus, jusqu'à ce qu'au coucher du soleil nous atteignions la route principale au moment où un élégant car de voyage apparaissait. J'humiliais mon orgueil jusqu'à me faire passer pour un compagnon voyageur, et je demandais l'aumône aux voyageurs distingués, tandis que mon ami se cachait timidement dans le fossé au bord de la route. Heureusement, nous décidâmes de nous réfugier pour la nuit dans une auberge, où nous délibérâmes si nous devions dépenser l'aumône que nous venions de recevoir pour un souper ou pour un lit. Nous avons décidé de dîner en proposant de passer la nuit à ciel ouvert. Pendant que nous nous rafraîchissions , un voyageur à l'air étrange entra. Il portait une calotte de velours noir, à laquelle était attachée une lyre de métal comme une cocarde, et sur le dos il portait une harpe. Très gaiement, il posa son instrument, s'installa confortablement et demanda un bon repas. Il avait l'intention de passer la nuit et de continuer le lendemain sa route vers Prague, où il habitait et où il revenait de Hanovre.

Ma bonne humeur et mon courage étaient stimulés par les manières joviales de ce joyeux garçon, qui répétait sans cesse sa devise favorite : « non plus ultra ». Nous avons rapidement fait connaissance et, en échange de ma confiance, l'attitude du joueur ambulant à mon égard était d'une sympathie presque touchante. Il fut convenu que nous continuerions notre voyage ensemble le lendemain à pied. Il m'a prêté deux pièces de vingt kreutzer (environ neuf pence) et m'a permis d'écrire mon adresse à Prague dans son portefeuille. J'ai été très heureux de cette réussite personnelle. Mon harpiste devint extravagant et joyeux ; on buvait beaucoup de vin de Czernosek ; il chantait et jouait de sa harpe comme un fou, répétant sans cesse son « non plus ultra », jusqu'à ce qu'enfin, accablé de vin, il tombe sur la paille étalée sur le sol pour notre lit commun. Quand le soleil pointait de nouveau, nous ne parvenions pas à le réveiller, et nous dussions nous résoudre à partir dans la fraîcheur du petit matin sans lui, convaincus que le robuste gaillard nous rattraperait dans la journée. Mais c'est en vain que nous l'avons recherché sur la route et lors de notre séjour ultérieur à Prague. En effet, ce n'est que plusieurs semaines plus tard que cet homme extraordinaire s'est présenté chez ma mère, non pas tant pour percevoir le paiement de son prêt que pour s'enquérir du bien-être du jeune ami à qui ce prêt avait été accordé.

Le reste de notre voyage fut très fatigant, et la joie que j'éprouvais lorsque j'apercevais enfin Prague du sommet d'une colline, à environ une heure de distance, est tout simplement indescriptible. En approchant de la banlieue, nous fûmes accueillis pour la deuxième fois par une voiture splendide, du haut de laquelle les deux charmantes amies de ma sœur Ottilie m'appelèrent avec étonnement. Ils m'avaient reconnu immédiatement, malgré mon visage terriblement hâlé, ma blouse de lin bleu et ma casquette de coton rouge vif. Accablé de honte et le cœur battant comme un fou, je pouvais à peine prononcer un mot et je courus chez ma mère pour soigner immédiatement mon teint hâlé. A cette tâche je consacrai deux journées entières, pendant lesquelles je m'enveloppai le visage de cataplasmes de persil ; et ce n'est qu'alors que je recherchai les plaisirs de la société. Lorsque, sur le chemin du retour, je regardai de nouveau Prague du haut de la même colline, j'éclatai en larmes, je me jetai à terre et pendant longtemps je ne pus être incité par mon compagnon étonné à poursuivre le voyage. J'ai été déprimé pendant le reste du trajet et nous sommes rentrés chez nous à Dresde sans autre aventure.

Au cours de la même année, j'ai de nouveau satisfait mon envie de longues excursions à pied en me joignant à un groupe nombreux de lycéens, composé d'élèves de plusieurs classes et d'âges divers, qui avaient décidé de passer leurs vacances d'été en tournée à Leipzig. Ce voyage ressort également parmi les souvenirs de ma jeunesse, en raison des fortes impressions qu'il a laissées. Le trait caractéristique de notre groupe était que nous imitions tous l'étudiant, en nous comportant et en nous habillant de manière extravagante, de la manière étudiante la plus approuvée. Après être allé jusqu'à Meissen sur le bateau-marché, notre chemin s'écarta de la route principale, à travers des villages que je ne connaissais pas encore. Nous passâmes la nuit dans la vaste grange d'une auberge de village et nos aventures furent des plus folles. Nous y avons vu un grand spectacle de marionnettes, avec des personnages presque grandeur nature. Notre groupe tout entier s'installa dans la salle, où leur présence était une source d'inquiétude pour les directeurs, qui ne comptaient que sur un public de paysans. Genovefa était la pièce donnée. Les plaisanteries incessantes, les interpolations constantes et les interruptions moqueuses auxquelles se livrait notre corps d'étudiants embryonnaires, finirent par exciter la colère même des paysans, qui étaient venus prêts à pleurer. Je crois que j'étais le seul de notre parti à être peiné par ces impertinences, et malgré les rires involontaires provoqués par certaines plaisanteries de mes camarades, j'ai défendu non seulement la pièce elle-même, mais aussi son public originel et simple d'esprit. Un slogan populaire apparu dans la pièce est depuis resté gravé dans ma mémoire. « Golo » dit à l'inévitable Kaspar que, lorsque le comte Palatin rentrera chez lui, il devra « le chatouiller derrière, pour qu'il le sente devant » (hinten zu kitzeln, dass er es vorne fuhle). Kaspar transmet textuellement l'ordre de Golo au Comte, et celui-ci reproche au coquin démasqué les termes suivants, prononcés avec le plus grand pathos : « O Golo, Golo ! tu as dit à Kaspar de me chatouiller derrière, pour que je le sente devant !

De Grimma, notre groupe se rendit à Leipzig dans des voitures découvertes, mais seulement après avoir soigneusement retiré tous les emblèmes extérieurs des étudiants de premier cycle, de peur que les étudiants locaux que nous risquions de rencontrer ne nous fassent regretter notre présomption.

Depuis ma première visite, lorsque j'avais huit ans, je n'étais revenu qu'une seule fois à Leipzig, et alors pour un séjour très bref, et dans des circonstances très semblables à celles de la visite précédente. Je renouvelai alors mes impressions fantastiques sur la maison Thome, mais cette fois, grâce à mon éducation plus avancée, j'espérais avoir des relations plus intelligentes avec mon oncle Adolph. Une opportunité pour cela fut bientôt fournie par mon joyeux étonnement en apprenant qu'une bibliothèque dans la grande antichambre, contenant une belle collection de livres, était ma propriété, m'ayant été léguée par mon père. J'ai parcouru les livres avec mon oncle, j'ai sélectionné immédiatement un certain nombre d'auteurs latins dans la belle édition de Zweibruck, ainsi que divers ouvrages de poésie et de belles-lettres d'apparence attrayante, et j'ai fait en sorte qu'ils soient envoyés à Dresde. Lors de cette visite, j'ai été très intéressé par la vie des étudiants. À mes impressions sur le théâtre et sur Prague s'ajoutaient désormais celles de ce que l'on appelle les étudiants fanfarons. Un grand changement s'était produit dans cette classe. Quand, à l'âge de huit ans, j'ai aperçu pour la première fois les étudiants, leurs cheveux longs, leur vieux costume allemand avec la calotte de velours noir et le col de chemise retourné vers l'arrière du cou nu, m'avaient tout à fait séduit. Mais depuis lors, les vieilles « associations » étudiantes qui influençaient cette mode avaient disparu face aux poursuites policières. En revanche, les clubs nationaux d'étudiants, non moins particuliers aux Allemands, étaient devenus remarquables. Ces clubs adoptèrent plus ou moins la mode du moment, mais avec un peu d'exagération. Cependant, leur tenue vestimentaire se distinguait clairement de celle des autres classes, en raison de son caractère pittoresque, et surtout de l'affichage des différentes couleurs du club. Le « Commentaire », ce recueil de règles de conduite pédantes pour la préservation d'un esprit de corps provocateur et exclusif, à l'opposé des classes bourgeoises, avait son côté fantastique, tout comme les particularités les plus philistines des Allemands, si l'on y réfléchit. les assez profondément. Pour moi, cela représentait l'idée d'une émancipation du joug de l'école et de la famille. Le désir de devenir étudiant a malheureusement coïncidé avec mon aversion croissante pour les études plus arides et avec mon penchant toujours croissant pour la culture de la poésie romantique. Les résultats se sont rapidement manifestés dans mes tentatives résolues d'opérer un changement.

Au moment de ma confirmation, à Pâques 1827, j'avais des doutes considérables sur cette cérémonie, et je sentais déjà une sérieuse perte de mon respect pour les observances religieuses. Le garçon qui, peu d'années auparavant, avait regardé avec une sympathie angoissée le retable de la Kreuz Kirche (église de la Sainte-Croix) et avait aspiré avec une ferveur extatique à être accroché à la croix à la place du Sauveur, avait maintenant jusqu'à présent Il perdit sa vénération pour le pasteur dont il fréquentait les classes préparatoires de confirmation, au point d'être tout disposé à se moquer de lui, et même à se joindre à ses camarades pour retenir une partie de ses frais de scolarité et dépenser l'argent en friandises. La situation spirituelle de ma situation m'a été révélée, presque à mon horreur, lors du service de communion, lorsque j'ai marché en procession avec mes compagnons de communication jusqu'à l'autel au son de l'orgue et du chœur. Le frisson avec lequel je reçus le pain et le vin resta si ineffaçable dans ma mémoire, que je ne communiquai plus jamais, de peur de le faire avec légèreté. Il m'était d'autant plus facile d'éviter cela que, chez les protestants, cette participation n'est pas obligatoire.

Mais je saisis bientôt, ou plutôt je créai, une opportunité de rompre avec le lycée de Kreuz et je contraignis ainsi ma famille à me laisser aller à Leipzig. En légitime défense contre ce que je considérais comme une punition injuste dont m'avait menacé le directeur adjoint, Baumgar ten-Crusius, pour qui j'avais par ailleurs un grand respect, j'ai demandé à être renvoyé immédiatement de l'école en raison d'une convocation soudaine à rejoindre ma famille à Leipzig. J'avais déjà quitté la maison Bohme trois mois auparavant et je vivais maintenant seul dans une petite mansarde, où j'étais servi par la veuve d'un laveur d'assiettes de la cour, qui à chaque repas servait le café saxon fin et familier comme presque mon unique. nourriture. Dans ce grenier, je ne faisais rien d'autre qu'écrire des vers. Ici aussi je dessinais les premières ébauches de cette prodigieuse tragédie qui remplit ensuite ma famille de tant de consternation. Les habitudes irrégulières que j'avais acquises par cette indépendance domestique prématurée amenaient ma mère inquiète à consentir très volontiers à mon déménagement à Leipzig, d'autant plus qu'une partie de notre famille dispersée y avait déjà émigré.

Mon désir de Leipzig, éveillé d'abord par les impressions fantastiques que j'y avais acquises, puis par mon enthousiasme pour la vie d'étudiant, s'était récemment encore stimulé. Je n'avais presque rien vu de ma sœur Louisa, alors âgée d'environ vingt-deux ans, car elle était allée au théâtre de Breslau peu après la mort de notre beau-père. Tout récemment, elle était à Dresde depuis quelques jours, en route pour Leipzig, où elle avait accepté un engagement au théâtre. Cette rencontre avec ma sœur presque inconnue, ses chaleureuses manifestations de joie de me revoir, ainsi que son caractère enjoué et joyeux, m'ont tout à fait conquis le cœur. Vivre avec elle semblait une perspective séduisante, d'autant plus que ma mère et Ottilie l'avaient rejointe depuis un moment. Pour la première fois, une sœur me traitait avec un peu de tendresse. Quand enfin j'arrivai à Leipzig à Noël de la même année (1827) et que j'y trouvai ma mère avec Ottilie et Cecilia (ma demi-sœur), je me crus au paradis. Mais de grands changements avaient déjà eu lieu. Louisa était fiancée à un libraire respecté et aisé, Friedrich Brockhaus. Ce rassemblement des parents de la fiancée sans le sou ne semblait pas déranger son fiancé remarquablement bon. Mais ma sœur a peut-être été inquiète à ce sujet, car elle m'a vite fait comprendre qu'elle ne le prenait pas très bien. Son désir d'entrer dans les cercles sociaux supérieurs de la vie bourgeoise produisit naturellement un changement marqué dans ses manières, autrefois si amusantes, et j'en devins peu à peu si vivement conscient que finalement nous nous séparâmes pour un temps. D'ailleurs, je lui ai malheureusement donné de bonnes raisons de me reprocher ma conduite. Après mon arrivée à Leipzig, j'ai complètement abandonné mes études et tout le travail scolaire habituel, probablement à cause du système arbitraire et pédant en vogue dans cette école.

À Leipzig, il y avait deux écoles supérieures, l'une appelée école Saint-Thomas et l'autre, la plus moderne, école Saint-Nicolas. Ces derniers jouissaient alors d'une meilleure réputation que les premiers ; alors là, je devais y aller. Mais le conseil des professeurs devant lequel je me présentais à mon examen d'entrée au Nouvel An (1828) crut devoir maintenir la dignité de leur école en me plaçant pour un temps dans la troisième année supérieure, alors qu'au lycée Kreuz de Dresde je était en deuxième forme. Mon dégoût de devoir abandonner mon Homère – dont j'avais déjà fait des traductions écrites de douze chansons – et me tourner vers les prosateurs grecs plus légers était indescriptible. Cela m'a si profondément blessé et a tellement influencé mon comportement que je ne me suis jamais lié d'amitié avec aucun professeur de l'école. Le traitement antipathique que j'ai subi m'a rendu d'autant plus obstiné, et diverses autres circonstances liées à ma situation n'ont fait qu'ajouter à ce sentiment. Tandis que la vie étudiante, telle que je la voyais jour après jour, m'inspirait de plus en plus par son esprit rebelle, je rencontrai inopinément une autre raison de mépriser la sèche monotonie du régime scolaire. Je fais référence à l'influence de mon oncle,

Adolph Wagner, qui, bien qu'il en ait longtemps été inconscient, a grandement contribué à façonner l'adolescent en pleine croissance que j'étais alors.

Le fait que mes goûts romantiques ne reposaient pas uniquement sur une tendance à l'amusement superficiel était démontré par mon attachement ardent pour ce savant parent. Par ses manières et sa conversation, il était certainement très attirant ; la diversité de ses connaissances, qui englobaient non seulement la philologie mais aussi la philosophie et la littérature poétique générale, faisaient des relations sexuelles avec lui un passe-temps des plus divertissants, comme l'admettaient tous ceux qui le connaissaient. D'un autre côté, le fait qu'on lui refusait le don d'écrire avec autant de charme ou de clarté était un défaut singulier qui diminuait sérieusement son influence sur le monde littéraire et, en fait, le faisait souvent paraître ridicule, comme dans un argument écrit, il perpétrerait les phrases les plus pompeuses et les plus compliquées. Cette faiblesse n'aurait pas pu m'effrayer, car dans la période trouble de ma jeunesse, plus une extravagance littéraire était incompréhensible, plus je l'admirais ; d'ailleurs j'avais plus d'expérience de sa conversation que de ses écrits. Il semblait également trouver du plaisir à s'associer avec le garçon qui pouvait écouter avec tant de cœur et d'âme. Mais malheureusement, peut-être à cause de la ferveur de ses discours, dont il n'était pas peu fier, il oubliait que leur contenu, ainsi que leur forme, étaient bien au-dessus de mes jeunes capacités de compréhension. J'appelais quotidiennement pour l'accompagner dans sa promenade constitutionnelle au-delà des portes de la ville, et je soupçonne astucieusement que nous provoquions souvent les sourires des passants qui entendaient les discussions profondes et souvent sérieuses entre nous. Les sujets couvraient généralement tout ce qui était sérieux ou sublime dans tout le domaine de la connaissance. Je portais un intérêt très enthousiaste à sa copieuse bibliothèque et goûtais avec avidité à presque toutes les branches de la littérature, sans vraiment m'ancrer dans aucune d'entre elles.

Mon oncle était ravi de trouver en moi un auditeur très disposé à son récit de tragédies classiques. Il avait fait une traduction d'Œdipe et, selon son ami intime Tieck, se flattait à juste titre d'être un excellent lecteur.

Je me souviens qu'un jour, alors qu'il était assis à son bureau, me lisant une tragédie grecque, il ne s'était pas gêné lorsque je m'endormais profondément et il a ensuite fait comme s'il ne l'avait pas remarqué. J'étais également incité à passer mes soirées avec lui, grâce à l'hospitalité amicale et chaleureuse que sa femme me montrait. Un très grand changement s'était produit dans la vie de mon oncle depuis ma première connaissance avec lui chez Jeannette Thome. La maison qu'il avait trouvée avec sa sœur Friederike dans la maison de son ami semblait, au fil du temps, avoir amené ses tâches de train qui étaient ennuyeuses. Comme son œuvre littéraire lui assurait un revenu modeste, il finit par juger plus conforme à sa dignité de fonder son propre foyer. Une de ses amies, du même âge que lui, la sœur de l'esthète Wendt de Leipzig, devenu célèbre depuis, fut choisie par lui pour lui tenir la maison. Sans dire un mot à Jeannette, au lieu de faire sa promenade habituelle de l'après-midi, il se rendit à l'église avec l'épouse qu'il avait choisie et accomplit les cérémonies de mariage le plus rapidement possible ; et ce n'est qu'à son retour qu'il nous fit savoir qu'il partait et qu'il ferait enlever ses affaires le jour même. Il parvint à affronter la consternation, peut-être aussi les reproches, de son vieil ami avec un calme tranquille ; et jusqu'à la fin de sa vie, il continua ses visites quotidiennes régulières à « Mam'selle Thome », qui faisait parfois timidement semblant de bouder. Seule la pauvre Friederike semblait parfois obligée de racheter l'infidélité soudaine de son frère.

Ce qui m'attirait le plus chez mon oncle, c'était son mépris brutal du pédantisme moderne de l'État, de l'Église et de l'École, qu'il exprimait avec une certaine humour. Malgré la grande modération de ses vues habituelles sur la vie, il produisit néanmoins sur moi l'effet d'un libre penseur convaincu. J'étais très enchanté de son mépris pour le pédantisme des écoles. Un jour, alors que j'étais entré en conflit sérieux avec tous les professeurs de l'école Nicolai et que le recteur de l'école avait contacté mon oncle, en tant que seul représentant masculin de ma famille, pour se plaindre sérieusement de mon comportement, mon oncle m'a demandé lors d'une promenade en ville, avec un sourire calme, comme s'il parlait à quelqu'un de son âge, de ce que j'avais fait avec les gens de l'école. Je lui expliquai toute l'affaire et lui décrivis le châtiment auquel j'avais été soumis et qui me paraissait injuste. Il m'apaisa et m'exhorta à être patient, me disant de me consoler avec le proverbe espagnol un rey no puede morir, qu'il expliqua comme signifiant que le chef d'une école devait nécessairement toujours avoir raison.

Bien entendu, il ne pouvait s'empêcher de remarquer, à sa grande inquiétude, l'effet sur moi de ce genre de conversation, que j'étais bien trop jeune pour apprécier. Même si cela m'a ennuyé un jour, alors que je voulais commencer à lire le Faust de Goethe, de l'entendre dire à voix basse que j'étais trop jeune pour le comprendre, pourtant, selon ma pensée, ses autres conversations sur nos grands poètes, et même sur Shakespeare et Dante, m'avaient tellement fait connaître ces figures sublimes, que j'étais depuis quelque temps secrètement occupé à élaborer la grande tragédie que j'avais déjà conçue à Dresde. Depuis mes ennuis scolaires, j'avais consacré toutes mes énergies, qui auraient dû en droit être exclusivement dirigées vers mes devoirs scolaires, à l'accomplissement de cette tâche. Dans ce travail secret, je n'avais qu'une seule confidente, ma sœur Ottilie, qui vivait désormais avec moi chez ma mère. Je me souviens des appréhensions et des alarmes que la première communication confidentielle de ma grande entreprise poétique éveilla chez ma bonne sœur ; pourtant elle souffrait affectueusement les tortures que je lui infligeais parfois en lui récitant en secret, mais non sans émotion, des portions de mon travail au fur et à mesure de son avancement. Un jour, alors que je lui récitais l'une des scènes les plus horribles, un violent orage éclata. Lorsque l'éclair éclata tout près de nous et que le tonnerre gronda, ma sœur crut devoir me supplier d'arrêter ; mais elle comprit bientôt que c'était sans espoir et continua à le supporter avec un dévouement touchant.

Mais une tempête plus importante se préparait à l'horizon de ma vie. Mon abandon de l'école atteignit un tel point qu'il ne pouvait qu'aboutir à une rupture. Tandis que ma chère mère n'en avait aucun pressentiment, j'attendais la catastrophe avec impatience plutôt qu'avec crainte.

Pour affronter dignement cette crise, je décidai enfin de surprendre ma famille en leur révélant le secret de ma tragédie, désormais accomplie. Ils devaient être informés de ce grand événement par mon oncle. Je pensais pouvoir compter sur sa chaleureuse reconnaissance de ma vocation de grand poète en raison de la profonde harmonie entre nous sur toutes les autres questions de la vie, de la science et de l'art. Je lui envoyai donc mon volumineux manuscrit, accompagné d'une longue lettre qui, je pensais, lui plairait énormément. En cela, je lui ai fait part d'abord de mes idées concernant l'école Saint-Nicolas, puis de ma ferme détermination de ne plus laisser aucun simple pédantisme scolaire entraver mon libre développement. Mais l'événement s'est avéré très différent de ce à quoi je m'attendais. Ce fut un grand choc pour eux. Mon oncle, bien conscient de son indiscrétion, rendit visite à ma mère et à mon beau-frère, pour leur rapporter le malheur qui était arrivé à la famille, se reprochant de ne pas avoir toujours eu sur moi de l'influence. peut-être, c'était pour mon bien. Il m'a écrit une sérieuse lettre de découragement ; et à ce jour, je n'arrive pas à comprendre pourquoi il a fait preuve d'un si petit sens de l'humour en comprenant mon mauvais comportement. A ma grande surprise, il me dit simplement qu'il se reprochait de m'avoir corrompu par des conversations inadaptées à mon âge, mais il ne cherchait pas à m'expliquer avec bonhomie l'erreur de mes manières.

Le crime qu'avait commis ce garçon de quinze ans était, comme je l'ai déjà dit, d'avoir écrit une grande tragédie intitulée Leubald und Adelaïde.

Le manuscrit de ce drame a malheureusement été perdu, mais je le vois encore clairement dans mon esprit. L'écriture était la plus affectée, et les lettres hautes et inclinées vers l'arrière avec lesquelles j'avais voulu lui donner un air de distinction avaient déjà été comparées par un de mes professeurs aux hiéroglyphes persans. Dans cette composition, j'avais construit un drame dans lequel je m'étais largement inspiré de Hamlet, du Roi Lear et de Macbeth de Shakespeare, ainsi que de Götz van Berlichingen de Goethe. L'intrigue était en réalité basée sur une modification d'Hamlet, la différence étant que mon héros est si complètement emporté par l'apparition du fantôme de son père, assassiné dans des circonstances similaires, et réclame vengeance, qu'il est poussé à des actes de violence effrayants; et, avec une série de meurtres sur la conscience, il finit par devenir fou. Leubald, dont le personnage est un mélange de Hamlet et de Harry Hotspur, avait promis au fantôme de son père d'effacer de la surface de la terre toute la race de Roderick, comme on appelait le meurtrier impitoyable du meilleur des pères. Après avoir tué Roderick lui-même dans un combat mortel, puis tous ses fils et autres parents qui le soutenaient, il n'y avait qu'un seul obstacle qui empêchait Leubald de réaliser le désir le plus cher de son cœur, qui était de s'unir dans la mort à l'ombre de son père : un enfant de Roderick était encore en vie. Lors de la prise de son château, la fille du meurtrier avait été emmenée en lieu sûr par un fidèle prétendant qu'elle détestait pourtant. J'ai eu une envie irrésistible d'appeler cette jeune fille « Adélaïde ». Comme, dès mon plus jeune âge, j'étais un grand passionné de tout ce qui était vraiment allemand, je ne peux expliquer le nom manifestement peu allemand de mon héroïne que par mon engouement pour l'Adélaïde de Beethoven, dont le tendre refrain me semblait le symbole de tous les appels amoureux. Le déroulement de mon drame était alors caractérisé par les étranges lenteurs qui se produisirent dans l'accomplissement de ce dernier meurtre de vengeance, dont le principal obstacle résidait dans l'amour passionné soudain qui naquit entre Leubald et Adélaïde. J'ai réussi à représenter la naissance et l'aveu de cet amour au moyen d'aventures extraordinaires. Adélaïde fut une nouvelle fois volée par un chevalier voleur à l'amant qui l'avait hébergée. Après que Leubald eut sacrifié l'amant et tous ses parents, il courut au château du voleur, poussé moins par la soif de sang que par le désir de la mort. C'est pourquoi il regrette de ne pouvoir prendre immédiatement d'assaut le château du voleur, parce qu'il est bien défendu et que, d'ailleurs, la nuit tombe rapidement ; il est donc obligé de planter sa tente. Après avoir déliré un moment, il s'effondre pour la première fois épuisé, mais poussé, comme son prototype Hamlet, par l'esprit de son père à accomplir son vœu de vengeance, il tombe lui-même soudainement au pouvoir de l'ennemi lors d'un assaut nocturne. . Dans les cachots souterrains du château, il rencontre pour la première fois la fille de Roderick. Elle est prisonnière comme lui et prépare astucieusement la fuite. Dans des circonstances où elle produit sur lui l'impression d'une vision céleste, elle apparaît devant lui. Ils tombent amoureux et s'envolent ensemble dans le désert, où ils se rendent compte qu'ils sont des ennemis mortels. La folie naissante, déjà perceptible chez Leubald, éclate plus violemment après cette découverte, et tout ce qui peut être fait pour l'intensifier est contribué par le fantôme de son père, qui s'interpose continuellement entre les avances des amants. Mais ce fantôme n'est pas le seul à perturber l'amour conciliant de Leubald et Adélaïde. Le fantôme de Roderick apparaît également, et selon la méthode suivie par

Shakespeare dans Richard III., il est rejoint par les fantômes de tous les autres membres de la famille d'Adélaïde que Leubald a tué. Des importunités incessantes de ces fantômes, Leubald cherche à se libérer au moyen de la sorcellerie et appelle à son aide un coquin nommé Flamming. L'une des sorcières de Macbeth est convoquée pour déposer les fantômes ; comme elle est incapable de le faire efficacement, le furieux Leubald l'envoie aussi au diable ; mais avec son dernier souffle, elle envoie toute la foule des esprits qui la servent rejoindre les fantômes de ceux qui le poursuivent déjà. Leubald, tourmenté au-delà de toute endurance et maintenant enfin fou, se retourne contre sa bien-aimée, qui est la cause apparente de tout son malheur. Il la poignarde dans sa fureur ; puis se retrouvant soudain en paix, il plonge sa tête sur ses genoux et accepte ses dernières caresses tandis que son sang coule à flots sur son propre corps mourant.

Je n'avais pas omis le moindre détail qui pût donner à cette intrigue sa couleur propre, et j'avais fait appel à toute ma connaissance des contes des vieux chevaliers et à ma connaissance de Lear et de Macbeth pour fournir à mon drame les situations les plus vivantes. Mais j'ai tiré l'une des principales caractéristiques de sa forme poétique du langage pathétique, humoristique et puissant de Shakespeare. L'audace de mes expressions grandiloquentes et grandiloquentes a suscité l'inquiétude et l'étonnement de mon oncle Adolph. Il ne comprenait pas comment j'avais pu sélectionner et utiliser avec une exagération inconcevable précisément les formes de discours les plus extravagantes que l'on puisse trouver chez Lear et Götz von Berlichingen. Néanmoins, même après que tout le monde m'ait assourdi avec ses lamentations sur mon temps perdu et mes talents pervers, j'étais toujours conscient d'un merveilleux réconfort secret face à la calamité qui m'était arrivée. Je savais, ce que personne d'autre ne pouvait savoir, à savoir que mon œuvre ne pouvait être correctement jugée que lorsqu'elle était mise en musique sur la musique que j'avais résolu d'écrire pour elle et que j'avais l'intention de commencer à composer immédiatement.

Je dois maintenant expliquer ma position à l'égard de la musique jusqu'à présent. Pour cela, je dois revenir à mes premières tentatives dans cet art. Dans ma famille, deux de mes sœurs étaient musiciennes ; l'aînée, Rosalie, jouait du piano, sans toutefois montrer de talent marqué. Clara était plus douée ; outre un grand sens musical et un toucher riche et fin au piano, elle possédait une voix particulièrement sympathique, dont le développement fut si prématuré et si remarquable que, sous l'enseignement de Mieksch, son maître de chant, qui était célèbre à cette époque, elle était apparemment prête pour le rôle d'une prima donna dès sa seizième année et fit ses débuts à Dresde dans l'opéra italien dans le rôle de « Cenerentola » dans l'opéra de Rossini du même nom. Je dois d'ailleurs remarquer que cette évolution prématurée s'est avérée préjudiciable à la voix de Clara et a été préjudiciable à toute sa carrière. Comme je l'ai dit, la musique était représentée dans notre famille par ces deux sœurs. C'est principalement en raison de la carrière de Clara que le chef d'orchestre CM von Weber venait souvent chez nous. Ses visites étaient variées par celles du grand soprano Sassaroli ; et en plus de ces deux représentants de la musique allemande et italienne, nous avions également la compagnie de Mieksch, son maître de chant. C'est à ces occasions que, enfant, j'ai entendu pour la première fois parler de musique allemande et italienne et j'ai appris que quiconque souhaitait s'attirer les bonnes grâces de la Cour devait montrer une préférence pour la musique italienne, ce qui a conduit à des résultats très pratiques dans notre famille. conseil. Le talent de Clara, alors que sa voix était encore saine, faisait l'objet d'une compétition entre les représentants de l'opéra italien et allemand. Je me souviens très bien que, dès le début, je me suis prononcé en faveur de l'opéra allemand ; mon choix a été déterminé par la formidable impression que m'ont fait les deux figures de Sassaroli et de Weber. Le soprano italien, un énorme géant ventru, m'a horrifié par sa voix aiguë et efféminée, son étonnante volubilité et ses rires hurlants incessants. Malgré sa bonhomie et son amabilité sans limites, particulièrement envers ma famille, je lui éprouvais une étrange aversion. A cause de cet affreux personnage, le son de l'italien, soit parlé, soit chanté, me paraissait presque diabolique ; et quand, à la suite du malheur de ma pauvre sœur, je les entendais parler souvent des intrigues et des cabales italiennes, je conçus une aversion si forte pour tout ce qui concernait cette nation, que même bien plus tard, je me sentais emporté par une impulsion. de détestation et d'horreur totales.

Les visites moins fréquentes de Weber, en revanche, semblaient avoir produit sur moi ces premières impressions sympathiques que je n'ai jamais perdues depuis. Contrairement à la silhouette repoussante de Sassaroli, l'apparence vraiment raffinée, délicate et intellectuelle de Weber excitait mon admiration extatique. Son visage étroit et ses traits finement dessinés, ses yeux vifs, quoique souvent mi-clos, me captivaient et me ravissaient ; tandis que même la boiterie avec laquelle il marchait, et que je remarquais souvent de nos fenêtres lorsque le maître rentrait chez nous après les répétitions fatigantes, marquait dans mon imagination le grand musicien comme un être exceptionnel et presque surhumain. Quand, alors que j'avais neuf ans, ma mère me l'a présenté et qu'il m'a demandé ce que j'allais faire, si je voulais peut-être devenir musicien, ma mère lui a dit que, même si j'étais en effet assez fou de Freischutz, pourtant elle n'avait encore rien vu en moi qui pût indiquer un quelconque talent musical.

Cela montrait une observation correcte de la part de ma mère ; rien ne m'avait fait une plus grande impression que la musique de Freischutz, et j'essayais par tous les moyens de provoquer une répétition des impressions que j'en avais reçues, mais, chose étrange à dire, encore moins par l'étude de la musique elle-même. . Au lieu de cela, je me suis contenté d'entendre des morceaux de Freischutz joués par mes sœurs. Mais ma passion pour cette musique est devenue si forte que je me souviens avoir eu une affection particulière pour un jeune homme appelé Spiess, principalement parce qu'il savait jouer l'ouverture de Freischutz, ce que je lui demandais chaque fois que je le rencontrais. C'est surtout l'introduction de cette ouverture qui m'a finalement amené à tenter, sans jamais avoir reçu aucune instruction au piano, de jouer ce morceau à ma manière particulière, car, curieusement, j'étais le seul enfant de notre famille à n'avait pas reçu de cours de musique. Cela était probablement dû au souci de ma mère de me tenir à l'écart de tout intérêt artistique de ce genre, au cas où ils pourraient éveiller en moi le désir du théâtre.

Cependant, vers l'âge de douze ans, ma mère engagea pour moi un précepteur nommé Humann, auprès duquel je recevais régulièrement des leçons de musique, quoique très médiocres. Dès que j'eus acquis une connaissance très imparfaite du doigté, je demandai qu'on me permette de jouer des ouvertures sous forme de duo, gardant toujours Weber comme but de mon ambition. Quand enfin j'en fus parvenu à pouvoir jouer moi-même l'ouverture de Freischutz, quoique d'une manière très défectueuse, je sentis que le but de mon étude avait été atteint, et je n'avais aucune envie de consacrer davantage d'attention au perfectionnement. ma technique.

Pourtant, j'avais atteint ce point : pour ma musique, je ne dépendais plus du jeu des autres ; à partir de ce moment, j'essayai de jouer, quoique très imparfaitement, tout ce que je voulais savoir. J'ai aussi essayé le Don Juan de Mozart, mais je n'ai pas pu en tirer le moindre plaisir, principalement parce que le texte italien dans l'arrangement pour piano plaçait la musique sous un jour frivole à mes yeux, et beaucoup de choses me semblaient triviales et peu viriles. . (Je me souviens que lorsque ma sœur chantait l'ariette de Zerlinen, Batti, batti, ben Masetto, la musique me répugnait, tant elle paraissait mièvre et efféminée.)

D'un autre côté, mon penchant pour la musique se renforçait de plus en plus et j'essayais désormais de m'approprier mes morceaux préférés en faisant mes propres copies. Je me souviens de l'hésitation avec laquelle ma mère m'a donné pour la première fois l'argent nécessaire pour acheter le papier quadrillé sur lequel j'ai copié Jagd de Lutzow de Weber, qui fut le premier morceau de musique que j'ai transcrit.

La musique était encore pour moi une occupation secondaire lorsque la nouvelle de la mort de Weber et le désir d'apprendre sa musique avec Obéron ravivèrent mon enthousiasme. Cela reçut un nouvel élan lors des concerts de l'après-midi au Grosser Garten à Dresde, où j'entendais souvent ma musique préférée jouée par le Zillmann's Town Band, à mon avis, extrêmement bien.

La joie mystérieuse que j'éprouvais à entendre jouer un orchestre tout près de moi reste encore aujourd'hui l'un de mes plus agréables souvenirs. Le simple accordage des instruments me mettait dans un état d'excitation mystique ; même le fait de frapper les quintes au violon me semblait comme une salutation du monde des esprits – ce qui, je dois le mentionner en passant, avait pour moi une signification très réelle. Quand j'étais encore presque bébé, le son de ces quintes, qui m'a toujours excité, était étroitement associé dans mon esprit aux fantômes et aux esprits. Je me souviens que même bien plus tard dans ma vie, je ne pouvais jamais passer devant le petit palais du prince Antoine, au bout de l'Ostra Allee à Dresde, sans un frisson ; car c'était là que j'avais entendu pour la première fois le son d'un violon, expérience très courante pour moi par la suite. Il était tout près de moi, et il semblait à mes oreilles provenir des figures de pierre dont ce palais est orné, et dont quelques-unes sont munies d'instruments de musique. Lorsque j'ai pris mes fonctions de chef d'orchestre à Dresde et que j'ai dû rendre une visite officielle à Morgenroth, le président du comité de concert, un monsieur âgé qui a vécu de nombreuses années en face de ce palais princier, il m'a semblé étrange de constater que le musicien Les quintes qui avaient si fortement impressionné mon imagination musicale d'enfant étaient tout sauf un spectre surnaturel. Et quand j'ai vu le tableau bien connu dans lequel un squelette joue de son violon devant un vieil homme sur son lit de mort, le caractère fantomatique de ces mêmes notes s'est imposé avec une force particulière sur mon imagination d'enfant. Lorsqu'enfin, étant jeune homme, j'écoutais l'Orchestre Zillmann dans le Grosser Garten presque tous les après-midi, on peut imaginer le frisson ravissant avec lequel je puisais dans toute la variété chaotique des sons que j'entendais pendant que l'orchestre s'accordait. : le la long du hautbois, qui semblait un appel des morts pour réveiller les autres instruments, ne manquait jamais d'élever tous mes nerfs jusqu'à un paroxysme de tension fébrile, et quand le do gonflé de l'ouverture de Freischutz me disait que J'étais entré, pour ainsi dire, à deux pieds, dans le royaume magique de la crainte. Quiconque m'avait observé à ce moment-là n'aurait pu manquer de voir dans quel état je me trouvais, et cela malgré le fait que j'étais un si mauvais joueur de piano.

Une autre œuvre exerçait également sur moi une grande fascination, à savoir l'ouverture de Fidelio en mi majeur, dont l'introduction m'a profondément touché. J'ai interrogé mes sœurs sur Beethoven et j'ai appris que la nouvelle de sa mort venait d'arriver. Obsédé que je l'étais encore par le chagrin terrible provoqué par la mort de Weber, cette nouvelle perte, due au décès de ce grand maître de la mélodie, qui venait à peine d'entrer dans ma vie, me remplissait d'une étrange angoisse, d'un sentiment proche de celui de mon enfance. peur des quintes fantomatiques du violon. C'était désormais la musique de Beethoven que j'avais envie de connaître plus à fond ; Je suis venu à Leipzig et j'ai trouvé sa musique à Egmont au piano chez ma sœur

Louisa. Après cela, j'ai essayé de me procurer ses sonates. Enfin, lors d'un concert au Gewandthaus, j'entendis pour la première fois une des symphonies du maître ; c'était la Symphonie en la majeur. L'effet sur moi était indescriptible. A cela s'ajoute l'impression produite sur moi par les traits de Beethoven, que je voyais dans les lithographies qui circulaient partout à cette époque, et par le fait qu'il était sourd et menait une vie tranquille et retirée. J'ai bientôt conçu une image de lui dans mon esprit comme un être surnaturel sublime et unique, avec lequel personne ne pouvait se comparer. Cette image était associée dans mon cerveau à celle de Shakespeare ; dans des rêves extatiques, je les ai rencontrés tous les deux, je les ai vus et je leur ai parlé, et au réveil je me suis retrouvé baigné de larmes.

C'est à cette époque que je tombai sur le Requiem de Mozart, qui fut le point de départ de mon enthousiasme enthousiaste pour les œuvres de ce maître. Son deuxième final de Don Juan m'a inspiré à l'inclure dans mon monde spirituel.

J'étais maintenant rempli du désir de composer, comme j'avais eu auparavant le désir d'écrire des vers. Il me fallait cependant, dans ce cas, maîtriser la technique d'un sujet tout à fait distinct et compliqué. Cela présentait de plus grandes difficultés que celles que j'avais rencontrées pour écrire des vers, qui me venaient assez facilement. Ce sont ces difficultés qui m'ont poussé à adopter une carrière qui ressemblait quelque peu à celle d'un musicien professionnel, dont la future distinction serait de remporter les titres de chef d'orchestre et d'écrivain d'opéra.

Je voulais maintenant mettre Leubald et Adélaïde sur une musique semblable à celle que Beethoven écrivit pour l'Egmont de Goethe ; les différents fantômes du monde des esprits, qui devaient chacun présenter des caractéristiques différentes, devaient emprunter leur propre coloration distinctive à un accompagnement musical approprié. Afin d'acquérir rapidement la technique de composition nécessaire, j'ai étudié la Méthode des Generalbasses de Logier, ouvrage qui m'a été spécialement recommandé dans une bibliothèque de prêt musical comme un manuel approprié à partir duquel cet art pourrait être facilement maîtrisé. Je me souviens très bien que les difficultés financières avec lesquelles j'ai été continuellement harcelé tout au long de ma vie ont commencé à cette époque. J'ai emprunté le livre de Logier sur le système de paiement hebdomadaire, dans l'espoir de ne devoir le payer que pendant quelques semaines avec les économies de mon argent de poche hebdomadaire. Mais les semaines se succédaient en mois et j'étais toujours incapable de composer aussi bien que je le souhaiterais. M. Frederick Wieck, dont la fille épousa plus tard Robert Schumann, était alors propriétaire de cette bibliothèque de prêt. Il n'arrêtait pas de m'envoyer des rappels gênants de la dette que je lui devais ; et lorsque ma facture atteignit presque le prix du livre de Logier, je dus en faire part à ma famille, qui apprit ainsi non seulement mes difficultés financières en général, mais aussi ma dernière transgression dans le domaine de la musique, dont, bien entendu, ils n'attendaient tout au plus rien de mieux qu'une répétition de Leubald et Adelaïde.

C'était une grande consternation à la maison ; ma mère, ma sœur et mon beau-frère, avec des visages anxieux, discutèrent de la façon dont mes études devraient être dirigées à l'avenir, pour éviter que je n'aie plus l'occasion de transgresser de cette manière. Mais personne ne connaissait encore la véritable situation de l'école, et on espérait que je me rendrais bientôt compte de mon erreur dans cette affaire, comme je l'avais fait dans mon ancien engouement pour la poésie.

Mais d'autres changements domestiques se produisaient qui m'obligeaient à rester quelque temps seul dans notre maison de Leipzig au cours de l'été 1829, où j'étais entièrement livré à moi-même. C'est durant cette période que ma passion pour la musique a atteint un degré extraordinaire. J'avais secrètement pris des leçons d'harmonie auprès de G. Muller, depuis organiste à Altenbourg, excellent musicien appartenant à l'orchestre de Leipzig. Même si le paiement de ces cours était aussi destiné à me mettre plus tard dans des ennuis à la maison, je ne pouvais même pas rattraper mon professeur du retard dans le paiement de ses frais en lui donnant le plaisir de me voir progresser dans mes études. . Son enseignement et ses exercices me remplirent bientôt du plus grand dégoût, tant tout me paraissait aride. Pour moi, la musique était un esprit, un monstre noble et mystique, et toute tentative de la réguler semblait l'abaisser à mes yeux. J'ai recueilli des enseignements bien plus sympathiques à ce sujet dans les Phantasiestucken d'Hoffmann que dans mon orchestre de Leipzig ; et maintenant est arrivé le moment où je vivais et respirais vraiment l'atmosphère artistique des fantômes et des esprits d'Hoffmann. La tête toute pleine de Kreissler, Krespel et autres spectres musicaux de mon auteur préféré, j'imaginais avoir enfin trouvé dans la vraie vie une créature qui leur ressemblait : ce musicien idéal en qui pendant un temps j'avais cru découvrir un Deuxièmement, Kreissler était un homme appelé Flachs. C'était un homme de grande taille, extrêmement maigre, avec une tête très étroite et une manière extraordinaire de marcher, de bouger et de parler, que j'avais vu à tous ces concerts en plein air qui constituaient ma principale source d'éducation musicale. Il était toujours avec les membres de l'orchestre, parlant extrêmement vite, d'abord à l'un, puis à l'autre ; car ils le connaissaient tous et semblaient l'aimer. Je n'ai appris, à ma grande confusion, que bien plus tard qu'ils se moquaient de lui. Je me souviens avoir remarqué cet étrange personnage dès mes premiers jours à Dresde et j'ai compris, grâce aux conversations que j'ai entendues, qu'il était en effet bien connu de tous les musiciens de Dresde. Cette circonstance seule suffisait pour que je m'intéresse beaucoup à lui ; mais ce qui m'attirait le plus chez lui, c'était la manière dont il écoutait les différents programmes du programme : il avait l'habitude de hocher la tête de manière particulière et convulsive et de gonfler ses joues comme pour soupirer. Je considérais tout cela comme un signe d'extase spirituelle. Je remarquai d'ailleurs qu'il était tout seul, qu'il n'appartenait à aucun parti et qu'il ne prêtait attention à rien dans le jardin, sauf à la musique ; alors mon identification de cet être curieux avec le chef d'orchestre Kreissler me parut tout à fait naturelle. J'étais déterminé à faire sa connaissance et j'y suis parvenu. Qui dira ma joie quand, en allant le voir pour la première fois chez lui, je trouvai d'innombrables liasses de partitions ! Je n'avais encore jamais vu de partition. Il est vrai que j'ai découvert, à mon grand regret, qu'il ne possédait rien ni de Beethoven, ni de Mozart, ni de Weber ; en fait, rien que d'immenses quantités d'œuvres, de messes et de cantates de compositeurs tels que Staerkel, Stamitz, Steibelt, etc., qui m'étaient tous entièrement inconnus. Pourtant Flachs a su me dire tant de bien sur elles que le respect que j'éprouvais pour les partitions en général m'a aidé à surmonter mon regret de ne rien trouver de mes maîtres bien-aimés. Il est vrai que j'ai appris plus tard que le pauvre Flachs n'était entré en possession de ces partitions particulières que par l'intermédiaire de marchands sans scrupules, qui avaient troqué sa faiblesse intellectuelle et lui avaient refilé cette musique sans valeur contre de grosses sommes d'argent. En tout cas, c'étaient des scores, et cela me suffisait amplement. Flachs et moi sommes devenus très intimes ; on nous voyait toujours ensemble : moi, un garçon dégingandé de seize ans, et cet étrange mât de lin tremblant. Les portes de ma maison déserte s'ouvraient souvent à cet hôte étrange, qui me faisait jouer mes compositions pendant qu'il mangeait du pain et du fromage. En échange, il a un jour arrangé un de mes airs pour instruments à vent et, à mon grand étonnement, il a été accepté et joué par l'orchestre du Chalet Suisse de Kintschy. Que cet homme n'ait pas la moindre capacité à m'apprendre quoi que ce soit ne m'est jamais venu à l'esprit ; J'étais si fermement convaincu de son originalité qu'il n'avait pas besoin de le prouver davantage qu'en écoutant patiemment mes effusions enthousiastes. Mais comme, au fil du temps, plusieurs de ses propres amis nous rejoignirent, je ne pus m'empêcher de remarquer que le digne Flachs était considéré par tous comme un imbécile. Au début, cela me fit simplement de la peine, mais un incident étrange se produisit inopinément et me convertit à l'opinion générale à son sujet. Flachs était un homme de quelque fortune et était tombé dans les bras d'une jeune femme au caractère douteux qu'il croyait profondément amoureuse de lui. Un jour, sans prévenir, j'ai trouvé sa maison fermée et j'ai découvert, à mon grand étonnement, que la jalousie en était la cause. La découverte inattendue de cette liaison, qui était ma première expérience d'un pareil cas, me remplit d'une étrange horreur. Mon ami me parut soudain encore plus fou qu'il ne l'était en réalité. J'avais tellement honte de ma cécité persistante que, pendant un certain temps, je n'allai jamais à aucun des concerts dans les jardins, de peur de rencontrer mon faux Kreissler.

À cette époque, j'avais composé ma première Sonate en ré mineur. J'avais également commencé une pièce pastorale et je l'avais élaborée d'une manière qui, j'en suis sûr, devait être totalement sans précédent.

J'ai choisi Laune der Verliebten de Goethe comme modèle pour la forme et l'intrigue de mon œuvre. Cependant, j'ai à peine rédigé le livret, mais je l'ai élaboré en même temps que la musique et l'orchestration, de sorte que, pendant que j'écrivais une page de la partition, je n'avais même pas réfléchi aux paroles de la page suivante. . Je me souviens très bien qu'en suivant cette méthode extraordinaire, bien que n'ayant pas acquis la moindre connaissance en écriture pour instruments, j'ai effectivement élaboré un passage assez long qui s'est finalement résolu en une scène à trois voix féminines suivie de l'air pour le ténor. Mon penchant pour l'écriture pour orchestre était si fort que je me procurai une partition de Don Juan et me mis au travail sur ce que je considérais alors comme une orchestration très soignée d'un air assez long pour soprano. J'ai également écrit un quatuor en ré majeur après avoir moi-même suffisamment maîtrisé l'alto pour alto, dont mon ignorance m'avait causé de grandes difficultés peu de temps auparavant, alors que j'étudiais un quatuor de Haydn.

Armé de ces œuvres, je me suis lancé cet été dans mon premier voyage de musicien. Ma sœur Clara, mariée au chanteur Wolfram, avait un rendez-vous au théâtre de Magdebourg, où, de façon caractéristique, je partais à pied pour mon aventure.

Mon court séjour chez mes proches m'a apporté de nombreuses expériences de vie musicale. C'est là que j'ai rencontré un nouveau monstre dont je n'ai jamais pu oublier l'influence sur moi. C'était un chef d'orchestre du nom de Kuhnlein, une personne des plus extraordinaires. Déjà avancé en âge, délicat et malheureusement adonné à la boisson, cet homme impressionnait néanmoins par quelque chose de frappant et de vigoureux dans son expression. Ses principales caractéristiques étaient un culte enthousiaste de Mozart et une dépréciation passionnée de Weber. Il n'avait lu qu'un seul livre, Faust de Goethe, et il n'y avait pas une page de cet ouvrage où il n'eût souligné un passage et fait une remarque élogieuse à l'égard de Mozart ou dénigrant Weber. C'est à cet homme que mon beau-frère confia les compositions que j'avais apportées avec moi pour connaître son opinion sur mes capacités. Un soir, alors que nous étions confortablement assis dans une auberge, le vieux Kuhnlein entra et s'approcha de nous d'un air amical mais sérieux.

Je pensais lire une bonne nouvelle dans ses traits, mais lorsque mon beau-frère lui a demandé ce qu'il pensait de mon travail, il a répondu doucement et calmement : « Il n'y a pas une seule bonne note dedans ! Mon beau-frère, habitué à l'excentricité de Kuhnlein, eut un grand rire qui me rassura quelque peu. Il était impossible d'obtenir de Kuhnlein des conseils ou des raisons cohérentes pour justifier son opinion ; il se contenta de renouveler ses insultes à l'égard de Weber et de faire quelques références à Mozart qui m'ont néanmoins profondément impressionné, car le langage de Kuhnlein était toujours très passionné et emphatique.

En revanche, cette visite m'a apporté un grand trésor, qui s'est chargé de me conduire dans une direction très différente de celle conseillée par Kuhnlein. C'était la partition du grand Quatuor en mi bémol majeur de Beethoven, qui n'avait été publiée que très récemment et dont mon beau-frère m'avait fait faire une copie. Plus riche d'expérience, et en possession de ce trésor, je reviens à Leipzig à la crèche de mes études musicales queer. Mais ma famille était maintenant revenue avec ma sœur Rosalie, et je ne pouvais plus leur cacher que mes liens avec l'école avaient été entièrement suspendus, car on a trouvé un avis disant que je n'avais pas fréquenté l'école depuis six mois. mois. Comme une plainte adressée par le recteur à mon oncle à mon sujet n'avait pas reçu une attention suffisante, les autorités scolaires n'avaient apparemment fait aucune autre tentative pour exercer sur moi une surveillance que j'avais d'ailleurs rendue tout à fait impossible en m'absentant complètement.

Un nouveau conseil de guerre se tint dans la famille pour discuter de ce qu'il fallait faire de moi. Comme j'insistais particulièrement sur mon penchant pour la musique, mes proches estimèrent que je devais, en tout cas, apprendre à fond un instrument. Mon beau-frère Brockhaus proposa de m'envoyer à Hummel, à Weimar, pour y suivre une formation de pianiste, mais comme je protestais haut et fort que par « musique » j'entendais « composer » et non « jouer d'un instrument », ils cédèrent et décidèrent de me faire prendre régulièrement des leçons d'harmonie auprès de Muller, le même musicien dont j'avais reçu l'enseignement en cachette quelque temps auparavant et qui n'était pas encore payé. En échange, j'ai promis fidèlement de retourner travailler consciencieusement à l'école Saint-Nicolas. Je me suis vite lassé des deux. Je ne pouvais tolérer aucun contrôle, et cela s'appliquait malheureusement aussi à mon enseignement musical. L'étude sèche de l'harmonie me dégoûtait de plus en plus, même si je continuais à concevoir des fantaisies, des sonates et des ouvertures, et à les élaborer moi-même. D'un autre côté, j'étais motivé par l'ambition de montrer ce que je pouvais faire à l'école si je le voulais. Lorsque les élèves du lycée furent chargés d'écrire un poème, j'ai composé un refrain en grec sur la récente guerre de libération. Je peux très bien imaginer que ce poème grec ressemblait autant à un véritable discours et à une véritable poésie grecque, que les sonates et les ouvertures que je composais à cette époque ressemblaient à une musique parfaitement professionnelle. Ma tentative a été rejetée avec mépris, car elle était impudente. Après cela, je n'ai plus aucun souvenir de mon école. Ma présence continue était de ma part un pur sacrifice, fait par considération pour ma famille : je ne prêtais pas la moindre attention à ce qui était enseigné dans les cours, mais je m'occupais secrètement tout le temps de la lecture de tout livre qui m'attirait. .

Comme mon instruction musicale ne me servait à rien non plus, j'ai continué mon processus volontaire d'auto-éducation en copiant les partitions de mes maîtres bien-aimés et j'ai ainsi acquis une écriture soignée, qui a souvent été admirée dans les années suivantes. Je crois que mes exemplaires de la Symphonie en do mineur et de la Neuvième Symphonie de Beethoven sont encore conservés comme souvenirs.

La Neuvième Symphonie de Beethoven est devenue le but mystique de toutes mes étranges pensées et désirs concernant la musique. J'ai d'abord été attiré par l'opinion répandue parmi les musiciens, non seulement à Leipzig mais ailleurs, selon laquelle cette œuvre avait été écrite par Beethoven alors qu'il était déjà à moitié fou. On le considérait comme le « non plus ultra » de tout ce qui était fantastique et incompréhensible, et cela suffisait amplement à éveiller en moi un désir passionné d'étudier cette œuvre mystérieuse. Dès le premier coup d'œil sur la partition, dont j'ai eu tant de peine à m'emparer, je me suis senti irrésistiblement attiré par les quintes pures, longuement soutenues, par lesquelles s'ouvre la première phrase : ces accords, qui, comme je l'ai raconté plus haut, avaient joué un tel la part surnaturelle de mes impressions enfantines de la musique, semblait dans ce cas constituer la note spirituelle rituelle de ma propre vie. Ceci, pensai-je, devait sûrement contenir le secret de tous les secrets, et par conséquent la première chose à faire était de m'approprier la partition par un processus de copie laborieux. Je me souviens très bien qu'un jour, l'apparition soudaine de l'aube fit une impression si étrange sur mes nerfs excités que je sautai dans mon lit en poussant un cri, comme si j'avais vu un fantôme. La symphonie de cette époque n'était pas encore arrangée pour piano ; il avait trouvé si peu de faveur que l'éditeur ne se sentait pas enclin à courir le risque de le publier. Je me suis mis au travail et j'ai composé un solo de piano complet, que j'ai essayé de jouer tout seul. J'ai envoyé mon travail à Schott, l'éditeur de la partition, à Mayence. Je reçus en réponse une lettre disant « que les éditeurs n'étaient pas encore décidés à publier la Neuvième Symphonie pour piano, mais qu'ils garderaient volontiers mon travail laborieux », et m'offris une rémunération sous la forme de la partition de la grande Missa Solemnis. en ré, ce que j'ai accepté avec grand plaisir.

En plus de ce travail, je pratiquai quelque temps le violon, car mon maître d'harmonie estimait très justement qu'une certaine connaissance du fonctionnement pratique de cet instrument était indispensable à quiconque avait l'intention de composer pour l'orchestre. Ma mère, en effet, paya au violoniste Sipp (qui jouait encore dans l'orchestre de Leipzig en 1865) huit thalers pour un violon (je ne sais ce qu'il est advenu), avec lesquels j'ai dû lui infliger pendant trois mois des tortures indicibles. ma mère et ma sœur en pratiquant dans ma toute petite chambre. J'ai pu jouer certaines Variations en fa dièse de Mayseder, mais je n'ai atteint que la deuxième ou la troisième. Après cela, je n'ai plus aucun souvenir de cette pratique, dans laquelle ma famille avait heureusement de très bonnes raisons de ne pas m'encourager.

Mais le moment arriva où mon intérêt pour le théâtre reprit en moi une passion passionnée. Une nouvelle entreprise avait été créée dans ma ville natale sous de très bons auspices. Le conseil d'administration du Théâtre de la Cour de Dresde avait repris pendant trois ans la direction du théâtre de Leipzig. Ma sœur Rosalie était membre de la compagnie et, grâce à elle, je pouvais toujours accéder aux représentations ; et ce qui, dans mon enfance, n'était que l'intérêt suscité par un étrange esprit de curiosité, devint maintenant une passion plus profonde et plus consciente.

Jules César, Macbeth, Hamlet, les pièces de Schiller et, pour couronner le tout, le Faust de Goethe, m'excitaient et me bouleversaient profondément. L'Opéra donnait les premières représentations de Vampir et Templer und Judin de Marschner. La compagnie italienne arrive de Dresde et fascine le public de Leipzig par la maîtrise consommée de son art. Même moi, j'étais presque emporté par l'enthousiasme avec lequel la ville était submergée, au point d'oublier les impressions enfantines que le signor Sassaroli avait imprimées dans mon esprit, lorsqu'un autre miracle, qui nous venait également de Dresde, donna soudain une nouvelle direction à la situation. mes sentiments artistiques et a exercé une influence décisive sur toute ma vie . Il s'agissait d'une représentation spéciale donnée par Wilhelmine Schroder-Devrient, qui était alors au zénith de sa carrière artistique, jeune, belle et ardente, et dont je n'ai jamais revu l'égale sur scène. Elle a fait son apparition dans Fidelio.

Si je regarde ma vie dans son ensemble, je ne trouve aucun événement qui m'ait produit une impression aussi profonde. Quiconque peut se souvenir de cette femme merveilleuse à cette époque de sa vie doit, dans une certaine mesure, avoir éprouvé l'ardeur presque satanique que l'art intensément humain de cette actrice incomparable versait dans ses veines. Après la représentation, je me suis précipité chez une amie et j'ai écrit un court message à la chanteuse dans lequel je lui disais brièvement qu'à partir de ce moment ma vie avait acquis sa véritable signification et que si dans les jours à venir elle entendait un jour louer mon nom dans le monde de l'Art, elle doit se rappeler qu'elle avait fait de moi ce soir-là ce que j'avais alors juré que mon destin était de devenir. Ce mot, je l'ai laissé à son hôtel et je suis sorti en courant dans la nuit comme si j'étais fou. En 1842, alors que j'allais à

Dresde faire mes débuts avec Rienzi, je rendis plusieurs visites au bon chanteur, qui me surprit une fois en répétant mot à mot cette lettre. Cela semblait l'avoir également impressionné, car elle l'avait effectivement gardé.

À ce stade, je me sens obligé de reconnaître que la grande confusion qui commençait à régner dans ma vie, et particulièrement dans mes études, était due à l'effet démesuré que cette interprétation artistique produisait sur moi. Je ne savais pas vers qui me tourner, ni comment m'y prendre pour produire moi-même quelque chose qui puisse me mettre en contact direct avec l'impression que j'avais reçue, tandis que tout ce qui ne pouvait être mis en contact avec elle me paraissait si superficiel et dénué de sens que je je ne pouvais pas m'en préoccuper. J'aurais aimé composer une œuvre digne d'un Schröder-Devrient ; mais comme cela était tout à fait au-dessus de mes forces, dans mon désespéré désespoir, j'ai laissé tomber toute entreprise artistique, et comme mon travail était également tout à fait insuffisant pour m'absorber, je me suis jeté imprudemment dans la vie du moment en compagnie de personnages étrangement choisis. associés et se livraient à toutes sortes d'excès de jeunesse.

J'entrais maintenant dans toutes les dissipations de la virilité brute, dont la laideur extérieure et le vide intérieur m'émerveillent encore aujourd'hui. Mes relations avec celles de mon âge avaient toujours été le fruit du pur hasard. Je ne me souviens pas qu'une inclination ou une attirance particulière m'ait déterminé dans le choix de mes jeunes amis. Même si je peux honnêtement dire que je n'ai jamais été en mesure de me tenir à l'écart par envie de quelqu'un qui était particulièrement doué, je ne peux expliquer mon indifférence dans le choix de mes associés que par le fait que, par manque d'expérience quant au type de camaraderie qui me serait avantageux, je ne tenais qu'à avoir quelqu'un qui m'accompagnerait dans mes excursions, et à qui je pourrais exprimer mes sentiments à ma guise, sans me soucier de l'effet que cela pourrait avoir sur lui. Il en résulta qu'après un flot de confidences auxquelles ma propre excitation était la seule réponse, j'en arrivai enfin au point où je me retournai et regardai mon ami ; à mon grand étonnement, je trouvais généralement qu'il n'était pas du tout question de réponse, et dès que je mettais mon cœur à tirer quelque chose de lui en retour et que je le pressais de se confier à moi, alors qu'il n'avait en réalité rien à dire, le lien prenait généralement fin et ne laissait aucune trace dans ma vie. D'une certaine manière, ma relation étrange avec Flachs était typique de la grande majorité de mes liens dans l'au-delà. Par conséquent, comme aucun lien personnel d'amitié durable n'a jamais trouvé son chemin dans ma vie, il est facile de comprendre comment le plaisir des dissipations de la vie étudiante a pu devenir une passion d'une certaine durée, parce qu'en elle les rapports individuels sont entièrement remplacés par un cercle commun. de connaissances. Au milieu du tapage et des divagations les plus insensées, je restais tout seul, et il est fort possible que ces frivolités formaient une haie protectrice autour de mon âme la plus intime, qui avait besoin de temps pour reprendre sa force naturelle et ne pas s'affaiblir en atteignant maturité trop tôt.

Ma vie semblait se briser dans toutes les directions ; J'ai dû quitter l'école Saint-Nicolas à Pâques 1830, car j'étais trop profondément en disgrâce auprès du personnel des maîtres pour espérer jamais une promotion à l'Université de ce côté-là. Il était maintenant décidé que je devrais étudier en privé pendant six mois, puis aller à l'école Saint-Thomas, où je serais dans un nouvel environnement et serais capable de me préparer et de me qualifier en peu de temps pour l'université. Mon oncle Adolph, avec qui je renouvelais sans cesse mon amitié, et qui m'encourageait aussi dans ma musique et exerçait sur moi une bonne influence à cet égard, malgré la profonde dégradation de ma vie à cette époque, ne cessait d'éveiller en moi une désir toujours nouveau d'études scientifiques. J'ai pris des cours particuliers de grec auprès d'un érudit et j'ai lu Sophocle avec lui. Pendant un certain temps, j'ai espéré que ce noble poète m'inspirerait à nouveau pour m'approprier réellement la langue, mais cet espoir était vain. Je n'avais pas choisi le bon professeur, et d'ailleurs le salon dans lequel nous faisions nos études donnait sur une tanière dont l'odeur repoussante m'affectait si fortement les nerfs que je devins profondément dégoûté à la fois de Sophocle et du grec. Mon beau-frère Brockhaus, qui voulait me permettre de gagner un peu d'argent de poche, me confia la correction des épreuves d'une nouvelle édition qu'il faisait sortir de l'Histoire universelle de Becker, révisée par Lobell. Cela m'a donné une raison d'améliorer par des études privées l'enseignement général superficiel sur chaque matière qui est donnée à l'école, et j'ai ainsi acquis les connaissances précieuses que j'étais destiné à acquérir plus tard dans la plupart des branches du savoir enseignées de manière si inintéressante. classe. Je ne dois pas oublier de dire que, dans une certaine mesure, l'attrait exercé sur moi par cette première étude plus approfondie de l'histoire tenait à ce qu'elle me rapportait huit pence la feuille, et je me trouvais ainsi dans une des situations les plus rares. dans ma vie, je gagne réellement de l'argent ; mais je me ferais une injustice si je ne gardais pas à l'esprit les vives impressions que je reçus pour la première fois en portant mon attention sérieuse sur ces périodes de l'histoire que je n'avais jusqu'alors eu qu'une connaissance très superficielle. Tout ce dont je me souviens de mes années d'école à cet égard, c'est que j'ai été attiré par la période classique de l'histoire grecque ; Marathon, Salamine et Thermopyles composaient le canon de tout ce qui m'intéressait en la matière. Je faisais alors pour la première fois une connaissance intime du Moyen Âge et de la Révolution française, puisque mon travail de correction portait précisément sur les deux volumes qui contenaient ces deux périodes. Je me souviens notamment que la description de la Révolution m'emplissait d'une haine sincère pour ses héros ; peu familier avec l'histoire antérieure de la France, ma sympathie humaine était horrifiée par la cruauté des hommes d'alors, et cet élan purement humain restait si fort en moi que je me souviens combien, tout récemment encore, il m'a coûté un véritable combat pour accorder aucun poids à la véritable signification politique de ces actes de violence.

Quel fut donc mon étonnement lorsqu'un jour les événements politiques actuels de l'époque me permirent, pour ainsi dire, d'acquérir une expérience personnelle du genre de bouleversements nationaux avec lesquels j'avais été en contact lointain au cours de mes preuves. -correction. Les numéros spéciaux de la Gazette de Leipzig nous apportaient des nouvelles de la Révolution de Juillet à Paris. Le roi de France avait été chassé de son trône ; Lafayette, qui m'avait semblé un instant auparavant un mythe, chevauchait de nouveau dans les rues de Paris au milieu d'une foule en liesse ; les gardes suisses avaient été une fois de plus massacrées aux Tuileries, et un nouveau roi ne connaissait pas de meilleur moyen de se recommander au peuple qu'en se déclarant l'incarnation de la République. Prendre soudainement conscience de vivre à une époque où de telles choses se produisaient ne pouvait manquer d'avoir un effet surprenant sur un garçon de dix-sept ans. Le monde en tant que phénomène historique a commencé à mes yeux à partir de ce jour, et naturellement mes sympathies étaient entièrement du côté de la Révolution, que je considérais à la lumière d'une lutte populaire héroïque couronnée de victoire et libérée des tares du terrible excès qui ont entaché la première Révolution française. Comme l'Europe entière, y compris certains États allemands, fut bientôt plongée plus ou moins violemment dans la rébellion, je restai quelque temps dans un état de suspense fébrile, et je tournai d'abord mon attention vers les causes de ces bouleversements, que je considérées comme des luttes de jeunes et pleins d'espoir contre la partie âgée et déficiente de l'humanité. La Saxe n'est pas non plus restée indemne ; à Dresde, il y eut de véritables combats dans les rues, qui produisirent immédiatement un changement politique sous la forme de la proclamation de la régence du futur roi Frédéric et de l'octroi d'une constitution. Cet événement me remplit d'un tel enthousiasme que je composai une ouverture politique dont le prélude dépeignait une sombre oppression au milieu de laquelle se fit enfin entendre un accent sous lequel, pour rendre mon propos plus clair, j'écrivis les mots Friedrich und Freiheil ; cette variété était destinée à se développer progressivement et majestueusement jusqu'au triomphe le plus complet, que j'espérais voir bientôt exécuté avec succès lors d'un des concerts de jardin de Leipzig.

Cependant, avant que je puisse développer davantage mes conceptions politico-musicales, des troubles éclatèrent à Leipzig même, qui m'appelèrent du quartier de l'art pour prendre une part directe à la vie nationale. La vie nationale à Leipzig à cette époque ne signifiait rien d'autre qu'un antagonisme entre les étudiants et la police, cette dernière étant l'ennemi juré sur lequel se déversait l'amour juvénile de la liberté. Certains étudiants avaient été arrêtés lors d'une bagarre dans la rue et devaient maintenant être secourus. Les étudiants, agités depuis quelques jours, se rassemblèrent un soir sur la place du marché et dans les clubs, se rassemblèrent et formèrent un cercle autour de leurs chefs. L'ensemble des débats était marqué par une certaine solennité mesurée, qui m'impressionna profondément. Ils chantèrent Gaudeamus igitur, se formèrent en colonne et, ramassant dans la foule tous les jeunes gens qui sympathisaient avec eux, marchèrent gravement et résolument de la place du marché aux bâtiments de l'université, pour ouvrir les cellules et libérer les étudiants arrêtés. . Mon cœur battait fort tandis que je marchais avec eux vers cette « Prise de la Bastille », mais les choses ne se sont pas déroulées comme nous l'espérions, car dans la cour du Paulinum, la procession solennelle a été arrêtée par le recteur Krug, descendu pour rencontrer il avec sa tête grise nue ; son assurance que les captifs avaient déjà été libérés à sa demande fut accueillie par des acclamations tonitruantes, et l'affaire parut terminée.

Mais l'attente tendue d'une révolution était devenue trop grande pour ne pas exiger quelques sacrifices. Une convocation fut subitement répandue nous appelant dans une ruelle notoire pour exercer la justice populaire contre un magistrat détesté qui, disait-on, avait illégalement pris sous sa protection une certaine maison mal famée de ce quartier. Lorsque je suis arrivé à l'endroit où se trouvait la queue de la foule, j'ai constaté que la maison avait été cambriolée et que toutes sortes de violences avaient été commises. Je me souviens avec horreur de l'effet enivrant que cette fureur irraisonnée avait eu sur moi, et je ne peux nier que, sans la moindre provocation personnelle, j'ai participé, comme un possédé, à l'assaut frénétique des étudiants qui brisaient follement meubles et vaisselle. Je ne crois pas que le motif apparent de cet outrage, qui, il est vrai, se trouvait dans un fait qui constituait une menace grave pour la moralité publique, ait eu pour moi quelque poids que ce soit ; au contraire, c'est la fureur purement diabolique de ces déchaînements populaires qui m'entraînait aussi, comme un fou, dans leur tourbillon.

Que de tels accès de fureur ne s'apaisent pas rapidement, mais qu'ils ne parviennent à leur conclusion, conformément à certaines lois naturelles, qu'après avoir dégénéré en frénésie, je devais l'apprendre personnellement. A peine l'appel de marcher vers une autre station du même genre retentit-il que je me trouvai moi aussi dans la marée qui se dirigeait vers l'extrémité opposée de la ville. Là, les mêmes exploits se répétèrent et les outrages les plus ridicules furent perpétrés. Je ne me souviens pas que la consommation de boissons alcoolisées ait contribué à mon ivresse et à celle de mes proches. Je sais seulement que je me suis finalement retrouvé dans l'état qui suit habituellement une débauche, et qu'au réveil le lendemain matin, comme d'un horrible cauchemar, j'ai dû me convaincre que j'avais réellement participé aux événements de la nuit précédente par un trophée. Je possédais sous la forme d'un rideau rouge en lambeaux, que j'avais ramené chez moi en gage de mes prouesses. L'idée que les gens en général, et ma propre famille en particulier, avaient l'habitude de donner une interprétation indulgente aux escapades de jeunesse me fut d'un grand réconfort ; de telles explosions de la part de la jeunesse étaient considérées comme une juste indignation contre des scandales vraiment graves, et je n'avais pas à craindre d'avouer avoir participé à de tels excès.

Cependant, le dangereux exemple donné par les étudiants incita les classes populaires et la foule à des excès similaires les nuits suivantes, contre les employeurs et tous ceux qui leur étaient odieux. L'affaire prit aussitôt une tournure plus sérieuse ; la propriété était menacée et un conflit entre riches et pauvres souriait à nos portes. Comme il n'y avait pas de soldats dans la ville et que la police était complètement désorganisée, les étudiants furent appelés pour se protéger des ordres inférieurs. Une heure de gloire pour les étudiants commençait alors, telle que je n'aurais pu qu'en avoir soif dans mes rêves d'écolier. L'étudiant devint la divinité tutélaire de Leipzig, appelée par les autorités à s'armer et à s'unir pour défendre la propriété, et les mêmes jeunes gens qui, deux jours auparavant, avaient cédé à une rage de destruction, se rassemblèrent désormais dans la cour de l'Université. Les noms proscrits des clubs et syndicats étudiants furent criés par la bouche des conseillers municipaux et des chefs de police afin d'appeler des étudiants curieusement équipés, qui alors, dans un simple déploiement de guerre médiévale, dispersés dans toute la ville, occupèrent les corps de garde à les portes servaient de sentinelles aux terrains de divers riches marchands et, selon les circonstances, prenaient place sous leur protection permanente des lieux qui semblaient menacés, plus particulièrement des auberges.

Même si, malheureusement, je n'étais pas encore membre de leur corps, j'anticipais les délices de la citoyenneté académique en sollicitant mi-audacieuse, mi-obséquieuse les dirigeants des étudiants que j'honorais le plus. J'ai eu la chance de me recommander particulièrement à ces « coqs de la promenade », comme on les appelait, en raison de mes relations avec Brockhaus, dans le domaine duquel le gros de ces champions campait depuis quelque temps. Mon beau-frère faisait partie de ceux qui avaient été gravement menacés, et ce n'est que grâce à une très grande présence d'esprit et à une très grande assurance qu'il a réussi à sauver son imprimerie, et surtout ses presses à vapeur, qui étaient la principale cible des attaques. , de la destruction. Pour protéger sa propriété contre de nouvelles agressions, des détachements d'étudiants ont également été envoyés sur son terrain ; les excellents divertissements que le généreux maître de maison offrait à ses joviaux gardiens dans son agréable pavillon d'été attiraient vers lui la sélection des étudiants. Mon beau-frère fut pendant plusieurs semaines protégé jour et nuit contre d'éventuelles attaques de la population, et à cette occasion, en médiateur d'une hospitalité fluide, je célébrai parmi les « sangs » les plus célèbres de l'Université les véritables saturnales de mon ambition scientifique.

Pendant une période encore plus longue, la garde des portes fut confiée aux étudiants ; la splendeur inouïe qui devint par conséquent associée à ce poste attira de nouveaux aspirants de loin et de près. Chaque jour, d'énormes véhicules affrétés débarquaient à la porte de Halle des bandes entières des savants les plus audacieux de Halle, d'Iéna, de Göttingen et des régions les plus reculées. Ils s'approchèrent des gardes à la porte et, pendant plusieurs semaines, ne mirent jamais les pieds dans une auberge ni dans aucune autre habitation ; ils vivaient aux dépens du Conseil, tiraient des bons sur la police pour manger et boire, et ne connaissaient qu'un seul souci, c'est que la possibilité d'un apaisement général des esprits rendrait superflue leur tutelle opportune. Je n'ai jamais manqué un jour de garde ni une nuit non plus, hélas ! j'essayais de faire comprendre à ma famille le besoin urgent de mon endurance personnelle. Bien sûr, les esprits les plus calmes et les plus studieux parmi nous renoncèrent bientôt à leurs fonctions, et seule la fleur du troupeau des étudiants resta si fidèle qu'il devint difficile aux autorités de les relever de leur tâche. J'ai tenu bon jusqu'au bout et j'ai réussi à me faire des amis des plus étonnants pour mon âge. Beaucoup des plus audacieux restèrent à Leipzig, même lorsqu'il n'y avait pas de garde à remplir, et peuplèrent l'endroit pendant quelque temps de champions d'un type extraordinairement désespéré et dissipé, qui avaient été renvoyés à plusieurs reprises de diverses universités pour chahut ou dettes, et qui maintenant, grâce aux circonstances exceptionnelles de l'époque, trouvèrent refuge à Leipzig, où ils avaient d'abord été reçus à bras ouverts par l'enthousiasme général de leurs camarades.

En présence de tous ces phénomènes, j'avais l'impression d'être entouré des conséquences d'un tremblement de terre qui avait bouleversé l'ordre habituel des choses. Mon beau-frère, Friedrich Brockhaus, qui pouvait à juste titre narguer les anciennes autorités du lieu pour leur incapacité à maintenir la paix et l'ordre, fut emporté par le courant d'un formidable mouvement d'opposition. Il prononça un discours audacieux à la Guildhall devant le conseil municipal, ce qui lui apporta de la popularité, et il fut nommé commandant en second de la garde municipale de Leipzig nouvellement constituée. Ce corps chassa enfin mes élèves adorés des corps de garde des portes de la ville, et nous n'eûmes plus le droit d'arrêter les voyageurs et de contrôler leurs laissez-passer. D'un autre côté, je me flattais de pouvoir considérer ma nouvelle situation d'enfant citoyen comme équivalente à celle de la Garde nationale française, et mon beau-frère Brockhaus comme un

Lafayette saxon, ce qui, en tout cas, réussi à fournir à mon enthousiasme grandissant un stimulant sain. J'ai alors commencé à lire les journaux et à cultiver la politique avec enthousiasme ; cependant, les relations sociales du monde civique ne m'attiraient pas suffisamment pour me rendre trompeur auprès de mes chers collègues universitaires. Je les suivis fidèlement depuis les corps de garde jusqu'aux bars ordinaires, où leur splendeur d'hommes littéraires cherchait désormais à se retirer.

Ma principale ambition était de devenir l'un d'entre eux le plus tôt possible. Cependant, cela ne pouvait être accompli qu'en étant à nouveau inscrit dans un lycée. Saint-Thomas, dont le directeur était un vieillard faible, était l'endroit où mes vœux pouvaient être le plus rapidement exaucés.

Je suis entré à l'école à l'automne 1830 simplement avec l'intention de me qualifier pour l'examen de fin d'études par une simple fréquentation nominale. Le principal problème, c'est que moi et des amis partageant les mêmes tendances avons réussi à créer une fausse association d'étudiants appelée Freshman's Club. Elle fut formée avec tout le pédantisme possible, l'institution du « Commentaire » fut introduite, des entraînements d'escrime et des combats d'épée eurent lieu, et une réunion inaugurale à laquelle plusieurs étudiants éminents furent invités et à laquelle je présidai en tant que « Vice » dans un pantalon de daim blanc et de grosses bottes me donnèrent un avant-goût des délices qui m'attendaient en tant que fils épanoui des Muses.

Les maîtres de Saint-Thomas, cependant, n'étaient pas tout à fait aussi disposés à se conformer à mes aspirations à devenir étudiants ; à la fin du semestre, ils estimaient que je n'avais pas pensé à leur institution, et rien ne pouvait les persuader que j'avais acquis un titre de citoyenneté académique par une quelconque acquisition de connaissances. Il fallait prendre une décision, c'est pourquoi j'ai informé ma famille que j'avais décidé de ne pas étudier pour exercer une profession à l'université, mais de devenir musicien. Rien ne m'empêchait de m'inscrire comme « Studiosus Musicae », et, sans pour autant me soucier des pédantismes des autorités de Saint-Thomas, je quittai avec défi ce siège d'études dont j'avais tiré peu de profit, et me présentai immédiatement à le recteur de l'Université, dont j'avais fait la connaissance le soir de l'émeute, pour m'inscrire comme étudiant en musique. Cela s'est donc fait sans plus attendre, moyennant le paiement des honoraires habituels.

J'étais très pressé, car dans une semaine les vacances de Pâques commenceraient et les « hommes » descendraient de Leipzig, alors qu'il serait impossible d'être élu membre d'un club avant la fin des vacances et de rester toutes ces semaines chez moi à Leipzig sans avoir le droit de porter les couleurs tant convoitées me paraissait une torture insupportable. Dès la présence du recteur, j'ai couru comme un animal blessé à l'école d'escrime pour me présenter à l'admission au Club Saxon, en montrant ma carte d'immatriculation. J'atteignis mon but, je pouvais porter les couleurs de la Saxonia, qui était alors à la mode, et très demandée, parce qu'elle comptait dans ses rangs tant de membres charmants.

Le sort le plus étrange m'attendait pendant ces vacances de Pâques, pendant lesquelles j'étais en réalité le seul représentant restant du club saxon de Leipzig. Au début, ce club se composait principalement d'hommes de bonne famille ainsi que d'éléments de la meilleure classe du monde étudiant ; tous étaient membres de familles haut placées et aisées de Saxe en général, et en particulier de la capitale Dresde, et passaient leurs vacances dans leurs maisons respectives. Il ne restait à Leipzig pendant les vacances que ces étudiants errants qui n'avaient pas de logement et pour qui en réalité c'était toujours ou jamais le temps des vacances. Parmi eux s'était formé un club distinct de jeunes réprouvés audacieux et désespérés qui avaient trouvé un dernier refuge, comme je l'ai dit, à Leipzig, dans la période glorieuse que j'ai racontée. J'avais déjà fait la connaissance personnelle de ces bretteurs qui me plaisaient beaucoup, lorsqu'ils gardaient le terrain de Brockhaus. Même si la durée normale des études universitaires n'excède pas trois ans, la plupart de ces hommes n'ont jamais quitté leur université depuis six ou sept ans.

J'étais particulièrement fasciné par un homme appelé Gebhardt, doté d'une beauté et d'une force physiques extraordinaires et dont la silhouette élancée et héroïque dominait de la tête et des épaules tous ses compagnons. Lorsqu'il marchait dans la rue, bras dessus bras dessous, avec deux de ses camarades les plus forts, il se mettait soudain en tête, d'un simple mouvement du bras, de soulever ses amis très haut dans les airs et de s'agiter dans leurs bras. de cette façon, comme s'il avait une paire d'ailes humaines. Lorsqu'un taxi roulait dans les rues au grand trot, il saisissait d'une main un rayon de la roue et le forçait à se garer. Personne ne lui a jamais dit qu'il était stupide parce qu'ils avaient peur de sa force, c'est pourquoi ses limites étaient à peine remarquées. Sa force redoutable, alliée à un caractère sobre, lui conférait une dignité majestueuse qui le plaçait au-dessus du niveau du commun des mortels. Il était venu du Mecklembourg à Leipzig en compagnie d'un certain Degelow, qui était aussi puissant et adroit, mais en aucun cas aussi gigantesque, que son ami, et dont le principal attrait résidait dans sa grande vivacité et ses traits animés. Il menait une vie sauvage et dissipée, dans laquelle le jeu, la boisson, les amours passionnées et les duels constants et prompts avaient sonné les changements. Une politesse cérémonieuse, une froideur ironique et pédante, qui témoignait d'une confiance en soi audacieuse, jointes à un caractère très bouillant, formaient les principaux caractères de ce personnage et de ces natures voisines des siennes. La sauvagerie et la passion de Degelow étaient dotées d'un curieux charme diabolique par la possession d'un humour malveillant qu'il tournait souvent contre lui-même, tandis qu'à l'égard des autres, il exerçait une certaine tendresse chevaleresque.

Ces deux hommes extraordinaires furent rejoints par d'autres qui possédaient toutes les qualités essentielles à une vie téméraire, ainsi qu'un courage réel et entêté. L'un d'eux, nommé Stelzer, un Berserker régulier de l' Enlied Nibelung, surnommé Lope, en était à son vingtième mandat. Alors que ces hommes appartenaient ouvertement et consciemment à un monde voué à la destruction, et que toutes leurs actions et escapades ne pouvaient s'expliquer que par l'hypothèse qu'ils croyaient tous qu'une ruine inévitable était imminente, j'ai fait en leur compagnie la connaissance d'un certain Schroter, qui m'a particulièrement attiré par son caractère cordial, son agréable accent hanovrien et son esprit raffiné. Il n'était pas un de ces jeunes casse-cou ordinaires, envers lesquels il adoptait une attitude calme et observatrice, alors qu'ils l'aimaient tous et étaient heureux de le voir. Je me suis fait un véritable ami de ce Schroter, même s'il était beaucoup plus âgé que moi. Grâce à lui, j'ai fait la connaissance des œuvres et des poèmes de H. Heine, et j'ai acquis de lui un certain esprit vif et impertinent, et j'étais tout à fait prêt à m'abandonner à son agréable influence dans l'espoir d'améliorer mon apparence extérieure. C'était sa compagnie en particulier que je recherchais chaque jour ; l'après-midi, je le rencontrais généralement au chalet de Rosenthal ou de Kintschy, mais toujours en présence de ces merveilleux Goths qui excitaient à la fois mon inquiétude et mon admiration.

Ils appartenaient tous à des clubs universitaires qui entretenaient des relations hostiles avec celui dont j'étais membre. Ce que signifiait cette hostilité entre les différents clubs, seuls peuvent en juger ceux qui connaissent le ton qui prévalait parmi eux à cette époque. La simple vue de couleurs hostiles suffisait à exaspérer ces hommes, par ailleurs gentils et doux, pourvu qu'ils en aient trop pris la moindre goutte. En tout cas, aussi longtemps que les vieux metteurs en scène restaient sobres, ils regarderaient avec une complaisance bon enfant un petit garçon comme moi, aux couleurs hostiles, se déplaçant si amicalement parmi eux. Ces couleurs que je portais à ma manière. J'avais profité de la courte semaine pendant laquelle mon club était encore à Leipzig pour devenir propriétaire d'une splendide casquette « saxonne », richement brodée d'argent, et portée par un homme nommé Muller, qui fut plus tard un éminent connétable à Dresde. J'avais été pris d'une envie si violente pour cette casquette que j'ai réussi à la lui acheter, car il voulait de l'argent pour rentrer chez lui. Malgré cette casquette remarquable, j'étais, comme je l'ai dit, le bienvenu dans l'antre de cette bande de voyous : mon ami Schroter y veillait. Ce n'est que lorsque le grog, qui était la boisson principale de ces esprits sauvages, commençait à agir, que j'apercevais des regards curieux et que j'entendais des discours douteux, dont la signification m'était quelque temps cachée par le vertige dans lequel mes propres esprits se trouvaient. les sens étaient plongés par cette boisson funeste.

Comme j'étais inévitablement à cause de cela d'être mêlé à des querelles pendant quelque temps encore, j'étais très heureux que mon premier combat, en fait, soit né d'un incident plus honorable à mes yeux que ces provocations qui J'étais parti à moitié inaperçu. Un jour, Degelow s'approcha de Schroter et de moi dans un bar à vin que nous fréquentions souvent et nous avoua confidentiellement, d'une manière assez amicale, son attachement pour une jeune et très jolie actrice dont Schroter contestait le talent. Degelow répliqua que c'était ainsi que cela pouvait être, mais que, pour sa part, il considérait la jeune dame comme la femme la plus respectable du théâtre. Je lui demandai aussitôt s'il considérait que la réputation de ma sœur n'était pas aussi bonne. Selon les idées des étudiants, il était impossible à Degelow, qui n'avait sans doute pas la moindre intention de m'insulter, de me donner une assurance autre que de dire qu'il ne pensait certainement pas que ma sœur avait une réputation inférieure, mais que néanmoins il entendait s'en tenir à son affirmation concernant la jeune femme dont il avait parlé. S'en suivit sans tarder le défi habituel, commençant par les mots : « Tu es un âne », qui me parurent presque ridicules à mes propres oreilles lorsque je les dis à ce bretteur chevronné.

Je me souviens que Degelow aussi haletait d'étonnement, et des éclairs semblaient jaillir de ses yeux ; mais il se contrôla en présence de mon ami, observa les formalités habituelles d'un défi et choisit les sabres (krumme Sabel) comme armes de combat. L'événement fit grand bruit parmi nos compagnons, mais je vis moins de raisons qu'auparavant de m'abstenir de mes relations habituelles avec eux. Seulement, je devins plus strict sur le comportement des bretteurs, et pendant plusieurs jours aucune soirée ne se passa sans provoquer un défi entre moi et quelque formidable tyran, jusqu'à ce qu'enfin le comte Solms, le seul membre de mon club qui soit encore revenu à Leipzig, Il m'a rendu visite comme s'il était un ami intime et m'a demandé ce qui s'était passé. Il applaudit ma conduite, mais me conseilla de ne porter mes couleurs qu'au retour de nos camarades de vacances, et de me tenir à l'écart de la mauvaise compagnie dans laquelle je m'étais aventuré. Heureusement, je n'ai pas eu longtemps à attendre ; La vie universitaire reprit bientôt et le terrain d'escrime fut rempli. La position peu enviable dans laquelle, selon une expression d'étudiant, j'étais suspendu avec une demi-douzaine des épéistes les plus terribles, m'a valu une glorieuse réputation parmi les « étudiants de première année » et les « juniors », et même parmi les « champions » plus âgés du Saxe.

Mes seconds furent dûment fixés, les dates des différents duels en cours furent fixées et, grâce aux soins de mes aînés, le temps nécessaire fut assuré pour que j'acquière une sorte de compétence en escrime. Le cœur léger avec lequel j'attendais le sort qui me menaçait dans au moins une des rencontres imminentes, je ne pouvais moi-même le comprendre à l'époque ; d'autre part, la manière dont ce sort m'a préservé des conséquences de ma témérité me semble encore aujourd'hui vraiment miraculeuse et digne d'être décrite plus en détail.

Les préparatifs d'un duel consistaient à acquérir une certaine expérience de ces rencontres en étant présent à plusieurs d'entre elles. Nous, les étudiants de première année, avons atteint ce but par ce qu'on appelle le « devoir de portage », c'est-à-dire qu'on nous a confié les rapières du corps (armes précieuses d'honneur appartenant à l'association), et qu'il nous a fallu les porter d'abord au broyeur et de là jusqu'au lieu de la rencontre, procédure qui présentait certains dangers, car elle devait se faire subrepticement, puisque le duel était interdit par la loi ; en échange, nous acquérions le droit d'assister, en tant que spectateurs, aux combats imminents.

Lorsque j'eus mérité cet honneur, le lieu de rendez-vous choisi pour le duel auquel je devais assister était la salle de billard d'une auberge de la Burgstrasse ; la table avait été déplacée de côté, et les spectateurs autorisés y prenaient place. Parmi eux, je me suis levé le cœur battant pour assister aux rencontres dangereuses entre ces vaillants champions. On m'a raconté à cette occasion l'histoire d'un de mes amis (un juif nommé Levy, mais connu sous le nom de Lippert), qui, à cet étage même, avait cédé tellement de terrain devant son adversaire qu'il a fallu lui ouvrir la porte, et il dévala les marches de la rue, croyant toujours qu'il était engagé dans le duel. Après plusieurs combats, deux hommes arrivèrent sur le terrain, Tempel, le président du Markomanen, et un certain Wohlfart, un vieux stager, déjà en quatorzième semestre d'études, chez qui j'étais également engagé. pour une rencontre plus tard. Dans ce cas, aucun homme n'était autorisé à regarder, afin que les points faibles du duelliste ne soient pas révélés à son futur adversaire. Mes chefs demandèrent donc à Wohlfart s'il voulait que je sois renvoyé ; sur quoi il répondit avec un calme mépris : « Qu'ils laissent là le petit étudiant de première année, au nom de Dieu ! Je devins ainsi témoin oculaire de l'incapacité d'un épéiste qui se montrait pourtant si expérimenté et si habile à l'occasion que j'aurais bien pu m'alarmer de l'issue de ma future rencontre avec lui. Son gigantesque adversaire lui coupa l'artère du bras droit, ce qui mit aussitôt fin au combat ; le chirurgien déclara que Wohlfart ne serait plus capable de tenir une épée avant des années, ce qui fit que mon projet de rencontre avec lui fut immédiatement annulé. Je ne nie pas que cet incident ait réconforté mon âme.

Peu de temps après, la première réunion générale de notre club a eu lieu au Robinet Vert. Ces rassemblements sont des foyers réguliers pour la production de duels. Ici, je me suis attiré une nouvelle rencontre avec un certain Tischer, mais j'ai appris en même temps que j'avais été soulagé de deux de mes engagements précédents les plus redoutables de ce genre par la disparition de mes adversaires, qui s'étaient tous deux enfuis pour cause de dettes. et n'a laissé aucune trace derrière eux. Le seul dont j'entendais parler était le terrible Stelzer, surnommé Lope. Cet homme avait profité du passage de réfugiés polonais, qui avaient déjà franchi la frontière à cette époque et traversaient l'Allemagne pour se rendre en France, pour se déguiser en un malheureux défenseur de la liberté et il a ensuite trouvé son chemin vers la Légion étrangère en Algérie. En revenant du rassemblement, Degelow, que je devais rencontrer dans quelques semaines, proposa une « trêve ». C'était un procédé qui, s'il était accepté, comme c'était le cas en l'espèce, permettrait aux futurs combattants de se divertir et de se parler, ce qui était par ailleurs strictement interdit. Nous sommes retournés à la ville bras dessus bras dessous ; avec une tendresse chevaleresque, mon intéressant et redoutable adversaire me déclara qu'il était enchanté à l'idée de croiser le fer avec moi dans quelques semaines ; qu'il considérait cela comme un honneur et un plaisir, car il m'aimait et me respectait pour ma vaillante conduite. Rarement une réussite personnelle ne m'a autant flatté. Nous nous embrassâmes et, au milieu de protestations qui, en raison d'une certaine dignité, prirent une signification que je ne pourrai jamais oublier, nous nous séparâmes. Il m'informa qu'il devait d'abord se rendre à Iéna, où il avait rendez-vous pour se battre en duel. Une semaine plus tard, la nouvelle de sa mort parvint à Leipzig ; il avait été mortellement blessé lors du duel d'Iéna.

J'avais l'impression de vivre dans un rêve, dont je fus tiré par l'annonce de ma rencontre avec Tischer. Bien qu'il fût un combattant de premier ordre et vigoureux, il avait été choisi par nos chefs pour mon premier passage d'armes parce qu'il était assez petit. Même si je ne parvenais pas à avoir une grande confiance dans mes compétences d'escrime acquises à la hâte et peu pratiquées, j'attendais avec impatience ce premier duel avec impatience. Même si c'était contraire au règlement, je n'ai jamais songé à dire aux autorités que je souffrais d'une légère éruption cutanée que j'avais contractée à ce moment-là et qui, m'a-t-on dit, rendait les blessures si dangereuses que si elle était signalée, cela retarderait la réunion. malgré le fait que j'étais assez modeste pour me préparer aux blessures. On m'appela à dix heures du matin et je quittai la maison en souriant en pensant à ce que diraient ma mère et mes sœurs si, dans quelques heures, j'étais ramené dans l'état alarmant que je prévoyais. Mon chef, Herr v. Schonfeld, était un homme agréable et calme qui vivait dans le marais. Quand j'arrivai chez lui, il se pencha par la fenêtre, sa pipe au bec, et me salua en disant : « Tu peux rentrer chez toi, mon garçon, c'est fini ; Tischer est à l'hôpital. Quand je montai à l'étage, je trouvai plusieurs « hommes de premier plan » rassemblés, dont j'appris que Tischer s'était beaucoup ivre la nuit précédente et qu'il s'était en conséquence exposé au traitement le plus outrancier de la part des habitants d'une maison de mauvaise réputation. Il a été grièvement blessé et a été transporté en premier lieu à l'hôpital par la police. Cela signifiait inévitablement une rusticité et, surtout, l'expulsion de l'association académique à laquelle il appartenait.

Je ne me souviens pas clairement des incidents qui ont éloigné de Leipzig les quelques cracheurs de feu restants auxquels je m'étais engagé depuis ces funestes vacances ; Je sais seulement que cet aide de ma renommée d'étudiant a cédé à un autre. Nous avons célébré le « rassemblement des étudiants de première année », auquel tous ceux qui pouvaient y parvenir se sont rendus à quatre dans une longue procession à travers la ville. Après que le président du club m'eut profondément ému par sa solennité soudaine et pourtant prolongée, j'eus le désir d'être parmi les tous derniers à rentrer de la sortie. En conséquence, je restai absent trois jours et trois nuits, et passai principalement mon temps à jouer, passe-temps qui, dès la première nuit de notre fête, tendit autour de moi ses pièges diaboliques. Une demi-douzaine des membres les plus intelligents du club se retrouvèrent par hasard au petit matin au Jolly Peasant et formèrent aussitôt le noyau d'un club de jeu, renforcé pendant la journée par des recrues revenant de la ville. Des membres sont venus voir si nous y étions encore, des membres sont également partis, mais moi, avec les six premiers, j'ai tenu bon pendant des jours et des nuits sans faiblir.

Le désir qui m'a d'abord poussé à participer à la pièce était le désir de gagner assez pour mon score (deux thalers) : j'y suis parvenu, et alors m'a inspiré l'espoir de pouvoir régler toutes les dettes que j'avais, réalisé à ce moment-là par mes gains en jeu. De même que j'avais espéré apprendre la composition le plus rapidement possible par la méthode de Logier, mais que je m'étais trouvé longtemps entravé dans mon objectif par des difficultés inattendues, de même mon projet visant à améliorer rapidement ma situation financière était également voué à la déception. Gagner n'était pas chose si facile, et pendant environ trois mois j'étais tellement victime de la rage du jeu qu'aucune autre passion ne pouvait exercer la moindre influence sur mon esprit.

Ni le Fechtboden (où se pratiquaient les combats d'étudiants), ni la brasserie, ni le lieu même des combats, n'ont jamais revu mon visage. Dans ma situation lamentable, je me suis creusé la tête toute la journée pour trouver les moyens d'obtenir l'argent nécessaire pour jouer la nuit. En vain ma pauvre mère faisait tout ce qui était en son pouvoir pour m'engager à ne pas rentrer si tard le soir, bien qu'elle n'ait aucune idée de la nature réelle de mes débauches : après avoir quitté la maison dans l'après-midi, je ne revenais qu'à l'aube. le lendemain, et j'atteignis ma chambre (qui était assez éloignée des autres) en escaladant le portail, car ma mère avait refusé de me donner le verrou.

Désespéré de ma malchance, ma passion pour le jeu se transforma en une véritable manie, et je n'éprouvais plus aucune inclination pour ces choses qui m'avaient autrefois attiré vers la vie étudiante. Je suis devenu absolument indifférent à l'opinion de mes anciens compagnons et je les ai évités entièrement ; Je me perdais maintenant dans les petits casinos de Leipzig, où se rassemblaient uniquement les rebuts des étudiants. Insensible à tout sentiment de respect de moi-même, je supportais même le mépris de ma sœur Rosalie ; elle et ma mère ne daignaient presque jamais jeter un regard sur le jeune libertin qu'elles ne voyaient qu'à de rares intervalles, mortellement pâle et épuisé : mon désespoir toujours grandissant me faisait finalement recourir à l'imprudence comme seul moyen de forcer les ennemis à s'en prendre à eux. le destin est de mon côté. Je me suis soudain rendu compte que ce n'était qu'en mettant de gros enjeux que je pouvais réaliser de gros profits. A cet effet, je décidai de faire usage de la pension de ma mère, dont j'étais dépositaire d'une somme assez importante. Cette nuit-là, j'ai perdu tout ce que j'avais sur moi, à l'exception d'un thaler : l'excitation avec laquelle j'ai mis en jeu la dernière pièce d'une carte était une expérience jusqu'alors assez étrangère à ma jeune vie. Comme je n'avais rien mangé, j'ai été obligé à plusieurs reprises de quitter la table de jeu pour cause de maladie. Avec ce dernier thaler, j'ai risqué ma vie, car mon retour chez moi était bien entendu hors de question. Déjà, je me voyais dans l' aube grise, fils prodigue, fuyant tout ce qui m'était cher, à travers la forêt et les champs vers l'inconnu. Mon désespoir avait pris une telle emprise sur moi que, lorsque ma carte gagnait, je plaçais immédiatement tout l'argent sur une nouvelle mise et répétais cette expérience jusqu'à ce que j'aie gagné une somme assez considérable. À partir de ce moment, ma chance n'a cessé de croître. J'ai acquis une telle confiance que j'ai risqué les enjeux les plus hasardeux : car tout à coup je me suis rendu compte que ce serait destiné à être mon dernier jour de jeu de cartes. Ma chance est devenue si évidente que la banque a jugé sage de fermer. Non seulement j'avais récupéré tout l'argent que j'avais perdu, mais j'en avais également gagné suffisamment pour rembourser toutes mes dettes. Mes sensations pendant tout ce processus étaient des plus sacrées : j'avais l'impression que Dieu et ses anges se tenaient à mes côtés et me murmuraient des paroles d'avertissement et de consolation à mes oreilles.

Une fois de plus, j'ai franchi le portail de ma maison aux petites heures du matin, cette fois pour dormir paisiblement et profondément et pour me réveiller très tard, fortifié et comme né de nouveau.

Aucune honte ne m'a empêché de dire à ma mère, à qui j'ai présenté son argent, toute la vérité sur cette nuit décisive. J'ai volontairement avoué mon péché en ayant utilisé sa pension, sans épargner aucun détail. Elle joignit les mains et remercia Dieu pour sa miséricorde, et me considéra aussitôt comme sauvé, croyant qu'il était impossible que je commette un jour un tel crime.

Et, à vrai dire, le jeu avait perdu pour moi toute fascination à partir de ce moment-là. Le monde, dans lequel j'avais évolué comme un dément, me semblait soudain dénué de tout intérêt et de tout attrait. Ma rage du jeu m'avait déjà rendu assez indifférent aux vanités habituelles des étudiants, et lorsque je fus également libéré de cette passion, je me trouvai soudain face à face avec un monde entièrement nouveau.

A ce monde j'appartenais désormais : c'était le monde de l'étude musicale réelle et sérieuse, auquel je me consacrais désormais corps et âme.

Même pendant cette période folle de ma vie, mon développement musical n'était pas totalement au point mort ; au contraire, il devenait chaque jour plus évident que la musique était la seule direction vers laquelle mes tendances mentales étaient nettement orientées. Seulement, j'avais complètement perdu l'habitude d'étudier la musique. Même aujourd'hui, il semble incroyable que j'aie réussi à trouver le temps, à cette époque, de terminer une quantité assez importante de compositions. Je n'ai que le moindre souvenir d'une Ouverture en do majeur (mesure 6/8) et d'une Sonate en si bémol majeur arrangée en duo ; ce dernier a tellement plu à ma sœur Ottilie, qui l'a joué avec moi, que je l'ai arrangé pour orchestre. Mais une autre œuvre de cette époque, une Ouverture en si bémol majeur, a laissé dans mon esprit une impression indélébile à cause d'un incident qui s'y rattache. Cette composition, en fait, était le résultat de mon étude de la Neuvième Symphonie de Beethoven, à peu près au même degré que Leubald et Adelaïde étaient le résultat de mon étude de Shakespeare. J'avais particulièrement mis un point d'honneur à faire ressortir la signification mystique de l'orchestre, que j'ai divisé en trois éléments nettement différents et opposés. Je voulais faire comprendre au lecteur de la partition le caractère caractéristique de ces éléments dès qu'il la regardait par un jeu de couleurs saisissant, et seul le fait que je ne pouvais pas obtenir d'encre verte rendait cette idée pittoresque impossible. J'ai utilisé de l'encre noire uniquement pour les cuivres, les cordes devaient avoir de l'encre rouge et le vent était vert. J'ai donné cette partition extraordinaire à Heinrich Dorn, qui était alors directeur musical du théâtre de Leipzig. Il était très jeune et m'impressionnait comme étant un musicien très intelligent et un homme du monde plein d'esprit, dont le public de Leipzig faisait grand cas.

Néanmoins, je n'ai jamais pu comprendre comment il avait pu accéder à ma demande de réaliser cette ouverture.

Quelque temps après, j'étais plutôt enclin à croire avec d'autres, qui savaient combien il aimait les bonnes plaisanteries, qu'il avait l'intention de s'offrir un peu de plaisir. À l'époque, cependant, il avait juré que l'œuvre lui paraissait intéressante et affirmait que si elle était seulement présentée comme une œuvre jusqu'alors inconnue de Beethoven, le public la recevrait avec respect, mais sans la comprendre.

C'était le Noël de la fatidique année 1830 ; comme d'habitude, il n'y aura pas de représentation au théâtre la veille de Noël, mais un concert pour les pauvres a été organisé, qui n'a reçu que peu de soutien. Le premier élément du programme portait le titre passionnant « Nouvelle ouverture » – rien de plus ! J'avais écouté subrepticement la répétition avec une certaine méfiance. J'ai été très impressionné par le sang-froid avec lequel Dorn s'est opposé à l'apparente confusion dont faisaient preuve les membres de l'orchestre à l'égard de cette mystérieuse composition. Le thème principal de l'Allegro était contenu dans quatre mesures ; Mais après chaque quatrième mesure, on avait inséré une cinquième mesure, qui n'avait rien à voir avec la mélodie, et qui était annoncée par un grand coup de timbale au deuxième temps. Comme ce battement de tambour ressortait seul, le batteur, qui pensait continuellement qu'il se trompait, s'est trompé et n'a pas donné à l'accent l'acuité voulue comme le prescrit la partition. A l'écoute depuis mon coin caché, et effrayé par mon intention initiale, ce rendu accidentellement différent ne m'a pas déplu. Cependant, à mon grand mécontentement, Dorn a appelé le batteur devant et a insisté pour qu'il joue les accents avec la netteté prescrite. Lorsque, après la répétition, j'ai fait part au directeur musical de mes inquiétudes sur ce fait important, je n'ai pas pu lui faire promettre une interprétation plus douce du fatal battement de tambour ; il s'en tenait à ce que la chose sonnerait très bien telle qu'elle était. Malgré cette assurance, mon inquiétude grandissait et je n'avais pas le courage de me présenter d'avance à mes amis comme l'auteur de la « Nouvelle Ouverture ».

Ma sœur Ottilie, qui avait déjà dû survivre aux lectures secrètes de Leubald et Adelaïde, était la seule à vouloir m'accompagner pour entendre mon œuvre. C'était la veille de Noël et il devait y avoir le sapin de Noël habituel, les cadeaux, etc. chez mon beau-frère Friedrich Brockhaus, et nous voulions naturellement tous les deux y être. Ma sœur, en particulier, qui habitait là, fut pour beaucoup dans les arrangements et ne put s'enfuir que pour peu de temps, et cela avec beaucoup de difficulté ; notre aimable parent lui fit donc préparer la voiture pour qu'elle pût rentrer plus vite. J'ai profité de cette occasion pour inaugurer en quelque sorte mon entrée dans le monde musical de manière festive. La voiture s'arrêta devant le théâtre. Ottilie est entrée dans la loge de mon beau-frère, ce qui m'a obligé à essayer de trouver une place dans le stand. J'avais oublié d'acheter un billet et l'homme à la porte m'a refusé l'entrée. Soudain, l'accord de l'orchestre devint de plus en plus fort, et je crus que je devrais rater le début de mon travail. Dans mon anxiété, je me suis révélé à l'homme à la porte comme le compositeur de la « Nouvelle Ouverture », et j'ai ainsi réussi à passer sans billet. Je me frayai un chemin jusqu'à l'une des premières rangées de la fosse et m'assis dans une terrible anxiété.

L'ouverture commença : après que le thème des cuivres « noirs » se soit fait entendre avec une grande insistance, commença le thème Allegro « rouge », dans lequel, comme je l'ai déjà mentionné, une mesure sur cinq était interrompue par le battement de tambour de le monde « noir ». Quel genre d'effet le thème « vert » des instruments à vent, qui se sont joints ensuite, a produit sur les auditeurs, et ce qu'ils ont dû penser lorsque les thèmes « noir », « rouge » et « vert » se sont mêlés, est toujours resté un mystère pour moi, car le coup fatal du tambour, brutalement martelé, me privait entièrement de mes sens, d'autant plus que cet effet prolongé et continuellement récurrent commençait maintenant à éveiller non seulement l'attention, mais la gaieté de l'auditoire. J'ai entendu mes voisins calculer le retour de cet effet ; connaissant l'absolue justesse de leur calcul, j'ai subi dix mille tourments et je suis devenu presque inconscient. Enfin, je me réveillai de mon cauchemar lorsque l'Ouverture, à laquelle j'avais dédaigné de donner ce que je considérais comme une fin banale, s'arrêta de manière très inattendue.

Aucun fantôme comme ceux des Contes d'Hoffmann n'aurait pu produire l'état extraordinaire dans lequel je repris mes esprits en constatant l'étonnement du public à la fin de la représentation. Je n'ai entendu aucune exclamation de désapprobation, aucun sifflement, aucune remarque, pas même un rire ; tout ce que je vis, c'était un étonnement intense devant un événement aussi étrange, qui les impressionna, comme à moi, comme un horrible cauchemar. Mais le pire moment est survenu lorsque j'ai dû quitter la fosse et ramener ma sœur à la maison. Se lever et traverser les gens dans la fosse était vraiment horrible. Rien, cependant, n'égalait la douleur de se retrouver face à face avec l'homme à la porte ; le regard étrange qu'il me lança ne me hanta plus depuis, et j'évitai longtemps le gouffre du théâtre de Leipzig.

Mon étape suivante fut de retrouver ma sœur, qui avait vécu toute cette triste expérience avec une infinie pitié ; en silence, nous rentrâmes chez nous pour assister à une brillante fête de famille, qui contrastait avec une sombre ironie avec la tristesse de mon désarroi.

Malgré tout, j'essayais de croire en moi et pensais trouver du réconfort dans mon ouverture du Braut von Messina, que je croyais être une œuvre meilleure que la fatale que je venais d'entendre. Une réintégration était cependant hors de question, car les directeurs du théâtre de Leipzig m'ont longtemps considéré comme une personne très douteuse, malgré l'amitié de Dorn. Il est vrai que je m'essayais encore à esquisser des compositions sur le Faust de Goethe, dont certaines ont été conservées jusqu'à ce jour : mais bientôt ma vie d'étudiant sauvage reprit son emprise et noya en moi le dernier reste d'études musicales sérieuses.

Je commençais alors à imaginer que, parce que j'étais devenu étudiant, je devais assister aux cours de l'Université. J'ai essayé d'apprendre auprès de Traugott Krug, que je connaissais bien pour avoir réprimé la révolte des étudiants, les premiers principes de la philosophie ; une seule leçon a suffi pour me faire y renoncer. Cependant, à deux ou trois reprises, j'ai assisté aux cours d'esthétique donnés par l'un des plus jeunes professeurs, un certain Weiss. Cette persévérance était due à l'intérêt que Weiss suscita immédiatement en moi. Lorsque j'ai fait sa connaissance chez mon oncle Adolphe, Weiss venait de traduire la métaphysique d'Aristote et, si je ne me trompe, il la consacrait dans un esprit controversé à Hegel.

A cette occasion, j'avais écouté la conversation de ces deux hommes sur la philosophie et les philosophes, qui m'avait fait une énorme impression. Je me souviens que Weiss était un homme distrait, avec une manière de parler précipitée et brusque ; il avait une expression intéressante et pensive qui m'a énormément impressionné. Je me souviens comment, accusé de manque de clarté dans son écriture et son style, il se justifia en disant que les problèmes profonds de l'esprit humain ne pouvaient en aucun cas être résolus par la foule. Cette maxime, qui me paraissait très plausible, je l'acceptai aussitôt comme principe de tous mes écrits futurs. Je me souviens que mon frère aîné Albert, à qui je devais autrefois écrire pour ma mère, était devenu tellement dégoûté de ma lettre et de mon style qu'il disait qu'il pensait que je devenais fou.

Malgré mes espoirs que les conférences de Weiss me feraient beaucoup de bien, je n'étais pas capable de continuer à y assister, car mes désirs de l'époque me poussaient vers autre chose que l'étude de l'esthétique. Néanmoins, l'inquiétude de ma mère à ce moment-là à mon égard m'a poussé à réessayer de me remettre à la musique. Comme Muller, le professeur auprès duquel j'avais étudié jusqu'alors , n'avait pas su m'inspirer un amour permanent pour l'étude, il fallait découvrir si un autre professeur ne pourrait pas mieux m'inciter à un travail sérieux.

Theodor Weinlich, qui était chef de chœur et directeur musical de l'église Saint-Thomas, occupait à cette époque cette fonction importante et ancienne qui fut ensuite occupée par Schicht, et avant lui par non moins que Sébastien Bach. De par son éducation, il appartenait à l' ancienne école de musique italienne et avait étudié à Bologne auprès de Pater Martini. Il s'était fait un nom dans cet art par ses compositions vocales, dans lesquelles sa belle manière de traiter les rôles était très louée. Il me raconta lui-même un jour qu'un éditeur de Leipzig lui avait offert une rémunération très substantielle s'il voulait écrire pour sa maison un autre livre d'exercices vocaux semblable à celui qui avait été si profitable à son premier éditeur. Weinlich lui dit qu'il n'avait pas encore préparé d'exercices de ce genre, mais lui proposa à la place une nouvelle messe, que l'éditeur refusa en disant : « Que celui qui a eu la viande ronge les os ». La modestie avec laquelle Weinlich m'a raconté cette petite histoire montrait à quel point il était un excellent homme. Comme il était dans un état de santé très mauvais et très faible lorsque ma mère me le présenta, il refusa d'abord de me prendre comme élève. Mais, après avoir résisté à toutes les persuasions, il eut enfin pitié de mon éducation musicale, qui, comme il le découvrit bientôt par une fugue que j'avais apportée avec moi, était extrêmement défectueuse. Il promit donc de m'enseigner, à condition que je renoncerais pendant six mois à toute tentative de composition et que je suivrais implicitement ses instructions. Je restai fidèle à la première partie de ma promesse, grâce au vaste tourbillon de dissipation dans lequel m'avait entraîné ma vie d'étudiant.

Cependant, lorsque je devais m'occuper pendant un certain temps d'exercices d'harmonie à quatre voix dans un style strictement rigoureux, ce n'était pas seulement l'étudiant en moi, mais aussi le compositeur de tant d'ouvertures et de sonates, qui était complètement dégoûté. Weinlich avait aussi des griefs contre moi et décida de m'abandonner.

Durant cette période, je suis arrivé à la crise de ma vie, qui a conduit à la catastrophe de cette terrible soirée au tripot. Mais un coup encore plus grave que cette terrible expérience m'attendait lorsque Weinlich décida de ne plus rien avoir à faire avec moi. Profondément humilié et misérable, j'ai supplié le doux vieillard que j'aimais tendrement de me pardonner, et je lui ai promis de travailler dès ce moment avec une énergie sans faille. Un matin, à sept heures, Weinlich me fit appeler pour commencer l'ébauche d'une fugue ; il me consacra toute la matinée, suivant mon travail barre par barre avec la plus grande attention, et me prodiguant ses précieux conseils. A midi, il m'a renvoyé avec pour instruction de perfectionner et de terminer le croquis en remplissant les parties restantes à la maison.

Quand je lui ai apporté la fugue terminée, il m'a remis son propre traitement du même thème pour comparaison. Ce travail commun d'écriture de la fugue a établi entre moi et mon bon professeur les liens les plus tendres, car, à partir de ce moment, nous avons tous deux apprécié les leçons. J'ai été étonné de voir à quelle vitesse le temps passait. En huit semaines, j'avais non seulement parcouru nombre de fugues les plus complexes, mais aussi toutes sortes d'évolutions difficiles du contrepoint, lorsqu'un jour, en lui apportant une double fugue extrêmement élaborée, il m'a coupé le souffle en disant : moi qu'après cela, il n'avait plus rien à m'apprendre.

Comme je n'avais pas conscience d'un grand effort de ma part, je me demandais souvent si j'étais vraiment devenu un musicien bien équipé.

Weinlich lui-même ne semblait pas attacher beaucoup d'importance à ce qu'il m'avait appris : il disait : « Vous n'écrirez probablement jamais de fugues ou de canons ; mais ce que vous maîtrisez, c'est l'indépendance : vous pouvez désormais rester seul et compter sur une belle technique au bout des doigts si vous le souhaitez.

Le principal résultat de son influence sur moi fut certainement l'amour croissant de la clarté et de la fluidité auquel il m'avait formé. J'avais déjà eu à écrire la fugue mentionnée ci-dessus pour voix ordinaires ; mon sens du mélodieux et du vocal avait ainsi été éveillé. Afin de me maintenir strictement sous son influence apaisante et amicale, il m'avait en même temps donné à écrire une sonate que, comme preuve de mon amitié pour lui, je devais bâtir sur des lignes strictement harmoniques et thématiques, pour laquelle il m'a recommandé comme modèle une très ancienne et enfantine sonate de Pleyel.

Ceux qui n'avaient entendu que récemment mon Ouverture devaient en effet se demander comment j'avais pu écrire cette sonate, qui a été publiée par l'indiscrétion de MM. Breitkopf et Hartel (pour me récompenser de mon sobriété, Weinlich les a incités à publier cette pauvre composition)). A partir de ce moment, il m'a laissé carte blanche. Au début, il m'a été permis de composer une Fantaisie pour pianoforte (en fa dièse mineur) que j'ai écrite dans un style assez informel en traitant la mélodie sous forme de récitatif ; cela m'a donné une immense satisfaction car cela m'a valu les éloges de Weinlich.

Peu de temps après, j'écrivis trois ouvertures qui rencontrèrent toutes son entière approbation. L'hiver suivant (1831-1832), je réussis à faire jouer le premier d'entre eux, en ré mineur, lors d'un concert du Gewandhaus.

A cette époque, un ton très simple et convivial régnait dans cette institution. Les œuvres instrumentales n'étaient pas dirigées par ce que nous appelons « un chef d'orchestre », mais étaient simplement jouées au public par le chef d'orchestre. Dès que le chant commença, Pohlenz prit place au pupitre du chef d'orchestre ; il appartenait au genre des directeurs musicaux gras et agréables et était un grand favori du public de Leipzig. Il avait l'habitude de venir sur l'estrade avec un bâton bleu très important à la main.

L'un des événements les plus étranges qui se produisirent à cette époque fut la production annuelle de la Neuvième Symphonie de Beethoven ; après que les trois premiers mouvements eurent été joués d'un bout à l'autre comme une symphonie de Haydn, autant que l'orchestre pouvait le faire, Pohlenz, au lieu d'avoir à diriger un quatuor vocal, une cantate ou un air italien, prit place au pupitre pour diriger entreprendre cette œuvre instrumentale d'une grande complexité, au début particulièrement énigmatique et incohérent, l'une des tâches les plus difficiles qu'on puisse trouver pour un chef d'orchestre. Je n'oublierai jamais l'impression que m'a produite à la première répétition la mesure 3/4 jouée avec anxiété et soin, et la manière dont les cris sauvages de la trompette (par laquelle commence ce mouvement) ont abouti à la plus extraordinaire confusion sonore. .

Il avait évidemment choisi ce tempo pour, en quelque sorte, gérer le récitatif des contrebasses ; mais c'était complètement désespéré. Pohlenz était en sueur, le récitatif ne sortait pas, et je commençais vraiment à penser que Beethoven avait dû écrire des bêtises ; le contrebassiste Temmler, fidèle vétéran de l'orchestre, décida enfin Pohlenz, dans un langage assez grossier et énergique, à poser la baguette, et ainsi le récitatif se déroula vraiment correctement. Il me semblait néanmoins à ce moment-là que j'étais arrivé à l'humble conclusion, d'une manière que je peux difficilement expliquer, que cette œuvre extraordinaire dépassait encore mon entendement. Pendant longtemps, j'ai renoncé à ruminer cette composition et j'ai tourné mes pensées avec un simple désir vers une forme musicale plus claire et plus calme.

Mon étude du contrepoint m'avait appris à apprécier avant tout le traitement léger et fluide par Mozart des problèmes techniques les plus difficiles, et le dernier mouvement de sa grande Symphonie en do majeur en particulier m'a servi d'exemple pour mon propre travail. Mon Ouverture en ré mineur, qui montrait clairement l'influence de l'Ouverture de Coriolan de Beethoven, avait été favorablement accueillie par le public ; ma mère recommença à avoir confiance en moi, et je me lançai aussitôt dans une seconde ouverture (en do majeur), qui se terminait en réalité par un « Fugato » qui faisait plus honneur à mon nouveau modèle que je n'avais jamais espéré accomplir.

Cette ouverture fut également exécutée peu après lors d'un récital donné par la chanteuse préférée, Mlle. Palazzesi (de l'Opéra italien de Dresde). Avant cela, je l'avais déjà présenté lors d'un concert donné par une société musicale privée appelée « Euterpe », alors que je l'avais dirigé moi-même.

Je me souviens de l'étrange impression que j'ai reçue d'une remarque que ma mère m'a faite à cette occasion ; en effet, cette œuvre, écrite dans un style contrepoint, sans véritable passion ni émotion, avait produit sur elle un effet étrange. Elle exprima son étonnement en louant chaleureusement l'Ouverture d'Egmont, jouée lors du même concert, affirmant que « ce genre de musique était après tout plus fascinant que n'importe quelle fugue stupide ».

A cette époque, j'écrivais également (comme troisième opus) une ouverture du drame de Raupach, König Enzio, dans laquelle encore une fois l'influence de Beethoven se faisait encore plus fortement sentir. Ma sœur Rosalie a réussi à la faire jouer au théâtre avant la pièce ; par prudence, ils ne l'ont pas annoncé au programme la première fois. Dorn l'a dirigé, et comme la représentation s'est bien déroulée et que le public n'a montré aucun mécontentement, mon ouverture a été jouée avec mon nom complet au programme plusieurs fois pendant le déroulement du drame mentionné ci-dessus.

Après cela, je me suis essayé à une grande Symphonie (en do majeur) ; dans cette œuvre, j'ai montré ce que j'avais appris en utilisant l'influence de mon étude de Beethoven et de Mozart pour parvenir à une œuvre vraiment agréable et intelligible, dans laquelle la fugue était à nouveau présente à la fin, tandis que les thèmes des différents mouvements étaient construits de manière à pouvoir être joués consécutivement.

Néanmoins, l'élément passionné et audacieux de la Sinfonia Eroica était clairement perceptible, surtout dans le premier mouvement. Le mouvement lent, au contraire, contenait des réminiscences de mon ancien mysticisme musical. Une sorte d'exclamation interrogative répétée de la tierce mineure se fondant dans la quinte reliait dans mon esprit cette œuvre (que j'avais achevée avec le plus grand effort de clarté) à ma toute première période de sentimentalité enfantine.

Lorsque, l'année suivante, je rendis visite à Friedrich Rochlitz, alors « Nestor » des esthètes musicaux de Leipzig et président du Gewandhaus, je le persuadai de me promettre une représentation de mon œuvre. Comme on lui avait donné ma partition pour qu'elle la lise avant de me voir, il fut tout étonné de constater que j'étais un très jeune homme, car le caractère de ma musique l'avait préparé à rencontrer un musicien beaucoup plus âgé et plus expérimenté. Avant cette représentation, il s'est passé beaucoup de choses que je dois d'abord mentionner, car elles ont eu une grande importance dans ma vie.

Ma courte et orageuse carrière d'étudiant avait noyé en moi non seulement tout désir de développement ultérieur, mais aussi tout intérêt pour les activités intellectuelles et spirituelles. Même si, comme je l'ai souligné, je ne m'étais jamais complètement éloigné de la musique, mon intérêt renouvelé pour la politique a suscité mon premier véritable dégoût pour ma vie d'étudiant insensée, qui n'a bientôt laissé dans mon esprit aucune trace plus profonde que le souvenir d'un terrible cauchemar.

La guerre d'indépendance polonaise contre la suprématie russe m'a rempli d'un enthousiasme croissant. Les victoires que les Polonais obtinrent pendant une courte période au cours du mois de mai 1831 suscitèrent mon admiration enthousiaste : il me sembla que le monde avait, par miracle, été créé de nouveau. En revanche, la nouvelle de la bataille d'Ostrolenka donnait l'impression que la fin du monde était arrivée. À mon grand étonnement, mes bons compagnons se sont moqués de moi lorsque je commentais certains de ces événements ; le manque terrible de camaraderie et de camaraderie entre les étudiants m'a frappé très fortement. Toute forme d'enthousiasme devait être étouffée ou transformée en bravade pédante, qui se manifestait sous forme d'affectation et d'indifférence. S'enivrer délibérément de sang-froid, sans même un soupçon d'humour, était considéré comme un exploit presque aussi courageux qu'un duel. Ce n'est que bien plus tard que j'ai compris l'esprit bien plus noble qui animait les classes inférieures d'Allemagne, en comparaison de l'état tristement dégénéré des étudiants universitaires. A cette époque, j'étais terriblement indigné des propos insultants que je m'infligeais en déplorant la bataille d'Ostrolenka.

Il faut dire, à mon honneur, que ces impressions et d'autres similaires m'ont aidé à abandonner mes faibles associés. Durant mes études chez Weinlich, la seule petite distraction que je me permettais était ma visite quotidienne en soirée chez Kintschy, le confiseur de la Klostergasse, où je dévorais avec passion les derniers journaux. J'y trouvai beaucoup d'hommes qui partageaient les mêmes opinions politiques que moi, et j'aimais particulièrement écouter les discussions politiques passionnées de certains des vieillards qui fréquentaient l'endroit. Les revues littéraires aussi commençaient à m'intéresser ; J'ai beaucoup lu, mais je n'ai pas été très précis dans mon choix. Néanmoins, je commençais maintenant à apprécier l'intelligence et l'esprit, alors qu'auparavant seuls le grotesque et le fantastique m'attiraient.

Mon intérêt pour la question de la guerre en Pologne restait cependant primordial. J'ai ressenti le siège et la prise de Varsovie comme une calamité personnelle. Mon excitation lorsque les restes de l'armée polonaise commencèrent à traverser Leipzig pour se rendre en France fut indescriptible, et je n'oublierai jamais l'impression que produisit sur moi le premier lot de ces malheureux soldats, à l'occasion de leur cantonnement au Green. Shield, un pub dans le marché de la viande. Même si cela me déprimait, je fus bientôt éveillé à un vif enthousiasme, car dans le salon du Gewandhaus de Leipzig, où ce soir-là était jouée la Symphonie en ut mineur de Beethoven, un groupe de personnages héroïques, les principaux dirigeants de la révolution polonaise , a excité mon admiration. Je me sentais plus particulièrement attiré par le comte Vincenz Tyszkiewitcz, un homme au physique exceptionnellement puissant et à l'apparence noble, qui m'impressionnait par ses manières dignes et aristocratiques et sa tranquille autonomie, qualités que je n'avais jamais rencontrées auparavant. Quand j'ai vu un homme d'une telle allure royale, vêtu d'un manteau moulant et d'une casquette de velours rouge, j'ai immédiatement compris ma folie d'avoir toujours vénéré les petits héros ridiculement habillés du monde de nos étudiants. J'ai été ravi de revoir ce monsieur chez mon beau-frère Friedrich Brockhaus, où je le voyais fréquemment.

Mon beau-frère avait la plus grande pitié et la plus grande sympathie pour les rebelles polonais. Il était président d'un comité chargé de veiller à leurs intérêts et il a fait pendant longtemps de nombreux sacrifices personnels pour leur cause.

L'établissement Brockhaus devint alors extrêmement attrayant pour moi. Autour du comte Vincenz Tyszkiewitcz, qui restait l'étoile filante de ce petit monde polonais, se rassemblaient un grand nombre d'autres exilés riches, parmi lesquels je me souviens surtout d'un capitaine de cavalerie du nom de Bansemer, homme d'une bonté illimitée, mais d'un caractère plutôt frivole ; il possédait un merveilleux attelage de quatre chevaux qu'il conduisait à une vitesse si vertigineuse qu'il causait de grands ennuis aux habitants de Leipzig. Un autre homme important avec lequel je me souviens avoir dîné était le général Bem, dont l'artillerie avait fait une si vaillante résistance à Ostrolenka.

Bien d'autres exilés passèrent par cette maison hospitalière, dont les uns nous impressionnèrent par leur allure mélancolique et guerrière, les autres par leur conduite raffinée. Vincenz Tyszkiewitcz restait cependant mon idéal d'homme véritable et je l'aimais d'une profonde adoration. Lui aussi commença à s'intéresser à moi ; Je lui rendais visite presque tous les jours, et j'assistais parfois à une sorte de festin martial, dont il se retirait souvent pour pouvoir m'ouvrir son cœur sur les inquiétudes qui l'oppressaient. Il n'avait en effet reçu absolument aucune nouvelle du sort de sa femme et de son petit-fils depuis leur séparation à Volhynien. En outre, il était sous l'ombre d'un grand chagrin qui attirait vers lui toutes les natures sympathiques. Il avait confié à ma sœur Louise le terrible malheur qui lui était arrivé autrefois. Il avait déjà été marié et alors qu'il séjournait avec sa femme dans l'un de ses châteaux isolés, en pleine nuit, il avait vu une apparition fantomatique à la fenêtre de sa chambre. En entendant son nom appelé à plusieurs reprises, il s'était emparé d'un revolver pour se protéger d'un éventuel danger et avait tiré sur sa propre femme, qui avait eu l'idée farfelue de le taquiner en se faisant passer pour un fantôme. J'ai eu le plaisir de partager sa joie en apprenant que sa famille était en sécurité. Sa femme le rejoint à Leipzig avec leur beau garçon, Janusz. J'étais désolé de ne pouvoir éprouver pour cette dame la même sympathie que pour son mari ; peut-être qu'une des raisons de mon antipathie était la manière évidente et ostentatoire avec laquelle elle se maquillait, au moyen de laquelle la pauvre femme essayait probablement de cacher combien sa beauté avait souffert de la terrible tension des événements passés. Elle retourna bientôt en Galice pour essayer de sauver ce qu'elle pouvait de leurs biens et aussi pour fournir à son mari un laissez-passer du gouvernement autrichien, au moyen duquel il pourrait la suivre.

Puis vint le 3 mai. Dix-huit des Polonais encore à Leipzig se sont réunis lors d'un dîner de fête dans un hôtel en dehors de la ville ; ce jour devait être célébré le premier anniversaire du 3 mai, si cher à la mémoire des Polonais. Seuls les chefs du Comité polonais de Leipzig reçurent des invitations et, à titre de faveur particulière, on me les demanda également. Je n'oublierai jamais cette occasion. Le dîner devint une orgie ; Pendant toute la soirée , une fanfare de la ville joua des chansons folkloriques polonaises, et celles-ci furent chantées par toute la troupe, dirigée par un Lituanien appelé Zan, d'une manière tantôt triomphale, tantôt triste. La belle chanson du « Troisième mai » a notamment suscité un tumulte d'enthousiasme positif. Les larmes et les cris de joie se transformèrent en un terrible tumulte ; les hommes excités se groupaient sur l'herbe en jurant une amitié éternelle dans les termes les plus extravagants, dont le mot « Oiczisna » (Patrie) constituait le thème principal, jusqu'à ce qu'hier soir il jette son voile sur cette débauche sauvage.

Cette soirée-là me servit ensuite de thème pour une composition orchestrale (en forme d'ouverture) intitulée Polonia ; Je raconterai plus loin le sort de cette œuvre. Le passeport de mon ami Tyszkiewitcz arriva alors et il résolut de retourner en Galice via Brunn, même si ses amis considéraient que c'était très téméraire de sa part. J'avais très envie de voir quelque chose du monde, et l'offre de Tyszkiewitcz de m'emmener avec lui incita ma mère à consentir à ce que j'aille à Vienne, un endroit que je souhaitais depuis longtemps visiter. J'emportai avec moi les partitions de mes trois ouvertures déjà jouées, ainsi que celle de ma grande symphonie encore inédite, et passai de grands moments avec mon patron polonais, qui m'emmena dans son luxueux carrosse jusqu'au capitale de la Moravie. Au cours d'une courte escale à Dresde, les exilés de toutes classes ont offert à notre bien-aimé comte un dîner d'adieu amical à Pirna, au cours duquel le champagne coulait à flots, tandis que l'on buvait la santé du futur « dictateur de Pologne ».

Enfin nous nous séparâmes à Brunn, d'où je continuai mon voyage vers Vienne en carrosse. Pendant l'après-midi et la nuit que j'étais obligé de passer seul à Brunn, j'ai enduré de terribles angoisses par peur du choléra qui, comme je l'ai appris de manière inattendue, s'était déclaré dans cet endroit. J'étais là tout seul dans un endroit étrange, mon fidèle ami venait de partir, et en apprenant l'épidémie, j'avais l'impression qu'un démon malveillant m'avait pris dans son piège pour m'anéantir. Je n'ai pas trahi ma terreur aux gens de l'hôtel, mais quand on m'a conduit dans une aile très isolée de la maison et laissé seul dans ce désert, je me suis caché dans mon lit avec mes vêtements et j'ai vécu une fois de plus tout cela. les horreurs des histoires de fantômes comme je l'avais fait dans mon enfance. Le choléra se tenait devant moi comme un être vivant ; Je pouvais le voir et le toucher ; il s'est couché dans mon lit et m'a embrassé. Mes membres se sont transformés en glace, je me suis senti gelé jusqu'à la moelle. Je ne savais jamais si j'étais éveillé ou endormi ; Je me souviens seulement de mon étonnement lorsque, au réveil, je me sentais parfaitement bien et en bonne santé.

J'arrivai enfin à Vienne, où j'échappai à l'épidémie qui avait pénétré jusque dans cette ville. C'était le milieu de l'été 1832. Grâce aux présentations que j'avais faites avec moi, je me trouvais très à l'aise dans cette ville animée, où je fis un agréable séjour de six semaines. Cependant, comme mon séjour n'avait aucun but vraiment pratique, ma mère considérait le coût de ces vacances, aussi courtes qu'elles paraissent, comme une extravagance inutile de ma part. J'ai visité les théâtres, entendu Strauss, fait des excursions et, dans l'ensemble, j'ai passé un très bon moment. Je crains d'avoir également contracté quelques dettes, que j'ai remboursées plus tard, alors que j'étais chef d'orchestre de l'orchestre de Dresde. J'avais reçu des impressions très agréables de la vie musicale et théâtrale, et Vienne vécut longtemps dans ma mémoire comme le summum de cet esprit extraordinairement productif propre à ses habitants. J'ai surtout apprécié les représentations du Theater an der Wien, où l'on jouait une pièce de fée grotesque intitulée zu Wasser und zu Land de Die Abenteuer Fortunat, dans laquelle un taxi était appelé sur les rives de la mer Noire et qui faisait un bruit une énorme impression sur moi. Concernant la musique, j'étais plus dubitatif. Un jeune ami m'a emmené avec une immense fierté à une représentation d'Iphigénie en Tauride de Gluck, rendue doublement attrayante par une distribution de premier ordre comprenant Wild, Staudigl et Binder : je dois avouer que dans l'ensemble je m'ennuyais de cette œuvre. , mais je n'ai pas osé le dire. Mes idées sur Gluck avaient atteint des proportions gigantesques à la suite de ma lecture des célèbres Fantasmes d'Hoffmann ; mon anticipation de cette œuvre, que je n'avais pas encore étudiée, m'avait donc amené à m'attendre à un traitement plein d'une force dramatique irrésistible. Il est possible que le jeu de Schroder-Devrient dans Fidelio m'ait appris à tout juger selon ses standards exaltés.

C'est à grand peine que je me suis mis à m'enthousiasmer pour la grande scène d'Oreste et des Furies. J'espérais contre toute attente pouvoir admirer le reste de l'opéra. Mais j'ai commencé à comprendre le goût viennois lorsque j'ai vu à quel point l'opéra Zampa était devenu un grand favori du public, tant au Karnthner Thor qu'à Josephstadt. Les deux théâtres rivalisèrent vigoureusement dans la production de cette œuvre populaire, et même si le public semblait fou d'Iphigénie, rien n'égalait son enthousiasme pour Zampa. A peine eurent-ils quitté le théâtre Josephstadt, dans les plus grandes extases de Zampa, qu'ils se dirigèrent vers le pub appelé Strausslein. Ici, ils ont été immédiatement accueillis par les accents des sélections de Zampa qui ont plongé le public dans une excitation fébrile. Je n'oublierai jamais le jeu extraordinaire de Johann Strauss, qui mettait le même enthousiasme dans tout ce qu'il jouait et rendait très souvent le public presque frénétique de plaisir.

Au début d'une nouvelle valse, ce démon de l'esprit musical viennois tremblait comme une prêtresse pythienne sur le trépied, et de véritables gémissements d'extase (qui étaient sans doute plus dus à sa musique qu'aux boissons auxquelles le public s'était adonné)) ont élevé leur culte du violoniste magique à des sommets de frénésie presque ahurissants.

L'air chaud de l'été de Vienne était absolument imprégné de Zampa et de Strauss. Une répétition d'élèves très pauvres au Conservatoire, au cours de laquelle ils jouèrent une messe de Cherubini, me parut comme une aumône versée à contrecœur à l'étude de la musique classique. A la même répétition, l'un des professeurs à qui j'ai été présenté essayait de faire jouer aux étudiants mon Ouverture en ré mineur (celle déjà jouée à Leipzig). Je ne sais quelle était son opinion, ni celle des étudiants, à l'égard de cette tentative ; Je sais seulement qu'ils ont vite abandonné.

Dans l'ensemble, j'avais erré dans des détours musicaux douteux ; et je me retirai maintenant de cette première visite éducative dans un grand centre d'art européen pour entamer un voyage de retour bon marché, mais long et monotone, en Bohême, en diligence. Mon prochain déplacement fut une visite à la maison du comte Pachta, dont j'avais d'agréables souvenirs de mon enfance. Son domaine, Pravonin, se trouvait à environ huit milles de Prague. Reçu de la manière la plus aimable possible par le vieux monsieur et ses belles filles, j'ai apprécié sa délicieuse hospitalité jusque tard dans l'automne. J'avais alors dix-neuf ans, avec une barbe qui poussait rapidement (pour laquelle mes sœurs avaient déjà préparé les jeunes filles par lettre), l'intimité continue et étroite avec des filles si gentilles et si jolies ne pouvait guère manquer de faire une forte impression. sur mon imagination. Jenny, l'aînée des deux, était mince, avec des cheveux noirs, des yeux bleus et des traits merveilleusement nobles ; le plus jeune, Auguste, était un peu plus petit et plus gros, avec un teint magnifique, des cheveux blonds et des yeux bruns. La manière naturelle et fraternelle avec laquelle les deux filles me traitaient et conversaient avec moi ne m'a pas occulté le fait que je devais tomber amoureux de l'une ou de l'autre. Cela les amusait de voir à quel point j'étais gêné dans mes efforts pour choisir entre eux, et par conséquent ils me taquinaient énormément.

Malheureusement, je n'ai pas agi judicieusement à l'égard des filles de mon hôte : malgré leur éducation modeste, elles appartenaient à une maison très aristocratique, et hésitaient par conséquent entre l'espoir d'épouser des hommes éminents dans leur domaine, et la nécessité de choisir des maris parmi les classes moyennes supérieures, qui pouvaient se permettre de les entretenir dans le confort. L'éducation terriblement médiocre, presque médiévale, du soi-disant cavalier autrichien m'a fait plutôt mépriser ce dernier ; les filles, elles aussi, souffraient du même manque de formation adéquate. Je remarquai bientôt avec dégoût combien ils connaissaient peu les choses artistiques et combien ils attachaient de la valeur aux choses superficielles. J'avais beau essayer de les intéresser à ces poursuites supérieures qui m'étaient devenues nécessaires, ils étaient incapables de les apprécier. Je préconisais un changement complet des mauvais romans de bibliothèque, qui représentaient leur seule lecture, des airs d'opéra italiens, chantés par Auguste, et, enfin et surtout, des cavaliers chevalins et insipides, qui faisaient leur cour à Jenny et à elle. sœur de la manière la plus grossière et la plus offensante. Mon zèle à cet égard donna bientôt lieu à de grands désagréments. Je suis devenu dur et insultant, je les ai harangués sur la Révolution française et je les ai suppliés par des remontrances paternelles « pour l'amour du ciel » de se contenter d'hommes bourgeois bien instruits et d'abandonner ces prétendants impertinents qui ne pouvaient que nuire à leur réputation. . L'indignation provoquée par mes conseils amicaux, je dus souvent la conjurer par les répliques les plus dures. Je ne me suis jamais excusé, mais j'ai essayé, à force de jalousie réelle ou feinte, de remettre notre amitié sur les vieux pieds. Ainsi, indécis, à moitié amoureux et à moitié en colère, par une froide journée de novembre, j'ai dit au revoir à ces jolis enfants. Je retrouvai bientôt toute la famille à Prague, où je fis un long séjour, sans toutefois séjourner chez le comte.

Mon séjour à Prague devait être pour moi d'une grande importance musicale. J'ai connu le directeur du Conservatoire, Dionys Weber, qui avait promis de présenter ma symphonie au public ; Je passai aussi une grande partie de mon temps avec un acteur appelé Moritz, à qui j'avais été recommandé en tant qu'ancien ami de notre famille, et c'est là que je fis la connaissance du jeune musicien Kittl.

Moritz, qui remarqua qu'il ne se passait pas un jour sans que je me rende chez le redoutable chef du Conservatoire pour une affaire musicale urgente, m'envoya un jour avec une parodie improvisée sur la Burgschaft de Schiller :

Zu Dionys dem Direktor schlich
Wagn er, die Partitur im Gewande ;
Ihn schlugen die Schuler im Bande : « Was wolltest du mit den Noten sprich ? » Entgegnet ihm finster der Wutherich :
« Die Stadt vom schlechten Geschmacke befreien ! Das sollst du in den Rezensionen bereuen. " [5]

[5] A Dionys, le directeur ,
se glissa Wagner, la partition dans sa poche ; les étudiants l'arrêtèrent aussitôt :
« Que fais-tu de cette musique, dis ? » Lui demanda donc le tyran en colère :

« Pour libérer la ville. par goût trop vil ! C'est pour cela que les critiques te feront souffrir.

En réalité, j'avais affaire à une sorte de « Denys le Tyran ». Un homme qui ne reconnaissait pas le génie de Beethoven au-delà de sa Deuxième Symphonie, un homme qui considérait l'Héroïque comme le summum du mauvais goût de la part du maître ; qui louait seul Mozart, et à côté de lui ne tolérait que Lindpaintner : un tel homme n'était pas facile à approcher, et il me fallait apprendre l'art de se servir des tyrans pour son propre compte. J'ai dissimulé ; J'ai feint d'être frappé par la nouveauté de ses idées, je ne l'ai jamais contredit et, pour souligner la similitude de nos points de vue, je l'ai renvoyé à la fugue finale de mon Ouverture et de ma Symphonie (toutes deux en do majeur), qui Je n'avais réussi à créer ce qu'ils étaient qu'en étudiant Mozart. Ma récompense ne tarda pas à suivre : Dionys se mit au travail pour étudier mes créations orchestrales avec une énergie presque juvénile.

Les élèves du Conservatoire furent obligés de pratiquer avec la plus grande exactitude ma nouvelle symphonie sous sa baguette sèche et terriblement bruyante. En présence de plusieurs de mes amis, parmi lesquels se trouvait également le cher vieux comte Pachta en sa qualité de président du comité du Conservatoire, nous avons effectivement eu une première représentation de la plus grande œuvre que j'aie écrite jusqu'à cette date.

Pendant ces succès musicaux, je continuais mes amours dans la jolie maison du comte Pachta, dans les circonstances les plus curieuses. Un pâtissier du nom de Hascha était mon rival. C'était un jeune homme grand et dégingandé qui, comme la plupart des bohémiens, s'était mis à la musique comme passe-temps ; il accompagnait les chansons d'Auguste et tombait naturellement amoureux d'elle. Comme moi, il détestait les fréquentes visites des cavaliers, qui semblaient être une habitude dans cette ville ; mais tandis que mon mécontentement s'exprimait par l'humour, le sien se manifestait par une sombre mélancolie. Cette humeur le faisait se comporter grossièrement en public : par exemple, un soir, alors qu'on devait allumer le lustre pour la réception d'un de ces messieurs, il se frappa volontairement la tête contre cet ornement et le brisa. L'illumination festive était ainsi rendue impossible ; la comtesse était furieuse et Hascha dut quitter la maison pour ne jamais revenir.

Je me souviens bien que la première fois que j'ai ressenti des sentiments amoureux, ceux-ci se sont manifestés par des élans de jalousie, qui n'avaient pourtant rien à voir avec l'amour véritable : cela s'est produit un soir que je passais à la maison. La comtesse me gardait à ses côtés dans une antichambre, tandis que les jeunes filles, joliment habillées et gaies, flirtaient dans la salle de réception avec ces jeunes nobles haineux. Tout ce que j'avais lu dans les Contes d'Hoffmann sur certaines intrigues démoniaques, qui jusqu'alors m'étaient restées obscures, devenait maintenant des faits réellement tangibles, et je quittai Prague avec une opinion évidemment injuste et exagérée de ces choses et de ces gens à travers lesquels je avait été soudainement entraîné dans un monde inconnu de passions élémentaires.

En revanche j'avais gagné par mon séjour à Pravonin : j'avais écrit de la poésie ainsi que des compositions musicales. Mon œuvre musicale était une mise en musique de Glockentone, un poème de mon ami de jeunesse, Theodor Apel. J'avais déjà écrit un air pour soprano qui avait été joué l'hiver précédent lors d'un concert de théâtre. Mais ma nouvelle œuvre était décidément la première pièce vocale que j'avais écrite avec une réelle inspiration ; d'une manière générale, je suppose qu'il devait ses caractéristiques à l'influence du Liederkreis de Beethoven : tout de même, l'impression qu'il m'a laissée dans l'esprit est qu'il faisait absolument partie de moi-même, et qu'il était imprégné d'une sentimentalité délicate qui se mettait en relief. par le côté onirique de l'accompagnement. Mes efforts poétiques se sont orientés vers une esquisse d'un sujet tragi-opératique, que j'ai terminé dans son intégralité à Prague sous le titre de Die Hochzeit (« Le Mariage »). Je l'écrivis à l'insu de tous, et ce n'était pas chose facile, puisque je ne pouvais pas écrire dans ma petite chambre d'hôtel glaciale et que je devais donc me rendre chez Moritz, où je passais généralement mes matinées. Je me souviens que je cachais rapidement mon manuscrit derrière le canapé dès que j'entendais les pas de mon hôte.

Un épisode extraordinaire était lié à l'intrigue de cette œuvre.

Il y a déjà des années, j'étais tombé sur une histoire tragique, en parcourant le livre de Busching sur la chevalerie, dont je n'ai jamais lu d'équivalent depuis. Une dame de noble naissance avait été agressée une nuit par un homme qui nourrissait secrètement pour elle un amour passionné et, dans la lutte pour défendre son honneur, on lui avait donné une force surhumaine pour le jeter dans la cour en contrebas. Le mystère de sa mort resta inexpliqué jusqu'au jour de ses obsèques solennelles, lorsque la dame elle-même, qui les accompagnait et était agenouillée en prière solennelle, tomba brusquement en avant et expira. La force mystérieuse de cette histoire profonde et passionnée a laissé dans mon esprit une impression indélébile. Fasciné d'ailleurs par le traitement particulier de phénomènes similaires dans les Contes d'Hoffmann, j'ai esquissé un roman dans lequel le mysticisme musical, que j'aimais encore si profondément, jouait un rôle important. L'action devait se dérouler dans la propriété d'un riche mécène des beaux-arts : un jeune couple allait se marier et avait invité chez eux l'ami du marié, un jeune homme intéressant mais mélancolique et mystérieux. mariage. Un étrange vieil organiste était intimement lié à toute cette affaire. Les relations mystiques qui se développèrent peu à peu entre le vieux musicien, le jeune homme mélancolique et la mariée, devaient naître du dénouement de certains événements complexes, d'une manière quelque peu similaire à celle de l'histoire médiévale relatée ci-dessus. C'était la même idée : le jeune homme mystérieusement tué, la mort tout aussi étrange et subite de la fiancée de son ami, et le vieil organiste retrouvé mort sur son banc après avoir joué un impressionnant requiem dont le dernier accord se prolongeait démesurément comme s'il s'agissait d'un requiem impressionnant. ne finirait jamais.

Je n'ai jamais terminé ce roman : mais comme je voulais écrire le livret d'un opéra, j'ai repris le thème dans sa forme originale, et j'ai bâti sur là (en ce qui concerne les traits principaux) l'intrigue dramatique suivante :

Deux grandes maisons avaient vécu en inimitié et avaient enfin décidé de mettre fin à la querelle familiale. Le vieux chef d'une de ces maisons invita le fils de son ancien ennemi au mariage de sa fille avec un de ses fidèles partisans. Le repas de noces est ainsi utilisé comme l'occasion de réconcilier les deux familles. Alors que les invités sont pleins de suspicion et de peur de la trahison, leur jeune chef tombe violemment amoureux de l'épouse de son nouvel allié. Son regard tragique la touche profondément ; l'escorte festive l'accompagne jusqu'à la chambre nuptiale, où elle doit attendre son bien-aimé ; appuyée contre la fenêtre de sa tour, elle voit les mêmes yeux passionnés fixés sur elle et comprend qu'elle se trouve face à face avec une tragédie.

Lorsqu'il pénètre dans sa chambre et l'embrasse avec une passion frénétique, elle le pousse à reculons vers le balcon, et le jette par-dessus le parapet dans l'abîme, d'où ses restes mutilés sont traînés par ses compagnons. Ils s'arment aussitôt contre la trahison présumée et appellent à la vengeance ; Le tumulte et la confusion remplissent la cour : le festin de noces interrompu menace de se terminer par une nuit de massacre. Le vénérable chef de la maison réussit enfin à éviter la catastrophe. Des messagers sont envoyés pour porter la nouvelle du mystérieux malheur aux proches de la victime : le cadavre lui-même sera l'instrument de la réconciliation, car, en présence des différentes générations de la famille suspecte, la Providence elle-même décidera lequel de ses membres a été coupable de trahison. Pendant les préparatifs des obsèques, la mariée montre des signes de folie prochaine ; elle fuit son époux, refuse de s'unir à lui et s'enferme dans sa chambre-tour. Ce n'est que lorsque, la nuit, commence la cérémonie sombre mais magnifique, qu'elle apparaît à la tête de ses femmes pour assister au service funéraire, dont la funeste solennité est interrompue par la nouvelle de l'approche des forces hostiles, puis par le attaque armée des proches de l'homme assassiné. Lorsque les vengeurs de la trahison présumée pénètrent dans la chapelle et appellent le meurtrier à se déclarer, le seigneur du manoir, horrifié, désigne sa fille qui, se détournant de son époux, tombe sans vie près du cercueil de sa victime. Ce drame nocturne, où couraient des réminiscences de Leubald et Adélaïde (œuvre de ma lointaine enfance), je l'ai écrit dans la veine la plus sombre, mais dans un style plus raffiné et plus noble, dédaignant tout effet de lumière, et surtout tout opéra. embellissements. Des passages tendres apparaissaient tout de même ici et là, et Weinlich, à qui j'avais déjà montré le début de mon ouvrage à mon retour à Leipzig, me louait pour la clarté et la bonne qualité vocale de l'introduction que j'avais composée au premier acte ; c'était un

Adagio pour septette vocale, dans lequel j'avais essayé d'exprimer la réconciliation des familles hostiles, ainsi que les émotions des mariés et la passion sinistre de l'amant secret. Mon principal objectif était tout de même de gagner l'approbation de ma sœur Rosalie. Mon poème cependant ne trouvait pas grâce à ses yeux : elle manquait tout ce que j'avais volontairement évité, insistait sur l'ornementation et le développement de la situation simple, et désirait généralement plus d'éclat. Je me suis décidé en un instant : j'ai pris le manuscrit et, sans aucun signe de mauvaise humeur, je l'ai détruit sur-le-champ. Cette action n'avait rien à voir avec une vanité blessée. Cela était simplement motivé par mon désir de prouver honnêtement à ma sœur à quel point je pensais peu à mon propre travail et à quel point je tenais à son opinion. Elle était tenue en grande et affectueuse estime par ma mère et par le reste de notre famille, car elle était leur principal soutien de famille : l'important salaire qu'elle gagnait en tant qu'actrice constituait presque la totalité des revenus avec lesquels ma mère devait subvenir aux dépenses du ménage. . Pour le bien de sa profession, elle bénéficiait de nombreux avantages à la maison. Sa partie de la maison avait été spécialement aménagée pour qu'elle ait tout le confort et la tranquillité nécessaires à ses études ; les jours de marché, quand les autres devaient se contenter du tarif le plus simple, elle devait avoir la même nourriture délicate que d'habitude. Mais plus que tout cela, sa gravité charmante et sa façon raffinée de parler la plaçaient au-dessus des plus jeunes enfants. Elle était attentionnée et douce et ne nous a jamais rejoint dans notre conversation plutôt bruyante. Bien sûr, j'étais le membre de la famille qui avait causé le plus d'inquiétudes à ma mère et à ma sœur maternelle, et pendant ma vie d'étudiant, les relations tendues entre nous m'avaient fait une terrible impression. Lorsqu'ils essayèrent donc de croire à nouveau en moi et manifestèrent à nouveau un certain intérêt pour mon travail, j'étais plein de gratitude et de bonheur. La pensée d'amener cette sœur à considérer avec bienveillance mes aspirations, et même à attendre de grandes choses de moi, était devenue un stimulant particulier pour mon ambition. Dans ces circonstances s'établit entre Rosalie et moi une relation tendre et presque sentimentale, qui, dans sa pureté et sa sincérité, pouvait rivaliser avec la plus noble forme d'amitié entre homme et femme. Cela était principalement dû à son individualité exceptionnelle. Elle n'avait pas de réel talent, du moins pas pour le métier d'actrice, souvent considéré comme théâtral et contre nature. Néanmoins elle était très appréciée en raison de son aspect charmant ainsi que de sa féminité pure et digne, et je me souviens de nombreuses marques d'estime qu'elle reçut à cette époque. Néanmoins, aucune de ces avances ne semblait jamais conduire à la perspective d'un mariage, et les années se passaient sans lui apporter l'espoir d'un mariage convenable, ce qui me paraissait tout à fait inexplicable. De temps en temps, je croyais remarquer que Rosalie souffrait de cet état de choses. Je me souviens d'un soir où, la croyant seule, je l'entendis sangloter et gémir ; Je me suis enfui inaperçu, mais son chagrin m'a fait une telle impression qu'à partir de ce moment, j'ai juré d'apporter un peu de joie dans sa vie, principalement en me faisant un nom. Ce n'est pas sans raison que notre beau-père Geyer avait donné à ma douce sœur le surnom de "Geistchen" (petit esprit), car si son talent d'actrice n'était pas grand, son imagination et son amour de l'art et de toutes les choses hautes et nobles l'étaient peut-être, rien que pour cela, c'est d'autant plus grand. J'avais d'abord entendu de ses lèvres des expressions d'admiration et de joie sur des sujets qui me devinrent chers plus tard, et elle évoluait dans un cercle de personnes sérieuses et intéressantes qui aimaient les choses supérieures de la vie, sans que cette attitude ne dégénère jamais en affectation.

Au retour de mon long voyage, je fus présenté à Heinrich Laube, que ma sœur avait ajouté à sa liste d'amis intimes. C'était à l'époque où les séquelles de la révolution de Juillet commençaient à se faire sentir parmi les jeunes hommes intellectuels d'Allemagne, et parmi eux, Laube était l'un des plus remarquables. Dans sa jeunesse, il vint de Silésie à Leipzig, son principal objectif étant d'essayer de nouer des relations dans ce centre d'édition qui pourrait lui être utile à Paris, où il se rendait, et d'où Borne faisait aussi sensation parmi nous. par ses lettres. A cette occasion, Laube était présent à une représentation d'une pièce de Ludwig Robert, Die Macht der Verhallnisse (« Le pouvoir des circonstances »). Cela l'a amené à écrire une critique pour le Leipzig Tageblatt, qui a fait une telle sensation par son style concis et vivant qu'on lui a immédiatement proposé, en plus d'autres œuvres littéraires, le poste de rédacteur en chef de Die Elegante Welt. Chez nous, il passait pour un génie ; sa manière de parler brève et souvent mordante, qui semblait exclure toute tentative d'expression poétique, le faisait paraître à la fois original et audacieux : son sens de la justice, sa sincérité et sa franchise intrépide faisaient respecter son caractère endurci comme il l'avait été dans sa jeunesse. par une grande adversité. Il eut sur moi un effet très inspirant, et je fus très étonné de constater qu'il pensait autant à moi qu'il écrivit dans son journal une note flatteuse sur mon talent après avoir entendu la première exécution de ma symphonie.

Cette représentation eut lieu au début de l'année 1833 au Schneider-Herberge de Leipzig. C'est d'ailleurs dans cette ancienne salle digne que la société 'Euterpe' tenait ses concerts ! L'endroit était sale, étroit et mal éclairé, et c'est ici que mon œuvre fut présentée pour la première fois au public de Leipzig, et par l'intermédiaire d'un orchestre qui l'interpréta de manière tout simplement honteuse. Je ne peux considérer cette soirée que comme un horrible cauchemar ; et mon étonnement fut donc d'autant plus grand en voyant la notice importante que Laube écrivit à propos de la représentation. Plein d'espoir, j'attendais donc avec impatience une représentation de la même œuvre au concert du Gewandhaus qui suivit peu après et qui s'est déroulé brillamment à tous points de vue. Il fut bien reçu et bien parlé dans tous les journaux ; de réelle malice, il n'y avait aucune trace - au contraire, plusieurs avis étaient encourageants, et Laube, vite devenu célèbre, me confia qu'il allait m'offrir un livret d'opéra, qu'il avait d'abord écrit pour Meyerbeer. . Cela m'a quelque peu stupéfié, car je n'étais pas du tout disposé à me poser en poète et ma seule idée était d'écrire une véritable intrigue pour un opéra. Mais quant à la manière précise dont un tel livre devait être écrit, j'en avais déjà une idée très précise et instinctive, et je fus renforcé dans la certitude de mes propres sentiments en la matière lorsque Laube expliqua maintenant la nature de son projet. complot pour moi. Il m'a dit qu'il voulait faire de Kosziusko rien de moins qu'un livret de grand opéra ! Une fois de plus, j'eus des scrupules, car je sentis tout de suite que Laube se faisait une idée erronée du caractère d'un sujet dramatique. Lorsque je m'informai de l'action réelle de la pièce, Laube fut étonné que je doive m'attendre à autre chose que l'histoire du héros polonais, dont la vie était remplie d'incidents ; en tout cas, il pensait qu'il y avait là assez d'action pour décrire le sort malheureux de toute une nation. Bien entendu, l'héroïne habituelle ne manquait pas ; c'était une Polonaise qui avait une histoire d'amour avec un Russe ; et ainsi quelques situations sentimentales se retrouvaient également dans l'intrigue. Sans tarder, j'assurai à ma sœur Rosalie que je ne mettrais pas cette histoire en musique : elle fut d'accord avec moi et me pria seulement de différer ma réponse à Laube. Mon voyage à Würzburg m'a été d'une grande aide à cet égard, car il était plus facile d'écrire ma décision à Laube que de la lui annoncer personnellement. Il a accepté de bonne grâce la légère rebuffade, mais il ne m'a jamais pardonné, ni à ce moment-là, ni après, d'avoir écrit mes propres mots !

Lorsqu'il apprit quel sujet j'avais préféré à son brillant poème politique, il ne fit aucun effort pour cacher son mépris pour mon choix. J'avais emprunté l'intrigue à un conte de fées dramatique de Gozzi, La Donna Serpente, et je l'avais intitulé Die Feen (« Les Fées »). J'ai choisi les noms de mes héros parmi différents poèmes ossiens et similaires : mon prince s'appelait Arindal ; il était aimé d'une fée appelée Ada, qui le tenait sous son charme et le maintenait au pays des fées, loin de son royaume, jusqu'à ce que ses fidèles amis le trouvent enfin et le persuadent de revenir, car son pays allait se ruiner. et même sa capitale était tombée aux mains de l'ennemi. La fée aimante elle-même renvoie le prince dans son pays ; car l'oracle a décrété qu'elle confierait à son amant les tâches les plus sévères. Ce n'est qu'en accomplissant triomphalement cette tâche qu'il lui permettra de quitter le monde immortel des fées pour partager le sort de son amant terrestre, en tant qu'épouse. Dans un moment de désespoir le plus profond quant à l'état de son pays, la reine des fées lui apparaît et détruit délibérément sa foi en elle par des actes des plus cruels et inexplicables. Rendu fou par mille peurs, Arindal commence à imaginer qu'il a toujours eu affaire à une méchante sorcière et tente d'échapper au sort fatal en prononçant une malédiction sur Ada. Folle de chagrin, la malheureuse fée s'effondre et révèle leur sort commun à l'amant, désormais perdu pour elle à jamais, et lui dit que, en guise de punition pour avoir désobéi au décret du destin, elle est destinée à être transformée en pierre. (dans la version de Gozzi, elle devient un serpent). Immédiatement après, il apparaît que toutes les catastrophes que la fée avait prophétisées n'étaient que des tromperies : la victoire sur l'ennemi ainsi que la prospérité et le bien-être croissants du royaume se succèdent maintenant rapidement : Ada est enlevée par le destin, et Arindal, un fou délirant, reste seul en arrière. Les terribles souffrances de sa folie ne satisfont cependant pas les Parques : pour provoquer sa ruine totale, elles se présentent devant l'homme repentant et l'invitent à les suivre dans le monde des enfers , sous prétexte de lui permettre de libérer Ada du monde souterrain. épeler. À travers les promesses perfides des méchantes fées, la folie d'Arindal se transforme en exaltation sublime ; et l'un de ses magiciens de maison, un ami fidèle, l'ayant entre-temps équipé d'armes magiques et de charmes, il suit désormais les traîtresses. Ces derniers ne peuvent se remettre de leur étonnement lorsqu'ils voient comment Arindal vainc les uns après les autres les monstres des régions infernales : ce n'est que lorsqu'ils arrivent au caveau dans lequel ils lui montrent la pierre à forme humaine qu'ils retrouvent l'espoir de vaincre le vaillant prince, car, à moins qu'il ne puisse briser le charme qui lie Ada, il devra partager son sort et être condamné à rester une pierre pour toujours. Arindal, qui utilisait jusqu'alors le poignard et le bouclier que lui avait donné le sympathique magicien, se sert désormais d'un instrument — une lyre — qu'il a apporté avec lui et dont il n'avait pas encore compris le sens. Aux sons de cet instrument, il exprime désormais ses gémissements plaintifs, ses remords et son désir irrésistible de sa reine enchantée. La pierre est émue par la magie de son amour : l'aimé est libéré. Le pays des fées avec toutes ses merveilles ouvre ses portes et le mortel apprend qu'en raison de son ancienne inconstance, Ada a perdu le droit de devenir sa femme sur terre, mais que sa bien-aimée, grâce à son grand pouvoir magique, a gagné le droit de devenir sa femme. vivre pour toujours à ses côtés au pays des fées.

Même si j'avais écrit Die Hochzeit dans la veine la plus sombre, sans fioritures d'opéra, j'ai peint ce sujet avec la plus grande couleur et la plus grande variété. Contrairement aux amants du pays des fées, j'ai représenté un couple plus ordinaire et j'ai même introduit un troisième couple qui appartenait au monde des serviteurs plus grossier et plus comique. Je ne me suis volontairement soucié ni de la diction poétique ni du vers. Mon idée n'était pas d'encourager mes anciens espoirs de me faire un nom comme poète ; J'étais désormais réellement un « musicien » et un « compositeur » et je souhaitais écrire un livret d'opéra décent simplement parce que j'étais sûr que personne d'autre ne pourrait en écrire un pour moi ; car un tel livre est quelque chose de tout à fait unique et ne peut être écrit ni par un poète ni par un simple homme de lettres. Dans l'intention de mettre en musique ce livret, j'ai quitté Leipzig en janvier 1833 pour m'installer à Würzburg avec mon frère aîné Albert, qui avait alors un poste au théâtre. Il me semblait maintenant nécessaire de commencer à appliquer mes connaissances musicales à des fins pratiques, et à cette fin, mon frère m'avait promis de m'aider à obtenir une sorte de poste au petit théâtre de Würzburg. J'ai voyagé par la poste à Bamberg via Hof, et à Bamberg je suis resté quelques jours en compagnie d'un jeune homme appelé Schunke, qui de joueur de cor était devenu acteur. J'ai appris avec le plus grand intérêt l'histoire de Caspar Hauser, qui était alors très connu et qui (si je ne me trompe) m'a été signalé. En outre, j'admirai les costumes particuliers des marchandes, pensai avec beaucoup d'intérêt au séjour d'Hoffmann dans cet endroit et à la façon dont il avait conduit à l' écriture de ses Contes, et repris mon voyage (vers Würzburg) avec un un homme appelé Hauderer, et qui souffrit misérablement du froid tout le long du trajet.

Mon frère Albert, qui était presque une nouvelle connaissance pour moi, a fait de son mieux pour que je me sente chez moi dans son établissement pas trop luxueux. Il fut heureux de me trouver moins fou qu'il ne l'avait attendu d'une certaine lettre avec laquelle j'avais réussi à l'effrayer quelque temps auparavant, et il parvint réellement à me procurer une occupation exceptionnelle de chef de chœur au théâtre, car dont je recevais la redevance mensuelle de dix florins. Le reste de l'hiver fut consacré à l'étude sérieuse des devoirs exigés d'un directeur musical : en très peu de temps je dus m'attaquer à deux nouveaux grands opéras, à savoir le Vampir de Marschner et Robert der Teufel de Meyerbeer, dans lesquels le chœur a joué un rôle considérable. Au début, je me sentais absolument comme un débutant et je devais commencer par Camilla von Paer, dont la partition m'était totalement inconnue. Je me souviens encore que j'avais l'impression de faire une chose que je n'avais pas le droit d'entreprendre : je me sentais plutôt amateur dans ce travail. Bientôt, cependant, la partition de Marschner m'intéressa suffisamment pour que le travail semble en valoir la peine. La partition de Robert m'a beaucoup déçu : j'attendais des journaux beaucoup d'originalité et de nouveauté ; Je n'en trouvais aucune trace dans cette œuvre transparente, et un opéra avec un final comme celui du deuxième acte ne pourrait être nommé d'un même souffle avec aucune de mes œuvres préférées. La seule chose qui m'a impressionné était la trompette à touche surnaturelle qui, dans le dernier acte, représentait la voix du fantôme de la mère.

Il était remarquable d'observer la démoralisation esthétique dans laquelle je tombais désormais en me confrontant quotidiennement à une telle œuvre. J'ai peu à peu perdu mon aversion pour cette composition superficielle et extrêmement inintéressante (aversion que je partageais avec de nombreux musiciens allemands) dans l'intérêt croissant que j'étais obligé de porter à son interprétation ; et c'est ainsi que la fadeur et l'affectation des mélodies banales ne me concernèrent plus qu'au point de vue de leur capacité à susciter des applaudissements ou l'inverse. Comme d'ailleurs ma future carrière de chef d'orchestre était en jeu, mon frère, très soucieux de ma cause, voyait d'un bon oeil ce manque d'obstination classique de ma part, et ainsi le terrain se préparait peu à peu à ce déclin de ma carrière classique. goût qui était destiné à durer un temps considérable.

Cela ne s'est tout de même pas produit avant que j'aie donné quelques preuves de ma grande inexpérience dans le style d'écriture le plus léger. Mon frère voulait introduire une « Cavatine » des Pirates de Bellini dans l'opéra du même compositeur, Straniera ; la partition n'était pas disponible, et il m'a confié l'instrumentation de cette œuvre. À partir de la seule partition pour piano, je ne pouvais pas déceler l'instrumentation lourde et bruyante des ritournelles et des intermèdes qui, musicalement, étaient si minces ; le compositeur d'une grande Symphonie en do majeur avec une fugue finale ne pouvait se tirer d'affaire qu'en utilisant quelques flûtes et clarinettes jouant en tierces. A la répétition, la Cavatine sonnait si affreusement maigre et superficielle que mon frère me fit de sérieux reproches sur le gaspillage des frais de copie. Mais j'ai eu ma revanche : à l'air de ténor d'« Aubry » du Vampir de Marschner, j'ai ajouté un Allegro, dont j'ai également écrit les paroles.

Mon travail a brillamment réussi et a mérité les éloges du public et de mon frère. Dans le même style allemand, j'écrivis la musique pour mon Feen au cours de l'année 1833. Mon frère et sa femme quittèrent Würzburg après Pâques pour profiter de plusieurs invitations chez des amis ; Je restais avec les enfants, trois petites filles d'un âge tendre, ce qui me plaçait dans la position extraordinaire d'un tuteur responsable, poste pour lequel je n'étais pas du tout apte à cette époque de ma vie. Mon temps était partagé entre mon travail et mes plaisirs, et par conséquent je négligeais mes charges. Parmi les amis que je m'y suis fait, Alexander Muller a eu sur moi une grande influence ; c'était un bon musicien et pianiste, et j'écoutais pendant des heures ses improvisations sur des thèmes donnés - un exploit dans lequel il excellait tellement que je ne pouvais manquer d'être impressionné. Avec lui et quelques autres amis, parmi lesquels se trouvait également Valentin Hamm, je faisais souvent des excursions dans les environs, au cours desquelles la bière bavaroise et le vin franc avaient l'habitude de voler. Valentin Hamm était un personnage grotesque, qui nous divertissait souvent avec son excellent jeu de violon ; il avait un énorme effort sur le piano, car il pouvait atteindre un intervalle de douzième. Der Letzte Hieb, café en plein air public situé sur une agréable hauteur, était le témoin quotidien de mes accès de turbulences sauvages et souvent enthousiastes ; jamais, pendant ces douces nuits d'été, je ne suis revenu chez mes protégés sans m'être enthousiasmé pour l'art et pour le monde en général. Je me souviens aussi d'un mauvais tour qui est toujours resté une tache dans ma mémoire. Parmi mes amis se trouvait un Souabe juste et très enthousiaste, nommé Frohlich, avec qui j'avais échangé ma partition de la Symphonie en do mineur contre la sienne, qu'il avait copiée de sa propre main. Ce jeune homme très doux, mais un peu irritable, avait pris une telle antipathie pour un certain André, dont je détestais aussi la figure malveillante, qu'il déclarait que cet homme lui gâchait ses soirées, rien qu'en étant dans la même chambre que lui. Le malheureux objet de sa haine essayait quand même de nous rencontrer chaque fois qu'il le pouvait : des frictions s'ensuivaient, mais André insistait pour nous agacer. Un soir, Frohlich perdit patience. Après quelques répliques insultantes, il essaya de le chasser de notre table en le frappant avec un bâton : il en résulta une bagarre à laquelle les amis de Frolich crurent devoir prendre part, même s'ils semblaient tous le faire avec une certaine réticence. Une envie folle de rejoindre la mêlée s'est également emparée de moi. Avec les autres, j'aidai à renverser notre pauvre victime, et j'entendis même le bruit d'un coup terrible que je frappai à la tête d'André, tandis qu'il me regardait avec ahurissement.

Je raconte cet incident pour expier un péché qui pèse depuis lors très lourdement sur ma conscience. Je ne peux comparer cette triste expérience qu'à une de mes premières années d'enfance, à savoir la noyade de quelques chiots dans une piscine peu profonde derrière la maison de mon oncle à Eisleben. Aujourd'hui encore, je ne peux penser sans horreur à la mort lente de ces pauvres petites créatures. Je n'ai jamais complètement oublié certaines de mes actions irréfléchies et imprudentes ; car les chagrins des autres, et notamment ceux des animaux, m'ont toujours profondément affecté au point de me remplir d'un dégoût de la vie.

Ma première histoire d'amour contraste fortement avec ces souvenirs. Il était tout naturel qu'une des jeunes choristes avec lesquelles je devais répéter quotidiennement sache comment attirer mes attentions. Thérèse Ringelmann, fille de fossoyeur, grâce à sa belle voix de soprano, m'a fait croire que je pourrais en faire une grande chanteuse. Après que je lui ai parlé de ce projet ambitieux, elle a prêté beaucoup d'attention à son apparence et s'est habillée élégamment pour les répétitions, et une rangée de perles blanches qu'elle enroulait dans ses cheveux m'a particulièrement fasciné. Pendant les vacances d'été, je donnais régulièrement à Thérèse des cours de chant, selon une méthode qui est toujours restée pour moi un mystère depuis. Je la voyais aussi très souvent chez elle, où, heureusement, je n'ai jamais rencontré son désagréable père, mais toujours sa mère et ses sœurs. Nous nous rencontrions aussi dans les jardins publics, mais une fausse vanité m'empêchait toujours de parler de nos relations à mes amis. Je ne sais si la faute en était à sa modeste naissance, à son manque d'éducation, ou à mes propres doutes sur la sincérité de mes affections ; mais en tout cas, quand, outre le fait que j'avais mes raisons d'être jaloux, on essaya aussi de me pousser à des fiançailles formelles, cette histoire d'amour se termina tranquillement.

Une aventure infiniment plus authentique était mon amour pour Friederike Galvani, fille d'un mécanicien, sans aucun doute d'origine italienne. Elle était très musicale et avait une jolie voix ; mon frère l'avait prise en charge et l'avait aidée à faire ses débuts dans son théâtre, épreuve qu'elle avait brillamment réussi. Elle était plutôt petite, mais avait de grands yeux sombres et un caractère doux. Le premier hautboïste de l'orchestre, bon garçon et habile musicien, lui était entièrement dévoué. Il était considéré comme son fiancé, mais, en raison d'un incident survenu dans son passé, il n'avait pas le droit de rendre visite à la maison de ses parents et le mariage ne devait pas avoir lieu avant longtemps. A l'approche de l'automne de mon année à Würzburg, je reçus une invitation d'amis à assister à un mariage champêtre à peu de distance de Wurzburg ; le hautboïste et sa fiancée avaient également été invités. C'était une affaire joyeuse, quoique primitive ; nous avons bu et dansé, et je me suis même essayé au violon, mais j'ai dû l'oublier gravement, car même avec le deuxième violon, je n'arrivais pas à satisfaire les autres musiciens. Mais mon succès auprès de Friederike n'en fut que plus grand ; nous avons dansé comme des fous à travers les nombreux couples de paysans jusqu'à ce qu'à un moment nous soyons tellement excités que, perdant tout contrôle de nous-mêmes, nous nous sommes embrassés pendant que son véritable amant jouait la musique de danse. Pour la première fois de ma vie, j'ai commencé à ressentir une sensation flatteuse de respect de moi-même lorsque le fiancé de Fr iederike, voyant comment nous flirtions tous les deux, a accepté la situation de bonne grâce, sinon sans une certaine tristesse. Je n'avais jamais eu l'occasion de penser que je pourrais faire une impression favorable sur une jeune fille. Je ne m'étais jamais imaginé beau, et je n'avais jamais pensé qu'il serait possible d'attirer l'attention de jolies filles.

En revanche, j'avais progressivement acquis une certaine autonomie en côtoyant des hommes de mon âge. Grâce à la vivacité exceptionnelle et à la susceptibilité innée de ma nature, qualités qui me sont apparues dans mes relations avec les membres de mon entourage, j'ai progressivement pris conscience d'un certain pouvoir de transporter ou de dérouter mes compagnons les plus indolents.

De la maîtrise silencieuse de mon pauvre hautboïste, en prenant conscience des avances ardentes de sa fiancée à mon égard, j'ai acquis, comme je l'ai dit, la première idée du fait que je pouvais compter pour quelque chose, non seulement parmi les hommes, mais aussi parmi les hommes. femmes. Le vin franc contribua à créer un état de confusion toujours plus grande, et sous le couvert de son influence, je me déclarai enfin, tout à fait ouvertement, l'amant de Frédérique. En fait, très tard dans la nuit, alors que le jour commençait déjà à se lever, nous sommes partis ensemble pour Würzburg dans un wagon découvert. Ce fut le couronnement de ma délicieuse aventure ; car pendant que tous les autres, y compris, à la fin, le jaloux hautboïste, dormaient de leur débauche face au jour qui se levait, moi, la joue contre celle de Friederike, et écoutant le gazouillis des alouettes, j'observais l'arrivée du soleil levant.

Le lendemain, nous n'avions presque aucune idée de ce qui s'était passé. Un certain sentiment de honte, qui n'était pas inconvenant, nous tenait à l'écart les uns des autres ; et pourtant j'ai facilement réussi à entrer dans la famille de Friederike, et à partir de ce moment-là, j'étais chaque jour un hôte bienvenu, où pendant quelques heures je m'attardais dans des relations intimes non dissimulées. avec le même cercle domestique dont la malheureuse fiancée restait exclue. Aucun mot n'a jamais été mentionné sur cette dernière connexion ; jamais l'idée de Frédérique n'est venue à changer la situation, et personne n'a semblé penser que je devrais, pour ainsi dire, prendre la place du fiancé. La manière confiante avec laquelle je fus reçu par tous, et particulièrement par la jeune fille elle-même, était exactement semblable à l'un des grands processus de la nature, comme, par exemple, lorsque le printemps arrive et que l'hiver passe silencieusement. Aucun d'eux n'a jamais songé aux conséquences matérielles de ce changement, et c'est précisément là le trait le plus charmant et le plus flatteur de cette première histoire d'amour de jeunesse, qui ne devait jamais dégénérer en une attitude susceptible de susciter des soupçons ou des inquiétudes. Ces relations ne prirent fin qu'avec mon départ de Würzburg, marqué par les adieux les plus touchants et les plus larmoyants.

Pendant quelque temps, même si je n'entretins aucune correspondance, le souvenir de cet épisode resta fermement imprimé dans mon esprit. Deux ans plus tard, alors que je parcourais rapidement le vieux quartier, je rendis visite à Friederike : la pauvre enfant s'approcha de moi, complètement honteuse. Son hautboïste était toujours son amant, et bien que sa position rende le mariage impossible, la malheureuse jeune femme était devenue mère. Depuis, je n'ai plus entendu parler d'elle.

Au milieu de tout ce trafic d'amour, j'ai travaillé dur à mon opéra et, grâce à la sympathie aimante de ma sœur Rosalie, j'ai pu trouver la bonne humeur nécessaire à cette tâche. Lorsqu'au début de l'été mes revenus de chef d'orchestre cessèrent, cette même sœur se fit de nouveau un devoir loyal de me fournir suffisamment d'argent de poche, afin que je puisse me consacrer uniquement à l'achèvement de mon œuvre, sans être troublé par quoi que ce soit ou être un fardeau pour qui que ce soit. Bien plus tard, je tombai sur une lettre que j'avais écrite à cette époque à Rosalie et qui était pleine d'un amour tendre, presque adorateur, pour cette noble créature.

Quand l'hiver fut proche, mon frère revint et le théâtre rouvrit. A vrai dire, je ne m'y suis pas rattaché, mais j'ai acquis une place, encore plus importante, dans les concerts de la Société Musicale où j'ai produit ma grande ouverture en do majeur, ma symphonie et éventuellement des parties de mon également un nouvel opéra. Une amatrice à la voix splendide, Mademoiselle Friedel, a chanté le grand air d'Ada. En outre, on donna un trio qui, dans un de ses passages, produisit un effet si émouvant sur mon frère, qui y participa, qu'à son grand étonnement, comme il l'avoua lui-même, il perdit complètement la réplique à cause de de celui-ci.

À Noël, mon travail était terminé, ma partition était écrite avec la plus grande précision et je devais maintenant retourner à Leipzig pour le nouvel an afin de faire accepter mon opéra par le théâtre. Sur le chemin du retour, j'ai visité Nuremberg, où je suis resté une semaine avec ma sœur Clara et son mari, qui y étaient fiancés au théâtre. Je me souviens très bien de la joie et du bien-être que j'ai ressentis lors de cette agréable visite chez ces mêmes parents qui, quelques années auparavant, lorsque j'avais séjourné chez eux à Magdebourg, avaient été bouleversés par ma résolution d'adopter la musique comme vocation. Maintenant, j'étais devenu un vrai musicien, j'avais écrit un grand opéra et j'avais déjà fait beaucoup de choses sans me ruiner. Le sentiment de tout cela était pour moi une grande joie, mais il n'en était pas moins flatteur pour mes parents, qui ne pouvaient manquer de voir que le prétendu malheur avait fini par me tourner à mon avantage. J'étais d'humeur joyeuse et totalement débridée, état d'esprit qui était en grande partie le résultat non seulement de la maison joyeuse et sociable de mon beau-frère, mais aussi de la vie agréable de taverne de l'endroit. Dans un esprit beaucoup plus confiant et exalté, je suis retourné à Leipzig, où j'ai pu déposer les trois énormes volumes de ma partition devant ma mère et ma sœur très ravies.

C'est à ce moment-là que ma famille s'est enrichie grâce au retour de mon frère Julius de ses longues pérégrinations. Il avait travaillé longtemps à Paris comme orfèvre et s'était désormais établi à Leipzig. Lui aussi, comme les autres, avait hâte d'entendre quelque chose de mon opéra, ce qui, certes, n'était pas si facile, car je manquais totalement du don de jouer quoi que ce soit de ce genre d'une manière facile et intelligible. Ce n'est que lorsque j'ai pu me mettre dans un état d'extase absolue qu'il m'a été possible de rendre quelque chose avec un quelconque effet. Rosalie savait que je voulais lui tirer une sorte de déclaration d'amour ; mais je n'ai jamais su avec certitude si l'étreinte et le baiser fraternel qui m'ont été accordés après avoir chanté mon grand air d'Ada, m'étaient accordés par une émotion réelle ou plutôt par un respect affectueux. D'un autre côté, le zèle avec lequel elle a conseillé mon opéra au directeur du théâtre, Ringelhardt, au chef d'orchestre et au directeur, était indubitable, et elle l'a fait avec une telle efficacité qu'elle a obtenu leur consentement pour sa représentation, et cela très rapidement.

J'ai été particulièrement intéressé d'apprendre que la direction s'est immédiatement montrée désireuse d'essayer de régler la question des costumes de mon drame : mais j'ai été étonné d'apprendre que le choix s'est porté en faveur de la tenue orientale, alors que j'avais prévu, par les noms J'avais choisi, pour suggérer un caractère nordique au décor. Mais c'étaient précisément ces noms qu'ils trouvaient inappropriés, car les personnages féeriques ne se voient pas dans le Nord, mais seulement en Orient ; tandis qu'à part cela, l'original de Gozzi, qui constituait la base de l'œuvre, avait sans aucun doute un caractère oriental. C'est avec la plus grande indignation que je me suis opposé au style vestimentaire insupportable du turban et du caftan et que j'ai défendu avec véhémence le costume chevaleresque porté dans les premières années du Moyen Âge. J'ai ensuite dû m'entendre en profondeur avec le chef d'orchestre Stegmayer au sujet de ma partition. C'était un homme remarquable, petit et gros, avec des cheveux blonds bouclés et un caractère exceptionnellement jovial ; il était cependant très difficile à amener à un point. A propos de notre vin, nous nous entendions toujours très vite, mais dès que nous nous asseyions au piano, je dus écouter les objections les plus extraordinaires sur la tendance dont j'étais pendant quelque temps extrêmement perplexe. Comme l'affaire était très retardée par cette hésitation, je me mis en communication plus étroite avec le régisseur de l'opéra, Hauser, qui était alors très apprécié comme chanteur et mécène des arts par les habitants de Leipzig.

Avec cet homme aussi, j'ai vécu les expériences les plus étranges : celui qui avait captivé le public de Leipzig, notamment avec son interprétation du barbier et de l'Anglais dans Fra Diavolo, s'est soudainement révélé dans sa propre maison comme l'adhérent le plus fanatique du mouvement. musique la plus ancienne. J'ai écouté avec étonnement le mépris à peine voilé avec lequel il traitait même Mozart, et la seule chose qu'il semblait regretter était que nous n'ayons pas d'opéras de Sébastien Bach. Après m'avoir expliqué que la musique dramatique n'était pas encore réellement écrite et que seul Gluck, à proprement parler, s'était montré capable de la faire, il procéda à ce qui semblait être un examen exhaustif de mon propre opéra, au sujet duquel tout ce que j'avais désiré L'entendre de sa part était de savoir si cela était apte à être exécuté. Au lieu de cela, cependant, son objectif semblait être de souligner l'échec de mon objectif dans chaque numéro. J'ai transpiré du sang sous la torture sans précédent de travailler avec cet homme ; et j'ai parlé à ma mère et à ma sœur de ma grave dépression. Tous ces retards avaient déjà réussi à rendre impossible la représentation de mon opéra à la date initialement fixée, et maintenant elle fut reportée au mois d'août de l'année en cours (1834).

Un incident que je n'oublierai jamais m'a inspiré un nouveau courage. Le vieux Bierey, musicien expérimenté et excellent, et en son temps compositeur à succès, qui, grâce notamment à sa longue pratique de chef d'orchestre au théâtre de Breslau, avait acquis une connaissance parfaitement pratique de ces choses, vivait alors à Leipzig, et j'étais un bon ami de mon peuple. Ma mère et ma sœur l'ont prié de donner son avis sur l'aptitude de mon opéra à la scène, et je lui ai dûment soumis la partition. Je ne saurais dire combien j'ai été profondément touché et impressionné de voir ce vieux monsieur apparaître un jour parmi mes parents, et de l'entendre déclarer avec un véritable enthousiasme qu'il ne pouvait tout simplement pas comprendre comment un homme si jeune avait pu composer une pareille partition. Ses remarques sur la grandeur qu'il avait reconnue dans mon talent étaient vraiment irrésistibles et m'étonnaient positivement. Lorsqu'on lui demande s'il juge l'œuvre présentable et propre à produire de l'effet, il déclare que son seul regret est de ne plus être à la tête d'un théâtre, car, s'il l'avait été, il se serait estimé extrêmement chanceux d'obtenir un tel poste. l'homme comme moi en permanence pour son entreprise. A cette annonce, ma famille fut envahie de joie, et leurs sentiments furent d'autant plus justifiés que, comme ils le savaient tous, Bierey n'était nullement un aimable romancier, mais un musicien pratique, aguerri par une vie pleine d'expérience.

Le retard était maintenant supporté avec un meilleur moral et j'ai pu attendre longtemps avec espoir ce que l'avenir pourrait nous apporter. Entre autres choses, je commençais maintenant à apprécier la compagnie d'un nouvel ami en la personne de Laube, qui, à cette époque, bien que je n'avais pas mis en musique son Kosziusko, était au zénith de sa renommée. La première partie de son roman Jeune Europe, dont la forme était épistolaire, était parue et avait sur moi un effet des plus stimulants, surtout en liaison avec toute l'espérance juvénile qui palpitait alors dans mes veines. Bien que son enseignement ne soit pour l'essentiel qu'une répétition de celui de l'Ardinghello de Heinse, les forces qui surgirent alors dans les jeunes seins furent exprimées pleinement et éloquentement. L'esprit directeur de cette tendance a été suivi dans la critique littéraire, qui visait principalement l'incapacité supposée ou réelle des occupants semi-classiques de nos différents trônes littéraires. Sans la moindre pitié , les pédants [6] , parmi lesquels Tieck était compté, furent traités comme de simples encombrements et des obstacles à l'essor d'une nouvelle littérature. Ce qui m'a amené à une répulsion remarquable à l'égard de ces compositeurs allemands qui jusqu'alors avaient été admirés et respectés, était en partie l'influence de ces escarmouches critiques et la vivacité séduisante de leur ton ; mais surtout l'impression produite par une nouvelle visite de Schroder-Devrient à Leipzig, lorsque son interprétation de Bornéo dans Roméo et Juliette de Bellini a emporté tout le monde d'assaut. L'effet de cela ne pouvait être comparé à rien de ce qui avait été observé jusqu'à présent. Voir la figure audacieuse et romantique du jeune amant sur fond de musique manifestement superficielle et vide incitait, en tout cas, à méditer avec doute sur la cause du grand manque d'effet de la solide musique allemande telle qu'elle avait été appliquée jusqu'à présent. au drame. Sans m'immerger pour le moment trop profondément dans cette méditation, je me laissai emporter par le courant de mes sentiments de jeunesse, puis m'éveillai en ardeur et me tournai involontairement vers la tâche d'éliminer tout ce sérieux maussade qui, dans mes premières années, avait été m'a conduit à un mysticisme si pathétique.

[6] *Zöpfe* dans le texte allemand.—TRADUCTEUR.

Ce que Pohlenz n'avait pas fait en dirigeant la Neuvième Symphonie, ce que le Conservatoire de Vienne, Dionys Weber et bien d'autres interprétations maladroites (qui m'avaient amené à considérer la musique classique comme absolument incolore) n'avaient pas pleinement accompli, a été réalisé par le charme inconcevable de la musique italienne la moins classique, grâce à l'imitation merveilleuse, passionnante et envoûtante de Roméo par Schroder-Devrient. La manière frivole avec laquelle j'ai pu élaborer une brève critique de l'Euryanthe de Weber pour l'Elegante Zeitung a montré quel effet ces effets si puissants et, quant à leurs causes, incompréhensibles, ont eu sur mon opinion. Cet opéra avait été joué par la compagnie de Leipzig peu avant l'apparition de Schroder-Devrient : des interprètes froids et incolores, parmi lesquels le chanteur du rôle-titre, apparaissant dans la nature avec les manches pleines qui étaient alors le rose de la mode, est ça reste un souvenir désagréable. Très laborieusement et sans verve, mais simplement dans le but de satisfaire aux exigences des règles classiques, cette compagnie s'efforçait de dissiper jusqu'aux impressions enthousiastes que j'avais formées dans ma jeunesse sur la musique de Weber. Je ne savais quelle réponse faire à un frère critique de Laube, lorsqu'il me faisait remarquer le caractère laborieux de cette représentation d'opéra, dès qu'il savait le comparer avec l'effet envoûtant de cette soirée Roméo. Ici, je me suis trouvé confronté à un problème dont j'étais alors disposé à résoudre le plus facilement possible, et j'ai fait preuve de courage en rejetant tout préjugé, et cela avec audace, dans la brève critique que je viens de mentionner dans laquelle j'ai simplement se moqua d'Euryanthe. Tout comme j'avais eu ma saison de semailles de folle avoine en tant qu'étudiant, de même maintenant je me suis précipité avec audace dans les mêmes cours pour développer mon goût artistique.

Nous étions en mai, il faisait un beau temps printanier et un voyage d'agrément que j'entreprenais maintenant avec un ami dans la terre promise de mon roman de jeunesse, la Bohême, était destiné à amener à pleine maturité mon humeur débridée de «jeune-européen» en moi. Cet ami était Theodor Apel. Je le connaissais depuis longtemps et m'étais toujours senti particulièrement flatté d'avoir gagné sa chaleureuse affection ; car, en tant que fils du talentueux maître de la mesure et imitateur des formes grecques de la poésie, August Apel, j'éprouvais pour lui cette déférence admirative que je n'avais jamais pu encore accorder au descendant d'un homme célèbre.

Étant aisé et issu d'une bonne famille, son amitié m'a donné des occasions d'entrer en contact avec les conditions aisées des classes supérieures qui n'étaient pas fréquentes dans ma condition de vie. Tandis que ma mère, par exemple, considérait avec une grande satisfaction ma fréquentation de cette famille très respectable, j'étais pour ma part extrêmement heureux à la pensée de la cordialité avec laquelle j'étais reçu dans de tels cercles.

Le souhait le plus sincère d'Apel était de devenir poète, et je tenais pour acquis qu'il possédait tout ce qu'il fallait pour une telle vocation ; surtout, ce qui me paraissait si important, la liberté complète que lui assurait sa fortune considérable en le libérant de tout besoin de gagner sa vie ou d'adopter un métier pour gagner sa vie. Chose étrange, sa mère, qui à la mort de son illustre père avait épousé un avocat de Leipzig, était très inquiète du métier qu'il choisirait et souhaitait que son fils fasse une belle carrière dans le droit, car elle n'était pas du tout disposé à privilégier ses dons poétiques. Et c'est à ses efforts pour me convertir à son point de vue, afin que par mon influence j'évite le malheur d'un deuxième poète dans la famille, en la personne du fils, que je dus les relations particulièrement amicales qui s'établissaient entre elle. et moi. Mais toutes ses suggestions ont réussi à me stimuler, plus encore que ma propre opinion favorable de son talent, à confirmer mon ami dans son désir d'être poète, et ainsi à le soutenir dans son attitude rebelle envers sa famille. .

Cela ne lui déplaisait pas. Comme il étudiait aussi la musique et composait assez bien, j'ai réussi à entretenir avec lui la plus grande intimité. Le fait qu'il avait passé l'année même au cours de laquelle j'avais sombré dans les plus bas abîmes de la folie des étudiants, étudiant à Heidelberg et non à Leipzig, l'avait gardé à l'abri de toute participation à mes étranges excès, et lorsque nous nous revîmes maintenant à Leipzig Au printemps 1834, la seule chose que nous avions encore en commun était l'aspiration esthétique de notre vie, que nous nous efforcions maintenant, par voie d'expérimentation, de détourner vers la jouissance de la vie. Nous nous serions volontiers lancés dans des aventures pleines de vie, si seulement les conditions de notre environnement et de l'ensemble du monde bourgeois dans lequel nous vivions nous avaient permis de telles choses. Malgré toutes les impulsions de notre instinct, nous n'avons pas pu aller plus loin que planifier cette excursion en Bohême. Quoi qu'il en soit, nous faisions le voyage non pas par la poste, mais dans notre propre voiture, et notre véritable plaisir restait dans le fait qu'à Teplitz, par exemple, nous faisions quotidiennement de longues promenades dans une belle voiture. Le soir, nous avions soupé de truite au Wilhelmsburg, bu du bon vin de Czernosek avec de l'eau de Bilin et nous étions dûment excités par Hoffmann, Beethoven, Shakespeare, l'Ardinghello de Heinse et d'autres choses, puis, les membres confortablement étendus dans notre élégant en calèche, retournâmes au crépuscule d'été au « Roi de

Prusse », où nous occupions la grande chambre avec balcon au premier étage, nous sentions que nous avions passé la journée comme de jeunes dieux et, par simple exubérance, nous ne pouvions trouver rien de mieux. Il n'y avait qu'à se livrer aux querelles les plus effroyables qui, surtout lorsque les fenêtres étaient ouvertes, rassemblaient sur la place devant l'auberge un grand nombre d'auditeurs alarmés.

Un beau matin, je m'éloignai de mon ami pour prendre seul mon petit déjeuner au Schlackenburg et aussi pour saisir l'occasion de noter sur mon carnet le projet d'une nouvelle composition d'opéra. Dans ce but, j'avais maîtrisé le sujet de Mesure pour mesure de Shakespeare, que, conformément à mon humeur du moment, j'ai bientôt transformé assez librement en un livret intitulé Liebesverbot. La jeune Europe et Ardinghello, et l'étrange état d'esprit dans lequel j'étais tombé à l'égard de la musique lyrique classique, m'ont fourni la note dominante de ma conception, dirigée plus particulièrement contre l'hypocrisie puritaine, et qui tendait ainsi hardiment à exalter « sensualité.' J'ai pris soin de comprendre le grave thème shakespearien uniquement dans ce sens. Je ne voyais que le sombre vice-roi aux lacets étroits, le cœur enflammé du plus passionné amour pour la belle novice, qui, tandis qu'elle le supplie de pardonner à son frère condamné à mort pour amour illicite, allume en même temps le feu le plus dangereux. dans le sein du puritain têtu en l'infectant de la belle chaleur de son émotion humaine.

Que ces traits puissants soient si richement développés dans la création de Shakespeare uniquement pour pouvoir, en fin de compte, être pesés d'autant plus gravement dans la balance de la justice, ne me concernait pas : tout ce qui m'intéressait était d'exposer le le caractère pécheur de l'hypocrisie et le caractère contre nature d'une censure morale aussi cruelle. Ainsi j'ai complètement abandonné Mesure pour Mesure, et j'ai fait traduire l'hypocrite en justice uniquement par le pouvoir vengeur de l'amour. J'ai transféré le thème de la fabuleuse ville de Vienne à la capitale de la Sicile ensoleillée, dans laquelle un vice-roi allemand, indigné par les mœurs incroyablement lâches du peuple, tente d'introduire une réforme puritaine et en tombe lamentablement en échec. Die Stumme von Portici a probablement contribué dans une certaine mesure à ce thème, tout comme certains souvenirs de Die Sizilianische Vesper. Quand je me souviens qu'enfin même le doux Sicilien Bellini a joué un rôle dans cette composition, je ne peux, bien sûr, m'empêcher de sourire devant l'étrange mélange dans lequel ont pris ici forme les malentendus les plus extraordinaires.

Celui-ci n'est pour l'instant qu'un simple projet. Les études d'après nature destinées à mon travail devaient d'abord être réalisées lors de cette délicieuse excursion en Bohême. J'emmenais mon ami en triomphe à Prague, dans l'espoir de lui procurer les mêmes impressions qui m'avaient si profondément ému lorsque j'y étais. Nous avons rencontré mes belles amies dans la ville même ; car, à la suite de la mort du vieux comte Pachta, des changements matériels s'étaient produits dans la famille, et les filles survivantes n'allaient plus à Pravonin. Mon comportement était plein d'arrogance et, par là, je voulais sans doute exprimer une certaine envie capricieuse de vengeance des sentiments d'amertume avec lesquels j'avais quitté ce cercle quelques années auparavant. Mon ami a été bien reçu. Les circonstances familiales changeantes obligeaient les charmantes filles à prendre de plus en plus impérativement une décision quant à leur avenir, et un riche bourgeois, bien que n'étant pas vraiment lui-même dans le commerce, mais possédant de vastes moyens, semblait à la mère inquiète, du tout événementiel, un bon conseiller. Sans montrer ni éprouver aucune méchanceté à ce sujet, j'exprimai mon plaisir à la vue de l'étrange confusion causée par l'introduction de Théodore dans la famille par les plaisanteries les plus joyeuses et les plus folles : car mes seuls rapports avec les dames consistaient uniquement en plaisanteries et en plaisanteries amicales. . Ils ne pouvaient pas comprendre comment j'avais pu changer si étrangement. Il n'y avait plus en moi de cet amour de la dispute, de cette rage d'instruire et de ce zèle à convertir qui autrefois les irritaient tant. Mais en même temps, on ne pouvait pas me faire dire un mot sensé, et ceux qui voulaient maintenant discuter sérieusement de beaucoup de choses ne pouvaient rien tirer de moi, sauf les plus folles bêtises. Comme à cette occasion, en ma qualité d'oiseau sans cage, je m'accordais hardiment bien des libertés contre lesquelles ils se sentaient impuissants, mon esprit exubérant s'excita d'autant plus lorsque mon ami, entraîné par mon exemple, essaya d'imiter moi – une chose qu'ils ont très mal prise de sa part.

Une seule fois il y eut une tentative de sérieux entre nous : j'étais assis au piano et j'écoutais mon compagnon qui racontait aux dames que dans une conversation à l'hôtel j'avais trouvé l'occasion de m'exprimer très chaleureusement à quelqu'un qui parut surpris en entendant parler des qualités domestiques et travailleuses de mes amies. Je fus profondément ému lorsque, à la suite des remarques de mon compagnon, je compris quelles expériences désagréables ces pauvres créatures avaient déjà vécues : car ce qui me paraissait une action très naturelle de ma part, semblait les remplir d'un plaisir inattendu. Jenny, par exemple, s'est approchée de moi et m'a serré dans ses bras avec une grande chaleur. D'un commun accord, j'avais maintenant le droit de me comporter avec une grossièreté presque étudiée, et je ne répondais même à l'éclat chaleureux de Jenny que par ma plaisanterie habituelle.

Dans notre hôtel, le « Cheval Noir », si célèbre à l'époque, j'ai trouvé le terrain de jeu dans lequel j'ai pu porter l'esprit malicieux non épuisé chez les Pachta jusqu'à l'insouciance. Avec le matériel le plus accidentel de convives et de voyageurs, nous parvenons à rassembler autour de nous une compagnie qui nous permet, jusque tard dans la nuit, de l'entraîner dans les folies les plus inconcevables. À tout cela, j'étais particulièrement poussé par la personnalité d'un homme d'affaires très timide et de petite taille, originaire de Francfort-sur-l'Oder, qui désirait paraître audacieux ; et sa présence me stimulait, ne serait-ce que par la chance remarquable qu'elle me donnait d'entrer en contact avec quelqu'un qui était chez moi à Francfort « sur l'Oder ». Quiconque sait comment les choses se passaient alors en Autriche peut se faire une idée de mon imprudence lorsque je dis que j'ai été un jour jusqu'à faire hurler la Marseillaise à haute voix dans la nuit lors de notre colloque dans la salle publique. Aussi, après cet exploit héroïque, et pendant que je me déshabillais, je grimpais sur les rebords extérieurs des fenêtres d'une pièce à l'autre du deuxième étage, j'étais naturellement horrifié par ceux qui ne connaissaient pas l'amour des prouesses acrobatiques. que j'avais cultivé dès ma plus tendre enfance.

Même si je m'étais exposé sans crainte à de tels dangers, je fus bientôt dégrisé le lendemain matin par une convocation de la police. Quand, en plus, je me rappelais le chant de la Marseillaise, j'étais rempli des craintes les plus graves. Après avoir été retenu longtemps au commissariat, à la suite d'un étrange malentendu, le résultat fut que l'inspecteur chargé de m'examiner trouva qu'il ne restait plus assez de temps pour une audition sérieuse et, à mon grand regret, Soulagé, j'ai été autorisé à partir après avoir répondu à quelques questions inoffensives concernant la durée prévue de mon séjour. Il nous a néanmoins semblé opportun de ne pas céder à la tentation de faire de nouvelles farces sous les ailes déployées du double aigle.

Au moyen d'un itinéraire détourné dans lequel nous avons été entraînés par notre désir insatiable d'aventures – des aventures qui, en fait, ne se produisaient que dans notre imagination et qui, à toutes fins pratiques, n'étaient que de modestes détours sur la route – nous avons La longueur est revenue à Leipzig. Et avec ce retour à la maison, la période vraiment joyeuse de ma vie de jeunesse s'est définitivement terminée. Si, jusque-là, je n'avais pas été exempt de graves erreurs et de moments de passion, c'est seulement maintenant que le souci a jeté sa première ombre sur mon chemin.

Ma famille avait attendu mon retour avec impatience pour m'informer que le poste de chef d'orchestre m'avait été proposé par la Compagnie du Théâtre de Magdebourg. Durant le mois d'été en cours, cette compagnie se produisait dans un point d'eau appelé Lauchstadt. Le directeur ne pouvait pas s'entendre avec un conducteur incompétent qui lui avait été envoyé et, dans son extrémité, s'était adressé à Leipzig dans l'espoir d'obtenir immédiatement un remplaçant. Stegmayer, le chef d'orchestre, qui n'avait pas envie de pratiquer ma partition Feen pendant les fortes chaleurs de l'été, comme il l'avait promis, m'a immédiatement recommandé pour le poste et a ainsi vraiment réussi à se débarrasser d'un bourreau très gênant. Car si, d'une part, je souhaitais réellement pouvoir m'abandonner librement et sans retenue au torrent d'aventures qui constituent la vie de l'artiste, un désir d'indépendance, qui ne pouvait être conquis qu'en gagnant ma propre vie, avait été grandement fortifié en moi par l'état de mes affaires. Mais j'avais le sentiment qu'il n'y avait pas de base solide pour la satisfaction de ce désir à Lauchstadt ; je n'ai pas non plus trouvé facile de soutenir le complot concocté contre la production de mon Feen. Je décidai donc de faire une visite préliminaire sur place, histoire de voir où en étaient les choses.

Cette petite station d'eau avait acquis, du temps de Goethe et de Schiller, une très grande réputation, son théâtre en bois avait été construit selon le plan du premier, et la première représentation du Braut de Messine y avait été donnée. Mais même si je me répétais tout cela, l'endroit me faisait plutôt douter. J'ai demandé la maison du directeur du théâtre. Il s'est avéré qu'il était absent, mais on a dit à un petit garçon sale, son fils, de m'emmener au théâtre pour trouver « Papa ». Papa, cependant, nous a rencontrés en chemin. C'était un homme âgé; il portait une robe de chambre et sur la tête un bonnet. Sa joie de me saluer fut interrompue par des plaintes concernant une indisposition grave, pour laquelle son fils devait lui chercher un cordial dans un magasin voisin. Avant d'envoyer le garçon faire cette commission, il lui mit dans la main une véritable pièce de monnaie en argent avec une certaine ostentation qui était évidemment à mon avantage. Il s'agissait de Heinrich Bethmann, époux survivant de la célèbre actrice de ce nom, qui, ayant vécu aux beaux jours de la scène allemande, avait gagné la faveur du roi de Prusse ; et elle l'a gagné si durablement, que longtemps après sa mort, elle a continué à être étendue à son époux. Il toucha toujours une belle pension de la cour prussienne, et jouit en permanence de son soutien sans jamais pouvoir perdre sa protection par ses manières irrégulières et dissipées.

A l'époque dont je parle, il était tombé au plus bas, grâce à la direction continue du théâtre. Son discours et ses manières révélaient le raffinement sucré d'une époque révolue, tandis que tout ce qu'il faisait et tout en lui témoignait de la négligence la plus honteuse. Il m'a ramené chez lui, où il m'a présenté à sa seconde épouse, qui, estropiée d'un pied, était allongée sur un canapé extraordinaire tandis qu'une basse âgée, dont Bethmann s'était déjà plaint ouvertement du dévouement excessif, fumait sa pipe. à côté d'elle. De là, le metteur en scène m'a emmené chez son régisseur, qui habitait dans la même maison.

Avec ce dernier, qui venait de se livrer à une consultation de répertoire avec le garçon de théâtre, un vieux squelette édenté, il me laissa le soin de régler les arrangements nécessaires. Dès que Bethmann fut parti, Schmale, le régisseur, haussa les épaules et sourit en m'assurant que c'était bien la manière du metteur en scène de tout mettre sur son dos et de ne s'inquiéter de rien.

Il était là depuis plus d'une heure, discutant avec Kroge de ce qui devait être joué dimanche prochain : c'était très bien son premier Don Juan, mais comment pourrait-il faire exécuter une répétition, lorsque les musiciens de la musique de la ville de Mersebourg, qui formaient le orchestre, ne viendrait-il pas répéter samedi ?

Pendant tout ce temps, Schmale tendait la main par la fenêtre ouverte vers un cerisier dont il cueillait et mangeait obstinément les fruits, en éjectant les noyaux avec un bruit désagréable. Or, c'était surtout cette dernière circonstance qui me décidait ; car, chose étrange à dire, j'ai une aversion innée pour les fruits. J'ai informé le régisseur qu'il n'avait pas à s'inquiéter du tout de Don Juan pour dimanche, car pour ma part, s'ils avaient compté sur ma première apparition à cette représentation, je devais de toute façon décevoir le metteur en scène, car je n'avais d'autre choix que retourner immédiatement à Leipzig, où je dus mettre de l'ordre dans mes affaires. Cette manière polie d'exprimer mon refus absolu d'accepter la nomination - conclusion à laquelle j'étais rapidement parvenu dans mon esprit - m'obligeait à pratiquer une certaine dissimulation et m'obligeait à paraître comme si j'avais réellement un autre but en venant. à Lauchstadt. Cette prétention en elle-même était tout à fait inutile, puisque j'étais bien décidé à ne plus jamais y retourner.

On m'offrit de m'aider à trouver un logement, et un jeune acteur que j'avais connu par hasard à Würzburg se chargea de me guider dans cette affaire. Pendant qu'il m'emmenait dans le meilleur logement qu'il connaissait, il me dit que tout à l'heure il me ferait la gentillesse de me faire la colocataire de la plus jolie et la plus gentille fille qui se trouvait alors dans les lieux. Il s'agissait de la jeune dirigeante de l'entreprise, Mademoiselle Minna Planer, dont j'avais sans doute déjà entendu parler.

Comme par hasard, la demoiselle promise nous a accueillis à la porte de la maison en question. Son aspect et son allure formaient le contraste le plus frappant possible avec toutes les impressions désagréables du théâtre que j'avais eu pour lot de recevoir en cette matinée fatidique. D'apparence très charmante et fraîche, les manières générales et les mouvements de la jeune actrice étaient pleins d'une certaine majesté et d'une assurance grave qui prêtaient un air de dignité agréable et captivant à son expression par ailleurs agréable. Sa robe scrupuleusement propre et bien rangée complétait l'effet surprenant de cette rencontre inattendue. Après que je lui eus été présenté dans le hall comme le nouveau conducteur ou, et après avoir regardé avec étonnement l'étranger qui semblait si jeune pour un tel titre, elle me recommanda gentiment à l'hôtesse de la maison et me pria de me conseiller. pourrait être bien entretenu; sur quoi elle traversa la rue fièrement et sereinement pour se rendre à sa répétition.

Je pris sur place une chambre, convins à Don Juan pour dimanche, regrettai beaucoup de n'avoir pas emporté mes bagages avec moi de Leipzig, et me hâtai d'y retourner le plus vite possible pour regagner plus tôt Lauchstadt. Les dés étaient jetés. Le côté sérieux de la vie m'est immédiatement apparu sous la forme d'expériences significatives. A Leipzig, je dus prendre furtivement congé de Laube. A la demande de la Prusse, il avait été averti de ne pas quitter le territoire saxon, et il devinait à moitié le sens qu'il fallait attacher à cette démarche. L'époque de la réaction ouverte contre le mouvement libéral du début des années trente était arrivée : le fait que Laube ne s'occupait d'aucune sorte de travail politique, mais se consacrait uniquement à une activité littéraire, visant toujours simplement des objets esthétiques, rendait l'action de la police nous est pour l'instant assez incompréhensible. L'ambiguïté dégoûtante avec laquelle les autorités de Leipzig répondirent à toutes ses questions sur la cause de son expulsion lui donna bientôt les plus forts soupçons quant à leurs intentions réelles à son égard.

Leipzig, en tant que théâtre de ses travaux littéraires, étant inestimablement précieuse, il lui tenait à cœur de la garder à sa portée. Mon ami Apel possédait un beau domaine sur le sol prussien, à quelques heures de Leipzig, et nous avions conçu le désir d'y voir Laube hospitalièrement hébergé. Mon ami, qui, sans enfreindre les dispositions légales, était en mesure de donner un lieu de refuge à l'homme persécuté, a immédiatement accédé et avec une grande empressement à notre désir, mais nous a avoué le lendemain, après avoir communiqué avec sa famille, que il pensait qu'il pourrait s'exposer à quelques désagréments s'il recevait Laube. À cela, ce dernier sourit, et d'une manière que je n'oublierai jamais, bien que j'aie remarqué au cours de ma vie que l'expression que j'ai alors vue sur son visage était de celles qui ont souvent passé sur mes propres traits. Il prit congé, et peu de temps après nous apprîmes qu'il avait été arrêté pour avoir engagé de nouvelles poursuites contre d'anciens membres de la Burschenschaft (Ligue des étudiants), et qu'il avait été incarcéré à la prison municipale de Berlin. J'avais ainsi vécu deux expériences qui m'alourdissaient comme du plomb, alors j'emballai mon maigre porte-manteau, pris congé de ma mère et de ma sœur et, le cœur vaillant, me lançai dans ma carrière de chef d'orchestre.

Afin de pouvoir considérer la petite chambre située sous le logement de Minna comme ma nouvelle maison, j'ai été obligé de tirer également le meilleur parti de l'entreprise théâtrale de Bethmann. En fait, une représentation de Don Juan a été donnée immédiatement, car le directeur, qui se piquait d'être un connaisseur en matière artistique, m'a suggéré cet opéra comme étant un opéra qu'il serait judicieux pour un jeune artiste en herbe, d'une bonne famille, pour faire ses débuts. Même si, hormis quelques-unes de mes propres compositions instrumentales, je n'avais encore jamais dirigé, et encore moins à l'opéra, la répétition et la représentation se sont plutôt bien déroulées. Une ou deux fois seulement, des divergences apparurent dans le récitatif de Donna Anna ; cependant cela ne m'entraîna dans aucune sorte d'hostilité, et lorsque je me mis en place sans complexe et calme pour la production de Lumpaci Vagabundus, que j'avais très minutieusement pratiqué, le peuple semblait en général avoir pleinement confiance dans la nouvelle acquisition du théâtre.

Si je me suis soumis sans amertume et même avec quelque gaieté à cet emploi indigne de mon talent musical, c'était moins dû à mon goût d'être à cette époque, comme je l'appelais, de ses jours de salade, qu'à mes relations avec Minna Planer. qui était employée à cette bagatelle magique sous le nom de Fée Amoureuse. En effet, au milieu de ce nuage de poussière de frivolité et de vulgarité, elle ressemblait toujours beaucoup à une fée dont les raisons de la descente dans ce tourbillon vertigineux, qui en vérité ne semblaient ni l'emporter ni même l'affecter, restait un mystère absolu. Car, même si je ne pouvais rien découvrir chez les chanteurs d'opéra, si ce n'est les caricatures et les grimaces familières de la scène, cette belle actrice différait totalement de celles qui l'entouraient par sa sobriété naturelle et sa délicate modestie, ainsi que par l'absence de toute prétention théâtrale et de son guindé. Il n'y avait qu'un seul jeune homme que je pouvais placer à côté de Minna en raison de qualités semblables à celles que je reconnaissais en elle. Il s'agissait de Friedrich Schmitt, qui venait tout juste d'adopter la scène comme carrière dans l'espoir de faire un « succès » dans l'opéra, auquel il se sentait appelé, en tant que possesseur d'une excellente voix de ténor. Lui aussi se distinguait du reste de la compagnie, notamment par le sérieux qu'il mettait dans ses études et son travail en général : le ton viril et émouvant de sa voix de poitrine, son énonciation claire et noble et son interprétation intelligente de ses paroles, ont est toujours resté comme un standard dans ma mémoire. Parce qu'il était totalement dépourvu de talent théâtral et qu'il agissait maladroitement et maladroitement, ses progrès furent bientôt freinés, mais il me resta toujours cher comme un homme intelligent et original, d'un caractère digne de confiance et droit - mon seul associé. .

Mais mes relations avec ma aimable colocataire devinrent bientôt une habitude chérie, tandis qu'elle répondait aux avances naïves et impétueuses du conducteur de vingt et un ans avec un certain étonnement tolérant qui, si éloigné de toute coquetterie et de toute arrière-pensée, rendit bientôt familier et des relations amicales possibles avec elle. Lorsqu'un soir, je rentrai tard dans ma chambre du rez-de-chaussée, en passant par la fenêtre, car je n'avais pas de clef, le bruit de mon entrée amena Minna à sa fenêtre juste au-dessus de la mienne. Debout sur le rebord de ma fenêtre, je la suppliai de me permettre de lui souhaiter à nouveau bonne nuit . Elle n'y voyait pas la moindre objection, mais déclarait que cela devait se faire par la fenêtre, car elle avait toujours sa porte fermée à clé par les gens de la maison, et personne ne pouvait entrer par là. Elle a gentiment facilité la poignée de main en se penchant loin par la fenêtre, afin que je puisse lui prendre la main alors que je me tenais sur mon rebord. Plus tard, lorsque j'ai eu une crise d'érysipèle dont je souffrais souvent et que, le visage tout enflé et horriblement déformé, je me suis caché du monde dans ma chambre sombre, Minna m'a rendu visite à plusieurs reprises, m'a soigné et m'a assuré que mes traits déformés n'avait aucune importance. En me rétablissant, je lui rendis visite et me plaignai d'une éruption cutanée qui restait autour de ma bouche et qui me parut si désagréable que je m'excusai de la lui montrer. C'est aussi ce qu'elle a fait à la légère. Ensuite, j'en ai déduit qu'elle ne m'embrasserait pas, sur quoi elle m'a immédiatement donné la preuve pratique qu'elle ne reculait pas non plus devant cela.

Tout cela se faisait avec une sérénité amicale et un sang-froid qui avait quelque chose de presque maternel, et cela était exempt de toute suggestion de frivolité ou de manque de cœur. Au bout de quelques semaines, la compagnie dut quitter Lauchstadt pour se rendre à Rudolstadt et y remplir un engagement particulier. J'avais particulièrement envie de faire ce voyage, qui à l'époque était une entreprise ardue, en compagnie de Minna, et si seulement j'avais réussi à faire payer dûment mon salaire bien mérité par Bethmann, rien n'aurait empêché la réalisation de mon souhait. Mais dans cette affaire, j'ai rencontré des difficultés exceptionnelles qui, au cours des années mouvementées, se sont transformées de façon chronique en une maladie des plus étranges. Même à Lauchstadt, j'avais découvert qu'il n'y avait qu'un seul homme qui touchait la totalité de son salaire, à savoir la basse Kneisel, que j'avais vu fumer sa pipe à côté du canapé de la femme boiteuse du directeur. On m'assurait que si je tenais beaucoup à toucher de temps en temps une partie de mon salaire, je ne pourrais obtenir cette faveur qu'en faisant la cour à Mme. Bethmann. Cette fois, j'ai préféré faire appel une fois de plus à l'aide de ma famille et je me suis donc rendu à Rudolstadt en passant par Leipzig, où, au triste étonnement de ma mère, j'ai dû reconstituer mon coffre avec les provisions nécessaires. En route vers Leipzig, j'avais parcouru son domaine avec Apel, il m'avait fait venir à Lauchstadt à cet effet. Son arrivée fut gravée dans ma mémoire par un banquet bruyant que mon riche ami donna à l'hôtel en mon honneur. C'est à cette occasion que moi et l'un des autres invités avons réussi à détruire complètement un énorme poêle en faïence hollandaise, massivement construit, comme celui que nous avions dans notre chambre à l'auberge. Le lendemain matin, aucun de nous ne pouvait comprendre comment cela s'était produit.

C'est au cours de ce voyage à Rudolstadt que je passai pour la première fois par Weimar, où, un jour de pluie, je me promenai avec curiosité, mais sans émotion, vers la maison de Goethe. J'avais imaginé quelque chose d'assez différent et je pensais que je ressentirais des impressions plus vives de la vie théâtrale active de Rudolstadt, vers laquelle je me sentais fortement attiré. Bien que je ne devais pas être moi-même chef d'orchestre, ce poste ayant été confié au chef de l'orchestre royal, spécialement engagé pour nos représentations, j'étais pourtant si pleinement occupé par les répétitions des nombreux opéras et musiques. Il fallait des comédies classiques pour régaler le public frivole de la principauté, que je ne trouvai pas le loisir de faire des excursions dans les charmantes régions de ce petit pays. Outre ces travaux pénibles et mal payés, deux passions m'ont enchaîné pendant les six semaines de mon séjour à Rudolstadt. Il s'agissait d'abord du désir d'écrire le livret du Liebesverbot ; et deuxièmement, mon attachement croissant à Minna. Il est vrai que j'ai esquissé vers cette époque une composition musicale, une symphonie en mi majeur, dont j'ai complété le premier mouvement (mesure à 3/4) comme pièce à part. En ce qui concerne le style et la conception, cette œuvre a été suggérée par les Septième et Huitième Symphonies de Beethoven et, autant que je me souvienne, je n'aurais pas dû en avoir honte si j'avais pu la terminer ou conserver la partie En fait, j'avais fini. Mais j'avais déjà commencé à cette époque à penser que produire quelque chose de nouveau et de vraiment remarquable dans le domaine de la symphonie et selon les méthodes de Beethoven était une impossibilité. Tandis que l'opéra, vers lequel je me sentais intérieurement attiré, même si je n'avais aucun exemple réel à copier, se présentait à mon esprit sous des formes variées et séduisantes comme une forme d'art des plus fascinantes. Ainsi, au milieu d'agitations multiples et passionnées, et dans les quelques heures de loisir qui me restaient, j'achevais la plus grande partie de mon poème d'opéra, en prenant infiniment plus de soin, tant pour les paroles que pour la versification, qu'avec le texte de mon précédent Feen. . De plus, je me trouvais doté d'une assurance incomparablement plus grande dans l'agencement et l'invention partielle des situations que lors de l'écriture de cet ouvrage antérieur.

D'un autre côté, je commençais alors pour la première fois à éprouver les soucis et les inquiétudes de la jalousie d'un amoureux. Un changement, pour moi inexplicable, s'est manifesté dans l'attitude jusqu'alors douce et sans affectation de Minna à mon égard. Il paraît que mes naïves sollicitations pour sa faveur, par lesquelles je n'entendais alors rien de sérieux et dans lesquelles un homme du monde n'aurait vu que l'exubérance d'un engouement juvénile et facilement satisfait, avaient donné lieu à certaines remarques et commentaires. sur l'actrice populaire. Je fus étonné d'apprendre, d'abord par son air réservé, puis par ses propres lèvres, qu'elle se sentait obligée de s'enquérir du sérieux de mes intentions et d'en considérer les conséquences. Elle était alors, comme je l'avais déjà découvert, en relations très intimes avec un jeune noble, dont j'ai fait la connaissance pour la première fois à Lauchstadt, où il avait l'habitude de lui rendre visite. J'avais déjà compris à cette occasion qu'il lui était sincèrement et cordialement attaché ; en fait, dans le cercle de ses amis, elle était considérée comme fiancée à M. von O., même s'il était évident que le mariage était hors de question, car le jeune amant était sans ressources et en raison de la haute position de sa famille. il était indispensable qu'il se sacrifie à un mariage de convenance, tant en raison de sa position sociale que de la carrière qu'il aurait à adopter. Au cours de ce séjour à Rudolstadt, Minna semble avoir recueilli certaines informations sur ce point qui la troublaient et la déprimaient, la rendant ainsi plus encline à traiter mes impétueuses tentatives de cour avec une froide réserve.

Après mûre réflexion, j'ai reconnu que, de toute façon, Jeune Europe, Ardinghello et Liebesverbot ne pourraient pas être produits à Rudolstadt ; mais il en était tout autrement pour le Fee Amorosa, avec son ambiance joyeuse et théâtrale, et pour un Ehrlicher Burger Kind, de chercher à gagner décemment sa vie. C'est pourquoi, très découragé, j'ai accentué les situations les plus extravagantes de mon Liebesverbot en me livrant à des émeutes avec quelques camarades dans l'atmosphère parfumée à la saucisse de la Rudolstadt Vogelwiese. A cette époque, mes ennuis me mirent de nouveau plus ou moins en contact avec le vice du jeu, bien que cette fois il ne m'entrave que temporairement, sous la forme très inoffensive des dés et des tables de roulette sur la place publique.

Nous attendions avec impatience le moment où nous quitterions Rudolstadt pour la saison d'hiver semestrielle dans la capitale Magdebourg, principalement parce que j'y reprendrais ma place à la tête de l'orchestre et que je pourrais de toute façon compter sur une meilleure récompense, pour mes efforts musicaux. Mais avant de retourner à Magdebourg, je dus subir une période éprouvante à Bernbourg, où Bethmann, le metteur en scène, avait promis, outre ses autres projets, diverses représentations théâtrales. Durant notre bref séjour dans la ville, je dus organiser la représentation, avec une petite partie de la troupe, de plusieurs opéras, qui devaient eux aussi être dirigés par le chef d'orchestre royal du lieu. Mais en plus de ces travaux professionnels, j'ai dû endurer une existence si maigre, si mal fournie et si gravement ridicule qu'elle était suffisante pour me dégoûter, sinon pour toujours, du moins pour le moment, du misérable métier de comédien de théâtre. conducteur. Pourtant, j'ai survécu à cela, et Magdebourg était destinée à me conduire un jour à la véritable gloire de ma profession d'adoption.

La sensation d'être assis aux commandes au pupitre même du chef d'orchestre depuis lequel, peu d'années auparavant, le grand maître Kuhnlein avait tant ému le jeune passionné perplexe par la lourde sagesse de sa direction musicale, n'était pas sans charme pour moi, et, en effet, , j'ai très vite réussi à obtenir une parfaite confiance dans la direction d'orchestre. Je fus bientôt persona grata auprès des excellents musiciens de l'orchestre. Leur splendide combinaison en ouvertures fougueuses, que, surtout vers le finale, je prenais généralement avec une rapidité inouïe, nous valait souvent tous les applaudissements enivrants du public. Les réalisations de mon zèle ardent et souvent exubérant m'ont valu la reconnaissance des chanteurs et ont été accueillies par le public avec une appréciation ravie. Comme à Magdebourg, au moins à cette époque, l'art de la critique théâtrale était peu développé, cette satisfaction universelle fut un grand encouragement, et à la fin des trois premiers mois de ma direction de Magdebourg, je me sentis soutenu par l'assurance flatteuse et réconfortante que j'étais l'un des gros bonnets de l'opéra. Dans ces circonstances, Schmale, le régisseur, qui est depuis lors mon bon ami, a proposé une représentation de gala spéciale pour le jour de l'An, dont il était sûr qu'elle serait un triomphe. Je devais composer la musique nécessaire. Cela fut fait très rapidement ; une ouverture entraînante, plusieurs mélodrames et chœurs furent tous accueillis avec enthousiasme et nous valurent de si amples applaudissements que nous répétâmes la représentation avec un grand succès, bien que de telles répétitions après la journée de gala soient tout à fait contraires à l'usage.

Avec la nouvelle année (1835), un tournant décisif se produisit dans ma vie. Après la rupture entre Minna et moi à Rudolstadt, nous étions en quelque sorte perdus l'un pour l'autre ; mais notre amitié reprit lors de notre nouvelle rencontre à Magdebourg ; cette fois, cependant, il resta calme et volontairement indifférent. Lorsqu'elle était apparue pour la première fois dans la ville, un an auparavant, sa beauté avait attiré une attention considérable, et j'appris maintenant qu'elle était l'objet d'une grande attention de la part de plusieurs jeunes nobles et qu'elle ne s'était pas montrée insensible aux compliments qu'impliquaient leurs visites. Bien que sa réputation, grâce à sa discrétion absolue et à son respect d'elle-même, soit restée irréprochable, mon objection à ce qu'elle reçoive de telles attentions est devenue très forte, peut-être, dans une certaine mesure, à cause du souvenir des chagrins que j'avais endurés dans la maison de Pachta à Prague. . Bien que Minna m'assurait que la conduite de ces messieurs était bien plus discrète et convenable que celle des amateurs de théâtre de la classe bourgeoise, et surtout que celle de certains jeunes chefs de musique, elle ne parvint jamais à apaiser l'amertume et l'insistance avec lesquelles je protestais. contre son acceptation de telles attentions. Nous avons donc passé trois mois malheureux dans une éloignement toujours croissant, et en même temps, dans un désespoir à moitié frénétique, je faisais semblant d'aimer les associés les plus indésirables et j'agissais de toutes les manières avec une légèreté si flagrante que Minna, comme elle l'a dit. par la suite, fut rempli de la plus profonde inquiétude et de la plus profonde sollicitude à mon égard. D'ailleurs, comme les dames de la compagnie d'opéra ne tardaient pas à faire la cour à leur jeune chef d'orchestre, et surtout qu'une jeune femme, dont la réputation n'était pas sans tache, me tendait ouvertement sa casquette, cette inquiétude de Minna semble avoir enfin atteint son point culminant. dans une décision définitive. J'ai eu l'idée d'offrir des huîtres et du punch à l'élite de notre compagnie d'opéra dans ma propre chambre le soir du Nouvel An. Les couples mariés furent invités, puis se posa la question de savoir si Mme Planer consentirait à prendre part à une telle fête. Elle accepta tout à fait naïvement et se présenta, toujours aussi propre et convenablement habillée, dans ma garçonnière, où la vie devint bientôt assez animée. J'avais déjà prévenu mon propriétaire que nous ne risquions pas d'être très tranquilles et je l'avais rassuré sur d'éventuels dégâts sur ses meubles. Ce que le champagne n'a pas réussi à accomplir, le punch a finalement réussi à le faire ; toutes les contraintes de petites conventions, que la société s'efforçait habituellement d'observer, furent abandonnées, laissant place à une attitude sans réserve de tous, à laquelle personne ne s'opposait. Et c'est alors que la dignité royale de Minna la distinguait de toutes ses compagnes. Elle n'a jamais perdu son estime d'elle-même ; et tandis que personne n'osait prendre la moindre liberté avec elle, tout le monde reconnaissait très clairement la simple candeur avec laquelle elle répondait à mes attentions bienveillantes et attentionnées. Ils ne purent manquer de voir que le lien existant entre nous n'était comparable à aucune liaison ordinaire, et nous eumes la satisfaction de voir la volage jeune femme qui m'avait si ouvertement attiré tomber en colère à cette découverte.

A partir de ce moment, je restai définitivement en bons termes avec Minna. Je ne crois pas qu'elle ait jamais ressenti une quelconque passion ou un véritable amour pour moi, ni même qu'elle ait été capable d'une telle chose, et je ne peux donc décrire son sentiment pour moi que comme un sentiment de bonne volonté sincère et la plus sincère. désir de mon succès et de ma prospérité, inspirée comme elle l'était de la plus aimable sympathie, et d'un véritable plaisir et d'une admiration pour mes talents. Tout cela devint enfin une partie de sa nature. Elle avait visiblement une opinion très favorable de mes capacités, même si elle était surprise de la rapidité de mon succès. Ma nature excentrique, qu'elle savait si bien ménager par sa douceur, la stimulait à l'exercice continuel du pouvoir, si flatteur pour sa propre vanité, et sans jamais trahir elle-même aucun désir ni ardeur, elle ne rencontra jamais mes impétueuses avances. avec froideur.

Au théâtre de Magdebourg, j'avais déjà fait la connaissance d'une femme très intéressante appelée Mme. Haas. Elle était actrice, n'en était plus à sa première jeunesse et jouait ce qu'on appelle des « rôles de chaperon ». Cette dame gagna ma sympathie en me racontant qu'elle était amie depuis sa jeunesse avec Laube, au destin duquel elle continuait à prendre un intérêt sincère et cordial. Elle était intelligente, mais loin d'être heureuse, et un extérieur peu attrayant, qui avec les années devenait de moins en moins attrayant, ne tendait pas à la rendre plus heureuse. Elle vivait dans des conditions modestes, avec un enfant, et semblait se souvenir de ses jours meilleurs avec un chagrin amer. Ma première visite chez elle avait simplement pour but de m'enquérir du sort de Laube, mais je suis vite devenu un visiteur fréquent et familier. Comme elle et Minna sont rapidement devenues amies, nous avons souvent passé d'agréables soirées à discuter ensemble. Mais lorsque, plus tard, une certaine jalousie se manifesta de la part de l'aînée envers la plus jeune, nos relations de confiance furent plus ou moins perturbées, car cela me chagrinait particulièrement d'entendre critiquer les talents et les dons mentaux de Minna par l'autre. Un soir, j'avais promis à Minna de prendre le thé avec elle et Mme. Haas, mais j'avais inconsidérément promis d'aller d'abord à un whist. J'ai prolongé volontairement ces fiançailles, bien qu'elles m'ennuyaient, dans l'espoir délibéré que sa compagne, qui m'était déjà devenue ennuyeuse, serait partie avant mon arrivée. La seule façon d'y parvenir était de boire beaucoup, de sorte que j'ai eu l'expérience très inhabituelle de sortir d'un whist sobre dans un état complètement confus, dans lequel j'étais imperceptiblement tombé et auquel je refusais de croire. . Cette incrédulité m'a incité à respecter mes fiançailles pour le thé, même s'il était si tard. À mon grand dégoût, la femme aînée était toujours là quand j'arrivai, et sa présence eut aussitôt pour effet d'exciter mon ivresse jusqu'à une violente explosion ; car elle parut étonnée de mon comportement tapageur et inconvenant, et fit à ce propos plusieurs remarques destinées à plaisanter, sur quoi je me moquai d'elle de la manière la plus grossière, de sorte qu'elle quitta immédiatement la maison en grande colère. J'avais encore assez de bon sens pour être conscient du rire étonné de Minna face à ma conduite scandaleuse. Mais dès qu'elle comprit que mon état était tel qu'il rendait mon éloignement impossible sans grande agitation, elle prit rapidement une résolution qui dut effectivement lui coûter un effort, bien qu'elle fut exécutée avec le plus grand calme et la plus grande bonne humeur. . Elle a fait tout ce qu'elle a pu pour moi et m'a procuré le soulagement nécessaire, et lorsque je sombrais dans un profond sommeil, elle a sans hésiter abandonné son propre lit à mon usage. Là, j'ai dormi jusqu'à ce que je sois réveillé par la merveilleuse grisaille de l'aube. En reconnaissant où j'étais, j'ai immédiatement réalisé et je suis devenu de plus en plus convaincu du fait que le lever du soleil de ce matin marquait le point de départ d'une période infiniment importante de ma vie. Le démon du souci était enfin entré dans mon existence.

Sans plaisanteries légères, sans gaieté ni plaisanterie d'aucune sorte, nous déjeunâmes ensemble tranquillement et convenablement, et à une heure où, compte tenu des circonstances compromettantes de la veille, nous pouvions partir sans attirer indûment l'attention, je mis Nous partons avec Minna pour une longue promenade au-delà des portes de la ville. Puis nous nous sommes séparés et, à partir de ce jour, nous avons librement et ouvertement satisfait nos désirs en tant que couple d'amants reconnus.

La direction particulière qu'avait progressivement prise mon activité musicale continuait à recevoir un nouvel élan, non seulement des succès, mais aussi des désastres qui frappèrent mes efforts à cette époque. J'ai produit l'ouverture de mon Feen avec des résultats très satisfaisants lors d'un concert donné par la Logengesellschaft et j'ai ainsi reçu de nombreux applaudissements. D'autre part, des nouvelles arrivaient de Leipzig confirmant l'action mesquine des directeurs du théâtre de ce lieu à l'égard de la présentation promise de cet opéra. Mais, heureusement pour moi, j'avais commencé la musique de mon Liebesverbot, une occupation qui absorbait tellement mes pensées que je perdais tout intérêt pour l'œuvre antérieure et m'abstenais avec une fière indifférence de tout effort ultérieur pour assurer sa représentation à Leipzig. Le succès de son ouverture m'a à lui seul largement récompensé de la composition de mon premier opéra.

Entre-temps, malgré de nombreuses autres distractions, j'ai trouvé le temps, pendant les six brefs mois de cette saison théâtrale à Magdebourg, de terminer une grande partie de mon nouvel opéra, en plus de faire d'autres travaux. J'ai osé en introduire deux duos lors d'un concert donné au théâtre, et leur accueil m'a encouragé à poursuivre avec espoir le reste de l'opéra.

Durant la seconde moitié de cette saison, mon ami Apel est venu prendre le soleil avec enthousiasme dans la splendeur de ma direction musicale. Il avait écrit un drame, Columbus, que j'avais recommandé à notre direction pour la production. C'était une faveur particulièrement facile à gagner, car Apel se porta volontaire pour faire peindre à ses frais une nouvelle scène représentant l'Alhambra. En outre, il se proposait d'apporter de nombreuses améliorations bienvenues à la condition des acteurs participant à sa pièce ; car, à cause de la préférence constante affichée par la directrice pour Kneisel, la basse, ils avaient tous beaucoup souffert de l'incertitude sur leur salaire. La pièce elle-même m'a semblé contenir beaucoup de bon. Il décrivait les difficultés et les luttes du grand navigateur avant de s'embarquer pour son premier voyage de découverte. Le drame s'est terminé avec le départ mémorable de ses navires du port de Palos, un épisode dont les résultats sont connus dans le monde entier. A mon désir, Apel soumit sa pièce à mon oncle Adolphe, et même à son avis critique, elle était remarquable par ses scènes populaires vivantes et caractéristiques. D'un autre côté, une histoire d'amour qu'il avait intégrée à l'intrigue m'a semblé inutile et ennuyeuse. En plus d'un bref chœur pour quelques Maures expulsés de Grenade, à chanter lors de leur départ de leur pays d'origine familier, et d'une courte pièce orchestrale en guise de conclusion, j'ai également préparé une ouverture pour la pièce de mon ami. J'ai esquissé le brouillon complet de cette soirée chez Minna, tandis qu'Apel était libre de lui parler autant et aussi fort qu'il le voulait. L'effet que cette composition était censée produire reposait sur une idée fondamentale qui était assez simple, mais surprenante dans son développement.

Malheureusement, je l'ai résolu assez rapidement. Dans une formulation peu soigneusement choisie, l'orchestre devait représenter l'océan et, dans la mesure du possible, le navire qui s'y trouve. Un thème puissant, pathétiquement ardent et ambitieux était la seule idée compréhensible au milieu du tourbillon sonore enveloppant. Lorsque le tout fut répété, il y eut un saut soudain vers un thème différent en pianissimo extrême, accompagné des vibrations gonflées des premiers violons, censés représenter une Fata Morgana. J'avais obtenu trois paires de trompettes dans des tonalités différentes, afin de produire ce thème exquis, progressivement naissant et séduisant, avec les plus grandes subtilités de nuances et la plus grande variété de modulation. Ceci était destiné à représenter le pays du désir vers lequel les yeux du héros sont tournés, et dont les rivages semblent continuellement s'élever devant lui pour ensuite s'enfoncer insaisissablement sous les vagues, jusqu'à ce qu'enfin ils s'élèvent réellement au-dessus de l'horizon occidental, la couronne de tout son labeur et ses recherches, et se révèle clairement et sans équivoque à tous les marins, un vaste continent du futur. Mes six trompettes devaient maintenant se combiner en une seule tonalité, afin que le thème qui leur était assigné puisse résonner dans une glorieuse jubilation. Bien que familier avec l'excellence des trompettistes du régiment prussien, je pouvais compter sur un effet saisissant, notamment dans ce passage final. Mon ouverture étonna tout le monde et fut tumultueusement applaudie. La pièce elle-même, cependant, a été jouée sans dignité. Un comédien prétentieux, nommé Ludwig Meyer, a complètement gâché le rôle-titre, pour lequel il s'est excusé en faisant valoir que, devant également jouer le rôle de régisseur, il n'avait pas pu mémoriser ses répliques. Néanmoins, il réussit à enrichir sa garde-robe de plusieurs costumes splendides aux frais d'Apel, les portant, comme Colomb, l'un après l'autre. Quoi qu'il en soit, Apel avait vécu assez longtemps pour voir sa propre pièce jouée et, bien que cela ne fut jamais répété, cela me donna néanmoins l'occasion d'accroître ma popularité personnelle auprès des habitants de Magdebourg, car l'ouverture fut répétée plusieurs fois lors de concerts. sur demande spéciale.

Mais le principal événement de cette saison théâtrale se produisit vers sa fin. J'ai induit Mme. Schroder-Devrient, qui séjournait à Leipzig, pour venir chez nous pour quelques représentations spéciales, quand, à deux reprises, j'ai eu la grande satisfaction et l'expérience stimulante de diriger moi-même les opéras dans lesquels elle chantait, et d'entrer ainsi immédiatement dans une carrière artistique. collaboration avec elle. Elle est apparue comme Desdémone et Roméo. Dans ce dernier rôle surtout, elle s'est surpassée et a allumé une nouvelle flamme dans mon cœur. Cette visite nous a également permis d'établir un contact personnel plus étroit. Elle se montra si bienveillante et sympathique à mon égard, qu'elle se proposa même de me prêter ses services lors d'un concert que je me proposais de donner pour mon propre bénéfice, bien que cela l'obligeât à revenir après une brève absence. Dans des circonstances si propices, je ne pouvais qu'attendre de mon concert les meilleurs résultats possibles, et dans ma situation à cette époque, ses bénéfices étaient pour moi d'une importance vitale. Mon maigre salaire de la compagnie d'opéra de Magdebourg était devenu tout à fait illusoire, n'étant payé que par versements petits et irréguliers, de sorte que je ne voyais qu'un seul moyen de subvenir à mes dépenses quotidiennes. Il s'agissait notamment de divertissements fréquents d'un grand cercle d'amis, composé de chanteurs et de musiciens, et la situation était devenue désagréablement accentuée par un grand nombre de dettes. Il est vrai que je ne connaissais pas leur montant exact ; mais je pensais que je pourrais au moins me faire une estimation avantageuse, quoique indéfinie, de la somme que mon concert devait rapporter, grâce à quoi les deux quantités inconnues pourraient s'équilibrer. Je consolai donc mes créanciers avec le récit de ces fabuleuses recettes, qui devaient tous les payer intégralement au lendemain du concert. J'allai même jusqu'à les inviter à venir se faire payer à l'hôtel où j'avais emménagé à la fin de la saison.

Et en effet, il n'y avait rien de déraisonnable à compter sur les recettes les plus élevées qu'on puisse imaginer, avec le soutien d'un chanteur si grand et si populaire, qui, d'ailleurs, revenait exprès à Magdebourg pour l'événement. J'ai donc agi avec une prodigalité téméraire en ce qui concerne les coûts, me lançant dans toutes sortes d'extravagances musicales, comme engager un excellent orchestre beaucoup plus nombreux et organiser de nombreuses répétitions. Malheureusement pour moi, personne ne croirait qu'une actrice aussi célèbre, dont le temps était si précieux, reviendrait vraiment pour plaire à un petit chef d'orchestre de Magdebourg. Mon annonce pompeuse de son apparition fut presque universellement considérée comme une manœuvre trompeuse, et les gens s'offusquèrent des prix élevés pratiqués pour les sièges. Il en résulta que la salle n'était que très peu remplie, ce qui me chagrina particulièrement à cause de ma généreuse patronne. Sa promesse, je n'avais jamais douté. Ponctuellement, au jour fixé, elle réapparut pour me soutenir et vécut maintenant l'expérience douloureuse et inhabituelle de se produire devant un petit public. Heureusement, elle a traité la question avec beaucoup de bonne humeur (ce qui, je l'ai appris plus tard, était motivé par d'autres motifs qui ne me concernaient pas personnellement). Parmi plusieurs morceaux, elle a chanté de façon la plus exquise Adélaïde de Beethoven, dans lequel, à mon grand étonnement, je l'ai accompagnée au piano. Mais hélas! un autre incident, plus inattendu, est arrivé à mon concert, à cause de notre malheureuse sélection de morceaux. En raison de la réverbération excessive du salon de l'hôtel « The City of London », le bruit était insupportable. Mon Ouverture de Colomb, avec ses six trompettes, avait, dès le début de la soirée, rempli de terreur l'auditoire ; et maintenant, à la fin, arrivait le Schlacht bei Vittoria de Beethoven, pour lequel, dans l'attente enthousiaste de recettes illimitées, j'avais fourni tous les luxes orchestraux imaginables. Le tir du canon et de la mousqueterie était organisé avec la plus grande élaboration, tant du côté français que du côté anglais, au moyen d'appareils spécialement construits et coûteux ; tandis que les trompettes et les clairons avaient été doublés et triplés. Alors commença une bataille comme on en a rarement eu de plus cruelle dans une salle de concert. L'orchestre se jeta, pour ainsi dire, sur le petit public avec une supériorité numérique si écrasante que celui-ci renonça bientôt à toute idée de résistance et prit littéralement la fuite. Mme. Schröder-Devrient s'était aimablement assise à l'avant pour pouvoir entendre le concert se terminer. Même si elle était habituée à des terreurs de ce genre, c'était plus que ce qu'elle pouvait supporter, même par amitié pour moi. Lorsque donc les Anglais lancèrent un nouvel assaut désespéré contre la position française, celle-ci prit la fuite, se tordant presque les mains. Son action est devenue le signal d'une ruée de panique. Tout le monde s'est précipité dehors ; et la victoire de Wellington fut finalement célébrée dans un éclat de confiance entre moi et l'orchestre seul. Ainsi s'est terminé ce merveilleux festival musical. Schroder-Devrient partit aussitôt, regrettant profondément le mauvais succès de son effort bien intentionné, et me laissa gentiment à mon sort. Après avoir cherché du réconfort dans les bras de ma triste amie et essayé de me ressaisir pour la bataille du lendemain, qui ne semblait pas susceptible de se terminer par une symphonie victorieuse, je retournai le lendemain matin à l'hôtel. Je découvris que je ne pouvais atteindre mes chambres qu'en passant le défi entre de longues rangées d'hommes et de femmes en double file, qui avaient tous été spécialement invités pour régler leurs affaires respectives. Me réservant le droit de choisir parmi mes visiteurs des individus pour des entretiens séparés, je fis d'abord venir le deuxième trompettiste de l'orchestre, dont la tâche était de s'occuper de la caisse et de la musique. De son récit, j'appris qu'en raison des cachets élevés que, dans mon généreux enthousiasme, j'avais promis à l'orchestre, il me faudrait encore quelques shillings et six pence de ma poche pour faire face à ces frais à moi seul. Une fois cette question réglée, la situation était claire. La personne suivante que j'ai invitée à entrer était Mme. Gottschalk, une juive digne de confiance, avec qui je voulais parvenir à un accord concernant la crise actuelle. Elle comprit immédiatement qu'une aide plus qu'ordinaire était nécessaire dans cette affaire, mais ne doutait pas que je pourrais l'obtenir auprès de mes riches relations à Leipzig. Elle entreprit donc d'apaiser les autres créanciers par des assurances tranquillisantes, et injuria, ou feignit d'insulter, leur conduite indécente avec une grande vigueur. Ainsi nous parvînmes enfin, non sans quelques difficultés, à rendre à nouveau praticable le couloir devant ma porte.

La saison théâtrale était désormais terminée, notre compagnie sur le point de se dissoudre, et moi-même libéré de mon engagement. Mais entre-temps le malheureux directeur de notre théâtre était passé d'un état de faillite chronique à un état de faillite aiguë. Il payait avec du papier-monnaie, c'est-à-dire avec des feuilles entières de billets-box pour les représentations dont il garantissait la bonne tenue. À force d'habileté, Minna parvint à tirer quelque profit même de ces singuliers bons du Trésor. Elle vivait à cette époque de manière très frugale et économique. D'ailleurs, comme la compagnie dramatique poursuivait toujours ses efforts en faveur de ses membres — seule la troupe d'opéra ayant été dissoute —, elle resta au théâtre. Ainsi, lorsque j'ai commencé mon retour obligatoire à Leipzig, elle m'a accompagné avec de chaleureux vœux pour nos prochaines retrouvailles, promettant de passer les prochaines vacances à rendre visite à ses parents à Dresde, à cette occasion elle espérait également me chercher. à Leipzig.

C'est ainsi qu'au début du mois de mai, je retournai chez mes propres parents, afin qu'après cette première tentative avortée d'indépendance civique, je puisse enfin soulager le fardeau de la dette dont m'avaient accablé mes efforts à Magdebourg. Un caniche brun intelligent m'accompagnait fidèlement et était confié à ma famille pour la nourriture et le divertissement comme seul bien visible que j'avais acquis. Néanmoins, ma mère et Rosalie ont réussi à fonder de bons espoirs pour ma future carrière sur le seul fait que je sois capable de diriger un orchestre. Pour moi, en revanche, l'idée de retourner à mon ancienne vie avec ma famille était très déconcertante. Ma relation avec Minna en particulier m'a incité à reprendre le plus rapidement possible ma carrière interrompue. Le grand changement qui s'était produit en moi à cet égard était plus évident que jamais lorsque Minna passa quelques jours avec moi à Leipzig avant de rentrer chez elle. Sa présence familière et géniale proclamait que mes jours de dépendance parentale étaient révolus. Nous avons discuté du renouvellement de mes fiançailles à Magdebourg et je lui ai promis une visite rapide à Dresde. J'ai obtenu de ma mère et de ma sœur la permission de l'inviter un soir à prendre le thé et je l'ai ainsi présentée à ma famille. Rosalie comprit tout de suite où j'en étais, mais ne profite de cette découverte que pour me taquiner sur mon amour. L'affaire ne lui paraissait pas dangereuse ; mais pour moi les choses avaient un tout autre aspect, car cet attachement amoureux était tout à fait conforme à mon esprit indépendant et à mon ambition de me faire une place dans le monde de l'art.

Mon dégoût pour Leipzig lui-même était en outre renforcé par un changement qui s'y produisait à cette époque dans le domaine de la musique. Au moment même où, à Magdebourg, j'essayais de me forger une réputation de chef d'orchestre en me soumettant inconsidérément au goût frivole du moment, Mendelssohn-Bartholdy dirigeait les concerts du Gewandhaus et inaugurait une époque capitale pour lui et pour le monde musical. goût de Leipzig. Son influence avait mis fin à la naïveté avec laquelle le public de Leipzig avait jusqu'alors jugé les productions de ses concerts sur abonnement conviviaux. Grâce à l'influence de mon bon vieil ami Pohlenz, qui n'était pas encore tout à fait mis de côté, j'ai réussi à produire mon Ouverture de

Columbus lors d'un concert-bénéfice donné par la jeune chanteuse préférée, Livia Gerhart. Mais, à mon grand étonnement, j'ai découvert que le goût du public musical de Leipzig avait pris une tournure différente, que même mon ouverture, applaudie avec enthousiasme, avec sa brillante combinaison de six trompettes, ne pouvait pas influencer. Cette expérience accentua mon dégoût pour tout ce qui approchait du ton classique, sentiment dans lequel je me trouvais en parfait accord avec l'honnête Pohlenz, qui soupirait avec bonhomie devant la chute du bon vieux temps.

L'organisation d'un festival musical à Dessau, sous la direction de Friedrich Schneider, m'offrit une chance bienvenue de quitter Leipzig. Pour ce voyage, qui pouvait s'effectuer à pied en sept heures, il me fallait me procurer un passeport valable huit jours. Ce document était destiné à jouer un rôle important dans ma vie pendant de nombreuses années ; car à plusieurs reprises et dans divers pays européens, c'était le seul papier que je possédais pour prouver mon identité. En fait, en raison de mon évasion du service militaire en Saxe, je n'ai plus jamais réussi à obtenir un laissez-passer régulier jusqu'à ce que je sois nommé chef d'orchestre à Dresde. J'ai tiré très peu de plaisir artistique ou de bénéfice d'aucune sorte de cette occasion ; au contraire, cela a donné un nouvel élan à ma haine du classique. J'ai entendu la Symphonie en ut mineur de Beethoven dirigée par un homme dont la physionomie, semblable à celle d'un satyre ivre, m'a rempli d'un dégoût invincible. Malgré une interminable rangée de contrebasses, avec lesquelles un chef d'orchestre coquette habituellement dans les festivals musicaux, son interprétation était si inexpressive et insensée que je me détournai avec dégoût comme devant un problème alarmant et repoussant, et renonçai à toute tentative d'expliquer le gouffre infranchissable. ce qui, comme je l'ai encore perçu, bâillait entre ma propre conception vivante et imaginative de cette œuvre et les seules présentations vivantes de celle-ci que j'aie jamais entendues. Mais pour le moment, mes esprits tourmentés étaient réconfortés et calmés en entendant l'oratorio classique de Schneider, Absalom, rendu comme un burlesque absolu.

C'est à Dessau que Minna avait fait ses premiers pas sur scène, et c'est là que j'entendis parler d'elle par des jeunes gens frivoles sur le ton habituel dans ces milieux lorsqu'on parle de jeunes et belles actrices. Mon empressement à contredire ces bavardages et à confondre les scandalistes me révélait plus clairement que jamais la force de la passion qui m'attirait vers elle.

Je retournai donc à Leipzig sans rendre visite à mes parents, et j'y trouvai les moyens de me rendre immédiatement à Dresde. En chemin (le voyage était toujours effectué en autocar express), j'ai rencontré Minna, accompagnée d'une de ses sœurs, déjà sur le chemin du retour vers Magdebourg. Me procurant promptement un billet de poste pour le voyage de retour à Leipzig, je m'y rendis effectivement avec ma chère fille ; mais au moment où nous atteignîmes la gare suivante, j'avais réussi à la persuader de revenir avec moi à Dresde. A ce moment-là, la malle-poste était déjà loin devant nous, et nous dûmes voyager dans une chaise de poste spéciale. Ce va-et-vient animé parut étonner les deux jeunes filles et les mettre de bonne humeur. L'extravagance de ma conduite les avait évidemment incités à l'attente d'aventures, et il m'appartenait maintenant de répondre à cette attente. Après avoir obtenu auprès d'une connaissance de Dresde l'argent nécessaire, j'ai conduit mes deux amies à travers les Alpes saxonnes, où nous avons passé plusieurs jours joyeux et innocents de gaieté juvénile. Une seule fois, cela fut troublé par un accès passager de jalousie, pour lequel d'ailleurs il n'y avait aucune raison, mais qui se nourrissait dans mon cœur d'une appréhension nerveuse de l'avenir et de l'expérience que j'avais déjà acquise de la femme. . Pourtant, malgré cette tache, notre excursion reste encore dans ma mémoire comme le souvenir le plus doux et presque le seul d'un bonheur sans mélange de toute ma vie de jeune homme. Une soirée en particulier ressort en relief, au cours de laquelle nous sommes restés ensemble presque toute la nuit au point d'eau de Schandau par un temps d'été magnifique. En effet, ma relation longue et anxieuse avec Minna, mêlée aux vicissitudes les plus douloureuses et les plus amères, m'est souvent apparue comme une expiation constamment prolongée de la jouissance brève et inoffensive de ces quelques jours.

Après avoir accompagné Minna à Leipzig, d'où elle continua son voyage vers Magdebourg, je me présentai à ma famille, mais ne leur parlai pas de mon excursion à Dresde. Je concentrai maintenant mes énergies, comme sous la contrainte sévère d'un étrange et profond sens du devoir, à la tâche de prendre des dispositions qui me ramèneraient rapidement aux côtés de mon bien-aimé. À cette fin, un nouvel engagement a dû être négocié avec le directeur Bethmann pour la prochaine saison hivernale. Ne pouvant attendre la conclusion de notre contrat à Leipzig, je profitai de la présence de Laube aux bains de Kosen, près de Naumburg, pour lui rendre visite. Laube venait tout juste d'être libéré de la prison municipale de Berlin, après une inquisition pénible de près d'un an. Après avoir donné sa parole de ne pas quitter le pays avant que le verdict ne soit rendu, il avait été autorisé à se retirer à Kosen, d'où il nous rendit un soir une visite secrète à Leipzig. Je me souviens encore de son apparence malheureuse. Il semblait désespérément résigné, même s'il parlait joyeusement de tous ses rêves antérieurs de choses meilleures ; et en raison de mes propres inquiétudes à cette époque au sujet de l'état critique de mes affaires, cette impression reste encore aujourd'hui l'un de mes souvenirs les plus tristes et les plus douloureux. Pendant que j'étais à Kosen, je lui ai montré un bon nombre de vers de mon Liebesverbot, et bien qu'il ait parlé froidement de ma présomption de vouloir écrire mon propre livret, j'ai été légèrement encouragé par son appréciation de mon travail.

Pendant ce temps, j'attendais avec impatience les lettres de Magdebourg. Non que j'eusse aucun doute sur le renouvellement de mes fiançailles ; au contraire, j'avais toutes les raisons de me considérer comme une bonne acquisition pour Bethmann ; mais j'avais l'impression que rien de ce qui tendait à me rapprocher de Minna ne pouvait aller assez vite. Dès que j'ai reçu la nouvelle nécessaire, je me suis dépêché de prendre sur place toutes les dispositions nécessaires pour assurer un magnifique succès à la prochaine saison d'opéra de Magdebourg.

Grâce à l'infatigable munificence du roi de Prusse, une aide nouvelle et définitive avait été accordée à notre directeur de théâtre perpétuellement en faillite. Sa Majesté avait assigné une somme non négligeable à un comité composé d'importants citoyens de Magdebourg, à titre de subvention à consacrer au théâtre dirigé par Bethmann. Ce que cela signifiait, et le respect avec lequel j'envisageais alors les conditions artistiques de Magdebourg, peut être mieux compris si l'on se souvient du cadre négligé et désolé dans lequel ces théâtres de province traînent habituellement leur vie. Je lui proposai aussitôt d'entreprendre un long voyage à la recherche de bons chanteurs d'opéra. J'ai dit que j'en trouverais les moyens à mes risques et périls, et la seule garantie que j'exigeais de la direction pour un éventuel remboursement était qu'elle me cèderait le produit d'une future prestation de prestations. Cette offre fut acceptée avec plaisir et, d'un ton pompeux, le directeur me donna les pouvoirs nécessaires et me donna en outre sa bénédiction d'adieu. Pendant ce bref intervalle, je vécus de nouveau en communion intime avec Minna, qui avait maintenant sa mère avec elle, puis je pris congé d'elle pour mon entreprise aventureuse.

Mais une fois arrivé à Leipzig, je ne trouvai pas facile de me procurer les fonds, sur lesquels je comptais avec tant de confiance à Magdebourg, pour les dépenses de mon projet de voyage. Le glamour de la protection royale de la Prusse pour notre entreprise théâtrale, que j'ai représenté sous les couleurs les plus vives à mon bon beau-frère Brockhaus, n'a absolument pas réussi à l'éblouir, et c'est au prix de grandes douleurs et d'humiliations que j'ai dû le faire. J'ai finalement pesé mon vaisseau de découverte.

J'ai tout d'abord été naturellement attiré par mon ancien pays des merveilles, la Bohême. Là, j'ai simplement touché Prague et, sans rendre visite à mes charmantes amies, je me suis dépêché pour pouvoir goûter d'abord à la troupe d'opéra qui jouait alors pour la saison à Karlsbad. Impatient de découvrir le plus de talents possible le plus tôt possible, pour ne pas épuiser inutilement mes fonds, j'assistai à une représentation de La Dame Blanche, espérant sincèrement trouver l'ensemble du spectacle de première classe. Mais ce n'est que bien plus tard que je me suis pleinement rendu compte à quel point la qualité de tous ces chanteurs était misérable. J'en ai sélectionné un, une basse nommée Graf, qui chantait Gaveston. Lorsque, le moment venu, il fit ses débuts à Magdebourg, il provoqua un mécontentement si fondé , que je ne trouvai pas un mot à répondre aux moqueries que me causait cette acquisition.

Mais le peu de succès rencontré par le véritable objet de ma tournée fut contrebalancé par le plaisir du voyage lui-même. Le voyage à travers Eger, les montagnes du Fichtel et l'entrée dans Bayreuth, glorieusement éclairée par le soleil couchant, restent encore aujourd'hui des souvenirs heureux.

Mon prochain objectif était Nuremberg, où jouaient ma sœur Clara et son mari, et auprès de laquelle je pouvais compter sur des renseignements sûrs sur l'objet de mes recherches. C'était particulièrement agréable d'être reçu hospitalièrement dans la maison de ma sœur, où j'espérais retrouver mes moyens de voyage un peu épuisés. Dans cet espoir, je comptais surtout sur la vente d'une tabatière que m'avait présentée un ami et que j'avais de secrètes raisons de supposer qu'elle était en platine. A cela je pourrais ajouter une chevalière en or, offerte par mon ami Apel pour avoir composé l'ouverture de son Colomb. La valeur de la tabatière s'est malheureusement révélée entièrement imaginaire ; mais en mettant en gage ces deux joyaux, les seuls qui me restaient, j'espérais me procurer le strict nécessaire pour continuer mon voyage vers Francfort. C'est vers cet endroit et vers la région du Rhin que les informations que j'avais recueillies m'ont amené à diriger mes pas. Avant de partir, j'ai persuadé ma sœur et mon beau-frère d'accepter des engagements à Magdebourg ; mais il me manquait encore un premier ténor et une soprano, que je n'avais jusqu'alors absolument pas découverts.

Mon séjour à Nuremberg se prolongea très agréablement par une nouvelle rencontre avec Schröder-Devrient, qui, à cette époque, remplissait un court engagement dans cette ville. La revoir, c'était comme voir se disperser les nuages qui, depuis notre dernière rencontre, assombrissaient mon horizon artistique.

La compagnie d'opéra de Nuremberg avait un répertoire très limité. A part Fidelio, ils ne purent produire que Die Schweizerfamilie, ce dont se plaignait cette grande chanteuse, car c'était l'un de ses premiers rôles chantés dans sa prime jeunesse, pour lequel elle n'était plus guère adaptée et qu'en outre elle avait joué à satiété. J'attendais aussi la représentation de Die Schweizerfamilie avec appréhension, et même avec anxiété, car je craignais que cet opéra apprivoisé et la partie sentimentale surannée d'Emmeline n'affaiblissent la grande impression que le public, ainsi que moi-même, avions formée. à ce moment du travail de cet artiste sublime. Imaginez donc combien j'ai été profondément ému et étonné, le soir de la représentation, de constater que c'est dans ce rôle même que j'ai réalisé pour la première fois le génie véritablement transcendantal de cette femme extraordinaire. Que quelque chose d'aussi grand que son interprétation du personnage de la jeune fille suisse ne puisse être transmis à la postérité comme un monument éternel ne peut être considéré que comme l'un des sacrifices les plus sublimes qu'exige l'art dramatique et comme l'un de ses plus hauts sacrifices. manifestations. Par conséquent, lorsque de tels phénomènes apparaissent, nous ne pouvons pas les tenir avec trop de respect, ni les considérer comme trop sacrés.

En dehors de toutes ces expériences nouvelles qui allaient devenir d'une telle valeur pour toute ma vie et pour mon développement artistique, les impressions que j'ai reçues à Nuremberg, bien qu'elles fussent apparemment triviales dans leur origine, ont laissé dans mon esprit des traces si indélébiles qu'elles ressuscité en moi plus tard, bien que sous une forme tout à fait différente et nouvelle.

Mon beau-frère, Wolfram, était un grand favori du monde théâtral de Nuremberg ; il était spirituel et sociable et, en tant que tel, se faisait très apprécié dans les cercles théâtraux. J'eus à cette occasion des preuves singulièrement délicieuses de l'esprit de gaieté extravagante qui se manifestait lors de ces soirées à l'auberge, auxquelles je participais également. Un maître charpentier, nommé Lauermann, petit homme trapu, plus jeune, d'apparence comique et doué seulement du dialecte le plus grossier, m'a été signalé dans une des auberges visitées par nos amis comme une de ces bizarreries qui involontairement a contribué le plus à l'amusement des farceurs locaux. Lauermann, semble-t-il, se considérait comme un excellent chanteur et, par suite de cette présomption, ne manifestait d'intérêt que pour ceux en qui il croyait reconnaître un talent similaire. Bien qu'en raison de cette particularité singulière il soit devenu l'objet de plaisanteries constantes et de moqueries méprisantes, il ne manquait jamais de paraître chaque soir parmi ses persécuteurs avides de rire. Si souvent on s'était moqué de lui et on l'avait blessé de leur mépris, qu'il était devenu très difficile de le persuader de déployer ses talents artistiques, et cela ne pouvait finalement être réalisé que par des pièges astucieusement conçus, de manière à attirer son attention. vanité. Mon arrivée en tant qu'étranger inconnu a été mise à profit pour une manœuvre de ce genre. La mauvaise opinion qu'ils avaient du jugement du malheureux maître chanteur se révéla lorsque, à mon grand étonnement, mon beau-frère me présenta à lui comme le grand chanteur italien Lablache. Il faut reconnaître que Lauermann m'a longuement observé avec une méfiance incrédule et a commenté avec une méfiance prudente mon apparence juvénile, mais surtout le caractère manifestement ténor de ma voix. Mais tout l'art de ces convives de taverne et leur principale jouissance consistait à faire croire à l'incroyable ce pauvre enthousiaste, tâche à laquelle ils n'épargnaient ni le temps ni la peine .

Mon beau-frère parvint à faire croire au menuisier que moi, tout en recevant des sommes fabuleuses pour mes représentations, je voulais par un singulier acte de dissimulation et en visitant les auberges publiques, me retirer du grand public ; et que d'ailleurs, lorsqu'il s'agissait d'une rencontre entre « Lauermann » et « Lablache », le seul véritable intérêt pouvait être d'entendre Lauermann et non Lablache, puisque le premier n'avait rien à apprendre du second, mais seulement Lablache de lui. . Le conflit entre l'incrédulité d'un côté et la vanité vivement excitée de l'autre était si singulier que finalement le pauvre charpentier devint vraiment attirant pour moi. J'ai commencé à jouer le rôle qui m'était assigné avec toute l'habileté dont je pouvais disposer, et après quelques heures, soulagées par les pitreries les plus étranges, nous avons enfin atteint notre but. Le merveilleux mortel, dont les yeux étincelants étaient depuis longtemps fixés sur moi dans la plus grande excitation, faisait travailler ses muscles de la façon singulièrement fantastique que nous avons l'habitude d'associer à un automate musical dont le mécanisme a été dûment remonté : son les lèvres frémissaient, ses dents grinçaient, ses yeux roulaient convulsivement, jusqu'à ce qu'enfin éclate, d'une voix rauque et huileuse, une ballade de rue d'une rare trivialité. Sa délivrance, accompagnée d'un mouvement régulier de ses pouces tendus derrière les oreilles, et pendant lequel son gros visage brillait du rouge le plus vif, fut malheureusement accueillie par un éclat de rire sauvage de la part de toutes les personnes présentes, qui excita le malchanceux maître à la colère la plus furieuse. . Avec une cruauté étudiée, cette colère fut accueillie par ceux qui jusque-là l'avaient flatté sans vergogne, avec les moqueries les plus extravagantes, jusqu'à ce que le pauvre malheureux finisse par écumer absolument de rage.

Alors qu'il quittait l'auberge, au milieu des injures de ses amis infâmes, un élan de véritable pitié m'a poussé à le suivre, afin de lui demander pardon et de chercher en quelque sorte à l'apaiser, tâche d'autant plus difficile qu'il était particulièrement amer contre moi, comme le dernier de ses ennemis, et celui qui avait si profondément trompé son espoir ardent d'entendre le véritable Lablache. Je réussis néanmoins à l'arrêter sur le seuil ; Et maintenant, la troupe tumultueuse entra silencieusement dans une conspiration extraordinaire pour amener Lauermann à chanter à nouveau le soir même. Comment ils y sont parvenus, je m'en souviens aussi peu que je peux me rappeler l'effet des liqueurs spiritueuses que j'ai bu. En tout cas, je soupçonne que la boisson a dû finalement être le moyen de maîtriser Lauermann, tout comme elle a également rendu extrêmement vagues mes propres souvenirs des merveilleux événements de cette longue soirée à l'auberge. Après que Lauermann eut subi pour la deuxième fois les mêmes moqueries, toute la compagnie se crut obligée d'accompagner le malheureux chez lui. Ils l'y transportèrent dans une brouette qu'ils trouvèrent à l'extérieur de la maison, et c'est ainsi qu'il arriva triomphalement à sa propre porte, dans une de ces merveilleuses ruelles étroites particulières à la vieille ville. Mme Lauermann, tirée du sommeil pour recevoir son mari, nous a permis, par son torrent de malédictions, de nous faire une idée de la nature de leurs relations conjugales et domestiques. La moquerie des talents vocaux de son mari était aussi pour elle un thème familier ; mais à cela elle joignait maintenant les reproches les plus affreux envers les vauriens qui, en l'encourageant dans cette illusion, l'empêchaient de poursuivre avec profit son métier, et le conduisaient même à des scènes comme celle-ci. Alors l'orgueil du maître chanteur souffrant reprenait le dessus ; car tandis que sa femme l'aidait péniblement à monter les escaliers, il lui refusait durement le droit de juger ses dons vocaux et lui ordonnait sévèrement de se taire. Mais même maintenant, cette merveilleuse aventure nocturne n'était en aucun cas terminée. L'essaim entier se dirigea une fois de plus vers l'auberge. Cependant, devant la maison, nous trouvâmes un certain nombre d'individus rassemblés, parmi lesquels plusieurs ouvriers, contre lesquels, en raison des règlements de police concernant les heures de fermeture, les portes furent fermées. Mais les invités réguliers de la maison, qui faisaient partie de notre groupe et qui entretenaient une vieille amitié avec l'hôte, pensaient qu'il était néanmoins permis et possible d'exiger l'entrée. L'hôte était troublé d'avoir à fermer sa porte à des amis dont il reconnaissait la voix ; il fallait pourtant empêcher les nouveaux arrivants de se frayer un chemin avec eux. De cette situation naquit une grande confusion qui, avec ses cris, ses clameurs et l'augmentation inexplicable du nombre des adversaires, prit bientôt un caractère véritablement démoniaque. Il me sembla que dans quelques instants la ville entière allait entrer en tumulte, et je crus que j'allais encore assister à une révolution dont personne ne pouvait comprendre l'origine réelle. Puis, tout à coup, j'entendis quelqu'un tomber et, comme par magie, toute la masse se dispersa dans toutes les directions. L'un des invités réguliers, qui connaissait un ancien tour de boxe de Nuremberg, désireux de mettre fin à l'émeute interminable et de se frayer un chemin à travers la foule, donna un coup de poing entre les yeux à l'un des crieurs les plus bruyants : le posant au sol, insensé, sans toutefois le blesser gravement. Et c'est ce qui dispersa si vite toute la foule. En un peu plus d'une minute du tumulte le plus violent de centaines de voix humaines, mon beau-frère et moi avons pu nous promener bras dessus bras dessous dans les rues éclairées par la lune, plaisantant et riant tranquillement, sur le chemin du retour ; et c'est alors que, à mon grand étonnement et soulagement, il m'apprit qu'il était habitué tous les soirs à ce genre de vie.

Mais à la fin, il devint nécessaire de m'occuper sérieusement du but de mon voyage. Ce n'est qu'en passant que je touchai Würzburg pour une journée. Je ne me souviens de rien de la rencontre avec mes relations et connaissances, hormis la visite mélancolique à Friederike Galvani déjà évoquée. En arrivant à Francfort, je fus obligé de chercher aussitôt l'abri d'un hôtel décent, pour y attendre le résultat de mes sollicitations de subventions auprès de la direction du théâtre de Magdebourg. Mes espoirs d'acquérir les véritables vedettes de notre entreprise lyrique se formèrent en vue d'une saison à Wiesbaden, où, m'a-t-on dit, une bonne troupe d'opéra était sur le point de se dissoudre. J'ai trouvé extrêmement difficile d'organiser le court voyage jusqu'ici ; j'ai pourtant réussi à assister à une répétition de Robert der Teufel, dans laquelle le ténor Freimuller s'est distingué. Je l'ai immédiatement interviewé et je l'ai trouvé disposé à accepter mes propositions pour Magdebourg. Nous avons conclu l'accord nécessaire et je suis ensuite rentré en toute hâte à mon quartier général, l'hôtel Weidenbusch à Francfort. Là, j'ai dû passer une autre semaine anxieuse, pendant laquelle j'ai attendu en vain que les frais de voyage nécessaires arrivent de Magdebourg. Pour tuer le temps, j'avais recours, entre autres choses, à un grand portefeuille rouge que j'emportais avec moi dans mon portemanteau, et dans lequel j'inscrivais, avec des détails exacts de dates, etc., des notes pour ma future biographie, le c'est le même livre qui se trouve maintenant devant moi pour rafraîchir ma mémoire, et que j'ai depuis enrichi à diverses époques de ma vie, sans laisser de vide. A cause de la négligence des dirigeants de Magdebourg, ma situation, déjà grave, devint littéralement désespérée lorsque je fis une acquisition à Francfort qui me procura presque plus de plaisir que je ne pouvais en supporter. J'avais assisté à une production de la Zauberflote sous la direction de Guhr, alors merveilleusement réputé comme « un chef d'orchestre de génie », et j'avais été agréablement surpris de la qualité vraiment excellente de la troupe. Il était bien sûr inutile de songer à attirer dans mes filets l'une des principales stars ; en revanche, je vis assez clairement que la jeune Fraulein Limbach, qui chantait le rôle du « premier garçon », possédait un talent désirable. Elle accepta mon offre d'engagement et, en fait, semblait si désireuse de se débarrasser de son engagement à Francfort qu'elle résolut d'y échapper subrepticement. Elle me révéla ses projets et me pria de l'aider à les exécuter ; car, dans la mesure où les directeurs pouvaient avoir vent de l'affaire, il n'y avait pas de temps à perdre. En tout cas, la jeune dame supposait que j'avais un crédit abondant, fourni pour mon voyage d'affaires officiel par le comité du théâtre de Magdebourg, dont j'avais si diligemment chanté les louanges. Mais déjà j'avais été obligé de mettre en gage mon maigre matériel de voyage pour subvenir à mes propres besoins de départ. Jusqu'à présent, j'avais persuadé l'hôte, mais je ne le trouvais nullement enclin à m'avancer les fonds supplémentaires nécessaires à l'enlèvement d'un jeune chanteur. Pour dissimuler la mauvaise conduite de mes directeurs, j'ai été obligé d'inventer quelque histoire de malheur et de laisser derrière moi la jeune femme étonnée et indignée. Profondément honteux de cette aventure, j'ai voyagé sous la pluie et la tempête via Leipzig, où j'ai récupéré mon caniche brun, et arrivé à Magdebourg, j'ai repris mon travail de directeur musical le 1er septembre.

Le résultat de mes travaux commerciaux ne me procurait que peu de joie. Le directeur, il est vrai, prouva triomphalement qu'il avait envoyé cinq louis d'or entiers à mon adresse à Francfort, et que mon ténor et la jeune chanteuse avaient également reçu des contrats convenables, mais non les tarifs et les avances exigés. Aucun d'eux n'est venu ; seul le basso Graf arrivait de Karlsbad avec une ponctualité pédante et provoquait immédiatement les plaisanteries de nos plaisanteries théâtrales. Il a chanté lors d'une répétition de la famille suisse avec un bourdonnement si pédagogue que j'ai complètement perdu mon sang-froid. L'arrivée de mon excellent beau-frère Wolfram et de ma sœur Clara était plus avantageuse pour la comédie musicale que pour le grand opéra, et me causait par-dessus le marché des ennuis considérables ; car, étant d'honnêtes gens et habitués à vivre convenablement, ils s'aperçurent vite que, malgré la protection royale, l'état du théâtre n'était que très précaire, comme cela était naturel sous une direction aussi peu scrupuleuse que celle de Bethmann, et reconnurent avec inquiétude que ils avaient sérieusement compromis leur situation familiale. Mon courage commençait déjà à faiblir lorsqu'un heureux hasard nous amena une jeune femme, Mme. Pollert (née Zeibig), qui était de passage à Magdebourg avec son mari, acteur, pour remplir un engagement spécial dans cette ville ; elle était douée d'une belle voix, était une chanteuse talentueuse et bien adaptée aux rôles principaux. La nécessité avait enfin poussé les directeurs à l'action, et à la onzième heure ils envoyèrent chercher le ténor Freimuller. Mais j'ai été particulièrement heureux lorsque l'amour né entre lui et le jeune Limbach à Francfort a permis à l'entreprenant ténor d'emporter ce chanteur avec lequel je m'étais si misérablement comporté. Tous deux arrivèrent radieux de joie. Avec eux, nous avons engagé Mme. Pollert, qui, malgré sa prétention, rencontra les faveurs du public. On avait également découvert un baryton bien formé et compétent musicalement, Herr Krug, qui devint ensuite chef de chœur à Karlsruhe, de sorte que je me trouvai tout d'un coup à la tête d'une très bonne troupe d'opéra, parmi laquelle le basso Graf pouvait être ne s'intègre que très difficilement, en restant le plus possible en retrait. Nous avons réussi rapidement avec une série de représentations lyriques qui n'étaient pas du tout ordinaires, et notre répertoire comprenait tout ce qui avait jamais été écrit de cette nature pour le théâtre. J'ai été particulièrement satisfait de la présentation de Jessonda de Spohr, qui n'était vraiment pas sans sublimité et nous a élevé dans l'estime de tous les mélomanes cultivés. Je cherchais inlassablement un moyen d'élever nos représentations au-dessus du niveau d'excellence habituel compatible avec les maigres ressources des théâtres de province. J'ai constamment critiqué le directeur Bethmann en renforçant mon orchestre, ce qu'il a dû payer ; mais, d'un autre côté, j'ai gagné toute sa bienveillance en renforçant le chœur et la musique du théâtre, ce qui ne lui coûtait rien, et qui donnait un tel éclat à nos représentations que les abonnements et les audiences augmentaient énormément. Par exemple, j'ai obtenu l'orchestre du régiment, ainsi que les chanteurs militaires, qui dans l'armée prussienne sont admirablement organisés, et qui assistaient à nos représentations en échange de laissez-passer gratuits à la galerie accordés à leurs parents. Ainsi, je suis parvenu à fournir avec la plus grande intégralité l' accompagnement orchestral particulièrement puissant qu'exigeait la partition de Norma de

Bellini, et j'ai pu disposer d'un corps de voix masculines pour l'impressionnante partie à l'unisson du chœur d'hommes dans l'introduction de cette œuvre si comme même les plus grands théâtres pouvaient rarement le commander. Plus tard, j'ai pu assurer à Auber, que je rencontrais souvent autour d'une glace au café Tortoni à Paris, que dans son Lestocq j'avais été capable de rendre le rôle des soldats mutins, lorsqu'ils étaient entraînés dans la conspiration, avec un nombre absolument complet de voix, ce dont il me remercia avec étonnement et ravissement.

Au milieu de telles circonstances encourageantes, la composition de mon Liebesverbot fit de grands progrès vers son achèvement. J'avais prévu la présentation de cette pièce pour la représentation-bénéfice qui m'avait été promise afin de subvenir à mes dépenses, et j'ai travaillé dur dans l'espoir d'améliorer ma réputation, et en même temps d'accomplir quelque chose qui n'était en rien moins désirable. et c'était l'amélioration de ma situation financière. Même les quelques heures que je pouvais arracher aux affaires pour les passer aux côtés de Minna étaient consacrées avec un zèle sans exemple à l'achèvement de ma partition. Ma diligence émut même la mère de Minna, qui regardait notre histoire d'amour avec une certaine inquiétude. Elle était restée tout l'été pour rendre visite à sa fille et gérait la maison pour elle. En raison de son intervention, une inquiétude nouvelle et urgente était entrée dans nos relations, qui exigeait un règlement sérieux. Il était naturel que nous commencions à réfléchir à ce à quoi tout cela allait conduire. Je dois avouer que l'idée du mariage, surtout au vu de ma jeunesse, me remplissait de consternation, et sans vraiment y réfléchir, ni peser sérieusement le pour et le contre, un sentiment naïf et instinctif m'empêchait même d'envisager la possibilité d'un mariage. une démarche qui aurait des conséquences si graves sur toute ma vie. De plus, notre modeste situation était dans un état si alarmant et si incertain que Minna elle-même déclarait qu'elle était plus soucieuse de voir notre situation améliorée que de me convaincre de l'épouser. Mais elle fut aussi amenée à penser à elle-même, et cela rapidement, car des problèmes surgissaient au sujet de sa propre position au théâtre de Magdebourg. Là, elle avait rencontré une rivale dans sa spécialité, et comme le mari de cette femme devenait régisseur en chef et disposait par conséquent du pouvoir suprême, elle devenait une source de grand danger. Voyant donc qu'à ce moment précis Minna recevait des offres avantageuses de la part des directeurs du théâtre de Königstadt à Berlin, alors en pleine affaire, elle saisit l'occasion pour rompre ses liens avec le théâtre de Magdebourg et me plongea ainsi, qu'elle ne parut pas réfléchir à la question, au plus profond du désespoir. Je ne pouvais pas empêcher Minna d'aller à Berlin pour y remplir un engagement spécial, bien que cela ne fût pas conforme à son accord, et elle partit donc, me laissant derrière elle, accablée de chagrin et de doute sur le sens de sa conduite. Enfin, fou de passion, je lui ai écrit pour la presser de revenir, et pour mieux l'émouvoir et ne pas séparer son sort du mien, je lui ai proposé d'une manière strictement formelle et j'ai laissé entendre l'espoir d'un mariage précoce. . Vers la même époque, mon beau-frère Wolfram, s'étant brouillé avec le metteur en scène Bethmann et ayant résilié son contrat avec lui, se rendit également au théâtre de Königstadt pour remplir un engagement spécial. Ma bonne sœur Clara, qui était restée quelque temps sur place au milieu des conditions quelque peu désagréables de Magdebourg, s'aperçut bientôt de l'humeur anxieuse et troublée dans laquelle son frère par ailleurs joyeux se consumait rapidement. Un jour, elle crut devoir me montrer une lettre de son mari, avec des nouvelles de Berlin, et surtout concernant Minna, dans laquelle il déplorait vivement ma passion pour cette fille qui se comportait tout à fait indigne de moi. Alors qu'elle logeait à son hôtel, il put constater que non seulement la compagnie qu'elle y tenait, mais aussi sa propre conduite, étaient parfaitement scandaleuses. L'impression extraordinaire que me fit cette terrible communication me décida à abandonner la réserve que j'avais jusqu'alors montrée envers mes parents au sujet de mes amours. J'écrivis à mon beau-frère à Berlin pour lui dire où en étaient mes affaires et que mes projets dépendaient grandement de Minna, et en outre combien il était extrêmement important pour moi d'apprendre de lui la vérité indubitable sur elle et sur qui. il avait envoyé un compte si mauvais. De mon beau-frère, d'habitude si sec et si plaisanteur, je reçus une réponse qui remplit de nouveau mon cœur à déborder. Il avoua qu'il avait accusé Minna trop hâtivement et regrettait de s'être laissé influencer par des bavardages inutiles pour fonder une accusation qui, après enquête, s'était révélée tout à fait infondée et injuste ; il déclara en outre qu'en la connaissant de plus près et en discutant avec elle, il avait été si pleinement convaincu de l'authenticité et de la droiture de son caractère, qu'il espérait de tout son cœur que je pourrais trouver le moyen de l'épouser. Et maintenant, une tempête faisait rage dans mon cœur. J'ai supplié Minna de revenir immédiatement et j'ai été heureux d'apprendre que, de son côté, elle n'était pas encline à renouveler son engagement au théâtre de Berlin, car elle avait maintenant acquis une connaissance plus intime de la vie là-bas et la trouvait également. frivole. Il ne me restait plus qu'à faciliter la reprise de ses fiançailles à Magdebourg. C'est pourquoi, lors d'une réunion du comité du théâtre, j'ai attaqué le metteur en scène et son régisseur détesté avec une telle énergie, et j'ai défendu Minna contre le tort qu'ils lui avaient fait tous deux avec une telle passion et une telle ferveur, que les autres membres, étonnés. à l'aveu franc de mon affection, je cédai à mes vœux sans plus attendre. Et maintenant, je pars en poste supplémentaire, au milieu de la nuit et par un temps hivernal épouvantable, pour rencontrer ma chérie qui revient. Je l'ai accueillie avec des larmes de joie la plus profonde et je l'ai ramenée triomphalement dans sa confortable maison de Magdebourg, qui m'est déjà devenue si chère.

Pendant ce temps, tandis que nos deux vies, ainsi séparées pour un moment, se rapprochaient de plus en plus étroitement, j'achevais la partition de mon Liebesverbot sur le Nouvel An 1836. Pour le développement de mes projets futurs, je dépendais en grande partie du succès de ce travail; et Minna elle-même ne semblait pas réticente à céder à mes espérances à cet égard. Nous avions raison de nous inquiéter de la façon dont les choses se passeraient pour nous au début du printemps, car cette saison est toujours une mauvaise saison pour démarrer des entreprises théâtrales aussi précaires. Malgré le soutien royal et la participation du comité du théâtre à la direction générale du théâtre, l'état de faillite perpétuelle de notre digne directeur ne souffrait aucune altération, et il semblait que son entreprise théâtrale ne pouvait durer longtemps sous aucune forme. Néanmoins, avec l'aide de la troupe de chanteurs vraiment de premier ordre dont je disposais, la production de mon opéra allait marquer un changement complet dans ma situation peu satisfaisante. En vue de récupérer les frais de déplacement que j'avais engagés au cours de l'été précédent, j'avais droit à une prestation-performance. J'ai naturellement fixé cela pour la présentation de mon propre travail, et j'ai fait tout mon possible pour que cette faveur que m'accordaient les directeurs leur fût la moins coûteuse possible. Comme ils seraient néanmoins obligés de faire quelques dépenses pour la production du nouvel opéra, j'acceptai que le produit de la première présentation leur soit laissé, tandis que je ne réclamerais que celui de la seconde. Je n'ai pas trouvé totalement insatisfaisant que l'heure des répétitions ait été reportée à la toute fin de la saison, car il était raisonnable de supposer que notre troupe, qui était souvent accueillie par des applaudissements inhabituels, recevrait une attention et une faveur particulières de la part du public. lors de ses représentations finales. Malheureusement, contrairement à nos attentes, nous n'avons jamais atteint la clôture convenable de cette saison, qui avait été fixée à la fin avril ; car dès le mois de mars, à cause d'une irrégularité dans le paiement des salaires, les membres les plus populaires de la société, ayant trouvé ailleurs un meilleur emploi, présentèrent leur démission à la direction, et le directeur, incapable de réunir les liquidités nécessaires, fut contraint se plier à l'inévitable. Maintenant, en effet, mon moral s'est effondré, car il semblait plus que douteux que mon Liebesverbot soit un jour produit. Je dus entièrement à la chaleureuse affection que me portaient personnellement tous les membres de la troupe d'opéra, que les chanteurs consentirent non seulement à rester jusqu'à la fin du mois de mars, mais aussi à entreprendre le travail d'étudier et de répéter mon opéra, tâche qui , vu le temps très limité, s'annonçait extrêmement ardu. Au cas où nous aurions à faire deux représentations, le temps dont nous disposions était si court que, pour toutes les répétitions, nous n'avions que dix jours devant nous. Et comme il ne s'agissait pas d'une comédie légère ou d'une farce, mais d'un grand opéra qui, malgré le caractère insignifiant de sa musique, contenait de nombreux et puissants passages concertés, l'entreprise aurait pu paraître presque téméraire. Néanmoins je fondais mes espérances sur les efforts extraordinaires que les chanteurs faisaient si volontiers pour me plaire ; car ils étudiaient continuellement, matin, midi et soir. Mais voyant que, malgré tout cela, il était tout à fait impossible d'atteindre la perfection, surtout en matière de paroles, pour chacun de ces interprètes harcelés, je comptais en outre sur mes propres compétences acquises en tant que chef d'orchestre pour atteindre cet objectif. dernier miracle du succès. La capacité particulière que je possédais à aider les chanteurs et à les faire avancer sans problème, malgré beaucoup d'incertitudes, a été clairement démontrée dans nos répétitions orchestrales, au cours desquelles, à force d'incitations constantes, des chants forts avec les interprètes et des instructions vigoureuses quant aux actions nécessaires, j'ai fait en sorte que le tout se déroule si facilement qu'il semblait tout à fait possible que la représentation puisse être un succès raisonnable après tout. Malheureusement, nous n'avions pas pensé que devant le public, toutes ces méthodes drastiques pour faire bouger la machinerie dramatique et musicale se limiteraient aux mouvements de ma baguette et à l'expression de mon visage. En fait, les chanteurs, et surtout les hommes, étaient si extraordinairement incertains que, du début à la fin, leur embarras paralysait l'efficacité de chacun de leurs rôles. Freimuller, le ténor, dont la mémoire était la plus défectueuse, cherchait à rafistoler le caractère vif et émotif de sa règle mal apprise du fou Luzio au moyen d'un travail routinier appris chez Fra Diavolo et Zampa, et surtout à l'aide d'un langage extrêmement épais. , panache de plumes aux couleurs vives et flottantes. Par conséquent, les réalisateurs n'ayant pas réussi à faire imprimer à temps le livre de paroles, il était impossible de reprocher au public d'avoir des doutes sur les grandes lignes de l'histoire, puisqu'il n'avait pour guide que les paroles chantées. À l'exception de quelques parties jouées par les chanteuses, qui furent accueillies favorablement, l'ensemble de l'exécution, que j'avais fait dépendre en grande partie d'une action et d'un discours audacieux et énergiques, n'est resté qu'un théâtre d'ombres musicales, auquel l'orchestre a contribué. ses propres épanchements inexplicables, parfois avec un bruit exagéré. Comme caractéristique du traitement de ma couleur de ton, je peux mentionner que le chef d'orchestre d'une musique militaire prussienne, qui, soit dit en passant, avait été très satisfait de la performance, a estimé qu'il lui incombait de me donner quelques bons- cela signifiait des indices pour ma direction future, quant à la manipulation du tambour turc. Avant de raconter l'histoire ultérieure de cette merveilleuse œuvre de ma jeunesse, je m'arrêterai un instant pour décrire son caractère, et surtout ses éléments poétiques.

La pièce de Shakespeare, que j'ai toujours gardée à l'esprit comme fondement de mon récit, était élaborée de la manière suivante :

Un roi de Sicile anonyme quitte son pays, comme je le suggère, pour un voyage à Naples, et remet au régent nommé – que j'appelle simplement Friedrich, dans le but de le faire paraître aussi allemand que possible – la pleine autorité pour exercer tous ses pouvoirs. le pouvoir royal afin d'opérer une réforme complète des habitudes sociales de sa capitale, ce qui avait provoqué l'indignation du Conseil. Au début de la pièce, nous voyons les serviteurs de l'autorité publique occupés soit à fermer, soit à démolir les maisons de divertissement populaire dans un faubourg de Palerme, et à enlever les détenus, y compris les hôtes et les domestiques, comme prisonniers. La population s'oppose à cette première étape, et de nombreuses bagarres s'ensuivent. Au plus épais de la foule, le chef des sbirri, Brighella (basso-bu ffo), après un roulement préliminaire de tambours pour le silence, lit la proclamation du Régent, selon laquelle les actes qui viennent d'être accomplis sont déclarés destinés à établir un un ton moral plus élevé dans les mœurs et les coutumes du peuple. Un accès général de mépris et un chœur moqueur accompagnent cette annonce. Luzio, un jeune noble et jeune scape-grace (ténor), semble enclin à se présenter comme chef de la foule, et trouve aussitôt une occasion de jouer un rôle plus actif dans la cause du peuple opprimé en découvrant son ami Claudio. (également ténor) étant emmené en prison. De lui, il apprend que, en vertu d'une vieille loi moisie découverte par Friedrich, il doit subir la peine de mort pour une certaine escapade amoureuse dans laquelle il est impliqué. Sa bien-aimée, dont l'union avait été empêchée par l'inimitié de leurs parents, lui a donné un enfant. Le zèle puritain de Friedrich rejoint la haine des parents ; il craint le pire et ne voit d'autre issue que par la miséricorde, pourvu que sa sœur Isabelle parvienne, par ses supplications, à faire fondre le cœur dur du régent. Claudio implore son ami de rechercher immédiatement Isabelle au couvent des Sœurs de Sainte-Élisabeth, où elle est récemment entrée comme novice. C'est là, entre les murs tranquilles du couvent, que nous rencontrons pour la première fois cette sœur, en relations confidentielles avec son amie Marianne, également novice. Marianne révèle à son ami, dont elle est séparée depuis longtemps, le sort malheureux qui l'a amenée ici. Par vœux de fidélité éternelle, elle avait été persuadée d'entretenir une liaison secrète avec un homme de haut rang. Mais finalement, alors qu'elle se retrouvait dans un besoin extrême non seulement abandonnée, mais menacée par son traître, elle découvrit qu'il était l'homme le plus puissant de l'État, nul autre que le régent du roi lui-même. L'indignation d'Isabella s'exprime dans des paroles passionnées et n'est apaisée que par sa détermination à abandonner un monde dans lequel un crime aussi ignoble peut rester impuni. Quand Luzio lui apporte maintenant des nouvelles du sort de son propre frère, son dégoût face à la mauvaise conduite de son frère se transforme en mépriser aussitôt la méchanceté de l'hypocrite régente, qui ose punir si cruellement l'offense relativement vénielle de son frère, qui, au moins, n'était pas entachée de trahison. Son accès de violence la révèle imprudemment à Luzio sous un aspect séduisant ; épris d'un amour soudain, il la presse de quitter définitivement le couvent et d'accepter sa main. Elle parvient à réprimer son audace, mais décide aussitôt de profiter de son escorte jusqu'à la cour de justice du régent. — Ici la scène du procès est préparée, et je l'introduis par une audition burlesque de plusieurs personnes accusées par le capitaine sbirro de délits. contre la morale. Le sérieux de la situation devient plus marqué lorsque la forme sombre de Friedrich traverse la foule envahissante et indisciplinée, ordonnant le silence, et qu'il entreprend lui-même l'audition du cas de Claudio de la manière la plus sévère possible. Le juge implacable est déjà sur le point de prononcer la sentence lorsqu'Isabelle entre et demande, devant eux tous, un entretien privé avec le Régent. Dans cette interview, elle se comporte avec une noble modération envers l'homme redouté mais méprisé qui se trouve devant elle, et ne fait d'abord appel qu'à sa douceur et à sa miséricorde. Ses interruptions ne font qu'exciter son ardeur : elle parle de l'offense de son frère avec des accents fondants et implore le pardon d'un crime si humain et nullement impardonnable. Voyant l'effet de son émouvant appel, elle continue avec une ardeur croissante à plaider auprès du cœur dur et insensible du juge, qui ne peut certainement pas être resté insensible à des sentiments tels que ceux qui avaient animé son frère, et elle en appelle à son souvenir pour soutenez son appel désespéré à la pitié. La glace de son cœur est enfin brisée. Friedrich, profondément ému par la beauté d'Isabelle, ne peut plus se contenir et promet d'accéder à sa demande au prix de son propre amour. A peine a-t-elle pris conscience de l'effet inattendu de ses paroles que, remplie d'indignation devant une méchanceté aussi incroyable, elle crie au peuple, à travers les portes et les fenêtres, d'entrer, afin de démasquer l'hypocrite devant le monde. La foule se précipite déjà tumultueusement dans la salle du jugement, lorsque, par quelques allusions significatives, Friedrich, avec une énergie frénétique, réussit à faire comprendre à Isabelle l'impossibilité de son projet. Il nierait simplement son accusation, prétendrait hardiment que son offre était simplement faite pour la tester, et serait sans doute facilement cru dès qu'il s'agirait simplement de réfuter une accusation de lui avoir fait l'amour à la légère. Isabelle, honteuse et confuse, reconnaît la folie de son premier pas et grince des dents dans un désespoir silencieux. Alors que Friedrich annonce une fois de plus sa ferme résolution au peuple et prononce la sentence contre le prisonnier, Isabelle, stimulée par le douloureux souvenir du sort de Marianne, se rend soudain compte que ce qu'elle n'a pas réussi à obtenir par des moyens ouverts, elle pourrait éventuellement l'obtenir en artisanat. Cette pensée suffit à dissiper son chagrin et à la remplir de la plus grande gaieté. Se tournant vers son frère affligé, ses amis agités et la foule perplexe, elle assure à tous qu'elle est prête à leur offrir la plus amusante des aventures. Elle déclare que les festivités carnavalesques, que le Régent vient de strictement interdire, seront célébrées cette année avec une licence inhabituelle ; car ce redoutable souverain ne fait semblant d'être si cruel que pour les étonner plus agréablement en prenant lui-même une joyeuse part à tout ce qu'il vient d'interdire. Tous croient qu'elle est devenue folle, et Friedrich en particulier réprouve son incompréhensible folie avec une sévérité passionnée. Mais quelques mots de sa part suffisent pour transporter le Régent lui-même en extase ; car dans un murmure elle promet d'exaucer son désir, et que la nuit suivante elle lui enverra un message qui assurera son bonheur. — Et ainsi se termine le premier acte dans un tourbillon d'excitation.

On apprend la nature du projet hâtivement formé par l'héroïne au début du deuxième acte, dans lequel elle rend visite à son frère dans sa cellule, dans le but de découvrir s'il mérite d'être secouru. Elle lui révèle la proposition honteuse de Friedrich et lui demande s'il souhaiterait sauver sa vie au prix du déshonneur de sa sœur. Suivent ensuite la fureur de Claudio et sa fervente déclaration de sa volonté de mourir ; alors, faisant ses adieux à sa sœur, au moins pour cette vie, il en fait la porteuse des messages les plus tendres à la chère fille qu'il laisse derrière lui. Après cela, tombant dans une humeur plus douce, le malheureux passe de l'état de mélancolie à l'état de faiblesse. Isabelle, qui avait déjà décidé de l'informer de son sauvetage, hésite avec consternation en le voyant tomber ainsi des hauteurs d'un noble enthousiasme à l'aveu murmuré d'un amour de la vie toujours aussi fort, et même à un bégaiement. on se demande si le prix suggéré pour son salut est tout à fait impossible. Dégoûtée, elle se lève d'un bond, repousse l'indigne homme et déclare qu'à la honte de sa mort il a encore ajouté son plus sincère mépris. Après l'avoir remis à nouveau à son geôlier, son humeur se transforme à nouveau rapidement en une gaieté dévergondée. Certes, elle décide de punir l'hésitant en le laissant pour un temps dans l'incertitude quant à son sort ; mais reste ferme dans sa détermination à débarrasser le monde de l'abominable séducteur qui a osé dicter des lois à ses semblables. Elle dit à Marianne qu'elle doit prendre place au rendez-vous nocturne, au cours duquel Friedrich s'attendait si perfidement à la rencontrer (Isabella), et envoie à Friedrich une invitation à ce rendez-vous. Pour embrouiller encore plus celui-ci dans sa ruine, elle lui impose de venir déguisé et masqué, et lui fixe rendez-vous dans un de ces lieux de villégiature qu'il vient de supprimer. Au fou Luzio, qu'elle souhaite également punir pour sa suggestion impertinente à un novice, elle raconte l'histoire de la proposition de Friedrich et sa prétendue intention de se conformer, par pure nécessité, à ses désirs. Elle le fait avec une légèreté si incompréhensible que l'homme par ailleurs frivole, d'abord muet d'étonnement, cède finalement à un accès de rage désespérée. Il jure que, même si la noble jeune fille elle-même pouvait supporter une telle honte, il s'efforcerait lui-même par tous les moyens en son pouvoir de l'éviter, et préférerait mettre le feu et le tumulte dans tout Palerme plutôt que de permettre qu'une telle chose se produise. Et en effet, il fait en sorte que, le soir fixé, tous ses amis et connaissances se rassemblent à la fin du Corso, comme pour l'ouverture du cortège interdit du carnaval. A la tombée de la nuit, alors que les choses commencent à devenir folles et joyeuses, Luzio apparaît et chante une extravagante chanson de carnaval, avec le refrain :

Celui qui ne se joint pas à nous pour plaisanter
aura un poignard dans la poitrine ;

par ce moyen, il cherche à inciter la foule à une révolte sanglante. Lorsqu'une bande de sbires s'approche, sous la direction de Brighella, pour disperser la foule gay, le projet mutin semble sur le point de s'accomplir. Mais pour le moment Luzio préfère céder et se disperser dans les environs, car il doit d'abord gagner le véritable chef de leur entreprise : car c'était là l'endroit qu'Isabelle lui avait malicieusement révélé comme le lieu de sa prétendue rencontre. avec le Régent. Luzio attend donc ce dernier. Le reconnaissant sous un déguisement élaboré, il lui barre le passage et, tandis que Friedrich se déchaîne violemment, il s'apprête à le suivre à coups de cris et d'épée dégainée, lorsque, sur un signe d'Isabelle, cachée parmi quelques buissons, il se retrouve lui-même. arrêté et emmené. Isabelle s'avance alors, se réjouissant à l'idée d'avoir restitué Marianne trahie à son époux infidèle. Croyant tenir dans sa main le pardon promis à son frère, elle est sur le point d'abandonner toute idée de vengeance ultérieure lorsque, brisant le sceau, à sa grande horreur, elle reconnaît à la lueur d'une torche que le papier ne contient que un ordre d'exécution encore plus sévère, que, en raison de son désir de ne pas révéler à son frère le fait de sa grâce, un simple hasard lui avait maintenant remis entre les mains, par l'intermédiaire du geôlier soudoyé. Après un dur combat contre la passion tumultueuse de l'amour, et reconnaissant son impuissance face à cet ennemi de sa paix, Friedrich est en effet déjà résolu à affronter sa ruine, même s'il s'agit d'un criminel, mais néanmoins d'un homme d'honneur. Une heure dans le sein d'Isabelle, et puis sa propre mort par la même loi dont la sévérité implacable coûtera aussi la vie à Claudio. Isabelle, ne voyant dans cette conduite qu'une preuve supplémentaire de la méchanceté de l'hypocrite, éclate une fois de plus dans une tempête de désespoir angoissant. À son cri de révolte immédiate contre le tyran scélérat, le peuple se rassemble et forme une foule hétéroclite et passionnée. Luzio, qui revient également, conseille aux gens avec une amertume cuisante de ne pas prêter attention à la fureur de la femme ; il fait remarquer qu'elle ne fait que les tromper, comme elle l'a déjà trompé, car il croit toujours en son infidélité éhontée. Nouvelle confusion ; désespoir accru d'Isabelle; soudain, à l'arrière-plan, surgit le cri burlesque de Brighella, qui, lui-même souffrant des affres de la jalousie, a arrêté par erreur le régent masqué et a ainsi conduit à la découverte de ce dernier. Friedrich est reconnu, et Marianne, tremblante sur sa poitrine, est également démasquée.

Étonnement, indignation ! Des cris de joie éclataient de toutes parts ; les explications nécessaires sont rapidement données et Friedrich demande d'un air maussade à être placé devant le siège du jugement du roi de retour. Claudio, libéré de prison par la population en liesse, l'informe que la condamnation à mort pour crimes d'amour n'est pas destinée à tous les temps ; des messagers arrivent pour annoncer l'arrivée inattendue au port du Roi ; il est résolu de marcher en grand cortège masqué à la rencontre du prince bien-aimé et de lui rendre joyeusement hommage, tous étant convaincus qu'il se réjouira de bon cœur de voir à quel point le sombre puritanisme de l'Allemagne convient mal à sa Sicile au sang chaud. De lui, on dit :

Vos joyeuses fêtes lui plaisent plus
Que les sombres lois ou les connaissances juridiques.

Friedrich, avec sa nouvelle fiancée Marianne, doit diriger le cortège, suivi de Luzio et du novice, à jamais perdu pour le couvent.

J'avais revêtu ces scènes pleines d'entrain et, à bien des égards, audacieusement conçues, d'un langage approprié et de vers soigneusement écrits, qui avaient déjà été remarqués par Laube. La police s'est d'abord indignée du titre de l'ouvrage qui, si je ne l'avais pas modifié, aurait conduit à l'échec complet de mes projets de présentation. C'était la semaine précédant Pâques et il était donc interdit au théâtre de jouer des pièces joyeuses, ou du moins frivoles, pendant cette période. Heureusement, le magistrat avec lequel j'avais à traiter de cette affaire ne se montra pas disposé à examiner lui-même le livret ; et quand je lui ai assuré qu'elle était calquée sur une pièce très sérieuse de Shakespeare, les autorités se sont contentées de changer simplement le titre quelque peu surprenant. Die Novize van Palermo, qui était le nouveau titre, n'avait rien de suspect et fut donc approuvé comme correct sans autre scrupule. Je m'en suis sorti tout autrement à Leipzig, où j'ai tenté de présenter cet ouvrage à la place de mon Feen, lorsque ce dernier a été retiré. Le metteur en scène Ringelhardt, que je cherchais à rallier à ma cause en attribuant le rôle de Marianne à sa fille, faisant alors ses débuts à l'opéra, a choisi de rejeter mon œuvre au motif apparemment très raisonnable que la tendance du thème lui déplaisait. . Il m'a assuré que, même si les magistrats de Leipzig avaient consenti à sa production - ce sur quoi sa haute estime pour cet organisme le faisait douter sérieusement - lui-même, en tant que père consciencieux, ne pourrait certainement pas permettre à sa fille d'y participer. dedans.

Chose étrange, je n'ai rien souffert du caractère suspect du livret de mon opéra à l'occasion de sa représentation à Magdebourg ; car, comme je l'ai dit, grâce à la manière inintelligible avec laquelle elle fut racontée, l'histoire resta un mystère complet pour le public. Cette circonstance, et le fait qu'aucune opposition n'avait été soulevée en raison de sa TENDANCE, ont rendu possible une seconde représentation, et comme personne ne semblait s'en soucier d'une manière ou d'une autre, aucune objection n'a été soulevée. Persuadé que mon opéra n'avait fait aucune impression et avait laissé le public complètement indécis quant à ses mérites, j'estimais que, étant donné qu'il s'agissait de la représentation d'adieu de notre compagnie d'opéra, nous aurions de bonnes recettes , pour ne pas dire de grosses recettes. Je n'ai donc pas hésité à facturer l'entrée au prix fort. Je ne peux pas juger avec précision si, jusqu'au début de l'ouverture, quelqu'un avait pris place dans la salle ; mais environ un quart d'heure avant l'heure fixée pour le début, je ne vis que Mme. Gottschalk et son mari et, curieusement, un juif polonais en grande tenue, assis dans les stalles. Malgré cela, j'espérais encore une augmentation du public, quand soudain une agitation des plus incroyables s'est produite dans les coulisses. Herr Pollert, le mari de ma prima donna (qui jouait Isabelle), s'en prenait à Schreiber, le deuxième ténor, un très jeune et bel homme prenant le rôle de Claudio, et contre lequel le mari blessé avait depuis quelque temps un secret. rancune née de la jalousie. Il semblait que le mari de la chanteuse, qui avait inspecté avec moi le théâtre depuis les coulisses, s'était assuré du style du public et avait décidé que l'heure tant désirée était proche où, sans nuire à l'entreprise lyrique, , il pourrait se venger de l'amant de sa femme. Claudio fut si durement malmené par lui que le malheureux dut se réfugier dans le vestiaire, le visage couvert de sang. Isabella en fut informée et se précipita désespérément vers son époux enragé, pour être si violemment menottée par lui qu'elle entra dans des convulsions. La confusion qui s'ensuivit dans la compagnie ne connut bientôt plus de limites : ils prirent parti dans la querelle, et il ne manquait pas grand-chose pour qu'elle se transforme en bagarre générale, car tout le monde semblait considérer cette malheureuse soirée comme particulièrement propice au paiement de n'importe quel ancien. scores et prétendues insultes. Il était clair que les époux, qui souffraient des effets du ressentiment conjugal de Herr Pollert, n'étaient pas aptes à comparaître ce soir-là. Le régisseur a été envoyé avant la scène de dépôt pour informer le petit public étrangement varié rassemblé dans le théâtre que, en raison de circonstances imprévues, la représentation n'aurait pas lieu.

C'était la fin de ma carrière de metteur en scène et de compositeur à Magdebourg, qui semblait au début si pleine de promesses et qui avait été commencée au prix de sacrifices considérables. La sérénité de l'art cède désormais complètement devant les dures réalités de la vie. Ma position donnait matière à méditation et les perspectives n'étaient pas réjouissantes. Tous les espoirs que Minna et moi avions fondés sur le succès de mon travail avaient été complètement détruits. Mes créanciers, apaisés par l'anticipation de la récolte attendue, perdirent confiance en mes talents, et comptèrent désormais uniquement sur ma possession corporelle, ce qu'ils s'efforcèrent d'obtenir en engageant promptement des poursuites judiciaires. Maintenant que chaque fois que je rentrais chez moi, je trouvais une convocation clouée sur ma porte, ma petite demeure du Breiter Weg devenait insupportable ; J'évitais d'y aller, d'autant plus que mon caniche brun, qui animait jusqu'alors cette retraite, avait disparu sans laisser de trace. Je considérais cela comme un mauvais signe, indiquant ma chute totale.

À cette époque, Minna, avec son assurance et sa fermeté vraiment réconfortantes, était pour moi une tour de force et la seule chose sur laquelle m'appuyer. Toujours pleine de ressources, elle avait d'abord pourvu à son propre avenir, et était sur le point de signer un contrat non défavorable avec les directeurs du théâtre de Königsberg en Prusse. Il s'agissait maintenant de me trouver un rendez-vous au même endroit que chef d'orchestre ; ce poste était déjà pourvu. Cependant, le directeur de Königsberg, déduisant de notre correspondance que l'acceptation de l'engagement par Minna dépendait de la possibilité que je sois engagé au même théâtre, a laissé entrevoir la perspective d'un poste bientôt vacant et a exprimé sa volonté de permettre que ce poste soit pourvu par moi. Fort de cette assurance, il fut décidé que Minna se rendrait à Königsberg et préparerait mon arrivée là-bas.

Avant que ces plans puissent être exécutés, nous devions encore passer une période d'anxiété terrible et aiguë, que je n'oublierai jamais, entre les murs de Magdebourg. Il est vrai que j'ai fait une nouvelle tentative personnelle à Leipzig pour améliorer ma situation, et à cette occasion j'ai conclu les transactions mentionnées ci-dessus avec le directeur du théâtre au sujet de mon nouvel opéra. Mais je compris vite qu'il n'était pas question pour moi de rester dans ma ville natale, et dans la proximité inquiétante de ma famille, dont je désirais ardemment m'éloigner. Mon excitabilité et ma dépression ont été remarquées par mes proches. Ma mère m'a supplié, quoi que je décide de faire, de ne surtout pas me laisser entraîner au mariage si jeune encore. A cela je ne répondis pas. Quand je pris congé, Rosalie m'accompagna jusqu'au haut des escaliers. Je parlai de revenir dès que j'aurais réglé certaines affaires importantes, et je voulais lui souhaiter rapidement au revoir : elle me saisit la main et, me regardant en face, s'écria : « Dieu seul sait quand je vous reverrai. ! » Cela m'a touché au cœur et j'ai eu un sentiment de conscience. Qu'elle exprimait le pressentiment qu'elle éprouvait de sa mort prématurée, je ne m'en rendis compte que lorsque, à peine deux ans plus tard, sans l'avoir revue, j'appris qu'elle était décédée très subitement.

Je passai encore quelques semaines avec Minna dans la retraite la plus stricte de Magdebourg : elle s'efforça de son mieux de soulager l'embarras de ma situation. En vue de notre séparation prochaine et de la durée de notre séparation, je ne la quittais guère, notre seule détente étant les promenades que nous faisions ensemble aux alentours de la ville. Des pressentiments anxieux pesaient sur nous ; le soleil de mai, qui illuminait les tristes rues de

Magdebourg, comme pour se moquer de notre triste condition, fut un jour plus obscurci que je ne l'ai jamais vu depuis, et me remplit d'une crainte positive. En revenant d'une de ces promenades, alors que nous nous approchions du pont qui traverse l'Elbe, nous avons aperçu un homme se jetant dans l'eau en contrebas. Nous avons couru jusqu'à la rive, appelé au secours et persuadé un meunier, dont le moulin était situé sur la rivière, de tendre un râteau au noyé, qui était entraîné dans sa direction par le courant. Avec une anxiété indescriptible, nous attendions le moment décisif : nous vîmes l'homme en train de couler tendre les mains vers le râteau, mais il ne parvint pas à le saisir et, au même instant, disparut sous le moulin, pour ne plus jamais être revu. Le matin où j'accompagnais Minna à la diligence pour lui faire les plus tristes adieux, toute la population se précipitait d'une des portes de la ville vers un grand champ, pour assister à l'exécution d'un homme condamné à la peine de mort. la mort sur la roue « d'en bas ». [7] Le coupable était un militaire qui avait assassiné sa bien-aimée dans un accès de jalousie. Lorsque, plus tard dans la journée, je me mis à table pour mon dernier dîner à l'auberge, j'entendis discuter de tous côtés les terribles détails du mode d'exécution prussien. Un jeune magistrat, grand amateur de musique, nous raconta une conversation qu'il avait eue avec le bourreau qu'on avait procuré à Halle, et avec qui il avait discuté du moyen le plus humain pour hâter la mort de la victime ; en nous parlant de lui, il rappelait avec un frisson la tenue élégante et les manières de ce personnage de mauvais augure.

[7] *Par Rod van unten* . La punition de la roue était généralement infligée aux meurtriers, aux incendiaires, aux bandits de grands chemins et aux voleurs d'églises. Il y avait deux méthodes pour infliger cela : (1) « de haut en bas » (*von oben nach unten*), dans laquelle le condamné était expédié immédiatement car son cou avait été brisé dès le début ; et (2) « de bas en haut » (*von unten nach oben*), qui est la méthode mentionnée ci-dessus, et dans laquelle tous les membres de la victime étaient brisés avant que son corps ne soit réellement tordu par les rayons de la roue. Éditeur

Ce sont les dernières impressions que j'ai emportées de la scène de mes premiers efforts artistiques et de mes tentatives pour gagner ma vie de manière indépendante. Souvent, depuis lors, en quittant les lieux où j'espérais trouver la prospérité et où je savais que je ne retournerais jamais, ces impressions me sont revenues à l'esprit avec une singulière persistance. J'ai toujours éprouvé à peu près les mêmes sentiments en quittant l'endroit où j'avais séjourné dans l'espoir d'améliorer ma situation.

C'est ainsi que je suis arrivé à Berlin pour la première fois le 18 mai 1836 et que j'ai fait connaissance avec les particularités de cette prétentieuse capitale royale. Alors que ma situation était incertaine, j'ai cherché un modeste refuge chez le prince héritier dans la Königstrasse, où Minna avait séjourné quelques mois auparavant. J'ai trouvé un ami sur lequel je pouvais compter lorsque j'ai retrouvé Laube qui, en attendant son verdict, s'occupait d'un travail privé et littéraire à Berlin. Il s'intéressa beaucoup au sort de mon œuvre Liebesverbot et me conseilla de mettre à profit ma situation actuelle pour obtenir la représentation de cet opéra au théâtre de Königstadt. Ce théâtre était sous la direction d'un des êtres les plus curieux de Berlin : il s'appelait Cerf, et le titre de Commissionsrath lui avait été conféré par le roi de Prusse. Pour expliquer les faveurs que lui accordait la royauté, on circulait bien des raisons peu édifiantes. Grâce à ce patronage royal, il avait réussi à étendre considérablement les privilèges dont jouissait déjà le théâtre de banlieue. Le déclin du grand opéra au Théâtre Royal avait amené l'opéra léger, joué avec un grand succès au Théâtre de Königstadt, à la faveur du public. Le metteur en scène, enflé de succès, travaillait ouvertement dans l'illusion qu'il était l'homme qu'il fallait à la bonne place, et exprimait son entier accord avec ceux qui déclaraient qu'on ne pouvait s'attendre à ce qu'un théâtre soit dirigé avec succès que par des hommes ordinaires et sans instruction. , et a continué à s'accrocher à son état d'ignorance bienheureux et sans limites de la manière la plus amusante. S'appuyant entièrement sur sa propre perspicacité, il avait adopté une attitude entièrement dictatoriale à l'égard des artistes officiellement désignés de son théâtre et s'était permis de traiter avec eux selon ses goûts et ses aversions. Je semblais destiné à être favorisé par ce mode de procédure : dès ma première visite, Cerf s'est montré satisfait de moi, mais a souhaité m'utiliser comme « ténor ». Il n'a présenté aucune objection à ma demande de production de mon opéra, mais a au contraire promis de le faire monter immédiatement. Il semblait particulièrement désireux de me nommer chef d'orchestre. Comme il était sur le point de changer de troupe d'opéra, il prévoyait que son chef actuel, Glaser, le compositeur d'Adlershorst, gênerait ses projets en prenant le parti des chanteurs plus âgés : il tenait donc à m'associer à son théâtre. , afin qu'il puisse avoir pour le soutenir quelqu'un qui serait favorablement disposé envers les nouveaux chanteurs.

Tout cela paraissait si plausible qu'on ne pouvait guère me reprocher de croire que la roue de la fortune avait pris une tournure favorable pour moi, et d'éprouver un sentiment de légèreté à la pensée de perspectives aussi roses. A peine m'étais-je permis les quelques modifications dans ma manière de vivre que ces circonstances meilleures semblaient justifier, qu'il m'apparut clairement que mes espérances étaient bâties sur du sable. J'étais rempli d'effroi lorsque je réalisai bientôt à quel point Cerf avait failli me frauder, simplement, semble-t-il, pour son propre amusement. A la manière des despotes, il avait accordé ses faveurs personnellement et autocratiquement ; Cependant, il me fit connaître le retrait et l'annulation de ses promesses par l'intermédiaire de ses domestiques et de ses secrétaires, plaçant ainsi son étrange conduite à mon égard à la lumière du résultat inévitable de sa dépendance à l'égard de l'administration.

Comme Cerf voulait se débarrasser de moi sans même m'offrir de compensation, j'ai été obligé d'essayer de m'entendre sur tout ce qui avait été définitivement arrangé entre nous, et cela avec les personnes mêmes contre lesquelles il m'avait préalablement mis en garde et avait voulu je me range à son côté. Le chef d'orchestre, le régisseur, le secrétaire, etc., devaient me faire comprendre que mes souhaits ne pouvaient être satisfaits et que le metteur en scène ne me devait aucune compensation pour le temps qu'il m'avait fait perdre en attendant l'accomplissement de ses promesses. . Cette expérience désagréable est depuis lors une source de douleur pour moi.

À cause de tout cela, ma situation était bien pire qu'avant. Minna m'écrivait fréquemment de Königsberg, mais elle n'avait rien d'encourageant à me dire quant à mes espoirs dans cette direction. Le directeur du théâtre semblait incapable de s'entendre clairement avec son chef d'orchestre, circonstance que j'ai pu comprendre par la suite, mais qui à l'époque me paraissait inexplicable et faisait paraître extrêmement lointaine mes chances d'obtenir la nomination tant convoitée. . Il semblait pourtant certain que le poste serait vacant à l'automne, et comme j'errais sans but à Berlin et que je refusais un instant d'envisager l'idée de retourner à Leipzig, j'ai saisi ce faible espoir, et en imagination s'est envolé au-dessus des sables mouvants de Berlin jusqu'à la sécurité du port de la Baltique.

Mais je n'y suis parvenu qu'après avoir lutté contre des conflits intérieurs difficiles et sérieux auxquels mes relations avec Minna donnaient lieu. Un trait incompréhensible dans le caractère de cette femme apparemment simple d'esprit avait bouleversé mon jeune cœur. Un commerçant aisé et bon enfant, d'origine juive, nommé Schwabe, qui jusqu'alors était établi à Magdebourg, me fit des avances amicales à Berlin, et je découvris bientôt que sa sympathie était principalement due à l'intérêt passionné qu'il avait conçu pour Minna. Il m'est ensuite apparu clairement qu'il existait entre cet homme et Minna une intimité qui, en elle-même, ne pouvait guère être considérée comme un abus de foi à mon égard, puisqu'elle s'était soldée par un rejet résolu des coures de mon rival en ma faveur. Mais le fait que cet épisode était resté si secret que je n'en avais pas eu la moindre idée auparavant, et aussi le soupçon que je ne pouvais m'empêcher de nourrir que la situation confortable de Minna était en partie due à l'amitié de cet homme, me remplissaient de sombres appréhensions. . Mais comme je l'ai dit, même si je ne trouvais aucune raison réelle de me plaindre d'infidélité, j'étais distrait et alarmé, et je fus finalement poussé à la résolution à moitié désespérée de retrouver mon équilibre à cet égard en obtenant la possession complète de Minna. Il me semblait que ma stabilité comme citoyenne ainsi que ma réussite professionnelle seraient assurées par une union reconnue avec

Minna. Les deux années passées dans le monde du théâtre m'avaient, en effet, maintenu dans un état de distraction constant, dont j'avais au plus profond de moi la plus douloureuse conscience. Je réalisai vaguement que j'étais sur la mauvaise voie ; J'aspirais à la paix et à la tranquillité, et j'espérais les trouver le plus efficacement possible en me mariant et en mettant ainsi un terme à l'état de choses qui était devenu pour moi la source de tant d'inquiétude.

Il n'était pas surprenant que Laube ait remarqué, à mon apparence négligée, passionnée et épuisée, que quelque chose d'inhabituel n'allait pas chez moi. Ce n'est qu'en sa compagnie, que j'ai toujours trouvée réconfortante, que j'ai acquis les seules impressions de Berlin qui m'ont en quelque sorte compensé mes malheurs. L'expérience artistique la plus importante que j'ai vécue m'est venue à travers la performance de Ferdinand Cortez, dirigée par Spontini lui-même, dont l'esprit m'a étonné plus que tout ce que j'avais jamais entendu auparavant. Même si la production elle-même, notamment en ce qui concerne les personnages principaux, qui dans leur ensemble ne pouvaient pas être considérés comme appartenant à la fleur de l'opéra berlinois, m'a laissé de marbre, et bien que l'effet n'ait jamais atteint un point qui puisse être comparé, même de loin, à celui produit sur moi par Schroder-Devrient, mais la précision exceptionnelle, le feu et le rendu richement organisé de l' ensemble étaient nouveaux pour moi. J'ai acquis un nouvel aperçu de la dignité particulière des grandes représentations théâtrales, qui, dans leurs diverses parties, pouvaient, grâce à un rythme bien accentué, être amenées à atteindre le plus haut sommet de l'art. Cette impression extraordinairement nette m'a fortement saisi, et m'a surtout servi à guider dans ma conception de Rienzi, si bien que, d'un point de vue artistique, on peut dire que Berlin a laissé ses traces sur mon évolution.

Pour le moment, cependant, ma principale préoccupation était de me sortir de ma situation extrêmement impuissante. J'étais résolu à me diriger vers Königsberg, et je communiquai ma décision et les espérances fondées sur elle à Laube. Cet excellent ami, sans autre enquête, s'est fait un devoir d'exercer ses énergies pour me libérer de mon état actuel de désespoir et pour m'aider à atteindre ma prochaine destination, objectif auquel, grâce à l'aide de plusieurs de ses amis, il a réussi. en accomplissant. Lorsqu'il m'a dit au revoir, Laube, avec une prévoyance sympathique, m'a mis en garde, si je réussissais dans la carrière de chef d'orchestre que je souhaitais, de ne pas me laisser entraîner dans la superficialité de la vie scénique et m'a conseillé, après des répétitions fatigantes, de d'aller chez ma bien-aimée, pour prendre un livre sérieux en main, afin que mes plus grands dons ne restent pas incultes. Je ne lui ai pas dit qu'en faisant un pas précoce et décisif dans cette direction, j'entendais me protéger efficacement contre les dangers des intrigues théâtrales. Le 7 juillet, je me mis donc en route pour ce qui était alors un voyage extrêmement pénible et fatigant vers la ville lointaine de Königsberg.

Il me semblait que je quittais le monde, alors que je voyageais jour après jour à travers les marches du désert. Puis vint une impression triste et humiliante de Königsberg, où, dans un des faubourgs les plus pauvres, Tragheim, près du théâtre, et dans une ruelle comme on s'attend à en trouver dans un village, je trouvai la vilaine maison dans laquelle Minna déposé. Cependant, la gentillesse amicale et tranquille qui lui était particulière me fit bientôt sentir chez moi. Elle était populaire au théâtre et respectée des directeurs et des acteurs, ce qui semblait de bon augure pour son fiancé, le rôle que j'allais désormais assumer ouvertement.

Même s'il ne semblait pas encore possible que j'obtienne le rendez-vous pour lequel j'étais venu, nous avons convenu que je pourrais tenir encore un peu et que l'affaire finirait certainement par s'arranger. C'était aussi l'opinion de l'excentrique Abraham Möller, digne citoyen de Königsberg, dévoué au théâtre et qui s'intéressait très amicalement à Minna, et enfin aussi à moi. Cet homme, déjà très avancé dans la vie, appartenait à ce type d'amateurs de théâtre, probablement aujourd'hui complètement disparus en Allemagne, mais dont l' histoire des acteurs d'autrefois a tant de choses à raconter. On ne pouvait pas passer une heure en compagnie de cet homme qui s'était jadis livré aux spéculations les plus téméraires, sans avoir à écouter son récit de la gloire de la scène d' autrefois, décrit dans les termes les plus vivants. En tant qu'homme aisé, il avait autrefois fait la connaissance de presque tous les grands acteurs et actrices de son temps, et avait même su gagner leur amitié. Par trop de libéralité, il se trouva malheureusement dans une situation réduite, et fut désormais obligé de se procurer les moyens de satisfaire son besoin de théâtre et son désir de protéger ceux qui en appartenaient, en se livrant à toutes sortes d'étranges transactions commerciales, dans lesquelles, sans courir de risque réel, il sentait qu'il y avait quelque chose à gagner. Il ne put donc apporter au théâtre qu'un bien maigre soutien, mais tout à fait conforme à son état de décrépit.

Cet homme étrange, dont le directeur du théâtre Anton Hubsch était dans une certaine mesure impressionné, s'est chargé de me procurer ma nomination. La seule circonstance contre moi était le fait que Louis Schubert, le célèbre musicien que j'avais connu très tôt comme premier violoncelliste de l'orchestre de Magdebourg, était venu de Riga, où le théâtre avait été fermé pendant un certain temps, à Königsberg, et où il avait quitté sa femme pour occuper ici le poste de chef d'orchestre jusqu'à ce que le nouveau théâtre de Riga soit ouvert et qu'il puisse revenir. La réouverture du théâtre de Riga, déjà fixée à Pâques cette année, avait été reportée et il tenait désormais à ne pas quitter Königsberg. Puisque Schubert maîtrisait parfaitement son art et que son choix de rester ou de partir dépendait entièrement de circonstances sur lesquelles il n'avait aucun contrôle, le directeur du théâtre se trouvait dans la position embarrassante de devoir trouver quelqu'un qui serait prêt à attendre. d'entrer en fonction jusqu'à ce que les affaires de Schubert l'appellent. C'est pourquoi un jeune chef d'orchestre désireux de rester à Königsberg à tout prix ne pouvait qu'être chaleureusement accueilli comme réserve et remplaçant en cas d'urgence. En effet, le directeur s'est déclaré disposé à me verser une petite somme d'honoraires jusqu'à ce que le moment soit venu de mon entrée définitive dans mes fonctions.

Schubert, au contraire, était furieux de mon arrivée ; son retour rapide à Riga n'était plus nécessaire, puisque la réouverture du théâtre y avait été reportée sine die. De plus, il avait un intérêt particulier à rester à Königsberg, car il y avait conçu une passion pour la prima donna, ce qui atténuait considérablement son désir de retourner auprès de sa femme. C'est pourquoi, au dernier moment, il s'accrocha avec beaucoup d'empressement à son poste de Königsberg, me considéra comme son ennemi mortel et, poussé par son instinct de conservation, utilisa tous les moyens en son pouvoir pour que mon séjour à Königsberg, et le déjà position pénible que j'occupais en attendant son départ, un véritable enfer pour moi.

Alors qu'à Magdebourg j'avais été dans les relations les plus amicales avec les musiciens et les chanteurs et que j'avais reçu la plus grande considération du public, je me suis trouvé ici obligé de me défendre de toutes parts contre la mauvaise volonté la plus mortifiante. Cette hostilité à mon égard, qui se manifesta bientôt, contribua dans une large mesure à me donner l'impression qu'en venant à Königsberg je m'étais exilé. Malgré mon empressement, je réalisais que, dans ces circonstances, mon mariage avec Minna s'avérerait une entreprise hasardeuse. Au début du mois d'août, la compagnie s'est rendue un temps à Memel pour y ouvrir la saison d'été, et j'ai suivi Minna quelques jours plus tard. Nous avons fait la majeure partie du chemin par mer et avons traversé le Kurische Haff sur un voilier par mauvais temps et le vent contre nous : une des traversées les plus mélancoliques que j'aie jamais faites. Alors que nous passions devant la mince bande de sable qui sépare cette baie de la mer Baltique, on me montra le château de Runsitten, où Hoffmann mettait en scène l'un de ses contes les plus horribles (Das Majorat). Le fait que, dans ce quartier désolé, entre tous les endroits du monde, je sois, après un si long laps de temps, de nouveau mis en contact avec les impressions fantastiques de ma jeunesse, produisit sur mon esprit un effet singulier et déprimant. Le malheureux séjour à Memel, le rôle lamentable que j'y jouai, tout enfin contribua à me faire trouver ma seule consolation dans Minna, qui, après tout, était la cause de ma mise dans cette position désagréable. Notre ami Abraham nous a suivis depuis Königsberg et a fait toutes sortes de choses étranges pour promouvoir mes intérêts, et il était visiblement soucieux de mettre en désaccord le metteur en scène et le chef d'orchestre. Un jour, Schubert, à la suite d'une dispute avec Hubsch la nuit précédente, se déclara effectivement trop malade pour assister à une répétition d'Euryanthe, afin de forcer le directeur à me convoquer brusquement pour le remplacer. Ce faisant, mon rival espérait malicieusement que, n'étant absolument pas préparé à diriger cet opéra difficile et rarement joué, j'exposerais mon incapacité d'une manière très bienvenue à ses intentions hostiles. Quoique je n'eusse jamais vraiment eu une partition d'Euryanthe devant moi, son désir fut si peu satisfait, qu'il choisit de se rétablir pour la représentation afin de la diriger lui-même, ce qu'il n'aurait pas fait s'il avait été jugé nécessaire d'annuler. la performance en raison de mon incompétence. Dans cette position misérable, contrarié d'esprit, exposé au climat rigoureux qui, même les soirs d'été, me paraissait horriblement froid, et occupé simplement à conjurer les ennuis les plus pénibles de la vie, mon temps, en ce qui concerne tout avancement professionnel, était , était complètement perdu. Enfin, à notre retour à Königsberg, et particulièrement sous la tutelle de Möller, la question de savoir ce qu'il fallait faire fut examinée avec plus de sérieux. Finalement, Minna et moi nous sommes vu proposer un assez bon engagement à Dantzig, grâce à l'influence de mon beau-frère Wolfram et de sa femme, qui y étaient allés.

Möller profita de cette occasion pour inciter le metteur en scène Hubsch, soucieux de ne pas perdre Minna, à signer un contrat nous incluant tous les deux et par lequel il était entendu qu'en aucun cas je serais officiellement nommé chef d'orchestre de son théâtre à partir du mois suivant. Pâques. De plus, pour notre mariage, une représentation-bénéfice était promise, pour laquelle nous avons choisi Die Stumme von Portici, que je dirigerais en personne. Car, comme le faisait remarquer Möller, il était absolument nécessaire que nous nous mariions et que nous célébrions cet événement comme il se doit ; il n'y avait aucun moyen d'en sortir. Minna ne fit aucune objection, et tous mes efforts et résolutions passés semblaient prouver que mon seul désir était de jeter l'ancre dans le havre du mariage. Malgré cela, un étrange conflit se déroulait en moi à ce moment-là. J'étais devenu suffisamment intime avec la vie et le caractère de Minna pour me rendre compte de la grande différence entre nos deux natures aussi pleinement que l'exigeait le pas important que j'allais franchir ; mais mes facultés de jugement n'étaient pas encore suffisamment mûres.

Ma future épouse était l'enfant de parents pauvres, originaires d'Oederan dans l'Erzgebirge en Saxe. Son père n'était pas un homme ordinaire ; il possédait une énorme vitalité, mais dans sa vieillesse montrait des traces d'une certaine faiblesse d'esprit. Dans sa jeunesse, il avait été trompettiste en Saxe et, à ce titre, avait pris part à une campagne contre les Français et avait également été présent à la bataille de Wagram. Il devint ensuite mécanicien et se lança dans le métier de fabrication de cartes pour carder la laine, et comme il inventa une amélioration dans le procédé de leur production, on dit qu'il en fit une très bonne affaire pendant quelque temps. Un riche fabricant de Chemnitz lui confia un jour une grosse commande à livrer à la fin de l'année : les enfants, dont les doigts souples s'étaient déjà révélés utiles à cet égard, durent travailler dur jour et nuit, et en retour le père leur promit un Noël particulièrement joyeux, car il espérait recevoir une grosse somme d'argent. Cependant, lorsque le moment tant attendu est arrivé, il a reçu l'annonce de la faillite de son client. Les marchandises qui avaient déjà été livrées ont été perdues et le matériel qui restait entre ses mains n'avait aucune perspective de vente. La famille ne parvint jamais à se relever de l'état de confusion dans lequel ce malheur l'avait jetée ; ils se rendirent à Dresde, où le père espérait trouver un emploi rémunérateur comme mécanicien qualifié, notamment dans la fabrication de pianos, dont il fournissait des pièces détachées. Il emportait aussi avec lui une grande quantité de fil fin qui était destiné à la fabrication des cartes, et qu'il espérait pouvoir revendre avec profit. Minna, dix ans, fut chargée d'en vendre des lots séparés aux modistes pour la confection de fleurs. Elle partait avec un lourd panier de fil de fer, et avait un tel don pour persuader les gens d'acheter qu'elle disposait bientôt de toute la provision au mieux. A partir de ce moment, le désir s'est éveillé en elle d'être utile à sa famille pauvre et de gagner sa propre vie le plus tôt possible, afin de ne pas être un fardeau pour ses parents. En grandissant et en devenant une femme d'une beauté saisissante, elle a attiré l'attention des hommes dès son plus jeune âge. Un certain Herr von Einsiedel tomba passionnément amoureux d'elle et profita de la jeune fille inexpérimentée lorsqu'elle était par surprise. Sa famille fut plongée dans la plus grande consternation, et seules sa mère et sa sœur aînée purent être informées de la terrible situation dans laquelle se trouvait Minna. Son père, dont la colère pouvait faire craindre les pires conséquences, n'a jamais été informé que sa fille, âgée d'à peine dix-sept ans, était devenue mère et, dans des conditions qui mettaient sa vie en danger, avait donné naissance à une fille. Minna, qui ne pouvait obtenir réparation de la part de son séducteur, se sentit doublement appelée à gagner sa vie et à quitter la maison de son père. Par l'influence d'amis, elle avait été mise en contact avec une société théâtrale amateur : alors qu'elle jouait dans une représentation qui y était donnée, elle s'attira l'attention des membres du Royal Court Theatre, et attira notamment l'attention du directeur du Dessau. Court Theatre, qui était présent, et qui lui proposa aussitôt un engagement. Elle a volontiers saisi cette façon d'échapper à sa situation difficile, car cela lui ouvrait la possibilité d'une brillante carrière sur scène et de pouvoir un jour subvenir amplement aux besoins de sa famille. Elle n'avait pas la moindre passion pour le théâtre, et, tout à fait dénuée de légèreté et de coquetterie, elle ne voyait dans la carrière théâtrale que le moyen de gagner rapidement, et peut-être même richement, sa vie. Sans aucune formation artistique, le théâtre se résume pour elle à la compagnie d'acteurs et d'actrices. Que cela lui plaise ou non ne semblait important à ses yeux que dans la mesure où cela affectait sa réalisation d'une indépendance confortable. Utiliser tous les moyens dont elle dispose pour assurer ce but lui paraissait aussi nécessaire qu'il l'est à un commerçant de mettre en valeur ses marchandises.

Elle considérait comme indispensable l'amitié du directeur, du directeur et des membres favoris du théâtre, tandis que les habitués du théâtre qui, par leurs critiques ou leurs goûts, influençaient le public et avaient donc aussi du poids auprès de la direction, elle reconnaissait comme des êtres. de qui dépendait la réalisation de ses désirs les plus fervents. Ne jamais s'en faire des ennemis lui paraissait si naturel et si nécessaire que, pour maintenir sa popularité, elle était prête à sacrifier jusqu'à son amour-propre. Elle s'était ainsi créée un certain code de comportement particulier, qui d'une part l'incitait à éviter les scandales, mais d'autre part trouvait des excuses même pour se faire remarquer, à condition qu'elle sache elle-même qu'elle ne faisait rien de mal. . De là naissait un mélange d'incohérences dont elle était incapable de saisir le sens douteux. Il lui était évidemment impossible de ne pas perdre tout véritable sens de la délicatesse ; elle montrait cependant un sens de la convenance des choses, qui lui faisait prendre en considération ce qui était considéré comme convenable, sans qu'elle ne comprenne que les simples apparences étaient une moquerie lorsqu'elles ne servaient qu'à masquer l'absence d'un sens réel de la délicatesse. Comme elle était sans idéalisme, elle n'avait aucun sentiment artistique ; elle n'avait pas non plus de talent pour la comédie, et son pouvoir de plaire était entièrement dû à son aspect charmant. Il m'est impossible de dire si, avec le temps, la routine aurait fait d'elle une bonne actrice. L'étrange pouvoir qu'elle a exercé sur moi dès le début n'était nullement dû au fait que je la considérais d'une manière ou d'une autre comme l'incarnation de mon idéal ; au contraire, elle m'attirait par la sobriété et le sérieux de son caractère, qui complétait ce que je sentais manquer au mien, et m'apportait l'appui que, dans mes errances vers l'idéal, je savais m'être nécessaire.

Je m'étais vite habitué à ne jamais trahir mon désir d'idéal devant Minna : ne pouvant m'en expliquer même à moi-même, je me faisais toujours un devoir d'éviter le sujet en le passant sous silence avec un rire et une plaisanterie ; mais, à ce titre, il était d'autant plus naturel pour moi d'éprouver des scrupules que je craignais qu'elle ne possédât réellement les qualités auxquelles j'avais attribué sa supériorité sur moi. Son étrange tolérance à l'égard de certaines familiarités et même des importunités des patrons du théâtre, dirigées même contre sa personne, me blessa considérablement ; et, en lui faisant ce reproche, je fus désespéré de la voir prendre une expression offensée, comme si je l'avais insultée. C'est tout à fait par hasard que je tombai sur les lettres de Schwabe, et que j'eus ainsi un aperçu étonnant de son intimité avec cet homme, dont elle m'avait laissé dans l'ignorance, et me permit d'acquérir mes premières connaissances lors de mon séjour à Berlin.

Toute ma jalousie latente, tous mes doutes les plus intimes concernant le caractère de Minna se manifestèrent dans ma soudaine détermination à quitter la jeune fille sur-le-champ. Il y a eu entre nous une scène de violence, typique de toutes nos altercations ultérieures. J'étais visiblement allé trop loin en traitant une femme qui n'était pas passionnément amoureuse de moi, comme si j'avais un réel droit sur elle ; car, après tout, elle n'avait fait que céder à mon importunité et ne m'appartenait en rien. Pour ajouter à ma perplexité, Minna n'avait qu'à me rappeler que, d'un point de vue mondain, elle avait refusé de très bonnes offres pour céder à l'impétuosité d'un jeune homme sans le sou, dont le talent n'avait pas encore été réellement mis à l'épreuve. , et à qui elle avait pourtant témoigné de la sympathie et de la bienveillance.

Ce qu'elle pouvait le moins me pardonner, c'était la véhémence rageuse avec laquelle je parlais, et par laquelle elle se sentait si insultée, qu'en réalisant à quels excès j'étais allé, je ne pouvais rien faire d'autre que d'essayer de l'apaiser en m'appropriant dans le tort et lui implorant pardon. Telle fut, extérieurement, la fin de cette scène et de toutes les scènes ultérieures ; du moins, toujours à son avantage. Mais la paix fut à jamais ébranlée, et par la répétition fréquente de telles querelles, le caractère de Minna subit un changement considérable. De même que plus tard elle devint perplexe devant ce qu'elle considérait comme ma conception incompréhensible de l'art et de ses proportions, qui bouleversait ses idées sur tout ce qui s'y rapportait, de même maintenant elle devint de plus en plus confuse devant ma plus grande délicatesse à l'égard de la morale, qui était très différente de la sienne, d'autant plus qu'à bien d'autres égards je faisais preuve d'une liberté d'opinion qu'elle ne pouvait ni comprendre ni approuver.

Un sentiment de ressentiment passionné s'éveilla donc dans son caractère par ailleurs tranquille. Il n'est pas surprenant que ce ressentiment s'accentue au fil des années et se manifeste d'une manière caractéristique d'une jeune fille issue de la petite bourgeoisie, chez qui un simple raffinement superficiel a remplacé toute véritable culture. Le véritable tourment de notre vie commune ultérieure résidait dans le fait que, à cause de sa violence, j'avais perdu le dernier soutien que j'avais jusqu'alors trouvé dans son caractère exceptionnellement doux. À cette époque, je n'avais qu'un vague pressentiment de la mesure fatidique que j'allais prendre en l'épousant. Ses qualités agréables et apaisantes avaient encore sur moi un effet si bienfaisant, qu'avec la frivolité qui me était naturelle, ainsi que l'obstination avec laquelle je rencontrais toute opposition, je fis taire la voix intérieure qui présageait sombrement un désastre.

Depuis mon voyage à Königsberg, j'avais rompu toute communication avec ma famille, c'est-à-dire avec ma mère et Rosalie, et je ne parlais à personne de la démarche que j'avais décidé de faire. Sous la direction audacieuse de mon vieil ami Möller, j'ai surmonté toutes les difficultés juridiques qui faisaient obstacle à notre union. D'après la loi prussienne, un homme majeur n'a plus besoin du consentement de ses parents pour se marier : mais comme, d'après cette même disposition, je n'étais pas encore majeur, j'ai eu recours à la loi de Saxe, à laquelle pays auquel j'appartenais par ma naissance et selon les règlements duquel j'avais déjà atteint ma majorité à l'âge de vingt et un ans. Nos bans devaient être publiés à l'endroit où nous résidions depuis un an, et cette formalité s'accomplit à Magdebourg sans qu'aucune autre objection ne soit soulevée. Les parents de Minna ayant donné leur accord, il ne restait plus qu'à nous rendre ensemble, pour que tout soit en ordre, chez le curé de la paroisse de Tragheim. Cela s'est avéré une visite assez étrange. Elle eut lieu la matinée précédant la représentation qui nous était donnée, et dans laquelle Minna avait choisi le rôle pantomime de Fenella ; son costume n'était pas encore prêt et il restait encore beaucoup à faire. Le temps pluvieux et froid de novembre nous a mis de mauvaise humeur lorsque, pour ajouter à notre dépit, nous avons été retenus debout dans le hall du presbytère pendant un temps déraisonnable. Alors une altercation s'éleva entre nous, qui amena bientôt des vitupérations si amères, que nous étions sur le point de nous séparer et de partir chacun de notre côté, lorsque le pasteur ouvrit la porte. Non peu gêné de nous avoir surpris en train de nous disputer, il nous fit entrer. Il fallut pourtant faire bonne figure ; et l'absurdité de la situation a tellement chatouillé notre sens de l'humour que nous avons ri ; le curé fut apaisé, et le mariage fut fixé au lendemain à onze heures du matin.

Une autre source d'irritation féconde, qui conduisait souvent à l'éclatement de violentes querelles entre nous, était l'aménagement de notre future maison, dans le confort intérieur et la beauté de laquelle j'espérais trouver une garantie de bonheur. Les idées économiques de ma fiancée me remplissaient d'impatience. J'étais déterminé à ce que l'inauguration d'une série d'années prospères que je voyais devant moi devait être célébrée par un foyer tout aussi confortable. Les meubles, les ustensiles de ménage et tout le nécessaire étaient obtenus à crédit et payés par acomptes. Il n'était bien sûr pas question de dot, de tenue de mariage ou de tout ce qui est généralement considéré comme indispensable à un établissement bien fondé. Nos témoins et invités étaient issus de la troupe d'acteurs réunis par hasard lors de leurs fiançailles au théâtre de Königsberg. Mon ami Möller nous a fait cadeau d'un sucrier en argent, complété par un panier à gâteaux en argent d'un autre ami de scène, un jeune homme particulier et, autant que je me souvienne, plutôt intéressant, nommé Ernst Castell. La représentation-bénéfice des Die Stumme von Portici, que j'ai dirigée avec beaucoup d'enthousiasme, s'est bien déroulée et nous a rapporté une somme aussi importante que nous l'avions espéré. Après avoir passé le reste de la journée précédant notre mariage très tranquillement, comme nous étions fatigués au retour du théâtre, je m'installai pour la première fois dans notre nouvelle maison. Ne voulant pas utiliser le lit nuptial, décoré pour la circonstance, je m'allongeai sur un canapé dur, sans même une couverture suffisante, et me figeai vaillamment en attendant le bonheur du lendemain. J'ai été agréablement excité le lendemain matin par l'arrivée des affaires de Minna, emballées dans des cartons et des paniers. Le temps aussi s'était tout à fait éclairci et le soleil brillait brillamment ; seul notre salon refusait d'être bien chauffé, ce qui m'attira pendant quelque temps les reproches de Minna pour ma prétendue négligence de ne pas avoir veillé au chauffage. Enfin, je m'habillai de mon nouveau costume, une redingote bleu foncé à boutons dorés. La voiture arriva et je partis chercher ma fiancée. Le ciel clair nous avait tous mis de bonne humeur, et dans la meilleure humeur j'ai rencontré Minna, qui était vêtue d'une magnifique robe choisie par moi. Elle m'a accueilli avec une cordialité sincère et un plaisir qui brillait dans ses yeux ; et prenant le beau temps comme un bon présage, nous partîmes pour ce qui nous paraissait maintenant un mariage des plus joyeux. Nous avions la satisfaction de voir l'église aussi bondée que si on y donnait une brillante représentation théâtrale ; il était bien difficile de se rendre à l'autel, où un groupe non moins mondain que les autres, composé de nos témoins, vêtus de tous leurs atours théâtraux, était rassemblé pour nous recevoir. Il n'y avait pas un seul véritable ami parmi tous ceux présents, car même notre étrange vieil ami Möller était absent, car aucun partenaire convenable n'avait été trouvé pour lui. Je ne fus pas un seul instant insensible à la frivolité glaciale de l'assistance, qui semblait donner son ton à toute la cérémonie. J'écoutais comme dans un rêve le discours nuptial du curé, qui, m'a-t-on dit plus tard, avait contribué à produire l'esprit de bigoterie qui régnait alors si à Königsberg et qui exerçait une influence si inquiétante. sur sa population.

Quelques jours plus tard, on m'apprit qu'une rumeur s'était répandue dans la ville selon laquelle j'avais intenté une action contre le curé pour de grossières insultes contenues dans son sermon ; Je ne comprenais pas bien ce que cela voulait dire, mais je supposais que cette nouvelle exagérée provenait d'un passage de son discours que, dans mon enthousiasme, j'avais mal compris. Le prédicateur, en parlant des jours sombres dont nous devions attendre notre part, nous invita à nous tourner vers un ami inconnu, et je levai un regard interrogateur pour obtenir de plus amples détails sur ce mystérieux et influent patron qui choisit une manière si étrange de se faire connaître. . Avec reproche et avec une insistance particulière, le pasteur prononça alors le nom de cet ami inconnu : Jésus. Or, je n'en étais en aucune façon insulté, comme on l'imaginait, mais j'étais simplement déçu ; en même temps, je pensais que de telles exhortations étaient probablement habituelles dans les discours nuptiaux.

Mais, dans l'ensemble, j'étais si distrait pendant cette cérémonie, qui était pour moi doublement hollandaise, que lorsque le curé nous tendit le livre de prières fermé pour que nous y placions nos alliances, Minna dut me pousser de force pour que je puisse y déposer mes alliances. fais-moi suivre son exemple.

A ce moment, je vis, aussi clairement que dans une vision, tout mon être divisé en deux courants croisés qui m'entraînaient dans des directions différentes ; celui du haut faisait face au soleil et me transportait comme un rêveur, tandis que celui du bas tenait ma nature captive, en proie à quelque peur inexplicable. L'extraordinaire légèreté avec laquelle je chassais la conviction qui ne cessait de s'imposer en moi, que je commettais un double péché, s'expliquait amplement par l'affection vraiment réelle avec laquelle je regardais la jeune fille dont le caractère vraiment exceptionnel (si rare dans le milieu dans lequel elle avait été placée) l'a amenée ainsi à se lier à un jeune homme sans aucun moyen de soutien. Il était onze heures du matin, le 24 novembre 1836, et j'avais vingt-trois ans et demi.

Sur le chemin du retour de l'église et après, ma bonne humeur a surpassé tous mes doutes.

Minna prit aussitôt sur elle le devoir de recevoir et de divertir ses invités. La table était dressée et un riche festin, auquel participa également Abraham Möller, l'énergique promoteur de notre mariage, bien qu'il ait été plutôt contrarié par son exclusion de la cérémonie religieuse, compensait la froideur de la pièce. qui a longtemps refusé de se réchauffer, au grand désarroi de la jeune hôtesse.

Tout s'est déroulé comme d'habitude, sans incident. Je restai néanmoins de bonne humeur jusqu'au lendemain matin, où je dus me présenter au tribunal d'instance pour répondre aux demandes de mes créanciers, qui m'avaient été transmises de Magdebourg à Königsbourg .

Mon ami Möller, que j'avais retenu pour ma défense, m'avait sottement conseillé de répondre aux exigences de mes créanciers en plaidant mon enfance selon le droit prussien, du moins jusqu'à ce qu'une aide réelle pour le règlement des créances puisse être obtenue.

Le magistrat, à qui j'ai adressé ce plaidoyer comme on m'en avait avisé, s'est étonné, étant probablement au courant de mon mariage de la veille, qui n'avait pu avoir lieu que sur production d'un justificatif de ma majorité. Je n'obtins naturellement qu'un bref répit par cette manœuvre, et les troubles qui m'assaillirent longtemps après eurent leur origine le premier jour de mon mariage.

Pendant la période où je n'avais aucun poste au théâtre, j'ai subi diverses humiliations. Néanmoins, j'ai jugé sage de profiter au maximum de mes loisirs dans l'intérêt de mon art, et j'ai terminé quelques pièces, parmi lesquelles une grande ouverture sur Rule Britannia.

Quand j'étais encore à Berlin, j'avais écrit l'ouverture intitulée Polonia, dont nous avons déjà parlé à propos du festival polonais. Rule Britannia était un pas supplémentaire et délibéré dans la direction des effets de masse ; à la fin, une forte fanfare militaire devait être ajoutée à l'orchestre déjà surchargé, et j'avais l'intention de faire jouer le tout au Festival musical de Königsberg en été.

A ces deux ouvertures j'ajoutai un supplément : une ouverture intitulée Napoléon. Le point auquel je consacrais ma plus grande attention était le choix des moyens permettant de produire certains effets, et je réfléchissais soigneusement si je devais ou non exprimer le coup du sort annihilant qui frappa l'empereur français en Russie par un coup de tam-tam. . Je crois que c'est dans une large mesure mes scrupules au sujet de l'introduction de ce rythme qui m'ont empêché à ce moment-là de réaliser mon projet.

D'autre part, les conclusions auxquelles j'étais parvenu concernant le mauvais succès du Liebesverbot aboutissaient à une esquisse d'opéra dans laquelle les exigences imposées au chœur et au personnel des chanteurs devraient être plus proportionnelles à la capacité connue de la compagnie locale. car ce petit théâtre était le seul à ma disposition.

Un conte pittoresque des Mille et Une Nuits a suggéré le sujet même d'une œuvre légère de cette description, dont le titre, si je me souviens bien, était Mannerlist grosser als Frauenlist (« L'homme déjoue la femme »).

J'ai transplanté l'histoire de Bagdad dans un décor moderne. Un jeune orfèvre offense l'orgueil d'une jeune femme en plaçant la devise ci-dessus sur l'enseigne de sa boutique ; profondément voilée, elle entre dans sa boutique et lui demande, comme il fait preuve d'un si excellent goût dans son travail, d'exprimer son opinion sur ses propres charmes physiques ; il commence par ses pieds et ses mains, et enfin, remarquant sa confusion, elle enlève le voile de son visage. Le bijoutier est emporté par sa beauté, sur quoi elle se plaint que son père, qui l'a toujours gardée dans la plus stricte réclusion, la décrit à tous ses prétendants comme un vilain monstre, son but étant, imagine-t-elle, simplement de la garder. dot. Le jeune homme jure qu'il ne sera pas effrayé par ces objections insensées, si le père les oppose à son procès. À peine dit que c'était fait. La fille de ce vieux monsieur singulier est promise au bijoutier sans méfiance et est amenée à son époux dès qu'il a signé le contrat. Il constate alors que le père a bien dit la vérité, la vraie fille étant un parfait épouvantail. La belle dame revient vers le marié pour se réjouir de son désespoir et promet de le libérer de son terrible mariage s'il retire la devise de son enseigne. Je m'éloigne ici de l'original et continue ainsi : Le bijoutier enragé est sur le point de démolir sa malheureuse enseigne lorsqu'une curieuse apparition l'amène à s'arrêter dans l'acte. Il aperçoit dans la rue un meneur d'ours qui fait danser sa bête maladroite, en qui l'amant malchanceux reconnaît d'un coup d'oeil son propre père, dont il a été séparé par un sort dur.

Il supprime tout signe d'émotion, car en un éclair, un plan lui vient à l'esprit grâce auquel il peut utiliser cette découverte pour se libérer du mariage détesté avec la fille du fier vieil aristocrate.

Il charge le chef des ours de venir ce soir-là au jardin où doivent avoir lieu les fiançailles solennelles en présence des invités.

Il explique alors à son jeune ennemi qu'il souhaite laisser l'enseigne en place pour le moment, car il espère encore prouver la véracité de la devise.

Après que le contrat de mariage, dans lequel le jeune homme s'arroge toutes sortes de titres fictifs de noblesse, ait été lu à l'assemblée (composée, par exemple, de l'élite des nobles immigrés de l'époque de la Révolution française), On entend soudain la flûte du chef de l'ours, qui entre dans le jardin avec sa bête cabrée. Irrité par cette diversion triviale, la compagnie étonnée s'indigne lorsque le marié, laissant libre cours à ses sentiments, se jette avec des larmes de joie dans les bras du chef des ours et le proclame haut et fort comme son père disparu depuis longtemps. La consternation de la compagnie devient encore plus grande, cependant, lorsque l'ours lui-même embrasse l'homme qu'ils supposaient être de noble naissance, car la bête n'est pas moins une personne que son propre frère dans la chair qui, à la mort du véritable ours. , avait revêtu sa peau, permettant ainsi au couple pauvre de continuer à gagner sa vie de la seule manière qui leur restait. Cette révélation publique de l'origine modeste du marié dissout aussitôt le mariage, et la jeune femme, se déclarant déjouée par l' homme, offre sa main en compensation au bijoutier libéré.

J'ai donné à ce sujet modeste le titre de Gluckliche Barenfamilie et lui ai fourni un dialogue qui a ensuite rencontré la plus haute approbation de Holtei.

J'étais sur le point d'en commencer la musique dans un nouveau style français léger, mais le sérieux de ma position, qui devenait de plus en plus aiguë, empêchait de poursuivre mon travail.

A cet égard, mes relations tendues avec le chef d'orchestre du théâtre restaient une source constante de troubles. N'ayant ni l'occasion ni les moyens de me défendre, je dus me laisser calomnier et rendre suspect de toutes parts par mon rival, qui restait maître du terrain. Le but était de me dégoûter à l'idée d'accepter mon poste de chef d'orchestre dont le contrat avait été signé pour Pâques. Même si je n'ai pas perdu confiance en moi, j'ai profondément souffert de l'indignité et de l'effet déprimant de cette tension prolongée.

Lorsqu'enfin, début avril, le moment arriva pour le chef d'orchestre Schubert de démissionner et pour moi d'en reprendre toute la charge, il eut la mélancolique satisfaction de savoir que non seulement la réputation de l'opéra était sérieusement affaiblie par le départ de la prima donna, mais qu'il y avait de bonnes raisons de douter de la possibilité de continuer le théâtre. Ce mois de Carême, qui était en Allemagne une si mauvaise période pour toutes les entreprises théâtrales similaires, a décimé le public de Königsberg avec le reste. Le directeur a pris la plus grande peine imaginable pour combler les lacunes du personnel de l'opéra en engageant temporairement des étrangers et en faisant de nouvelles acquisitions, et en cela ma personnalité et mon activité incessante lui ont été d'un réel service ; J'ai consacré toute mon énergie à soutenir, par mes paroles et par mes actes, le navire en lambeaux du théâtre, dans lequel je mettais maintenant la main pour la première fois.

Pendant longtemps, j'ai dû essayer de garder mon sang-froid sous les traitements les plus violents d'une clique d'étudiants parmi lesquels mon prédécesseur m'avait suscité des ennemis ; et par la certitude infaillible de ma direction, j'ai dû vaincre l'opposition initiale de l'orchestre, qui s'était opposée à moi.

Après avoir laborieusement posé les bases du respect personnel, je fus forcé de constater que les méthodes commerciales du metteur en scène Hubsch avaient déjà entraîné de trop grands sacrifices pour permettre au théâtre de se frayer un chemin malgré la saison défavorable, et en mai il m'a avoué qu'il en était arrivé au point d'être obligé de fermer le théâtre.

En rassemblant toute mon éloquence et en lui faisant des suggestions qui promettaient une issue heureuse, je pus l'engager à persévérer ; néanmoins, cela n'a été possible qu'en exigeant la loyauté de son entreprise, à laquelle il a été demandé de renoncer pendant un certain temps à une partie de ses salaires. Cela suscita une amertume générale de la part des non-initiés, et je me trouvai dans la curieuse situation d'être obligé de présenter le directeur sous un jour favorable à ceux qui étaient durement touchés par ces mesures, alors que moi-même et ma position en soyons affectés d'une telle manière. de sorte que ma situation devenait chaque jour plus insupportable sous l'accumulation de difficultés intolérables prenant racine dans mon passé.

Mais même si je ne perdais pas courage à ce moment-là, Minna, qui, en tant qu'épouse, avait été privée de tout ce qu'elle était en droit d'attendre, trouvait cette tournure du sort tout à fait insupportable. Le vice caché de notre vie conjugale qui, avant même notre mariage, m'avait causé les plus terribles inquiétudes et donné lieu à des scènes violentes, atteignait son plein développement dans ces tristes conditions. Moins j'étais capable de maintenir le niveau de confort dû à notre position en travaillant et en tirant le meilleur parti de mes talents, plus Minna, à ma honte insupportable, estimait nécessaire de prendre sur elle cette charge en tirant le meilleur parti de son popularité personnelle. La découverte de semblables condescendances — comme je les appelais — de la part de Minna avait conduit à plusieurs reprises à des scènes révoltantes, et seule sa conception particulière de sa position professionnelle et des besoins qu'elle impliquait avait rendu possible une interprétation charitable.

J'étais absolument incapable d'amener ma jeune épouse à connaître mon point de vue, ni à lui faire prendre conscience de mes propres sentiments blessés en ces occasions, tandis que la violence effrénée de mon discours et de mon comportement rendait une fois pour toutes impossible une entente. Ces scènes mettaient fréquemment ma femme dans des convulsions si effrayantes que, comme on le comprend facilement, la satisfaction de la réconcilier une fois de plus était tout ce qui me restait. Il était certain que notre attitude mutuelle devenait de plus en plus incompréhensible et inexplicable pour nous deux.

Ces querelles, qui devenaient maintenant plus fréquentes et plus pénibles, avaient peut-être beaucoup diminué la force de l'affection que Minna pouvait me donner, mais je ne savais pas qu'elle attendait seulement une occasion favorable pour en arriver à une conclusion désespérée. décision.

Pour occuper la place de ténor dans notre compagnie, j'avais convoqué à Königsberg Friedrich Schmitt, un ami de ma première année à Magdebourg, auquel on a déjà fait allusion. Il m'était sincèrement dévoué et m'aidait autant qu'il pouvait à vaincre les dangers qui menaçaient la prospérité du théâtre ainsi que ma propre situation.

La nécessité d'entretenir des relations amicales avec le public me rendait beaucoup moins réservé et moins prudent dans mes nouvelles connaissances , surtout en sa compagnie.

Un riche marchand, du nom de Dietrich, s'était récemment constitué patron du théâtre et surtout des femmes. Avec le respect dû aux hommes avec lesquels ils étaient en relation, il avait l'habitude d'inviter le choix de ces dames à dîner chez lui et affectait, à ces occasions, l'Anglais aisé, qui était le beau idéal pour les Allemands. marchands, surtout dans les villes manufacturières du nord.

J'avais manifesté mon mécontentement face à l'acceptation de l'invitation, qui nous avait été adressée parmi les autres, d'abord simplement parce que son aspect me répugnait. Minna considérait cela comme très injuste. Quoi qu'il en soit, je me suis résolument opposé à continuer notre relation avec cet homme, et bien que Minna n'ait pas insisté pour le recevoir, ma conduite envers l'intrus a été la cause de scènes de colère entre nous.

Un jour, Friedrich Schmitt crut devoir m'informer que ce Herr Dietrich avait parlé de moi lors d'un dîner public de manière à faire supposer à tout le monde qu'il entretenait une intimité suspecte avec ma femme. Je me sentais obligé de soupçonner Minna d'avoir, d'une manière ou d'une autre à mon insu, informé cet individu de ma conduite à son égard, ainsi que de notre situation précaire.

Accompagné de Schmitt, j'ai demandé des comptes à ce dangereux personnage dans sa propre maison. Au début, cela n'a conduit qu'aux dénégations habituelles. Cependant, par la suite, il a envoyé des communications secrètes à Minna concernant l'entretien, lui fournissant ainsi un prétendu nouveau grief contre moi sous la forme de mon traitement inconsidéré à son égard.

Nos relations ont atteint maintenant un stade critique et sur certains points nous avons gardé le silence.

En même temps, c'était vers la fin du mois de mai 1837, les affaires du théâtre atteignaient la crise mentionnée ci-dessus, lorsque la direction fut obligée de s'en remettre à la coopération désintéressée du personnel pour assurer le bon fonctionnement du théâtre. poursuite de l'entreprise. Comme je l'ai déjà dit, ma propre situation, à la fin d'une année si désastreuse pour mon bien-être, en fut sérieusement affectée ; néanmoins, il me semblait n'avoir d'autre choix que d'affronter patiemment ces difficultés, et m'appuyant sur le fidèle Friedrich Schmitt, mais ignorant Minna, je commençai à prendre les mesures nécessaires pour assurer mon poste à Königsberg. Ceci, ainsi que le rôle ardu que je prenais dans les affaires du théâtre, me tenait tellement occupé et tellement loin de chez moi, que je ne pouvais prêter aucune attention particulière au silence et à la réserve de Minna.

Le matin du 31 mai, je pris congé de Minna, m'attendant à être retenu jusque tard dans l'après-midi par les répétitions et les affaires. Avec mon entière approbation, elle avait depuis quelque temps l'habitude d'avoir chez elle sa fille Nathalie, que tout le monde croyait être sa plus jeune sœur.

Alors que j'étais sur le point de leur souhaiter tranquillement au revoir, les deux femmes se sont précipitées vers moi jusqu'à la porte et m'ont embrassé passionnément, Minna ainsi que sa fille fondant en larmes. J'étais alarmé et je leur demandais la signification de cette excitation, mais je ne pus obtenir d'eux aucune réponse, et je fus obligé de les laisser et de réfléchir seul à leur conduite particulière, dont je n'avais même pas la moindre idée.

Je suis arrivé à la maison tard dans l'après-midi, épuisé par mes efforts et mes soucis, mort de fatigue, pâle et affamé, et j'ai été surpris de trouver la table non mise et Minna pas chez elle, la bonne me disant qu'elle n'était pas encore revenue de sa promenade avec Nathalie.

J'attendais patiemment, m'affalant épuisé devant la table de travail que j'ouvrais distraitement. À mon grand étonnement, elle était vide. Frappé d'horreur, je me levai d'un bond et me dirigeai vers l'armoire, et réalisai aussitôt que Minna avait quitté la maison ; son départ avait été si astucieusement planifié que même la bonne l'ignorait.

Avec la mort dans l'âme, je me suis précipité hors de la maison pour enquêter sur la cause de la disparition de Minna.

Le vieux Möller, par sa sagacité pratique, apprit très vite que Dietrich, son ennemi personnel, avait quitté Königsberg en direction de Berlin par le car spécial le matin.

Cet horrible fait me regardait en face.

Il me fallait maintenant essayer de rattraper les fugitifs. Avec une utilisation abondante de l'argent, cela aurait pu être possible, mais les fonds manquaient et ont dû, en partie, être laborieusement collectés.

Sur les conseils de Möller, j'ai emporté avec moi les cadeaux de noces en argent en cas d'urgence et, après quelques heures terribles, je suis parti, également en autocar spécial, avec mon vieil ami en détresse. Nous espérions rattraper la malle-poste ordinaire, qui avait démarré peu de temps auparavant, car il était probable que Minna poursuivrait également son voyage dans celle-ci, à une distance sûre de Königsberg.

Cela s'est avéré impossible, et lorsque le lendemain matin, au point du jour, nous sommes arrivés à Elbing, nous avons trouvé notre argent épuisé par l'utilisation somptueuse du car express et avons été obligés de revenir ; nous découvrîmes en outre que, même en utilisant le carrosse ordinaire, nous serions obligés de mettre en gage le sucrier et le plat à gâteau.

Ce voyage de retour à Königsberg reste à juste titre l'un des plus tristes souvenirs de ma jeunesse. Bien sûr, je n'ai pas un instant eu l'idée de rester sur place ; ma seule pensée était de savoir comment m'en sortir au mieux. Coincé entre les procès de mes créanciers de Magdebourg et des commerçants de Königsberg, qui avaient des créances sur moi pour le paiement échelonné de mes comptes intérieurs, mon départ ne pouvait s'effectuer que dans le secret. C'est précisément pour cette raison qu'il me fallait trouver de l'argent, notamment pour le long voyage de Königsberg à Dresde, où je résolus d'aller chercher ma femme, et ces affaires me retinrent pendant deux longues et terribles journées.

Je n'ai reçu aucune nouvelle de Minna ; J'appris par Möller qu'elle était partie à Dresde et que Dietrich ne l'avait accompagnée que sur une courte distance, sous prétexte de l'aider amicalement.

J'ai réussi à m'assurer qu'elle ne souhaitait en réalité que sortir d'une situation qui la remplissait de désespoir et qu'elle avait accepté pour cela l'aide d'un homme qui sympathisait avec elle et qu'elle cherchait pour le moment repos et abri auprès de ses parents. Ma première indignation face à l'événement s'apaisa donc à tel point que j'acquis peu à peu plus de sympathie pour elle dans son désespoir, et commençai à me reprocher à la fois ma conduite et de lui avoir causé du malheur.

J'étais tellement convaincu de la justesse de cette opinion au cours du pénible voyage à Dresde via Berlin, que j'entrepris finalement le 3 juin, que lorsque je retrouvai enfin Minna dans l'humble demeure de ses parents, j'étais vraiment incapable de le faire. exprimer tout sauf du repentir et une sympathie brisée.

Il était bien vrai que Minna se croyait maltraitée par moi et déclarait qu'elle n'avait été contrainte à cette démarche désespérée qu'en méditant sur notre situation impossible, à laquelle elle me croyait aveugle et sourd. Ses parents n'étaient pas contents de me voir : l'état d'excitation douloureuse de leur fille semblait fournir une justification suffisante à ses plaintes contre moi. Si mes propres souffrances, ma poursuite précipitée et l'expression sincère de ma douleur lui ont fait une impression favorable, je ne peux vraiment pas le dire, car ses manières à mon égard étaient très confuses et, dans une certaine mesure, incompréhensibles. Elle fut néanmoins impressionnée lorsque je lui dis que j'avais de bonnes chances d'obtenir le poste de chef d'orchestre à Riga, où un nouveau théâtre était sur le point d'ouvrir dans les conditions les plus favorables. J'ai senti que je ne devais pas à ce moment-là insister pour que de nouvelles résolutions concernant la réglementation de nos relations futures soient adoptées, mais que je devais m'efforcer avec plus d'acharnement d'en poser de meilleures bases. En conséquence, après avoir passé une semaine épouvantable avec ma femme dans les conditions les plus pénibles, je me rendis à Berlin pour y signer mon accord avec le nouveau directeur du théâtre de Riga. J'obtins cette nomination à des conditions assez favorables qui, à mon avis, me permettraient de tenir ma maison de manière à ce que Minna puisse se retirer complètement du théâtre. Elle serait ainsi en mesure de m'épargner toute humiliation et toute anxiété.

De retour à Dresde, je constatai que Minna était prête à prêter une oreille attentive à mes projets et je réussis à la convaincre de quitter la maison de ses parents, qui était très exiguë pour nous, et de s'établir à la campagne à Blasewitz. , près de Dresde, pour attendre notre transfert à Riga. Nous trouvâmes un modeste logement dans une auberge de l'Elbe, dans la cour de la ferme de laquelle j'avais souvent joué étant enfant. Ici, l'état d'esprit de Minna semblait vraiment s'améliorer. Elle m'avait supplié de ne pas trop la presser et je l'ai épargnée autant que possible. Au bout de quelques semaines, j'ai cru pouvoir considérer la période d'inquiétude comme révolue, mais j'ai été surpris de constater que la situation s'aggravait à nouveau sans aucune raison apparente. Minna me fit alors part de quelques offres avantageuses qu'elle avait reçues de différents théâtres et m'étonna un jour en m'annonçant son intention de faire un petit voyage d'agrément avec une amie et sa famille. Comme je me sentais obligé de ne lui imposer aucune contrainte, je ne fis aucune objection à l'exécution de ce projet, qui impliquait une semaine de séparation, mais je la raccompagnai moi-même chez ses parents, en lui promettant d'attendre tranquillement son retour à Blasewitz. Quelques jours plus tard, sa sœur aînée m'a appelé pour me demander l'autorisation écrite nécessaire pour établir un passeport pour ma femme. Cela m'a alarmé et je suis allé à Dresde demander à ses parents ce qu'était leur fille. Là, à ma grande surprise, je reçus un accueil très désagréable ; ils me reprochèrent grossièrement mon comportement envers Minna, qu'ils disaient que je ne parvenais même pas à subvenir aux besoins, et lorsque je me contentai de répondre en demandant des informations sur l'endroit où se trouvait ma femme et sur ses projets d'avenir, j'étais rebuté. avec des déclarations improbables. Tourmenté par les pressentiments les plus vifs, et ne comprenant rien à ce qui s'était passé, je retournai au village, où je trouvai une lettre de Königsberg, de Möller, qui éclaira toute ma misère. M. Dietrich était parti pour Dresde et on m'a indiqué le nom de l'hôtel où il séjournait. La terrible illumination jetée par cette communication sur la conduite de Minna me montra en un éclair quoi faire. Je me suis précipité en ville pour faire les recherches nécessaires à l'hôtel mentionné et j'ai découvert que l'homme en question s'y trouvait, mais qu'il était reparti. Il avait disparu, et Minna aussi ! J'en savais maintenant assez pour demander aux Parques pourquoi, si tôt, elles m'avaient envoyé cette terrible expérience qui, me semblait-il, avait empoisonné toute mon existence.

Je cherchais une consolation pour mon chagrin sans bornes dans la société de ma sœur Ottilie et de son mari, Hermann Brockhaus, un excellent garçon avec qui elle était mariée depuis quelques années. Ils vivaient alors dans leur jolie villa d'été dans le charmant Grosser Garten, près de Dresde. Je les avais consultés aussitôt la première fois que j'étais allé à Dresde, mais comme je n'avais pas alors la moindre idée de la façon dont les choses allaient se passer, je ne leur avais rien dit et je n'en avais que peu vu. Maintenant, j'étais poussé à rompre mon silence obstiné et à leur dévoiler la cause de mon malheur, avec peu de réserves.

Pour la première fois, j'étais en mesure d'apprécier avec reconnaissance les avantages des relations familiales et de l'intimité directe et désintéressée entre les parents. Les explications n'étaient guère nécessaires et, en tant que frère et sœur, nous nous trouvions maintenant aussi étroitement liés que lorsque nous étions enfants. Nous sommes parvenus à une compréhension complète sans avoir à expliquer ce que nous voulions dire ; J'étais malheureux, elle était heureuse ; la consolation et l'aide suivaient naturellement.

C'était la sœur à qui j'avais lu autrefois Leubald et Adélaïde dans un orage ; la sœur qui avait écouté, remplie d'étonnement et de sympathie, cette exécution mouvementée de ma première ouverture la veille de Noël, et que je trouvais maintenant mariée à l'un des hommes les plus gentils, Hermann Brockhaus, qui se fit bientôt une réputation de expert en langues orientales. Il était le plus jeune frère de mon beau-frère aîné Friedrich Brockhaus. Leur union a été bénie par deux enfants ; leurs moyens confortables favorisaient une vie sans soucis, et lorsque je faisais mon pèlerinage quotidien de Blasewitz au célèbre Grosser Garten, c'était comme passer d'un désert au paradis pour entrer dans leur maison (une des villas les plus populaires), sachant que je trouvent invariablement un accueil dans ce cercle familial heureux. Non seulement mon esprit a été apaisé et bénéficié par les relations sexuelles avec ma sœur, mais mes instincts créatifs, longtemps restés en sommeil, ont été de nouveau stimulés par la société de mon brillant et érudit beau-frère. On m'a fait comprendre, sans aucunement me blesser, que mon mariage précoce, si excusable qu'il ait pu être, était pourtant une erreur à rattraper, et mon esprit a retrouvé suffisamment d'élasticité pour composer quelques esquisses, conçues cette fois non plus. simplement pour répondre aux exigences du théâtre tel que je le connaissais. Durant les derniers jours misérables que j'avais passés avec Minna à Blasewitz, j'avais lu le roman de Bulwer Lytton, Rienzi ; pendant ma convalescence au sein de ma sympathique famille, j'élaborai maintenant le projet d'un grand opéra sous l'inspiration de ce livre. Bien que obligé pour le moment de revenir aux limites d'un petit théâtre, j'essaie désormais de viser à élargir mon champ d'action. J'ai envoyé mon ouverture, Rule Britannia, à la Philharmonic Society de Londres, et j'ai essayé d'entrer en communication avec Scribe à Paris au sujet d'un décor pour le roman de H. König, Die Hohe Braut, que j'avais esquissé.

C'est ainsi que j'ai passé le reste de cet été au souvenir toujours heureux. Fin août, j'ai dû partir pour Riga pour prendre mes nouvelles fonctions . Même si je savais que ma sœur Rosalie avait épousé peu de temps auparavant l'homme de son choix, le professeur Oswald Marbach de Leipzig, j'ai évité cette ville, probablement avec l'idée stupide de m'épargner toute humiliation, et je suis allé directement à Berlin, où je devais recevoir certaines instructions complémentaires de mon futur directeur, et aussi pour obtenir mon passeport. Là, j'ai rencontré une sœur cadette de Minna, Amalie Planer, une chanteuse à la jolie voix, qui avait rejoint pour une courte période notre compagnie d'opéra de Magdebourg. Mon rapport sur Minna a complètement bouleversé cette fille extrêmement généreuse. Nous sommes allés ensemble à une représentation de Fidelia, au cours de laquelle elle, comme moi, a fondu en larmes et en sanglots. Rafraîchi par l'impression sympathique que j'avais reçue, je passai par Schwerin, où j'étais déçu dans mes espoirs de retrouver les traces de Minna, jusqu'à Lübeck, pour attendre un navire marchand se dirigeant vers Riga. Nous étions partis pour Travemunde lorsqu'un vent défavorable s'est levé et a retardé notre départ d'une semaine : j'ai dû passer ce temps désagréable dans une misérable taverne de navire. Dépouillé de mes propres ressources, j'ai essayé, entre autres, de lire Till Eulenspiegel, et ce livre populaire m'a d'abord donné l'idée d'un véritable opéra-comique allemand. Longtemps après, alors que je composais les paroles de mon Junger Siegfried, je me souviens avoir gardé de nombreux souvenirs vifs de ce mélancolique séjour à Travemunde et de ma lecture de Till Eulenspiegel. Après un voyage de quatre jours, nous atteignîmes enfin le port de Bolderaa. J'éprouvais un frisson particulier au contact des responsables russes, que j'avais instinctivement détesté depuis l'époque de ma sympathie pour les Polonais lorsque j'étais enfant. Il me semblait que la police portuaire devait lire sur mon visage l'enthousiasme pour les Polonais et m'enverrait sur-le-champ en Sibérie, et je fus d'autant plus agréablement surpris, en arrivant à Riga, de me trouver entouré de l'élément allemand familier. qui imprégnait surtout tout ce qui touchait au théâtre.

Après mes malheureuses expériences liées aux conditions des petites scènes allemandes, la manière dont ce théâtre nouvellement ouvert était géré a d'abord eu un effet apaisant sur mon esprit. Une société avait été formée par un certain nombre d'amateurs de théâtre aisés et d'hommes d'affaires riches pour réunir, par souscription volontaire, suffisamment d'argent pour fournir une base solide au type de gestion qu'ils considéraient comme idéal. Le directeur qu'ils nommèrent fut Karl von Holtei, un écrivain dramatique assez populaire, qui jouissait d'une certaine réputation dans le monde théâtral. Les idées de cet homme sur la scène représentaient une tendance particulière, qui était alors en déclin. Il possédait, outre ses remarquables dons sociaux, une connaissance extraordinaire de tous les principaux personnages liés au théâtre au cours des vingt dernières années et appartenait à une société appelée Die Liebenswurdigen Libertins (« Les Amiables Libertins »). Il s'agissait d'un groupe de jeunes esprits en herbe, qui considéraient la scène comme un terrain de jeu autorisé par le public pour afficher leurs farces folles, dont la classe moyenne se tenait à l'écart, tandis que les gens de culture perdaient progressivement tout intérêt pour le théâtre dans ces conditions désespérées.

L'épouse de Holtei avait été autrefois une actrice populaire au théâtre Königstadt de Berlin, et c'est ici, à l'époque où Henriette Sontag l'élevait au sommet de sa renommée, que s'était formé le style de Holtei. La production là-bas de son mélodrame Leonore (fondé sur la ballade de Burger) lui avait notamment valu une large réputation d'écrivain de théâtre, en outre, il produisit quelques Liederspiele, dont un, intitulé Der Alte Feldherr, devint assez populaire. Son invitation à Riga avait été particulièrement bien accueillie, car elle pouvait satisfaire son besoin de s'absorber complètement dans la vie de la scène ; il espérait, dans ce lieu isolé, s'adonner sans retenue à sa passion. Ses manières singulières, sa réserve inépuisable de bavardages amusants et sa manière légère de faire des affaires, lui donnaient une emprise remarquable sur les commerçants de Riga, qui ne souhaitaient rien de mieux que les divertissements qu'il était capable de leur offrir. Ils lui fournissèrent généreusement tous les moyens nécessaires et le traitèrent à tous égards avec une entière confiance. Sous ses auspices, mon propre engagement avait été très facilement obtenu. Il ne voulait pas de vieux pédants hargneux, favorisant les jeunes hommes uniquement pour leur jeunesse. Pour ma part, il lui suffisait de savoir que j'appartenais à une famille qu'il connaissait et appréciait, et, entendant d'ailleurs mon fervent dévouement à la musique moderne italienne et française en particulier, il a décidé que j'étais l'homme qu'il lui faut. Il fit copier tout un tas de partitions d'opéra de Bellini, Donizetti, Adam et Auber, et je devais en faire profiter au plus vite les braves gens de Riga.

Lors de ma première visite à Holtei, j'ai rencontré une vieille connaissance de Leipzig, Heinrich Dorn, mon ancien mentor, qui occupait désormais le poste municipal permanent de chef de chœur à l'église et de professeur de musique dans les écoles. Il fut heureux de voir son élève curieux transformé en chef d'opéra pratique et indépendant, et non moins surpris de voir l'adorateur excentrique de Beethoven transformé en un ardent défenseur de Bellini et d'Adam. Il m'a ramené chez lui dans sa résidence d'été, construite, selon la phraséologie de Riga, « dans les champs », c'est-à-dire littéralement sur le sable. Pendant que je lui racontais les expériences que j'avais vécues, je pris conscience de l'aspect étrangement désert des lieux. Me sentant effrayé et sans abri, mon malaise initial s'est progressivement transformé en un désir passionné d'échapper à tout le tourbillon de la vie théâtrale qui m'avait courtisé dans des régions si inhospitalières. Cette humeur inquiète dissipa rapidement la légèreté qui, à Magdebourg, m'avait entraîné au niveau de la société scénique la plus indigne et avait également contribué à gâter mes goûts musicaux. Il contenait aussi les germes d'une nouvelle tendance qui s'est développée pendant la période de mon activité à Riga, m'a éloigné de plus en plus du théâtre , causant ainsi au directeur Holtei toute la contrariété qui accompagne inévitablement la déception.

Pendant quelque temps cependant, je n'ai éprouvé aucune difficulté à tirer le meilleur parti d'une mauvaise affaire. Nous avons été obligés d'ouvrir le théâtre avant que la troupe ne soit complète. Pour rendre cela possible, nous avons donné une représentation d'un court opéra-comique de C. Blum, intitulé Marie, Max et Michel. Pour cette œuvre, j'ai composé un air supplémentaire pour une chanson que Holtei avait écrite pour le chanteur basse Gunther ; il consistait en une introduction sentimentale et un rondo militaire gai, et fut très apprécié. Plus tard, j'ai introduit une autre chanson supplémentaire dans la Schweizerfamilie, qui devait être chantée par un autre chanteur de basse, Scheibler ; elle avait un caractère dévotionnel, plaisait non seulement au public, mais à moi-même, et montrait les signes du bouleversement qui s'opérait peu à peu dans mon développement musical. On m'a confié la composition d'un air pour un hymne national écrit par Brakel en l'honneur de l'anniversaire du tsar Nicolas. J'ai essayé de lui donner autant que possible la couleur qui convient à un monarque patriarcal despotique, et une fois de plus j'ai acquis une certaine renommée, car on l'a chanté pendant plusieurs années successives ce jour-là. Holtei a essayé de me persuader d'écrire un opéra-comique brillant et gai, ou plutôt une pièce musicale, qui serait interprétée telle quelle par notre compagnie. J'ai consulté le livret de ma Glucktiche Barenfamilie et j'ai trouvé Holtei très bien disposé à son égard (comme je l'ai dit ailleurs) ; mais quand j'ai déniché la petite musique que j'avais déjà composée pour elle, j'ai été pris de dégoût devant cette façon d'écrire ; sur quoi j'ai fait cadeau du livre à mon ami maladroit et bon enfant Lobmann, mon bras droit dans l'orchestre, et je n'y ai plus jamais pensé depuis ce jour. J'ai cependant réussi à me mettre au travail sur le livret de Rienzi, que j'avais esquissé à Blasewitz. Je l'ai développé à tous points de vue, à une échelle si extravagante, qu'avec cette œuvre j'ai délibérément coupé toute possibilité d'être tenté par les circonstances de la produire ailleurs que sur l'une des plus grandes scènes d'Europe.

Mais tandis que cela contribuait à renforcer mes efforts pour échapper à toutes les petites dégradations de la vie scénique, de nouvelles complications surgirent qui m'affectèrent de plus en plus sérieusement et s'opposèrent encore davantage à mes objectifs. La prima donna engagée par Holtei nous avait fait défaut et nous nous retrouvions donc sans chanteur pour le grand opéra. Dans ces circonstances, Holtei accepta avec joie ma proposition de demander à Amalie, la sœur de Minna (qui acceptait volontiers des fiançailles qui la rapprochaient de moi), de venir immédiatement à Riga. Dans sa réponse de Dresde, où elle vivait alors, elle m'informa du retour de Minna chez ses parents et de son état misérable actuel dû à une grave maladie. J'ai naturellement pris cette nouvelle avec beaucoup de sang-froid, car ce que j'avais entendu sur Minna depuis qu'elle m'avait quitté pour la dernière fois m'avait forcé à autoriser mon vieil ami de Königsberg à entreprendre des démarches en vue d'obtenir le divorce. Il était certain que Minna avait séjourné quelque temps dans un hôtel de Hambourg avec cet homme malheureux, Herr Dietrich, et qu'elle avait répandu l'histoire de notre séparation si sans réserve que le monde du théâtre en particulier en avait parlé dans une large mesure. manière qui était franchement insultante pour moi. J'en informai simplement Amalie et lui demandai de m'épargner toute nouvelle de sa sœur.

Alors Minna elle-même fit appel à moi et m'écrivit une lettre tout à fait déchirante, dans laquelle elle avouait ouvertement son infidélité. Elle déclara qu'elle y avait été poussée par le désespoir, mais que les grands ennuis qu'elle s'était ainsi attirés après lui avoir donné une leçon, tout ce qu'elle souhaitait maintenant, c'était revenir dans le droit chemin. Tout bien considéré, j'en conclus qu'elle avait été trompée sur le caractère de son séducteur, et que la connaissance de sa terrible situation l'avait placée moralement et physiquement dans un état des plus lamentables, dans lequel, maintenant malade et misérable, elle se tourna vers à nouveau pour reconnaître sa culpabilité, implorer mon pardon et m'assurer, malgré tout, qu'elle avait désormais pleinement conscience de son amour pour moi. Jamais auparavant je n'avais entendu de tels sentiments de la part de Minna, et je n'entendrais plus jamais les mêmes de sa part, sauf à une occasion touchante plusieurs années plus tard, où des effusions similaires m'avaient ému et affecté de la même manière que cette lettre particulière l'avait fait. En réponse, je lui dis qu'il ne serait plus jamais question entre nous de ce qui s'était passé, dont j'assumais le principal reproche ; et je peux me vanter d'avoir exécuté cette résolution à la lettre.

Lorsque les fiançailles de sa sœur furent réglées de manière satisfaisante, j'invitai aussitôt Minna à venir avec elle à Riga. Tous deux acceptèrent volontiers mon invitation et arrivèrent de Dresde dans mon nouveau domicile le 19 octobre, le temps hivernal étant déjà installé. Avec beaucoup de regret, je constatai que la santé de Minna avait vraiment souffert et c'est pourquoi je fis tout ce qui était en mon pouvoir pour lui fournir tous les soins nécessaires. le confort domestique et le calme dont elle avait besoin. Cela présentait des difficultés, car mes modestes revenus de chef d'orchestre étaient tout ce dont je disposais, et nous étions tous deux fermement déterminés à ne plus laisser Minna remonter sur scène. D'un autre côté, la mise en œuvre de cette résolution, compte tenu des inconvénients financiers qu'elle impliquait, a produit d'étranges complications, dont la nature ne m'a été révélée que plus tard, lorsque des événements surprenants ont révélé le véritable caractère moral du directeur Holtei. Pour le moment, je devais laisser croire aux gens que j'étais jaloux de ma femme. J'ai supporté patiemment la croyance générale que j'avais de bonnes raisons de l'être, et je me suis réjoui en attendant du rétablissement de notre paisible vie conjugale, et surtout de la vue de notre humble maison, que nous avons rendue aussi confortable que nos moyens le permettaient, et dans la garde duquel les talents domestiques de Minna se sont fortement manifestés. Comme nous étions encore sans enfant et que nous étions obligés, en règle générale, de recourir à l'aide d'un chien pour donner vie au foyer domestique, nous avons eu un jour l'idée farfelue de tenter notre chance avec un jeune loup amené dans la maison. comme un petit ourson. Cependant, lorsque nous avons constaté que cette expérience n'augmentait pas le confort de notre vie familiale, nous l'avons abandonné après quelques semaines de séjour avec nous. Nous nous en sortions mieux avec sœur Amalie ; car elle, avec sa bonhomie et ses manières simples et familiales, fit beaucoup pour compenser l'absence d'enfants pendant un certain temps. Les deux sœurs, qui n'ont reçu aucune véritable éducation, reviennent souvent de manière ludique sur les chemins de leur enfance. Lorsqu'ils chantaient des duos d'enfants, Minna, bien qu'elle n'ait eu aucune formation musicale, parvenait toujours à chanter très intelligemment les secondes, et ensuite, pendant que nous étions assis à notre repas du soir, mangeant de la salade russe, du saumon salé de la Dwina ou du caviar russe frais, nous étions tous les trois très joyeux et heureux loin dans notre maison du nord.

La belle voix d'Amalie et son réel talent vocal lui ont d'abord valu un accueil très favorable auprès du public, ce qui nous a fait à tous beaucoup de bien. Cependant, étant très petite et n'ayant pas de très grands dons pour le théâtre, l'étendue de ses pouvoirs était très limitée, et comme elle fut bientôt dépassée par des concurrents plus talentueux, ce fut pour elle un véritable coup de chance qu'un jeune officier Dans l'armée russe, Carl von Meek, alors capitaine, aujourd'hui général, tomba éperdument amoureux de cette simple jeune fille et l'épousa un an plus tard. Le malheur de cet engagement, cependant, c'est qu'il causa bien des difficultés et amena les premiers nuages sur notre ménage à trois. Car, au bout d'un moment, les deux sœurs se sont vivement disputées, et j'ai eu la très désagréable expérience de vivre pendant une année entière dans la même maison avec deux parents qui ne se voyaient ni ne se parlaient.

Nous passâmes l'hiver au début de 1838 dans une toute petite demeure miteuse de la vieille ville ; ce n'est qu'au printemps que nous avons emménagé dans une maison plus agréable dans la banlieue plus salubre de Pétersbourg, où, malgré la rupture fraternelle mentionnée plus haut, nous avons mené une vie assez brillante et joyeuse, car nous étions souvent en mesure de recevoir beaucoup de gens. nos amis et connaissances d'une manière simple mais agréable. En plus des membres de la scène, je connaissais quelques personnes dans la ville et nous avons reçu et rendu visite à la famille de Dorn, le directeur musical, avec qui je suis devenu assez intime. Mais c'est le deuxième directeur musical, Franz Lobmann, un homme très digne mais pas très doué, qui s'est attaché à moi le plus fidèlement. Cependant, je n'ai pas cultivé beaucoup de connaissances dans des cercles plus larges, et elles ont diminué à mesure que la passion dominante de ma vie devenait de plus en plus forte ; de sorte que lorsque, plus tard, je quittai Riga, après y avoir passé près de deux ans, je partis presque comme un étranger et avec autant d'indifférence que j'avais quitté Magdebourg et Königsberg. Mais ce qui a particulièrement aigri mon départ, c'est une série d'expériences d'une nature particulièrement désagréable, qui m'ont fermement déterminé à me couper complètement de la nécessité de me mêler à des gens comme ceux que j'avais rencontrés dans mes tentatives précédentes pour créer une position. pour moi au théâtre.

Mais ce n'est que progressivement que j'ai pris conscience de tout cela. Au début, sous la conduite sûre de mon bonheur conjugal retrouvé, un temps si troublé dans ses premiers jours, je me sentais nettement mieux qu'avant dans tout mon travail professionnel. Le fait que la situation matérielle de l'entreprise théâtrale était assurée exerçait une influence salutaire sur les représentations. Le théâtre lui-même était enfermé dans un espace très étroit ; il y avait aussi peu de place pour un affichage scénique sur sa petite scène qu'il y avait de place pour de riches effets musicaux dans un orchestre exigu. Dans les deux sens, les limites les plus strictes ont été imposées, mais j'ai réussi à introduire des renforts considérables dans un orchestre qui n'était en réalité calculé que pour un quatuor à cordes, deux premier et deux seconds violons, deux altos et un violoncelle. Ces efforts couronnés de succès furent la première cause de l'aversion que Holtei manifesta plus tard à mon égard. Après cela, nous avons pu obtenir une bonne musique concertée pour l'opéra. J'ai trouvé l'étude approfondie de l'opéra de Mehul, Joseph in Aegypten, très stimulante. Son style noble et simple, ajouté à l'effet touchant de la musique qui vous emporte tout à fait, a beaucoup contribué à opérer un changement favorable dans mon goût, jusqu'alors faussé par mes liens avec le théâtre.

C'était très gratifiant de retrouver mon ancien goût sérieux grâce à de très bonnes performances dramatiques. Je me souviens spécialement d'une production du Roi Lear, que j'ai suivie avec le plus grand intérêt, non seulement aux représentations elles-mêmes, mais aussi à toutes les répétitions. Pourtant, ces impressions éducatives tendaient à me rendre de plus en plus insatisfait de mon travail au théâtre. D'une part, les membres de l'entreprise me déplaisaient progressivement et, d'autre part, je devenais de plus en plus mécontent de la direction. En ce qui concerne le personnel du théâtre, j'ai très vite découvert le vide, la vanité et l'égoïsme effronté de cette classe de gens incultes et indisciplinés, car j'avais désormais perdu mon ancien goût pour la vie de bohème qui attirait tant les gens. moi à Magdebourg. Bientôt il ne resta plus que quelques membres de notre société avec lesquels je ne m'étais pas brouillé, grâce à l'un ou l'autre de ces inconvénients. Mais ma plus triste expérience fut que, dans de telles querelles, dans lesquelles j'étais en fait entraîné simplement par mon zèle pour le succès artistique de l'ensemble des représentations, non seulement je ne recevais aucun soutien de la part du metteur en scène Holtei, mais je faisais en fait lui mon ennemi. Il déclara même publiquement que notre théâtre était devenu beaucoup trop respectable à son goût et essaya de me convaincre que de bonnes représentations théâtrales ne pouvaient être données par une troupe rigide.

À son avis, l'idée de la dignité de l'art théâtral était un non-sens pédant, et il pensait que le vaudeville sériel-comique léger était la seule classe de représentation qui méritait d'être considérée. L'opéra sérieux, les riches ensembles musicaux étaient son aversion particulière, et mes exigences à cet égard l'irritaient au point qu'il n'y répondait qu'avec mépris et refus indignés. De l'étrange lien entre ce penchant artistique et son goût dans le domaine moral, je devais aussi, à ma grande horreur, prendre conscience plus tard. Pour le moment , je me sentais tellement rebuté par la déclaration de ses antipathies artistiques, que je laissai grandir en moi mon aversion pour le théâtre en tant que profession. J'ai encore pris plaisir à quelques bonnes représentations que j'ai pu assister, dans des circonstances favorables, au plus grand théâtre de Mitau, où la compagnie s'est rendue quelque temps au début de l'été. C'est pourtant pendant que j'étais là-bas, passant la plupart de mon temps à lire les romans de Bulwer Lytton, que j'ai pris la secrète résolution de m'efforcer de me libérer de tout lien avec la seule branche de l'art théâtral qui m'était jusqu'alors ouverte.

La composition de mon Rienzi, dont j'avais achevé le texte au début de mon séjour à Riga, était destinée à me relier au monde glorieux que j'avais si intensément désiré. J'avais laissé de côté l'achèvement de ma Gluckliche Barenfamilie, pour la simple raison que le caractère plus léger de cette pièce m'aurait mis davantage en contact avec les gens de théâtre que je méprisais le plus. Ma plus grande consolation était maintenant de préparer Rienzi avec un tel mépris des moyens dont on disposait là-bas pour sa production, que mon désir de le produire me forcerait à sortir des limites étroites de ce petit cercle théâtral pour chercher une nouvelle connexion avec un des plus grands théâtres. C'est après notre retour de Mitau, au milieu de l'été 1838, que je me mis au travail sur cette composition et que, ce faisant, je me réveillai dans un état d'enthousiasme qui, compte tenu de ma situation, n'était rien de moins qu'un défi désespéré. diablerie. Tous ceux à qui je confiais mon projet s'aperçurent aussitôt, à la simple évocation de mon sujet, que je me préparais à rompre avec ma situation actuelle, dans laquelle il ne pouvait y avoir aucune possibilité de produire mon œuvre, et j'étais considéré comme un léger - dirigé et apte seulement à un asile.

Pour toutes mes connaissances, ma démarche semblait stupide et imprudente. Même l'ancien mécène de ma singulière ouverture de Leipzig la trouvait impraticable et excentrique, voyant que j'avais encore une fois tourné le dos à l'opéra léger. Il exprima très librement cette opinion dans la Neue Zeitschrift fur Musik, dans le compte rendu d'un concert que j'avais donné vers la fin de l'hiver précédent, et ridiculisa ouvertement l'Ouverture de Colomb de Magdebourg et l'Ouverture de Rule Britannia mentionnées plus haut. Je n'avais moi-même pris aucun plaisir à exécuter aucune de ces ouvertures, car ma prédilection pour les cornets, fortement marquée dans ces deux ouvertures, me jouait encore une fois un triste tour, car j'avais évidemment trop attendu de nos musiciens de Riga, et j'avais endurer toutes sortes de déceptions à l'occasion de la représentation. En contraste total avec ma mise en scène extravagante de Rienzi, ce même metteur en scène, H. Dorn, s'était mis au travail pour écrire un opéra dans lequel il avait le plus soigneusement présent à l'esprit les conditions régnant au théâtre de Riga. Der Schoffe van Paris, opérette historique de la période du siège de Paris par Jeanne d'Arc, a été pratiquée et interprétée par nos soins à l'entière satisfaction du compositeur. Cependant, le succès de cet ouvrage ne me donnait aucune raison d' abandonner mon projet d'achever mon Rienzi, et j'étais secrètement heureux de constater que je pouvais considérer ce succès sans aucune trace d'envie. Bien qu'animé par aucun sentiment de rivalité, je renonçai peu à peu à fréquenter les artistes de Riga, me bornant principalement à l'accomplissement des devoirs que j'avais entrepris, et travaillai aux deux premiers actes de mon grand opéra sans me soucier du tout de savoir si j'étais à l'écoute ou non. devrait jamais aller jusqu'à le voir produit.

Les expériences sérieuses et amères que j'avais vécues si tôt dans la vie avaient beaucoup contribué à me guider vers ce côté intensément sérieux de ma nature qui s'était manifesté dans ma plus tendre jeunesse. L'effet de ces expériences amères allait maintenant être encore souligné par d'autres tristes impressions. Peu de temps après que Minna m'ait rejoint, je reçus de chez moi la nouvelle du décès de ma sœur Rosalie. C'était la première fois de ma vie que je faisais l'expérience du décès d'un être cher. La mort de cette sœur m'a paru comme un coup du sort des plus cruels et des plus significatifs ; c'était par amour et par respect pour elle que je m'étais si résolument détourné de mes excès de jeunesse, et c'était pour gagner sa sympathie que j'avais consacré une réflexion et un soin particuliers à mes premières grandes œuvres. Lorsque les passions et les soucis de la vie m'étaient venus et m'avaient chassé de chez moi, c'était elle qui avait lu au plus profond de mon cœur meurtri et qui m'avait fait ces adieux anxieux à mon départ de Leipzig. Au moment de ma disparition, lorsque la nouvelle de mon mariage volontaire et de la situation malheureuse qui en résultait parvint à ma famille, c'est elle qui, comme ma mère me l'a dit plus tard, n'a jamais perdu confiance en moi, mais a toujours gardé l'espoir que J'atteindrais un jour le plein développement de mes capacités et réussirais véritablement ma vie.

Maintenant, à la nouvelle de sa mort, et éclairé par le souvenir de cet adieu impressionnant, comme par un éclair, j'ai vu l'immense valeur que mes relations avec cette sœur avaient été pour moi, et je ne me suis pas pleinement rendu compte de l'étendue de son influence jusqu'à plus tard, lorsque, après mes premiers succès éclatants, ma mère déplora en larmes que Rosalie n'ait pas vécu pour en être témoin. Cela m'a vraiment fait du bien d'être à nouveau en communication avec ma famille. Ma mère et mes sœurs avaient eu des nouvelles de mes agissements d'une manière ou d'une autre, et j'étais profondément touché, dans les lettres que je recevais maintenant d'elles, de n'entendre aucun reproche concernant mon comportement entêté et apparemment sans cœur, mais seulement de la sympathie et une sincère sollicitude. Ma famille avait également reçu des rapports favorables sur les qualités de ma femme, ce dont j'étais particulièrement heureux, car cela m'épargnait ainsi la difficulté de défendre auprès de moi son comportement douteux, que j'aurais eu peine à excuser. Cela produisit un calme salutaire dans mon âme, si naguère en proie aux pires inquiétudes. Tout ce qui m'avait poussé avec une telle hâte passionnée à un mariage imprévu et prématuré, tout ce qui m'avait par conséquent pesé si ruineusement, semblait maintenant apaisé, laissant à sa place la paix. Et bien que les soucis ordinaires de la vie me pesaient encore pendant de nombreuses années, souvent sous la forme la plus vexatoire et la plus pénible, les inquiétudes qui accompagnaient mes ardents désirs de jeunesse étaient d'une manière modérée et calme. Dès lors et jusqu'à mon indépendance professionnelle, tous les efforts de ma vie purent être entièrement dirigés vers ce but plus idéal qui, depuis la conception de mon Rienzi, devait être mon seul guide dans la vie.

Ce n'est que plus tard que j'ai compris pour la première fois le véritable caractère de ma vie à Riga, grâce aux paroles d'un de ses habitants, étonné d'apprendre le succès d'un homme de l'importance, pendant tout son séjour de deux ans. dans la petite capitale de Livonie, on ne savait rien. Livré entièrement à mes propres ressources, j'étais étranger à tout le monde. Comme je l'ai déjà dit, je me tenais à l'écart de tous les gens du théâtre, en raison de mon aversion croissante à leur égard, et c'est pourquoi, lorsqu'à la fin de mars 1839, à la fin de mon deuxième hiver là-bas, je fus renvoyé par la direction, bien que cet événement m'ait surpris pour d'autres raisons, je me sentais pourtant pleinement réconcilié avec ce changement obligatoire dans ma vie. Les raisons qui ont conduit à ce renvoi étaient cependant d'une telle nature que je ne pouvais que considérer cela comme l'une des expériences les plus désagréables de ma vie. Un jour, alors que j'étais dangereusement malade, j'ai entendu parler des véritables sentiments de Holtei à mon égard. J'avais attrapé un gros rhume au cœur de l'hiver, lors d'une répétition de théâtre, et cela prit immédiatement un caractère grave, du fait que mes nerfs étaient dans un état d'irritation constante à cause de l'ennui continuel et de l'inquiétude vexatoire provoqués par le méprisable. caractère de la direction théâtrale. C'était justement au moment où notre compagnie devait donner une représentation spéciale de l'opéra Norma à Mitau. Holtei insista pour que je me lève d'un lit de malade pour faire ce voyage hivernal et m'exposer ainsi au danger d'aggraver sérieusement mon rhume dans le théâtre glacial de Mitau. La fièvre typhoïde en fut la conséquence, et cela m'a tellement abattu que Holtei, qui avait entendu parler de mon état, aurait fait remarquer au théâtre que je ne devrais probablement plus jamais diriger, et que, à toutes fins utiles, " J'étais à bout de souffle. C'est à un excellent médecin homéopathique, le Dr Prutzer, que je dois ma guérison et ma vie. Peu de temps après, Holtei quitta définitivement notre théâtre et Riga ; son occupation là-bas, avec « des conditions bien trop respectables », comme il l'exprimait, lui était devenue intolérable. Mais en outre, des circonstances dans sa vie domestique (qui avaient été très affectées par la mort de sa femme) semblaient lui faire considérer une rupture complète avec Riga comme éminemment souhaitable. Mais à mon grand étonnement, je me rendis compte pour la première fois que moi aussi, inconsciemment, j'avais souffert des problèmes qu'il s'était lui-même provoqués. Lorsque le successeur de Holtei à la direction, Joseph Hoffmann le chanteur, m'informa que son prédécesseur avait posé comme condition à sa prise de fonction qu'il conclurait le même engagement que celui que Holtei avait pris avec le chef d'orchestre Dorn pour le poste et que j'avais Jusqu'alors pourvu, et mon renouvellement était donc devenu impossible, ma femme répondit à mon étonnement en me donnant la raison, dont elle était bien consciente depuis longtemps, à savoir l'aversion particulière de Holtei pour nous deux. Lorsque Minna m'informa ensuite de ce qui s'était passé - elle m'avait délibérément caché tout cela pendant tout ce temps, afin de ne pas créer de mésentente entre moi et mon directeur - une lumière épouvantable fut jetée sur toute l'affaire. Je me souvenais en effet parfaitement comment, peu après l'arrivée de Minna à Riga, Holtei m'avait particulièrement pressé de ne pas empêcher les fiançailles de ma femme au théâtre. Je lui ai demandé d'en discuter tranquillement avec elle, afin qu'il voie que les réticences de Minna reposaient sur une entente mutuelle et non sur une quelconque jalousie de ma part. Je lui avais intentionnellement donné du temps pendant que j'étais au théâtre pour répéter les discussions nécessaires avec ma femme. A la fin de ces entrevues, j'avais, à mon retour, trouvé souvent Minna dans un état très excité, et enfin elle déclarait avec insistance qu'en aucun cas elle n'accepterait les fiançailles proposées par Holtei. J'avais également remarqué dans l'attitude de Minna à mon égard une étrange anxiété de savoir pourquoi je n'étais pas réticent à permettre à Holtei d'essayer de la persuader. Maintenant que la catastrophe s'était produite, j'appris que Holtei avait en fait utilisé ces entretiens pour faire des avances indues à ma femme, dont je ne compris la nature qu'avec difficulté en connaissant davantage les particularités de cet homme et après avoir entendu parler d'autres cas d'une nature similaire. Je découvris alors que Holtei considérait comme un avantage de faire parler de lui à propos de jolies femmes, afin de détourner ainsi l'attention du public d'autres conduites encore plus répréhensibles. Après cela, Minna fut extrêmement indignée contre Holtei, qui, voyant sa propre demande rejetée, apparut comme médium pour un autre prétendant, au nom duquel il insista sur le fait qu'il n'en penserait pas plus mal d'elle pour l'avoir rejeté, un homme aux cheveux gris et sans le sou. , mais en même temps il défendait la cause de Brandebourg, un jeune marchand très riche et beau. Sa farouche indignation devant ce double rejet, son humiliation d'avoir révélé inutilement sa véritable nature, semblent, à en juger par les observations de Minna, avoir été extrêmement grandes. Je comprenais maintenant trop bien que ses fréquentes sorties et profondément méprisantes contre des acteurs et actrices respectables n'étaient pas de simples exagérations fougueuses, mais qu'il avait probablement souvent dû se plaindre d'être complètement honteux pour cette raison.

Le fait que jouer des rôles criminels comme celui qu'il avait envisagé avec ma femme n'ait pas pu détourner l'attention toujours croissante du monde extérieur de ses habitudes vicieuses et dissolues, ne semble pas lui avoir échappé ; car ceux qui se trouvaient dans les coulisses m'ont dit franchement que c'était par crainte de révélations très désagréables qu'il avait soudainement décidé de renoncer complètement à son poste à Riga. Même bien plus tard, j'ai entendu parler de l'amère aversion de Holtei à mon égard, aversion qui s'est manifestée, entre autres choses, dans sa dénonciation de La Musique du Futur [8] et de sa tendance à mettre en péril la simplicité du pur sentiment. J'ai déjà mentionné qu'il avait manifesté une telle animosité personnelle contre moi pendant la dernière partie du temps où nous étions ensemble à Riga qu'il a exprimé son hostilité contre moi de toutes les manières possibles. Jusqu'alors, j'avais eu tendance à l'attribuer à la divergence de nos vues respectives sur les points artistiques.

[8] *Zukunftsmusik* est un pamphlet révélant certains des buts et aspirations artistiques de Wagner, écrit en 1860-61.—EDITEUR.

A mon grand désarroi, je m'apercevais alors que seules des considérations personnelles étaient au fond de tout cela, et je rougis de constater que par ma confiance autrefois sans réserve en un homme que je croyais absolument honnête, j'avais fondé ma connaissance de la nature humaine sur de telles fondations très fragiles. Mais ma déception fut encore plus grande lorsque je découvris le véritable caractère de mon ami H. Dorn. Pendant tout le temps de nos relations à Riga, lui, qui me traitait autrefois plutôt comme un frère aîné de bonne humeur, était devenu mon ami le plus confidentiel. Nous nous voyions et nous rendions visite presque quotidiennement, très fréquemment dans nos maisons respectives. Je ne lui ai pas caché un seul secret, et la représentation de sa Schoffe van Paris sous ma direction a eu autant de succès que si elle avait été sous sa direction. Or, lorsque j'ai appris que mon poste lui avait été confié, je me suis senti obligé de l'interroger à ce sujet, afin de savoir s'il n'y avait pas erreur de sa part sur mon intention concernant le poste que j'occupais jusqu'ici. Mais d'après sa lettre de réponse, je pouvais clairement voir que Dorn avait en réalité profité de l'aversion de Holtei à mon égard pour obtenir de lui, avant son départ, un arrangement qui était à la fois contraignant pour son successeur et également en sa faveur (de Dorn). En tant qu'ami, il aurait dû savoir qu'il ne pourrait bénéficier de cet accord qu'en cas de démission de mon poste à Riga, car dans nos conversations confidentielles, qui se sont poursuivies jusqu'à la fin, il s'est toujours soigneusement abstenu d'évoquer la possibilité de mon partir ou rester. En fait, il a déclaré que Holtei lui avait clairement dit qu'il ne me réengagerait en aucun cas, car je ne pouvais pas m'entendre avec les chanteurs. Il ajouta qu'après cela, on ne pourrait pas s'étonner que lui, à qui le succès de sa Schoffe von Paris avait inspiré un nouvel enthousiasme pour le théâtre, ait saisi et tourné à son avantage l'occasion qui s'offrait à lui. De plus, il avait déduit de mes communications confidentielles que ma situation était très délicate et que, du fait que mon petit salaire avait été réduit dès le début par Holtei, j'étais dans une position très précaire en raison des exigences de mes créanciers. à Königsberg et Magdebourg. Il apparut que ces gens avaient employé contre moi un avocat qui était un ami de Dorn et que, par conséquent, il était parvenu à la conclusion que je ne pourrais pas rester à Riga. C'est pourquoi, même en tant qu'ami, il avait eu la conscience tranquille en acceptant la proposition de Holtei.

Pour ne pas le laisser dans la jouissance complaisante de cette auto-illusion, je lui ai clairement fait comprendre qu'il ne pouvait ignorer qu'un salaire plus élevé m'était promis pour la troisième année de mon contrat ; et que, par la création de concerts d'orchestre, qui avait déjà pris un bon départ, je voyais maintenant le moyen de me libérer de ces dettes de longue date, ayant déjà surmonté les difficultés du déménagement et de l'installation. Je lui ai également demandé comment il agirait si je considérais que c'était dans mon intérêt de conserver mon poste et de lui demander de renoncer à son accord avec Holtei, qui, en fait, après son départ de Riga, s'était retiré. le motif allégué de mon licenciement. À cela, je n'ai reçu aucune réponse et je n'en ai pas eu jusqu'à présent ; mais, d'un autre côté, en 1865, je fus étonné de voir Dorn entrer à l'improviste dans ma maison de Munich, et quand, à sa grande joie, je le reconnus, il s'avança vers moi avec un geste qui montrait clairement son intention de m'embrasser. Bien que j'aie réussi à y échapper, j'ai vite compris la difficulté de l'empêcher de s'adresser à moi avec la forme familière de «tu», car cette tentative aurait nécessité des explications qui auraient été un ajout inutile à tous mes soucis. alors; car c'était l'époque où l'on produisait mon Tristan.

Un tel homme était Heinrich Dorn. Bien qu'après l'échec de trois opéras, il se soit retiré du théâtre par dégoût pour se consacrer exclusivement au côté commercial de la musique, le succès de son opéra Der Schoffe von Paris à

Riga l'a aidé à retrouver une place permanente parmi les les musiciens dramatiques d'Allemagne. Mais à cette position, il fut d'abord tiré de l'obscurité, à travers le pont de l'infidélité envers son ami, et grâce à l'aide de la vertu en la personne du directeur Holtei, grâce à une magnanimité de Franz Listz. La préférence du roi Friedrich Wilhelm IV. car les scènes d'église contribuèrent à lui assurer finalement sa position importante au plus grand théâtre lyrique d'Allemagne, l'Opéra royal de Berlin. Car il était bien moins motivé par sa dévotion envers la muse dramatique que par son désir de s'assurer une bonne position dans une ville allemande importante, lorsque, comme nous l'avons déjà laissé entendre, sur la recommandation de Liszt, il fut nommé directeur musical de la cathédrale de Cologne. Au cours d'une fête liée à la construction de la cathédrale, il parvint, en tant que musicien, à travailler sur les sentiments religieux du monarque prussien, qu'il fut nommé au digne poste de chef d'orchestre musical au Théâtre Royal, qualité dans laquelle il continua longtemps à faire honneur à la musique dramatique allemande en collaboration avec Wilhelm Taubert.

Je dois reconnaître à J. Hoffmann, qui fut désormais directeur du théâtre de Riga, le mérite d'avoir ressenti très profondément la trahison exercée contre moi. Il me dit que son contrat avec Dorn ne le liait qu'à un an et qu'une fois les douze mois écoulés, il désirait se mettre d' accord avec moi. Dès que cela fut connu, mes clients à Riga me proposèrent des engagements d'enseignement et des arrangements pour divers concerts, en guise de compensation pour le salaire annuel que je perdrais en m'absentant de mon travail de chef d'orchestre. Bien que j'aie été très satisfait de ces offres, comme je l'ai déjà souligné, le désir de me détacher du genre de vie théâtrale que j'avais vécu jusqu'alors m'a tellement possédé que j'ai résolument saisi cette occasion d'abandonner mon ancien métier. vocation pour une toute nouvelle. Non sans quelque astuce, je jouai de l'indignation de ma femme devant la trahison que j'avais subie, pour la faire adhérer à mon idée excentrique d'aller à Paris. Déjà dans ma conception de Rienzi, j'avais rêvé des conditions théâtrales les plus magnifiques, mais maintenant, sans m'arrêter à aucune station intermédiaire, mon seul désir était d'atteindre le cœur même de tout le grand opéra européen. Alors que j'étais encore à Magdebourg, j'avais fait du roman de H. König, Die Hohe Braut, le sujet d'un grand opéra en cinq actes et dans le style français le plus luxueux. Après que l'ébauche scénique de cet opéra, traduit en français, fut entièrement élaborée, je l'envoyai de Königsberg à Scribe à Paris. Avec ce manuscrit, j'envoyai une lettre au célèbre poète d'opéra, dans laquelle je lui proposais d'exploiter mon intrigue, à condition qu'il m'assure la composition de la musique pour l'Opéra de Paris. Pour le convaincre de mon aptitude à composer de la musique d'opéra parisien, je lui ai également envoyé la partition de mon Liebesverbot. En même temps, j'écrivais à Meyerbeer pour l'informer de mes projets et le prier de me soutenir. Je n'étais pas du tout découragé de ne recevoir aucune réponse, car j'étais content de savoir que maintenant « j'étais enfin en communication avec Paris ». C'est pourquoi, lorsque je partis de Riga pour mon audacieux voyage, il me semblait avoir un objectif relativement sérieux en vue, et mes projets parisiens ne me semblaient plus tout à fait en suspens. En outre, j'appris maintenant que ma plus jeune sœur, Cecilia, était fiancée à un certain Eduard Avenarius, employé de la maison de librairie Brockhaus, et que celui-ci avait pris en charge la direction de leur succursale parisienne. Je lui demandai des nouvelles de Scribe et une réponse à la demande que j'avais faite à ce monsieur quelques années auparavant. Avenarius rendit visite à Scribe et reçut de lui un accusé de réception de ma communication antérieure. Scribe a également montré qu'il avait un certain souvenir du sujet lui-même ; car il disait que, autant qu'il se souvenait, il y avait dans la pièce une joueuse de harpe qui était maltraitée par son frère. Le fait que cet élément purement accidentel était resté seul dans sa mémoire m'a amené à conclure qu'il n'avait pas étendu sa connaissance de la pièce au-delà du premier acte, dans lequel l'élément en question apparaît. Quand d'ailleurs j'appris qu'il n'avait rien à dire sur ma partition, si ce n'est qu'il s'en faisait rejouer des parties par un élève du Conservatoire, je ne pouvais vraiment pas me flatter qu'il eût pris des dispositions définitives et précises. relations conscientes avec moi. Et pourtant, j'avais des preuves palpables dans une lettre de lui à Avenarius, que ce dernier m'a transmise, que Scribe s'était réellement occupé de mon travail et que j'étais effectivement en communication avec lui, et cette lettre de Scribe a fait un tel effet. J'eus l'impression sur ma femme, qui n'était nullement encline au optimisme, qu'elle surmonta peu à peu ses appréhensions à l'égard de l'aventure parisienne. Enfin il fut fixé et réglé qu'à l'expiration de mon contrat de deuxième année à Riga (c'est-à-dire au cours de l'été prochain 1839), nous nous rendrions directement de Riga à Paris, afin que j'y tente ma chance. en tant que compositeur d'opéra.

La production de mon Rienzi commençait alors à prendre une plus grande importance. La composition du deuxième acte était terminée avant que nous commencions, et j'y ai tissé un ballet héroïque aux dimensions extravagantes. Il était désormais impératif que j'acquière rapidement la connaissance du français, langue que, lors de mes études classiques au Grammar School, j'avais méprisement mise de côté. Comme il ne me restait que quatre semaines pour récupérer le temps perdu, j'engageai un excellent maître français. Mais comme je compris bientôt que je ne pouvais pas faire grand-chose en si peu de temps, j'utilisai les heures de leçons pour obtenir de lui, sous prétexte de recevoir un enseignement, une traduction idiomatique de mon livret de Rienzi. J'écrivis ceci à l'encre rouge sur les parties de la partition qui étaient terminées, afin qu'en arrivant à Paris je puisse immédiatement soumettre mon opéra à moitié terminé aux juges français de l'art.

Tout semblait maintenant soigneusement préparé pour mon départ, et il ne restait plus qu'à réunir les fonds nécessaires à mon entreprise. Mais à cet égard, les perspectives étaient mauvaises. La vente de nos modestes meubles de maison, le produit d'un concert-bénéfice et mes maigres économies suffisaient seulement à satisfaire les demandes importunes de mes créanciers de Magdebourg et de Königsberg. Je savais que si je devais consacrer tout mon argent à ce projet, il ne resterait plus un sou. Il faut trouver une issue à cette situation, et c'est ce que notre vieil ami de Königsberg, Abraham Möller, a suggéré avec sa manière désinvolte et obscure habituelle. Juste à ce moment critique, il nous rendit une seconde visite à Riga. Je lui fis part des difficultés de notre position et de tous les obstacles qui s'opposaient à ma résolution d'aller à Paris. Il me conseilla, avec son laconisme habituel, de réserver toutes mes économies pour notre voyage, et de régler avec mes créanciers lorsque mes succès parisiens en auraient fourni les moyens. Pour nous aider à réaliser ce projet, il nous proposa de nous faire traverser dans sa voiture la frontière russe à toute vitesse jusqu'à un port de Prusse orientale. Nous devrions traverser la frontière russe sans passeports, ceux-ci ayant déjà été saisis par nos créanciers étrangers. Il nous assura que nous trouverions très simple de mener à bien cette expédition très hasardeuse, et déclara qu'il avait un ami dans un domaine prussien proche de la frontière qui nous apporterait une aide très efficace. Mon désir d'échapper à tout prix à ma situation antérieure et d'entrer le plus rapidement possible dans un domaine plus vaste, dans lequel j'espérais réaliser très bientôt mon ambition , m'a aveuglé sur tous les désagréments que devait entraîner l'exécution de sa proposition. . Le directeur Hoffmann, qui se croyait tenu de me servir au mieux de ses capacités, a facilité mon départ en me permettant de partir quelques mois avant l'expiration de mon engagement. Après avoir continué à diriger la partie lyrique de la saison théâtrale de Mitau jusqu'au mois de juin, nous avons commencé en secret dans un car spécial engagé par Möller et sous sa protection. Le but de notre voyage était Paris, mais bien des épreuves inouïes nous attendaient avant d'atteindre cette ville.

Le sentiment de contentement suscité involontairement par notre passage à travers la fructueuse Courlande au cours du luxuriant mois de juillet, et par la douce illusion que maintenant je m'étais enfin détaché d'une existence odieuse, pour m'engager sur un chemin de fortune nouveau et sans limites, fut troublé dès le début par les misérables inconvénients occasionnés par la présence d'un énorme chien de Terre-Neuve appelé Robber. Cette belle créature, à l'origine propriété d'un marchand de Riga, s'était, contrairement à la nature de sa race, devenue attachée à moi. Après que j'eus quitté Riga et pendant mon long séjour à Mitau, le voleur assiégeait sans cesse ma maison vide, et touchait tellement le cœur de mon propriétaire et des voisins par sa fidélité, qu'ils envoyèrent le chien après moi par le conducteur de la voiture vers Mitau, où je l'ai salué avec une véritable effusion et j'ai juré que, malgré toutes les difficultés, je ne me séparerais plus jamais de lui. Quoi qu'il arrive, le chien doit nous accompagner à Paris. Et pourtant, même le faire monter dans la voiture s'avérait presque impossible. Tous mes efforts pour lui trouver une place dans ou autour du véhicule furent vains et, à mon grand regret, je dus regarder l'énorme bête du nord, au pelage hirsute, galoper toute la journée sous un soleil de plomb à côté de la voiture. Enfin, ému de pitié par son épuisement et ne pouvant plus supporter ce spectacle, je trouvai un plan des plus ingénieux pour amener le gros animal avec nous dans la voiture, où, bien qu'elle soit pleine à craquer, il fut transporté. juste capable de trouver de la place.

Le soir du deuxième jour, nous atteignîmes la frontière russo-prussienne. L'inquiétude évidente de Möller quant à savoir si nous serions capables de le traverser en toute sécurité nous montrait clairement qu'il s'agissait là d'un danger. Son bon ami de l'autre côté est arrivé avec une petite voiture, comme convenu, et dans ce véhicule a conduit Minna, moi et Robber par des sentiers jusqu'à un certain point, d'où il nous a conduits à pied jusqu'à une maison à l'extérieur extrêmement suspect. , où, après nous avoir remis à un guide, il nous a laissés. Là, nous avons dû attendre jusqu'au coucher du soleil et avons eu tout le loisir de nous rendre compte que nous étions dans un bistro de contrebandiers, qui s'est peu à peu rempli jusqu'à l'étouffement de Juifs polonais d'aspect des plus rébarbatifs.

Enfin nous fûmes sommés de suivre notre guide. A quelques centaines de pieds de là, sur le flanc d'une colline, s'étendait le fossé qui longe toute la longueur de la frontière russe, surveillé continuellement et à intervalles très rapprochés par les Cosaques. Notre chance était de mettre à profit les quelques instants qui suivirent la relève du quart, pendant lesquels les sentinelles étaient occupées ailleurs. Nous avons donc dû dévaler la colline à toute vitesse, traverser le fossé, puis nous précipiter jusqu'à ce que nous soyons hors de portée des canons des soldats ; car les Cosaques étaient tenus, en cas de découverte, de tirer sur nous même de l'autre côté du fossé. Malgré mon inquiétude presque passionnée pour Minna, j'avais observé avec un plaisir singulier le comportement intelligent de Robber, qui, comme s'il était conscient du danger, se tenait silencieusement à nos côtés et dissipa entièrement ma crainte qu'il ne cause des ennuis pendant notre voyage. passage dangereux. Finalement, notre fidèle assistant réapparut et fut si ravi qu'il nous serra tous dans ses bras. Puis, nous remettant dans sa voiture, il nous conduisit à l'auberge du village frontière prussien, où mon ami Möller, franchement malade d'anxiété, sauta du lit en sanglotant et en se réjouissant pour nous saluer.

Ce n'est que maintenant que je commençai à comprendre le danger auquel j'avais exposé, non seulement moi-même, mais aussi ma pauvre Minna, et la folie dont j'avais été coupable par mon ignorance des terribles difficultés qu'il y avait à franchir secrètement la frontière - difficultés dont Möller m'avait bêtement laissé rester dans l'ignorance.

J'étais tout simplement incapable de dire à ma pauvre femme épuisée à quel point je regrettais toute cette affaire.

Et pourtant les difficultés que nous venions de surmonter n'étaient que le prélude aux calamités accessoires à ce voyage aventureux qui eut une influence si décisive sur ma vie. Le lendemain, alors que, avec un courage renouvelé, nous traversions la riche plaine de Tilsit jusqu'à Arnau, près de Königsberg, nous décidâmes, comme étape suivante de notre voyage, de partir du port prussien de Pillau en voilier jusqu'à Londres. Notre principale raison était la considération du chien que nous avions avec nous. C'était le moyen le plus simple de l'emmener. Il était hors de question de le transporter en car de Königsberg à Paris et les chemins de fer étaient inconnus. Mais une autre considération était notre budget ; le résultat total de mes efforts désespérés ne s'élevait qu'à une centaine de ducats, qui devaient couvrir non seulement le voyage jusqu'à Paris, mais encore nos dépenses jusqu'à ce que j'eusse gagné quelque chose. C'est pourquoi, après quelques jours de repos à l'auberge d'Arnau, nous nous rendîmes à la petite ville portuaire de Pillau, toujours accompagnés de Möller, dans l'un des moyens de transport locaux ordinaires, qui ne valaient guère mieux qu'un chariot. Afin d'éviter Königsberg, nous avons traversé des villages plus petits et emprunté des routes en mauvais état. Même cette courte distance ne pouvait être parcourue sans accident. Le lourd véhicule s'est renversé dans une cour de ferme, et Minna a été si gravement indisposée par l'accident, à cause d'un choc interne, que j'ai dû la traîner — avec beaucoup de difficulté, car elle était tout à fait impuissante — jusqu'à la maison d'un paysan. Les gens étaient bourrus et sales, et la nuit que nous y avons passée a été douloureuse pour le pauvre malade. Un retard de plusieurs jours s'est produit avant le départ du navire Pillau, mais cela a été le bienvenu comme un répit pour permettre à Minna de se rétablir. Enfin, comme le capitaine devait nous prendre sans passeport, notre embarquement s'accompagna de difficultés exceptionnelles. Nous avons dû trouver un moyen de passer le quart du port jusqu'à notre navire dans un petit bateau avant le lever du jour. Une fois à bord, nous avions encore la pénible tâche de hisser Robber sur le côté escarpé du navire sans attirer l'attention, puis de nous cacher immédiatement sous le pont, afin d'échapper à l'attention des fonctionnaires visitant le navire avant son départ. L'ancre fut levée, et enfin, à mesure que la terre disparaissait peu à peu, nous crus pouvoir respirer librement et nous sentir à l'aise.

Nous étions à bord d'un navire marchand du plus petit type. On l'appelait la Thétis ; un buste de la nymphe était érigé à la proue et elle transportait un équipage de sept hommes, dont le capitaine. Avec le beau temps, comme on pouvait s'y attendre en été, le voyage jusqu'à Londres était estimé à huit jours.

Cependant, avant de quitter la Baltique, nous fûmes retardés par un calme prolongé. J'en ai profité pour améliorer mes connaissances du français par l'étude d'un roman, La Dernière Aldini, de George Sand. Nous avons également tiré un certain divertissement de notre association avec l'équipage. Il y avait un marin âgé et particulièrement taciturne nommé Koske, que nous avons observé attentivement parce que Robber, qui était habituellement si amical, lui avait pris une antipathie irréconciliable. Curieusement, ce fait devait ajouter dans une certaine mesure à nos ennuis à l'heure du danger. Après sept jours de navigation, nous n'étions pas plus loin que Copenhague, où, sans quitter le navire, nous saisissions l'occasion de rendre plus supportable notre régime très maigre à bord par divers achats de nourriture et de boissons. De bonne humeur, nous avons navigué devant le magnifique château d'Elseneur, dont la vue m'a immédiatement mis en contact avec mes impressions de jeunesse sur Hamlet. Nous naviguions sans méfiance à travers le Cattegat jusqu'au Skagerack, lorsque le vent, qui avait d'abord été simplement défavorable, et nous avait forcés à un effort de virement de bord fatigué, se changea le deuxième jour en une violente tempête. Pendant vingt-quatre heures, nous avons dû lutter contre elle dans des conditions qui nous étaient toutes nouvelles. Dans la cabine douloureusement étroite du capitaine, dans laquelle l'un de nous se trouvait sans couchette convenable, nous étions en proie au mal de mer et à des alarmes sans fin. Malheureusement, le tonneau de cognac, près duquel l'équipage se fortifiait pendant son travail pénible, était enfoncé dans un creux sous le siège sur lequel j'étais allongé de tout mon long. Or, c'était Koske qui venait le plus souvent chercher le rafraîchissement qui me gênait tant, et cela malgré le fait qu'à chaque fois il devait affronter Robber dans un combat mortel. Le chien se jetait sur lui avec une rage renouvelée chaque fois qu'il descendait les marches étroites. J'étais donc obligé de faire des efforts qui, dans mon état d'épuisement complet dû au mal de mer, rendaient mon état de plus en plus critique. Enfin, le 27 juillet, le capitaine fut contraint par la violence du vent d'ouest de chercher un port sur la côte norvégienne. Et comme j'étais soulagé de contempler cette immense côte rocheuse vers laquelle nous nous dirigeions à une telle vitesse ! Un pilote norvégien vint à notre rencontre dans un petit bateau et, d'une main expérimentée, prit le commandement du Thétis, après quoi je devais en très peu de temps avoir une des plus merveilleuses et des plus belles impressions de ma vie. Ce que j'avais pris pour une ligne continue de falaises s'est avéré à notre approche être une série de rochers séparés dépassant de la mer. Après les avoir dépassés, nous nous aperçûmes que nous étions environnés, non-seulement devant et sur les côtés, mais aussi derrière nous, par ces écueils qui se resserraient derrière nous si près les uns des autres qu'ils semblaient former une seule chaîne de rochers. En même temps, l'ouragan était si brisé par les rochers à l'arrière que plus nous avancions dans ce labyrinthe toujours changeant de rochers saillants, plus la mer devenait calme, jusqu'à ce qu'enfin la progression du navire soit parfaitement fluide et silencieuse lorsque nous entrâmes. une de ces longues routes maritimes qui traversent un ravin géant : c'est ainsi que m'apparaissent les fjords norvégiens.

Un sentiment de contentement indescriptible m'envahit lorsque les énormes murs de granit faisaient écho à la grêle de l'équipage alors qu'ils jetaient l'ancre et ferlaient les voiles. Le rythme aigu de cet appel s'accrochait à moi comme un présage de bonne humeur et se transformait bientôt en thème du chant des marins de mon Fliegender Holländer. L'idée de cet opéra était, dès cette époque, toujours présente dans mon esprit, et elle prenait désormais une couleur poétique et musicale certaine sous l'influence de mes impressions récentes. Eh bien, notre prochaine étape était d'aller à terre. J'ai appris que le petit village de pêcheurs où nous avons débarqué s'appelait Sandwike et était situé à quelques kilomètres de la ville beaucoup plus grande d'Arendal. Nous avons été autorisés à nous installer dans la maison hospitalière d'un certain capitaine de navire, qui était alors en mer, et nous avons pu prendre ici le repos dont nous avions tant besoin, car la violence constante du vent en plein air nous retenait là. deux jours. Le 31 juillet, le commandant de bord insiste pour repartir, malgré l'avertissement du pilote. Nous étions à bord du Thétis depuis quelques heures, et étions en train de manger un homard pour la première fois de notre vie, lorsque le capitaine et les matelots se mirent à injurier violemment contre le pilote, que je voyais à la barre : rigide de peur, s'efforçant d'éviter un récif à peine visible au-dessus de l'eau vers lequel notre navire se dirigeait. Grande était notre terreur devant ce violent tumulte, car nous nous croyions naturellement dans le plus extrême danger. Le navire a en fait reçu un choc violent qui, à mon imagination débordante, a semblé être la rupture de tout le navire. Heureusement, il s'est avéré que seul le côté de notre navire avait encrassé le récif et qu'il n'y avait pas de danger immédiat. Néanmoins, le capitaine jugea nécessaire de se diriger vers un port pour faire examiner le navire, et nous retournâmes à la côte et mouillâmes en un autre point. Le capitaine nous proposa alors de nous emmener dans un petit bateau avec deux matelots à Tromsond, ville assez importante située à quelques heures de distance, où il dut inviter les fonctionnaires du port à examiner son navire. Cela s'est avéré une fois de plus une excursion des plus attrayantes et des plus impressionnantes. La vue d'un fjord en particulier, qui s'étendait loin à l'intérieur des terres, travaillait sur mon imagination comme un désert inconnu et impressionnant. Cette impression fut intensifiée, au cours d'une longue marche depuis Tromsond jusqu'au plateau, par l'effet terriblement déprimant des landes sombres, dénuées d'arbres ou d'arbustes, n'ayant qu'une couverture de mousse maigre, qui s'étendent jusqu'à l'horizon et se confondent avec imperceptiblement dans le ciel sombre. La nuit était déjà longue lorsque nous revenions de ce voyage dans notre petit bateau, et ma femme était très inquiète. Le lendemain matin (1er août), rassurés sur l'état du navire et le vent qui nous était favorable, nous pûmes reprendre la mer sans autre entrave.

Après quatre jours de navigation calme, un fort vent du nord s'est levé, ce qui nous a poussé à une vitesse inhabituelle dans la bonne direction. Nous commençâmes à nous croire presque au terme de notre voyage lorsque, le 6 août, le vent tourna et la tempête commença à faire rage avec une violence inouïe. Le 7, un mercredi, à deux heures et demie de l'après-midi, nous nous croyions en danger de mort imminent. Ce n'était pas la force terrible avec laquelle le navire était projeté de haut en bas, entièrement à la merci de ce monstre marin, qui apparaissait tantôt comme un abîme insondable, tantôt comme un sommet escarpé de montagne, qui me remplissait d'une terreur mortelle ; Mon pressentiment d'une crise terrible était éveillé par le découragement de l'équipage, dont les regards malins semblaient superstitieux nous désigner comme la cause du désastre menaçant. Ignorant l'occasion insignifiante du secret de notre voyage, ils ont peut-être pensé que notre besoin de nous échapper était né de circonstances suspectes ou même criminelles. Le capitaine lui-même semblait, dans son extrême détresse, regretter de nous avoir embarqués ; car nous lui avions évidemment porté malheur dans ce passage familier, habituellement rapide et simple, surtout en été. A ce moment précis, à côté de la tempête sur l'eau, faisait rage un violent orage au-dessus de moi, et Minna exprima le fervent désir d'être frappée par la foudre avec moi plutôt que de sombrer vivante dans l'affreux flot. Elle m'a même supplié de la lier à moi, afin que nous ne soyons pas séparés en coulant. Une nuit de plus se passa au milieu de ces terreurs incessantes, que seule notre extrême fatigue contribuait à atténuer.

Le lendemain, la tempête s'était apaisée ; le vent restait défavorable, mais doux. Le capitaine essaya alors de nous repérer au moyen de ses instruments astronomiques. Il se plaignait du ciel couvert depuis tant de jours, jurait qu'il donnerait beaucoup pour un seul aperçu du soleil ou des étoiles, et ne cachait pas l'inquiétude qu'il éprouvait de ne pouvoir indiquer avec certitude où nous nous trouvions. Il se consolait cependant en suivant un navire qui naviguait quelques nœuds en avant dans la même direction, et dont il observait de près les mouvements au télescope. Soudain, il se leva, très alarmé, et donna l'ordre véhément de changer de cap. Il avait vu le navire qui le précédait s'échouer sur un banc de sable, d' où, affirmait-il, il ne pouvait se dégager ; car il comprit maintenant que nous étions près de la partie la plus dangereuse de la ceinture de bancs de sable qui borde la côte hollandaise sur une distance considérable. Grâce à une navigation très adroite, nous avons pu maintenir le cap opposé vers la côte anglaise, que nous avons effectivement aperçue le 9 août au soir, aux environs de Southwold. J'ai senti une nouvelle vie m'envahir lorsque j'ai vu au loin les pilotes anglais courir pour notre navire. La concurrence étant libre entre les pilotes sur les côtes anglaises, ils viennent le plus loin possible à la rencontre des navires qui arrivent, même lorsque les risques sont très grands.

Le vainqueur dans notre cas était un puissant homme aux cheveux gris, qui, après de nombreuses et vaines luttes contre les vagues bouillonnantes, qui rejetaient son bateau léger loin de notre navire à chaque tentative, réussit enfin à aborder le Thétis. (Notre pauvre bateau, peu utilisé, portait encore ce nom, bien que la figure de proue en bois de notre nymphe patronne ait été jetée à la mer lors de notre première tempête dans le Cattegat – incident de mauvais augure aux yeux de l'équipage.) Nous fûmes remplis d'une pieuse gratitude lorsque ce tranquille marin anglais, dont les mains étaient déchirées et saignaient à cause de ses efforts répétés pour attraper la corde qui lui était lancée à son approche, prit le gouvernail. Toute sa personnalité nous impressionnait très agréablement, et il nous paraissait la garantie absolue d'une délivrance prochaine de nos terribles afflictions. Mais nous nous réjouissions trop tôt, car nous avions encore devant nous le périlleux passage à travers les bancs de sable des côtes anglaises, où, m'a-t-on assuré, près de quatre cents navires font naufrage en moyenne chaque année. Nous restâmes vingt-quatre heures (du 10 au 11 août au soir) au milieu de ces bancs de sable, luttant contre un vent d'ouest qui gêna si sérieusement notre progression que nous n'atteignîmes l'embouchure de la Tamise que le 12 au soir. du mois d'août. Ma femme avait jusque-là été si nerveusement affectée par les innombrables signaux de danger, constitués principalement de petits postes de garde peints en rouge vif et munis de cloches à cause du brouillard, qu'elle ne pouvait fermer les yeux, de jour comme de nuit, car l'excitation de les surveiller et de les signaler aux marins. Moi, au contraire, je trouvais ces hérauts de la proximité humaine et de la délivrance si consolants que, malgré les reproches de Minna, je m'accordai un long sommeil réparateur. Maintenant que nous étions ancrés à l'embouchure de la Tamise, en attendant le lever du jour, je me trouvais de la meilleure humeur ; Je me suis habillé, lavé et même rasé sur le pont près du mât, tandis que Minna et tout l'équipage épuisé étaient plongés dans un profond sommeil. Et avec un intérêt croissant, j'ai observé les signes croissants de vie dans ce célèbre estuaire. Notre désir de nous libérer complètement de notre détestable confinement nous amena, après avoir navigué un peu plus haut, à hâter notre arrivée à Londres en montant à bord d'un bateau à vapeur de passage à Gravesend. A mesure que nous approchions de la capitale, notre étonnement croissait de plus en plus devant le nombre de navires de toutes sortes qui remplissaient le fleuve, les maisons, les rues, les fameux docks et autres constructions maritimes qui bordaient les berges. Lorsque nous atteignîmes enfin le London Bridge, ce centre incroyablement peuplé de la plus grande ville du monde, et que nous posâmes le pied à terre après notre terrible voyage de trois semaines, une agréable sensation de vertige nous envahit alors que nos jambes nous portaient chancelants à travers le vacarme assourdissant. . Le voleur semblait être également affecté, car il tournait les coins comme un fou et menaçait de se perdre toutes les deux minutes. Mais nous cherchâmes bientôt refuge dans un fiacre qui nous conduisit, sur la recommandation de notre capitaine, à la Horseshoe Tavern, près de la Tour, et c'est là que nous devions élaborer nos plans pour la conquête de cette métropole géante.

Le quartier dans lequel nous nous trouvions était tel que nous décidâmes de le quitter le plus rapidement possible. Un petit juif bossu très sympathique de Hambourg m'a suggéré de meilleurs quartiers dans le West End, et je me souviens très bien de notre trajet là-bas, dans l'un des minuscules taxis étroits alors utilisés, le trajet ayant duré une bonne heure. Ils étaient construits pour transporter deux personnes, qui devaient s'asseoir face à face, et nous devions donc coucher notre gros chien en travers d'une fenêtre à l'autre. Les vues que nous avons vues depuis notre coin fantaisiste dépassaient tout ce que nous avions imaginé, et nous sommes arrivés à notre pension de famille dans Old Compton Street, agréablement stimulés par la vie et la taille écrasante de la grande ville. Même si, à l'âge de douze ans, j'avais fait ce que je supposais être une traduction d'un monologue de Roméo et Juliette de Shakespeare, je trouvais ma connaissance de l'anglais tout à fait insuffisante pour converser avec la logeuse des Armes du Roi. Mais la condition sociale de la bonne dame, veuve d'un capitaine de vaisseau, la faisait croire qu'elle pouvait me parler français, et ses tentatives me faisaient me demander lequel de nous connaissait le moins cette langue. Et puis un incident des plus troublants s'est produit : nous avons manqué Robber, qui a dû s'enfuir à la porte au lieu de nous suivre dans la maison. Notre détresse d'avoir perdu notre bon chien après l'avoir amené jusqu'ici avec tant de difficulté nous a occupés exclusivement pendant les deux premières heures que nous avons passées dans ce nouveau foyer à terre. Nous surveillions constamment la fenêtre jusqu'à ce que, tout à coup, nous reconnaissions avec joie le voleur qui se dirigeait sans inquiétude vers la maison depuis une rue latérale. Nous avons appris ensuite que notre absent avait erré jusqu'à Oxford Street à la recherche d'aventures, et j'ai toujours considéré son retour étonnant dans une maison où il n'était même pas entré comme une preuve solide de la certitude absolue des instincts de l'animal en la matière. de mémoire.

Nous avions maintenant le temps de nous rendre compte des pénibles séquelles du voyage. Le balancement continu du sol et nos efforts maladroits pour ne pas tomber nous ont semblé assez amusants ; mais lorsque nous sommes venus prendre notre repos bien mérité dans l'immense lit double anglais et que nous avons constaté que celui-ci se balançait également de haut en bas, cela devenait tout à fait insupportable. Chaque fois que nous fermions les yeux, nous nous enfoncions dans des abîmes effrayants et, ressuscitant, nous criions au secours. Il semblait que ce terrible voyage allait se poursuivre jusqu'à la fin de nos vies. Ajouté à cela, nous nous sentions terriblement malades ; car, après la nourriture atroce à bord, nous n'avions que trop envie de partager, avec moins de discrétion que de délectation, des mets plus savoureux.

Nous étions tellement épuisés par toutes ces épreuves que nous avons oublié de réfléchir à ce qui était après tout la question vitale : le résultat probable en espèces sonnantes et trébuchantes . En effet, les merveilles de la grande ville se révélèrent si fascinantes que nous partîmes en fiacre, comme si nous étions en voyage d'agrément, pour suivre un plan que j'avais esquissé sur mon plan de Londres. Dans notre émerveillement et notre joie devant ce que nous avons vu, nous avons complètement oublié tout ce que nous avions vécu. Aussi coûteux que cela s'avérait, je considérais notre séjour d'une semaine justifié, compte tenu, d'une part, du besoin de repos de Minna et, d'autre part, de l'excellente occasion qu'il m'offrait de faire des connaissances dans le monde musical. Lors de mon dernier séjour à Dresde, j'avais envoyé Rule Britannia, l'ouverture composée à Königsberg, à Sir John Smart, président de la Société Philharmonique. Il est vrai qu'il ne l'avait jamais reconnu, mais je sentais qu'il m'incombait d'autant plus de le lui reprocher. J'ai donc passé quelques jours à chercher où il habitait, me demandant entre-temps dans quelle langue je devrais me faire comprendre, mais à la suite de mes recherches, j'ai découvert que Smart n'était pas du tout à Londres. Je me suis ensuite persuadé que ce serait une bonne chose de rechercher Bulwer Lytton et de parvenir à un accord sur la représentation lyrique de son roman Rienzi, que j'avais dramatisé. Ayant appris, sur le continent, que Bulwer était député , je me rendis à la Chambre, au bout de quelques jours, pour m'enquérir sur place. Mon ignorance totale de la langue anglaise m'a été d'une grande utilité ici, et j'ai été traité avec une considération inattendue ; car, comme aucun des fonctionnaires inférieurs de ce vaste bâtiment ne pouvait comprendre ce que je voulais, je fus envoyé, étape par étape, auprès d'un haut dignitaire après l'autre, jusqu'à ce qu'enfin je fus présenté à un homme à l'air distingué, qui vint. sorti d'une grande salle au moment où nous passions, comme un individu totalement inintelligible. (Minna était avec moi tout le temps ; seul Robber. avait été laissé aux armes du roi.) Il m'a demandé très poliment ce que je voulais, en français, et a semblé favorablement impressionné lorsque je lui ai demandé quel était l'auteur célèbre. Il fut cependant obligé de me dire qu'il n'était pas à Londres. J'ai ensuite demandé si je ne pouvais pas être admis à un débat, mais on m'a répondu que, suite à l'incendie des anciennes chambres du Parlement, ils utilisaient des locaux temporaires dont l'espace était si limité que seuls quelques visiteurs privilégiés pourrait se procurer des cartes d'entrée. Mais, suite à mes pressions plus pressantes, il céda et ouvrit peu après une porte menant directement aux sièges des étrangers à la Chambre des Lords. Il semblait raisonnable d'en conclure que notre ami était un seigneur en personne. J'étais extrêmement intéressé de voir et d'entendre le premier ministre, Lord Melbourne, et Brougham (qui me semblait prendre une part très active aux débats, incitant Melbourne à plusieurs reprises, à ce que je pensais), et le duc de Wellington, qui avait l'air si à l'aise dans son chapeau de castor gris, les mains plongeant profondément dans les poches de son pantalon, et qui a prononcé son discours sur un ton si conversationnel que j'ai perdu mon sentiment de crainte excessive. Il avait aussi une curieuse manière d'accentuer ses points particuliers en secouant tout son corps. J'étais aussi très intéressé par Lord Lyndhurst, l'ennemi particulier de Brougham, et j'étais étonné de voir Brougham traverser plusieurs fois pour s'asseoir froidement à côté de lui. lui, apparemment dans le but d'inciter même son adversaire. Il s'agissait, comme je l'appris ensuite par les journaux, de la discussion des mesures à prendre contre le gouvernement portugais pour assurer l'adoption du projet de loi anti-esclavagiste. L'évêque de Londres, qui était l'un des orateurs à cette occasion, était le seul de ces messieurs dont la voix et les manières me parurent raides ou peu naturelles, mais peut-être ai-je été prévenu par mon aversion pour les pasteurs en général.

Après cette agréable aventure, je crus avoir épuisé pour le moment les attraits de Londres, car, bien que je ne pusse entrer à la Chambre basse, mon infatigable ami, que je retrouvais en sortant, me montra la salle où se trouvaient les Communes. Je m'assis, m'expliqua tout ce qui était nécessaire et me fit voir le sac de laine du Président et sa masse cachée sous la table. Il m'a également donné des détails si minutieux sur diverses choses que j'avais l'impression de savoir tout ce qu'il y avait à savoir sur la capitale de la Grande-Bretagne. Je n'avais pas la moindre intention d'aller à l'opéra italien, peut-être parce que je pensais que les prix étaient trop ruineux. Nous avons exploré à fond toutes les rues principales, en nous fatiguant souvent ; nous avons frémi lors d'un horrible dimanche à Londres et avons terminé par un voyage en train (notre tout premier) à Gravesend Park, en compagnie du capitaine du Thetis. Le 20 août, nous traversâmes la France en bateau à vapeur et arrivâmes le soir même à Boulogne-sur-mer, où nous quittions la mer avec le fervent désir de ne plus y retourner.

Nous étions tous les deux secrètement convaincus que nous aurions des déceptions à Paris, et c'est en partie pour cela que nous décidâmes de passer quelques semaines à Boulogne ou dans ses environs. Il était d'ailleurs trop tôt dans la saison pour retrouver en ville les différents personnages importants que je me proposais de voir ; d'un autre côté, il me paraissait une circonstance fort heureuse que Meyerbeer se trouvait à Boulogne. De plus, j'avais à terminer l'instrumentation d'une partie du deuxième acte de Rienzi et j'étais déterminé à avoir au moins la moitié de l'œuvre prête à être montrée à mon arrivée dans la coûteuse capitale française. Nous avons donc cherché un logement moins cher dans la campagne boulonnaise. Commençant par le voisinage immédiat, nos recherches aboutirent à la prise de deux chambres pratiquement non meublées dans la maison individuelle d'un négociant en vins rural, située sur la grande route de Paris, à une demi-heure de Boulogne. Nous lui fournissâmes ensuite des meubles rares mais suffisants, et Minna se distingua particulièrement en mettant notre intelligence à contribution. Outre un lit et deux chaises, nous avons déterré une table qui, après avoir débarrassé mes papiers Rienzi, servait à nos repas, que nous devions préparer au coin de notre feu.

Pendant que nous étions ici, j'ai passé mon premier appel à Meyerbeer. J'avais souvent lu dans les journaux son amabilité proverbiale, et je ne lui en voulais pas de ne pas avoir répondu à ma lettre. Mon opinion favorable fut cependant bientôt confirmée par l'accueil aimable qu'il me fit. L'impression qu'il fit était bonne à tous égards, notamment en ce qui concerne son apparence. Les années n'avaient pas encore donné à ses traits l'aspect flasque qui gâte tôt ou tard la plupart des visages juifs, et la fine formation de ses sourcils autour de ses yeux lui donnait une expression de visage qui inspirait confiance. Il ne semblait pas le moins du monde enclin à déprécier mon intention de tenter ma chance à Paris comme compositeur d'opéra ; il m'a permis de lui lire mon livret de Rienzi, et il m'a vraiment écouté jusqu'à la fin du troisième acte. Il garda les deux actes complets, me disant qu'il désirait les consulter, et m'assura, lorsque je le revis, de son vif intérêt pour mon ouvrage. Quoi qu'il en soit, cela m'ennuyait quelque peu qu'il se contente sans cesse de louer mon écriture minutieuse, un exploit qu'il considérait comme particulièrement saxonien. Il me promit de me remettre des lettres de recommandation à Duponchel, le directeur de l'Opéra, et à Habeneck, le chef d'orchestre. Je sentais maintenant que j'avais de bonnes raisons de vanter ma bonne fortune qui, après bien des vicissitudes, m'avait envoyé précisément dans cet endroit particulier de la France. Quelle meilleure fortune pouvait m'arriver que d'obtenir, en si peu de temps, l'intérêt sympathique du plus célèbre compositeur de l'opéra français ! Meyerbeer m'a emmené voir Moscheles, qui était alors à Boulogne, ainsi que Fraulein Blahedka, une célèbre virtuose dont je connaissais le nom depuis de nombreuses années. J'ai passé quelques soirées musicales informelles dans les deux maisons et suis ainsi entré en contact étroit avec des célébrités musicales, une expérience tout à fait nouvelle pour moi.

J'avais écrit à Paris à mon futur beau-frère Avernarius pour lui demander de nous trouver un logement convenable, et nous partîmes le 16 septembre en diligence pour hisser Voleur au sommet. accompagné des difficultés habituelles.

Ma première impression de Paris s'est avérée décevante compte tenu des grandes attentes que j'avais nourries de cette ville ; après Londres, il me parut étroit et confiné. J'avais imaginé les fameux boulevards beaucoup plus vastes, par exemple, et j'étais vraiment ennuyé, lorsque l'énorme car nous déposait rue de la Juissienne, de penser que je poserais pour la première fois le pied sur le sol parisien dans une si misérable petite ruelle. . La rue Richelieu, où mon beau-frère avait sa librairie, ne paraissait pas non plus imposante après les rues de l'ouest de Londres. Quant à la chambre garnie, qui m'avait été louée rue de la Tonnellerie, une des ruelles étroites qui relient la rue Saint-Honoré au marché des Innocents, je me sentais positivement dégradé d'avoir à m'installer . là. J'avais besoin de toute la consolation que l'on pouvait tirer d'une inscription, placée sous un buste de Molière, qui disait : maison ou naquit Molière, pour me relever après la méchante impression que la maison m'avait d'abord faite. La chambre qui nous avait été préparée au quatrième étage était petite mais gaie, convenablement meublée et bon marché. Des fenêtres, nous voyions l'agitation effroyable du marché en contrebas, qui devenait de plus en plus alarmante à mesure que nous l'observions, et je me demandais ce que nous faisions dans un tel quartier.

Peu de temps après, Avenarius dut se rendre à Leipzig pour ramener chez elle son épouse, ma plus jeune sœur Cecilia, après le mariage dans cette ville. Avant de partir, il me présenta sa seule connaissance musicale, un Allemand titulaire au département de musique de la Bibliothèque Royale, nommé EG Anders, qui ne perdit pas de temps pour nous chercher dans la maison de Molière. C'était, comme je le découvris bientôt, un homme d'un caractère très inhabituel, et, même s'il pouvait m'aider, il laissa dans ma mémoire une impression touchante et ineffaçable. C'était un célibataire des années cinquante, que ses revers l'avaient poussé à la triste nécessité de gagner sa vie à Paris sans aucune aide. Il s'était appuyé sur des connaissances bibliographiques extraordinaires qu'il avait eu l'habitude d'acquérir, notamment en matière de musique, au temps de sa prospérité. Il ne m'a jamais révélé son vrai nom, voulant garder le secret de celui-ci, ainsi que de ses malheurs, jusqu'après sa mort. Pour le moment, il me dit seulement qu'il s'appelait Anders, qu'il était d'origine noble et qu'il possédait des propriétés sur le Rhin, mais qu'il avait tout perdu à cause de la trahison crapuleuse de sa crédulité et de sa bonhomie. La seule chose qu'il avait réussi à sauver était sa bibliothèque très considérable, dont j'ai pu estimer moi-même la taille. Elle remplissait chaque mur de sa petite demeure. Même ici à Paris, il se plaignit bientôt d'ennemis acharnés ; car, bien qu'il ait été présenté à des personnes influentes, il occupait toujours la position inférieure d'un employé de la bibliothèque. Malgré son long service là-bas et son grand savoir, il a dû voir des hommes vraiment ignorants promus au-dessus de sa tête. J'ai découvert par la suite que la véritable raison résidait dans ses méthodes peu commerciales et dans la mollesse résultant de la manière délicate avec laquelle il avait été élevé dans sa jeunesse, qui le rendait incapable de développer l'énergie nécessaire à son travail. Avec un misérable salaire de quinze cents francs par an, il menait une existence lasse et pleine d'inquiétudes. N'ayant en vue qu'une vieillesse solitaire et la probabilité de mourir dans un hôpital, il semblait que notre société lui donnait une nouvelle vie ; car, même si nous étions frappés par la pauvreté, nous regardions l'avenir avec audace et espoir. Ma vivacité et mon énergie invincible le remplissaient d'espoirs de mon succès, et à partir de ce moment il prit une part très tendre et désintéressée à la promotion de mes intérêts. Bien qu'il ait collaboré à la Gazette Musicale, dirigée par Moritz Schlesinger, il n'a jamais réussi à y faire sentir la moindre influence. Il n'avait rien de la polyvalence d'un journaliste et les éditeurs ne lui confiaient pas grand-chose en dehors de la préparation de notes bibliographiques. Curieusement, c'est avec cet homme étranger et le moins débrouillard que j'ai dû discuter de mon projet de conquête de Paris, c'est-à-dire du Paris musical, qui est composé de tous les personnages les plus discutables qu'on puisse imaginer. Le résultat était pratiquement toujours le même ; nous nous encourageions simplement les uns les autres dans l'espoir qu'un coup de chance imprévu aiderait ma cause.

Pour nous aider dans ces discussions, Anders fit appel à son ami et colocataire Lehrs, un philologue, avec qui ma connaissance allait bientôt devenir l'une des plus belles amitiés de ma vie. Lehrs était le frère cadet d'un célèbre érudit de Königsberg. Il en était parti pour venir à Paris quelques années auparavant, dans le but de conquérir une position indépendante par son travail philologique. Il préférait cela, malgré les difficultés qui en résultaient, à un poste d'enseignant avec un salaire qui, seulement en Allemagne, pouvait être considéré comme suffisant pour les besoins d'un savant. Il obtient bientôt du travail auprès du libraire Didot, comme rédacteur adjoint d'une grande édition de classiques grecs, mais l'éditeur exploite sa pauvreté et se préoccupe beaucoup plus du succès de son entreprise que de la condition de son pauvre collaborateur. Lehrs dut donc perpétuellement lutter contre la pauvreté, mais il gardait un caractère égal et se montrait en tous points un modèle de désintéressement et d'abnégation. Il ne me considérait d'abord que comme un homme ayant besoin de conseils, et accessoirement un compagnon de souffrance à Paris ; car il n'avait aucune connaissance en musique et n'y portait aucun intérêt particulier. Nous devînmes bientôt si intimes que je le fis venir presque tous les soirs chez Anders, Lehrs étant extrêmement utile à son ami, dont la marche incertaine l'obligeait à utiliser un parapluie et une canne comme béquilles. Il était également nerveux lorsqu'il traversait des artères bondées, et particulièrement la nuit ; tandis qu'il aimait toujours faire franchir le seuil à Lehrs devant lui pour détourner l'attention du voleur, dont il était manifestement terrorisé. Notre chien, habituellement bon enfant, se méfia franchement de ce visiteur et adopta bientôt à son égard la même attitude agressive qu'il avait montrée envers le marin Koske à bord du Thetis. Les deux hommes résidaient dans un hôtel garni de la rue de Seine. Ils se plaignaient beaucoup de leur logeuse, qui s'appropriait une telle part de leurs revenus qu'ils étaient entièrement sous son pouvoir. Anders essayait depuis des années d'affirmer son indépendance en la quittant, sans parvenir à réaliser son projet. Nous nous débarrassâmes bientôt de tout déguisement quant à l'état actuel de nos finances, de sorte que, quoique les deux ménages fussent effectivement séparés, nos troubles communs nous donnèrent toute l'intimité d'une seule famille unie.

Les diverses manières par lesquelles je pourrais être reconnu à Paris constituaient alors le principal sujet de nos discussions. Nos espoirs reposaient d'abord sur les lettres d'introduction promises par Meyerbeer. Duponchel, le directeur de l'Opéra, m'a effectivement vu dans son bureau, où, fixant un monocle à son œil droit, il a lu la lettre de Meyerbeer sans trahir la moindre émotion, après avoir sans doute ouvert plusieurs fois auparavant des communications similaires du compositeur. . Je suis parti et je n'ai plus jamais entendu un mot de sa part. Le vieux chef d'orchestre Habeneck, de son côté, s'intéressa à mon travail qui n'était pas seulement poli et accéda à ma demande de faire jouer quelque chose de moi dans l'un des cabinets d'orchestre du Conservatoire dès qu'il en aurait le loisir. . Je n'avais malheureusement pas de courte pièce instrumentale qui me paraisse convenable, à l'exception de ma drôle d'ouverture de Colomb, que je considérais comme la plus efficace de toutes celles qui étaient sorties de ma plume. Elle avait été accueillie par de grands applaudissements à l'occasion de sa représentation au théâtre de Magdebourg, avec le concours des vaillants trompettistes de la garnison prussienne. J'ai donné à Habeneck la partition et les parties, et j'ai pu annoncer à notre comité à la maison que j'avais maintenant une entreprise en marche.

J'ai renoncé à essayer de voir Scribe au seul motif que nous avions eu de la correspondance, car mes amis m'avaient fait comprendre, à la lumière de leur propre expérience, qu'il était hors de question d'attendre cela exceptionnellement. auteur très occupé à s'occuper sérieusement d'un jeune musicien inconnu. Anders put cependant me présenter une autre connaissance, un certain M. Dumersan. Ce monsieur aux cheveux gris avait écrit une centaine de pièces de vaudeville et aurait été heureux de voir l'une d'entre elles jouée sous forme d'opéra sur une plus grande échelle avant sa mort. Il n'avait aucune idée de pouvoir s'appuyer sur sa dignité d'auteur et était tout à fait disposé à entreprendre la traduction d'un livret existant en vers français. Nous lui avons donc confié la rédaction de mon Liebesverbot, en vue d'une représentation au Théâtre de la Renaissance, comme on l'appelait alors. (C'était le troisième théâtre de théâtre lyrique existant, les représentations étant données dans la nouvelle salle Ventadour, reconstruite après son incendie.) Comprenant qu'il s'agissait d'une traduction littérale, il transforma aussitôt les trois des numéros de mon opéra, pour lesquels j'espérais obtenir une audience, en vers français soignés. Il me demanda en outre de composer un chœur pour un vaudeville intitulé La Descente de la Courtille, qui devait être joué aux Variétés pendant le carnaval.

C'était une deuxième ouverture. Mes amis me conseillèrent alors fortement d'écrire quelque chose de petit sous forme de chansons, que je pourrais proposer à des chanteurs populaires lors de concerts. Lehrs et Anders ont tous deux produit des mots pour ces mots. Anders a amené un Dors très innocent, mon enfant, écrit par un jeune poète de sa connaissance ; ce fut la première chose que je composai sur un texte français. Ce fut un tel succès que, après l'avoir essayé plusieurs fois doucement au piano, ma femme, qui était au lit, m'a crié que c'était divin pour endormir. J'ai aussi mis en musique L'Attente des Orientales de Hugo et la chanson Mignonne de Ronsard. Je n'ai aucune raison d'avoir honte de ces petites pièces, que j'ai publiées ensuite comme supplément musical à Europa (édition de Lewald) en 1841.

J'ai ensuite eu l'idée d'écrire un air de grande basse avec chœur, que Lablache introduireait dans son rôle d'Orovist dans Norma de Bellini. Lehrs a dû rechercher un réfugié politique italien pour lui soutirer le texte. Cela fut fait, et je fis une composition efficace à la Bellini (qui existe encore parmi mes manuscrits), et je partis aussitôt l'offrir à Lablache.

Le sympathique Maure, qui me reçut dans l'antichambre du grand chanteur, insista pour m'admettre directement en présence de son maître, sans m'annoncer. Comme j'avais prévu quelques difficultés à approcher une telle célébrité, j'avais écrit ma demande, pensant que ce serait plus simple que de l'expliquer verbalement.

Les manières agréables du domestique noir me mettaient très mal à l'aise ; Je lui confiai ma partition et ma lettre pour les remettre à Lablache, sans prêter attention à son aimable étonnement de mon refus de son invitation répétée à entrer dans la chambre de son maître pour avoir une entrevue, et je quittai précipitamment la maison, avec l'intention d'appeler quelqu'un. ma réponse dans quelques jours. A mon retour, Lablache me reçut très gentiment et m'assura que mon air était excellent, quoiqu'il fût impossible de l'introduire dans l'opéra de Bellini, après que celui-ci eut déjà été si souvent joué. Ma rechute dans le domaine du style de Bellini, dont je m'étais rendu coupable en écrivant cet air, m'a donc été inutile, et je me suis vite convaincu de l'inutilité de mes efforts dans cette direction. J'ai compris que j'aurais besoin de présentations personnelles à différents chanteurs afin d'assurer la production d'une de mes autres compositions.

Quand Meyerbeer arriva enfin à Paris, j'étais donc ravi. Il ne s'étonnait nullement du peu de succès de ses lettres d'introduction ; au contraire, il profita de cette occasion pour me faire comprendre combien il était difficile de réussir à Paris et combien il me fallait chercher un travail moins prétentieux. Dans ce but, il me présenta à Maurice Schlesinger, et me laissant à la merci de ce monstrueux personnage, il repartit en Allemagne.

Au début, Schlesinger ne savait que faire de moi ; les relations que j'ai faites par son intermédiaire (dont le chef était le violoniste Panofka) n'ont abouti à rien, et je suis donc retourné à mon conseil consultatif chez moi, par l'intermédiaire duquel j'avais récemment reçu l'ordre de composer la musique des Deux Grenadiers, par Heine, traduit par un professeur parisien. J'ai écrit cette chanson pour baryton et j'ai été très satisfait du résultat ; sur les conseils d'Ander, j'essayais maintenant de trouver des chanteurs pour mes nouvelles compositions. Mme. Pauline Viardot, à qui j'ai fait appel en premier, a parcouru avec moi mes chansons. Elle était très aimable et les félicitait, mais ne voyait pas pourquoi ELLE devrait les chanter. J'ai vécu la même expérience avec une Mme. Widmann, grand contralto, qui chanta mon Dors, mon enfant avec beaucoup d'émotion ; elle n'avait tout de même plus besoin de ma composition. Un certain M. Dupont, troisième ténor au grand opéra, essaya ma mise en musique du poème de Ronsard, mais déclara que la langue dans laquelle il était écrit n'était plus acceptable pour le public parisien. M. Geraldy, un chanteur et professeur de concert favori, qui me permettait de l'appeler et de le voir fréquemment, m'a dit que les Deux Grenadiers étaient impossibles, pour la simple raison que l'accompagnement de fin de chanson, que j'avais calqué sur le modèle du La Marseillaise, ne pouvait être chantée dans les rues de Paris qu'au rythme des canons et des coups de feu. Habeneck fut le seul à tenir sa promesse de diriger mon Ouverture de Colomb lors d'une des répétitions pour le bénéfice d'Anders et de moi-même. Comme cependant il n'était pas question de produire cette œuvre même lors d'un des célèbres concerts du Conservatoire, je vis bien que le vieux monsieur n'était animé que par la bonté et par le désir de m'encourager. Cela ne pouvait mener à rien de plus, et j'étais moi-même convaincu que ce travail extrêmement superficiel de ma jeunesse ne pouvait que donner à l'orchestre une fausse impression de mes talents. Cependant, à ma grande surprise, ces répétitions m'ont fait une impression si inattendue à d'autres égards qu'elles ont exercé une influence décisive sur la crise de mon développement artistique. Cela était dû à ce que j'écoutais à plusieurs reprises la Neuvième Symphonie de Beethoven, qui, à force d'infatigable pratique, reçut une interprétation si merveilleuse de la part de ce célèbre orchestre, que l'image que j'en avais eue dans mon esprit dans l'enthousiasme enthousiaste Les jours de ma jeunesse se dressaient maintenant devant moi de manière presque tangible, dans des couleurs brillantes, intactes, comme s'ils n'avaient jamais été effacés par l'orchestre de Leipzig qui les avait massacrés sous la direction de Pohlenz. Là où autrefois je ne voyais que des constellations mystiques et des formes étranges et sans signification, je trouvais maintenant, coulant d'innombrables sources, un flot de mélodies des plus touchantes et des plus célestes qui ravissaient mon cœur.

Toute cette période de détérioration de mes goûts musicaux qui datait, pratiquement parlant, de ces mêmes idées confuses sur Beethoven, et qui s'était tellement aggravée à cause de ma connaissance de ce théâtre épouvantable, toutes ces idées fausses s'effondrèrent maintenant comme si dans un abîme de honte et de remords.

Ce changement intérieur avait été progressivement préparé par de nombreuses expériences douloureuses au cours des dernières années. Je devais le rétablissement de ma vigueur et de ma bonne humeur d'antan à la profonde impression que l'interprétation de la Neuvième Symphonie m'avait faite lorsqu'elle était interprétée d'une manière dont je n'avais jamais rêvé. Cet événement important de ma vie ne peut être comparé qu'au bouleversement provoqué en moi lorsque, jeune de seize ans, j'ai vu Schroder-Devrient jouer dans Fidelio.

La conséquence directe de cela fut mon désir intense de composer quelque chose qui me procurerait un sentiment de satisfaction semblable, et ce désir grandissait en proportion de mon inquiétude au sujet de ma situation malheureuse à Paris, qui me faisait presque désespérer du succès.

Dans cet état d'esprit, j'ai esquissé une ouverture de Faust qui, selon mon projet initial, ne devait former que la première partie de toute une symphonie de Faust, car j'avais déjà en tête l'idée de « Gretchen » pour le deuxième mouvement. C'est la même composition que j'ai réécrite en plusieurs parties quinze ans plus tard ; Je l'avais complètement oublié et j'ai dû sa reconstruction aux conseils de Liszt, qui m'a donné de nombreux et précieux conseils. Cette composition a été interprétée à plusieurs reprises sous le titre de eine Faust-ouverture et a rencontré un grand succès. A l'époque dont je parle, j'espérais que l'orchestre du Conservatoire aurait voulu donner une audition à cette œuvre, mais on m'a dit qu'ils estimaient en avoir fait assez pour moi et qu'ils espéraient se débarrasser de moi pour quelque temps.

Ayant échoué partout, je me suis maintenant tourné vers Meyerbeer pour plus de présentations, notamment auprès des chanteurs. Je fus très surpris lorsque, suite à ma demande, Meyerbeer me présenta à un certain M. Gouin, fonctionnaire des Postes et agent unique de Meyerbeer à Paris, à qui il chargea de faire tout son possible pour moi. Meyerbeer souhaitait spécialement que je connaisse M. Anténor Joly, directeur du Théâtre de la Renaissance, le théâtre musical déjà mentionné. M. Gouin, avec une légèreté presque suspecte, m'a promis de monter mon opéra Liebesverbot, qui ne demandait plus qu'à être traduit. Il était question de faire chanter quelques numéros de mon opéra au comité du théâtre, lors d'une audience spéciale. Lorsque j'ai proposé que certains des chanteurs de ce même théâtre entreprennent de chanter trois des numéros déjà traduits par Dumersan, j'ai été refusé sous prétexte que tous ces artistes étaient beaucoup trop occupés.

Mais Gouin voyait un moyen de sortir de la difficulté ; sous l'autorité de Maître Meyerbeer, il rallia à notre cause plusieurs chanteurs obligés de Meyerbeer : Mme. Dorus-Gras, véritable primadone du Grand Opéra, Mme. Widmann et M. Dupont (ces deux derniers avaient auparavant refusé de m'aider) me promirent de chanter pour moi à cette audience.

Voilà donc ce que j'ai accompli en six mois. C'était bientôt Pâques de l'année 1840. Encouragé par les négociations de Gouin, qui semblaient porteuses d'espoir, je me décidai à quitter l'obscur Quartier des Innocents pour un quartier de Paris plus proche du centre musical ; et en cela j'ai été encouragé par les conseils téméraires de Lehrs.

Ce que ce changement signifiait pour moi, mes lecteurs le apprendront en apprenant dans quelles circonstances nous avions traîné notre existence pendant notre séjour à Paris.

Même si nous vivions de la manière la moins chère possible, en dînant dans un tout petit restaurant pour un franc par personne, il était impossible d'empêcher le reste de notre argent de fondre. Notre ami Möller nous avait fait comprendre que nous pouvions lui demander si nous étions dans le besoin, car il mettrait de côté pour nous le premier argent provenant d'une transaction commerciale réussie. Il n'y avait pas d'autre alternative que de lui demander de l'argent ; en attendant, nous avons mis en gage tous les bibelots que nous possédions et qui avaient quelque valeur. Comme j'étais trop timide pour me renseigner sur un prêteur sur gages, j'ai cherché l'équivalent français dans le dictionnaire afin de pouvoir reconnaître un tel endroit lorsque je le voyais. Dans mon petit dictionnaire de poche, je ne trouvais pas d'autre mot que « Lombard ». En regardant un plan de Paris, j'ai trouvé, située au milieu d'un inextricable dédale de rues, une toute petite ruelle appelée rue des Lombards. J'y suis allé, mais mon expédition a été infructueuse. Souvent, en lisant à la lueur des lanternes transparentes l'inscription « Mont de Piété », je devenais très curieux d'en connaître la signification, et en consultant mon conseil consultatif chez moi au sujet de ce « Mont de Piété » [9] , on me disait , à ma grande joie, que c'était précisément là que je trouverais le salut. C'est sur ce Mont de Piété que nous transportons désormais tout ce que nous possédons en argent, à savoir nos cadeaux de mariage. Viennent ensuite les bibelots de ma femme et le reste de son ancienne garde-robe de théâtre, parmi lesquels se trouvait une belle robe bleue brodée d'argent avec une traîne de cour, autrefois propriété de la duchesse de Dessau. Nous n'avions toujours aucune nouvelle de notre ami Möller, et nous étions obligés d'attendre de jour en jour l'aide si nécessaire de Königsberg, et enfin, un jour sombre, nous avons promis nos alliances. Alors que tout espoir d'aide semblait vain, j'appris que les billets de gage eux-mêmes avaient une certaine valeur, car ils pouvaient être vendus à des acheteurs, qui acquéraient ainsi le droit de racheter les objets mis en gage. J'ai même dû recourir à cela, et ainsi la robe de cour bleue, par exemple, a été perdue à jamais. Möller n'a plus jamais écrit. Lorsqu'il m'a rendu visite plus tard, alors que j'étais chef d'orchestre à Dresde, il m'a avoué qu'il était aigri contre moi à cause des remarques humiliantes et désobligeantes que nous aurions faites à son sujet après notre séparation et qu'il avait décidé de ne rien avoir. plus à voir avec nous. Nous étions certains de notre innocence dans cette affaire et nous étions très affligés d'avoir, par pure calomnie, perdu l'occasion d'une telle aide dans notre grand besoin.

[9] Ceci est la traduction correcte des mots *Berg der Frömmigkeit* utilisés dans l'original.—Editeur.

Au début de nos difficultés pécuniaires, nous éprouvâmes une perte que nous considérions comme providentielle, malgré le chagrin qu'elle nous causait. C'était notre beau chien, que nous avions réussi à faire venir à Paris avec d'infinies difficultés. Comme c'était un animal très précieux et qu'il attirait beaucoup d'attention, il avait probablement été volé. Malgré l'état épouvantable de la circulation à Paris, il avait toujours retrouvé le chemin de son domicile avec la même habileté avec laquelle il avait surmonté les difficultés des rues de Londres. Dès le début de notre séjour à Paris, il s'était souvent rendu seul dans les jardins du Palais Royal, où il retrouvait beaucoup de ses amis, et en était revenu sain et sauf après une brillante démonstration de nage et de récupération devant un public d'enfants des caniveaux. Au quai du Pont-neuf, il nous priait généralement de le laisser se baigner ; là, il attirait autour de lui une foule nombreuse de spectateurs, si enthousiastes quant à la façon dont il plongeait et ramenait à terre divers objets vestimentaires, outils, etc., que la police nous priait de mettre un mettre fin à l'obstruction. Un matin, je l'ai laissé courir un peu comme d'habitude ; il n'est jamais revenu, et malgré nos efforts les plus acharnés pour le retrouver, aucune trace de lui n'a pu être trouvée. Cette perte a semblé à beaucoup de nos amis une chance, car ils ne comprenaient pas comment il était possible pour nous de nourrir un animal aussi énorme alors que nous n'avions pas nous-mêmes de quoi manger. Vers cette époque, le deuxième mois de notre séjour à Paris, ma sœur Louisa vint de Leipzig rejoindre son mari, Friedrich Brockhaus, à Paris, où il l'attendait depuis quelque temps. Ils avaient l'intention d'aller ensemble en Italie et Louisa profita de cette occasion pour acheter toutes sortes de choses chères à Paris. Je ne m'attendais pas à ce qu'ils aient pitié de nous à cause de notre insensé déménagement à Paris et des misères qui en découlent, ni qu'ils se considèrent obligés de nous aider de quelque manière que ce soit ; mais, bien que nous n'essayions pas de cacher notre position, nous ne tirions aucun bénéfice de la visite de nos riches parents. Minna a même eu la gentillesse d'aider ma sœur à faire ses courses de luxe, et nous tenions beaucoup à ne pas leur faire croire que nous voulions leur faire pitié. En retour, ma sœur me présenta à une de ses amies extraordinaires, qui était destinée à s'intéresser beaucoup à moi. C'était le jeune peintre Ernst Kietz, de Dresde ; c'était un jeune homme exceptionnellement bon et simple, dont le talent pour la peinture de portraits (dans une sorte de style pastel coloré) avait fait de lui un tel favori dans sa propre ville, que ses succès financiers l'avaient incité à venir à Paris. pendant un certain temps pour terminer ses études d'art. Cela faisait maintenant environ un an qu'il travaillait dans l'atelier de Delaroche. Il avait un caractère curieux et presque enfantin, et son absence de toute éducation sérieuse, jointe à une certaine faiblesse de caractère, lui avait fait choisir une carrière dans laquelle il était destiné, malgré tout son talent, à échouer désespérément. J'ai eu toutes les occasions de le reconnaître, car je l'ai beaucoup vu. Mais à l'époque, le dévouement simple et la gentillesse de ce jeune homme étaient les bienvenus, tant pour moi que pour ma femme, qui se sentait souvent seule, et son amitié était une véritable source d'aide dans nos heures les plus sombres d'adversité. Il devint presque un membre de la famille et rejoignit notre cercle familial chaque soir, offrant un étrange contraste avec le vieil Anders nerveux et les Lehrs au visage grave. Sa bonhomie et ses propos surannés nous le rendirent bientôt indispensable ; il nous amusait énormément avec son français, dans lequel il se lançait avec la plus grande confiance, bien qu'il ne parvienne pas à enchaîner correctement deux phrases consécutives, bien qu'il ait vécu vingt ans à Paris. Avec Delaroche, il étudia la peinture à l'huile et avait visiblement un talent considérable dans ce domaine, même si c'était le rocher même sur lequel il échoua. Le mélange des couleurs sur sa palette, et surtout le nettoyage de ses pinceaux, lui prenaient tellement de temps qu'il venait rarement à la peinture elle-même. Comme les journées étaient très courtes en plein hiver, il n'avait jamais le temps de travailler après avoir fini de laver sa palette et ses pinceaux, et, autant que je me souvienne, il n'a jamais réalisé un seul portrait. Les étrangers auxquels il avait été présenté et qui lui avaient donné ordre de peindre leurs portraits étaient obligés de quitter Paris sans les voir même à moitié terminés, et il finit même par se plaindre de ce que certains de ses modèles moururent avant que leurs portraits soient terminés. Son propriétaire, à qui il devait toujours un loyer, fut le seul à réussir à obtenir du peintre un portrait de sa laide personne, et, autant que je sache, c'est le seul portrait achevé qui existe par Kietz. D'un autre côté, il était très habile à faire de petits croquis sur n'importe quel sujet suggéré par notre conversation de la soirée, et il y faisait preuve à la fois d'originalité et de délicatesse d'exécution. Au cours de l'hiver de cette année-là, il termina un bon portrait au crayon de moi, qu'il retoucha deux ans plus tard, lorsqu'il me connut plus intimement, et le termina tel qu'il est aujourd'hui. Il lui plaisait de me dessiner dans l'attitude que j'avais souvent lors de nos causeries du soir, lorsque j'étais de bonne humeur. Il ne se passait jamais de soirée sans que je ne parvienne à me débarrasser de la dépression provoquée par mes vains efforts et par les nombreux soucis que j'avais endurés pendant la journée, et à retrouver ma gaieté naturelle, et Kietz tenait à me représenter au Parlement. monde comme un homme qui, malgré les moments difficiles qu'il a dû affronter, avait confiance en sa réussite et s'est levé en souriant au-dessus des ennuis de la vie. Avant la fin de l'année 1839, ma plus jeune sœur Cécile arriva également à Paris avec son mari Edouard Avenarius. Il était naturel qu'elle soit gênée à l'idée de nous rencontrer à Paris dans notre situation extrêmement difficile, d'autant plus que son mari n'était pas très aisé. Par conséquent, au lieu de les appeler fréquemment, nous préférions attendre qu'ils viennent nous voir, ce qui d'ailleurs leur prenait beaucoup de temps. En revanche, notre nouvelle connaissance avec Heinrich Laube, venu à Paris au début de 1840 avec sa jeune épouse Iduna (née Budaus), fut très réjouissante. Elle était la veuve d'un riche médecin de Leipzig et Laube l'avait épousée dans des circonstances très extraordinaires depuis la dernière fois que nous l'avions vu à Berlin ; ils comptaient s'amuser quelques mois à Paris. Durant la longue période de sa détention, en attendant son procès, cette jeune dame avait été tellement touchée par ses malheurs que, sans le connaître beaucoup, elle avait manifesté une grande sympathie et un grand intérêt pour son cas. La sentence de Laube fut prononcée peu après mon départ de Berlin ; c'était étonnamment léger, consistant en une peine d'emprisonnement d'un an seulement dans la prison de la ville. Il fut admis à subir cette peine à la prison de Muskau, en Silésie, où il eut l'avantage d'être près de son ami, le prince Puckler, qui, en sa qualité officielle et en raison de son influence auprès du gouverneur de la prison, était permis d'offrir au prisonnier même la consolation des relations sexuelles personnelles.

La jeune veuve résolut de l'épouser au début de sa détention, afin d'être près de lui à Muskau avec son aide aimante. Revoir mon vieil ami dans des conditions aussi favorables était en soi un plaisir pour moi ; J'éprouvais aussi la plus vive satisfaction de constater que son ancienne attitude sympathique n'avait pas changé. Nous nous rencontrions fréquemment ; nos femmes aussi devinrent amies, et Laube fut le premier à approuver, avec sa gentillesse et son humour, notre folie de nous installer à Paris.

Dans sa maison, j'ai fait la connaissance de Heinrich Heine, et tous deux plaisantaient avec bonne humeur sur ma situation extraordinaire, me faisant même rire. Laube se sentait obligé de me parler sérieusement de mes espoirs de réussir à Paris, car il voyait que je traitais ma situation, basée sur des espoirs si triviaux, avec un humour qui le charmait même contre son meilleur jugement. Il a essayé de réfléchir à la manière dont il pourrait m'aider sans nuire à mon avenir. Dans ce but, il voulait que je fasse une esquisse plus ou moins plausible de mes projets futurs, afin que, lors de sa prochaine visite dans notre pays natal, il puisse me procurer de l'aide. Il se trouve justement à cette époque que j'ai conclu une entente extrêmement prometteuse avec la direction du Théâtre de la Renaissance. Il me semblait ainsi avoir pris pied, et je croyais pouvoir affirmer que si l'on me garantissait les moyens de subsistance pendant six mois, je ne pourrais manquer d'accomplir quelque chose dans ce délai. Laube promit de prendre cette disposition et tint parole. Il engagea un de ses riches amis de Leipzig et, à l'instar de mes relations aisées, à me fournir pendant six mois les ressources nécessaires, payables mensuellement par l'intermédiaire d'Avenarius.

Nous décidâmes donc, comme je l'ai dit, de quitter nos appartements meublés et de nous installer rue du Helder. Ma femme, prudente et soigneuse, avait beaucoup souffert de la manière insouciante et incertaine avec laquelle j'avais jusqu'alors contrôlé nos maigres ressources, et en assumant maintenant cette responsabilité, elle expliqua qu'elle savait comment entretenir sa maison à moindre coût que nous ne pourrions le faire en vivant dans des chambres meublées et des restaurants. Le succès a justifié cette démarche ; le plus grave du problème résidait dans le fait que nous devions commencer à faire le ménage sans avoir de meubles personnels, et que nous devions nous procurer tout ce qui était nécessaire pour les besoins domestiques, bien que nous n'ayons pas les moyens de nous le procurer. En cette matière, Lehrs, qui connaissait bien les particularités de la vie parisienne, a pu nous conseiller. A son avis, la seule compensation des expériences que nous avions vécues jusqu'ici serait une réussite à la hauteur de mon audace. Comme je n'avais pas les ressources nécessaires pour patienter de longues années à attendre le succès à Paris, il me fallait soit compter sur une chance extraordinaire, soit renoncer sur-le-champ à toutes mes espérances. Le succès tant désiré doit arriver d'ici un an, sinon je serais ruiné. C'est pourquoi je dois tout oser, comme il convenait à mon nom , car dans mon cas, il n'était pas enclin à faire dériver « Wagner » [10] de Fuhrwerk. Je devais payer mon loyer, douze cents francs, par versements trimestriels ; pour le mobilier et les accessoires, il me recommanda, par l'intermédiaire de son logeuse, à un menuisier qui fournissait tout le nécessaire pour une somme qui paraissait raisonnable, payable également par acomptes, le tout paraissant très simple. Lehrs soutenait que je ne ferais rien de bon à Paris si je ne montrais au monde que j'avais confiance en moi. Mon audience d'essai était imminente ; J'étais sûr du Théâtre de la Renaissance, et Dumersan tenait vivement à faire une traduction complète de mon Liebesverbot en français. Nous avons donc décidé de courir le risque. Le 15 avril, au grand étonnement du concierge de la maison de la rue du Helder, nous emménagâmes avec un nombre infime de bagages dans nos confortables appartements neufs.

[10] « Wagner » en allemand signifie celui qui ose, également un Waggoner ; et « Fuhrwerk » signifie un chariot.—Editeur.

La toute première visite que je reçus dans les salles que j'avais occupées avec tant d'espoir fut celle d'Anders, qui vint m'annoncer que le Théâtre de la Renaissance venait de faire faillite et était fermé. Cette nouvelle, qui tomba sur moi comme un coup de tonnerre, me parut présager plus qu'un simple coup de malchance ; cela m'a révélé comme un éclair le vide absolu de mes perspectives. Mes amis exprimèrent ouvertement l'opinion que Meyerbeer, en m'envoyant du Grand Opéra à ce théâtre, connaissait probablement toutes les circonstances. Je n'ai pas poursuivi la réflexion à laquelle pouvait conduire cette supposition, car j'éprouvais de l'amertume en me demandant ce que je ferais des chambres dans lesquelles j'étais si bien installé.

Comme mes chanteurs avaient maintenant répété les parties du Liebesverbot destinées au public du procès, j'avais au moins hâte de les faire exécuter devant quelques personnes influentes. M. Edouard Monnaie, qui avait été nommé directeur provisoire du Grand Opéra après la retraite de Duponchel, était d'autant moins disposé à refuser que les chanteurs qui devaient y participer appartenaient à l'institution qu'il présidait ; de plus, aucune obligation n'était attachée à sa présence à l'audience. J'ai également pris la peine de faire appel à Scribe pour l'inviter à y assister, et il a accepté avec le plus grand empressement. Enfin mes trois pièces furent jouées devant ces deux messieurs dans la salle verte du Grand Opéra, et je jouai de l'accompagnement au piano. Ils trouvèrent la musique charmante et Scribe exprima sa volonté d'arranger le livret pour moi dès que les directeurs de l'opéra se seraient décidés à accepter la pièce ; tout ce que M. Monnaie avait à répondre à cette offre, c'est qu'il leur était impossible de le faire actuellement. Je n'ai pas manqué de comprendre que ce n'étaient là que des expressions de politesse ; mais en tout cas je trouvai très gentil de leur part, et particulièrement condescendant de la part de Scribe, d'en être arrivé jusqu'à me croire méritant un peu de politesse.

Mais au fond de moi-même, j'avais vraiment honte d'être revenu sérieusement à cette première œuvre superficielle d'où j'avais tiré ces trois morceaux. Bien entendu, je n'avais fait cela que parce que je pensais réussir plus rapidement à Paris en m'adaptant à son goût frivole. Mon aversion pour ce genre de goût, qui s'était depuis longtemps accrue, coïncidait avec mon abandon de tout espoir de succès à Paris. J'étais placé dans une situation extrêmement mélancolique du fait que ma situation s'était tellement formée que je n'osais exprimer à personne ce changement important dans mes sentiments, surtout à ma pauvre épouse. Mais si je continuais à tirer le meilleur parti d'une mauvaise affaire, je ne me faisais plus d'illusions sur la possibilité de réussir à Paris. Face à une misère inouïe, je frémis devant l'aspect souriant que présentait Paris sous le brillant soleil de mai. C'était le début de la saison creuse pour toute sorte d'entreprise artistique à Paris, et à chaque porte où je frappais avec un espoir feint, on me refoulait avec la phrase misérablement monotone : Monsieur est à la campagne.

Au cours de nos longues promenades, lorsque nous nous sentions de parfaits étrangers au milieu de la foule gay, je parlais avec ma femme des États libres d'Amérique du Sud, loin de toute cette vie sinistre, où l'opéra et la musique étaient inconnus, et où le les bases d'un moyen de subsistance raisonnable pourraient facilement être assurées par l'industrie. J'ai parlé à Minna, qui ne comprenait pas du tout ce que je voulais dire, d'un livre que je venais de lire, Die Gründung von Maryland de Zschokke, dans lequel j'ai trouvé un récit très séduisant de la sensation de soulagement éprouvée par les colons européens après leur ancien voyage. souffrances et persécutions. Elle, étant d'un esprit plus pratique, me faisait remarquer la nécessité de nous procurer les moyens de continuer notre existence à Paris, pour laquelle elle avait imaginé toutes sortes d'économies.

Moi, j'ébauchais le plan du poème de mon Fliegender Holländer, que je gardais constamment devant moi comme moyen possible de faire mes débuts à Paris. J'ai rassemblé le matériel d'un seul acte, influencé par la considération de pouvoir ainsi le limiter aux simples développements dramatiques entre les personnages principaux, sans me soucier des fastidieux accessoires d'opéra. D'un point de vue pratique, je pensais pouvoir compter sur de meilleures chances d'acceptation de mon œuvre proposée si elle était présentée sous la forme d'un opéra en un acte, comme on le donne fréquemment en lever de rideau avant un ballet à le Grand Opéra. J'en ai parlé à Meyerbeer à Berlin pour lui demander son aide. Je repris aussi la composition de Rienzi, à l'achèvement de laquelle je m'occupais maintenant avec une attention constante.

Entre-temps, notre situation devenait de plus en plus sombre ; Je fus bientôt obligé de puiser par avance sur les subsides obtenus par Laube, mais ce faisant, je m'aliénai peu à peu la sympathie de mon beau-frère Avenarius, pour qui notre séjour à Paris était incompréhensible.

Un matin, alors que nous discutions avec anxiété sur la possibilité d'augmenter le loyer de notre premier trimestre, un transporteur apparut avec un colis qui m'était adressé de Londres ; J'ai cru que c'était une intervention de la Providence et j'ai brisé le sceau. Au même instant, on me fit signer au visage un carnet de reçus sur lequel je vis aussitôt que je devais payer sept francs de transport. Je reconnus d'ailleurs que le colis contenait mon ouverture Rule Britannia, revenue de la London Philharmonic Society. Dans ma fureur, je dis au porteur que je ne prendrais pas le colis, sur quoi il protesta de la manière la plus vive, car je l'avais déjà ouvert. C'était inutile; Je n'avais pas sept francs, et je lui dis qu'il aurait dû présenter la facture du transport avant que j'eusse ouvert le colis. Je lui ai donc fait rendre l'unique exemplaire de mon ouverture à la maison de MM. Laffitte et Gaillard, pour en faire ce qu'ils voulaient, et je n'ai jamais voulu savoir ce qu'était devenu ce manuscrit.

Soudain, Kietz trouva un moyen de sortir de ces troubles. Il avait été chargé par une vieille dame de Leipzig, appelée Fraulein Leplay, vieille fille riche et très avare, de trouver un logement bon marché à Paris pour elle et pour sa belle-mère, avec laquelle elle comptait voyager. Comme notre appartement, bien que peu spacieux, était plus grand que ce dont nous avions réellement besoin et était très vite devenu pour nous une charge gênante, nous n'hésitâmes pas un instant à lui en louer la plus grande partie pour le temps de son séjour à Paris. , qui devait durer environ deux mois. De plus, ma femme servait le petit-déjeuner aux invités, comme s'ils étaient dans un appartement meublé, et était très fière de regarder les quelques sous qu'elle gagnait ainsi. Bien que nous ayons trouvé cet exemple étonnant de vieille fille assez pénible, l'arrangement que nous avions pris nous a aidés dans une certaine mesure à surmonter cette période d'anxiété et j'ai pu, malgré cette désorganisation de notre ménage, continuer à travailler de manière relative. paix à mon Rienzi.

Cela devint plus difficile après le départ de Fraulein Leplay, lorsque nous louâmes une de nos chambres à un voyageur de commerce allemand qui, pendant ses heures de loisirs, jouait avec zèle de la flûte. Son nom était Brix ; c'était un garçon modeste et honnête, et il nous avait été recommandé par le peintre Pecht, dont nous avions récemment fait la connaissance. Il nous avait été présenté par Kietz, qui étudiait avec lui dans l'atelier de Delaroche. Il était à tous égards l'antithèse même de Kietz et, de toute évidence, doté de moins de talent. Pourtant, il s'efforçait d'acquérir l'art de la peinture à l'huile dans les plus brefs délais, dans des circonstances difficiles, avec une industrie et un sérieux tout à fait hors du commun. . De plus, il était bien instruit et assimilait avidement les informations, et il était très direct, sérieux et digne de confiance. Sans atteindre avec nous le même degré d'intimité que nos trois amis plus âgés, il était néanmoins un des rares à continuer à nous soutenir dans nos ennuis et à passer habituellement presque toutes les soirées en notre compagnie.

Un jour, je reçus une nouvelle preuve surprenante de la sollicitude constante de Laube à notre égard. Le secrétaire d'un certain comte Kuscelew nous rendit visite et, après quelques recherches sur nos affaires, dont il avait entendu parler de l'état de Laube à Karlsbad, nous informa d'une manière brève et amicale que son patron souhaitait nous être utile. et c'est dans ce but que je désirai faire ma connaissance. En fait, il propose d'engager une petite compagnie d'opéra léger à Paris, qui devait le suivre dans ses domaines russes. Il recherchait donc un directeur musical suffisamment expérimenté pour l'aider à recruter les membres à Paris. Je me rendis volontiers à l'hôtel où logeait le comte, et j'y trouvai un vieux monsieur, d'allure franche et agréable, qui écoutait volontiers mes petites compositions françaises. Lecteur avisé de la nature humaine, il comprit d'un coup d'œil que je n'étais pas l'homme qu'il lui fallait et, bien qu'il me témoignât l'attention la plus polie, il n'alla pas plus loin dans le projet de l'opéra. Mais le jour même, il m'envoya, accompagné d'un billet amical, dix napoléons d'or, en paiement de mes services. Quels étaient ces services, je ne le savais pas. Je lui ai alors écrit, lui ai demandé des détails plus précis sur ses souhaits et l'ai prié de commander une composition dont je présumais qu'il m'avait envoyé à l'avance le prix. N'ayant reçu aucune réponse, j'ai fait plus d'un effort pour le recontacter, mais en vain. D'autres sources m'ont appris par la suite que le seul genre d'opéra reconnu par le comte Kuscelew était celui d'Adam. Quant à la troupe d'opéra à recruter à son goût, ce qu'il souhaitait en réalité, c'était plus un petit harem qu'une troupe d'artistes.

Jusqu'à présent, je n'avais rien pu arranger avec l'éditeur de musique Schlesinger. Il était impossible de le persuader de publier mes petites chansons françaises. Cependant, afin de contribuer à me faire connaître dans ce sens, j'ai décidé de faire graver par lui, à mes frais, mes Deux Grenadiers. Kietz devait lui lithographier une magnifique page de titre. Schlesinger a fini par me facturer cinquante francs pour les frais de production. L'histoire de cette publication est curieuse du début à la fin ; l'ouvrage portait le nom de Schlesinger, et comme j'avais pris en charge toutes les dépenses, le produit devait bien entendu être mis à mon compte. J'ai ensuite dû croire l'éditeur sur parole : pas un seul exemplaire n'avait été vendu. Par la suite, alors que je m'étais rapidement fait une réputation à Dresde grâce à mon Rienzi, Schott, l'éditeur de Mayence, qui ne s'occupait presque que d'ouvrages traduits du français, crut opportun de publier une édition allemande des Deux Grenadiers. Au-dessous du texte de la traduction française, il fit imprimer l'original allemand de Heine ; mais comme le poème français était une paraphrase très libre, dans un rythme tout à fait différent de l'original, les mots de Heine convenaient si mal à ma composition que j'étais furieux de l'insulte faite à mon œuvre, et j'ai cru nécessaire de protester contre la publication de Schott comme un roman entièrement écrit. réimpression non autorisée. Schott m'a alors menacé d'une action en diffamation, car il m'a dit que, selon son accord, son édition n'était pas une réimpression (Nachdruck), mais une réimpression (Abdruck). Pour éviter de nouveaux ennuis, j'ai été amené à lui adresser des excuses par déférence pour la distinction qu'il avait faite, que je n'ai pas comprise.

En 1848, alors que je m'informais auprès du successeur de Schlesinger à Paris (M. Brandus) sur le sort de mon petit ouvrage, j'appris de lui qu'une nouvelle édition avait été publiée, mais il refusa d'examiner de ma part toute question de droits. . Comme je ne voulais pas en acheter un exemplaire avec mon propre argent, j'ai dû jusqu'à présent me passer de mes propres biens. Dans quelle mesure, dans les années suivantes, d'autres ont profité de transactions similaires liées à la publication de mes œuvres, cela apparaîtra en temps voulu.

Il s'agissait pour le moment de dédommager Schlesinger des cinquante francs convenus, et il me proposa de le faire en écrivant des articles pour sa Gazette Musicale.

Comme je n'étais pas suffisamment expert en français à des fins littéraires, mon article a dû être traduit et la moitié des honoraires a dû être reversée au traducteur. Cependant, je me consolais en pensant que je recevrais encore soixante francs par feuille pour l'ouvrage. J'allais bientôt apprendre, lorsque je me présentai à l'éditeur en colère pour être payé, ce qu'on entendait par feuille. Elle était mesurée par un abominable instrument de fer, sur lequel les lignes des colonnes étaient marquées de chiffres ; ceci a été appliqué à l'article, et après soustraction minutieuse des espaces laissés pour le titre et la signature, les lignes ont été additionnées. Après ce processus, il est apparu que ce que j'avais pris pour une feuille n'était qu'une demi-feuille.

Jusqu'ici, tout va bien. J'ai commencé à écrire des articles pour le merveilleux article de Schlesinger. Le premier était un long essai, De la musique allemande, dans lequel j'exprimais avec l'exagération enthousiaste qui me caractérisait à cette époque mon appréciation de la sincérité et du sérieux de la musique allemande. Cet article amena mon ami Anders à faire remarquer que la situation en Allemagne devait effectivement être splendide si les conditions étaient réellement telles que je les ai décrites. J'ai eu ce qui fut pour moi une satisfaction surprenante de voir cet article reproduit ensuite en italien, dans un journal musical de Milan, où, à mon grand amusement, je me voyais décrit comme Dottissimo Musico Tedesco, erreur qui serait aujourd'hui impossible. Mon essai a suscité des commentaires favorables et Schlesinger m'a demandé d'écrire un article faisant l'éloge de l'arrangement fait par le général russe Lwoff du Stabat Mater de Pergolesi, ce que j'ai fait aussi superficiellement que possible. De mon propre chef, j'écrivis alors un essai dans une veine encore plus aimable, intitulé Du métier du virtuose et de l'indépendance de la composition.

Entre-temps, j'ai été surpris, au milieu de l'été, par l'arrivée de Meyerbeer, venu par hasard à Paris pour une quinzaine de jours. Il était très sympathique et serviable. Lorsque je lui ai fait part de mon idée d'écrire un opéra en un acte en guise de lever de rideau et que je lui ai demandé de me présenter M. Léon Pillet, le nouveau directeur du Grand Opéra, il m'a aussitôt emmené le voir, et me lui présenta. Mais hélas, j'eus la désagréable surprise d'apprendre, par la conversation sérieuse qui eut lieu entre ces deux messieurs sur mon avenir, que Meyerbeer crut que je ferais mieux de me décider à composer un acte pour le ballet en collaboration avec un autre musicien. Bien entendu, je ne pouvais pas envisager une telle idée un seul instant. J'ai cependant réussi à remettre à M. Pillet ma brève esquisse au sujet du Flying Dutchman .

Les choses en étaient là lorsque Meyerbeer quitta de nouveau Paris, cette fois pour une absence plus longue.

Comme je n'avais pas eu de nouvelles de M. Pillet depuis assez longtemps, je commençai alors à travailler assidûment à ma composition de Rienzi, même si, à mon grand désarroi, je dus souvent interrompre ce travail pour entreprendre certaines choses brûlantes. -travailler pour Schlesinger.

Comme mes contributions à la Gazette Musicale s'avéraient très peu rémunératrices, Schlesinger me chargea un jour d'élaborer une méthode pour le Cornet à pistons. Quand je lui ai fait part de mon embarras de ne pas savoir comment aborder le sujet, il m'a répondu en m'envoyant cinq différentes « Méthodes » publiées pour le Cornet à pistons, alors l'instrument amateur préféré de la jeune population masculine parisienne. Il me suffisait de concevoir une nouvelle sixième méthode parmi ces cinq, car Schlesinger ne souhaitait que publier sa propre édition. Je me demandais comment commencer, lorsque Schlesinger, qui venait d'acquérir une nouvelle méthode complète, m'a libéré de cette lourde tâche. On m'a pourtant demandé d'écrire quatorze « Suites » pour cornet à pistons, c'est-à-dire des airs d'opéras arrangés pour cet instrument. Pour me fournir matière à cet ouvrage, Schlesinger ne m'envoya pas moins de soixante opéras complets arrangés pour piano. Je les feuilletais pour trouver des airs convenables à mes « Suites », marquai les pages des volumes avec des bandes de papier et les disposai en une curieuse structure autour de ma table de travail, afin d'avoir la plus grande variété possible de mélodies mélodieuses. matériel à ma portée. Cependant, alors que j'étais au milieu de ce travail, à mon grand soulagement et à la consternation de ma pauvre femme, Schlesinger me dit que M. Schlitz, le premier cornettiste de Paris, qui avait parcouru mes « Etudes » préparatoires à leur étant gravé, j'avais déclaré que je ne connaissais absolument rien à l'instrument, et que j'avais généralement adopté des touches trop hautes, dont les Parisiens ne pourraient jamais se servir. La partie du travail que j'avais déjà fait fut cependant acceptée, Schlitz ayant accepté de la corriger, mais à condition que je partageais mon cachet avec lui. Le reste de l'ouvrage m'a ensuite été retiré des mains, et les soixante arrangements pour pianoforte sont repartis dans la curieuse boutique de la rue Richelieu.

Mon Trésor se trouvait donc de nouveau dans une situation lamentable. La pauvreté affligeante de ma maison devenait chaque jour plus apparente, et pourtant j'étais maintenant libre de donner une dernière touche à Rienzi, et le 19 novembre j'avais achevé le plus volumineux de tous mes opéras. J'avais décidé, quelque temps auparavant, d'offrir la première représentation de cette œuvre au Théâtre de la Cour de Dresde, afin qu'en cas de succès, je puisse ainsi reprendre mes relations avec l'Allemagne. J'avais choisi Dresde car je savais que j'y trouverais, à Tichatschek, le ténor le plus approprié pour le rôle principal. Je comptais aussi sur ma connaissance de Schroder-Devrient, qui avait toujours été gentille avec moi et qui, bien que ses efforts aient été infructueux, s'était donné beaucoup de mal, par respect pour ma famille, à faire introduire ma Feen au Théâtre de la Cour. Dresde. J'avais aussi parmi le secrétaire du théâtre, Hofrat Winkler (dit Theodor Hell), un vieil ami de ma famille, en plus duquel j'avais été présenté au chef d'orchestre Reissiger, avec qui moi et mon ami Apel avions passé une agréable soirée. à l'occasion de notre excursion en Bohême autrefois. A tous ces gens, j'adressai alors les appels les plus respectueux et les plus éloquents, rédigeai une note officielle au directeur, Herr von Lüttichau, ainsi qu'une pétition formelle au roi de Saxe, et j'avais tout prêt à envoyer.

Entre-temps, je n'avais pas omis d'indiquer les tempi exacts de mon opéra au moyen d'un métronome. Comme je n'en possédais pas, il me fallut en emprunter une, et un matin je sortis rendre l'instrument à son propriétaire, le portant sous mon mince pardessus. Le jour où cela s'est produit a été l'un des plus étranges de ma vie, car il a montré d'une manière vraiment horrible toute la misère de ma situation à ce moment-là. Outre que je ne savais pas où chercher les quelques francs avec lesquels Minna devait subvenir aux maigres besoins de notre ménage, certaines des factures que, selon l'usage parisien de l'époque, j'avais signées pour le pour aménager nos appartements, était arrivée à échéance. Dans l'espoir d'obtenir de l'aide d'une source ou d'une autre, j'ai d'abord essayé de faire prolonger ces factures par les titulaires. Comme ces documents passent entre de nombreuses mains, j'ai dû faire appel à tous les détenteurs dans toute la ville. Ce jour-là, je devais apaiser un fromager qui occupait un appartement au cinquième étage de la Cité. J'avais aussi l'intention de demander de l'aide à Heinrich, le frère de mon beau-frère Brockhaus, puisqu'il se trouvait alors à Paris ; et j'allais passer chez Schlesinger pour réunir l'argent nécessaire à l'envoi de ma partition ce jour-là par le service postal habituel.

Comme je devais aussi livrer le métronome, j'ai quitté Minna tôt le matin après un triste au revoir. Elle savait par expérience que, comme j'étais en expédition pour récolter de l'argent, elle ne me reverrait que tard dans la nuit. Les rues étaient enveloppées d'un épais brouillard et la première chose que j'ai reconnue en sortant de la maison était mon chien Robber, qui nous avait été volé un an auparavant. Au début, j'ai cru que c'était un fantôme, mais je l'ai appelé d'une voix aiguë. L'animal parut me reconnaître et s'approcha de moi avec précaution, mais mon brusque mouvement vers lui, les bras tendus, ne fit que raviver le souvenir des quelques châtiments que je lui avais bêtement infligés pendant la dernière partie de notre association, et ce souvenir prévalut sur moi. tous les autres. Il s'éloigna timidement de moi et, comme je le suivais avec un certain empressement, il courut, pour accélérer sa course lorsqu'il se sentit poursuivi. J'étais de plus en plus convaincu qu'il m'avait reconnu, car il se retournait toujours avec inquiétude lorsqu'il atteignait un coin ; mais voyant que je le poursuivais comme un forcené, il repartait chaque fois avec une énergie renouvelée. Je le suivis ainsi à travers un labyrinthe de rues, à peine distinguables dans la brume épaisse, jusqu'à ce que je finisse par le perdre complètement de vue, pour ne plus le revoir. C'était près de l'église Saint-Roch, et moi, trempé de sueur et tout essoufflé, je tenais toujours le métronome. Pendant un moment, je restai immobile, les yeux fixés sur la brume, et je me demandai ce que pourrait présager la réapparition fantomatique du compagnon de mes aventures de voyage ce jour-là ! Le fait qu'il ait fui son vieux maître avec la terreur d'une bête sauvage remplissait mon cœur d'une étrange amertume et me paraissait un horrible présage. Tristement secoué, je repartis, les membres tremblants, pour ma course fatiguée.

Heinrich Brockhaus m'a dit qu'il ne pouvait pas m'aider et je l'ai quitté. J'avais terriblement honte, mais je faisais de gros efforts pour cacher la pénibilité de ma situation. Mes autres entreprises se sont avérées également désespérées, et après avoir attendu des heures chez Schlesinger, écoutant les conversations très triviales de mon employeur avec ses interlocuteurs, conversations qu'il semblait volontairement prolonger, je suis réapparu sous les fenêtres de ma maison longtemps après la tombée de la nuit, totalement infructueux. J'ai vu Minna qui regardait anxieusement depuis l'une des fenêtres. S'attendant à moitié à mon malheur, elle avait réussi entre-temps à emprunter une petite somme à notre locataire et pensionnaire, Brix, le joueur de flûte, que nous avons toléré patiemment, bien qu'à notre inconvénient, car il était un homme de bonne humeur. . Elle a donc pu m'offrir au moins un repas confortable. Une aide supplémentaire devait me venir par la suite, mais au prix de grands sacrifices de ma part, grâce au succès d'un des opéras de Donizetti, La Favorita, œuvre très pauvre du maestro italien, mais accueillie avec beaucoup d'enthousiasme par le Parisien. public, déjà tellement dégénéré. Cet opéra, dont le succès était dû principalement à deux petites chansons entraînantes, avait été acquis par Schlesinger, qui avait lourdement perdu sur les derniers opéras de Halevy.

Profitant de ma situation d'impuissance, dont il était bien conscient, il s'est précipité un matin dans nos chambres, rayonnant d'une bonne humeur amusante, a demandé de l'encre et de la plume et a commencé à faire le calcul des honoraires énormes qu'il devait payer. avait arrangé pour moi! Il écrivit : « La Favorita, arrangement complet pour pianoforte, arrangement sans paroles, pour solo ; idem, pour duo ; arrangement complet pour quatuor; de même pour deux violons ; idem pour un Cornet à piston. Honoraire total, frc . 1100. Avance immédiate en espèces, frc . 500.' Je pouvais voir d'un seul coup d'œil l'énorme difficulté que ce travail impliquerait, mais je n'ai pas hésité un instant à l'entreprendre.

Curieusement, alors que je rapportais ces cinq cents francs en pièces de cinq francs bien brillantes et que je les empilais sur la table pour notre édification, ma sœur Cécile Avenarius est venue nous voir par hasard. La vue de cette abondance de richesses parut produire sur elle un bon effet, car jusqu'alors elle s'était montrée assez réticente à venir nous voir ; et depuis, nous la voyions un peu plus souvent, et étions souvent invités à dîner avec eux le dimanche. Mais je ne m'intéressais plus aux divertissements. J'ai été si profondément impressionné par mes expériences passées que j'ai décidé d'accomplir cette tâche humiliante, quoique profitable, avec une énergie infatigable, comme s'il s'agissait d'une pénitence qui m'était imposée pour l'expiation de mes péchés passés. Pour économiser du combustible, nous nous sommes limités à utiliser la chambre à coucher, en la faisant servir de salon, de salle à manger, de bureau, ainsi que de dortoir. Il n'y avait qu'un pas de mon lit à ma table de travail ; pour m'asseoir à table, il me suffisait de retourner ma chaise, et je ne quittais complètement mon siège que tard dans la nuit, quand je voulais me recoucher. Tous les quatre jours, je m'autorisais une courte séance constitutionnelle. Ce processus de pénitence dura presque tout l'hiver et sema les graines de ces troubles gastriques qui devaient me gêner plus ou moins pour le reste de ma vie.

En échange du travail minutieux et presque interminable de correction de la partition de l'opéra de Donizetti, j'ai réussi à obtenir trois cents francs de Schlesinger, car il ne pouvait trouver personne d'autre pour le faire. Il me fallait en outre trouver le temps de recopier les parties orchestrales de mon ouverture de Faust, que j'espérais encore entendre au Conservatoire ; et pour contrecarrer la dépression produite par cette occupation humiliante, j'ai écrit une nouvelle, Eine Pilgerfahrt zu Beethoven (Un pèlerinage à Beethoven), qui a paru dans la Gazette Musicale, sous le titre Une Visite à Beethoven. Schlesinger me dit franchement que ce petit ouvrage avait fait sensation et avait été accueilli avec une approbation très marquée ; et, en effet, il a été reproduit, soit entièrement, soit en partie, dans bon nombre de journaux au coin du feu.

Il m'a persuadé d'en écrire encore du même genre ; et dans une suite intitulée Das Ende eines Musikers in Paris (Un Musicien étranger à Paris), je me suis vengé de tous les malheurs que j'avais eu à endurer. Schlesinger n'en fut pas aussi satisfait que de mon premier effort, mais il reçut des marques d'approbation touchantes de la part de son pauvre assistant ; tandis qu'Heinrich Heine en faisait l'éloge en disant que « Hoffmann aurait été incapable d'écrire une telle chose ». Même Berlioz en fut touché et en parla très favorablement dans un de ses articles du Journal des Débats. Il m'a également donné des signes de sympathie, mais seulement au cours d'une conversation, après la parution d'un autre de mes articles musicaux intitulé Ueber die Ouverture (Concernant les ouvertures), principalement parce que j'avais illustré mon principe en rappelant l' ouverture de Gluck à Iphigénie en Aulis. comme modèle pour les compositions de cette classe.

Encouragé par ces marques de sympathie, j'avais hâte de connaître plus intimement Berlioz. Je lui avais été présenté quelque temps auparavant au bureau de Schlesinger, où nous nous rencontrions occasionnellement. Je lui avais offert un exemplaire de mes Deux Grenadiers, mais je n'ai cependant jamais pu apprendre de lui ce qu'il en pensait réellement, si ce n'est que comme il ne savait que très peu gratter la guitare, il était incapable de jouer. la musique de ma composition pour lui-même au piano. Au cours de l'hiver précédent, j'avais souvent entendu ses grandes pièces instrumentales jouées sous sa propre direction et j'en avais été très favorablement impressionné. Au cours de cet hiver (1839-40), il dirigea trois représentations de sa nouvelle symphonie, Roméo et Juliette, à l'une desquelles j'assistais.

Tout cela, bien sûr, était un monde tout à fait nouveau pour moi, et je désirais en acquérir une connaissance sans préjugés. Au début, la grandeur et l'exécution magistrale de la partie orchestrale m'ont presque bouleversé. C'était au-delà de tout ce que j'aurais pu concevoir. L'audace fantastique, la précision aiguë avec laquelle les combinaisons les plus audacieuses, presque tangibles dans leur clarté, m'impressionnaient, refoulaient avec une violence brutale mes propres idées sur la poésie de la musique. jusqu'au plus profond de mon âme. J'étais simplement tout ouïe pour des choses dont je n'avais jamais rêvé jusqu'alors et que je sentais devoir essayer de réaliser. Il est vrai que j'ai trouvé beaucoup de choses vides et superficielles dans son Roméo et Juliette, une œuvre qui perdait beaucoup par sa longueur et sa forme de combinaison ; et cela m'était d'autant plus pénible que, d'un autre côté, je me sentais accablé par de nombreux passages vraiment envoûtants qui surpassaient toutes les objections de ma part.

Au cours du même hiver, Berlioz produit sa Sinfonie Fantastique et son Harald (« Harold en Italie »). J'ai également été très impressionné par ces œuvres ; les images de genre musical tissées dans la première symphonie étaient particulièrement agréables, tandis qu'Harald me ravissait à presque tous les égards .

Ce fut cependant la dernière œuvre de ce merveilleux maître, sa Trauer-Symphonie fur die Opfer der Juli-Revolution (Grande Symphonie Funebre et Triomphale), composée avec le plus d'habileté pour des fanfares militaires massives au cours de l'été 1840 pour l'anniversaire des obsèques. des héros de Juillet, et conduite par lui sous la colonne de la place de la Bastille, qui m'avait enfin complètement convaincu de la grandeur et de l'entreprise de cet artiste incomparable. Mais tout en admirant ce génie absolument unique dans ses méthodes, je n'ai jamais pu me débarrasser d'un certain sentiment particulier d'anxiété. Ses œuvres m'ont laissé une sensation comme celle de quelque chose d'étrange, quelque chose avec lequel je pensais ne jamais pouvoir être familier, et j'étais souvent perplexe devant le fait étrange que, bien que ravi par ses compositions, j'étais en même temps repoussés et même fatigués par eux. Ce n'est que bien plus tard que j'ai réussi à comprendre clairement et à résoudre ce problème qui, pendant des années, a exercé sur moi un sort si douloureux.

C'est un fait qu'à cette époque je me sentais presque comme un petit écolier aux côtés de Berlioz. J'ai donc été vraiment embarrassé lorsque Schlesinger, déterminé à tirer profit du succès de ma nouvelle, m'a fait part de son désir de produire certaines de mes compositions orchestrales lors d'un concert organisé par le rédacteur en chef de la Gazette Musicale. J'ai réalisé qu'aucune de mes œuvres disponibles ne conviendrait en aucun cas à une telle occasion. Je n'étais pas tout à fait sûr de mon Ouverture de Faust en raison de sa fin zéphyrienne, qui, je présumais, ne pouvait être appréciée que par un public déjà familier avec mes méthodes. Quand d'ailleurs j'appris que je ne devais avoir qu'un orchestre de second ordre, le Valentino du Casino, rue Saint-Honoré, et qu'en outre il ne pouvait y avoir qu'une seule répétition, ma seule alternative était entre refuser complètement ou faire encore un essai avec mon Ouverture de Colomb, l'œuvre composée dans mes premiers jours à Magdebourg. J'ai adopté cette dernière solution.

Lorsque je suis allé chercher la partition de cette composition chez Ilabeneck, qui la faisait conserver dans les archives du Conservatoire, il m'a prévenu un peu sèchement, mais non sans gentillesse, du danger de présenter cette œuvre au public parisien, car, pour utilisez ses propres mots, c'était trop « vague ». Une grande objection était la difficulté de trouver des musiciens compétents pour les six cornets requis, car la musique de cet instrument, si habilement joué en Allemagne, ne pouvait guère, voire jamais, être exécutée de manière satisfaisante à Paris. M. Schlitz, le correcteur de mes « Suites » pour Cornet à piston, m'offrit son aide. J'ai été obligé de réduire mes six cornets à quatre, et il m'a dit qu'on ne pouvait compter que sur deux d'entre eux.

En fait, les tentatives faites lors des répétitions pour produire précisément les passages dont dépendait principalement l'effet de mon travail étaient très décourageantes. Pas une seule fois les notes douces et aiguës n'ont été jouées sans qu'elles soient plates ou complètement fausses. En outre, comme je n'allais pas être autorisé à diriger l'œuvre moi-même, je devais m'en remettre à un chef d'orchestre qui, comme je le savais bien, s'était pleinement convaincu que ma composition était de la plus pure foutaise - une opinion qui semblait être partagé par tout l'orchestre. Berlioz, présent à la répétition, reste silencieux. Il ne m'a donné aucun encouragement, mais il ne m'a pas dissuadé. Il se contenta de dire ensuite, avec un sourire las, « qu'il était très difficile de s'en sortir à Paris ».

Le soir de la représentation (4 février 1841), le public, composé en grande partie d'abonnés à la Gazette Musicale, et à qui mes succès littéraires n'étaient donc pas inconnus, semblait plutôt favorablement disposé à mon égard. On me dit plus tard que mon ouverture, si ennuyeuse qu'elle eût été, aurait certainement été applaudie si ces malheureux cornettistes, en manquant continuellement de produire les passages efficaces, n'avaient pas excité le public jusqu'à l'hostilité ; car les Parisiens, pour la plupart, ne se soucient que des parties habiles des représentations, comme, par exemple, de la production impeccable des sons difficiles. J'étais clairement conscient de mon échec total. Après ce malheur, Paris n'existait plus pour moi, et il ne me restait plus qu'à regagner ma misérable chambre et à reprendre mon travail d'arrangement des opéras de Donizetti.

Mon renoncement au monde était si grand que, comme un pénitent, je ne me rasais plus et, au grand dam de ma femme, pour la première et unique fois de ma vie, je laissais pousser ma barbe assez longue. J'essayais de tout supporter patiemment, et la seule chose qui menaçait vraiment de me désespérer était un pianiste dans la pièce voisine de la nôtre qui, toute une journée, répétait la fantaisie de Liszt sur Lucia di Lammermoor. Il fallait que je mette un terme à ce supplice, alors, pour lui donner une idée de ce qu'il nous faisait endurer, un jour j'ai déplacé notre propre piano, terriblement désaccordé, près du mur mitoyen. Puis Brix, avec sa flûte piccolo, joua l'arrangement pour piano et violon (ou flûte) de l'Ouverture Favorita que je venais de terminer, tandis que je l'accompagnais au piano. L'effet sur notre voisin, un jeune professeur de piano, a dû être épouvantable. Le concierge m'a dit le lendemain que le pauvre garçon partait, et, après tout, j'étais un peu désolé.

La femme de notre concierge avait conclu une sorte d'arrangement avec nous. Au début, nous avions occasionnellement recours à ses services, notamment en cuisine, également pour brosser le linge, nettoyer les bottes, etc. ; mais même la légère dépense que cela impliquait était finalement trop lourde pour nous, et après avoir renoncé à ses services, Minna dut subir l'humiliation de faire elle-même tout le travail du ménage, même la partie la plus subalterne. Comme nous n'aimions pas en parler à Brix, Minna était obligée non seulement de faire toute la cuisine et la vaisselle, mais même de nettoyer également les bottes de notre locataire. Ce que nous éprouvions le plus, cependant, c'était la pensée de ce que le concierge et sa femme penseraient de nous ; mais nous nous trompions, car ils ne nous respectaient que davantage, même si, bien sûr, nous ne pouvions parfois éviter un peu de familiarité. De temps en temps, donc, cet homme discutait avec moi de politique. Lorsque la Quadruple Alliance contre la France fut conclue et que la situation sous le ministère de Thiers fut considérée comme très critique, mon concierge tenta un jour de me rassurer en me disant : « Monsieur, il y a quatre hommes en Europe qui s'appellent : le roi. Louis Philippe, l'empereur d'Autriche, l'empereur de Russie, le roi de Prusse ; eh bien, ces quatre sont des c...; et nous n'aurons pas la guerre.'

Lors d'une soirée, je manquais très rarement d'amusement ; mais les quelques amis fidèles qui venaient me voir durent supporter que je griffonne de la musique jusque tard dans la nuit. Un jour, ils m'ont préparé une surprise touchante sous la forme d'une petite fête qu'ils ont organisée pour le réveillon du Nouvel An (1840). Lehrs arriva au crépuscule, sonna et apporta un gigot de veau ; Kietz apporta du rhum, du sucre et un citron ; Pecht a fourni une oie ; et Anders deux bouteilles de champagne qui lui avaient été offertes par un facteur d'instruments de musique en échange d'un article flatteur qu'il avait écrit sur ses pianos. Les bouteilles de ce stock n'étaient produites que lors de très grandes occasions. Je rejetai donc bientôt cette maudite Favorita et me lançai avec enthousiasme dans la fête.

Nous devions tous assister aux préparatifs, allumer le feu dans le salon, donner un coup de main à ma femme dans la cuisine et aller chercher ce qu'il fallait chez l'épicier. Le souper s'est transformé en une orgie dithyrambique. Lorsque le champagne fut bu et que le punch commença à produire ses effets, je prononçai un discours enflammé qui provoqua tellement l'hilarité de la société qu'il semblait qu'il ne finirait jamais. J'étais si excité que je suis d'abord monté sur une chaise, puis, pour intensifier l'effet, je me suis enfin levé sur la table, pour prêcher l'évangile le plus fou du mépris de la vie ainsi qu'un éloge funèbre sur les États libres d'Amérique du Sud. Mes auditeurs charmés finirent par éclater en sanglots et en rires, et furent si bouleversés que nous dussions tous les abriter pour la nuit, leur état ne leur permettant pas de rentrer en sécurité chez eux. Le jour du Nouvel An (1841), j'étais de nouveau occupé avec ma Favorite.

Je me souviens d'une autre fête semblable quoique beaucoup moins bruyante, à l'occasion d'une visite que nous faisait le célèbre violoniste Vieuxtemps, un ancien camarade de classe de Kietz. Nous avons eu le grand plaisir d'entendre pendant toute une soirée le jeune virtuose, alors très célébré à Paris, jouer avec nous avec charme, ce qui donnait à mon petit salon une touche de « mode » insolite. Kietz le récompensa de sa gentillesse en le portant sur ses épaules jusqu'à son hôtel voisin.

Nous avons été durement frappés, au début de cette année, par une erreur que j'ai commise en raison de mon ignorance des coutumes parisiennes. Il nous semblait évident que nous devions attendre le quart de jour convenable pour donner congé à notre logeuse. J'ai donc fait appel à la propriétaire de la maison, une jeune veuve riche vivant dans une de ses propres maisons dans le quartier de Marias. Elle m'a reçu, mais a semblé très embarrassée, et m'a dit qu'elle en parlerait à son agent et qu'elle m'a finalement référé à lui. Le lendemain, j'ai été informé par lettre que mon avis aurait été valide s'il avait été donné deux jours plus tôt. Par cette omission, je m'étais rendu redevable, conformément au contrat, d'un an de loyer supplémentaire. Horrifié par cette nouvelle, je suis allé voir l'agent lui-même et, après avoir attendu longtemps - en fait, ils ne m'ont pas laissé entrer du tout - j'ai trouvé un monsieur âgé, apparemment infirme par une maladie très grave. une maladie douloureuse, allongée devant moi, immobile. Je lui ai franchement exposé ma situation et je l'ai prié très instamment de me dégager de mon accord, mais on m'a simplement répondu que c'était ma faute et non la sienne, que j'avais donné un préavis un jour trop tard et que, par conséquent, je devais trouver le loyer pour l'année suivante. Mon concierge, à qui, avec quelque émotion, je racontais cet événement, essaya de me calmer en me disant : « J'aurais pu vous dire cela, car voyez, monsieur, cet homme ne vaut pas l'eau qu'il. boit.

Ce malheur tout à fait imprévu détruisit nos derniers espoirs de sortir de notre situation désastreuse. Nous nous consolâmes un moment dans l'espoir de trouver un autre locataire, mais le sort était une fois de plus contre nous. Pâques est arrivée, le nouveau trimestre a commencé et nos perspectives étaient plus désespérées que jamais. Finalement, notre concierge nous a recommandé à une famille qui était prête à nous retirer la totalité de notre appartement, meubles compris, pendant quelques mois. Nous avons accepté cette offre avec plaisir ; car, en tout cas, il assurait le paiement du loyer pour le trimestre suivant. Nous avons pensé que si seulement nous pouvions nous éloigner de ce malheureux endroit, nous pourrions trouver un moyen de nous en débarrasser complètement. Nous avons donc décidé de nous trouver une résidence d'été pas chère en périphérie parisienne.

Meudon nous avait été mentionné comme une station d'été bon marché, et nous avons choisi un appartement dans l'avenue qui relie Meudon au village voisin de Bellevue. Nous laissâmes pleine autorité à notre concierge quant à nos chambres de la rue du Helder, et nous installâmes du mieux que nous pouvions dans notre nouvelle demeure provisoire. Le vieux Brix, le bon flûtiste, dut rester encore une fois avec nous, car, à cause du retard de ses recettes habituelles, il se serait trouvé dans une grande situation si nous avions refusé de l'héberger. L'enlèvement de nos maigres biens eut lieu le 29 avril et n'était, après tout, qu'une fuite de l'impossible vers l'inconnu, car nous n'avions pas la moindre idée de la manière dont nous allions vivre l'été suivant. Schlesinger n'avait pas de travail pour moi et aucune autre source n'était disponible.

La seule aide que nous puissions espérer résider semble-t-il dans un travail journalistique qui, bien que peu rémunérateur, m'a pourtant donné l'occasion de réussir un peu. L'hiver précédent, j'avais écrit un long article sur le Freischutz de Weber pour la Gazette Musicale. Il s'agissait de préparer la première représentation prochaine de cet opéra, après y avoir ajouté des récitatifs de la plume de Berlioz. Ce dernier était apparemment loin d'être satisfait de mon article. Dans l'article, je n'ai pu m'empêcher de faire référence à l'idée absurde de Berlioz de peaufiner cette œuvre musicale démodée en y ajoutant des ingrédients qui altèrent ses caractéristiques originales, dans le seul but de lui donner une apparence adaptée au luxueux répertoire de l'Opéra. Le fait que le résultat justifiait pleinement mes prévisions ne diminuait en rien le mécontentement que j'avais suscité parmi tous ceux qui étaient concernés par la production ; mais j'eus la satisfaction d'apprendre que le célèbre George Sand avait remarqué mon article. Elle commença l'introduction d'une histoire légendaire de la vie provinciale française en répudiant certains doutes quant à la capacité du peuple français à comprendre l'élément mystique et fabuleux qui, comme je l'avais montré, se déployait d'une manière si magistrale dans Freischutz, et elle a souligné mon article comme expliquant clairement les caractéristiques de cet opéra.

Une autre opportunité journalistique est née de mes efforts pour faire accepter mon Rienzi au Théâtre de la Cour de Dresde. M. Winkler, le secrétaire de ce théâtre, que j'ai déjà mentionné, rapportait régulièrement des progrès ; mais en tant que rédacteur en chef de l'Abendzeitung, journal alors plutôt en déclin, il saisit l'occasion que présentaient nos négociations pour me demander de lui envoyer des contributions fréquentes et gratuites. La conséquence en fut que chaque fois que je voulais savoir quelque chose sur le sort de mon opéra, je devais l'obliger en lui joignant un article pour son journal. Or, comme ces négociations avec le Théâtre de la Cour duraient très longtemps et impliquaient un grand nombre de contributions de ma part, je me retrouvais souvent dans les situations les plus extraordinaires simplement du fait que j'étais à nouveau prisonnier dans ma chambre. et cela depuis quelque temps déjà qu'il ne savait rien de ce qui se passait à Paris.

J'avais de sérieuses raisons pour me retirer ainsi de la vie artistique et sociale de Paris. Mes propres expériences douloureuses et mon dégoût devant toutes les moqueries de ce genre de vie, autrefois si attrayant pour moi et pourtant si étranger à mon éducation, m'avaient rapidement éloigné de tout ce qui s'y rapportait. Il est vrai que la production des Huguenots, par exemple, que j'entendis alors pour la première fois, m'éblouit beaucoup. Sa belle exécution orchestrale et sa mise en scène extrêmement soignée et efficace m'ont donné une grande idée des grandes possibilités de moyens artistiques aussi parfaits et précis. Mais, chose étrange à dire, je n'ai jamais eu envie de réentendre le même opéra. Je me lassai bientôt de l'exécution extravagante des chanteurs, et j'amusai souvent excessivement mes amis en imitant les dernières méthodes parisiennes et les exagérations vulgaires dont les représentations fourmillaient. D'ailleurs, les compositeurs qui cherchaient à réussir en adoptant le style alors en vogue ne pouvaient pas non plus s'empêcher de susciter mes critiques sarcastiques. La dernière once d'estime que j'essayais encore de conserver pour le « premier théâtre lyrique du monde » fut finalement brutalement détruite lorsque je vis comment une œuvre aussi vide de sens et tout à fait anti-française que la Favorite de Donizetti pouvait assurer une diffusion aussi longue et importante. dans ce théâtre.

Pendant tout le temps de mon séjour à Paris, je ne crois pas être allé à l'Opéra plus de quatre fois. Les froides productions de l'Opéra-Comique et la qualité dégénérée de la musique qui y était produite m'avaient rebuté dès le début ; et le même manque d'enthousiasme manifesté par les chanteurs m'a également éloigné de l'opéra italien. Les noms, souvent très célèbres, de ces artistes qui ont chanté pendant des années les mêmes quatre opéras ne pouvaient me compenser l'absence totale de sentiment qui caractérisait leur interprétation, si différente de celle de Schroder-Devrient, que j'appréciais tant. Je voyais clairement que tout était en déclin, et pourtant je ne nourrissais aucun espoir ni désir de voir cet état de déclin remplacé par une période de vie plus nouvelle et plus fraîche. Je préférais les petits théâtres, où le talent français se montrait sous son vrai jour ; et pourtant, par suite de mes propres désirs, j'étais trop occupé à trouver en eux des points de relation qui exciteraient ma sympathie, pour qu'il me soit possible de réaliser en eux ces excellences particulières qui ne m'intéressaient pas au départ. tous. D'ailleurs, dès le début, mes propres ennuis s'étaient révélés si pénibles, et la conscience de l'échec de mes projets parisiens était devenue si cruellement apparente, que, soit par indifférence, soit par contrariété, j'ai décliné toutes les invitations au théâtre. À maintes reprises, au grand regret de Minna, je rendais des billets pour des représentations dans lesquelles Rachel devait apparaître au Théâtre Français et, en fait, je n'ai vu ce célèbre théâtre qu'une seule fois, quand, quelque temps plus tard, j'ai dû m'y rendre pour affaires. pour mon patron de Dresde, qui voulait quelques articles supplémentaires.

J'ai adopté les moyens les plus honteux pour remplir les colonnes de l'Abendzeitung ; J'ai simplement rassemblé ce que j'avais entendu ce soir d'Anders et de Lehrs. Mais comme ils n'avaient pas non plus d'aventures très excitantes, ils me racontaient simplement tout ce qu'ils avaient retenu des journaux et des discussions à table, et j'essayais de rendre cela avec autant de piquant que possible, conformément au style journalistique créé par Heine, qui était à la mode à l'époque. Ma seule crainte était que le vieux Hofrath Winkler ne découvre un jour le secret de ma vaste connaissance de Paris. Entre autres choses, j'envoyai à son journal en déclin un long compte rendu de la production de Freischutz. Il s'y intéressa particulièrement, car il était le tuteur des enfants de Weber ; et comme dans une de ses lettres il m'assurait qu'il ne se reposerait pas tant qu'il n'aurait pas obtenu l'assurance définitive que Rienzi avait été accepté, je lui envoyai, avec mes plus vifs remerciements, le manuscrit allemand de mon histoire de Beethoven pour son journal. . L'édition de 1841 de cette gazette, alors publiée par Arnold, mais aujourd'hui disparue, contient la seule copie de ce manuscrit.

Mon travail journalistique occasionnel s'est accru à la demande de Lewald, rédacteur en chef d'Europa, un mensuel littéraire, qui me demandait d'écrire quelque chose pour lui. Cet homme était le premier qui, de temps en temps, prononçait mon nom en public. Comme il publiait des suppléments musicaux dans son élégant magazine assez lu, je lui ai envoyé de Königsberg deux de mes compositions pour publication. L'une d'elles était la musique que j'avais mise en musique sur un poème mélancolique de Scheuerlin, intitulé Der Knabe und der Tannenbaum (œuvre dont je suis encore fier aujourd'hui), et mes beaux Carnevals Lied d'après Liebesverbot.

Quand j'ai voulu publier mes petites compositions françaises — Dors, mon enfant, et la musique de l'Attente de Hugo et de la Mignonne de Ronsard — Lewald non seulement m'a envoyé une petite somme — la première que j'aie jamais reçue pour une composition — mais m'a commandé de longs articles sur mes impressions parisiennes, qu'il m'a prié d'écrire de la manière la plus amusante possible. Pour son journal, j'ai écrit Pariser Amusements et Pariser Fatalitaten, dans lesquels j'exprimais avec humour, à la Heine, toutes mes expériences décevantes à Paris et tout mon mépris pour la vie menée par ses habitants. Dans la seconde, je décrivais l'existence d'un certain Hermann Pfau, un étrange bon à rien avec lequel, au cours de mes premières années à Leipzig, j'avais fait une connaissance plus intime qu'il n'était souhaitable. Cet homme errait dans Paris comme un vagabond depuis le début de l'hiver précédent, et les maigres revenus que je tirais des arrangements de La Favorita étaient souvent en partie dépensés pour aider cet individu complètement brisé. Il était donc juste que je récupère quelques francs de l'argent dépensé pour lui à Paris en mettant ses aventures en scène dans les journaux de Lewald.

Lorsque j'ai rencontré Léon Pillet, le directeur de l'Opéra, mon travail littéraire a pris encore une autre direction. Après de nombreuses recherches, j'ai finalement découvert qu'il avait pris goût à mon brouillon du Fliegender Holländer. Il m'en informa et me demanda de lui vendre le terrain, car il était sous contrat pour fournir à divers compositeurs des sujets d'opérettes. J'ai essayé d'expliquer à Pillet, tant verbalement que par écrit, qu'il ne pouvait guère s'attendre à ce que l'intrigue soit correctement traitée autrement que par moi-même, car cette ébauche était en fait ma propre idée, et qu'elle n'était parvenue à sa connaissance que par mon expérience. après l'avoir soumis. Mais tout cela n'a servi à rien. Il fut obligé d'admettre très franchement que les espoirs que j'avais nourris quant au résultat de la recommandation que Meyerbeer lui avait faite n'aboutiraient à rien. Il a dit qu'il n'y avait aucune chance que je reçoive une commande pour une composition, même pour un opéra léger, au cours des sept prochaines années, car ses contrats déjà existants s'étendaient sur cette période. Il m'a demandé d'être raisonnable et de lui vendre la traite pour une petite somme, afin qu'il puisse faire choisir par lui la musique écrite par un auteur ; et il ajouta que si je voulais encore tenter ma chance à l'Opéra, je ferais mieux de voir le « maître de ballet », car il pourrait avoir besoin de musique pour telle danse. Voyant que je refusais avec mépris cette proposition, il me laissa à moi-même.

Après d'interminables et infructueuses tentatives pour régler l'affaire, je suppliai enfin Edouard Monnaie, commissaire aux Théâtres royaux, qui était non seulement un de mes amis, mais aussi rédacteur en chef de la Gazette Musicale, de me servir de médiateur. Il avoua franchement qu'il ne comprenait pas le goût de Pillet pour mon complot, qu'il connaissait aussi ; mais comme Pillet semblait l'apprécier — même s'il allait probablement le perdre — il me conseilla d'accepter n'importe quoi en échange, puisque M. Paul Faucher, beau-frère de Victor Hugo, avait reçu une offre pour élaborer le projet de un livret similaire. Ce monsieur avait d'ailleurs déclaré qu'il n'y avait rien de nouveau dans mon complot, l'histoire du Vaisseau Fantôme étant bien connue en France. Je vis maintenant où j'en étais, et, dans une conversation avec Pillet, à laquelle M. Faucher assistait, je dis que je m'arrangerais. Mon intrigue fut généreusement estimée par Pillet à cinq cents francs, et je reçus cette somme de la caisse du théâtre, pour être ensuite déduite des droits d'auteur du futur poète.

Notre résidence d'été de l'avenue de Meudon prenait désormais un caractère bien défini. Ces cinq cents francs devaient m'aider à élaborer les paroles et la musique de mon Fliegender Holländer pour l'Allemagne, tandis que j'abandonnais à son sort le Vaisseau Fantôme français.

La situation de mes affaires, qui empirait de plus en plus, fut légèrement améliorée par le règlement de cette affaire. Mai et juin s'étaient écoulés et, au cours de ces mois, nos ennuis n'avaient cessé de s'aggraver. La belle saison de l'année, l'air stimulant de la campagne et la sensation de liberté qui suivit ma délivrance du travail musical misérablement payé que j'avais dû faire tout l'hiver, produisirent sur moi leurs effets bénéfiques, et j'étais inspiré à écrivez une petite histoire intitulée Ein glucklicher Abend . Celui-ci a été traduit et publié en français dans la Gazette Musicale. Bientôt, cependant, notre manque de fonds a commencé à se faire sentir avec une gravité très décourageante. Nous l'avons ressenti d'autant plus vivement que ma sœur Cecilia et son mari, suivant notre exemple, ont déménagé dans un endroit tout près de chez nous. Même s'ils n'étaient pas riches, ils étaient plutôt aisés. Ils venaient nous voir tous les jours, mais nous n'avons jamais jugé souhaitable de leur faire savoir à quel point nous étions dans une situation difficile. Un jour, cela a atteint son paroxysme. N'ayant absolument pas d'argent, je partis un matin de bonne heure pour me rendre à pied à Paris, car je n'avais même pas de quoi payer le billet de chemin de fer, et je résolus d'errer toute la journée, marchant péniblement de rue en rue, même jusque tard dans la nuit. l'après-midi, dans l'espoir de récolter une pièce de cinq francs ; mais ma course s'avéra absolument vaine, et je dus retourner à Meudon à pied, complètement sans le sou.

Lorsque j'ai raconté mon échec à Minna, qui était venue à ma rencontre, elle m'a informé, désespérée, que Hermann Pfau, dont j'ai déjà parlé, était également venu chez nous dans un état des plus pitoyables et qu'il manquait effectivement de nourriture, et que elle avait dû lui donner le reste du pain livré par le boulanger le matin. Le seul espoir qui me restait maintenant était que, en tout cas, mon locataire Brix, qui par un sort singulier était maintenant notre compagnon d'infortune, reviendrait avec un certain succès de l'expédition à Paris qu'il avait également faite le matin. Enfin, lui aussi revint baigné de sueur et épuisé, poussé chez lui par l'envie d'un repas qu'il n'avait pu se procurer en ville, faute de retrouver aucune des connaissances qu'il allait voir. Il demanda pitoyablement un morceau de pain. Ce dénouement de la situation inspira enfin à ma femme une résolution héroïque ; car elle sentait qu'il était de son devoir de s'efforcer d'apaiser au moins la faim de ses hommes. Pour la première fois durant son séjour sur le sol français, elle persuada le boulanger, le boucher et le marchand de vin, par des arguments plausibles, de lui fournir les produits de première nécessité sans paiement immédiat en espèces, et les yeux de Minna rayonnèrent quand, une heure plus tard , elle a pu nous proposer un excellent repas, au cours duquel nous avons été surpris par la famille Avenarius, visiblement soulagée de nous trouver si bien pourvus.

Cette extrême détresse fut un temps soulagée, au début de juillet, par la vente de mon Vaisseau Fantôme, qui signifiait mon renoncement définitif à mon succès à Paris. Tant que duraient les cinq cents francs, j'avais un intervalle de répit pour continuer mon travail. Le premier objet pour lequel j'ai dépensé mon argent fut la location d'un piano, chose dont j'étais entièrement privé depuis des mois. Ce faisant, mon intention principale était de raviver ma confiance en moi-même en tant que musicien, car, depuis l'automne de l'année précédente, j'avais exercé mes talents uniquement de journaliste et d'adaptateur d'opéras. Le livret du Fliegender Holländer, que j'avais écrit en toute hâte au cours de la récente période de détresse, a suscité un intérêt considérable chez Lehrs ; il a même déclaré que je n'écrirais jamais rien de mieux et que le Fliegender Holländer serait mon Don Juan ; il ne restait plus qu'à trouver la musique. Comme vers la fin de l'hiver précédent j'espérais encore être autorisé à traiter ce sujet pour l'Opéra français, j'avais déjà terminé quelques paroles et musiques des parties lyriques, et j'avais fait traduire le livret par Emile Deschamps, il s'agissait d'un essai qui, hélas, n'a jamais eu lieu. Ces parties étaient la ballade de Senta, le chant des marins norvégiens et le « Spectre Song » de l'équipage du Fliegender Holländer. Depuis lors, j'avais été si violemment arraché à la musique que, lorsque le piano arriva dans ma retraite champêtre, je n'osai pas y toucher pendant une journée entière. J'avais terriblement peur de découvrir que mon inspiration m'avait quitté, quand soudain je fus saisi de l'idée que j'avais oublié d'écrire la chanson du timonier au premier acte, alors qu'en réalité je pouvais Je ne me souviens pas du tout de l'avoir composé, car en réalité je venais tout juste d'écrire les paroles. J'ai réussi et j'étais satisfait du résultat. La même chose s'est produite avec "Spinner's Song", et lorsque j'ai écrit ces deux morceaux et que, après y avoir réfléchi, je n'ai pu m'empêcher d'admettre qu'ils n'avaient en réalité pris forme que dans mon esprit à ce moment-là, j'étais complètement déliré avec joie de la découverte. En sept semaines, toute la musique du Fliegender Holländer, à l'exception de l'orchestration, fut terminée.

Il y eut alors un renouveau général dans notre entourage ; ma bonne humeur exubérante étonnait tout le monde, et mes parents Avenarius en particulier pensaient que je devais vraiment prospérer, tant j'étais de si bonne compagnie. Je repris mes longues promenades dans les bois de Meudon, consentant même souvent à aider Minna à cueillir des champignons, qui, malheureusement, étaient pour elle le principal charme de notre retraite boisée , mais cela effrayait notre propriétaire lorsqu'il nous voyait revenir avec notre du butin, car il était sûr que nous serions empoisonnés si nous les mangions.

Mon destin, qui m'entraînait presque invariablement dans d'étranges aventures, me présentait ici une fois de plus le personnage le plus excentrique qu'on puisse trouver non seulement dans les environs de Meudon, mais même à Paris. C'était M. Jadin, qui, quoique assez âgé pour pouvoir dire qu'il se souvenait d'avoir vu Madame de Pompadour à Versailles, était encore d'une vigueur incroyable. Son objectif semblait être de maintenir le monde dans un état constant de conjectures quant à son âge réel ; il fabriquait tout pour lui-même de ses propres mains, y compris même une quantité de perruques de toutes les nuances, allant de la variété la plus comique depuis le lin juvénile jusqu'au blanc le plus vénérable, avec des nuances intermédiaires de gris ; il les portait alternativement, selon sa fantaisie. Il touchait à tout et j'étais heureux de constater qu'il avait un penchant particulier pour la peinture. Le fait que tous les murs de ses chambres étaient tendus des caricatures les plus enfantines de la vie animale, et qu'il avait même embelli l'extérieur de ses stores avec les peintures les plus ridicules, ne me déconcertait nullement ; au contraire, cela confirma ma conviction qu'il ne s'adonnait pas à la musique, jusqu'à ce que, à ma grande horreur, je découvre que les sons étrangement discordants d'une harpe qui arrivaient sans cesse à mes oreilles depuis une région inconnue provenaient en réalité de son sous-sol, où il possédait deux clavecins de sa propre invention. Il m'apprit qu'il avait malheureusement négligé d'en jouer depuis longtemps, mais qu'il comptait maintenant recommencer à les pratiquer assidûment pour me faire plaisir. Je réussis à l'en dissuader en lui assurant que le médecin m'avait défendu d'écouter la harpe, car c'était mauvais pour mes nerfs. Sa silhouette telle que je l'ai vu pour la dernière fois reste gravée dans ma mémoire, comme une apparition venue du monde des contes d'Hoffmann. A la fin de l'automne, alors que nous rentrions à Paris, il nous demanda d'emporter avec nous sur notre fourgon un énorme tuyau de poêle, dont il promit de nous débarrasser sous peu. Un jour très froid, Jadin s'est effectivement présenté à notre nouvelle demeure à Paris, dans un costume des plus absurdes qu'il avait lui-même fabriqué, composé d'un pantalon jaune clair très fin, d'un très court habit vert pâle avec des pans remarquablement longs, saillant de la dentelle. des volants et des revers de chemise, une perruque très blonde et un chapeau si petit qu'il tombait constamment ; il portait en outre une quantité de bijoux d'imitation, et tout cela dans l'hypothèse non dissimulée qu'il ne pouvait pas se promener dans le Paris élégant habillé aussi simplement qu'à la campagne. Il était venu chercher le tuyau de poêle ; nous lui avons demandé où étaient les hommes pour le porter ; en réponse, il sourit simplement et exprima sa surprise devant notre impuissance ; Il prit alors l'énorme tuyau de poêle sous son bras et refusa catégoriquement notre aide lorsque nous lui proposâmes de l'aider à le porter dans l'escalier, bien que cette opération, malgré son habileté tant vantée, lui prit une bonne demi-heure. Tout le monde dans la maison s'est rassemblé pour assister à ce déplacement, mais il n'a pas été déconcerté et a réussi à faire passer le tuyau par la porte de la rue, puis il a trébuché gracieusement sur le trottoir avec lui et a disparu de notre vue.

Durant cette période courte mais mouvementée, pendant laquelle j'étais tout à fait libre de donner toute l'ampleur à mes pensées les plus intimes, je me livrais à la consolation de créations purement artistiques. Je peux seulement dire qu'à la fin, j'avais fait de tels progrès que je pouvais envisager avec un calme joyeux la période beaucoup plus longue de troubles et de détresse que je sentais m'attendre. Cela s'est effectivement produit, car je venais à peine d'achever la dernière scène que je m'aperçus que mes cinq cents francs touchaient à leur fin, et que ce qui me restait n'était pas suffisant pour m'assurer la paix et l'absence de soucis nécessaires pour moi. composer l'ouverture; Je dus différer cela jusqu'à ce que ma chance prenne une autre tournure favorable, et pendant ce temps j'étais obligé de me lancer dans la lutte pour ma simple subsistance, en faisant des efforts de toutes sortes qui ne me laissaient ni loisir ni tranquillité d'esprit. Le concierge de la rue du Helder nous apprit que la mystérieuse famille à qui nous avions loué nos chambres était partie et que nous étions de nouveau responsables du loyer.

Je dus lui dire que je ne m'occuperais plus des chambres en aucun cas et que le propriétaire pourrait se rattraper en vendant les meubles que nous y avions laissés. Cela se fit à perte très lourde, et les meubles, dont la plus grande partie n'était pas encore payée, furent sacrifiés pour payer le loyer d'un logement que nous n'occupions plus.

Sous le poids des privations les plus terribles, je m'efforçais encore de me ménager suffisamment de temps pour élaborer l'orchestration de la partition du Fliegender Holländer. Le mauvais temps d'automne s'est produit à une date exceptionnellement précoce ; les gens quittaient tous leurs maisons de campagne pour Paris, et parmi eux la famille Avenarius. Cependant, nous ne pouvions pas rêver de le faire, car nous ne pouvions même pas réunir les fonds nécessaires au voyage. Lorsque M. Jadin m'en exprima sa surprise, je fis semblant d'être tellement pressé par le travail que je ne pouvais l'interrompre, bien que je sentais très durement le froid qui pénétrait à travers les minces murs de la maison.

J'attendis donc l'aide d'Ernst Castel, un de mes vieux amis de Königsberg, un jeune commerçant aisé, qui peu de temps auparavant nous avait rendu visite à Meudon et nous avait offert un luxueux repas à Paris, en nous promettant en même temps il était temps de soulager nos besoins le plus tôt possible par une avance, ce que nous savions être une affaire facile pour lui.

Pour nous remonter le moral, Kietz est venu un jour vers nous avec un grand portefeuille et un oreiller sous le bras ; il avait l'intention de nous amuser en travaillant à une grande caricature représentant moi-même et mes malheureuses aventures à Paris, et l'oreiller devait lui permettre, après son travail, de se reposer sur notre canapé dur, dont il avait remarqué qu'il n'y avait pas d'oreillers à l'époque. la tête. Sachant que nous avions du mal à nous procurer du carburant, il apporta avec lui quelques bouteilles de rhum, pour nous « réchauffer » avec du punch lors des soirées froides ; dans ces circonstances, je lui ai lu, ainsi qu'à ma femme, les Contes d'Hoffmann.

J'ai enfin eu des nouvelles de Königsberg, mais cela m'a seulement fait comprendre que le jeune chien gay n'avait pas tenu sa promesse au sérieux. Nous attendions alors presque avec désespoir les brumes glaciales de l'hiver qui approchait, mais Kietz, déclarant que c'était à lui de trouver du secours, emballa son portefeuille, le plaça sous son bras avec l'oreiller et partit pour Paris. Le lendemain, il revint avec deux cents francs qu'il avait réussi à se procurer grâce à un généreux sacrifice. Nous partîmes aussitôt pour Paris et pris un petit appartement près de nos amis, au fond du 14 de la rue Jacob. J'appris ensuite que, peu après notre départ, elle fut occupée par Proudhon.

Nous sommes rentrés en ville le 30 octobre. Notre maison était extrêmement petite et froide, et son froid en particulier la rendait très mauvaise pour notre santé. Nous l'avons peuplé du peu que nous avions sauvé du naufrage de la rue du Holder, et attendions les résultats de mes efforts pour faire accepter et produire mes œuvres en Allemagne. La première nécessité était de m'assurer à tout prix la paix et la tranquillité pendant le peu de temps que j'aurais à consacrer à l'ouverture du Fliegender Holländer ; J'ai dit à Kietz qu'il lui faudrait procurer l'argent nécessaire aux dépenses de mon ménage jusqu'à ce que ce travail soit terminé et que la partition complète de l'opéra soit envoyée. Avec l'aide d'un oncle pédant, qui vivait longtemps à Paris et qui était également peintre, il réussit à me fournir l'aide nécessaire, par tranches de cinq ou dix francs à la fois. Durant cette période, je montrais souvent avec une joyeuse fierté mes bottes, qui devenaient de simples parodies de chaussures, les semelles finissant par disparaître complètement.

Tant que je m'occupais du Hollandais et que Kietz s'occupait de moi, cela ne faisait aucune différence, car je ne sortais jamais : mais lorsque j'eus envoyé ma partition achevée à la direction du Théâtre de la Cour de Berlin au début de décembre, l'amertume de la situation ne pouvait plus être dissimulée. Il m'a fallu m'attacher et chercher moi-même de l'aide.

Ce que cela signifiait à Paris, je l'ai appris à cette époque-là par le sort malheureux du digne Lehrs. Poussé par un besoin que j'avais moi-même dû surmonter un an auparavant à peu près à la même époque, il avait été contraint, par une journée torride de l'été précédent, de parcourir les différents quartiers de la ville à bout de souffle, pour obtenir grâce pour les factures qu'il avait. accepté et qui était échu. Il prit bêtement une boisson glacée, qu'il espérait pouvoir rafraîchir dans son état pénible, mais elle lui fit aussitôt perdre la voix, et à partir de ce jour il fut victime d'un enrouement qui, avec une rapidité effroyable, fit mûrir les germes de la phtisie, sans doute . latente en lui, et a développé cette maladie incurable. Depuis des mois, il s'affaiblissait de plus en plus, nous remplissant enfin de la plus sombre inquiétude : lui seul croyait que le prétendu froid serait guéri, s'il pouvait mieux chauffer sa chambre pendant un certain temps. Un jour, je le cherchai dans son logement, où je le trouvai dans la chambre glaciale, blotti devant son bureau, se plaignant de la difficulté de son travail pour Didot, d'autant plus pénible que son employeur était très occupé. le pressant pour les avances qu'il avait faites.

Il déclara que s'il n'avait pas eu la consolation, pendant ces heures lugubres, de savoir que j'avais, en tout cas, fini mon Hollandais, et qu'une perspective de succès était ainsi ouverte au petit cercle d'amis, sa misère aurait été vraiment dur à supporter. Malgré mes grandes difficultés, je l'ai supplié de partager notre feu et de travailler dans ma chambre. Il a souri de mon courage à essayer d'aider les autres, d'autant plus que mes quartiers offraient à peine assez d'espace pour moi et ma femme. Cependant, un soir, il vint nous voir et me montra silencieusement une lettre qu'il avait reçue de Villemain, alors ministre de l'Instruction publique, dans laquelle celui-ci exprimait dans les termes les plus chaleureux son grand regret d'avoir à peine appris qu'un si distingué savant , dont la collaboration compétente et étendue dans le numéro des classiques grecs de Didot l'avait fait participer à une œuvre qui était la gloire de la nation, devrait être en si mauvaise santé et dans des circonstances si difficiles. Malheureusement, la somme d'argent public dont il disposait à ce moment pour subventionner la littérature ne lui permit que de lui offrir la somme de cinq cents francs, qu'il joignit à ses excuses, lui demandant de l'accepter en reconnaissance de ses mérites sur du gouvernement français, et ajoutant qu'il avait l'intention de réfléchir sérieusement à la manière dont il pourrait améliorer matériellement sa situation.

Cela nous remplit de la plus grande reconnaissance à l'égard du pauvre Lehrs, et nous considérâmes cet incident presque comme un miracle. On ne pouvait cependant s'empêcher de supposer que M. Villemain avait été influencé par Didot, poussé par sa propre conscience coupable de son méprisable exploitation de Lehrs, et par la perspective de se décharger ainsi de la responsabilité de l'aider. En même temps, des cas similaires dont nous disposions et qui furent pleinement confirmés par ma propre expérience ultérieure nous conduisirent à la conclusion qu'une sympathie aussi prompte et attentionnée de la part d'un ministre eût été impossible en Allemagne. Lehrs aurait désormais un feu pour travailler, mais hélas ! nos craintes quant à sa santé déclinante n'ont pu être apaisées. Lorsque nous quittions Paris au printemps suivant, c'est la certitude de ne plus jamais revoir notre cher ami qui rendit notre séparation si douloureuse.

Dans ma propre grande détresse, je fus de nouveau exposé à l'ennui de devoir écrire de nombreux articles non payés pour l'Abendzeitung, car mon patron, Hofrath Winkler, n'était toujours pas en mesure de me donner un compte rendu satisfaisant du sort de mon Rienzi à Dresde. Dans ces conditions, je fus obligé de considérer comme une bonne chose que le dernier opéra de Halevy soit enfin un succès. Schlesinger est venu nous voir radieux de joie du succès de La Reine de Chypre et m'a promis un bonheur éternel pour la partition pour piano et divers autres arrangements que j'avais faits de cette nouvelle fureur de l'opéra. J'ai donc dû à nouveau payer la pénalité pour avoir composé mon propre Fliegender Holländer en devant m'asseoir et écrire les arrangements de l'opéra de Halevy. Mais cette tâche ne me pesait plus autant. Outre l'espoir bien fondé d'être enfin rappelé de mon exil à Paris et de pouvoir ainsi, comme je le pensais, considérer cette dernière lutte contre la pauvreté comme décisive, l'arrangement de la partition de Halevy était de loin une pièce plus intéressante. de hack-work que le travail honteux que j'avais consacré à la Favorita de Donizetti.

J'ai fait une nouvelle visite, la dernière depuis longtemps, au Grand Opéra pour entendre cette Reine de Chypre. Il y avait en effet de quoi me faire sourire. Mes yeux n'étaient plus fermés sur l'extrême faiblesse de ce genre d'œuvres et sur la caricature qu'en produisait souvent la méthode de rendu. J'étais sincèrement heureux de revoir le meilleur côté d'Halevy. Je l'avais pris d'affection depuis La Juive, et j'avais une très haute opinion de son talent magistral.

A la demande de Schlesinger, j'ai également accepté volontiers d'écrire pour son journal un long article sur les derniers travaux de Halevy. J'y mettais particulièrement l'accent sur mon espoir que l'école française ne permette pas que les bénéfices obtenus par l'étude du style allemand ne soient à nouveau perdus en retombant dans les méthodes italiennes les plus superficielles. A cette occasion, j'ai osé, pour encourager l'école française, souligner la signification particulière d'Auber, et particulièrement de ses Stumme von Portici, en attirant en revanche l'attention sur les mélodies surchargées de Rossini, qui ressemblaient souvent à des solistes. -exercices fa. En relisant l'épreuve de mon article, je vis que ce passage sur Rossini avait été omis, et M. Edouard Monnaie m'avoua qu'en sa qualité de rédacteur d'un journal musical, il s'était cru obligé de le supprimer. Il considérait que si j'avais une critique négative à adresser au compositeur, je pourrais facilement la faire publier dans n'importe quel autre type de journal, mais pas dans un journal consacré aux intérêts de la musique, simplement parce qu'un tel passage ne pouvait y être imprimé sans paraissant absurde. Cela l'a également agacé que j'aie parlé d'Auber en termes aussi élogieux, mais il a laissé tomber. J'ai dû écouter de ce côté beaucoup de choses qui m'ont éclairé pour toujours sur la décadence de la musique lyrique en particulier, et du goût artistique en général, chez les Français d'aujourd'hui.

J'ai aussi écrit un article plus long sur le même opéra pour mon précieux ami Winkler à Dresde, qui hésitait encore à accepter mon Rienzi. Ce faisant, je me réjouissais intentionnellement d'un accident survenu au chef d'orchestre Lachner. Küstner, qui était alors directeur de théâtre à Munich, afin de donner une nouvelle chance à son ami, fit écrire pour lui un livret par Saint Georges à Paris, afin que, grâce à ses soins paternels, le plus grand bonheur qui soit dont un compositeur allemand pourrait rêver pourrait être assuré à son protégé. Eh bien, il s'est avéré que lorsque la Reine de Chypre de Halevy parut, elle traitait du même sujet que l'œuvre vraisemblablement originale de Lachner, qui avait été composée entre-temps. Peu importait que le livret soit vraiment bon, la valeur du marché résidait dans le fait qu'il devait être glorifié par la musique de Lachner. Il apparaissait cependant que Saint-Georges avait, en fait, quelque peu modifié le livre envoyé à Munich, mais seulement en omettant plusieurs éléments intéressants. La fureur du directeur munichois était grande, alors Saint-Georges s'est déclaré étonné que ce dernier ait pu imaginer qu'il fournirait un livret destiné uniquement à la scène allemande au prix dérisoire proposé par son client allemand. Comme j'avais formé ma propre opinion quant à l'opportunité de me procurer des livrets français pour des opéras, et que rien au monde ne m'aurait incité à mettre en musique même l'œuvre la plus efficace de Scribe ou de Saint-Georges, cet événement me ravit immensément. et, dans la meilleure humeur du monde, je me laissai aller sur ce point à l'intention des lecteurs de l'Abendzeitung, qui, il faut l'espérer, ne comptaient pas parmi eux mon futur « ami » Lachner.

En outre, mon travail sur l'opéra de Halevy (Reine de Chypre) m'a rapproché de ce compositeur et m'a procuré bien des entretiens animés avec cet homme singulièrement bon et vraiment modeste, dont le talent, hélas, a décliné. trop tôt. Schlesinger, en effet, était exaspéré par son incorrigible paresse. Halevy, qui avait parcouru ma partition pour piano, a envisagé plusieurs modifications en vue de la rendre plus facile, mais il n'y a pas procédé : Schlesinger n'a pas pu récupérer les épreuves ; la publication fut par conséquent retardée et il craignait que la popularité de l'opéra ne disparaisse avant que l'œuvre ne soit prête pour le public. Il m'engagea à prendre Halevy très tôt le matin dans son appartement et à le contraindre à travailler aux retouches dans mon entreprise.

La première fois que je suis arrivé chez lui vers dix heures du matin, je l'ai trouvé juste hors du lit et il m'a informé qu'il devait d'abord prendre son petit-déjeuner. J'ai accepté son invitation et je me suis assis avec lui pour un repas quelque peu luxueux ; ma conversation parut lui plaire, mais des amis arrivèrent, et enfin Schlesinger parmi eux, qui éclata de fureur de ne pas le trouver à l'œuvre sur les preuves qu'il considérait comme si importantes. Halevy, cependant, restait de marbre. De bonne humeur, il se plaignait simplement de son dernier succès, parce qu'il n'avait jamais connu plus de paix que ces derniers temps, lorsque ses opéras, presque sans exception, avaient été des échecs, et qu'il n'y avait plus rien eu à faire après le premier. production. D'ailleurs, il feignait de ne pas comprendre pourquoi cette Reine de Chypre en particulier aurait dû être un succès ; il déclara que Schles Inger l'avait conçu exprès pour l'inquiéter. Lorsqu'il m'a dit quelques mots en allemand, l'un des visiteurs a été étonné, sur quoi Schlesinger a déclaré que tous les Juifs parlaient allemand. On a alors demandé à Schlesinger s'il était également juif. Il répondit qu'il l'était, mais qu'il était devenu chrétien à cause de sa femme. Cette liberté d'expression m'a agréablement surpris, car en Allemagne, dans de tels cas, nous évitons toujours soigneusement ce point, car nous sommes discourtois à l'égard de la personne en question. Mais comme nous n'avons jamais pu procéder à la correction des épreuves, Schlesinger m'a fait promettre de ne laisser aucune paix à Halevy jusqu'à ce que nous les ayons faites.

Le secret de son indifférence à l'égard du succès m'est apparu clairement au cours d'une conversation ultérieure, lorsque j'ai appris qu'il était sur le point de faire un riche mariage. Au début, j'étais enclin à penser qu'Halevy était simplement un homme dont le jeune talent n'était stimulé que pour obtenir un grand succès dans le but de devenir riche ; dans son cas, cependant, ce n'était pas la seule raison, car il était très modeste quant à ses propres capacités et n'avait pas une grande opinion des œuvres des compositeurs les plus chanceux qui écrivaient alors pour la scène française. J'ai ainsi rencontré chez lui pour la première fois l'aveu franchement exprimé de mon incrédulité quant à la valeur de toutes nos créations modernes dans ce domaine douteux de l'art. J'en suis arrivé depuis à la conclusion que cette incrédulité, souvent exprimée avec beaucoup moins de modestie, justifie la participation de tous les Juifs à nos préoccupations artistiques. Une seule fois, Halevy me parla avec une réelle franchise, lorsque, lors de mon départ tardif pour l'Allemagne, il me souhaita le succès qu'il estimait mériter pour mes œuvres.

En 1860, je le revis. J'avais appris que, tandis que la critique parisienne émettait la condamnation la plus acerbe des concerts que je donnais à cette époque, il avait exprimé son approbation, ce qui m'a déterminé à lui rendre visite au Palais de l'Institut, dont il avait été pendant quelque temps secrétaire permanent. Il semblait particulièrement désireux d'apprendre de mes propres lèvres quelle était réellement ma nouvelle théorie sur la musique, dont il avait entendu des rumeurs si folles. Pour sa part, disait-il, il n'avait jamais trouvé que de la musique dans ma musique, mais avec cette différence que la mienne lui avait généralement paru très bonne. Cela donna lieu à une discussion animée de ma part, à laquelle il accepta avec bonne humeur, me souhaitant une fois de plus du succès à Paris. Cette fois, cependant, il le fit avec moins de conviction que lorsqu'il me dit au revoir pour l'Allemagne, ce qui, je crois, était dû au fait qu'il doutait de ma réussite à Paris. De cette dernière visite, j'emportais un sentiment déprimant de l'énervement tant moral qu'esthétique qui avait envahi l'un des derniers grands musiciens français, tandis que, d'un autre côté, je ne pouvais m'empêcher de sentir qu'une tendance à l'hypocrisie ou à la franchise l'exploitation impudente de la dégénérescence universelle marquait tous ceux qui pouvaient être désignés comme successeurs d'Halevy.

Pendant toute cette période de travail constant, mes pensées étaient entièrement tournées vers mon retour en Allemagne, qui se présentait maintenant à mon esprit sous un jour entièrement nouveau et idéal. Je me suis efforcé de diverses manières d'obtenir tout ce qui semblait le plus attrayant dans le projet ou qui remplissait mon âme de nostalgie. Mes relations avec Lehrs avaient, dans l'ensemble, donné une impulsion décisive à ma tendance antérieure à m'attaquer sérieusement à mes sujets, tendance qui avait été contrecarrée par un contact plus étroit avec le théâtre. Ce désir fournit désormais une base pour une étude plus approfondie des questions philosophiques. J'avais parfois été étonné d'entendre même les Lehrs graves et vertueux exprimer ouvertement et tout à fait naturellement de graves doutes quant à notre survie individuelle après la mort. Il déclara que chez beaucoup de grands hommes, ce doute, même tacite, avait été la véritable incitation aux actes nobles. Le résultat naturel d'une telle croyance me vint rapidement à l'esprit, sans toutefois m'inquiéter sérieusement. Au contraire, j'ai trouvé un stimulant fascinant dans le fait que s'ouvraient ainsi des domaines illimités de méditation et de connaissance que je n'avais jusqu'ici qu'effleurés avec légèreté.

Dans mes tentatives renouvelées d'étudier les classiques grecs dans leur version originale, je n'ai reçu aucun encouragement de la part de Lehrs. Il m'en dissuada avec la consolation bien intentionnée que, comme je ne pouvais naître qu'une fois, et qu'avec la musique en moi, j'apprendrais à comprendre cette branche du savoir sans le secours de la grammaire ou du lexique ; tandis que si le grec devait être étudié avec un réel plaisir, ce n'était pas une plaisanterie et ne souffrirait pas d'être relégué au second plan.

D'un autre côté, je me sentais fortement attiré par l'idée d'acquérir une connaissance plus approfondie de l'histoire allemande que celle que j'avais acquise à l'école. J'avais à portée de main l'Histoire des Hohenstaufen de Raumer pour commencer. Tous les grands personnages de ce livre ont vécu de manière vivante sous mes yeux. J'étais particulièrement captivé par la personnalité de ce talentueux empereur Frédéric II, dont la fortune éveillait si vivement ma sympathie que je cherchais en vain un cadre artistique qui leur convenait. Le sort de son fils Manfred, en revanche, provoquait en moi un sentiment d'opposition tout aussi fondé, mais plus facile à combattre.

J'ai donc élaboré le projet d'un grand poème dramatique en cinq actes, qui devrait également être parfaitement adapté à un décor musical. Mon envie d'embellir l'histoire avec le personnage central de signification romantique a été motivée par le fait que Manfred a été accueilli avec enthousiasme à Luceria par les Sarrasins, qui l'ont soutenu et l'ont porté de victoire en victoire jusqu'à ce qu'il atteigne son triomphe final, et cela aussi. , bien qu'il soit arrivé chez eux trahi de toutes parts, banni par l'Église et abandonné de tous ses partisans lors de sa fuite à travers les Pouilles et les Abruzzes.

Même à cette époque, je me réjouissais de découvrir dans l'esprit allemand la capacité d'apprécier au-delà des limites étroites de la nationalité toutes les qualités purement humaines, dans un costume aussi étrange qu'elles puissent se présenter. Car j'ai reconnu en cela à quel point cette pensée ressemble beaucoup à celle de la Grèce. Chez Frédéric II. J'ai vu cette qualité en pleine floraison. Allemand blond, d'ancienne souche souabe, héritier du royaume normand de Sicile et de Naples, qui donna à la langue italienne son premier développement et jeta les bases de l'évolution du savoir et de l'art là où jusqu'alors le fanatisme ecclésiastique et la brutalité féodale avaient seuls combattu. pour le pouvoir, un monarque qui rassemblait à sa cour les poètes et les sages des pays de l'Est et s'entourait des produits vivants de la grâce et de l'esprit arabes et perses - cet homme que j'ai vu trahi par le clergé romain au profit de l'ennemi infidèle, mettant pourtant fin à son règne. croisade, à leur amère déception, par un pacte de paix avec le sultan, de qui il obtint l'octroi aux chrétiens de Palestine de privilèges que la victoire la plus sanglante aurait difficilement pu obtenir.

Dans ce merveilleux empereur, qui finalement, sous l'interdiction de cette même Église, luttait désespérément et en vain contre la bigoterie sauvage de son époque, j'ai vu l'idéal allemand dans sa plus haute incarnation. Mon poème concernait le sort de son fils préféré Manfred. À la mort d'un frère aîné, l'empire de Frédéric était entièrement tombé en morceaux et le jeune Manfred restait, sous la suzeraineté papale, en possession nominale du trône des Pouilles. Nous le trouvons à Capoue, dans les environs, et entouré d'une cour, dans laquelle survit l'esprit de son grand père, dans un état de dégénérescence presque efféminée. Désespéré de pouvoir un jour restaurer le pouvoir impérial des Hohenstaufen, il cherche à oublier sa tristesse dans la romance et la chanson. Entre alors en scène une jeune Sarrasine, tout juste arrivée d'Orient, qui, en faisant appel à l'alliance entre l'Orient et l'Occident conclue par le noble père de Manfred, conjure le fils découragé de maintenir son héritage impérial. Elle joue le rôle d'une prophétesse inspirée, et bien que le prince soit vite rempli d'amour pour elle, elle réussit à le tenir à distance respectueuse. Par une fuite savamment organisée, elle l'arrache non seulement à la poursuite des nobles rebelles des Pouilles, mais aussi à l'interdiction papale qui menace de le détrôner de son trône. Accompagnée seulement de quelques fidèles, elle le guide à travers les forteresses des montagnes, où une nuit, le fils fatigué contemple l'esprit de Frédéric II. passant avec un ordre féodal à travers les Abruzzes et lui faisant signe de se diriger vers Luceria.

Dans ce district, situé dans les États pontificaux, Frédéric avait, par un pacte pacifique, transplanté le reste de ses serviteurs sarrasins, qui avaient auparavant fait de terribles ravages dans les montagnes de Sicile. Au grand mécontentement du pape, il leur avait cédé la ville en fief simple, s'assurant ainsi une bande d'alliés fidèles au cœur d'un pays toujours traître et hostile.

Fatima, comme on appelle mon héroïne, a préparé, grâce à l'aide d'amis fidèles, une réception pour Manfred dans ce lieu. Lorsque le gouverneur pontifical a été expulsé par une révolution, il se glisse par la porte d'entrée de la ville, est reconnu par toute la population comme le fils de son empereur bien-aimé et, au milieu d'un enthousiasme fou, est placé à leur tête pour les conduire. contre les ennemis de leur défunt bienfaiteur. Pendant ce temps, tandis que Manfred marche de victoire en victoire dans sa reconquête de tout le royaume des Pouilles, le centre tragique de mon action continue à être le désir inexprimé du vainqueur amoureux de l'héroïne merveilleuse.

Elle est l'enfant de l'amour du grand empereur pour une noble jeune fille sarrasine. Sa mère, sur son lit de mort, l'avait envoyée chez Manfred, lui prédisant qu'elle ferait des merveilles pour sa gloire, à condition qu'elle ne cède jamais à sa passion. Quant à savoir si Fatima devait savoir qu'elle était sa sœur, je suis resté indécis en élaborant mon intrigue. En attendant, elle prend soin de ne se montrer à lui que dans les moments critiques, et toujours de manière à rester inaccessible. Lorsqu'elle voit enfin l'achèvement de sa tâche lors de son couronnement à Naples, elle décide, conformément à son vœu, de s'éloigner secrètement du roi nouvellement oint, afin de méditer dans la solitude de sa maison lointaine sur le succès de son entreprise.

Le Sarrasin Nurreddin, qui avait été un compagnon de sa jeunesse et à l'aide duquel elle a dû principalement son succès dans le sauvetage de Manfred, sera le seul partenaire de sa fuite. A cet homme qui l'aime d'une ardeur passionnée, elle avait été promise dès son enfance. Avant son départ secret, elle rend une dernière visite au roi endormi. Cela attise la jalousie furieuse de son amant, qui interprète son acte comme une preuve d'infidélité de la part de sa fiancée. Le dernier regard d'adieu que Fatima jette de loin au jeune monarque, à son retour de son couronnement, enflamme l'amant jaloux pour qu'il se venge instantanément de l'outrage supposé porté à son honneur. Il frappe la prophétesse à terre, sur quoi elle le remercie avec un sourire de l'avoir délivrée d'une existence insupportable. A la vue de son corps, Manfred se rend compte que désormais le bonheur l'a abandonné pour toujours.

J'avais orné ce thème de beaucoup de scènes magnifiques et de situations compliquées, de sorte que, lorsque je l'aurais élaboré, je pourrais le considérer comme un tout assez convenable, intéressant et efficace, surtout lorsqu'on le compare à d'autres sujets bien connus de même nature. Pourtant, je n'ai jamais pu m'enthousiasmer suffisamment pour m'intéresser sérieusement à son élaboration, d'autant plus qu'un autre thème s'emparait maintenant de moi. Cela m'a été suggéré par un pamphlet sur le « Vénusberg », tombé accidentellement entre mes mains.

Si tout ce que je considérais comme essentiellement allemand m'avait jusqu'ici attiré avec une force toujours croissante et m'avait contraint à sa poursuite acharnée, je le trouvai ici soudain présenté à moi dans les simples contours d'une légende, basée sur l'ancienne et bien connue ballade de « Tannhäuser ». Il est vrai que ses éléments m'étaient déjà familiers grâce à la version de Tieck dans son Phantasus. Mais sa conception du sujet m'avait rejeté dans les régions fantastiques créées dans mon esprit à une époque antérieure par Hoffmann, et je n'aurais certainement jamais été tenté d'extraire de son récit élaboré la structure d'une œuvre dramatique. Le point de ce pamphlet populaire qui a eu tant de poids pour moi était qu'il mettait « Tannhäuser », ne serait-ce que par une allusion passagère, en contact avec « La guerre des ménestrels contre la Wartburg ». J'en ai également eu connaissance grâce au récit d'Hoffmann dans ses Serapionsbrudern. Mais j'avais le sentiment que l'écrivain n'avait saisi la vieille légende que sous une forme déformée et c'est pourquoi il s'efforçait de mieux connaître le véritable aspect de cette histoire séduisante. A ce moment-là, Lehrs m'apporta le rapport annuel des travaux de la Société allemande de Königsberg, dans lequel le « concours de Wartburg » était critiqué de manière assez détaillée par Lukas. Ici, j'ai également trouvé le texte original. Bien que je ne puisse utiliser que peu de choses du décor réel à mes propres fins, l'image qu'il me donnait de l'Allemagne au Moyen Âge était si suggestive que je découvris que je n'avais pas encore eu la moindre idée de ce à quoi cela ressemblait.

Comme suite au poème de Wartburg, j'ai également trouvé dans le même exemplaire une étude critique, « Lohengrin », qui donnait en détail le contenu principal de cette épopée très répandue.

Ainsi, un tout nouveau monde s'ouvrait à moi, et même si je n'avais pas encore trouvé la forme sous laquelle je pourrais faire face à Lohengrin, cette image vivait aussi impérissablement en moi. C'est pourquoi, lorsque j'ai ensuite fait une connaissance approfondie des subtilités de cette légende, j'ai pu visualiser la figure du héros avec une netteté égale à celle de ma conception de Tannhäuser à cette époque.

Sous ces influences, mon désir d'un retour rapide en Allemagne est devenu de plus en plus intense, car j'espérais y trouver un nouveau foyer où je pourrais profiter de mes loisirs pour un travail créatif. Mais il n'était même pas encore possible de songer à m'occuper de tâches aussi reconnaissantes. Les sordides nécessités de la vie m'attachaient encore à Paris. Pendant que j'étais ainsi employé, j'ai trouvé l'occasion de m'exercer d'une manière plus conforme à mes désirs. Lorsque j'étais jeune homme à Prague, j'avais fait la connaissance d'un musicien et compositeur juif appelé Dessauer, un homme qui n'était pas dénué de talent, qui avait en fait acquis une certaine réputation, mais qui était surtout connu parmi ses intimes pour son hypocondrie. Cet homme, qui se trouvait alors dans une situation florissante, était si bien protégé par Schlesinger que celui-ci proposa sérieusement de l'aider à obtenir une commande pour le Grand Opéra. Dessauer était tombé sur mon poème du Fliegender Holländer et insistait maintenant pour que je lui élabore une intrigue similaire, puisque le Vaisseau Fantôme de M. Léon Pillet avait déjà été confié à M. Dietsch, le chef musical de la lettre, pour qu'il le mette en musique. De ce même chef d'orchestre Dessauer obtint la promesse d'une pareille commission, et il m'offrit alors deux cents francs pour lui fournir une intrigue semblable et adaptée à son tempérament hypocondriaque.

Pour répondre à ce souhait, j'ai fouillé mon cerveau à la recherche de souvenirs d'Hoffmann et j'ai rapidement décidé de travailler sur ses Bergwerke von Falun. Le moulage de cette matière fascinante et merveilleuse s'est déroulé aussi admirablement que je pouvais le souhaiter. Dessauer était également convaincu que le sujet valait la peine d'être mis en musique. Son désarroi fut donc d'autant plus grand que Pillet rejeta notre intrigue, estimant que la mise en scène serait trop difficile, et que le deuxième acte surtout entraînerait des obstacles insurmontables pour le ballet, qu'il fallait donner à chaque fois. A la place de cela, Dessauer désirait que je lui compose un oratorio sur Marie-Madeleine. Comme le jour où il exprima ce souhait, il paraissait souffrir d'une mélancolie aiguë, à tel point qu'il déclara avoir vu ce matin-là sa propre tête posée à côté de son lit, j'ai cru bon de ne pas refuser sa demande. Je lui ai donc demandé de m'accorder du temps, et j'ai le regret de dire que depuis ce jour j'ai continué à en prendre .

C'est au milieu de telles distractions que cet hiver toucha enfin à sa fin, tandis que mes perspectives d'arriver en Allemagne devenaient progressivement plus optimistes, quoique avec une lenteur qui mettait cruellement à l'épreuve ma patience. J'avais entretenu une correspondance continue avec Dresde au sujet de Rienzi, et j'ai enfin trouvé dans le digne chef de chœur Fischer un honnête homme qui m'était favorablement disposé. Il m'envoya des rapports fiables et rassurants sur l'état de mes affaires.

Après avoir reçu la nouvelle, au début de janvier 1842, d'un nouveau retard, j'appris enfin que l'œuvre serait prête à être exécutée à la fin de février. Cela m'inquiétait sérieusement, car j'avais peur de ne pas pouvoir accomplir le voyage à cette date. Mais cette nouvelle aussi fut bientôt démentie, et l'honnête Fischer m'informa que mon opéra avait dû être remis à l'automne de cette année-là. J'ai pleinement compris qu'elle ne serait jamais jouée si je ne pouvais pas être présente en personne à Dresde. Lorsqu'en mars, le comte Redern, directeur du Théâtre Royal de Berlin, m'a annoncé que mon Fliegender Holländer y avait été accepté pour l'opéra, j'ai pensé que j'avais une raison suffisante pour retourner en Allemagne le plus tôt possible à tout prix.

J'avais déjà eu diverses expériences quant aux opinions des dirigeants allemands sur ce travail. M'appuyant sur l'intrigue, qui avait tant plu au directeur de l'Opéra de Paris, j'avais d'abord envoyé le livret à mon ancienne connaissance Ringelhardt, directeur du théâtre de Leipzig. Mais cet homme nourrissait pour moi une aversion non dissimulée depuis mon Liebesverbot. Comme il ne pouvait cette fois s'opposer à la légèreté de mon sujet, il blâma sa sombre solennité et refusa de l'accepter. Comme j'avais rencontré le conseiller Küstner, alors directeur du Théâtre de la Cour de Munich, alors qu'il préparait des arrangements pour La Reine de Chypre à Paris, je lui envoyai maintenant le texte du Néerlandais avec une demande similaire. Lui aussi le rendit, avec l'assurance qu'il n'était pas adapté aux conditions scéniques allemandes ni au goût du public allemand. Comme il avait commandé un livret français pour Munich, je savais ce qu'il voulait dire.

Lorsque la partition fut terminée, je l'envoyai à Meyerbeer à Berlin, avec une lettre pour le comte Redern, et le priai, comme il n'avait pu m'aider en rien à Paris, malgré son désir de le faire, d'être aimable. de quoi user de son influence à Berlin en faveur de ma composition. J'ai été véritablement étonné de l'acceptation vraiment prompte de mon travail deux mois plus tard, accompagnée d'assurances très réjouissantes de la part du comte, et j'ai été ravi d'y voir une preuve de l'intervention sincère et énergique de Meyerbeer en ma faveur. Chose étrange, à mon retour en Allemagne peu après, j'étais destiné à apprendre que le comte Redern s'était depuis longtemps retiré de la direction de l'Opéra de Berlin et que Küstner de Munich avait déjà été désigné pour lui succéder ; il en résulta que le consentement du comte Redern, quoique très courtois, ne pouvait en aucun cas être pris au sérieux, puisque sa réalisation ne dépendait pas de lui mais de son successeur. Reste à savoir quel a été le résultat.

Une circonstance qui a finalement facilité mon retour tant désiré en Allemagne, désormais justifié par mes bonnes perspectives, a été l'intérêt tardivement éveillé pour ma situation par les membres riches de ma famille. Si Didot avait eu ses propres raisons pour solliciter auprès du ministre Villemain un soutien en faveur de Lehrs, Avenarius, mon beau-frère à Paris, lorsqu'il apprit comment je luttais contre la pauvreté, s'avisa un jour de surprenez-moi avec une aide tout à fait inattendue obtenue par son appel à ma sœur Louisa. Le 26 décembre de l'année 1841, en déclin rapide, je rentrai chez moi à Minna portant une oie sous le bras, et dans le bec de l'oiseau nous trouvâmes un billet de cinq cents francs. Ce billet m'avait été remis par Avenarius à la suite d'une demande faite en mon nom par ma sœur Louisa à un de ses amis, un riche marchand nommé Schletter. Cet ajout bienvenu à nos ressources extrêmement limitées n'aurait peut-être pas suffi à me mettre de très bonne humeur, si je n'y avais pas clairement vu la perspective d'échapper complètement à ma position à Paris. Comme les principaux directeurs allemands avaient désormais consenti à l'exécution de deux de mes compositions, j'ai cru devoir sérieusement reprocher à mon beau-frère Friedrich Brockhaus, qui m'avait rebuté l'année précédente lorsque je m'étais adressé à lui dans une grande détresse, le au motif qu'il « désapprouvait ma profession ». Cette fois, je réussirai peut-être mieux à obtenir les moyens nécessaires à mon retour. Je ne me suis pas trompé, et le moment venu, je fus pourvu de cette source des frais de voyage nécessaires.

Avec ces perspectives et ma situation ainsi améliorée, je me suis retrouvé à passer la seconde moitié de l'hiver 1841-42 de bonne humeur et à offrir un divertissement constant au petit cercle d'amis que ma relation avec Avenarius avait créé autour de moi. Minna et moi passions fréquemment nos soirées avec cette famille et d'autres, parmi lesquels je garde d'agréables souvenirs d'un certain Herr Kuhne, directeur d'une école privée, et de sa femme. Je contribuai tellement au succès de leurs petites soirées, et j'étais toujours si disposé à improviser des danses au piano pour qu'ils dansent, que je courrai bientôt le risque de jouir d'une popularité presque pesante.

Enfin l'heure sonna pour ma délivrance ; le jour vint où, comme je l'espérais sincèrement, je pourrais tourner à jamais le dos à Paris. Nous étions le 7 avril, et Paris était déjà gai des premiers bourgeons luxuriants du printemps. Devant nos fenêtres, qui tout l'hiver avaient regardé un jardin sombre et désolé, les arbres poussaient et les oiseaux chantaient. Notre émotion en nous séparant de nos chers amis Anders, Lehrs et Kietz était cependant grande, presque bouleversante. Le premier semblait déjà voué à une mort prématurée, car sa santé était extrêmement mauvaise et il était avancé en âge. Sur l'état de Lehrs, comme je l'ai déjà dit, il n'y avait plus aucun doute, et c'était affreux, après une expérience aussi courte que les deux ans et demi que j'avais passés à Paris, de voir les ravages que la misère avait provoqués. travaillé parmi des hommes bons, nobles et parfois même distingués. Kietz, dont je m'inquiétais pour l'avenir, moins pour des raisons de santé que de morale, toucha une fois de plus nos cœurs par sa bonté sans bornes et presque enfantine. Pensant, par exemple, que je n'aurais peut-être pas assez d'argent pour le voyage, il me força, malgré toutes les résistances, à accepter une autre pièce de cinq francs, qui était à peu près tout ce qui lui restait pour le moment de sa fortune : lui aussi J'ai fourré pour moi un paquet de bonne tabac à priser dans la poche du car, dans lequel nous avons enfin parcouru les boulevards en trombe jusqu'aux barrières que nous avons franchies mais que nous n'avons pas pu voir cette fois, parce que nos yeux étaient aveuglés par les larmes.

PARTIE II
1842-1850

Le voyage de Paris à Dresde durait alors cinq jours et cinq nuits. A la frontière allemande, près de Forbach, nous rencontrâmes un temps orageux et de la neige, accueil qui semblait inhospitalier après le printemps dont nous avions déjà profité à Paris. Et en effet, tandis que nous continuions notre voyage à travers notre pays natal, nous trouvâmes de quoi nous décourager, et je ne pus m'empêcher de penser que les Français qui, en quittant l'Allemagne, respiraient plus librement en arrivant sur le sol français, déboutonnaient leurs habits, comme bien que passant de l'hiver à l'été, nous n'étions pas si stupides après tout, puisque nous étions, pour notre part, obligés de nous protéger contre ce changement visible de température en faisant très attention à nous vêtir suffisamment. La cruauté des éléments est devenue un véritable supplice lorsque, plus tard, entre Francfort et Leipzig, nous avons été entraînés dans le flot des visiteurs de la Grande Foire de Pâques.

La pression sur les voitures postales était si grande que pendant deux jours et une nuit, au milieu d'orages incessants, de neige et de pluie, nous passâmes continuellement d'un misérable « substitut » à un autre, transformant ainsi notre voyage en une aventure presque aussi du même type que notre ancien voyage en mer.

Un seul éclair de luminosité nous fut offert par notre vue sur la Wartburg, que nous passâmes pendant la seule heure ensoleillée de ce voyage. La vue de cette montagne, qui est clairement visible depuis longtemps du côté de Fulda, m'a profondément touché. Plus loin, j'ai immédiatement baptisé une crête voisine le Horselberg et, tandis que nous traversions la vallée, je me suis imaginé le décor du troisième acte de mon Tannhäuser. Cette scène resta si vivement gravée dans mon esprit, que longtemps après je pus donner à Desplechin, le peintre de décors parisien, des détails précis lorsqu'il élaborait le décor sous ma direction. Si j'avais déjà été impressionné par l'importance du fait que mon premier voyage à travers la région allemande du Rhin, si célèbre dans la légende, aurait dû avoir lieu alors que je rentrais de Paris, il me semblait une coïncidence encore plus inquiétante que ma première vue de La Wartburg, si riche en associations historiques et mythiques, devrait arriver juste à ce moment-là. Cette vue m'a tellement réchauffé le cœur contre le vent et les intempéries, contre les Juifs et la Foire de Leipzig, que finalement j'arrive, le 12 avril 1842, sain et sauf, avec ma pauvre femme battue et à moitié gelée, dans cette même ville de Dresde que j'avais vue pour la dernière fois à l'occasion de ma triste séparation d'avec ma Minna et de mon départ pour mon lieu d'exil du nord.

Nous nous installons à l'auberge 'Stadt Gotha'. La ville, dans laquelle s'étaient déroulées des années mémorables de mon enfance et de mon enfance, semblait froide et morte sous l'influence d'un temps sauvage et maussade. En effet, tout ce qui pouvait me rappeler ma jeunesse semblait mort. Aucune maison hospitalière ne nous reçut. Nous avons trouvé les parents de ma femme vivant dans des logements exigus et miteux, dans des conditions très difficiles, et avons été obligés de chercher immédiatement une petite demeure pour nous-mêmes. Nous l'avons trouvé dans la Topfergasse pour vingt et un marks par mois. Après avoir effectué les visites d'affaires nécessaires concernant Rienzi et pris des dispositions pour Minna pendant ma brève absence, je partis le 15 avril directement pour Leipzig, où je vis ma mère et ma famille pour la première fois depuis six ans.

Durant cette période si mouvementée pour ma propre vie, ma mère avait subi un grand changement dans sa situation domestique par la mort de Rosalie. Elle vivait dans un appartement agréable et spacieux près de la famille Brockhaus, où elle était libérée de tous ces soucis ménagers auxquels, grâce à sa nombreuse famille, elle avait consacré tant d'années d'inquiétude. Son énergie débordante, qui s'était presque transformée en dureté, avait entièrement fait place à une gaieté naturelle et à un intérêt pour la prospérité familiale de ses filles mariées. Pour le calme bienheureux de cette vieillesse heureuse, elle devait principalement aux soins affectueux de son gendre Friedrich Brockhaus, à qui j'ai exprimé mes sincères remerciements pour sa bonté. Elle fut extrêmement étonnée et ravie de me voir entrer inopinément dans sa chambre. Toute amertume qui avait jamais existé entre nous avait complètement disparu, et sa seule plainte était de ne pouvoir m'héberger dans sa maison, à la place de mon frère Julius, le malheureux orfèvre, qui n'avait aucune des qualités qui pourraient en faire un compagnon convenable. pour elle. Elle était pleine d'espoir dans le succès de mon entreprise, et sentait cette confiance renforcée par la prophétie favorable que notre chère Rosalie avait faite sur moi peu avant sa triste mort.

Mais pour le moment, je ne restai que quelques jours à Leipzig, car je devais d'abord me rendre à Berlin pour prendre des dispositions définitives avec le comte Redern en vue de la représentation du Fliegender Holländer. Comme je l'ai déjà dit, j'étais ici destiné immédiatement à apprendre que le comte était sur le point de se retirer de la direction et, en conséquence, il me renvoya pour toute décision ultérieure au nouveau directeur Küstner, qui n'était pas encore arrivé à Berlin. . Je compris soudain ce que signifiait cette étrange circonstance, et je savais que, dans la mesure où les négociations de Berlin avançaient, j'aurais aussi bien pu rester à Paris. Cette impression fut pour l'essentiel confirmée par une visite à Meyerbeer, qui, à mon avis, considérait ma venue à Berlin comme trop précipitée. Il se comportait néanmoins d'une manière aimable et amicale, regrettant seulement d'être sur le point de « partir

», état dans lequel je le retrouvais toujours chaque fois que je lui rendais visite à Berlin.

Mendelssohn se trouvait également dans la capitale à cette époque, ayant été nommé l'un des directeurs musicaux généraux du roi de Prusse. Je l'ai également recherché, après lui avoir été présenté à Leipzig. Il m'a informé qu'il ne croyait pas que son travail prospèrerait à Berlin et qu'il préférerait retourner à Leipzig. Je ne me suis pas enquis du sort de la partition de ma grande symphonie jouée autrefois à Leipzig, que je lui avais plus ou moins imposée il y a tant d'années. En revanche, il ne m'a donné aucun signe de souvenir de cette étrange offrande. Au milieu du confort somptueux de sa maison, il me paraissait froid, mais ce n'était pas tant qu'il me repoussait que je reculais devant lui. J'ai également rendu visite à Rellstab, à qui j'ai reçu une lettre d'introduction de son fidèle éditeur, mon beau-frère Brockhaus. Ici, ce n'est pas tant une aisance suffisante que j'ai rencontrée ; J'étais sans doute plus rebuté par le fait qu'il ne montrait aucune intention de s'intéresser à mes affaires.

Je suis devenu très déprimé à Berlin. J'aurais presque pu souhaiter à nouveau le retour du commissaire Cerf. Si misérable qu'ait été le temps que j'avais passé ici des années auparavant, j'avais alors, en tout cas, rencontré un homme qui, malgré toute la franchise de son extérieur, m'avait traité avec une véritable amitié et une véritable considération. En vain j'essayais de me souvenir du Berlin dans les rues duquel j'avais parcouru, avec toute l'ardeur de la jeunesse, aux côtés de Laube. Après ma connaissance de Londres, et plus encore de Paris, cette ville, avec ses espaces sordides et ses prétentions à la grandeur, m'a profondément déprimé, et j'ai respiré l'espoir que, si aucune chance ne couronnait ma vie, elle pourrait au moins se passer à Paris. plutôt qu'à Berlin.

Au retour de cette expédition totalement infructueuse, je me rendis d'abord quelques jours à Leipzig, où, à cette occasion, je séjournai chez mon beau-frère Hermann Brockhaus, qui était maintenant professeur de langues orientales à l'université. Sa famille s'était agrandie grâce à la naissance de deux filles, et l'atmosphère de contentement serein, éclairée par l'activité mentale et un intérêt calme mais vif pour tout ce qui touche aux aspects supérieurs de la vie, émut grandement mon âme de sans-abri et de vagabond. Un soir, après que ma sœur eut soigné ses enfants, qu'elle avait très bien élevés, et les eut envoyés au lit avec des paroles douces, nous nous retrouvâmes dans la grande bibliothèque richement garnie pour notre repas du soir et une longue causerie confidentielle. Ici, j'éclatai dans de violentes crises de larmes, et il me sembla que la tendre sœur, qui cinq ans auparavant m'avait connu pendant les moments les plus amers de ma première vie conjugale à Dresde, me comprenait maintenant vraiment. Sur la suggestion expresse de mon beau-frère Hermann, ma famille m'a accordé un prêt pour m'aider à surmonter le temps d'attente pour la représentation de mon Rienzi à Dresde. Ils considéraient cela, disaient-ils, comme un simple devoir, et m'assurèrent que je n'aurais aucune hésitation à l'accepter. Il s'agissait d'une somme de six cents marks, qui devait me être versée mensuellement pendant six mois. Comme je n'avais aucune chance de pouvoir répondre sur une autre source de revenus, il y avait toutes les chances que le talent de gestion de Minna soit mis à rude épreuve, si cela devait nous permettre d'aller jusqu'au bout ; mais cela était possible et je pus rentrer à Dresde avec un grand sentiment de soulagement.

Pendant que j'étais chez mes parents, je leur ai joué et chanté pour la première fois le Fliegender Holländer, et mon interprétation a semblé susciter un intérêt considérable, car lorsque, plus tard, ma sœur Louisa a entendu l'opéra à Dresde, elle s'est plainte de ce que de l'effet précédemment produit par mon rendu ne lui revenait pas. J'ai également retrouvé mon vieil ami Apel. Le pauvre homme était devenu aveugle, mais il m'étonnait par sa gaieté et son contentement, et me privait ainsi une fois pour toutes de toute raison de le plaindre. Comme il déclarait qu'il connaissait très bien l'habit bleu que je portais, même s'il était en réalité marron, j'ai jugé préférable de ne pas discuter sur ce point, et j'ai quitté Leipzig émerveillé de trouver tout le monde là-bas si heureux et si joyeux. content.

Lorsque j'arrivai à Dresde, le 26 avril, je trouvai l'occasion de m'attaquer plus vigoureusement à mon sort. Ici, j'ai été animé par des relations plus étroites avec les personnes sur lesquelles je devais compter pour une production réussie de Rienzi. Il est vrai que les résultats de mes entretiens avec Lüttichau, le directeur général, et Reissiger, le chef d'orchestre, m'ont laissé froid et incrédule. Tous deux furent sincèrement étonnés de mon arrivée à Dresde ; et on pourrait même en dire autant de mon correspondant et patron fréquent, Hofrath Winkler, qui aurait également préféré que je reste à Paris. Mais, comme cela a été mon expérience constante avant et depuis, l'aide et les encouragements me sont toujours venus des rangs les plus humbles et jamais des rangs les plus élevés de la vie.

Dans ce cas également, j'ai rencontré ma première sensation agréable dans l'accueil extrêmement cordial que j'ai reçu du vieux chef de chœur Wilhelm Fischer. Je ne l'avais jamais connu auparavant, et pourtant il était le seul à avoir pris la peine de lire attentivement ma partition et à non seulement avoir conçu de sérieux espoirs quant au succès de mon opéra, mais encore à avoir travaillé énergiquement pour qu'il soit accepté et accepté. exercé. Au moment où je suis entré dans sa chambre et que je lui ai dit mon nom, il s'est précipité pour m'embrasser avec un grand cri, et en une seconde, j'ai été transporté dans une atmosphère d'espoir. Outre cet homme, j'ai rencontré chez l'acteur Ferdinand Heine et sa famille un autre fondement sûr d'une amitié sincère et profondément enracinée. Il est vrai que je le connaissais depuis mon enfance, car à cette époque il était un des rares jeunes gens que mon beau-père Geyer aimait voir autour de lui. Outre un talent assez marqué pour le dessin, ce sont surtout ses agréables dons sociaux qui lui ont valu d'entrer dans notre cercle familial plus intime. Comme il était très petit et très léger, mon beau-père le surnommait DavidCHEN, et sous cette appellation il participait avec beaucoup d'affabilité et de bonne humeur à nos petites festivités, et surtout à nos amicales excursions dans le pays voisin, où : comme je l'ai mentionné à la place, même Carl Maria von Weber y participait. Appartenant à la bonne vieille école, il était devenu un membre utile, sinon éminent, de la scène de Dresde. Il possédait toutes les connaissances et qualités d'un bon régisseur, mais ne parvint jamais à convaincre le comité de lui donner cette nomination. Ce n'est qu'en tant que créateur de costumes qu'il trouva de nouvelles possibilités d'expression de ses talents et, à ce titre, il fut associé aux consultations sur la mise en scène de Rienzi.

C'est ainsi qu'il eut l'occasion de s'occuper du travail d'un membre, désormais devenu homme, de la famille même avec laquelle il avait passé des jours si agréables dans sa jeunesse. Il m'a immédiatement accueilli comme un enfant de la maison, et nous deux créatures sans abri avons trouvé dans nos souvenirs de cette maison perdue depuis longtemps le premier fondement commun de notre amitié. Nous passions généralement nos soirées avec le vieux Fischer chez Heine, où, au milieu de conversations pleines d'espoir, nous nous régalions de pommes de terre et de harengs, qui constituaient principalement le repas. Schroder-Devrient était en vacances ; Tichatschek, qui était lui aussi sur le point de partir, j'ai eu juste le temps de le voir, et avec lui j'ai parcouru rapidement une partie de son rôle dans Rienzi. Son caractère vif et vif, sa voix glorieuse et son grand talent musical donnaient un poids particulier à son assurance encourageante selon laquelle il se plaisait dans le rôle de Rienzi. Heine m'a dit aussi que la simple perspective d'avoir beaucoup de nouveaux costumes, et surtout de nouvelles armures d'argent, avait inspiré à Tichatschek le plus vif désir de jouer ce rôle, afin que je puisse compter sur lui en toutes circonstances. Je pus ainsi m'occuper immédiatement davantage des préparatifs pour la répétition, qui devait commencer à la fin de l'été, après le retour des principaux chanteurs de leurs vacances.

J'ai dû faire des efforts particuliers pour apaiser mon ami Fischer en me montrant disposé à abréger la partition, qui était excessivement longue. Ses intentions en la matière étaient si honnêtes que je me suis assis avec lui pour cette tâche fastidieuse. J'ai joué et chanté ma partition devant cet homme étonné sur un vieux piano à queue dans la salle de répétition du Théâtre de la Cour, avec une vigueur si frénétique que, bien que cela ne le dérangeait pas si l'instrument tombait en panne, il s'inquiétait de ma poitrine. Finalement, au milieu de rires chaleureux, il cessa de débattre de la nécessité de couper des passages, car précisément là où il pensait que quelque chose pourrait être omis, je lui prouvai avec une éloquence impétueuse que c'était précisément là que résidait l'essentiel. Il s'enfonça avec moi éperdument dans le vaste chaos sonore, contre lequel il ne put soulever aucune objection, sinon le témoignage de sa montre, dont je finis aussi par contester l'exactitude. En guise de somnambule, je lui ai lancé avec légèreté la grande pantomime et la majeure partie du ballet du deuxième acte, grâce à quoi je pensais que nous pourrions gagner une demi-heure entière. Ainsi, Dieu merci, le monstre tout entier fut finalement remis aux commis pour qu'ils en fassent une copie au net, et le reste fut laissé au temps pour s'accomplir.

Nous discutâmes ensuite de ce que nous ferions pendant l'été, et je décidai de rester plusieurs mois à Toplitz, théâtre de mes premiers vols de jeunesse, dont j'espérais que l'air pur et les bains profiteraient également à la santé de Minna. Mais avant que nous puissions réaliser cette intention, je dus faire encore plusieurs visites à Leipzig pour régler le sort de mon Hollandais. Le 5 mai, je m'y rendis pour avoir un entretien avec Küstner, le nouveau directeur de l'Opéra de Berlin, dont on m'avait dit qu'il venait d'y arriver. Il se trouvait maintenant dans la position délicate de devoir produire à Berlin le même opéra qu'il avait auparavant refusé à Munich, comme l'avait accepté son prédécesseur au pouvoir. Il m'a promis de réfléchir aux mesures qu'il prendrait dans cette situation difficile. Afin de connaître le résultat des délibérations de Küstner, je résolus, le 2 juin, de le retrouver, et cette fois à Berlin même. Mais j'ai trouvé à Leipzig une lettre dans laquelle il me priait d'attendre patiemment encore un peu son verdict final. J'ai profité d'être dans le quartier de Halle pour rendre visite à mon frère aîné Albert. J'ai été très attristé et déprimé de trouver ce pauvre garçon, auquel je dois reconnaître la plus grande persévérance et un talent tout à fait remarquable pour le chant dramatique, vivant dans les conditions indignes et mesquines que le Théâtre de Halle offrait à lui et à sa famille. . La prise de conscience des conditions dans lesquelles j'avais moi-même failli sombrer me remplissait maintenant d'une horreur indescriptible. Il était encore plus déchirant d'entendre mon frère parler de cet état sur un ton qui ne montrait que trop clairement la soumission désespérée avec laquelle il s'était déjà résigné à ses horreurs. La seule consolation que je pouvais trouver était la personnalité et le caractère enfantin de sa belle-fille Johanna, alors âgée de quinze ans, et qui me chantait La Rose de Spohr, wie bist du so schon avec une grande expression et avec une voix d'une qualité extraordinaire.

Puis je retournai à Dresde et, enfin, par un temps magnifique, j'entrepris l'agréable voyage jusqu'à Toplitz avec Minna et une de ses sœurs, où j'arrivai le 9 juin où nous nous installâmes dans une auberge de seconde classe, l'Eiche. , à Schönau. Ici, nous fûmes bientôt rejoints par ma mère, qui rendait cette fois sa visite annuelle habituelle aux bains chauds, avec d'autant plus de plaisir qu'elle savait qu'elle m'y trouverait. Si elle avait eu auparavant des préjugés contre Minna à cause de mon mariage prématuré avec elle, une meilleure connaissance de ses dons domestiques les a vite changés en respect, et elle a vite appris à aimer le partenaire de mes tristes jours à Paris. Bien que les caprices de ma mère n'exigeaient pas peu de considération, ce qui me ravissait particulièrement chez elle, c'était l'étonnante vivacité de son imagination presque enfantine, faculté qu'elle conservait à tel point qu'un matin elle se plaignit que mon récit de la légende de Tannhäuser de la veille au soir lui avait donné une nuit entière d'insomnie agréable mais très fatigante.

Grâce à des lettres adressées à Schletter, un riche mécène de Leipzig, j'ai réussi à faire quelque chose pour Kietz, resté dans la misère à Paris, et aussi à soigner Minna. J'ai également réussi dans une certaine mesure à améliorer ma propre situation financière lamentable. A peine ces tâches accomplies, je me mis en route, à ma manière d'enfant, pour une randonnée de plusieurs jours à pied à travers les montagnes de Bohême, afin de pouvoir élaborer mentalement mon plan du « Vénusberg » au milieu des associations agréables d'un tel paysage. voyage. Ici, j'ai eu l'idée de m'installer à Aussig, dans le romantique Schreckenst ein, où j'ai occupé pendant plusieurs jours la petite salle publique, dans laquelle de la paille était posée pour que je puisse dormir la nuit. Je trouvais une récréation dans l'ascension quotidienne du Wostrai, le plus haut sommet des environs, et la solitude fantastique vivifiait si vivement mon esprit de jeunesse que j'ai escaladé les ruines du Schreckenstein toute une nuit au clair de lune, enveloppé seulement dans une couverture. , afin de pourvoir au fantôme qui manquait, et me réjouissais de l'espoir d'effrayer quelque voyageur de passage.

Ici, j'ai dessiné dans mon carnet le plan détaillé d'un opéra en trois actes sur la Vénusberg, et j'ai ensuite exécuté la composition de cette œuvre en stricte conformité avec l'esquisse que j'avais alors faite.

Un jour, en gravissant le Wostrai, je fus étonné, au détour d'un coin de vallée, d'entendre un joyeux air de danse sifflé par un chevrier perché sur un rocher. Il me sembla immédiatement me trouver parmi le chœur des pèlerins défilant devant le chevrier dans la vallée ; mais je ne pus me rappeler ensuite l'air du chevrier, et je fus donc obligé de m'en sortir de la manière habituelle.

Enrichi de ce butin, je revins à Toplitz dans un état d'esprit merveilleusement joyeux et une santé robuste, mais après avoir reçu la nouvelle intéressante que Tichatschek et Schroder-Devrient étaient sur le point de revenir, je fus poussé à repartir pour Dresde. J'ai pris cette mesure, non pas tant pour ne manquer aucune des premières répétitions de Rienzi, mais plutôt parce que je voulais éviter que la direction ne le remplace par autre chose. Je quittai Minna pour quelque temps avec ma mère et arrivai à Dresde le 18 juillet.

Je louai un petit logement dans une drôle de maison, démolie depuis, en face de l'avenue Maximilien, et j'entrai dans des relations assez animées avec nos vedettes d'opéra qui venaient de rentrer. Mon ancien enthousiasme pour Schroder-Devrient a repris vie lorsque je l'ai revue plus fréquemment à l'opéra. Étrange fut l'effet produit sur moi lorsque je l'entendis pour la première fois dans le Blaubart de Grétry, car je ne pus m'empêcher de penser que c'était le premier opéra que je voyais . J'y avais été emmené quand j'avais cinq ans (également à Dresde) et j'en gardais encore mes merveilleuses premières impressions. Tous mes premiers souvenirs d'enfant revinrent à la vie, et je me rappelai combien de fois et avec quelle insistance j'avais moi-même chanté la chanson de Barbe Bleue : Ha, die Falsche ! Die Thure offensé ! au grand amusement de toute la maison, avec un casque en papier de ma fabrication sur la tête. Mon ami Heine s'en souvenait encore bien.

Par ailleurs, les représentations de l'opéra n'étaient pas de nature à m'impressionner très favorablement : le son roulant de l'orchestre parisien d'instruments à cordes tout équipé me manquait particulièrement. J'ai remarqué aussi qu'en ouvrant le beau nouveau théâtre, on avait tout à fait oublié d'augmenter le nombre de ces instruments en proportion de l'espace agrandi. Dans ce domaine, ainsi que dans l'équipement général de la scène, qui était matériellement déficient à bien des égards, j'ai été impressionné par le sentiment d'une certaine mesquinerie à l'égard de l'entreprise théâtrale en Allemagne, qui devenait plus visible lorsque des reproductions étaient données, souvent avec de misérables traductions du texte, du répertoire de l'Opéra de Paris. Si même à Paris mon mécontentement face à ce traitement de l'opéra avait été grand, le sentiment qui m'y poussait autrefois des théâtres allemands revenait maintenant avec une énergie redoublée. En fait, je me sentais à nouveau dégradé et nourrissais dans mon cœur un mépris si profond que pendant un certain temps, je pouvais à peine supporter l'idée de signer un contrat durable, même avec l'un des opéras allemands les plus modernes, mais je me demandais tristement quelles mesures pourrais-je prendre pour tenir bon entre dégoût et désir dans ce monde étrange.

Seule la sympathie qu'inspire la communion avec des personnes dotées de dons exceptionnels m'a permis de triompher de mes scrupules. Cette affirmation s'applique avant tout à mon grand idéal, Schröder-Devrient, aux triomphes artistiques duquel j'avais autrefois eu le désir le plus ardent d'être associé. Il est vrai que de nombreuses années s'étaient écoulées depuis que mes premières impressions de jeunesse s'étaient formées à son sujet. En ce qui concerne son physique, le verdict que Berlioz envoya l'hiver suivant à Paris lors de son séjour à Dresde, était si juste que son embonpoint quelque peu « maternel » était inadapté aux parties juvéniles, surtout aux vêtements masculins, qui, comme chez Rienzi, exigeait trop de l'imagination. Sa voix, qui en termes de qualité n'avait jamais été un excellent support pour le chant, la mettait souvent en difficulté, et notamment elle était obligée, pour chanter, de traîner un peu le temps tout au long. Mais ses réalisations étaient désormais moins entravées par ces obstacles matériels que par le fait que son répertoire se composait d'un nombre limité de parties principales, qu'elle avait chantées si fréquemment qu'une certaine monotonie dans le calcul conscient de l'effet se transformait souvent en un maniérisme qui, à cause de sa tendance à l'exagération, c'était parfois presque douloureux.

Bien que ces défauts ne pussent m'échapper, j'étais pourtant , plus que quiconque, particulièrement qualifié pour négliger ces faiblesses mineures et réaliser avec enthousiasme la grandeur incomparable de ses performances. En effet, il suffisait de l'excitation que procurait encore la vie exceptionnellement mouvementée de cette actrice pour restaurer pleinement la puissance créatrice de son âge d'or, ce dont j'aurai par la suite des démonstrations éclatantes. Mais j'étais sérieusement troublé et déprimé en voyant à quel point l'effet désintégrateur de la vie théâtrale était puissant sur le caractère de ce chanteur, initialement doté de si grandes et nobles qualités. De la bouche même par laquelle me parvenaient les paroles musicales inspirées de la grande actrice, j'étais obligé d'entendre à d'autres moments un langage très semblable à celui auquel, à quelques exceptions près, se livrent presque toutes les héroïnes de la scène. La possession d'une voix naturellement belle , ou même de simples avantages physiques, qui pourraient placer ses rivales sur le même pied qu'elle dans la faveur publique, était plus qu'elle ne pouvait supporter ; et elle était si loin d'acquérir la résignation digne d'un grand artiste, que sa jalousie augmentait jusqu'à un degré douloureux à mesure que les années passaient. Je m'en suis rendu compte d'autant plus que j'avais raison d'en souffrir. Mais ce qui me causait encore plus de peine, c'était qu'elle ne comprenait pas facilement la musique et que l'étude d'une nouvelle partie comportait des difficultés qui représentaient bien des heures pénibles pour le compositeur qui devait lui faire maîtriser son œuvre. Sa difficulté à apprendre de nouveaux rôles, et particulièrement celui d'Adriano dans Rienzi, lui causa des déceptions qui me causèrent bien des ennuis.

Si, dans son cas, j'ai dû traiter avec beaucoup de tendresse une nature grande et sensible, j'ai eu, en revanche, une tâche très facile avec Tichatschek, avec ses limites enfantines et ses talents superficiels, mais exceptionnellement brillants. Il ne prenait pas la peine d'apprendre ses parties par cœur, car il était si musical qu'il pouvait chanter les musiques les plus difficiles à vue, et pensait que toute étude plus approfondie était inutile, alors que pour la plupart des autres chanteurs, le travail consistait à maîtriser la partition. Ainsi, s'il chantait une partie aux répétitions assez souvent pour l'imprimer dans sa mémoire, le reste, c'est-à-dire tout ce qui touche à l'art vocal et à la prestation dramatique, suivrait naturellement. De cette façon, il remarquait les erreurs d'écriture qu'il pouvait y avoir dans le livret, et cela avec une telle obstination incorrigible, qu'il prononçait les mauvais mots avec exactement la même expression que s'ils étaient corrects. Il écarta avec bonne humeur toute remarque ou allusion quant au sens en disant : « Ah ! tout ira bien bientôt. Et en effet, je me suis très vite résigné et j'ai complètement renoncé à amener le chanteur à user de son intelligence dans l'interprétation du rôle du héros, ce dont j'ai été très agréablement compensé par l'enthousiasme léger avec lequel il a lancé lui-même dans son rôle sympathique et l'effet irrésistible de sa voix brillante.

A l'exception de ces deux acteurs qui jouaient les rôles principaux, je n'avais à ma disposition qu'un matériel très médiocre. Mais il y avait beaucoup de bonne volonté et j'eus recours à un procédé ingénieux pour inciter le chef d'orchestre Reissiger à faire de fréquentes répétitions de piano. Il s'était plaint auprès de moi de la difficulté qu'il avait toujours eu à obtenir un livret bien écrit, et il trouvait très raisonnable de ma part d'avoir pris l'habitude d'écrire le mien. Dans sa jeunesse, il avait malheureusement négligé de le faire pour lui-même, et pourtant c'était tout ce qui lui manquait pour devenir un compositeur dramatique à succès. Je me dois d'avouer qu'il possédait « beaucoup de mélodie » ; mais cela, ajoutait-il, ne semblait pas suffisant pour inspirer aux chanteurs l'enthousiasme requis. Son expérience était que Schroder-Devrient, dans son Adèle de Foix, rendait très indifféremment le même passage final avec lequel, dans Roméo et Juliette de Bellini, elle mettait le public en extase. La raison, selon lui, doit résider dans le sujet. Je lui ai aussitôt promis de lui fournir un livret dans lequel il pourrait introduire avec le plus grand avantage ces mélodies et d'autres semblables. Il accepta volontiers, et c'est pourquoi je réservai pour versification, comme texte convenable à Reissiger, mon Hohe Braut, fondé sur le roman de König, que j'avais auparavant soumis à Scribe. J'ai promis à Reissiger d'apporter une page de vers à chaque répétition de piano, et je l'ai fidèlement fait jusqu'à ce que le livre entier soit terminé. J'ai été très surpris d'apprendre quelque temps plus tard que Reissiger s'était fait écrire un nouveau livret par un acteur nommé Kriethe. C'était ce qu'on appelait l'épave de la Méduse. J'appris alors que la femme du chef d'orchestre, qui était une femme suspecte, avait été remplie de la plus grande inquiétude de ma volonté de céder un livret à son mari. Ils trouvaient tous deux le livre bon et plein d'effets saisissants, mais ils soupçonnaient en arrière-plan une sorte de piège, pour s'en sortir, il leur fallait certainement faire preuve de la plus grande prudence. Le résultat fut que je repris possession de mon livret et que je pus plus tard aider mon vieil ami Kittl à Prague ; il l'a mis sur sa propre musique et l'a intitulé Die Franzosen vor Nizza. J'ai entendu dire qu'elle était fréquemment jouée à Prague avec un grand succès, même si je ne l'ai jamais vue moi-même ; et un critique local m'a aussi dit au même moment que ce texte était une preuve de mes réelles aptitudes de librettiste, et que c'était une erreur de ma part de me consacrer à la composition. En ce qui concerne mon Tannhäuser, en revanche, Laube déclarait que c'était un malheur que je n'aie pas trouvé un dramaturge expérimenté pour me fournir un texte décent pour ma musique.

Mais pour l'instant, ce travail de versification eut le résultat escompté et Reissiger s'en tint résolument à l'étude de Rienzi. Mais ce qui l'encourageait encore plus que mes vers, c'était l'intérêt croissant des chanteurs et surtout l'enthousiasme sincère de Tichatschek. Cet homme, qui avait si volontiers abandonné les délices du piano de théâtre pour une soirée de tournage, considérait désormais les répétitions de Rienzi comme un véritable régal. Il les accompagnait toujours avec des yeux radieux et une bonne humeur bruyante. Je me sentis bientôt dans un état d'exaltation constante : les passages favoris étaient salués par les acclamations des chanteurs à chaque répétition, et un numéro concerté du troisième finale, qui dut malheureusement être omis par la suite en raison de sa longueur, devint en réalité à cette occasion une source de profit pour moi. Tichatschek soutenait en effet que ce si mineur était si beau qu'il fallait à chaque fois payer quelque chose, et il déposa un sou en argent, invitant les autres à faire de même, ce à quoi tous répondirent joyeusement. À partir de ce jour, chaque fois que nous arrivions à ce passage lors des répétitions, le cri s'élevait : « Voici le sou en argent », et Schroder-Devrient, en sortant sa bourse, remarquait que ces répétitions la ruineraient. Cette gratification m'était chaque fois consciencieusement remise, et personne ne se doutait que ces contributions, données en guise de plaisanterie, étaient souvent une aide très appréciée pour subvenir aux frais de notre nourriture quotidienne. Car Minna était revenue de Toplitz, au début du mois d'août, accompagnée de ma mère.

Nous vivions très modestement dans des logements froids, attendant avec optimisme le jour tardif de notre délivrance. Les mois d'août et de septembre se passèrent, pour préparer mon travail, au milieu de fréquentes perturbations provoquées par le répertoire fluctuant et restreint d'un opéra allemand, et ce n'est qu'en octobre que les répétitions combinées prirent un caractère tel qu'elles promettaient la certitude d'un prompt déroulement. production. Dès le début des répétitions générales avec l'orchestre, nous partagions tous la conviction que l'opéra serait, sans aucun doute, un grand succès. Enfin, les grandes répétitions générales produisirent un effet parfaitement enivrant. Quand nous avons joué la première scène du deuxième acte avec le décor complet et que les messagers de la paix sont entrés, il y a eu une explosion d'émotion générale, et même Schroder-Devrient, qui avait un préjugé amer contre son rôle, car ce n'était pas le rôle. de l'héroïne, ne pouvait répondre à mes questions que d'une voix étouffée par les larmes. Je crois que tout le corps théâtral, jusqu'à ses plus humbles fonctionnaires, m'aimait comme si j'étais un véritable prodige, et je n'ai probablement pas tort de dire qu'une grande partie de cela provenait de la sympathie et d'une vive camaraderie pour un jeune homme, dont des difficultés exceptionnelles ne leur étaient pas inconnues, et qui sortaient soudain de l'obscurité parfaite pour entrer dans la splendeur. Pendant l'entracte de la répétition générale, alors que d'autres membres s'étaient dispersés pour raviver leurs nerfs blasés avec le déjeuner, je suis resté assis sur une pile de planches sur la scène, afin que personne ne se rende compte que j'étais dans le dilemme de ne pas pouvoir pour obtenir un rafraîchissement similaire. Un chanteur italien invalide, qui jouait un petit rôle dans l'opéra, parut s'en apercevoir et m'apporta gentiment un verre de vin et un morceau de pain. J'étais fâché d'être obligé de le priver même de sa petite part dans le cours de l'année, car sa perte provoquait de tels mauvais traitements de la part de sa femme, que par la tyrannie conjugale il fut relégué dans les rangs de mes ennemis. Quand, après ma fuite de Dresde en 1849, j'appris que j'avais été dénoncé à la police par ce même chanteur pour complicité présumée dans le soulèvement qui avait eu lieu dans cette ville, je repensai à ce petit-déjeuner pendant la répétition de Rienzi et me sentis J'étais puni de mon ingratitude, car je me savais coupable de lui avoir causé des ennuis avec sa femme.

L'état d'esprit dans lequel j'attendais la première représentation de mon œuvre était une expérience unique que je n'ai jamais ressentie auparavant ni depuis. Ma gentille sœur Clara partageait pleinement mes sentiments. Elle menait une misérable vie bourgeoise à Chemnitz, qu'elle avait quitté à peu près à cette époque pour venir partager mon sort à Dresde. La pauvre femme, dont les dons artistiques incontestables s'étaient éteints si tôt, traînait péniblement une vie bourgeoise et banale d'épouse et de mère ; mais maintenant, sous l'influence de mon succès grandissant, elle commençait joyeusement à respirer une nouvelle vie. Elle, moi et le digne chef de chœur Fischer passions nos soirées avec la famille Heine, toujours autour de pommes de terre et de harengs, et souvent dans un état d'esprit merveilleusement exalté. La veille de notre première représentation, j'ai pu couronner notre bonheur en versant moi-même un bol de punch. Avec des larmes et des rires mêlés, nous sautions comme des enfants heureux, puis, dans le sommeil, nous nous préparions au jour triomphal que nous attendions avec tant de confiance .

Bien que, le matin du 20 octobre 1842, j'étais résolu à ne déranger aucun de mes chanteurs par une visite, je rencontrai par hasard l'un d'eux, un Philistin raide appelé Risse, qui jouait un petit rôle de basse dans un ton ennuyeux mais manière respectable. La journée était plutôt fraîche, mais merveilleusement lumineuse et ensoleillée, après le temps maussade que nous venions de connaître. Sans un mot, cette curieuse créature me salua puis resta debout, comme ensorcelée. Il m'a simplement regardé en face avec émerveillement et ravissement, pour le savoir, et a donc finalement réussi à me raconter avec une étrange confusion, à quoi ressemblait un homme qui, ce jour-là, devait faire face à un sort aussi exceptionnel. Je souris et réfléchis que c'était bien un jour de crise, et lui promis que je boirais bientôt avec lui, à l'auberge de la ville de Hambourg, un verre de l'excellent vin qu'il m'avait recommandé avec tant d'agitation.

Aucune de mes expériences ultérieures ne peut être comparée aux sensations qui ont marqué le jour de la première production de Rienzi. Lors de toutes les premières représentations de mes œuvres plus tard, j'ai été tellement absorbé par une inquiétude trop bien fondée quant à leur succès, que je n'ai pu ni apprécier l'opéra ni me faire une idée réelle de son accueil par le public. Quant à mes expériences ultérieures lors de la répétition générale de Tristan et Isolde, elles se sont déroulées dans des circonstances si exceptionnelles, et leur effet sur moi différait si fondamentalement de celui produit par la première représentation de Rienzi, qu'aucune comparaison ne peut être établie entre les deux. .

Le succès immédiat de Rienzi était sans doute assuré d'avance. Mais la manière emphatique avec laquelle le public a exprimé son appréciation était jusqu'à présent exceptionnelle, car dans des villes comme Dresde, les spectateurs ne sont jamais en mesure de se prononcer de manière définitive sur une œuvre importante dès le premier soir et adoptent par conséquent une attitude de retenue effrayante envers les œuvres d'auteurs inconnus. Mais c'était, dans la nature des choses, un cas exceptionnel, car le personnel nombreux du théâtre et le corps des musiciens avaient inondé d'avance la ville de récits si élogieux sur mon opéra, que toute la population attendait avec une attente fiévreuse le miracle promis. . Je me suis assis avec Minna, ma sœur Clara et la famille Heine dans un pit-box, et quand j'essaie de me rappeler mon état au cours de cette soirée, je ne peux que l'imaginer avec tout l'attirail d'un rêve. Je n'éprouvais aucun plaisir ou agitation réelle : je semblais me tenir tout à fait à l'écart de mon travail ; tandis que la vue de la salle bondée m'agitait tellement que j'étais incapable même de jeter un coup d'œil au corps du public, dont la présence m'affectait simplement comme un phénomène naturel - quelque chose comme une averse continue de pluie - contre lequel je cherchais un abri. dans le coin le plus éloigné de ma loge comme sous un toit protecteur. J'étais tout à fait inconscient des applaudissements et, lorsqu'à la fin des actes j'étais appelé avec véhémence, je devais à chaque fois être rappelé de force par Heine et conduit sur scène. En revanche, une grande inquiétude m'emplissait d'une inquiétude croissante : je constatais que les deux premiers actes avaient duré aussi longtemps que l'ensemble du Freischütz, par exemple. En raison de ses appels aux armes guerriers, le troisième acte commence dans un brouhaha exceptionnel, et quand, à la fin, l'horloge indiquait dix heures, ce qui signifiait que la représentation durait déjà quatre heures complètes, je devenais complètement désespéré. Le fait qu'après cet acte aussi on m'ait de nouveau appelé bruyamment, je considérais simplement comme une dernière courtoisie de la part du public, qui voulait signifier qu'il en avait assez pour une soirée et qu'il allait maintenant quitter la maison dans un corps. Comme nous avions encore deux actes devant nous, je crus établi que nous ne pourrions achever la pièce, et je m'excusai de mon manque de sagesse en n'ayant pas procédé auparavant aux réductions nécessaires. Maintenant, grâce à ma folie, je me suis retrouvé dans la situation inouïe de ne pas pouvoir terminer un opéra, par ailleurs extrêmement bien accueilli, simplement parce qu'il était absurdement long. Je ne pouvais expliquer le zèle intact des chanteurs, et particulièrement de Tichatschek, qui semblait devenir de plus en plus vigoureux et joyeux à mesure que cela durait, comme une astuce aimable pour me cacher l'inévitable catastrophe. Mais mon étonnement de trouver le public encore au complet, même au dernier acte, vers minuit, me remplit d'une perplexité immense. Je ne pouvais plus faire confiance à mes yeux ni à mes oreilles et considérais tous les événements de la soirée comme un cauchemar. Il était minuit passé lorsque, pour la dernière fois, j'ai dû obéir aux appels tonitruants du public, aux côtés de mes fidèles chanteurs.

Mon sentiment de désespoir face à la durée sans précédent de mon opéra a été augmenté par l'humeur de mes proches, que j'ai vus peu de temps après la représentation. Friedrich Brockhaus et sa famille étaient venus avec quelques amis de Leipzig et nous avaient invités à l'auberge, dans l'espoir de célébrer un agréable succès autour d'un agréable dîner et peut-être de boire à ma santé. Mais en arrivant, la cuisine et la cave étaient fermées, et tout le monde était si épuisé qu'on n'entendait plus que des cris devant le cas sans précédent d'un opéra qui durait de six heures à midi heures. Aucune autre remarque n'a été échangée et nous nous sommes enfuis, assez stupéfaits.

Le lendemain matin, vers huit heures, je me présentai au bureau du greffier, afin qu'en cas de deuxième représentation, je puisse arranger la réduction nécessaire des parties. Si, l'été précédent, j'avais contesté chaque temps avec le fidèle chef de chœur Fischer et prouvé que tous étaient indispensables, j'étais maintenant possédé d'une rage aveugle de frapper . Il n'y avait pas une seule partie de ma partition qui semblait plus nécessaire – ce que le public avait dû avaler la veille au soir n'était plus qu'un chaos de pures impossibilités, dont chacune pouvait être omise sans le moindre dommage ni risque de dommage. étant inintelligible. Ma seule pensée maintenant était de savoir comment réduire mon enchevêtrement de monstruosités à des limites décentes. A force d'abréviations impitoyables et impitoyables confiées au copiste, j'espérais éviter une catastrophe, car je n'espérais rien de moins que que le directeur général, avec la ville et le théâtre, me fasse comprendre le jour même qu'un tel chose comme la représentation de mon Dernier des Tribunes pourrait peut-être être autorisée une fois à titre de curiosité, mais pas plus souvent. Toute la journée, j'évitai donc soigneusement de m'approcher du théâtre, afin de laisser le temps à mes abréviations héroïques de faire leur œuvre salutaire et à la nouvelle de se répandre dans la ville. Mais à midi, je revins chez les copistes pour m'assurer que tout avait été dûment exécuté comme je l'avais ordonné. J'appris alors que Tichatschek était également présent et, après avoir vérifié les omissions que j'avais organisées, il avait interdit leur exécution. Fischer, le chef de chœur, voulut aussi m'en parler : les travaux étaient suspendus, et je prévoyais une grande confusion. Je ne comprenais pas ce que tout cela signifiait et je craignais des dégâts si cette tâche ardue était retardée. Enfin, vers le soir, je cherchai Tichatschek au théâtre. Sans lui laisser la parole, je lui ai demandé brusquement pourquoi il avait interrompu le travail des copistes. D'une voix à moitié étouffée, il répondit sèchement et avec défi : "Je ne veux rien laisser de côté, c'est trop divin." Je le regardai d'un air vide, puis me sentis soudain envoûté : un témoignage aussi inouï de ma réussite ne pouvait que me sortir de mon étrange anxiété. D'autres le rejoignirent, Fischer rayonnant de joie et bouillonnant de rire. Chacun parlait de l'émotion enthousiaste qui embrassait toute la ville. Vint ensuite une lettre de remerciement du commissaire reconnaissant mon splendide travail. Il ne me restait plus qu'à embrasser Tichatschek et Fischer et à continuer mon chemin pour informer Minna et Clara de l'état des choses.

Après quelques jours de repos des acteurs, la seconde représentation eut lieu le 26 octobre, mais avec diverses réductions, pour lesquelles j'eus beaucoup de peine à obtenir l'accord de Tichatschek. Bien que la durée soit encore bien supérieure à la moyenne, je n'ai entendu aucune plainte particulière et j'ai finalement adopté l'opinion de Tichatschek selon laquelle, s'il pouvait le supporter, le public le pouvait aussi. Pendant six représentations donc, qui continuèrent toutes à recevoir une même avalanche d'applaudissements, j'ai laissé l'affaire suivre son cours.

Mais mon opéra avait également suscité l'intérêt des princesses aînées de la famille royale. Ils considéraient sa longueur épuisante comme un inconvénient, mais ne voulaient néanmoins rien manquer. Lüttichau me proposa donc de donner la pièce dans son intégralité, mais par moitié, en deux soirées successives. Cela me convenait très bien, et après quelques semaines d'intervalle nous annoncions la grandeur de Rienzi pour le premier jour, et sa chute pour le second. Le premier soir, nous avons donné deux actes, le deuxième trois, et pour le dernier j'ai composé un prélude d'introduction spécial. Cela rencontra l'entière approbation de nos augustes patronnes, et surtout des deux aînées, les princesses Amalie et Augusta. Le public, au contraire, considérait cela simplement comme étant désormais invité à payer deux droits d'entrée pour un opéra et considérait le nouvel arrangement comme une fraude flagrante. Son mécontentement face au changement était si grand qu'il menaçait même d'être fatal à l'assistance, et après trois représentations du Rienzi divisé, la direction fut obligée de revenir à l'ancienne disposition, que j'ai volontiers rendue possible en introduisant à nouveau mes coupures.

À partir de ce moment-là, la pièce remplit la salle à craquer aussi souvent qu'elle pouvait être présentée, et la permanence de son succès devint encore plus évidente lorsque je commençai à comprendre l'envie qu'elle m'attirait de toutes parts. Ma première expérience a été vraiment douloureuse et est venue des mains du poète Julius Mosen, le lendemain même de la première représentation. Quand j'arrivai à Dresde pendant l'été, je l'avais cherché, et ayant une très haute opinion de son talent, nos relations devinrent bientôt plus intimes et furent le moyen de me donner beaucoup de plaisir et d'instruction. Il m'avait montré un volume de ses pièces qui, dans l'ensemble, m'avaient particulièrement plu. Parmi celles-ci se trouvait une tragédie, Cola Rienzi, traitant du même sujet que mon opéra, et d'une manière en partie nouvelle pour moi, et que je trouvais efficace. A propos de ce poème, je l'avais prié de ne pas prêter attention à mon livret, car, par la qualité de sa poésie, il ne pouvait supporter la comparaison avec le sien ; et cela ne lui coûta que peu de sacrifices pour accéder à cette demande. Il se trouvait que juste avant la première représentation de mon Rienzi, il avait créé à Dresde Bernhard von Weimar, une de ses pièces les moins heureuses, dont le résultat ne lui avait apporté que peu de plaisir. Dramatiquement, c'était une chose sans vie, qui ne visait qu'une harangue politique, et qui avait partagé le sort inévitable de toutes ces aberrations. Il avait donc attendu avec quelque dépit l'apparition de mon Rienzi, et m'avait avoué son amer chagrin de ne pouvoir faire accepter à Dresde sa tragédie du même nom. Cela, supposait-il, provenait de sa tendance politique quelque peu prononcée, qui, certainement dans une pièce parlée sur un sujet similaire, serait plus visible que dans un opéra, où dès le début personne ne prête attention aux paroles. Je l'avais cordialement confirmé dans cette dépréciation du sujet de l'opéra ; et je fus donc d'autant plus surpris quand, en le retrouvant chez ma sœur Louisa, le lendemain de la première représentation, il m'accassa aussitôt d'un accès de mépris et d'irritation devant mon succès. Mais il trouvait en moi un étrange sentiment de l'irréalité essentielle de l'opéra sur un sujet tel que celui que je venais d'illustrer avec tant de succès dans Rienzi, de sorte que, opprimé par un secret sentiment de honte, je n'avais pas de réplique sérieuse à lui proposer. à ses abus franchement empoisonnés. Ma ligne de défense n'était pas encore suffisamment claire dans mon esprit pour être disponible d'emblée, et elle n'était pas encore appuyée par un produit si évident de mon propre génie que je pourrais oser le citer. D'ailleurs, mon premier élan ne fut qu'une pitié pour le malheureux dramaturge, que je me sentais d'autant plus obligé d'exprimer que son accès de fureur me donnait la satisfaction intérieure de savoir qu'il reconnaissait mon grand succès, dont je n'étais pas encore sûr. assez clair moi-même.

Mais cette première représentation de Rienzi a fait bien plus que cela. Cela a donné lieu à des controverses et a creusé un fossé toujours plus grand entre moi et les critiques des journaux. M. Karl Bank, qui avait été pendant quelque temps le principal critique musical de Dresde, m'avait déjà connu à Magdebourg, où il me rendit visite et écouta avec délice mon interprétation de plusieurs passages assez longs de mon Liebesverbot. Lorsque nous nous sommes revus à Dresde, cet homme ne pouvait me pardonner de n'avoir pu lui procurer des billets pour la première représentation de Rienzi. La même chose s'est produite avec un certain Herr Julius Schladebach, qui s'était également établi à Dresde à cette époque comme critique. Même si j'avais toujours eu envie d'être aimable envers tout le monde, j'éprouvais à ce moment-là une répugnance invincible à montrer une déférence particulière à un homme parce qu'il était critique. Au fil du temps, j'ai poussé cette règle jusqu'à une grossièreté quasi systématique, et j'ai par conséquent été toute ma vie victime d'une persécution sans précédent de la part de la presse. Cependant, cette mauvaise volonté ne s'était pas encore manifestée, car à cette époque le journalisme n'avait pas encore commencé à se faire entendre à Dresde. Il y avait si peu de contributions envoyées de là-bas à la presse extérieure que nos activités artistiques n'étaient que très peu remarquées ailleurs, ce qui n'était certainement pas sans inconvénients pour moi. Ainsi, pour le moment, le côté désagréable de mon succès ne m'affecta guère, et pendant un bref instant je me sentis, pour la première et unique fois de ma vie, si agréablement porté par le souffle de la bonne volonté générale, que tout mes anciens ennuis semblaient amplement récompensés.

Car d'autres fruits tout à fait inattendus de mon succès apparaissaient maintenant avec une rapidité étonnante, mais pas tant sous la forme d'un bénéfice matériel, qui pour le moment se résumait à neuf cents marks, payés par le Conseil général à titre d'honoraires exceptionnels au lieu des vingt louis d'or habituels . Je n'osais pas non plus caresser l'espoir de vendre avantageusement mon œuvre à un éditeur, avant qu'elle n'eût été jouée dans quelques autres villes importantes. Mais le destin a voulu qu'à la suite de la mort soudaine de Rastrelli, directeur musical royal, survenue peu après la première production de Rienzi, un poste devienne inopinément vacant, pour le remplir, tous les regards se tournèrent immédiatement vers moi.

Tandis que les négociations sur cette question avançaient lentement, le Conseil Général faisait preuve, dans un autre sens, d'un intérêt presque passionné pour mes talents. Ils insistèrent pour que la première représentation du Fliegender Holländer ne soit en aucun cas concédée à l'opéra de Berlin, mais réservée comme un honneur à Dresde. Comme les autorités berlinoises n'ont soulevé aucun obstacle, j'ai également remis avec beaucoup de plaisir ma dernière œuvre au théâtre de Dresde. Si pour cela je devais renoncer à l'assistance de Tichatschek, puisqu'il n'y avait pas de rôle de ténor principal dans la pièce, je pourrais compter d'autant plus sûrement sur la coopération serviable de Schroder-Devrient, à qui une tâche plus méritoire avait été confiée dans la direction. partie féminine que celle qu'elle avait eue chez Rienzi. J'étais heureux de pouvoir ainsi compter entièrement sur elle, car elle était devenue étrangement en colère contre moi, à cause de sa faible part au succès de Rienzi. J'ai prouvé l'intégralité de ma confiance en elle avec une exagération qui n'était en aucun cas avantageuse pour mon propre travail, en imposant simplement le rôle masculin principal à Wachter, un baryton autrefois compétent, mais maintenant quelque peu délicat. Il était à tous égards totalement inapte à cette tâche et ne l'accepta qu'avec une hésitation sincère. En soumettant ma pièce à ma prima donna adorée, j'ai été très soulagé de constater que sa poésie lui plaisait particulièrement. Grâce au véritable intérêt personnel éveillé en moi dans des circonstances très particulières par le caractère et le destin de cette femme exceptionnelle, notre étude du rôle de Senta, qui nous a souvent mis en contact étroit, est devenue l'une des périodes les plus passionnantes et les plus instructives de notre vie. ma vie.

Il est vrai que la grande actrice, surtout sous l'influence de sa célèbre mère, Sophie Schröder, qui était alors en visite chez elle, se montrait un dépit non dissimulé de ce que j'aie composé pour Dresde une œuvre aussi brillante que Rienzi, sans m'avoir spécialement réservé le rôle principal pour elle. Cependant la magnanimité de son caractère triompha même de cet élan égoïste : elle me proclama haut et fort « génie » et m'honora de cette confiance particulière dont, disait-elle, seul un génie devait jouir. Mais lorsqu'elle m'invita à devenir à la fois le complice et le conseiller de ses amours vraiment effroyables, cette confiance commença certainement à avoir son côté risqué ; néanmoins, il y eut dans les premières occasions où elle se proclama ouvertement devant tout le monde comme mon amie, faisant en ma faveur les distinctions les plus flatteuses.

Je devais tout d'abord l'accompagner lors d'un voyage à Leipzig, où elle donnait un concert en faveur de sa mère, qu'elle pensait rendre particulièrement attrayant en incluant dans son programme deux morceaux de Rienzi : l'air d'Adriano et la prière du héros. (ce dernier chanté par Tichatschek), et tous deux sous ma direction personnelle. Mendelssohn, qui entretenait également avec elle des relations très amicales, avait également été attiré par ce concert et avait réalisé son ouverture pour Ruy Blas, alors tout nouveau. C'est au cours des deux journées chargées passées à cette occasion à Leipzig que j'entrai pour la première fois en contact étroit avec lui, toute ma connaissance antérieure de lui s'étant limitée à quelques rares visites tout à fait inutiles. Chez mon beau-frère Fritz Brockhaus, lui et

Devrient nous ont donné beaucoup de musique, lui qui l'accompagnait sur plusieurs chansons de Schubert. Je pris ici conscience de l' inquiétude et de l'excitation particulières avec lesquelles ce maître de musique, qui, bien que jeune encore, avait déjà atteint le zénith de sa renommée et de l'œuvre de sa vie, m'observait ou plutôt me regardait. Je voyais clairement qu'il ne pensait pas beaucoup au succès à l'opéra, et cela seulement à Dresde. Sans doute je semblais à ses yeux faire partie d'une classe de musiciens auxquels il n'attachait aucune valeur et avec lesquels il se proposait de n'avoir aucun rapport. Mon succès avait néanmoins certains traits caractéristiques qui lui donnaient un aspect plus ou moins alarmant. Le désir le plus ardent de Mendelssohn était depuis longtemps d'écrire un opéra à succès, et il était possible qu'il se sente maintenant ennuyé qu'avant d'y avoir réussi, un triomphe de cette nature lui soit soudainement présenté avec une brutalité brutale. , et basé sur un style de musique qu'il pourrait se sentir justifié de considérer comme pauvre. Il ne trouvait probablement pas moins exaspérant que Devrient, dont il reconnaissait les dons et qui était son propre admirateur dévoué, puisse maintenant faire si ouvertement et si haut mes louanges. Ces pensées se dessinaient vaguement dans mon esprit, lorsque Mendelssohn, par une déclaration très remarquable, me poussa, presque avec violence, à adopter cette interprétation. Sur le chemin du retour ensemble, après la répétition commune du concert, j'ai parlé très chaleureusement du thème de la musique. Bien que nullement bavard, il m'interrompit soudain avec une excitation curieusement précipitée en affirmant que la musique n'avait qu'un grand défaut, à savoir que plus que tout autre art, elle stimulait non seulement nos bonnes qualités, mais aussi nos mauvaises qualités, telles que : par exemple, comme la jalousie. Je rougis de honte de devoir appliquer ce discours à ses propres sentiments à mon égard ; car j'étais profondément conscient de mon innocence d'avoir jamais rêvé, même au degré le plus lointain, de comparer mes propres talents ou performances de musicien aux siens. Pourtant, chose étrange, à ce concert même, il se montra sous un jour qui n'était nullement de nature à le placer au-delà de toute possibilité de comparaison avec moi. Une interprétation de son Ouverture des Hébrides l'aurait placé si infiniment au-dessus de mes deux airs d'opéra, que toute timidité de devoir me tenir à ses côtés m'aurait été épargnée, car le gouffre entre nos deux productions était infranchissable. Mais dans son choix de l'Ouverture de Ruy Blas, il semble avoir été poussé par le désir de se situer à cette occasion si près du style lyrique que son efficacité puisse se refléter dans son propre travail. L'ouverture était évidemment conçue pour un public parisien, et l'étonnement provoqué par Mendelssohn en apparaissant dans un tel contexte a été montré par Robert Schumann à sa manière disgracieuse à la fin. S'approchant du musicien de l'orchestre, il lui exprima doucement et avec un sourire cordial son admiration pour la « brillante pièce orchestrale » qui venait d'être jouée .

Mais par souci de véracité, je n'oublierai pas que ni lui ni moi n'avons eu le véritable succès de cette soirée. Nous avons tous deux été complètement éclipsés par l' effet formidable produit par Sophie Schroder aux cheveux gris dans une récitation de L' Enore de Burger. Alors que les journaux accusaient la fille d'avoir utilisé injustement toutes sortes d'attractions musicales pour organiser un concert-bénéfice des mélomanes de Leipzig pour une mère qui n'avait jamais rien eu à voir avec cet art, nous, qui étions là en tant que son musicien, complices, devaient se tenir debout comme autant de prestidigitateurs oisifs, tandis que cette dame âgée et presque édentée déclamait le poème de Burger avec une beauté et une grandeur vraiment terrifiantes. Cet épisode, comme tant d'autres que j'ai vus au cours de ces quelques jours, m'a donné une abondante matière à réflexion et à méditation.

Une seconde excursion, également entreprise avec Devrient, me conduisit en décembre de la même année à Berlin, où le chanteur avait été invité à se produire à un grand concert d'État. Pour ma part, je souhaitais une interview du réalisateur Küstner à propos du Fliegender Holländer. Bien que je ne sois parvenu à aucun résultat précis concernant mes affaires personnelles, cette courte visite à Berlin fut mémorable pour ma rencontre avec Franz Liszt, qui s'avéra par la suite d'une grande importance. Cela s'est produit dans des circonstances singulières, qui nous ont mis, lui et moi, dans une situation d'embarras particulier, provoquée de la manière la plus gratuite par le caprice exaspérant de Devrient.

J'avais déjà raconté à ma patronne l'histoire de ma précédente rencontre avec Liszt. Au cours de ce fatidique deuxième hiver de mon séjour à Paris, où j'étais enfin poussé à être reconnaissant pour le travail de Schlesinger, je reçus un jour la nouvelle de Laube, qui me tenait toujours à l'esprit, que F. Liszt venait à Paris. . Il m'avait mentionné et recommandé lorsqu'il était en Allemagne, et m'avait conseillé de ne pas perdre de temps à le rechercher, car il était « généreux » et trouverait certainement le moyen de m'aider. Dès que j'appris qu'il était réellement arrivé, je me présentai à l'hôtel pour le voir. C'était tôt le matin. A mon entrée, je trouvai plusieurs messieurs étranges qui attendaient dans le salon, où, après un certain temps, nous fûmes rejoints par Liszt lui-même, aimable et affable, et portant son manteau d'intérieur. La conversation s'est déroulée en français et a porté sur ses expériences lors de son dernier parcours professionnel en Hongrie. Comme je ne pouvais pas participer à cause de la langue, j'ai écouté pendant un certain temps, m'ennuyant profondément, jusqu'à ce qu'enfin il me demande gentiment ce qu'il pouvait faire pour moi. Il semblait incapable de se rappeler la recommandation de Laube, et la seule réponse que je pus lui donner fut que je désirais faire sa connaissance. Il n'y voyait évidemment aucune objection et m'annonça qu'il prendrait soin de me faire envoyer un billet pour sa grande matinée, qui devait avoir lieu sous peu. Ma seule tentative d'introduire un thème de conversation artistique était de savoir s'il connaissait l'Erlkonig de Lowe aussi bien que celui de Schubert. Sa réponse négative fit échouer cette tentative un peu maladroite, et je terminai ma visite en lui donnant mon adresse. Là, son secrétaire Belloni m'envoya aussitôt, avec quelques mots polis, une carte d'admission à un concert qui serait donné entièrement par le maître lui-même dans la salle Erard. Je me dirigeai vers la salle bondée et vis la plate-forme sur laquelle se trouvait le piano à queue, étroitement assiégée par la crème de la société féminine parisienne, et fut témoin de leurs ovations enthousiastes à l'égard de cette virtuose, qui était alors la merveille du monde. monde. J'ai d'ailleurs entendu plusieurs de ses pièces les plus brillantes, comme « Variations sur Robert le Diable », mais je n'ai emporté en moi aucune véritable impression autre que celle d'être abasourdi. Cela s'est produit juste au moment où j'abandonnais une voie qui était contraire à ma vraie nature, qui m'avait égaré, et sur laquelle je tournais maintenant catégoriquement le dos dans une amertume silencieuse. Je n'étais donc pas d'humeur à apprécier justement ce prodige, qui brillait alors dans la lumière flamboyante du jour, mais dont j'avais tourné mon visage vers la nuit. Je ne suis plus allé voir Liszt.

Comme je l'ai déjà dit, j'avais donné à Devrient un aperçu de cette histoire, mais elle l'avait noté avec une attention particulière, car j'avais justement touché son point faible de jalousie professionnelle. Comme Liszt avait également reçu l'ordre du roi de Prusse de se présenter au grand concert d'État à Berlin, il se trouva que lors de leur première rencontre, Liszt l'interrogea avec beaucoup d'intérêt sur le succès de Rienzi. Elle remarqua alors que le compositeur de cet opéra était un homme tout à fait inconnu et, avec une curieuse méchanceté, se moqua de lui avec son manque apparent de pénétration, comme le prouvait le fait que ledit compositeur, qui excitait alors si vivement son intérêt, était le ce même pauvre musicien qu'il avait naguère « repoussé avec tant de mépris » à Paris. Elle me raconta tout cela avec un air de triomphe, ce qui me chagrina beaucoup, et je me mis aussitôt à corriger la fausse impression que me donnait mon précédent récit. Alors que nous débattions encore de ce point dans sa chambre, nous avons été surpris en entendant le lendemain la fameuse partie de basse dans l'air 'Revenge' de Donna Anna, rapidement exécutée par octaves au piano. « C'est Liszt lui-même », s'écria-t-elle. Liszt entra alors dans la salle pour la chercher pour la répétition. À mon grand embarras, elle me le présenta avec un plaisir malicieux comme le compositeur de Rienzi, l'homme dont il souhaitait maintenant faire la connaissance après lui avoir préalablement montré la porte de son glorieux Paris. Mes affirmations solennelles selon lesquelles ma patronne – sans doute seulement pour plaisanter – déformait délibérément le récit de ma précédente visite chez lui, l'avaient apparemment apaisé en ce qui me concernait, et, d'un autre côté, il avait sans doute déjà formé sa propre opinion. avis du chanteur impulsif. Il regrettait certes de ne pas se souvenir de ma visite à Paris, mais il était néanmoins choqué et alarmé d'apprendre que quiconque aurait dû avoir des raisons de se plaindre d'un tel traitement de sa part. La sincère sincérité des paroles simples que Listz m'a adressées à propos de ce malentendu, contrastant avec les railleries étrangement passionnées de la dame incorrigible, m'a fait une impression des plus agréables et des plus captivantes. L'allure de cet homme et la façon dont il s'efforçait de conjurer le mépris impitoyable de ses attaques étaient quelque chose de nouveau pour moi et me donnaient une profonde idée de son caractère, si ferme dans son amabilité et sa bonté sans bornes. . Enfin, elle le taquinait au sujet du doctorat qui venait de lui être conféré par l'Université de Königsberg, et feignait de le prendre pour un chimiste. Enfin il s'étendit à plat ventre et implora sa miséricorde, se déclarant tout à fait sans défense contre la tempête de ses invectives. Puis, nous tournant vers moi avec l'assurance qu'il se ferait un devoir d'entendre Rienzi et qu'il s'efforcerait en tout cas de me donner une meilleure opinion de lui-même que ne l'avait jusqu'ici permis sa mauvaise étoile, nous nous séparâmes pour cette occasion.

La simplicité presque naïve et le naturel de chacune de ses phrases et de ses mots, et particulièrement son attitude emphatique, m'ont laissé une impression des plus profondes. Personne ne pouvait manquer d'être également affecté par ces qualités, et je réalisai alors pour la première fois le pouvoir presque magique exercé par Liszt sur tous ceux qui entraient en contact étroit avec lui, et je vis à quel point mon ancienne opinion avait été erronée quant à sa cause. .

Ces deux excursions à Leipzig et à Berlin ne trouvèrent que de brèves interruptions dans la période consacrée chez nous à notre étude du Fliegender Holländer. Il était donc pour moi primordial de maintenir le vif intérêt de Schroder-Devrient pour son rôle, car, compte tenu de la faiblesse du reste du casting, j'étais convaincu que c'était d'elle seule que je pouvais attendre une interprétation adéquate de l'esprit de mon travail.

Le rôle de Senta lui convenait essentiellement, et il y avait justement à ce moment-là des circonstances particulières dans sa vie qui mettaient son tempérament naturellement émotif à un niveau de tension élevé. Je fus stupéfait lorsqu'elle me confia qu'elle était sur le point de rompre une liaison régulière de plusieurs années pour en nouer, dans une hâte passionnée, une autre bien moins désirable. L'amant abandonné, qui lui était tendrement dévoué, était un jeune lieutenant des gardes royaux et le fils de Muller, l'ancien ministre de l'Instruction publique ; son nouveau choix, dont elle avait fait la connaissance lors d'une récente visite à Berlin, était Herr von Munchhausen. C'était un jeune homme grand et mince, et sa prédilection pour lui s'expliquait facilement lorsque je connaissais de plus près ses amours. Il me semblait que la confiance qu'elle m'avait accordée dans cette affaire provenait de sa mauvaise conscience ; elle savait que Muller, que j'aimais en raison de son excellent caractère, l'avait aimée avec la ferveur d'un premier amour, et aussi qu'elle le trahissait maintenant de la manière la plus infidèle, sous un prétexte trivial. Elle devait savoir que son nouvel amant était totalement indigne d'elle et que ses intentions étaient frivoles et égoïstes. Elle savait aussi que personne, et certainement aucun de ses amis plus âgés qui la connaissaient le mieux, n'approuverait son comportement. Elle m'a dit franchement qu'elle s'était sentie obligée de se confier à moi parce que j'étais un génie et que je comprendrais les exigences de son tempérament. Je savais à peine quoi penser. J'étais repoussé à la fois par sa passion et par les circonstances qui l'accompagnaient ; mais, à mon grand étonnement, je dus avouer que l'engouement, si répugnant pour moi, tenait cette étrange femme dans une étreinte si puissante que je ne pouvais lui refuser une certaine pitié, voire même une réelle sympathie.

Elle était pâle et désemparée, ne mangeait presque rien et ses facultés étaient soumises à une tension si extraordinaire que je pensais qu'elle n'échapperait pas à une maladie grave, peut-être mortelle. Le sommeil l'avait abandonnée depuis longtemps, et chaque fois que je lui amenais mon malheureux Fliegender Holländer, son apparence m'alarmait tellement que la répétition proposée était la dernière chose à laquelle je pensais. Mais sur ce point elle insista ; elle me fit asseoir au piano, puis se plongea dans l'étude de son rôle comme s'il s'agissait d'une question de vie ou de mort. Elle trouva l'apprentissage proprement dit du rôle très difficile, et ce n'est que grâce à des répétitions répétées et persévérantes qu'elle parvint à maîtriser sa tâche. Elle chantait pendant des heures avec une telle passion que je sursautais souvent de terreur et la suppliais de se ménager ; puis elle me montrait en souriant sa poitrine, et développait les muscles de sa personne encore magnifique, pour m'assurer qu'elle ne se faisait aucun mal. Sa voix acquit réellement à cette époque une fraîcheur juvénile et une puissance d'endurance. Je dus avouer ce qui m'a souvent étonné : cet engouement pour une personne insipide était très à l'avantage de ma Senta. Son courage, dans cette intense tension, fut si grand que, le temps pressant, elle consentit à avoir la répétition générale le jour même de la première représentation, et un retard qui eût été grandement à mon désavantage fut ainsi évité.

La représentation eut lieu le 2 janvier de l'année 1843. Son résultat fut pour moi extrêmement instructif et conduisit au tournant de ma carrière. Le mauvais succès de la représentation m'a appris combien de soin et de prévoyance étaient essentiels pour assurer l'interprétation dramatique adéquate de mes dernières œuvres. Je me suis rendu compte que j'avais plus ou moins cru que ma partition s'expliquerait d'elle-même et que mes chanteurs arriveraient d'eux-mêmes à la bonne interprétation. Mon bon vieil ami Wachter, qui, à l'époque des premiers succès d'Henriette Sontag, était l'un des « barbiers de Séville » favoris, avait dès le début discrètement pensé le contraire. Malheureusement, même Schroder-Devrient ne s'est rendu compte que lorsque les répétitions étaient trop avancées, à quel point Wachter était totalement incapable de se rendre compte de l'horreur et de la souffrance suprême de mon Mariner. Sa corpulence affligeante, son large visage gras, les mouvements extraordinaires de ses bras et de ses jambes, qu'il parvenait à faire ressembler à de simples moignons, poussèrent au désespoir mon passionné Senta. Lors d'une répétition, lors de la grande scène de l'acte II. elle vient vers lui sous l'apparence d'un ange gardien pour lui apporter le message du salut, elle s'interrompit pour me murmurer désespérément à l'oreille : « Comment puis-je le dire quand je regarde dans ces yeux perçants ? Bon Dieu, Wagner, quelle pagaille vous avez faite ! Je la consolai de mon mieux et mis secrètement ma dépendance sur M. de Munchhausen, qui promit fidèlement de s'asseoir ce soir-là au premier rang des étals, afin que les yeux de Devrient se posent sur lui. Et la magnifique prestation de ma grande artiste, bien qu'elle se trouvât horriblement seule sur la scène, parvint à exciter l'enthousiasme dans le deuxième acte. Le premier acte n'offrait au public qu'une conversation ennuyeuse entre M. Wachter et M. Risse qui m'avait invité à un excellent verre de vin le premier soir de Rienzi, et au troisième la plus forte rage de l'orchestre n'a pas soulevé la mer. de son calme plat ni du navire fantôme dans son balancement prudent. Le public en vint à se demander comment j'avais pu produire, après Rienzi, cette œuvre grossière, maigre et sombre, dont chaque acte abondait en incidents et où Tichatschek brillait dans une variété infinie de costumes.

Comme Schröder-Devrient quitta bientôt Dresde pour un temps considérable, le Fliegender Holländer ne vit que quatre représentations, au cours desquelles le public décroissant montra clairement que je n'en avais pas plu au goût de Dresde. La direction fut obligée de ressusciter Rienzi pour maintenir mon prestige ; et le triomphe de cet opéra comparé à l'échec du Hollandais me donna matière à réflexion. J'ai dû admettre, avec quelques réserves, que le succès de mon Rienzi n'était pas entièrement dû au casting et à la mise en scène, même si j'étais pleinement conscient des défauts dont souffrait à cet égard le Fliegender Holländer. Même si Wachter était loin de comprendre ma conception du Fliegender Holländer, je ne pouvais me dissimuler que Tichatschek était tout aussi éloigné du Rienzi idéal. Ses abominables erreurs et déficiences dans la présentation du rôle ne m'avaient jamais échappé ; il n'avait jamais pu mettre de côté ses manières brillantes et héroïques de ténor principal pour rendre dans le tempérament de Rienzi cette sombre tension démoniaque sur laquelle j'avais indubitablement insisté aux points critiques du drame. Au quatrième acte, après le prononcé de la malédiction, il tomba à genoux de la façon la plus mélancolique et s'abandonna à pleurer son sort d'un ton pitoyable. Lorsque je lui ai suggéré que Rienzi, bien que désespéré intérieurement, devait adopter devant le monde une attitude d'une fermeté sculpturale, il m'a fait remarquer la grande popularité que la fin de cet acte avait conquise telle qu'elle était interprétée par lui-même, en laissant entendre que il avait l'intention d'y apporter aucun changement.

Et quand j'ai considéré les véritables causes du succès de Rienzi, j'ai trouvé qu'il reposait sur la voix brillante et extraordinairement fraîche du chanteur envolé et joyeux, sur l'effet rafraîchissant du chœur et sur le mouvement et la coloration gais de la scène. J'en ai reçu une preuve encore plus convaincante lorsque nous avons divisé l'opéra en deux, et constaté que la deuxième partie, la plus importante au point de vue dramatique et musical, était sensiblement moins fréquentée que la première, car c'est la raison très évidente, à mon avis, pour laquelle le ballet s'est produit dans la première partie. Mon frère Julius, venu de Leipzig pour une des représentations de Rienzi, me donna un témoignage encore plus naïf sur le véritable intérêt de l'opéra. J'étais assis avec lui dans une loge ouverte, à la vue du public, et je l'avais donc prié de renoncer à applaudir, même s'ils ne concernaient que les efforts des chanteurs ; il se retint toute la soirée, mais son enthousiasme pour une certaine figure du ballet était trop pour lui, et il applaudit bruyamment, au grand amusement du public, en me disant qu'il ne pouvait plus se retenir. Curieusement, ce même ballet a assuré à Rienzi, qui par ailleurs était accueilli avec indifférence, la préférence durable de l'actuel roi de Prusse [11] , HYPERLINK "https://www.gutenberg.org/cache/epub/5197/pg5197-images.html" \l "fn11" qui plusieurs années plus tard a ordonné la reprise de cet opéra, bien qu'il n'ait absolument pas réussi à susciter l'intérêt du public. par ses mérites en tant que drame.

[11] Guillaume Ier.

J'ai découvert, lorsque j'ai dû assister plus tard à une représentation du même opéra à Darmstadt, que s'il fallait couper en gros les meilleures parties, il avait été jugé nécessaire d'élargir les ballets par des ajouts et des répétitions. Cette musique de ballet, que j'avais composée avec une hâte méprisante à Riga en quelques jours sans aucune inspiration, me paraissait d'ailleurs si remarquablement faible que j'en avais profondément honte même à l'époque où je me trouvais à Dresde. contraint de supprimer son meilleur trait, la pantomime tragique. En outre, les ressources du ballet de Dresde ne permettaient même pas d'exécuter mes mises en scène pour le combat dans l'arène, ni pour les très significatives danses en rond, toutes deux admirablement exécutées plus tard à Berlin. J'ai dû me contenter de l'humiliante substitution d'un long et insensé pas de danse par deux danseurs insignifiants, qui se terminait par une compagnie de soldats marchant en avant, levant leur bouclier haut pour former un toit et rappeler au public le testudo romain; puis le maître de ballet et son assistant, en collants couleur chair, sautaient sur les boucliers et effectuaient des sauts périlleux, procédé qui, selon eux, rappelait les jeux de gladiateurs. C'est à ce moment-là que la salle était toujours émue sous des applaudissements retentissants, et je devais admettre que ce moment marquait le point culminant de mon succès.

J'avais donc des doutes quant à la divergence intrinsèque entre mes objectifs intérieurs et ma réussite extérieure ; en même temps, un changement décisif et fatal dans ma fortune fut provoqué par mon acceptation de la direction de Dresde, dans des circonstances aussi embarrassantes que celles qui précédèrent mon mariage. J'avais abordé les négociations qui ont conduit à cette nomination avec une hésitation et un sang-froid nullement affectés. Je n'éprouvais que du mépris pour la vie théâtrale ; un mépris qui n'a en rien été atténué par une connaissance plus approfondie de la direction apparemment distinguée d'un théâtre de cour, dont les splendeurs ne font que cacher, avec une ignorance arrogante, les conditions humiliantes qui y sont propres et celles du théâtre moderne en général. J'ai vu toute noble impulsion étouffée chez ceux qui s'occupaient des affaires théâtrales, et une combinaison des intérêts les plus vains et les plus frivoles entretenus par un système ridiculement rigide et bureaucratique ; J'étais maintenant pleinement convaincu que la nécessité de s'occuper des affaires du théâtre serait la chose la plus désagréable que je puisse imaginer. Maintenant que, suite à la mort de Rastrelli, la tentation de trahir mes convictions intérieures m'est venue à Dresde, j'ai expliqué à mes anciens amis de confiance que je ne pensais pas devoir accepter le poste vacant.

Mais tout ce qui était destiné à ébranler la résolution humaine s'est combiné contre cette décision. La perspective de garantir ses moyens de subsistance grâce à un poste permanent avec un salaire fixe était un attrait irrésistible. J'ai combattu la tentation en me rappelant mon succès en tant que compositeur d'opéra, dont on pouvait raisonnablement s'attendre à ce qu'il me rapporte suffisamment pour subvenir à mes besoins modestes dans un logement de deux pièces, où je pouvais continuer sans être dérangé avec de nouvelles compositions. On me répondit que mon travail lui-même serait mieux servi par un poste fixe sans tâches pénibles, car pendant une année entière depuis l'achèvement du Fliegender Holländer, je n'avais, dans les circonstances actuelles, trouvé aucun loisir pour composer. . Je restais toujours convaincu que le poste de directeur musical de Rastrelli, subordonné au chef d'orchestre, était indigne de moi, et je refusai d'accepter la proposition, laissant ainsi la direction chercher ailleurs quelqu'un pour combler le poste vacant.

Il n'était donc plus question de ce poste particulier, mais on m'informa alors que la mort de Morlacchi avait laissé vacante une charge de chef de cour, et on pensa que le roi serait disposé à m'offrir ce poste. Ma femme était très enthousiasmée par cette perspective, car en Allemagne on accorde la plus grande valeur à ces nominations à la cour, qui sont valables à vie, et l'éblouissante respectabilité qui leur est attachée est présentée aux musiciens allemands comme le summum du bonheur terrestre. Cette offre nous ouvrait dans de nombreuses directions la perspective de relations amicales dans une société qui jusqu'alors était étrangère à notre expérience. Le confort domestique et le prestige social séduisaient beaucoup les vagabonds sans abri qui, dans les jours de misère passés, avaient souvent aspiré au confort et à la sécurité d'une position assurée et permanente comme celle qui leur était désormais ouverte sous l'auguste protection de la cour. L'influence de Caroline von Weber a beaucoup contribué, à long terme, à affaiblir mon opposition. J'étais souvent chez elle et j'éprouvais un grand plaisir dans sa société, ce qui me rappelait très vivement la personnalité de mon maître encore bien-aimé. Elle me pria avec une tendresse vraiment touchante de ne pas résister à cet ordre évident du sort, et fit valoir son droit de me demander de m'installer à Dresde, pour occuper la place laissée tristement vide par la mort de son mari. « Pensez-y, dit-elle, comment pourrais-je à nouveau regarder Weber en face lorsque je le rejoindrai si je dois lui dire que l'œuvre pour laquelle il a fait de si dévoués sacrifices à Dresde est négligée ; imaginez ce que je ressentirai lorsque je verrai cet indolent Reissiger se tenir à la place de mon noble Weber, et lorsque j'entendrai ses opéras produits chaque année plus mécaniquement. Si vous avez aimé Weber, vous devez à sa mémoire de prendre sa place et de poursuivre son œuvre. En tant que femme du monde expérimentée, elle a également souligné avec énergie et prudence le côté pratique de la question, me faisant sentir le devoir de penser à mon épouse, qui, en cas de décès, serait suffisamment pourvu si j'acceptais le poste. .

Les incitations à l'affection, à la prudence et au bon sens avaient cependant moins de poids pour moi que la conviction enthousiaste, jamais entièrement détruite à aucune époque de ma vie, que partout où le destin me conduirait, que ce soit à Dresde ou ailleurs, je trouverais l'occasion qui me conviendrait. transformerais mes rêves en réalité grâce à des courants déclenchés par un changement dans l'ordre quotidien des événements. Pour cela, il suffisait de l'avènement d'une âme ardente et aspirante qui, avec de la chance pour l'aider, pourrait rattraper le temps perdu et, par son influence ennoblissante, parvenir à délivrer l'art de ses liens honteux. Le changement merveilleux et rapide qui s'était produit dans ma fortune ne pouvait manquer d'encourager un tel espoir, et je fus séduit en remarquant le changement marqué qui s'était produit dans toute l'attitude de Lüttichau, le directeur général, à mon égard. Cet étrange individu m'a témoigné une bonté dont personne ne l'aurait cru capable jusqu'ici, et qu'il était animé par un véritable sentiment de bienveillance personnelle à mon égard, je ne pouvais m'empêcher d'en être absolument convaincu, même lors de mes différends incessants ultérieurs avec moi. lui.

Néanmoins, la décision a été une sorte de surprise. Le 2 février 1843, je fus très poliment invité au bureau du directeur et j'y rencontrai l'état-major de l'orchestre royal, en présence duquel Lüttichau, par l'intermédiaire de mon inoubliable ami Winkler, me fit solennellement lecture un rescrit royal me nommant immédiatement chef d'orchestre de Sa Majesté, avec un salaire viager de quatre mille cinq cents marks par an. Lüttichau suivit la lecture de ce document par un discours plus ou moins cérémonieux, dans lequel il supposait que j'accepterais avec gratitude la faveur du roi. Lors de cette cérémonie polie, il ne m'a pas échappé que toute possibilité de négociations futures sur le montant du salaire était supprimée ; en revanche, une exemption substantielle en ma faveur, l'omission de la condition, imposée même à Weber en son temps, de purger une année de probation sous le titre de simple directeur musical, était de nature à assurer mon acceptation inconditionnelle. Mes nouveaux collègues me félicitèrent et Lüttichau m'accompagna avec les phrases les plus polies jusqu'à ma porte, où je tombai dans les bras de ma pauvre épouse, qui était étourdie de joie. Je comprenais donc pleinement qu'il fallait que je fasse le meilleur visage possible, et qu'à moins de vouloir offenser d'une manière inouïe, je devais même me féliciter de ma nomination comme chef d'orchestre royal.

Quelques jours après avoir prêté serment comme serviteur du Roi en séance solennelle, et subi la cérémonie de présentation à l'orchestre réuni au moyen d'un discours enthousiaste du directeur général, je fus convoqué à une audience avec Sa Majesté. Quand j'ai vu les traits du monarque aimable, courtois et simple, j'ai involontairement pensé à ma tentative de jeunesse d'ouverture politique sur le thème de Friedrich und Freiheit. Notre conversation quelque peu embarrassée s'éclaira de l'expression du roi de sa satisfaction pour ces deux de mes opéras qui avaient été joués à Dresde. Il exprima avec une hésitation polie son sentiment que si mes opéras laissaient quelque chose à désirer, c'était une définition plus claire des différents personnages de mes drames musicaux. Il pensait que l'intérêt porté à ces personnages était dominé par les forces élémentaires qui figuraient à leurs côtés : chez Hienzi, la foule, chez les Fliegender Holländer, la mer. Je crus comprendre parfaitement ce qu'il voulait dire, et cette preuve de sa sincère sympathie et de son jugement original me plut beaucoup. Il s'est également excusé à l'avance d'une éventuelle rare présence de sa part à mes opéras, sa seule raison étant qu'il éprouvait une aversion particulière pour le théâtre, conséquence d'une des règles de sa première formation, sous que lui et son frère John, qui avaient acquis une aversion similaire, furent longtemps obligés d'aller régulièrement au théâtre, alors que lui, à vrai dire, aurait souvent préféré être laissé seul pour vaquer à ses occupations indépendamment de l'étiquette. .

Comme exemple caractéristique de l'esprit de courtisan, j'ai appris plus tard que Lüttichau, qui avait dû m'attendre dans l'antichambre pendant cette audience, avait été très contrarié par sa longue durée. Dans toute ma vie, je n'ai été admis que deux fois de plus aux relations personnelles et à la parole avec le bon roi. La première fois, ce fut lorsque je lui présentai l'exemplaire dédicacé de la partition pour piano de mon Rienzi ; et la seconde, après mon arrangement et mon exécution très réussis de l'Iphigénie à Aulis, de Gluck, dont il aimait particulièrement les opéras, lorsqu'il m'arrêta dans la promenade publique et me félicita de mon travail.

Cette première audience avec le roi marqua l'apogée de ma carrière hâtivement adoptée à Dresde ; dès lors l'anxiété réapparut de multiples manières. Je me rendis très vite compte des difficultés de ma situation matérielle, car il devint bientôt évident que l'avantage obtenu par de nouveaux efforts et par ma nomination actuelle n'était pas proportionné aux lourds sacrifices et obligations que j'encourais dès mon entrée dans une carrière indépendante. Le jeune directeur musical de Riga, longtemps oublié, réapparaît soudain dans une étonnante réincarnation en tant que chef d'orchestre royal du roi de Saxe. Les prémices de l'appréciation universelle de ma fortune prirent la forme de créanciers pressants et de menaces de poursuites ; Viennent ensuite les demandes des commerçants de Königsberg, dont j'avais échappé à Riga au cours de cette fuite horriblement misérable et misérable. J'ai aussi entendu des gens dans les régions les plus éloignées qui pensaient avoir des droits sur moi, même depuis mon élève, voire même mes années d'école, jusqu'à ce qu'enfin, je m'écrie avec étonnement que je m'attends à recevoir une facture la prochaine fois. de la nourrice qui m'avait allaité. Tout cela ne représentait pas une somme très importante, et je le mentionne simplement à cause des rumeurs malveillantes qui, j'ai appris des années plus tard, s'étaient répandues à l'étranger sur l'étendue de mes dettes à cette époque. Avec trois mille marks empruntés à intérêt à Schroder-Devrient, non seulement j'ai payé ces dettes, mais encore j'ai entièrement compensé les sacrifices que Kietz avait faits pour moi, sans jamais attendre aucun retour, au temps de ma pauvreté à Paris. Je pouvais d'ailleurs lui être d'une utilité pratique. Mais où trouver même cette somme, puisque ma détresse avait été jusqu'alors si grande que j'ai été obligé d'inciter Schroder-Devrient à hâter les répétitions du Fliegender Holländer en lui faisant remarquer l'énorme importance pour moi du cachet pour la performance? Je n'avais aucune allocation pour les dépenses de mon établissement à Dresde, encore qu'elle devait être adaptée à ma charge de chef d'orchestre royal, ni même pour l'achat d'un uniforme de cour ridicule et coûteux, de sorte qu'il n'y avait aucune possibilité que je fasse un début, car je n'avais aucun moyen privé, à moins d'emprunter de l'argent à intérêt.

Mais quiconque connaissait le succès extraordinaire de Rienzi à Dresde ne pouvait s'empêcher de croire à une colère immédiate et rémunératrice pour mes opéras sur la scène allemande. Mes propres parents, même la prudente Ottilie, en étaient si convaincus qu'ils pensaient que je pouvais compter en toute sécurité sur au moins un doublement de mon salaire grâce aux recettes de mes opéras. Au tout début, les perspectives semblaient en effet brillantes ; la partition de mon Fliegender Holländer a été commandée par le Théâtre Royal de Cassel et par le Théâtre de Riga, que j'avais si bien connu autrefois, parce qu'ils avaient hâte de jouer bientôt quelque chose de moi et avaient entendu dire que cette L'opéra était à plus petite échelle et exigeait moins de direction que Rienzi. En mai 1843, j'ai entendu de bons rapports sur le succès des représentations dans ces deux endroits. Mais c'était tout pour le moment, et une année entière s'est écoulée sans la moindre demande concernant aucune de mes partitions. On essaya de m'assurer quelque bénéfice en publiant la partition pour piano du Fliegender Holländer, car je voulais réserver Rienzi, après les succès qu'il avait remportés, comme capital utile pour une opportunité plus favorable ; mais le projet fut gâché par l'opposition de MM. Hartel de Leipzig, qui, quoique assez disposés à publier mon opéra, ne le feraient qu'à la condition que je m'abstienne d'en demander aucun paiement.

Je dus donc, pour le moment, me contenter de la satisfaction morale de mes succès, dont faisaient partie ma popularité incontestable auprès du public de Dresde, ainsi que le respect et l'attention qu'on m'accordait. Mais même à cet égard, mes rêves utopiques étaient voués à être perturbés. Je pense que mon apparition à Dresde a marqué le début d'une nouvelle ère dans le journalisme et la critique, qui ont trouvé dans leur dépit face à mon succès un aliment pour sa vitalité jusqu'alors peu développée. Les deux messieurs dont j'ai déjà parlé, C. Bank et J. Schladebach, avaient, comme je le sais maintenant, établi pour la première fois leur résidence habituelle à Dresde ; Je sais que lorsque des difficultés ont été soulevées quant à la permanence de la nomination de la Banque, elles ont été levées grâce aux témoignages et aux recommandations de mon actuel collègue Reissiger. Le succès de mon Rienzi avait beaucoup irrité ces messieurs, désormais établis comme critiques musicaux dans la presse de Dresde, parce que je ne faisais aucun effort pour gagner leur faveur ; ils n'étaient donc pas mécontents de trouver une occasion de déverser le vitriol de leur haine sur le jeune musicien universellement populaire qui avait gagné la sympathie du public bienveillant, en partie à cause de la pauvreté et de la malchance qui avaient jusqu'alors été son lot. Le besoin de toute sorte de considération humaine avait soudainement disparu avec ma nomination « inouïe » à la direction royale. Maintenant, « tout allait bien pour moi », « trop bien », en fait ; et l'envie trouva sa nourriture agréable ; cela fournissait un point d'attaque parfaitement clair et compréhensible ; et bientôt se répandit dans la presse allemande, dans les colonnes des nouvelles de Dresde, une opinion de moi qui n'a jamais fondamentalement changé, sauf sur un point, jusqu'à ce jour. Cette seule modification, purement temporaire et limitée aux journaux d'une même couleur politique, s'est produite lors de mon premier établissement en tant que réfugié politique en

Suisse, mais n'a duré que jusqu'à ce que, grâce aux efforts de Liszt, mes opéras aient commencé à être produits dans toute l'Allemagne, malgré de mon exil. Les commandes d'une de mes partitions émanant de deux théâtres, immédiatement après la représentation de Dresde, étaient simplement dues au fait que jusqu'alors l'activité de mes critiques journalistiques était encore limitée. J'ai imputé la cessation de toutes les enquêtes, certainement non sans justification, principalement à cause des informations fausses et calomnieuses publiées dans les journaux.

Mon vieil ami Laube a en effet tenté de prendre ma défense dans la presse. Le jour du Nouvel An 1843, il reprit la direction de la Zeitung fur die Elegante Welt et me demanda de lui fournir une notice biographique sur moi-même pour le premier numéro. Il lui fit évidemment un grand plaisir de me présenter ainsi en triomphe au monde littéraire, et, pour donner plus de relief au sujet, il ajouta à ce numéro un supplément sous la forme d'une reproduction lithographique de mon portrait par Kietz. Mais au bout d'un certain temps, il devint même inquiet et confus dans son jugement sur mes œuvres, lorsqu'il constata la dépréciation, la dépréciation et le mépris systématiques et de plus en plus virulents auxquels elles étaient soumises. Il m'a avoué plus tard qu'il n'avait jamais imaginé qu'une position aussi désespérée que la mienne puisse exister contre les forces unies du journalisme, et lorsqu'il a entendu mon point de vue sur la question, il a souri et m'a donné sa bénédiction, comme si j'étais un homme perdu. âme.

En outre, un changement a été observé dans l'attitude de ceux qui étaient directement liés à mon travail, ce qui a fourni un matériau très acceptable pour la campagne journalistique. J'avais été amené, bien que sans impulsion ambitieuse, à demander à pouvoir diriger les exécutions de mes propres œuvres. J'ai constaté qu'à chaque représentation de Rienzi, Reissiger devenait plus négligent dans sa direction d'orchestre et que toute la production retombait dans la vieille interprétation familière, sans expression et banale ; et comme ma nomination était déjà évoquée, j'avais demandé la permission de diriger en personne la sixième représentation de mon œuvre. J'ai dirigé sans avoir fait une seule répétition et sans aucune expérience préalable à la tête de l'orchestre de Dresde. La représentation s'est déroulée à merveille ; les chanteurs et l'orchestre furent inspirés par une nouvelle vie, et tout le monde fut obligé d'admettre que c'était la plus belle interprétation de Rienzi qui ait jamais été donnée. Les répétitions et la direction du Fliegender Holländer m'ont été volontiers confiées, car Reissiger était submergé de travail à la suite du décès du directeur musical Rastrelli. En outre, on m'a demandé de diriger Euryanthe de Weber, preuve directe de ma capacité à interpréter d'autres partitions que les miennes. Apparemment, tout le monde était content, et c'est le ton de cette représentation qui a rendu la veuve de Weber si impatiente que j'accepte la direction de Dresde ; elle a déclaré que pour la première fois depuis la mort de son mari, elle avait entendu son œuvre correctement interprétée, tant dans l'expression que dans le temps.

Alors Reissiger, qui aurait préféré avoir un directeur musical sous ses ordres, mais qui avait plutôt reçu un collègue sur un pied d'égalité, se sentit lésé par ma nomination. Même si sa propre indolence l'aurait incliné du côté de la paix et d'une bonne entente avec moi, son ambitieuse épouse prenait soin d'attiser sa peur à mon égard. Cela n'a jamais conduit à une attitude ouvertement hostile de sa part, mais j'ai remarqué à partir de cette époque certaines indiscrétions dans la presse, qui m'ont montré que l'amabilité de mon collègue, qui ne me parlait jamais sans m'embrasser au préalable, n'était pas des plus type honorable.

J'ai reçu aussi une preuve tout à fait inattendue que j'avais suscité l'amère envie d'un autre homme dont je n'avais aucune raison de soupçonner les sentiments. Il s'agissait de Karl Lipinsky, violoniste célèbre de son époque, qui dirigeait depuis de nombreuses années l'orchestre de Dresde. C'était un homme au tempérament ardent et au talent original, mais d'une vanité incroyable, que son tempérament polonais émotif et méfiant rendait dangereux. Je l'ai toujours trouvé ennuyeux, car, aussi inspirant et instructif que soit son jeu quant à l'exécution technique des violonistes, il était certainement mal fait pour être le chef d'un orchestre de premier ordre. Cet homme extraordinaire a tenté de justifier les éloges du directeur Lütticchau concernant son jeu, qui pouvait toujours être entendu au-dessus du reste de l'orchestre ; il est arrivé un peu avant les autres violons ; il était un leader dans un double sens, car il était toujours un peu en avance. Il agissait à peu près de la même manière en ce qui concerne l'expression, marquant ses légères variations dans les passages de piano avec une précision fanatique . Il était inutile de lui en parler, car seules les flatteries les plus habiles pouvaient l'influencer. Il me fallut donc le supporter du mieux que je pouvais et réfléchir aux voies et moyens d'en diminuer les effets néfastes sur l'ensemble de l'orchestre en ayant recours aux circonlocutions les plus polies. Même ainsi, il ne pouvait pas supporter la plus haute estime dans laquelle étaient tenues les performances de l'orchestre sous ma direction, car il pensait que le jeu d'un orchestre dont il était le chef devait toujours être excellent, quel que soit celui qui se tenait à la table du chef. Il arriva alors, comme c'est toujours le cas lorsqu'un homme nouveau avec des idées nouvelles arrive au pouvoir, que les membres de l'orchestre vinrent me voir avec les suggestions les plus diverses d'améliorations qui avaient été négligées jusqu'ici ; et Lipinsky, qui en était déjà irrité, fit d'un cas de ce genre un usage particulièrement perfide. L'un des plus anciens contrebassistes était décédé. Lipinsky m'a exhorté à faire en sorte que le poste ne soit pas pourvu de la manière habituelle par une promotion dans les rangs de notre propre orchestre, mais soit confié, sur sa recommandation, à un contrebassiste distingué et habile de Darmstadt nommé Muller. Lorsque le musicien dont les droits d'ancienneté étaient ainsi menacés fit appel à moi, je tenai ma promesse envers Lipinsky, expliquai mes vues sur les abus de l'avancement par ancienneté et déclarai que, conformément à mon serment prêté au roi, je tenais mon devoir primordial est de considérer avant tout le maintien des intérêts artistiques de l'institution. J'ai alors découvert, à mon grand étonnement, même s'il était insensé de ma part d'être surpris, que l'ensemble de l'orchestre se tournait vers moi comme un seul homme, et lorsque l'occasion s'est présentée d'une discussion entre Lipinsky et moi au sujet de ses nombreux griefs, il m'accusait même d'avoir menacé, par mes propos dans l'affaire du contrebassiste, de porter atteinte aux droits bien établis des membres de l'orchestre, dont j'avais le devoir de protéger le bien-être. Lüttichau, qui était sur le point de s'absenter de Dresde pour quelque temps, était extrêmement inquiet, puisque Reissiger était en vacances, de laisser les affaires musicales dans un état de trouble aussi dangereux. La tromperie et l'impudence dont j'avais été victime furent pour moi une révélation, et je tirai de cette expérience le calme nécessaire pour mettre à l'aise le directeur harcelé par les assurances les plus concluantes que je comprenais les gens avec qui j'avais affaire. , et agirait en conséquence. J'ai fidèlement tenu parole et je n'ai plus jamais eu de collision avec Lipinsky ni avec aucun autre membre de l'orchestre. Au contraire, tous les musiciens me furent bientôt si fermement attachés que je pus toujours me vanter de leur dévouement.

Mais à partir de ce jour, une chose au moins était certaine : je ne mourrais pas comme chef d'orchestre à Dresde. Mon poste et mon travail à Dresde devinrent désormais un fardeau dont les résultats parfois excellents de mes efforts me rendirent d'autant plus sensible.

Ma position à Dresde m'a cependant amené un ami dont les relations intimes avec moi ont longtemps survécu à notre collaboration artistique à Dresde. Un directeur musical était assigné à chaque chef d'orchestre ; il devait être un musicien réputé, travailleur, adaptable et surtout catholique, car les deux chefs d'orchestre étaient protestants, ce qui irritait beaucoup le clergé de la cathédrale catholique, de nombreux postes dans lesquels il fallait être occupé. rempli de l'orchestre. August Röckel, neveu de Hummel, qui a postulé pour ce poste depuis Weimar, a fourni la preuve de son aptitude à tous ces postes. Il appartenait à une vieille famille bavaroise ; son père était chanteur et avait chanté le rôle de Florestan lors de la première production du Fidelio de Beethoven, et était lui-même resté en étroite intimité avec le Maître, dont de nombreux détails sur la vie ont été préservés grâce à ses soins. Son poste ultérieur de professeur de chant l'amène à prendre la direction d'un théâtre et il fait connaître l'opéra allemand aux Parisiens avec un tel succès que c'est à l'honneur de la popularité de Fidelio et du Freischutz auprès du public français, pour qui ces œuvres étaient tout à fait intéressantes. inconnu, doit être attribué à son admirable entreprise, qui fut également à l'origine des débuts de Schroder-Devrient à Paris. August Röckel, son fils, encore jeune, avait acquis une expérience pratique en tant que musicien en aidant son père dans ces entreprises et d'autres similaires. Comme les affaires de son père s'étaient étendues depuis quelque temps même en Angleterre, August avait acquis des connaissances pratiques de toutes sortes au contact de beaucoup d'hommes et de choses, et avait en outre appris le français et l'anglais. Mais la musique était restée sa vocation et son grand talent naturel justifiait les plus grands espoirs de succès. C'était un excellent pianiste, il lisait les partitions avec la plus grande aisance, possédait une oreille exceptionnellement fine et possédait en effet toutes les qualifications pour un musicien pratique. En tant que compositeur, il n'était pas tant animé par une forte impulsion à créer que par le désir de montrer de quoi il était capable ; le succès qu'il visait était d'acquérir la réputation d'un compositeur d'opéra intelligent plutôt que la reconnaissance d'un musicien distingué, et il espérait atteindre son objectif par la production d'œuvres populaires. Animé par cette modeste ambition, il avait achevé un opéra, Farinelli, dont il avait également écrit le livret, sans autre aspiration que celle d'acquérir la même réputation que son beau-frère Lortzing.

Il m'a apporté cette partition et m'a prié — c'était sa première visite avant qu'il n'ait entendu un de mes opéras à Dresde — de lui jouer quelque chose de Rienzi et du Fliegender Holländer. Sa personnalité franche et agréable m'a incité à essayer de répondre à ses souhaits autant que je le pouvais ; et je suis convaincu que je lui fis bientôt une impression si grande et si puissante qu'à partir de ce moment il résolut de ne plus me déranger avec la partition de son opéra. Ce n'est que lorsque nous étions devenus plus intimes et que nous avions découvert des intérêts personnels mutuels, que le désir de mettre en valeur son œuvre le poussa à me demander de témoigner mon amitié pratique en tournant mon attention vers sa partition. J'ai fait diverses suggestions sur la manière de l'améliorer, mais il fut bientôt si désespérément dégoûté par son propre travail qu'il le mit complètement de côté et ne se sentit plus jamais sérieusement poussé à entreprendre une tâche similaire. En faisant une connaissance plus approfondie de mes opéras terminés et de mes projets d'œuvres nouvelles, il me déclara qu'il sentait sa vocation de jouer le rôle de spectateur, d'être mon fidèle assistant et l'interprète de mes idées nouvelles et, dans la mesure du possible, il était en lui pour me débarrasser entièrement, et en tout cas pour me soulager autant que possible, de tous les désagréments de ma position officielle et de mes relations avec le monde extérieur. Il souhaitait, disait-il, éviter de se placer dans la position ridicule de composer lui-même des opéras tout en vivant avec moi une amitié étroite.

J'essayai néanmoins de l'engager à mettre à profit son propre talent, et j'attirai à cet effet son attention sur plusieurs intrigues que je souhaitais qu'il élaborât.

Parmi celles-ci se trouvait l'idée contenue dans un petit drame français intitulé La Fille de Cromwell, qui servit ensuite de sujet à un roman pastoral sentimental et pour l'élaboration duquel je lui présentai un plan exhaustif.

Mais à la fin tous mes efforts restèrent vains, et il devint évident que son talent productif était faible. Cela était peut-être dû en partie à sa situation domestique extrêmement nécessiteuse et éprouvante, qui était telle que le pauvre garçon s'épuisait pour subvenir aux besoins de sa femme et de ses nombreux enfants en pleine croissance. En effet, il a réclamé mon aide et ma sympathie d'une tout autre manière qu'en suscitant mon intérêt pour son évolution artistique. Il était exceptionnellement lucide et possédait une rare capacité d'enseigner et de s'éduquer dans toutes les branches du savoir et de l'expérience ; il était d'ailleurs si sincère et si bon qu'il devint bientôt mon ami intime et mon camarade. Il était et restait la seule personne qui appréciait réellement le caractère singulier de ma position à l'égard du monde environnant et avec qui je pouvais discuter pleinement et sincèrement des soucis et des peines qui en découlaient. Nous verrons bientôt quelles épreuves et expériences terribles, quelles angoisses douloureuses notre destin commun allait nous apporter.

La période antérieure de mon établissement à Dresde m'a également amené un autre ami dévoué et de toujours, même si ses qualités étaient telles qu'il a exercé une influence moins décisive sur ma carrière. C'était un jeune médecin, nommé Anton Pusinelli, qui habitait près de chez moi. Il a profité d'une sérénade chantée en l'honneur de mon trentième anniversaire par le Dresden Glee Club pour m'exprimer personnellement son attachement chaleureux et sincère. Nous avons bientôt noué une amitié tranquille dont nous avons tiré un bénéfice mutuel. Il est devenu mon médecin de famille attentif et, au cours de mon séjour à Dresde, marqué par des difficultés accumulées, il a eu de nombreuses occasions de m'aider. Sa situation financière était très bonne et son abnégation lui permettait de me fournir un secours substantiel et de me lier à lui par de nombreuses obligations sincères.

Les avances bienveillantes de la famille du chambellan von Konneritz ont permis un développement ultérieur de ma relation avec mon ami de Dresde. Son épouse, Marie von Konneritz (née Fink), était une amie de la comtesse Ida Hahn-Hahn et elle exprimait son appréciation de mon succès en tant que compositrice avec beaucoup de chaleur, je pourrais presque dire, avec enthousiasme. J'étais souvent invité chez eux, et il semblait probable que, grâce à cette famille, je fusse mis en contact avec la haute aristocratie de Dresde. Mais je n'ai réussi qu'à toucher la frange, car nous n'avions vraiment rien en commun. Il est vrai que j'y fis la connaissance de la comtesse Rossi, la célèbre Sontag, par laquelle, à mon véritable étonnement, je fus très chaleureusement accueilli, et j'obtins ainsi le droit de l'approcher ensuite à Berlin avec une certaine familiarité. La curieuse façon dont j'ai été désillusionné à l'égard de cette dame à cette occasion sera racontée en temps voulu. Je voudrais seulement mentionner ici que, grâce à mes expériences antérieures du monde, j'étais devenu assez insensible à la tromperie, et que mon désir de mieux connaître ces cercles a rapidement cédé la place à un désespoir total et à un manque total d'aisance dans leur sphère de vie. .

Bien que les époux Konneritz restèrent amis pendant tout mon séjour prolongé à Dresde, cette liaison n'eut cependant la moindre influence ni sur mon développement ni sur ma position. Une seule fois, à l'occasion d'une querelle entre Lüttichau et moi, le premier remarqua que Mme von Konneritz, par ses éloges non mesurés, m'avait tourné la tête et m'avait fait oublier ma position à son égard. Mais en lançant cette raillerie, il oubliait que si une femme appartenant aux rangs supérieurs de la société de Dresde avait exercé une influence réelle et vivifiante sur mon orgueil intérieur, cette femme était sa propre épouse, Ida von Lüttichau (née von Knobelsdorf).

Le pouvoir que cette dame cultivée, douce et distinguée exerçait sur ma vie était d'un genre que j'éprouvais maintenant pour la première fois, et aurait pu devenir d'une grande importance si j'avais eu la faveur de rapports sexuels plus fréquents et plus intimes. Mais ce n'était pas tant sa position d'épouse du directeur général que sa mauvaise santé constante et ma propre réticence particulière à paraître envahissante qui ont gêné notre rencontre, sauf à de rares intervalles. Mes souvenirs d'elle se confondent quelque peu, dans ma mémoire, avec ceux de ma propre sœur Rosalie. Je me souviens de la tendre ambition qui m'inspirait la sympathie encourageante de cette femme sensible, qui dépérissait péniblement dans les milieux les plus grossiers. Mon premier espoir de voir cette ambition se réaliser était né de son appréciation de mon Fliegender Holländer, bien que, suivant de près Rienzi, il ait tellement intrigué le public de Dresde. Elle fut ainsi la première, pour ainsi dire, à nager à contre- courant et à me rencontrer sur mon nouveau chemin. J'ai été si profondément touché par cette conquête que, lorsque j'ai ensuite publié l'opéra, je le lui ai dédié. Dans le récit de mes dernières années à Dresde, j'aurai davantage à exprimer la chaleureuse sympathie pour mon nouveau développement et les objectifs artistiques les plus chers que je lui devais. Mais nous n'avions pas de relations réelles, et le caractère de ma vie à Dresde n'était pas affecté par cette connaissance, par ailleurs si importante en soi.

D'un autre côté, mes connaissances théâtrales se sont imposées avec une importance irrésistible au premier plan de ma vie et, en fait, après mes brillants succès, j'étais encore confiné dans le même domaine limité et familier dans lequel je m'étais préparé à ces triomphes. . En effet, le seul qui rejoignit mes vieux amis Heine et Gaffer Fischer était Tichatschek, avec son étrange cercle familial. Tous ceux qui vivaient à Dresde à cette époque et qui ont eu la chance de connaître le lithographe de la cour Furstenau seront étonnés d'apprendre que, sans vraiment le savoir moi-même, j'ai noué une familiarité qui devait s'avérer durable avec cet homme qui était un ami intime de Tichatschek. L'importance de ce lien singulier peut être jugée par le fait que mon retrait complet de lui a coïncidé exactement avec l'effondrement de ma position civique à Dresde.

Mon acceptation avec bonne humeur d'être élu au comité musical du Dresden Glee Club m'a également permis de faire d'autres rencontres fortuites. Ce club était composé d'un nombre limité de jeunes commerçants et fonctionnaires, qui avaient plus de goût pour toute sorte de divertissement convivial que pour la musique. Mais il a été soigneusement entretenu par un homme remarquable et ambitieux, le professeur Lowe, qui l'a entretenu avec des objectifs spéciaux en vue, pour la réalisation desquels il sentait le besoin d'une autorité telle que celle que j'avais à cette époque à Dresde.

Entre autres objectifs, il s'occupa particulièrement et principalement d'organiser le transfert de la dépouille de Weber de Londres à Dresde. Comme ce projet m'intéressait également, je lui ai apporté mon soutien, alors qu'il ne faisait en réalité que suivre la voix d'une ambition personnelle. Il souhaitait en outre, en tant que directeur du Glee Club – ce qui d'ailleurs ne valait absolument rien du point de vue musical – inviter toutes les unions chorales masculines de Saxe à un grand gala à Dresde. Un comité fut nommé pour l'exécution de ce plan, et comme la situation devint bientôt assez chaude, Lowe en fit un tribunal révolutionnaire régulier, qu'à l'approche du grand jour de triomphe, il présidait jour et nuit sans repos, et par son mon zèle furieux m'a valu le surnom de « Robespierre ».

Malgré le fait que j'avais été placé à la tête de cette entreprise, j'ai heureusement réussi à échapper à son terrorisme, car j'étais pleinement occupé par une grande composition promise pour le festival. La tâche m'avait été confiée d'écrire une pièce importante pour voix masculines uniquement, qui, si possible, devrait occuper une demi-heure. Je pensais que la monotonie ennuyeuse du chant masculin, que même l'orchestre ne pouvait égayer que dans une faible mesure, ne pouvait être supportée que par l'introduction de thèmes dramatiques. J'ai donc conçu une grande scène chorale, en choisissant la Pentecôte apostolique avec pour sujet l'effusion du Saint-Esprit. J'ai complètement évité tout véritable solo, mais j'ai élaboré le tout de manière à ce qu'il soit exécuté par des masses chorales détachées selon les besoins. De cette composition est né mon Liebesmahl der Apostel (« Fête d'amour des apôtres »), qui a été récemment joué dans divers lieux.

Comme j'étais obligé à tout prix de l'achever dans un délai limité, cela ne me dérange pas de l'inclure dans la liste de mes compositions peu inspirées. Mais je n'en ai pas été mécontent lorsqu'il a été exécuté, et plus particulièrement lorsqu'il a été joué lors des répétitions données par les sociétés chorales de Dresde sous ma direction personnelle. C'est pourquoi, lorsque douze cents chanteurs de toutes les régions de Saxe se rassemblèrent autour de moi dans la Frauenkirche, où avait lieu la représentation, je fus étonné de l'effet relativement faible produit sur mon oreille par ce colossal enchevêtrement humain de sons. La conclusion à laquelle je suis arrivé était que ces énormes entreprises chorales étaient une folie, et je n'ai plus jamais eu envie de répéter l'expérience.

Ce fut avec beaucoup de difficulté que je me libérai du Dresden Glee Club, et je n'y parvins qu'en présentant au professeur Lowe un autre homme ambitieux en la personne de Herr Ferdinand Hiller. Mon exploit le plus glorieux dans le cadre de cette association fut le transfert des cendres de Weber, dont je parlerai plus tard, bien qu'il ait eu lieu à une date antérieure. Je me limiterai maintenant à me référer à une autre composition commandée et qu'en tant que chef d'orchestre royal, j'ai été officiellement chargé de produire. Le 7 juin de cette année (1843), la statue du roi Frédéric-Auguste de Rietschl fut inaugurée au Zwinger de Dresde [12] avec toute la pompe et la cérémonie nécessaires. En l'honneur de cet événement, j'ai reçu, en collaboration avec Mendelssohn, l'ordre de composer une chanson de fête et de diriger le spectacle de gala. J'avais écrit une chanson simple pour voix masculines, de conception modeste, tandis que Mendelssohn avait été chargé de la tâche plus compliquée d'entrelacer l'hymne national (le « God Save the King » anglais, qui en Saxe s'appelle Heil Dir im Rautenkranz) dans le chant. chœur d'hommes qu'il devait composer. Il avait réalisé cela par un travail artistique en contrepoint, arrangé de telle sorte que dès les huit premiers temps de sa mélodie originale, les cuivres jouaient simultanément l'air populaire anglo-saxon. Ma chanson la plus simple semble avoir très bien sonné de loin, alors que j'ai compris que la combinaison audacieuse de Mendelssohn manquait complètement son effet, car personne ne pouvait comprendre pourquoi les chanteurs ne chantaient pas le même air que jouaient les instruments à vent. Néanmoins Mendelssohn, qui était présent, m'a laissé une expression écrite de remerciement pour le soin que j'avais pris dans la réalisation de sa composition. J'ai également reçu du comité du grand gala une tabatière en or , probablement destinée à récompenser mon chœur d'hommes, mais la scène de chasse qui était gravée sur le dessus était si mal faite que j'ai découvert, à ma grande surprise, que dans plusieurs endroits où le métal a été coupé.

[12] C'est le nom sous lequel sont connues les célèbres galeries d'art de Dresde.—Editeur.

Au milieu de toutes les distractions de ce mode de vie nouveau et très différent, je me suis efforcé avec diligence de me concentrer et de préparer mon âme contre ces influences, en gardant à l'esprit mes expériences de réussite dans le passé. En mai de ma trentième année, j'avais terminé mon poème Der Venusberg (« Le Mont de Vénus »), comme j'appelais

Tannhäuser à l'époque. Je n'avais encore aucune connaissance réelle de la poésie médiévale. Le côté classique de la poésie du Moyen Âge ne m'était jusqu'à présent que vaguement apparu, en partie à cause de mes souvenirs de jeunesse, en partie à cause de la brève connaissance que j'en avais faite grâce à l'enseignement de Lehrs à Paris.

Maintenant que j'étais assuré d'une nomination royale qui durerait toute ma vie, l'établissement d'un foyer domestique permanent commençait à prendre une grande importance ; car j'espérais que cela me permettrait de reprendre mes études sérieuses, et de manière à les rendre productives, objectif que ma vie théâtrale et les misères de mes années parisiennes avaient rendu impossible. Mon espoir d'y parvenir était renforcé par le caractère de mon emploi officiel, qui n'était jamais très pénible, et dans lequel je rencontrais une considération exceptionnelle de la part de la direction générale. Bien que je n'eusse occupé mon poste que depuis quelques mois, j'ai eu pourtant ce premier été des vacances que j'ai passées lors d'une seconde visite à Toplitz, un endroit que j'avais appris à apprécier et où j'avais envoyé ma femme. avance.

J'ai en effet beaucoup apprécié le changement de ma position depuis l' année précédente. Je pouvais désormais occuper quatre chambres spacieuses et bien aménagées dans la même maison, l'Eiche à Schonau, où j'avais vécu auparavant dans des conditions si étroites et si frugales. J'invitai ma sœur Clara à nous rendre visite, ainsi que ma bonne mère, dont la goutte l'obligeait à prendre chaque année les bains Toplitz. Je profitai aussi de l'occasion pour boire les eaux minérales, dont j'espérais qu'elles pourraient avoir un effet bénéfique sur les troubles gastriques dont je souffrais depuis mes vicissitudes parisiennes. Malheureusement la tentative de guérison eut un effet contraire, et lorsque je me plaignis de l'irritation douloureuse produite, j'appris que ma constitution n'était pas adaptée aux cures d'eau. En fait, lors de ma promenade matinale et pendant que je buvais mon eau, on m'avait vu courir à travers les allées ombragées des jardins de Thurn adjacents, et on m'a fait remarquer qu'une telle guérison ne pouvait être correctement opérée que par un calme tranquille et flânerie facile. On remarquait aussi que je transportais habituellement un volume assez gros, et qu'armé de celui-ci et de ma bouteille d'eau minérale, je me reposais dans des endroits isolés .

Ce livre était la mythologie allemande de J. Grimm. Tous ceux qui connaissent l'ouvrage peuvent comprendre comment la richesse inhabituelle de son contenu, rassemblé de toutes parts et destiné presque exclusivement à l'étudiant, réagirait sur moi, dont l'esprit cherchait partout quelque chose de défini et de distinct. Formé des rares fragments d'un monde péri, dont presque aucun monument n'est resté reconnaissable et intact, j'ai trouvé ici un bâtiment hétérogène, qui, au premier coup d'œil, ne semblait qu'un rocher accidenté recouvert de ronces éparses. Rien n'était terminé, seulement ici et là on pouvait tracer la moindre ressemblance avec une ligne architectonique, de sorte que j'étais souvent tenté d'abandonner la tâche ingrate de tenter de construire avec de tels matériaux. Et pourtant j'étais enchaîné par une magie merveilleuse. La légende la plus crue me parlait de son ancienne demeure, et bientôt toute mon imagination frémit d'images ; les formes perdues depuis longtemps que j'avais recherchées avec tant d'ardeur se sont transformées de plus en plus clairement en réalités qui revivaient. Bientôt s'éleva devant mon esprit tout un monde de figures qui se révélèrent si étrangement plastiques et primitives, que, lorsque je les vis clairement devant moi et entendis leurs voix dans mon cœur, je ne pus expliquer la familiarité et la familiarité presque tangibles. assurance de leur attitude. L'effet qu'ils ont produit sur l'état intérieur de mon âme, je ne peux le décrire que comme une renaissance entière. Tout comme nous éprouvons une tendre joie devant le premier sourire éclatant de reconnaissance d'un enfant, de même maintenant mes propres yeux brillaient de ravissement alors que je voyais un monde, révélé, pour ainsi dire, par miracle, dans lequel j'avais jusqu'alors évolué aveuglément comme le bébé dans le ventre de sa mère.

Mais le résultat de cette lecture ne m'a pas beaucoup aidé au début dans mon objectif de composer une partie de la musique de Tannhäuser. J'avais fait installer un piano dans ma chambre à l'Eiche, et même si j'en brisais toutes les cordes, rien de satisfaisant n'en sortait. C'est avec beaucoup de peine et de labeur que j'ai esquissé les premières ébauches de ma musique pour le Venusberg, dont j'avais heureusement déjà le thème en tête. Pendant ce temps, j'étais très troublé par l'excitabilité et les afflux de sang vers le cerveau. Je m'imaginais malade et je restais des journées entières au lit, où je lisais les légendes allemandes de Grimm ou essayais de maîtriser la mythologie désagréable. Ce fut un grand soulagement lorsque j'eus l'heureuse idée de me libérer des tourments de ma condition par une excursion à Prague. Entre-temps, j'avais déjà gravi une fois le mont Millischau avec ma femme et, en sa compagnie, je faisais maintenant le voyage jusqu'à Prague en calèche découverte. Là, je restai une fois de plus dans mon auberge préférée, le Cheval Noir, rencontrai mon ami Kittl, qui était maintenant devenu gros et rond, fis diverses excursions, me délectais des curieuses antiquités de la vieille ville et appris avec joie que les deux charmantes des amis de ma jeunesse, Jenny et Auguste Pachta, avaient été mariés à des membres de la plus haute aristocratie. Alors, m'étant assuré que tout était dans le meilleur ordre possible, je retournai à Dresde et repris mes fonctions de chef d'orchestre auprès du roi de Saxe.

Nous nous sommes maintenant mis au travail sur la préparation et l'aménagement d'une maison spacieuse et bien située dans l'Ostra Allee, avec vue sur le Zwinger. Tout était bon et substantiel, comme il convient à un homme de trente ans qui s'installe enfin pour toute sa vie. Comme je n'avais reçu aucune subvention pour cette dépense, j'ai naturellement dû réunir l'argent par un emprunt. Mais je pouvais espérer une certaine récolte de mes succès à l'opéra à Dresde, et quoi de plus naturel que d'espérer bientôt gagner plus qu'assez ? Les trois trésors les plus précieux qui ornaient ma maison étaient un piano à queue de concert de Breitkopf et Hartel, que j'avais acheté avec beaucoup de fierté ; un bureau majestueux, aujourd'hui en possession d'Otto Kummer, l'artiste de musique de chambre ; et la page de titre de Corneille pour les Nibelungen, dans un beau cadre gothique, seul objet qui me soit resté fidèle jusqu'à nos jours. Mais ce qui rendait ma maison plus attrayante et plus accueillante était la présence d'une bibliothèque, que je me suis procurée conformément à un plan systématique établi par mon projet d'étude. Après l'échec de ma carrière à Dresde, cette bibliothèque passa d'une manière curieuse en possession de Herr Heinrich Brockhaus, à qui je devais alors quinze cents marks, et qui la prit en garantie du montant. Ma femme ne savait rien au moment de cette obligation, et je n'ai jamais réussi par la suite à récupérer de ses mains cette collection caractéristique. Sur ses étagères, la littérature allemande ancienne était particulièrement bien représentée, ainsi que les œuvres étroitement liées du Moyen Âge allemand, y compris de nombreux volumes coûteux, comme, par exemple, le rare ouvrage ancien, Romans des douze Paris. À côté de ceux-ci se trouvaient de nombreux excellents ouvrages historiques sur le Moyen Âge, ainsi que sur le peuple allemand en général. En même temps, j'ai pris en charge la littérature poétique et classique de tous les temps et de toutes les langues. Parmi eux se trouvaient les poètes italiens, Shakespeare et les écrivains français, dont j'avais une connaissance passable de la langue. J'ai acquis tout cela dans l'original, dans l'espoir de trouver un jour le temps de maîtriser leurs langues négligées. Quant aux classiques grecs et romains, j'ai dû me contenter de traductions allemandes standards. En effet, en examinant une fois de plus mon Homère — que j'ai obtenu dans l'original grec — je me suis vite rendu compte que je devrais présumer de plus de loisirs que ce que ma direction était susceptible de me laisser, si j'espérais trouver le temps de retrouver mes connaissances perdues de l'art. cette langue. J'ai d'ailleurs pourvu de la manière la plus approfondie à l'étude de l'histoire universelle, et je n'ai pas manqué à cet effet de me doter des ouvrages les plus volumineux. Ainsi armé, je pensais pouvoir défier toutes les épreuves dont je prévoyais clairement qu'elles accompagneraient inévitablement ma vocation et ma position. C'est pourquoi, dans l'espoir de jouir longtemps et paisiblement de cette maison durement gagnée, j'entrai en possession de la meilleure humeur en octobre de cette année (1843), et bien que les appartements de mon conducteur n'étaient en aucun cas magnifiques, ils étaient majestueux et substantiel.

Le premier loisir que je pus tirer dans ma nouvelle maison des prétentions de ma profession et de mes études favorites fut consacré à la composition de Tannhäuser, dont le premier acte fut achevé en janvier de la nouvelle année 1844. Je n'en ai aucun souvenir. aucune importance concernant mes activités à Dresde durant cet hiver. Les seuls événements mémorables furent deux entreprises qui m'emmenèrent loin de chez moi, la première à Berlin au début de l'année pour la production de mon Fliegender Holländer, et l'autre en mars à Hambourg pour Rienzi.

Parmi ceux-ci, les premiers ont fait la plus grande impression sur mon esprit. Le directeur du théâtre berlinois, Küstner, m'a surpris lorsqu'il a annoncé la première représentation du Fliegender Holländer pour une date rapprochée.

Comme l'opéra avait été incendié seulement un an auparavant et qu'il était impossible de le reconstruire, il ne m'était pas venu à l'esprit de leur rappeler la production de mon opéra. Elle avait été jouée à Dresde avec des accessoires scéniques très médiocres, et sachant combien une exécution soignée et artistique de ce décor difficile était importante pour mes marines dramatiques, je m'étais implicitement appuyé sur les admirables capacités de direction et de mise en scène de l'opéra de Berlin. Par conséquent, j'étais très ennuyé que le directeur berlinois choisisse mon opéra comme pis-aller pour le produire au Théâtre de la Comédie, qui était utilisé comme salle d'opéra temporaire. Toutes les remontrances se révélèrent inutiles, car j'appris qu'on ne songeait pas seulement à répéter l'œuvre, mais qu'elle était déjà en répétition et qu'elle serait produite dans quelques jours. Il était évident que cet arrangement signifiait que mon opéra devait être condamné à une place assez courte dans leur répertoire, car il ne fallait pas s'attendre à ce qu'ils le remontent lors de l'ouverture du nouvel opéra. En revanche, on essayait de m'apaiser en me disant que cette première production du Fliegender Holländer devait être associée à un engagement spécial de Schroder-Devrient, qui devait commencer immédiatement à Berlin. Ils pensèrent naturellement que je serais ravi de voir la grande actrice dans mon propre travail. Mais cela n'a fait que confirmer mon soupçon selon lequel cet opéra n'était qu'un pis-aller pour la durée de la visite de Schroder-Devrient. Ils étaient évidemment confrontés à un dilemme en ce qui concerne son répertoire, composé principalement de soi-disant grands opéras, comme celui de Meyerbeer, destinés exclusivement à l'opéra et spécialement réservés au brillant avenir du nouveau bâtiment. J'avais donc compris d'avance que mon Fliegender Holländer allait être relégué dans la catégorie des opéras pour chef d'orchestre et connaîtrait le sort prédestiné habituel à de telles productions. L'ensemble du traitement qui m'a été infligé et mes œuvres allaient toutes dans la même direction ; mais, en échange de la coopération attendue de Schröder- Devrient, je combattis ces pressentiments vexatoires et je partis pour Berlin pour faire tout ce que je pouvais pour le succès de mon opéra. Je vis tout de suite que ma présence était très nécessaire. J'ai trouvé le pupitre du chef d'orchestre occupé par un homme se faisant appeler Chef d'orchestre Henning (ou Henniger), un fonctionnaire qui avait obtenu une promotion parmi les musiciens ordinaires grâce à une stricte observance des lois d'ancienneté, mais qui ne savait pas grand-chose sur la direction d'un orchestre à tout, et à propos de mon opéra, je n'avais pas la moindre idée. J'ai pris place au pupitre et j'ai dirigé une répétition complète et deux représentations, auxquelles Schroder-Devrient n'a cependant participé à aucune d'entre elles. Même si j'avais beaucoup à me plaindre de la faiblesse des instruments à cordes et du son mesquin de l'orchestre qui en résultait, j'étais néanmoins très satisfait des acteurs, tant en ce qui concerne leur capacité que leur zèle. En outre, la mise en scène soignée, qui, sous la direction du très doué metteur en scène Blum et avec la coopération de ses habiles et ingénieux mécaniciens, était vraiment excellente, m'a donné une très agréable surprise.

J'étais maintenant très curieux de savoir quel effet ces préparatifs agréables et encourageants auraient sur le public berlinois lorsque la représentation complète aurait lieu. Mes expériences sur ce point furent très curieuses. Apparemment, la seule chose qui intéressait le grand public était de découvrir mes points faibles. Durant le premier acte, l'opinion dominante semblait être que j'appartenais à la catégorie des ennuyeux. Pas une seule main ne bougea, et on m'apprit ensuite que c'était heureux, car la moindre tentative d'applaudissement eût été attribuée à une claque rémunérée et aurait été énergiquement combattue. Küstner seul m'a assuré que le sang-froid avec lequel, à la fin de cet acte, j'avais quitté mon bureau et paru devant le rideau, l'avait émerveillé, considérant toute cette absence, si heureuse qu'elle semble avoir été, de tous applaudissements. Mais tant que je me sentais moi-même satisfait de l'exécution, je n'étais pas disposé à me laisser décourager par l'apathie du public, sachant, comme je le savais, que l'épreuve cruciale se trouvait dans le deuxième acte.

Il me tenait donc beaucoup plus à cœur de faire tout ce que je pouvais pour que cela réussisse plutôt que de rechercher les raisons de cette attitude du public berlinois. Et là, la glace était enfin vraiment brisée. Le public parut abandonner toute idée de me trouver une place convenable et se laissa emporter par des applaudissements qui finirent par se transformer en l'enthousiasme le plus bruyant. À la fin de l'acte, au milieu d'une tempête de cris, j'ai conduit mes chanteurs sur la scène pour les saluts de remerciement habituels. Comme le troisième acte était trop court pour être fastidieux, et que les effets scéniques étaient à la fois nouveaux et impressionnants, nous ne pouvions nous empêcher d'espérer avoir remporté un véritable triomphe, d'autant plus que de nouveaux applaudissements marquaient la fin de la représentation. Mendelssohn, qui se trouvait à ce moment-là à Berlin avec Meyerbeer pour des affaires liées à la direction musicale générale, était présent dans une loge pendant cette représentation. Il suivit sa progression avec un visage pâle, puis vint me murmurer d'une voix lasse : « Eh bien, je devrais penser que vous êtes satisfait maintenant ! Je l'ai rencontré à plusieurs reprises lors de mon bref séjour à Berlin et j'ai également passé une soirée avec lui à écouter divers morceaux de musique de chambre. Mais jamais un mot sur le Fliegender Holländer ne sortit de ses lèvres, au-delà des questions sur la deuxième représentation et sur la question de savoir si Devrient ou quelqu'un d'autre y figurerait. J'appris d'ailleurs qu'il avait réagi avec la même indifférence à la chaleur sincère de mes allusions à sa propre musique pour le Songe d'une nuit d'été, qui était fréquemment jouée à cette époque et que j'entendais pour la première fois. La seule chose dont il parlait en détail était l'acteur Gern, qui jouait dans Zettel, et qui, selon lui, exagérait son rôle.

Quelques jours plus tard eut lieu une deuxième représentation avec le même casting. Mes expériences ce soir-là furent encore plus surprenantes que la première. Évidemment, la première soirée m'avait valu quelques amis, qui étaient de nouveau présents, car ils se mirent à applaudir après l'ouverture. Mais d'autres répondirent par des sifflements, et pendant le reste de la soirée personne n'osa plus applaudir. Mon vieil ami Heine était arrivé entre-temps de Dresde, envoyé par notre propre conseil d'administration pour étudier les arrangements scéniques du Songe d'une nuit d'été pour notre théâtre. Il était présent à cette deuxième représentation et m'avait persuadé d'accepter l'invitation d'un de ses parents berlinois à dîner après la représentation dans un bar à vins sous den Linden. Très fatigué, je le suivis jusqu'à une maison sale et mal éclairée, où j'avalais le vin avec une mauvaise humeur hâtive pour me réchauffer, et écoutais la conversation embarrassée de mon bon ami et de son compagnon, pendant que je retournais le les journaux du jour. J'avais maintenant tout le loisir de lire les critiques qu'ils contenaient sur la création de mon Fliegender Holländer. Un terrible spasme m'a traversé le cœur lorsque j'ai réalisé le ton méprisable et l'impudeur sans précédent de leur ignorance furieuse concernant mon propre nom et mon travail. Notre ami et hôte berlinois, un philistin convaincu, a déclaré qu'il savait comment les choses se passeraient au théâtre ce soir-là, après avoir lu ces critiques le matin. Les Berlinois, ajoute-t-il, attendent d'entendre ce que Rellstab et ses collègues ont à dire, et ils savent alors comment se comporter. Le bonhomme tenait à me remonter le moral et commandait un vin après l'autre. Heine cherchait ses souvenirs de nos joyeux moments avec Rienzi à Dresde, jusqu'à ce qu'enfin les deux hommes me conduisent, titubant dans un état confus, à mon hôtel.

Il était déjà minuit. Alors que j'étais éclairé par le serveur à travers ses couloirs sombres jusqu'à ma chambre, un monsieur en noir, au visage pâle et raffiné, s'est avancé et m'a dit qu'il aimerait me parler. Il m'apprit qu'il attendait là depuis la fin de la pièce, et que, comme il était déterminé à me voir, il s'était arrêté jusqu'à présent. Je m'excusai en disant que j'étais tout à fait inapte aux affaires , et j'ajoutai que, bien que peu enclin à la gaieté, j'avais, comme il pouvait s'en apercevoir, un peu bêtement bu un peu trop de vin. Je dis cela d'une voix balbutiante ; mais mon étrange visiteur ne semblait que plus peu disposé à être repoussé. Il m'accompagna jusqu'à ma chambre, me déclarant qu'il lui était d'autant plus impératif de me parler. Nous nous sommes assis dans la chambre froide, à la faible lueur d'une seule bougie, puis il a commencé à parler. Dans un langage fluide et impressionnant, il raconta qu'il avait assisté ce soir-là à la représentation de mon Fliegender Holländer et qu'il pouvait très bien concevoir l'humour dans lequel les expériences de la soirée m'avaient laissé. C'est précisément pour cette raison qu'il pensait que rien ne devait l'empêcher de me parler ce soir-là et de me dire que j'avais réalisé dans le Fliegender Holländer un chef-d'œuvre sans égal. De plus, la connaissance qu'il avait faite de cette œuvre avait éveillé en lui un espoir nouveau et imprévu pour l'avenir de l'art allemand ; et qu'il serait bien dommage que je cède à un quelconque sentiment de découragement à la suite de l'accueil indigne qui lui est réservé par le public berlinois. Mes cheveux ont commencé à se dresser. Une des créations fantastiques d'Hoffmann était entrée corporellement dans ma vie. Je ne trouvai rien à dire, sinon demander le nom de mon visiteur, ce dont il parut surpris, puisque je lui avais parlé la veille chez Mendelssohn. Il dit que ma conversation et mes manières lui avaient fait une telle impression et l'avaient rempli d'un regret si soudain de n'avoir pas suffisamment surmonté son aversion pour l'opéra en général, pour assister à la première représentation, qu'il avait immédiatement résolu pour ne pas rater la seconde. Son nom, a-t-il ajouté, était le professeur Werder. Cela ne me servait à rien, dis-je, il fallait qu'il écrive son nom. Ayant pris du papier et de l'encre, il fit ce que je désirais et nous nous séparâmes. Je me jetai inconsciemment sur le lit pour un sommeil profond et revigorant. Le lendemain matin, j'étais frais et en bonne santé. Je fis une visite d'adieu à Schroeder-Devrient, qui me promit de faire le plus tôt possible tout ce qu'elle pourrait pour le Fliegender Holländer, toucha mes honoraires de cent ducats et rentrai chez moi. En passant par Leipzig, j'ai utilisé mes ducats pour rembourser diverses avances que m'avaient faites mes parents au cours de la première période de pauvreté de mon séjour à Dresde, puis j'ai continué mon voyage pour récupérer parmi mes livres et méditer sur les profondeurs impression que m'a fait la visite du Werder à minuit.

Avant la fin de cet hiver, j'ai reçu une véritable invitation à Hambourg pour une représentation de Rienzi. Le directeur entreprenant, M. Cornet, par qui il est venu, a avoué qu'il avait de nombreuses difficultés à surmonter dans la gestion de son théâtre et qu'il avait besoin d'un grand succès. Après l'accueil qu'il avait reçu à Dresde, il pensait pouvoir l'obtenir par la production de Rienzi. Je m'y rendis donc au mois de mars. Le voyage à cette époque n'était pas facile, car après Hanovre il fallait se rendre en voiture postale et la traversée de l'Elbe, pleine de glaces flottantes, était une entreprise risquée. A la suite d'un grand incendie qui venait de se déclarer, la ville de Hambourg était en train d'être reconstruite, et il restait encore de nombreux vastes espaces encombrés de ruines. Un temps froid et un ciel toujours sombre rendent mes souvenirs de mon séjour un peu prolongé dans cette ville tout sauf agréables. J'étais tellement tourmenté par le fait de devoir répéter avec un mauvais matériel, propre aux plus pauvres trompe-l'oeil théâtral, que, épuisé et exposé à des rhumes constants, je passais la plupart de mon temps libre dans la solitude de ma chambre d'auberge. Mes expériences antérieures de théâtres mal organisés et mal gérés me revinrent à nouveau. J'ai été particulièrement déprimé lorsque j'ai réalisé que je m'étais rendu complice inconscient des intérêts les plus vils du directeur Cornet. Son seul but était de créer une sensation, ce qui, pensait-il, devrait me être d'une grande utilité également ; et non seulement il m'a repoussé en me proposant un tarif moins élevé, mais il m'a même suggéré de le payer par versements graduels. La dignité de la décoration scénique, dont il n'avait pas la moindre idée, était entièrement sacrifiée à l'éclat le plus ridicule et le plus sordide. Il imaginait que l'apparat était tout ce qu'il fallait réellement pour assurer mon succès. Il a donc déniché dans son stock tous les vieux costumes de ballet de fées et s'est dit que s'ils avaient l'air assez gais et s'il y avait beaucoup de monde sur la scène, je devrais être satisfait. Mais le plus regrettable de tous était le chanteur qu'il avait fourni pour le rôle-titre. C'était un homme du nom de Wurda, un ténor âgé, flasque et sans voix, qui chantait Rienzi avec une expression d'amant, comme Elvino, par exemple, dans la Somnanibula. Il était si affreux que j'eus l'idée de faire s'effondrer le Capitole au deuxième acte, afin de l'enterrer plus tôt dans ses ruines, projet qui eût supprimé plusieurs des processions si chères au cœur du peuple. le directeur. J'ai trouvé mon seul rayon de lumière chez une chanteuse, qui m'a enchanté par le feu avec lequel elle jouait le rôle d'Adriano. C'était une Mme. Fehringer, qui fut ensuite engagée par Liszt pour le rôle d'Ortrud dans la production de Lohengrin à Weimar, mais à cette époque ses pouvoirs s'étaient considérablement détériorés. Rien ne pourrait être plus déprimant que mon lien avec cet opéra dans des circonstances aussi lamentables. Et pourtant, il n'y avait aucun signe extérieur d'échec. Le directeur espérait en tout cas garder Rienzi dans son répertoire jusqu'à ce que Tichatschek puisse venir à Hambourg et donner aux habitants de cette ville une véritable idée de la pièce. Cela s'est effectivement produit l'été suivant.

Mon découragement et ma mauvaise humeur n'échappèrent pas à M. Cornet, et découvrant que je voulais offrir un perroquet à ma femme, il parvint à se procurer un très bel oiseau, qu'il m'offrit en guise de cadeau d'adieu. Je l'ai emporté avec moi dans sa cage étroite lors de mon mélancolique voyage de retour, et j'ai été touché de constater qu'il a rapidement récompensé mes soins et s'est beaucoup attaché à moi. Minna m'a accueilli avec une grande joie lorsqu'elle a vu ce magnifique perroquet gris, car elle considérait cela comme une preuve évidente que je devais faire quelque chose dans la vie.

Nous avions déjà un joli petit chien, né le jour de la première répétition de Rienzi à Dresde, qui, en raison de son dévouement passionné envers moi-même, était très caressé par tous ceux qui me connaissaient et visitaient ma maison au cours de ces années. Cet oiseau sociable, sans vices et très érudit, s'ajoutait désormais à notre maison ; et le couple fit beaucoup pour égayer notre demeure en l'absence d'enfants. Ma femme enseigna bientôt à l'oiseau des bribes de chants de Rienzi, avec lesquels il me saluait de loin avec bonhomie lorsqu'il m'entendait monter l'escalier.

Et ainsi, mon foyer domestique semblait enfin établi avec toutes les perspectives possibles d'une compétence confortable.

Aucune autre excursion n'a eu lieu pour la représentation d'aucun de mes opéras, pour la simple raison qu'aucune représentation de ce type n'a eu lieu. Comme j'ai vu qu'il était clair que la diffusion de mes œuvres à travers le monde théâtral serait une affaire très lente, j'ai conclu que cela était probablement dû au fait qu'il n'en existait aucune adaptation pour le piano. J'ai donc pensé que je ferais bien de faire avancer un tel dossier à tout prix, et pour m'assurer des bénéfices escomptés, j'ai eu l'idée de publier à mes propres frais. Je pris donc des dispositions avec F. Meser, le marchand de musique de la cour, qui jusqu'alors n'avait pas dépassé la publication d'une valse, et je signai un accord avec lui pour que sa maison apparaisse comme éditeur nominal, étant entendu qu'ils recevraient un commission de dix pour cent, tandis que je fournissais le capital nécessaire.

Comme il y avait deux opéras à paraître, dont Rienzi, œuvre d'un volume exceptionnel, il était peu probable que ces publications se révèlent très rentables à moins qu'en plus des habituelles sélections pour piano, je publie également des adaptations, comme la musique sans paroles. , pour duo ou solo. Pour cela, il fallait un capital assez important. J'avais également besoin de fonds pour rembourser les emprunts déjà mentionnés et pour régler d'anciennes dettes, ainsi que pour payer les dépenses restantes liées à l'ameublement de ma maison. J'ai donc été obligé d'essayer de me procurer des sommes beaucoup plus importantes. J'ai exposé mon projet et son motif devant Schroder-Devrient, qui venait de rentrer à Dresde, à Pâques 1844, pour remplir un nouvel engagement. Elle croyait en l'avenir de mes œuvres, reconnaissait la particularité de ma situation ainsi que la justesse de mes calculs et se déclarait prête à fournir le capital nécessaire à la publication de mes opéras, refusant de considérer cet acte comme impliquant un quelconque acte. sacrifice de sa part. Elle se proposait d'obtenir cet argent en vendant ses investissements en obligations d'État polonaises, et je devais payer le taux d'intérêt habituel. La chose fut si facile à faire et me parut si évidente que je pris aussitôt toutes les dispositions nécessaires avec mon imprimeur de Leipzig et me mis au travail à la publication de mes opéras.

Lorsque la quantité de travail livrée s'accompagnait d'une demande d'acomptes considérables, j'ai contacté mon ami pour obtenir une première avance. Et là, je me trouvai confronté à une nouvelle phase de la vie de cette célèbre dame, qui me plaça dans une situation aussi désastreuse qu'inattendue. Après s'être éloignée quelque temps auparavant du malheureux Herr von Munchhausen et être revenue , semble-t-il, avec une ardeur pénitentielle à ses anciennes relations avec mon ami Hermann Muller, il s'avérait maintenant qu'elle n'avait trouvé aucune réelle satisfaction dans cette nouvelle vie. relation. Au contraire, l'étoile de son être, qu'elle désirait depuis si longtemps et si ardemment, se levait enfin dans la personne d'un autre lieutenant de la Garde. Avec une véhémence qui ridiculisait sa trahison envers son vieil ami, elle choisit ce jeune homme mince, dont les faiblesses morales et intellectuelles étaient évidentes à tous les yeux, comme la clé de voûte de l'amour de sa vie. Il prit si au sérieux la chance qui lui arrivait qu'il ne tolérait aucune plaisanterie, et s'empara aussitôt de la fortune de sa future épouse, car il estimait qu'elle était investie de manière désavantageuse et peu sûre, et pensait qu'il en savait beaucoup plus. des moyens rentables de l'employer. Mon amie m'expliqua donc, avec beaucoup de douleur et d'embarras évident, qu'elle avait renoncé à tout contrôle sur son capital et qu'elle ne pouvait pas tenir sa promesse.

C'est pour cette raison que j'entrai dans une série d'embrouilles et de troubles qui dominèrent désormais ma vie et me plongèrent dans des chagrins qui laissèrent leur marque lugubre sur toutes mes entreprises ultérieures. Il était clair que je ne pouvais pas abandonner maintenant le projet de publication proposé. La seule solution satisfaisante à mes perplexités était à trouver dans l'exécution de mon projet et dans le succès que j'espérais en accompagner. J'ai donc dû consacrer toutes mes énergies à réunir les fonds nécessaires à la publication de mes deux opéras, auxquels il faudrait probablement bientôt ajouter Tannhäuser. J'ai d'abord postulé auprès de mes amis et, dans certains cas, j'ai dû payer des taux d'intérêt exorbitants, même pour de courtes durées. Pour le moment, ces détails suffisent à préparer le lecteur à la catastrophe vers laquelle je dérivais inévitablement.

Le désespoir de ma situation ne s'est pas révélé au premier abord. Il ne semblait y avoir aucune raison de désespérer de la diffusion éventuelle de mes œuvres lyriques dans les théâtres allemands, même si mon expérience indiquait que le processus serait lent. Malgré les expériences déprimantes de Berlin et de Hambourg, de nombreux signes encourageants ont été observés. Rienzi a surtout maintenu sa position en faveur des habitants de Dresde, un lieu qui occupait sans aucun doute une position de grande importance, surtout pendant les mois d'été, lorsque tant d'étrangers de toutes les parties du monde y passent. Mon opéra, qu'on n'entendait nulle part ailleurs, était très demandé, tant parmi les Allemands que parmi les autres visiteurs, et était toujours reçu avec une approbation marquée, ce qui me surprenait beaucoup. Ainsi une représentation de Rienzi, surtout en été, devenait une fête tout à fait dionysiaque, dont l'effet sur moi ne pouvait manquer d'être encourageant.

À une occasion, Liszt faisait partie de ces visiteurs. Comme Rienzi ne figurait pas au répertoire à son arrivée, il a convaincu la direction, à sa demande sincère, d'organiser une représentation spéciale. Je l'ai rencontré entre les actes dans la loge de Tichatschek et j'ai été chaleureusement encouragé et touché par son appréciation presque enthousiaste, exprimée de la manière la plus emphatique. Le genre de vie à laquelle Liszt était alors condamné et qui le liait à un environnement perpétuel d'éléments distrayants et excitants, nous interdisait tout rapport sexuel plus intime et plus fructueux. Pourtant, à partir de ce moment, j'ai continué à recevoir des témoignages constants de l'impression profonde et durable que j'avais faite sur lui, ainsi que du souvenir sympathique qu'il avait de moi. De diverses parties du monde, partout où le conduisait son progrès triomphal, des gens, principalement des classes supérieures, venaient à Dresde dans le but d'entendre Rienzi. Ils avaient été tellement intéressés par les rapports de Liszt sur mon œuvre et par sa lecture de diverses sélections de celle-ci, qu'ils s'attendaient tous à quelque chose d'une importance sans précédent.

A côté de ces indications de sympathie enthousiaste et amicale de Liszt, d'autres témoignages profondément touchants parurent de différentes parts. Le début surprenant du Werder, lors de sa visite à minuit après la deuxième représentation du Fliegender Holländer à Berlin, fut suivi peu après par une approche tout aussi spontanée sous la forme d'une lettre expansive d'un personnage également inconnu, Alwino Frommann, qui devint ensuite mon fidèle ami. Après mon départ de Berlin, elle entendit Schroder-Devrient deux fois dans le Fliegender Holländer, et la lettre dans laquelle elle décrivait l'effet produit sur elle par mon travail me transmettait pour la première fois les sentiments vigoureux et profonds d'une reconnaissance profonde et confiante telle cela arrive rarement au sort, même au plus grand maître, et ne peut manquer d'exercer une influence considérable sur son mental et son esprit, qui aspirent à la confiance en soi.

Je n'ai pas de souvenirs très vifs de mon action personnelle au cours de cette première année de ma fonction de chef d'orchestre dans un domaine d'action qui devint peu à peu de plus en plus familier. Pour l'anniversaire de ma nomination, et dans une certaine mesure en guise de reconnaissance personnelle, j'ai été chargé de me procurer l'Armida de Gluck. Nous l'avons réalisé en mars 1843, avec la collaboration de Schroder-Devrient, juste avant son départ temporaire de Dresde. Une grande importance était attachée à cette production, car, au même moment, Meyerbeer inaugurait sa direction générale à Berlin par une représentation de la même œuvre. C'est en effet à

Berlin que l'extraordinaire respect suscité par une telle commémoration de Gluck trouve son origine. On m'a dit que Meyerbeer s'était rendu à Rellstab avec la partition d'Armida afin d'obtenir des indications sur son interprétation correcte.

Comme peu de temps après j'entendis aussi une étrange histoire de deux chandeliers d'argent, avec lesquels le célèbre compositeur aurait éclairé le non moins célèbre critique en lui montrant la partition de son Feldlager in Schlesien, je décidai de n'attacher pas grande importance à l'histoire. instructions qu'il aurait pu recevoir, mais plutôt de m'aider en maniant avec soin cette partition difficile, et en y introduisant un peu de douceur en modulant au maximum les variations de ton. J'ai eu plus tard la satisfaction de recevoir une appréciation extrêmement chaleureuse de mon interprétation de la part de Herr Eduard Devrient, un grand connaisseur de Gluck. Après avoir entendu cet opéra tel que nous le présentions et l'avoir comparé à la représentation berlinoise, il a chaleureusement loué le caractère tendrement modulé de notre interprétation de certaines parties, qui, disait-il, avaient été données à Berlin avec la plus grossièreté. Il a cité, comme exemple frappant, un bref chœur en do majeur de nymphes mâles et femelles au troisième acte. En introduisant un tempo plus modéré et un piano très doux, j'avais essayé de libérer ce morceau de la grossièreté originale avec laquelle Devrient l'avait entendu interprété à Berlin – sans doute avec une fidélité traditionnelle. Mon procédé le plus innocent, et que j'ai fréquemment adopté, pour dissimuler la raideur irritante ou le mouvement orchestral de l'original, était une modification minutieuse de la basse continue, qui était prise sans interruption en temps commun. Je me suis senti obligé d'y remédier, en partie par le jeu legato, et en partie par le pizzicato.

Notre direction était généreuse en dépenses extérieures, en particulier en décoration, et en tant qu'opéra spectaculaire, la pièce a attiré des salles assez grandes, ce qui m'a valu la réputation d'être un chef d'orchestre très approprié pour Gluck, et qui avait une étroite sympathie avec lui. Ce résultat était d'autant plus frappant qu'Iphigénie en Tauris, qui est une œuvre de loin supérieure et dans laquelle l'interprétation du rôle-titre par Devrient était admirable, avait été jouée devant des maisons vides.

J'ai dû vivre longtemps de cette réputation, car il m'arrivait souvent d'être obligé de donner des interprétations médiocres de pièces du répertoire, notamment des opéras de Mozart. La médiocrité de ces pièces fut particulièrement décevante pour ceux qui, après mon succès dans Armida, attendaient beaucoup de mon interprétation de ces pièces, et en furent très déçus. Même les auditeurs les plus sympathiques ont cherché à expliquer leur déception par le fait que je n'appréciais pas Mozart et que je ne le comprenais pas. Mais ils ne se rendaient pas compte à quel point il était impossible pour moi, en tant que simple chef d'orchestre, d'exercer une réelle influence sur de telles représentations décousues, qui n'étaient données que comme pis-aller, et souvent sans répétition. En effet, en cette matière, je me trouvais souvent dans une fausse position qui, comme j'étais impuissant à y remédier, ne contribuait pas peu à rendre insupportable et ma nouvelle charge et ma dépendance aux motifs les plus mesquins d'une routine théâtrale mesquine, déjà surchargée. avec les soucis des affaires. En fait, la situation est devenue pire que ce à quoi je m'attendais, malgré ma connaissance préalable de la précarité d'une telle vie. Mon collègue Reissiger, à qui je faisais de temps en temps part de mes regrets concernant le peu d'attention accordée par la direction générale à nos exigences en matière de maintien de représentations correctes dans le domaine de l'opéra, m'a réconforté en me disant que, comme lui, je tôt ou tard, abandonnons toutes ces modes et soumettons-nous au sort inévitable d'un chef d'orchestre. Là-dessus, il se frappa fièrement le ventre et espéra que je pourrai bientôt me vanter d'en avoir un aussi rond que le sien.

Mon aversion croissante pour ces méthodes de jogging et de trot m'a encore davantage provoqué par une connaissance plus approfondie de l'esprit dans lequel même des chefs d'orchestre éminents entreprenaient la reproduction de nos chefs-d'œuvre. Au cours de cette première année, Mendelssohn fut invité à diriger son Saint-Paul pour l'un des concerts du dimanche des Rameaux dans la chapelle de Dresde, alors célèbre. La connaissance que j'acquise ainsi de cette œuvre, dans des circonstances si favorables, me plut tellement, que je fis une nouvelle tentative d'approcher le compositeur avec des motifs sincères et amicaux ; mais une conversation remarquable que j'eus avec lui le soir de cette représentation repoussa aussitôt et étrangement mon impulsion. Après l'oratorio, Reissiger devait produire la Huitième Symphonie de Beethoven. J'avais remarqué lors de la répétition précédente que Keissiger avait commis l'erreur de tous les chefs d'orchestre ordinaires de cette œuvre en prenant le tempo di minuetto du troisième mouvement à un temps de valse dénué de sens, ce qui non seulement fait perdre à l'ensemble de la pièce son caractère imposant, mais le trio est rendu absolument ridicule par l'impossibilité d'interpréter la partie de violoncelle à une telle vitesse. J'avais attiré l'attention de Reissiger sur ce défaut, et il a acquiescé à mon avis, promettant de jouer le rôle en question au vrai tempo du menuetto. J'ai raconté cela à Mendelssohn, alors qu'il se reposait après sa propre représentation dans la loge à côté de moi, écoutant la symphonie. Lui aussi a reconnu que j'avais raison et a pensé qu'il fallait jouer comme je l'avais dit. Et voilà que commençait le troisième mouvement. Reissiger, qui, il est vrai, ne possédait pas la puissance nécessaire pour imprimer soudainement avec succès un changement de temps aussi important à son orchestre, suivit l'usage habituel et prit le tempo di menuetto dans le même vieux temps de valse. Au moment où j'allais exprimer ma colère, Mendelssohn m'a fait un signe de tête amical, comme s'il pensait que c'était ce que je voulais et que j'avais compris la musique de cette façon. J'ai été tellement étonné par cette absence complète de sentiment de la part du célèbre musicien que j'en suis resté muet, et dès lors mon opinion particulière sur Mendelssohn a progressivement mûri, opinion qui a ensuite été confirmée par R. Schumann. Ce dernier, en m'exprimant le plaisir sincère qu'il avait éprouvé en écoutant à l'époque où j'avais pris le premier mouvement de la Neuvième Symphonie de Beethoven, m'a dit qu'il avait été obligé de l'entendre année après année reprise par Mendelssohn à un rythme parfaitement distrayant. vitesse.

Au milieu de mon désir ardent d'exercer une certaine influence sur l'esprit dans lequel nos plus nobles chefs-d'œuvre étaient exécutés, j'ai dû lutter contre le profond mécontentement que j'éprouvais à l'égard de mon emploi dans le répertoire du théâtre ordinaire. Ce n'est que le dimanche des Rameaux de l'année 1844, juste après ma décourageante expédition à Hambourg, que mon désir de diriger la Symphonie pastorale fut satisfait. Mais de nombreux défauts restaient encore sans remède, et pour les éliminer, je dus recourir à des méthodes indirectes qui me donnèrent beaucoup de peine. Par exemple, lors de ces concerts célèbres, la disposition de l'orchestre, dont les membres étaient assis en une longue et mince rangée semi-circulaire autour du chœur des chanteurs, était si inconcevablement stupide qu'il fallait l'explication donnée par Reissiger pour me faire comprendre une telle stupidité. folie. Il m'a dit que tous ces arrangements dataient de l'époque du regretté chef d'orchestre Morlacchi, qui, en tant que compositeur italien d'opéras, n'avait aucune véritable conscience de l'importance de l'orchestre ni de ses nécessités. Quand j'ai donc demandé pourquoi on lui avait permis de se mêler de choses qu'il ne comprenait pas, j'ai appris que la préférence manifestée à cet Italien, tant par le tribunal que par la direction générale, même à l'encontre de Carl Maria von Weber, avait toujours été absolu et ne tolérait aucune contradiction. On m'avait prévenu que nous éprouverions encore aujourd'hui de grandes difficultés à nous débarrasser de ces vices hérités, car l'opinion prévalait encore dans les plus hautes sphères selon laquelle c'était probablement lui qui comprenait le mieux ce qu'il faisait.

Une fois de plus, mes souvenirs enfantins de l'eunuque Sassaroli me revinrent à l'esprit et je me rappelai l'avertissement de la veuve de Weber sur l'importance de ma succession au poste de chef d'orchestre de son mari à Dresde. Mais malgré tout cela, notre exécution de la Symphonie pastorale a réussi au-delà de nos espérances, et le plaisir incomparable et merveilleusement stimulant que je devais à l'avenir tirer de mon contact avec les œuvres de Beethoven, m'a permis pour la première fois de prendre conscience de sa force prolifique. Kockel partageait cette joie avec une sincère sympathie ; il m'a soutenu des yeux et des oreilles à chaque répétition, a toujours été à mes côtés et ne faisait qu'un avec moi dans son appréciation et ses objectifs.

Après ce succès encourageant, je devais recevoir cet été la gratification d'un autre triomphe qui, bien que sans importance particulière au point de vue musical, était d'une grande importance sociale. Le roi de Saxe, vers lequel, comme je l'ai déjà dit, je m'étais senti chaleureusement attiré lorsqu'il était prince Friedrich, était attendu chez lui après un long séjour en Angleterre. Les nouvelles reçues de son séjour là-bas avaient grandement réjoui mon âme patriote. Pendant que ce monarque simple, qui reculait devant toute pompe et toute manifestation bruyante, était en Angleterre, il arriva que le tsar Nicolas arrivait à l'improviste pour rendre visite à la reine. En son honneur, de grandes festivités et des revues militaires furent organisées, auxquelles notre roi, bien contre sa volonté, fut obligé de participer, et il fut par conséquent obligé de recevoir les acclamations enthousiastes de la foule anglaise, qui se montra très démonstrative en montrant sa préférence. pour lui, par rapport au tsar impopulaire. Cette préférence se reflétait également dans les journaux, de sorte qu'un encens flatteur flottait d'Angleterre vers notre petite Saxe et nous remplissait tous d'une particulière fierté envers notre roi. Tandis que j'étais dans cette humeur qui m'absorbait complètement, j'appris que des préparatifs étaient en cours à Leipzig pour un accueil spécial du roi à son retour, qui devait être encore plus digne d'un festival musical sous la direction duquel Mendelssohn devait prendre part. Je m'informai de ce qui allait se faire à Dresde et j'appris que le roi n'avait pas du tout l'intention de s'y rendre, mais qu'il se rendait directement à sa résidence d'été de Pillnitz.

Un instant de réflexion me montra que cela ne ferait que renforcer mon désir de préparer une réception agréable et chaleureuse à Sa Majesté. Comme j'étais un serviteur de la Couronne, toute tentative de ma part de rendre un acte d'hommage à Dresde aurait pu ressembler à une parade officielle, ce qui ne serait pas admissible. J'ai donc saisi l'idée de rassembler en toute hâte tous ceux qui savaient jouer ou chanter, afin que nous puissions interpréter une chanson de réception composée à la hâte en l'honneur de l'événement. L'obstacle à mon projet était que mon directeur Lütticchau était absent dans l'une de ses résidences de campagne. S'entendre avec mon collègue Reissiger aurait d'ailleurs entraîné du retard et donné à l'entreprise l'aspect même d'une ovation officielle que je souhaitais éviter. Comme il ne fallait pas perdre de temps, s'il fallait faire quelque chose de digne de l'occasion, puisque le roi devait arriver dans quelques jours, j'ai profité de ma position de chef d'orchestre du Glee Club et j'ai convoqué tous ses chanteurs et instrumentistes à mon aide. En plus de cela, j'ai invité les membres de notre troupe théâtrale, ainsi que ceux de l'orchestre, à se joindre à nous. Cela fait, je me rendis rapidement à Pillnitz pour arranger mes affaires avec le Lord Chamberlain, que je trouvai favorablement disposé à mon projet. Le seul loisir que je pouvais prendre pour composer les vers de ma chanson et les mettre en musique était pendant le trajet rapide aller-retour, car avant d'arriver chez moi, je devais avoir tout prêt pour le copiste et le lithographe. La sensation agréable de courir à travers l'air chaud de l'été et le beau pays, jointe à l'affection sincère qui m'inspirait pour notre prince allemand et qui avait motivé mon effort, m'exaltait et m'excitait jusqu'à une haute tension, en et je me suis alors fait une idée claire des contours lyriques de la « Marche de Tannhäuser », qui a vu le jour pour la première fois à l'occasion de cet accueil royal. Peu après, je développai ce thème et produisis ainsi la marche qui devint la plus populaire des mélodies que j'avais composées jusqu'alors.

Le lendemain, il fallut le réessayer avec cent vingt instrumentistes et trois cents chanteurs. J'avais pris la liberté de les inviter à me rencontrer sur la scène du Théâtre de la Cour, où tout se passait à merveille. Tout le monde fut ravi, et moi non plus, lorsqu'arriva un messager du directeur, qui venait de rentrer en ville, pour demander un entretien immédiat. Littichau était extrêmement furieux de ma démarche autoritaire dans cette affaire, dont il avait été informé par notre bon ami Reissiger. Si sa couronne de baronnial avait été sur sa tête lors de cet entretien, elle serait sûrement tombée. Le fait que j'aurais dû mener mes négociations en personne avec les fonctionnaires de la cour et que je pouvais déclarer que mes efforts avaient rencontré un succès extraordinairement rapide, excitait sa plus profonde fureur, car la principale importance de sa propre position consistait à toujours représenter tout ce qui devait être obtenu par ces moyens entourés des plus grands obstacles et entourés de l'étiquette la plus stricte. Je lui ai proposé de tout annuler, mais cela ne faisait que l'embarrasser davantage. Je lui ai alors demandé ce qu'il voulait que je fasse, si le projet devait encore être exécuté. Sur ce point, il semblait incertain, mais il pensait que j'avais fait preuve d'un grand manque de sympathie en l'ignorant non seulement lui, mais aussi Reissiger. Je répondis que j'étais tout à fait prêt à confier la composition et la direction de la pièce à Reissiger. Mais il ne pouvait pas l'accepter, car il avait en réalité une très mauvaise opinion de Reissiger, ce dont j'étais parfaitement conscient. Son véritable grief était que j'avais arrangé toute l'affaire avec le Lord Chamberlain, Herr von Reizenstein, qui était son ennemi personnel, et il ajouta que je ne pouvais pas concevoir la grossièreté qu'il avait été obligé d'endurer de la part de ce fonctionnaire. . Cet élan de confiance me permit de manifester plus facilement une émotion presque sincère, à laquelle il répondit par un haussement d'épaules signifiant qu'il devait se résigner à une nécessité désagréable.

Mais mon projet était encore plus sérieusement menacé par le mauvais temps que par cette tempête avec le réalisateur ; car il a plu toute la journée à torrents. Si cela durait, ce qui ne semblait que trop probable, je pourrais difficilement prendre le bateau spécial à cinq heures du matin, comme je l'avais proposé, avec mes centaines d'aides, pour donner un concert tôt le matin à Pillnitz, deux heures plus tard. loin. J'anticipais un tel désastre avec une véritable consternation. Mais Röckel me consolait en me disant que je pouvais être sûr que nous aurions un temps magnifique le lendemain ; car j'ai eu de la chance ! Cette croyance en ma chance m'a suivi depuis, jusqu'à mes derniers jours ; et au milieu des grands malheurs qui ont si souvent gêné mes entreprises, j'ai senti que cette déclaration était une méchante insulte au destin. Mais cette fois, au moins, mon ami avait raison ; le 12 août 1844 fut, du lever du soleil jusqu'à tard dans la nuit, le jour d'été le plus parfait dont je puisse me souvenir de toute ma vie. La sensation de contentement bienheureux avec laquelle j'ai vu ma légion enjouée de musiciens et de chanteurs gaiement habillés se rassembler à travers les brumes matinales propices à bord de notre bateau à vapeur, a gonflé ma poitrine d'une foi fervente en ma bonne étoile.

Par mon impétuosité amicale, j'avais réussi à vaincre le ressentiment latent de Reissiger et je l'avais persuadé de partager l'honneur de notre entreprise en dirigeant lui-même l'exécution de ma composition. Lorsque nous sommes arrivés sur place, tout s'est déroulé à merveille. Le roi et la famille royale furent visiblement touchés, et dans les mauvais temps qui suivirent, la reine de Saxe parla de cette occasion, me dit-on, avec une émotion particulière, comme du plus beau jour de sa vie. Après que Reissiger ait manié sa baguette avec une grande dignité et que j'aie chanté avec les ténors du chœur, nous deux chefs d'orchestre avons été convoqués en présence de la famille royale. Le Roi nous exprima chaleureusement ses remerciements, tandis que la Reine nous fit le grand compliment de dire que j'avais très bien composé et que Reissiger dirigeait très bien. Sa Majesté nous a demandé de répéter seulement les trois dernières strophes, car, à cause d'un ulcère douloureux de dent, il ne pouvait rester longtemps dehors. J'ai rapidement conçu une évolution combinée, dont je suis très fier, encore aujourd'hui, d'une exécution remarquablement réussie. J'ai fait répéter la chanson en entier, mais, conformément au souhait du roi, un seul couplet a été chanté dans notre formation originale en croissant. Au début du deuxième couplet, j'ai fait défiler mes quatre cents musiciens et chanteurs indisciplinés dans une marche à travers le jardin, qui, à mesure qu'ils s'éloignaient, était disposé de telle sorte que les notes finales ne pouvaient parvenir à l'oreille royale que comme un écho de rêve. chanson. Grâce à mon activité sans exemple et à mon aide toujours présente, cette retraite s'est déroulée avec une telle régularité qu'aucun affaiblissement n'a été perceptible ni dans le temps ni dans le débit, et que le tout aurait pu être pris pour une manœuvre théâtrale soigneusement répétée. En arrivant à la cour du château, nous découvrîmes que, grâce à la bienveillante prévoyance de la reine, un copieux petit-déjeuner avait été préparé pour notre groupe sur la pelouse, où les tables étaient déjà dressées. Nous voyions souvent notre royale hôtesse elle-même s'affairer à surveiller les serviteurs, ou se déplacer avec une joie excitée autour des fenêtres et des couloirs du château. Tous les yeux rayonnaient de ravissement vers mon âme, en tant qu'auteur à succès du bonheur général, et j'avais presque l'impression, au milieu des gloires de ce jour, que si le millénaire avait été proclamé. Après avoir parcouru en corps les beaux jardins du château, et sans manquer de visiter le Keppgrund qui m'avait été si cher dans ma jeunesse, nous retournâmes tard dans la nuit et de la plus haute humeur, à Dresde.

Le lendemain matin, je fus de nouveau convoqué en présence du directeur. Mais un changement s'était produit en lui pendant la nuit.

Alors que je commençais à lui présenter mes excuses pour l'anxiété que je lui avais causée, l'homme grand et mince, au visage dur et sec, m'a saisi par la main et s'est adressé à moi avec une expression ravie que, j'en suis sûr, personne d'autre n'a jamais vue sur son visage. affronter. Il m'a dit de ne pas en dire davantage sur ces angoisses. J'étais un grand homme, et bientôt personne ne saurait rien de lui, alors que je devrais être universellement admiré et aimé. J'étais profondément ému, et je voulais seulement exprimer mon embarras devant un éclat si inattendu, lorsqu'il m'interrompit gentiment et chercha à échapper à sa propre émotion dans des confidences de bonne humeur. Il évoqua en souriant l'abnégation qui avait cédé la place d'honneur, dans une occasion si extraordinaire, à un homme indigne comme Reissiger. Quand je lui ai assuré que cet acte m'avait procuré la plus vive satisfaction et que j'avais moi-même persuadé mon collègue de prendre le relais, il a avoué qu'il commençait enfin à me comprendre, mais qu'il ne comprenait pas du tout comment l'autre pouvait accepter une position. à laquelle il n'avait aucun droit.

L'attitude de Lüttichau à mon égard fut telle que, pendant quelque temps, nos relations commerciales prirent un ton presque confidentiel. Mais malheureusement, au fil du temps, les choses ont empiré, de sorte que nos relations sont devenues une inimitié ouverte ; néanmoins, une certaine tendresse particulière à mon égard de la part de cet homme singulier était toujours bien perceptible. En fait, je pourrais presque dire qu'une grande partie de ses abus ultérieurs à mon égard ressemblaient davantage aux plaintes étrangement perverses d'un amour qui ne rencontraient aucune réponse.

Cette année, pour mes vacances, je suis allé début septembre au vignoble Fischer, près de Loschwitz, non loin du célèbre vignoble Firidlater, où, un peu plus tard dans l'année, j'ai loué une résidence d'été. Sous l'impulsion bienveillante et fortifiante de six semaines de vie en plein air, j'ai composé ma musique pour le deuxième acte de Tannhäuser, que j'ai achevé le 15 octobre. Durant cette période, une représentation de Rienzi fut donnée devant un public d'une importance ordinaire. Pour cet événement, je suis allé en ville. Spontini, Meyerbeer et le général Lwoff, le compositeur de l'hymne national russe, étaient assis ensemble dans une loge. Je ne cherchais aucune occasion de connaître l'impression produite par mon opéra sur ces savants juges et magnats du monde musical. Il me suffisait d'avoir la satisfaction complaisante de savoir qu'ils avaient entendu mon œuvre si souvent répétée devant une salle comble et sous des applaudissements nourris. J'étais ravi, à la fin de l'opéra, de me faire amener mon petit chien Peps, qui m'avait couru après depuis la campagne ; et sans attendre de saluer les célébrités européennes, je suis parti aussitôt avec lui jusqu'à notre paisible vignoble, où Minna a été très soulagée de retrouver son petit animal de compagnie, qu'elle avait cru perdu pendant des heures.

Ici, j'ai également reçu la visite du Werder, l'homme avec qui j'avais noué l'amitié à Berlin dans des circonstances si dramatiques. Mais cette fois, il apparut sous une forme humaine ordinaire, sous la douce lumière du ciel, par laquelle nous discutâmes amicalement sur la vraie valeur du Fliegender Holländer, mon esprit s'étant quelque peu tourné contre cette œuvre depuis que Tannhäuser m'était venu à l'esprit. Il me paraissait certes étrange de me trouver contredit sur ce point par mon ami, et de recevoir de lui des instructions sur la signification de mon propre travail.

Quand nous revînmes à nos quartiers d'hiver, j'essayai d'éviter qu'un intervalle aussi long s'écoule entre la composition du deuxième et du troisième acte, comme celui qui séparait celle du premier et du deuxième. Malgré de nombreux engagements passionnants, j'ai réussi à atteindre mon objectif. En cultivant soigneusement l'habitude de faire des promenades solitaires, et grâce à leur influence apaisante sur moi, j'ai réussi à achever la musique de l'acte III. avant le 29 décembre, c'est-à-dire avant la fin de l'année.

Pendant cette période, mon temps fut par ailleurs très sérieusement occupé par une visite que nous fit Spontini au sujet d'un projet de présentation de sa Vestaline, dont la préparation venait de commencer. Les épisodes singuliers et les traits caractéristiques des relations que j'ai ainsi eues avec cet éminent maître à la tête blanche sont encore si vivement imprimés dans ma mémoire qu'ils semblent dignes d'une place dans ce récit.

Comme, avec la collaboration de Schroder-Devrient, nous pouvions compter dans l'ensemble sur une présentation admirable de l'opéra, j'avais inspiré à Lüttichau l'idée d'inviter Spontini à entreprendre la direction personnelle de son œuvre justement célèbre. Il venait de quitter définitivement Berlin, après y avoir subi de grandes humiliations, et une telle invitation en ce moment serait une preuve de respect opportune. Celui-ci fut donc envoyé, et comme j'avais moi-même été chargé de la direction de l'opéra, on me confia la singulière tâche de décider de ce point avec le maître. Ma lettre, semble-t-il, bien qu'écrite en français, lui inspira une haute opinion de mon zèle pour l'entreprise, et dans une réponse gracieuse il m'informa de ses désirs particuliers quant aux dispositions à prendre pour sa collaboration. En ce qui concerne les chanteurs, et voyant qu'un Schroder-Devrient figurait parmi eux, il exprima franchement sa satisfaction. Quant au chœur et au ballet, il tenait pour acquis que rien ne manquerait à la dignité du spectacle ; et enfin, en ce qui concerne l'orchestre, il espérait que celui-ci lui plairait également, car il présumait qu'il contenait le complément nécessaire d'excellents instruments qui, pour reprendre ses propres mots, « espéraient qu'ils fourniraient à l'exécution douze bonnes contrebasses ». !' (le tout garni de douze bonnes contre-basses). Cette phrase me bouleversa, car la proportion ainsi exprimée crûment en chiffres me donna une conception si logique de ses attentes exaltées, que je courus aussitôt chez le directeur pour l'avertir que l'entreprise dans laquelle nous nous étions lancés ne fonctionnerait finalement pas. , s'avère aussi simple que nous le pensions. Son inquiétude était grande, et il dit qu'il fallait immédiatement élaborer un plan pour rompre les fiançailles.

Lorsque Schroder-Devrient entendit parler de notre dilemme, connaissant bien Spontini, elle rit comme si elle ne s'arrêterait jamais devant l'impudence naïve avec laquelle nous avions lancé notre invitation. Une légère indisposition dont elle souffrait alors fournissait une excuse raisonnable à un retard plus ou moins prolongé, et elle la mit généreusement à notre disposition. Spontini nous avait en effet engagé à mettre toute la célérité possible dans l'exécution de notre projet, car, attendu avec impatience à Paris, il ne pouvait nous accorder que peu de temps. Il m'appartenait de tisser le tissu d'innocentes tromperies par lesquelles nous espérions détourner le maître d'une acceptation définitive de notre invitation. Nous pouvions maintenant respirer à nouveau et commençons à répéter. Mais la veille même, nous avions proposé de faire notre répétition générale à notre guise, et voilà ! vers midi, une voiture arriva devant ma porte, dans laquelle, vêtu d'un long habit bleu de drap de pilote, était assis nul autre que le hautain maître lui-même, dont les manières ressemblaient à celles d'un grand espagnol. Tout seul et très excité, il entra dans ma chambre, me montra mes lettres et prouva par notre correspondance que l'invitation n'avait pas été refusée, mais qu'il avait en tous points exactement répondu à nos souhaits. Oubliant pour le moment tous les embarras possibles qui pourraient survenir, dans mon véritable plaisir de voir l'homme merveilleux devant moi et d'entendre son travail dirigé par lui-même, j'entrepris aussitôt de faire tout ce que je pouvais pour répondre à ses désirs. Cette déclaration, je l'ai faite avec la plus grande sincérité de zèle. Il sourit avec une bonté presque enfantine en m'entendant, et je le priai aussitôt de diriger la répétition prévue pour le lendemain. Il devint alors tout à coup pensif, et commença à peser les nombreux inconvénients d'une telle action de sa part. Son agitation devint si aiguë qu'il eut la plus grande difficulté à s'exprimer clairement sur un point quelconque, et je ne trouvai pas facile de demander quelles dispositions de notre part pourraient le persuader d'entreprendre la répétition du lendemain. Après un moment de réflexion, il m'a demandé quel genre de baguette j'avais l'habitude d'utiliser pour diriger. Avec mes mains, j'indiquais la longueur et l'épaisseur approximatives d'une tige de bois de taille moyenne, telle que notre maître de chœur avait l'habitude de nous fournir, fraîchement recouverte de papier blanc. Il soupira et me demanda si je croyais pouvoir lui procurer dès demain un bâton d'ébène noir, dont il indiquait d'un geste la longueur et l'épaisseur très respectables, et à chaque extrémité duquel devait être placé un assez gros bouton d'ivoire. apposé. J'ai promis d'en préparer un pour la prochaine répétition, qui devrait au moins être d'apparence similaire à ce qu'il désirait, et un autre du matériel spécifié à temps pour la représentation proprement dite. Visiblement soulagé, il passa alors la main sur son front et m'accorda la permission de lui annoncer son consentement à conduire le lendemain. Après avoir une nouvelle fois strictement appliqué ses instructions quant au port du bâton, il regagne son hôtel.

J'avais l'impression de bouger dans un rêve et je me hâtais, dans un tourbillon d'excitation, de publier la nouvelle de ce qui s'était passé et de ce qui était attendu. Nous étions plutôt pris au piège. Schröder-Devrient s'est proposé pour devenir notre bouc émissaire, tandis que j'entrais dans des détails précis avec le menuisier du théâtre concernant la baguette. Cela s'est avéré si exact qu'il possédait la longueur et la largeur requises, était de couleur noire et avait deux gros boutons blancs. Puis vint la répétition fatidique. Spontini était visiblement mal à l'aise sur sa place dans l'orchestre. Il souhaitait avant tout que les hautboïstes soient placés derrière lui. Comme ce changement partiel de position, juste à ce moment, eût causé beaucoup de confusion dans la disposition de l'orchestre, je promis d'effectuer le changement après la répétition. Il n'en dit pas plus et prit son bâton. En un instant, j'ai compris pourquoi il attachait une telle importance à sa forme et à sa taille. À la fin, il le tint, non pas comme le font les autres chefs d'orchestre, mais il le saisit par le milieu avec son poing fermé, l'agitant de manière à montrer clairement qu'il maniait son bâton comme un bâton de maréchal, non pour battre la mesure. mais pour le commandement.

La confusion est apparue dès la première scène, et elle s'est accrue du fait que les instructions du maître, tant à l'orchestre qu'aux chanteurs, étaient rendues presque inintelligibles par son utilisation confuse de la langue allemande. Ce que nous pûmes bientôt comprendre, c'est qu'il tenait particulièrement à nous désabuser de l'idée qu'il s'agissait d'une répétition générale, et à nous montrer qu'il s'était engagé dans une réétude approfondie de l'opéra depuis le début. le tout début. Grand fut en effet le désespoir de mon bon vieux chef de chœur et régisseur Fischer – qui auparavant avait soutenu avec enthousiasme l'invitation de Spontini – lorsqu'il reconnut que la dislocation de notre répertoire était désormais inévitable. Ce sentiment s'enfla peu à peu jusqu'à une colère ouverte, dans l'aveuglement de laquelle toute nouvelle suggestion de Spontini n'était qu'une critique frivole, à laquelle il répondait sans détour dans l'allemand le plus grossier. Après un des refrains, Spontini me fit signe à ses côtés et me murmura : « Mais savez-vous, vos choeurs ne chantent pas mal » ; Alors Fischer, considérant cela avec méfiance, m'a crié avec colère : « Que veut maintenant ce vieux porc ? et j'eus quelque peine à apaiser l'enthousiaste vite converti.

Mais notre retard le plus grave est survenu, dès le premier acte, à des évolutions d'une marche triomphale. Avec l'insistance la plus véhémente, le maître a exprimé son intense mécontentement face à l'attitude apathique de notre population lors de la procession des vestales. Il ignorait tout à fait que, conformément aux instructions de notre régisseur, elles s'étaient mises à genoux à l'apparition des prêtresses ; car il était si excité, et en même temps si terriblement myope, que rien de ce qui n'attirait que l'œil n'était perceptible à ses sens. Ce qu'il exigeait, c'était que l'armée romaine manifestât son respect dévot d'une manière plus radicale en se jetant comme un seul homme à terre, et en marquant cela en délivrant un coup de lance fracassant sur ses boucliers. Des tentatives sans fin ont été faites, mais il y en avait toujours une qui claquait soit trop tôt, soit trop tard. Puis il répéta lui-même l'action plusieurs fois avec sa matraque sur le bureau, mais en vain ; le fracas n'a pas été suffisamment violent et catégorique. Cela me rappela l'impression que m'avait faite, quelques années auparavant, à Berlin, la merveilleuse précision et l'effet presque alarmant avec lesquels j'avais vu se dérouler de semblables évolutions dans la pièce de Ferdinand Cortés, et je compris qu'il faudrait pour cela une accentuation immédiate et fastidieuse. de notre douceur d'action habituelle dans de telles manœuvres avant de pouvoir répondre aux exigences du maître exigeant. A la fin du premier acte, Spontini monta lui-même sur scène pour expliquer en détail les raisons pour lesquelles il souhaitait différer son opéra pendant un temps considérable, afin de préparer par de nombreuses répétitions sa production selon son goût. . Il s'attendait à y trouver les acteurs du Théâtre de la Cour de Dresde réunis pour l'entendre ; mais la compagnie était déjà dispersée. Chanteurs et régisseurs s'étaient dispersés en toute hâte dans toutes les directions pour laisser libre cours, chacun à sa manière, à la misère de la situation. Seuls les ouvriers, les nettoyeurs de lampes et quelques choristes se rassemblèrent en demi-cercle autour de Spontini, pour jeter un coup d'œil sur cet homme remarquable, qui expliquait avec un effet merveilleux les exigences du véritable art théâtral. Me tournant vers cette scène lugubre, je fis remarquer avec douceur et respect à Spontini l'inutilité de sa déclamation, et lui promis que tout finirait par se faire exactement comme il le désirait.

Finalement, je réussis à le tirer de la position indigne dans laquelle, à mon grand horreur, il avait été placé, en lui disant que M. Eduard Devrient, qui avait vu la Vestaline à Berlin et gardait en mémoire tous les détails de la représentation, Nous devrions personnellement entraîner notre chœur et nos figurants à une solennité convenable lors de la réception des vestales. Cela l'a apaisé et nous avons décidé d'établir un plan pour une série de répétitions selon ses souhaits. Mais, malgré tout cela, j'étais la seule personne à qui cette étrange tournure des choses n'était pas désagréable ; car à travers les extravagances burlesques de Spontini, et malgré ses extraordinaires excentricités, que j'ai cependant appris avec le temps à comprendre, je pouvais percevoir l'énergie miraculeuse avec laquelle il poursuivait et atteignait un idéal d'art théâtral tel qu'il était devenu presque de nos jours inconnu.

Nous commençons donc par une répétition de pianoforte, au cours de laquelle le maître se fait un devoir de dire aux chanteurs ce qu'il veut. Il ne nous a cependant rien appris de nouveau, car il a peu parlé des détails du rendu ; en revanche, il s'est étendu sur l'interprétation générale, et j'ai remarqué qu'en faisant cela, il s'était habitué à faire les concessions les plus décisives aux grands chanteurs, notamment Schroder-Devrient et Tichatschek. La seule chose qu'il fit fut d'interdire à cette dernière d'utiliser le mot Braut (mariée) avec lequel Licinius devait s'adresser à Julia dans la traduction allemande ; ce mot sonnait horriblement à ses oreilles, et il ne comprenait pas comment on pouvait mettre en musique un son aussi vulgaire. Il donna cependant une longue conférence au chanteur un peu grossier et moins talentueux qui jouait le rôle du grand prêtre, et lui expliqua comment comprendre et interpréter ce personnage à partir du dialogue (en récitatif) entre lui et Haruspex. Il lui dit qu'il devait comprendre que tout cela était basé sur des intrigues sacerdotales et des superstitions. Le Pontife doit faire comprendre qu'il ne craint pas son adversaire à la tête de l'armée romaine, car, au pire, il a ses machines prêtes qui, si nécessaire, rallumeront miraculeusement le feu mort de Vesta. De cette façon, même si Julia échappait au sacrifice, le pouvoir du sacerdoce resterait inattaquable.

Au cours d'une répétition, je demandai à Spontini pourquoi lui, qui faisait habituellement un usage si efficace du trombone, l'avait laissé complètement de côté dans la magnifique marche triomphale du premier acte. Très étonné, il demanda : « Est-ce que je n'ai pas de trombones ? Je lui ai montré la partition imprimée, puis il m'a demandé d'ajouter les trombones à la marche, afin que, si possible, ils puissent être utilisés lors de la prochaine répétition. Il dit encore : « J'ai entendu dans votre Rienzi un instrument, que vous appelez Basse-tuba ; je ne veux pas bannir cet instrument de l'orchestre : faites m'en une fête pour la Vestale.' J'ai eu grand plaisir à accomplir cette tâche pour lui avec tout le soin et le bon jugement dont je pouvais disposer. Lorsqu'à la répétition il entendit l'effet pour la première fois, il me lança un regard très reconnaissant, et apprécia tellement les ajouts si simples que j'avais faits à sa partition, qu'un peu plus tard il m'écrivit de Paris une lettre très amicale. dans lequel il me demandait de bien vouloir lui envoyer les parties instrumentales supplémentaires que je lui avais préparées. Son orgueil ne lui permettait cependant pas de demander d'emblée quelque chose dont j'étais seul responsable, alors il écrivit : « Envoyez-moi une partition des trombones pour la marche triomphale et de la Basse-tuba telle qu'elle a été. exécuté sous ma direction à Dresde. En dehors de cela, j'ai également montré combien je le respectais, dans l'empressement avec lequel, à sa demande particulière, j'ai regroupé tous les instruments de l'orchestre. Il y était contraint plus par l'habitude que par le principe, et combien il lui paraissait important de ne pas apporter le moindre changement à ses arrangements habituels, cela me fut prouvé lorsqu'il expliqua sa manière de diriger. Il dirigeait l'orchestre, disait-il, uniquement avec ses yeux : « Mon œil gauche est le premier violon, mon œil droit le second, et si l'œil doit avoir du pouvoir, il ne faut pas porter de lunettes (comme le font tant de mauvais chefs d'orchestre).), même si l'on est myope. Moi, avoua-t-il confidentiellement, je ne vois pas à douze pouces devant moi, mais je peux quand même les faire jouer comme je veux, rien qu'en les fixant de l'œil. À certains égards, la manière arbitraire dont il arrangeait son orchestre était en réalité très irrationnelle. De ses vieux jours à Paris, il avait conservé l'habitude de placer les deux hautboïstes immédiatement derrière lui, et bien que ce soit une mode qui devait son origine à un simple accident, c'était une mode à laquelle il adhérait toujours. La conséquence en fut que ces musiciens durent détourner le bec de leurs instruments de l'auditoire, et notre excellent hautboïste était si irrité de cet arrangement, que ce ne fut qu'à force d'une grande diplomatie que je parvins à l'apaiser.

En dehors de cela, la méthode de Spontini était basée sur le système tout à fait correct (qui est encore aujourd'hui mal compris par certains orchestres allemands) consistant à répartir le quatuor à cordes sur l'ensemble de l'orchestre. Ce système consistait en outre à empêcher les cuivres et les percussions de culminer en un seul point (et de se noyer les uns les autres) en les divisant de part et d'autre, et en plaçant les instruments à vent les plus délicats à une distance judicieuse les uns des autres, formant ainsi une chaîne entre eux. les violons. Même certains grands et célèbres orchestres d'aujourd'hui conservent encore l'habitude de diviser la masse des instruments en deux moitiés, les instruments à cordes et les instruments à vent, une disposition qui dénote une rudesse et un manque de compréhension du son de l'orchestre, qui devrait se fondre harmonieusement et être bien équilibré.

J'étais très heureux d'avoir la chance d'introduire cette excellente amélioration à Dresde, car maintenant que Spontini lui-même l'avait initié, il était facile d'obtenir l'ordre du roi de laisser la modification en vigueur. Il ne restait plus, après le départ de Spontini, qu'à modifier et corriger certaines bizarreries et certains traits arbitraires de ses arrangements ; et à partir de ce moment j'ai atteint un haut niveau de succès avec mon orchestre.

Avec toutes les particularités qu'il montrait lors des répétitions, cet homme d'exception fascinait à tel point les musiciens et les chanteurs que la production attira une attention tout à fait inhabituelle. L'énergie avec laquelle il insistait sur des accents rythmiques exceptionnellement aigus était très caractéristique ; grâce à son association avec l'orchestre de Berlin, il avait pris l'habitude de marquer la note qu'il souhaitait faire jouer du mot diese (ceci), qui au début m'était tout à fait incompréhensible. Le grand chanteur Tichatschek, qui avait un génie positif pour le rythme, en fut très content ; car il avait aussi pris l'habitude d'obliger le chœur à une grande précision dans les entrées très importantes, et soutenait que si l'on accentuait seulement correctement la première note, le reste suivait naturellement. Dans l'ensemble donc, un esprit de dévotion envers le maître envahit peu à peu l'orchestre ; les altos seuls lui en voulurent un moment, et pour cette raison. Dans l'accompagnement de la lugubre cantilène de Julia à la fin du deuxième acte, il ne supportait pas la manière dont les altos jouaient l'horriblement sentimental accompagnement. Se tournant soudain vers eux, il cria d'un ton sépulcral : « Les altos sont-ils en train de mourir ? Les deux vieillards pâles et d'une mélancolie incurable qui tenaient avec ténacité à leur poste dans l'orchestre, malgré leur droit à une pension, regardaient Spontini avec une réelle frayeur, lisant dans ses paroles une menace, et je dus expliquer le souhait de Spontini dans un langage sobre. afin de les rappeler à la vie.

Sur scène, M. Eduard Devrient a contribué de manière très matérielle à la création d'ensembles merveilleusement distincts ; il savait aussi satisfaire un certain désir de Spontini, qui nous jetait tous dans un immense désarroi. Conformément aux coupes adoptées par tous les théâtres allemands, nous avons également terminé l'opéra avec le duo enflammé, soutenu par le chœur, entre Licinius et Julia après leur sauvetage. Le maître a cependant insisté pour ajouter un chœur et un ballet entraînants au finale, selon la méthode désuète de fin commune à l' opéra seria français . Il était absolument contre le fait de terminer son œuvre par un épisode lamentable dans un cimetière ; par conséquent, toute la scène a dû être modifiée. Vénus devait briller resplendissante dans un écrin de roses, et les amants qui souffraient depuis longtemps devaient se marier à son autel, au milieu de danses et de chants animés, par des prêtres et des prêtresses parés de roses. Nous l'avons joué ainsi, mais malheureusement pas avec le succès que nous espérions tous.

Au cours de la production, qui se déroulait avec une précision et une verve merveilleuses, nous nous sommes heurtés à une difficulté concernant le rôle principal à laquelle aucun de nous n'était préparé. Notre grand Schroder-

Devrient n'était visiblement plus en âge de produire l'effet désiré comme la plus jeune des vestales ; elle avait acquis des contours de matrone, et son âge était d'ailleurs accentué par la grande prêtresse à l'allure extrêmement jeune fille avec laquelle elle devait agir, et dont il était difficile de dissimuler la jeunesse. C'était ma nièce, Johanna Wagner, qui, grâce à sa voix merveilleuse et à son grand talent d'actrice, donnait envie à tout le public de voir les rôles des deux femmes inversés. Schroder-Devrient, qui en était bien consciente, essaya par tous les moyens efficaces en son pouvoir de surmonter sa situation la plus difficile ; cependant, cet effort aboutissait souvent à une grande exagération et à une forte tension de la voix, et dans un endroit très important, son rôle était malheureusement surestimé. Lorsque, après le grand trio du deuxième acte, elle dut haleter les mots « er ist frei » (« il est libre ») et s'éloigner de son amant sauvé vers le devant de la scène, elle fit l'erreur de prononcer les mots au lieu de les chanter.

Elle avait souvent prouvé l'effet d'un mot décisif prononcé avec une imitation exagérée et pourtant soignée des accents ordinaires de la langue parlée, en excitant l'enthousiasme le plus fou de l'auditoire lorsqu'elle murmurait presque les mots : « Noch einen Schritt und du bist todt ! (« Encore un pas et tu es mort ! ») dans Fidelia. Cet effet terrible, que j'avais ressenti moi aussi, était produit par le choc — pareil au coup de hache d'un bourreau — que je reçus en descendant brusquement de la sphère idéale où la musique elle-même peut exalter les situations les plus affreuses, jusqu'à l'espace nu. surface d'une terrible réalité. Cette sensation était due simplement à la connaissance de la plus haute hauteur du sublime, et le souvenir de l'impression que j'en reçus me fit appeler ce moment particulier le moment de l'éclair ; car c'était comme si deux mondes différents qui se rencontrent et pourtant sont divisés, étaient soudainement illuminés et révélés comme par un éclair. Comprendre à fond un tel moment, et ne pas le maltraiter, était tout le secret, et je m'en suis pleinement rendu compte ce jour-là, à cause de l'incapacité absolue du grand chanteur à produire l'effet souhaité. La manière sourde et rauque avec laquelle elle prononçait ces mots était comme jeter de l'eau froide sur le public et sur moi-même, et aucun des assistants ne pouvait voir dans l'incident autre chose qu'un effet théâtral bâclé. Il est possible que le public ait trop attendu, curieux de voir Spontini se comporter, et que les prix aient été augmentés en conséquence ; il se peut aussi que tout le style de l'œuvre, avec son intrigue française surannée, paraisse un peu obsolète malgré la beauté majestueuse de la musique ; ou, peut-être, la fin très docile a laissé la même impression froide que l'échec dramatique de Devrient. En tout cas, il n'y eut pas d'enthousiasme réel, et le seul signe d'approbation fut un appel assez tiède au célèbre maître, qui, couvert de nombreuses décorations, me fit une triste impression en saluant ses remerciements au public pour son très modéré applaudissements.

Personne n'était moins aveugle face à ce résultat quelque peu décevant que Spontini lui-même. Il décida cependant de défier le sort et recourut pour cela aux moyens qu'il avait souvent employés à Berlin, afin de faire salle comble pour ses productions lyriques. Ainsi, il donnait toujours des représentations le dimanche, car l'expérience lui avait appris qu'il pouvait toujours faire salle comble ce jour-là. Comme le dimanche prochain, où devait être produite sa Vestaline, était encore loin, son séjour prolongé nous donna encore quelques occasions de profiter de son intéressante compagnie. J'ai un souvenir si vif des heures passées avec lui soit chez Mme Devrient, soit chez moi, que je me ferai un plaisir de citer quelques souvenirs.

Je n'oublierai jamais un dîner chez Schroder-Devrient au cours duquel nous avons eu une charmante conversation avec Spontini et sa femme (une sœur du célèbre facteur de pianoforte Erard). Spontini écoutait généralement avec déférence ce que les autres avaient à dire, son attitude étant celle d'un homme qui s'attend à ce qu'on lui demande son avis. Lorsqu'il finit par parler, c'est avec une sorte de solennité rhétorique, dans des phrases tranchantes et précises, catégoriques et bien accentuées, qui interdisaient d'emblée la contradiction. Parmi les invités, Herr Ferdinand Hiller commença à parler de Liszt. Au bout d'un certain temps, Spontini exprima son opinion de la manière qui le caractérise, mais dans un esprit qui ne montrait que trop clairement que du haut de son trône berlinois il n'avait jugé les affaires du monde ni avec impartialité ni avec bonne volonté. Pendant qu'il faisait la loi dans ce style, il ne pouvait supporter aucune interruption. Quand donc, pendant le dessert, la conversation générale devenait plus animée, et que madame Devrient riait avec sa voisine de table au milieu d'une longue harangue de Spontini, il lançait à sa femme un regard extrêmement colérique. Madame Devrient s'excusa aussitôt en disant que c'était elle (Madame Devrient) qui avait ri de quelques lignes sur une *bonbonnière*, sur quoi Spontini rétorqua : *« Pourtant je suis sûr que c'est ma femme qui a provoqué ce rire ; je ne veux pas que l'on rie devant moi, je ne rie jamais moi, j'aime le sérieux.'* Malgré cela, il réussissait parfois à se montrer jovial. Par exemple, cela l'amusait de nous faire réfléchir sur la façon dont il croquait d'énormes morceaux de sucre avec ses merveilleuses dents. Après le dîner, lorsque nous rapprochions nos chaises, il devenait généralement très excité.

Dans la mesure où il était capable d'affection, il semblait vraiment m'apprécier ; il déclara ouvertement qu'il m'aimait et dit qu'il le prouverait mieux en essayant de me préserver du malheur de poursuivre ma carrière de compositeur dramatique. Il me dit qu'il savait qu'il serait difficile de me convaincre de la valeur de ce service amical, mais comme il estimait que c'était son devoir sacré de veiller à mon bonheur dans cette ligne particulière, il était prêt à rester à Dresde pendant encore six mois. période durant laquelle il nous proposa de produire ses autres opéras, et notamment *Agnès von*

Hohenstaufen , sous sa direction. Pour expliquer son point de vue sur l'erreur fatale de vouloir réussir comme compositeur dramatique « après Spontini », il commença par me féliciter en ces termes : *« Quand j'ai entendu votre Rienzi, j'ai dit, c'est un homme de génie, mais déjà il a plus fait qu'il ne peut faire.'* Pour me montrer ce qu'il entendait par ce paradoxe, il procéda ainsi : *« Après Gluck c'est moi qui ai fait la grande révolution avec la* Vestale *; j'ai introduit le* Vorhalt *de la sexte dans l'harmonie et la grosse caisse dans l'orchestre ; avec* Cortez *j'ai fait un pas de plus en avant; puis j'ai fait trois pas avec* Olympic. Nurmahal, Alcidor *et tout ce que j'ai fait dans les premiers temps à Berlin, je vous les livre, c'étaient des œuvres occasionnelles ; mais depuis j'ai fait cent pas en avant avec* Agnès de Hohenstaufen, *où j'ai imaginé un emploi de l'orchestre remplaçant parfaitement l'orgue.'*

Depuis, il s'était essayé à une nouvelle œuvre, Les Athéniennes ; le prince héritier (aujourd'hui roi de Prusse [13]) l'avait exhorté à achever ce travail, et pour témoigner de la vérité de ses paroles, il sortit de son portefeuille plusieurs lettres qu'il avait reçues de ce monarque et les remit à envoyez-les-nous pour inspection. Ce n'est que lorsqu'il eut insisté pour que nous les lisions attentivement qu'il poursuivit en disant que, malgré cette invitation flatteuse, il avait renoncé à mettre en musique cet excellent sujet, car il était sûr de ne jamais pouvoir surpasser son Agnès von Hohenstaufen, ni rien inventer de nouveau. En conclusion il dit : « Or, comment voulez-vous que quiconque puisse inventer quelque chose de nouveau, moi Spontini déclarant ne pouvoir en aucune façon surpasser mes œuvres précédentes, d'autre part etant avise que depuis la Vestale il n'a point ete » écrivez une note qui ne fut volée de mes partitions.

[13] Guillaume Ier.

Pour prouver que cette affirmation n'était pas qu'un discours, mais qu'elle reposait sur des recherches scientifiques, il citait sa femme, qui était censée avoir lu avec lui une discussion approfondie sur le sujet par un membre célèbre de l'académie française, et il ajoutait que l'essai en question n'avait, pour une raison mystérieuse, jamais été imprimé. Dans ce traité très important et scientifique, il a été prouvé que sans l'invention par Spontini de la suspension de la sixte dans sa Vestaline, toute la mélodie moderne n'aurait pas existé et que toutes les formes de mélodie utilisées depuis lors avaient été empruntées de ses compositions. J'étais abasourdi, mais j'espérais tout de même ramener l'inexorable maître à un meilleur état d'esprit, surtout à l'égard de certaines réserves qu'il avait faites. J'ai reconnu que l'académicien en question avait raison à bien des égards, mais je lui ai demandé s'il ne croyait pas que si quelqu'un lui apportait un poème dramatique plein d'un esprit absolument nouveau et jusqu'alors inconnu, cela ne l'inspirerait pas à inventer de nouvelles combinaisons musicales. ? Avec un ton de compassion dans la voix, il répondit que ma question était totalement erronée ; en quoi consisterait la nouveauté ? ' Dans la Vestale j'ai composé un sujet romain, dans Ferdinand Cortez un sujet espagnol-mexicain, dans Olympic un sujet gréco-macédonien, enfin dans Agnès de Hohenstaufen un sujet allemand : tout le reste ne vaut rien !' Il espérait que je ne pensais pas au style dit romantique à la Freischutz ? Aucun homme sérieux ne pouvait avoir affaire à des choses aussi puériles ; car l'art était une chose sérieuse, et il avait épuisé l'art sérieux ! Et après tout, quelle nation pourrait produire le compositeur qui pourrait le surpasser ? Sûrement pas les Italiens, qu'il qualifiait simplement de cochons ; certainement pas les Français, qui n'avaient fait qu'imiter les Italiens ; ni les Allemands, qui n'auraient jamais dépassé leur enfance dans la musique, et qui, s'ils avaient jamais eu du talent, s'étaient fait gâter tout cela par les Juifs ? « Oh, croyez-moi, il y avait de l'espoir pour l'Allemagne lorsque j'étais empereur de la musique à Berlin ; mais depuis que le roi de Prusse a livre sa musique au desordre occasionne par les deux juifs errants qu'il a attires, tout espoir est perdu.'

Notre charmante hôtesse crut alors qu'il était temps de changer de sujet et de détourner les pensées du maître. Le théâtre était situé tout près de chez elle ; elle l'invita à traverser avec notre ami Heine, qui était parmi les invités, et à jeter un coup d'œil à Antigone, qui était alors donnée, et qui ne manquerait pas de l'intéresser à cause de l'équipement antique de la scène, qui avait été réalisé selon les excellents plans de Semper. Il voulut d'abord refuser, prétextant qu'il avait vu tout cela tellement mieux quand on avait joué son Olympia. Au bout d'un moment, il consentit ; mais très peu de temps après, il revint à son opinion initiale et, souriant avec mépris, nous assura qu'il en avait vu et entendu suffisamment pour renforcer son verdict. Heine nous raconta que peu de temps après avoir pris place avec Spontini dans l'amphithéâtre presque vide, et dès que le chœur de Bacchus avait commencé, Spontini lui avait dit : « C'est de la Berliner Sing-Academie, allons-nous- fr.' Par une porte ouverte, un rayon de lumière était tombé sur une silhouette solitaire derrière l'une des colonnes ; Heine avait reconnu Mendelssohn et conclu qu'il avait entendu la remarque de Spontini.

Aux conversations très animées du maître, nous comprîmes bientôt très distinctement qu'il avait l'intention de rester plus longtemps à Dresde, afin de faire jouer tous ses opéras. L'idée de Schroder-Devrient était d'épargner à Spontini, dans son propre intérêt, la déception mortifiante de constater que tous ses espoirs enthousiastes concernant une seconde représentation de Vestalin étaient infondés et, si possible, d'empêcher cette seconde représentation pendant son séjour à Dresde. . Elle a fait semblant d'être malade et le réalisateur m'a demandé d'informer Spontini du fait que sa production devrait être reportée sine die. Cette visite me déplaît tellement que j'étais heureux de la faire en compagnie de Röckel. C'était aussi un ami de Spontini, et son français était d'ailleurs bien meilleur que le mien. Comme nous étions tout à fait préparés à un mauvais accueil, nous avions vraiment peur d'entrer. Imaginez donc notre étonnement lorsque nous trouvâmes le maître, déjà informé de la nouvelle par une lettre de Devrient, dans la plus grande humeur.

Il nous dit qu'il devait partir immédiatement pour Paris, et que de là il devait se rendre à Rome, le Saint-Père lui ayant ordonné de venir pour recevoir le titre de « Comte de San Andrea ». Puis il nous montra un deuxième document, dans lequel le roi du Danemark était censé l'avoir élevé à la noblesse danoise. Cela signifiait cependant seulement que le titre de « Ritter » de « l'Ordre des Éléphants » lui avait été conféré ; et bien que ce fût en effet un grand honneur, en en parlant il prononça seulement le mot « Ritter » sans faire référence à l'ordre particulier, parce que cela lui paraissait trop ordinaire pour une personne de sa dignité. Il était cependant enfantinement satisfait de cette affaire et avait le sentiment d'avoir été miraculeusement sauvé de la sphère étroite de sa production Vestalin de Dresde pour se retrouver soudainement transporté dans des régions de gloire, d'où il regardait de haut le monde affligeant de « l'opéra ». avec un sublime contentement de soi.

Pendant ce temps, Röckel et moi avons remercié du fond du cœur le Saint-Père et le roi du Danemark. Nous présumâmes un adieu affectueux à l'étrange maître et, pour le réconforter, je lui promis de réfléchir sérieusement à ses conseils amicaux concernant ma carrière de compositeur d'opéra.

Plus tard, j'ai entendu ce que Spontini avait dit de moi, en apprenant que j'avais fui Dresde pour des raisons politiques et que j'avais cherché refuge en Suisse. Il pensait que c'était une conséquence de ma participation à un complot de haute trahison contre le roi de Saxe, qu'il considérait comme mon bienfaiteur, parce que j'avais été nommé chef de l'orchestre royal, et il exprima son opinion sur moi en éjaculant sur le ton de la plus profonde angoisse : « Quelle ingratitude !

De Berlioz, qui était jusqu'à la fin sur le lit de mort de Spontini, j'ai appris que le maître avait lutté avec la plus grande détermination contre la mort et avait crié à plusieurs reprises : « Je ne veux pas mourir, je ne veux pas mourir ! Quand Berlioz essayait de le réconforter en lui disant : « Comment pouvez-vous penser mourir vous, mon maître, qui etes immortel ! Spontini rétorqua avec colère : « Ne faites pas de mauvaises plaisanteries ! Malgré toutes les expériences extraordinaires que j'ai vécues avec lui, la nouvelle de son décès, que j'ai reçue à Zurich, m'a profondément touché. Plus tard, j'ai exprimé mes sentiments à son égard et mon opinion sur lui en tant qu'artiste, sous une forme quelque peu condensée dans l'Eidgenossischen Zeitung, et dans cet article la qualité que je vantais plus particulièrement chez lui était que, contrairement à Meyerbeer, qui était alors le rage, et le très vieux Rossini, il croyait absolument en lui-même et en son art. Néanmoins, et à mon grand dégoût, je ne pus m'empêcher de constater que cette croyance en lui-même s'était transformée en une véritable superstition.

Je ne me souviens pas avoir approfondi à cette époque mes sentiments à l'égard de l'individualité extrêmement étrange de Spontini, ni avoir pris la peine de découvrir dans quelle mesure ils étaient cohérents avec la haute opinion que je me formais de lui après l'avoir connu plus intimement. Évidemment, je n'avais vu que la caricature de cet homme, même si sa tendance à une confiance en soi si manifestement excessive s'est peut-être en tout cas manifestée plus tôt dans la vie. En même temps, on pouvait déceler dans tout cela l'influence du déclin de la vie musicale et dramatique de l'époque, dont Spontini, situé comme il se trouvait à Berlin, pouvait bien être témoin. Le fait surprenant qu'il voyait son principal mérite dans des détails sans importance montrait clairement que son jugement était devenu enfantin ; à mon avis, cela n'enlève rien à la grande valeur de ses œuvres, même s'il pouvait en exagérer la valeur. En un sens, je pouvais justifier sa confiance en lui sans limites, qui était principalement le résultat de la comparaison entre lui et les grands compositeurs qui le remplaçaient désormais ; car au fond de mon cœur je partageais le mépris qu'il éprouvait pour ces artistes, bien que je n'osais le dire ouvertement. C'est ainsi que, malgré ses nombreuses particularités quelque peu absurdes, j'ai appris, lors de cette rencontre à Dresde, à éprouver une profonde sympathie pour cet homme dont je ne devais plus jamais rencontrer l'égal.

Mes expériences ultérieures avec d'importantes célébrités musicales de cette époque furent d'un caractère tout à fait différent. Parmi les plus distingués d'entre eux se trouvait Heinrich Marschner, qui, très jeune, avait été nommé directeur musical de l'orchestre de Dresde par Weber. Après la mort de Weber, il semblait avoir espéré qu'il prendrait entièrement sa place, et c'est moins à cause du talent encore inconnu que de son attitude repoussante qu'il fut déçu de ses attentes. Mais sa femme gagna subitement un peu d'argent, et cette aubaine lui permit de consacrer toutes ses énergies à son travail de compositeur d'opéras, sans être obligé d'occuper aucun poste fixe.

Durant les jours fous de ma jeunesse, Marschner vivait à Leipzig, où ses opéras Der Vampir et Templer und Judin ont vu leur première apparition. Ma sœur Rosalie m'avait un jour emmené chez lui pour connaître son opinion sur moi. Il ne m'a pas traité de manière incivile, mais ma visite n'a abouti à rien. J'étais également présent à la première soirée de son opéra Braut de Des Falkner, qui n'a cependant pas été un succès. Puis il se rend à Hanovre. Son opéra Hans Heiling, initialement produit à Berlin, j'ai entendu pour la première fois à Würzburg ; sa tendance était hésitante et sa puissance constructive diminuait. Après cela, il a produit plusieurs autres opéras, tels que Das Schloss am Aetna et Der Babu, qui ne sont jamais devenus populaires. Il fut toujours négligé par la direction de Dresde, comme si elle lui en voulait, et seul son Templer était souvent joué. Mon collègue Reissiger devait diriger cet opéra, et comme en son absence je devais toujours le remplacer, il m'échut également une fois de diriger une représentation de cette œuvre.

C'était à l'époque où je travaillais chez mon Tannhäuser. Je me souviens que, même si j'avais déjà souvent dirigé cet opéra à Magdebourg, à cette occasion, le caractère sauvage de l'instrumentation et son manque de maîtrise m'avaient tellement affecté que cela m'a littéralement rendu malade, et dès son retour, c'est pourquoi , j'ai imploré Reissiger de reprendre à tout prix la direction. D'un autre côté, j'avais commencé immédiatement après ma nomination à mettre en scène Hans Heiling, mais uniquement pour l'honneur artistique. Cependant, la répartition insuffisante des pièces, difficulté qui à l'époque ne pouvait être surmontée, rendait impossible un succès complet. Quoi qu'il en soit, l'esprit même de l'œuvre semblait terriblement démodé.

J'appris maintenant que Marschner avait terminé un autre opéra intitulé Adolph von Nassau, et dans une critique de cette œuvre, dont je ne pouvais juger de l'authenticité, un accent particulier était mis sur « l'atmosphère patriotique et noble allemande » de cette nouvelle création. . J'ai fait de mon mieux pour que le théâtre de Dresde prenne l'initiative et pour inciter Lüttichau à acquérir cet opéra avant qu'il ne soit représenté ailleurs. Marschner, qui ne semblait pas avoir été traité avec une attention particulière de la part des autorités lyriques hanovriennes, accepta l'invitation avec une grande joie, envoya sa partition et se déclara prêt à venir à Dresde pour la première représentation. Lüttichau ne tenait pourtant pas à le voir prendre sa place à la tête de l'orchestre ; tandis que moi aussi, j'étais d'avis que la présence trop fréquente de chefs d'orchestre extérieurs, même si c'était dans le but de diriger leurs propres œuvres, non seulement prêterait à confusion, mais pourrait aussi ne pas être aussi amusante et instructive que l'œuvre de Spontini. la visite s'est avérée être le cas. Il fut donc décidé que je dirigerais moi-même le nouvel opéra. Et comme j'ai vécu pour le regretter !

La partition arriva : sur une faible intrigue de Karl Golmick, le compositeur du Templer avait écrit une musique si superficielle que l'effet principal résidait dans une chanson à boire pour un quatuor, dans laquelle le Rhin allemand et le vin allemand jouaient le rôle stéréotypé habituel propre à de tels quatuors masculins. J'ai perdu tout courage; mais il fallait continuer maintenant, et je ne pouvais que tenter, en gardant une attitude grave, d'intéresser les chanteurs à leur tâche ; mais cela n'a pas été facile. À Tichatschek et à Mitterwurzer furent assignés les deux principaux rôles masculins ; étant tous deux éminemment musicaux, ils chantaient tout à première vue, et après chaque morceau me regardaient comme pour me dire : « Que penses-tu de tout cela ? J'ai soutenu que c'était de la bonne musique allemande ; ils ne doivent pas se permettre de se tromper. Mais tout ce qu'ils faisaient, c'était se regarder avec étonnement, ne sachant que penser de moi. Cependant, à la fin, ils n'y purent plus, et quand ils virent que je gardais encore ma gravité, ils éclatèrent de rire, auquel je ne pus m'empêcher de me joindre.

Il me fallait maintenant les mettre dans la confidence, leur faire promettre de suivre mon exemple et de faire semblant d'être sérieux, car il était impossible d'abandonner l'opéra à ce stade. Une chanteuse viennoise « coloratura » du dernier style — Madame Spatser Gentiluomo — qui nous arrivait de Hanovre et sur les services de laquelle Marschner comptait beaucoup, était plutôt séduite par son rôle, principalement parce qu'il lui donnait l'occasion de faire preuve de « génie ». Et effectivement, il y avait un final dans lequel mon « maître allemand » avait effectivement tenté de prendre le pas sur Donizetti. La princesse avait été empoisonnée par une rose d'or, cadeau du méchant évêque de Mayence, et était devenue délirante. Adolph von Nassau, avec les chevaliers de l'empire allemand, jure de se venger et, accompagné du chœur, exprime ses sentiments dans une séquence d'une vulgarité et d'un amateurisme si incroyables que Donizetti l'aurait jeté à la tête de n'importe lequel de ses élèves qui avait osé composer une chose pareille. Marschner arriva alors pour la répétition générale ; il en fut très content, et, sans m'obliger au mensonge, il me donna suffisamment d'occasions d'exercer mes pouvoirs dans l'art de cacher mes véritables pensées. En tout cas, j'ai dû assez bien réussir, car il avait toutes les raisons de se croire traité avec considération et bienveillance par moi.

Pendant la représentation, le public s'est comporté à peu près comme les chanteurs l'avaient fait lors des répétitions. Nous avions mis au monde un enfant mort-né. Mais Marschner était réconforté par le fait que son quatuor à boire était bis. Cela n'est pas sans rappeler l'une des chansons de Becker : Sie sollen ihn nicht haben, den freien deutschen Rhein (« Ils ne l'auront pas, notre Rhin allemand libre »). Après la représentation, le compositeur fut mon invité à un souper auquel, je suis désolé de le dire, les chanteurs, qui en avaient assez, ne voulurent pas assister. M. Ferdinand Hiller a eu la présence d'esprit d'insister, dans son toast à Marschner, sur le fait que « quoi qu'on en dise, il faut mettre l'accent sur le maître ALLEMAND et sur l'art ALLEMAND ». Curieusement, Marschner lui-même le contredit en disant qu'il y avait quelque chose qui n'allait pas dans les compositions d'opéra allemandes et qu'il fallait penser aux chanteurs et à la façon d'écrire pour leurs voix avec plus de brio qu'il n'avait réussi à le faire jusqu'à présent.

Aussi doué qu'était Marschner, il ne fait aucun doute que le déclin de son génie était dû en partie à une tendance qui, même chez le maître vieillissant lui-même, comme il l'admettait franchement, effectuait un changement important et des plus salutaires. Plus tard, je l'ai rencontré une fois de plus à Paris, lors de ma mémorable production de Tannhäuser. Je n'avais pas envie de renouer les anciennes relations, car, à vrai dire, je voulais m'épargner le désagrément d'assister aux conséquences de son changement d'avis, dont nous avions vu les prémices à Dresde. J'appris qu'il était dans un état d'enfantillage presque impuissant, et qu'il était entre les mains d'une jeune femme ambitieuse, qui essayait de faire une dernière tentative pour conquérir Paris pour lui. Entre autres paragraphes bouffants destinés à répandre la gloire de Marschner, j'en ai lu un qui disait que les Parisiens ne devaient pas croire que je (Wagner) représentais l'art allemand ; non, si seulement Marschner était entendu, on découvrirait qu'il est sans aucun doute mieux adapté au goût français que moi. Marschner est mort avant que sa femme ait réussi à établir ce point.

Ferdinand Hiller, en revanche, qui se trouvait à Dresde, se comportait, surtout à cette époque, d'une manière très charmante et amicale. Meyerbeer séjournait également dans la même ville de temps en temps ; précisément pourquoi, personne ne le savait. Une fois, il avait loué une petite maison pour l'été près du Pirnaischer Schlag, et sous un joli arbre dans le jardin de cet endroit, il avait fait installer un petit piano, sur lequel, dans cette retraite idyllique, il travaillait dans son Feldlager à Schlesien. Il vivait dans une grande retraite et je le voyais très peu. Ferdinand Hiller, au contraire, occupait une position dominante dans le monde musical de Dresde, dans la mesure où celui-ci n'était pas déjà monopolisé par l'orchestre royal et ses maîtres, et il a travaillé pendant de nombreuses années pour son succès. Disposant d'un petit capital particulier, il s'établit confortablement parmi nous, et fut bientôt connu comme un hôte charmant, qui tenait une maison agréable, qui, grâce à l'influence de sa femme, était fréquentée par une nombreuse colonie polonaise. Frau Hiller était en effet une femme juive exceptionnelle, d'origine polonaise, et elle l'était peut-être d'autant plus qu'elle avait été baptisée protestante en Italie, en compagnie de son mari. Hiller a commencé sa carrière à Dresde avec la production de son opéra Der Traum in der Christnacht. Depuis le fait inouï que Rienzi avait su enthousiasmer durablement le public de Dresde, de nombreux compositeurs d'opéra se sont sentis attirés vers notre « Florence sur l'Elbe », dont Laube disait un jour : dès qu'on y entre, on il fallait s'excuser parce qu'on y trouvait tant de bonnes choses qu'on oubliait vite en partant.

Le compositeur de Der Traum in der Christnacht considérait cette œuvre comme une « composition typiquement allemande ». Hiller avait mis en musique une pièce macabre de Raupach, Der Muller und sein Kind (« Le Meunier et son enfant »), dans laquelle père et fille, en peu de temps, meurent tous deux de consomption. Il déclare avoir conçu les dialogues et la musique de cet opéra dans ce qu'il appelle le « style populaire », mais cette œuvre connaît le même sort que celui qui, selon Liszt, est réservé à toutes ses compositions. Malgré ses mérites musicaux incontestables, que même

Rossini reconnaissait, et qu'il les donnât en français à Paris ou en italien en Italie, c'était sa triste expérience de toujours voir ses opéras échouer. En Allemagne, il s'était essayé au style mendelssohnien et avait réussi à composer un oratorio intitulé Die Zerstorung Jerusalems, qui, heureusement, n'a pas été remarqué par le public maussade du théâtre et qui a par conséquent acquis la réputation inattaquable d'être « une œuvre allemande solide ». .' Il remplaça également Mendelssohn comme directeur des concerts du Gewandhaus de Leipzig lorsque ce dernier fut appelé à Berlin en qualité de directeur général. Cependant, la mauvaise fortune de Hiller le poursuivait toujours et il ne parvenait pas à conserver son poste, tout le monde ayant compris que c'était parce que sa femme n'était pas suffisamment reconnue comme prima-donna du concert. Mendelssohn revint et fit partir Hiller, et Hiller se vanta de s'être brouillé avec lui.

Dresde et le succès de mon Rienzi pesaient désormais tellement sur son esprit qu'il fit naturellement une nouvelle tentative pour réussir en tant que compositeur d'opéra. En raison de sa grande énergie et de sa position de fils d'un riche banquier (un attrait particulier même pour le directeur d'un théâtre de cour), il arriva qu'il les incita à mettre de côté les Farinelli de mon pauvre ami Röckel (dont la production avait été lui a été promis) en faveur de son propre travail (de Hiller), Der Traum in der Christnacht. Il était d'avis qu'à côté de Reissiger et de moi-même, il fallait un homme d'une plus grande réputation musicale que Röckel. Mais Lüttichau était tout à fait content de nous voir, Reissiger et moi, comme célébrités, d'autant plus que nous nous entendions si bien, et il restait sourd aux souhaits de Hiller. Pour moi, Der Traum in der Christnacht était une grande nuisance. J'ai dû le faire une seconde fois, et devant une maison vide. Hiller comprit maintenant qu'il avait eu tort de ne pas suivre mon conseil plus tôt, de ne pas raccourcir l'opéra d'un acte et de ne pas modifier la fin, et il crut maintenant qu'il me rendait un grand service en se déclarant enfin prêt à agir. ma suggestion dans le cas où une autre représentation de son opéra serait possible. J'ai vraiment réussi à le faire rejouer. Mais ce devait être la dernière fois, et Hiller, qui avait lu mon livre de Tannhäuser, pensait que j'avais un grand avantage sur lui pour écrire mes propres mots. Il m'a donc fait promettre de l'aider dans le choix et l'écriture d'un sujet pour son prochain opéra.

Peu de temps après, Hiller assista à une représentation de Rienzi, qui fut de nouveau donnée devant une salle bondée et enthousiaste. Quand, à la fin du deuxième acte, et après des rappels frénétiques du public, je quittai l'orchestre dans un grand état d'excitation, Hiller, qui m'attendait dans le couloir, en profita pour ajouter à ses félicitations très hâtives , 'Donnez encore une fois mon traumatisme !' Je lui ai promis en riant de le faire si j'en avais l'occasion, mais je ne me souviens plus si cela a réussi ou non. En attendant la création d'une intrigue entièrement nouvelle pour son prochain opéra, Hiller se consacre à l'étude de la musique de chambre, à laquelle se prêtait admirablement sa grande chambre bien meublée.

Un événement magnifique et solennel ajoutait au sérieux de l'ambiance dans laquelle j'ai terminé la musique de Tannhäuser vers la fin de l'année, et neutralisait les impressions plus superficielles que m'avaient faites les événements émouvants décrits ci-dessus. Il s'agissait du déplacement de la dépouille de Carl Maria von Weber de Londres à Dresde en décembre 1844. Comme je l'ai déjà dit, un comité militait depuis des années en faveur de ce déplacement. D'après les informations fournies par un certain voyageur, on avait appris que le cercueil insignifiant qui contenait les cendres de Weber avait été disposé avec une telle négligence dans un coin reculé de Saint-Paul, qu'on craignait qu'il ne devienne bientôt impossible de l'identifier. .

Mon énergique ami, le professeur Lowe, dont j'ai déjà parlé, avait profité de ces informations pour inciter le Dresden Glee Club, qui constituait son passe-temps, à prendre l'affaire en main. Le concert de chanteurs masculins organisé à cette fin avait été un assez bon succès financier, et ils voulaient maintenant inciter la direction du théâtre à faire des efforts similaires, lorsqu'ils se heurtèrent soudain à une sérieuse opposition de ce côté-là. La direction du théâtre de Dresde a déclaré au comité que le roi avait des scrupules religieux à l'idée de troubler la paix des morts. Même si nous étions enclins à douter de l'authenticité de ces raisons, rien ne pouvait être fait, et je fus ensuite contacté à ce sujet, dans l'espoir que ma position influente pourrait donner du poids à mon appel. Je me suis plongé dans l'esprit de l'entreprise avec beaucoup de ferveur. J'ai consenti à être nommé président ; M. Hofrat Schulz, directeur du « Cabinet des Antikens », qui était une autorité bien connue en matière artistique, et un autre monsieur, un banquier chrétien, furent également élus membres du comité, et le mouvement reçut ainsi un nouveau souffle. Des prospectus circulèrent, des plans exhaustifs furent élaborés et de nombreuses réunions furent organisées. Ici encore, je me heurtai à l'opposition de mon chef Lüttichau ; s'il l'avait pu, il m'aurait défendu d'agir dans cette affaire en profitant des scrupules du Roi évoqués plus haut. Mais il avait reçu un avertissement de ne pas me chercher querelle après son expérience de l'été, lorsque, contrairement à son attente, la musique que j'avais écrite pour célébrer l'arrivée du roi avait trouvé grâce auprès du monarque. Comme son antipathie à l'égard de la procédure n'était pas si grave, Lüttichau devait comprendre que même l'opposition directe de Sa Majesté n'aurait pas pu empêcher l'entreprise de se dérouler en privé et qu'au contraire, le tribunal lui ferait une pitié. On ne sait pas si le Royal Court Theatre (auquel Weber appartenait autrefois) devait adopter une attitude hostile. Il a donc essayé, d'une manière amicale, de me faire renoncer à faire avancer la cause, sachant pertinemment que, sans moi, le plan échouerait. Il a essayé de me convaincre que ce serait une erreur de rendre cet honneur exagéré à la mémoire de Weber, alors que personne ne songeait à retirer les cendres de Morlacchi d'Italie, bien que ce dernier ait prêté ses services à l'orchestre royal pendant une période bien plus longue que celle de Weber. fait. Quelle serait la conséquence ? En guise d'argumentation, il dit : « Supposons que Reissiger meure au cours de son voyage vers une station d'eau – sa femme serait alors tout aussi justifiée que Mme von Weber (qui l'avait déjà assez ennuyé) d'attendre que le cadavre de son mari soit retrouvé. ramené à la maison avec musique et faste. J'ai essayé de le calmer, et si je n'ai pas réussi à lui faire voir la différence entre Reissiger et Weber, j'ai réussi à lui faire comprendre que l'affaire devait suivre son cours, puisque le Théâtre de la Cour de Berlin avait déjà annoncé une représentation-bénéfice pour soutenir notre entreprise.

Meyerbeer, à qui mon comité s'était adressé, a joué un rôle déterminant dans cette réalisation, et une représentation d'Euryanthe a effectivement été donnée, qui a rapporté la belle balance de six mille marks. Quelques théâtres de moindre importance suivirent désormais notre exemple. Le Théâtre de la Cour de Dresde ne pouvait donc plus se retenir et, comme nous disposions désormais d'une somme assez importante en banque, nous pûmes couvrir les frais de déménagement ainsi que les frais d'un caveau et d'un monument appropriés ; nous avions même un fonds de base pour une statue de Weber, pour laquelle nous devions nous battre plus tard. L'aîné des deux fils du maître immortel se rendit à Londres pour récupérer la dépouille de son père. Il les fit descendre en bateau sur l'Elbe et arriva finalement au débarcadère de Dresde, d'où ils devaient être conduits sur le sol allemand. Ce dernier voyage des restes devait avoir lieu de nuit. Une procession solennelle aux flambeaux devait être formée, et j'avais pris soin de veiller à la musique funèbre.

J'ai arrangé cela à partir de deux motifs d'Euryanthe, en utilisant cette partie de la musique de l'ouverture qui se rapporte à la vision des esprits. J'ai introduit la Cavatine d'Euryanthe — Hier dicht am Quell (« Ici près de la source »), que j'ai laissée telle quelle, sauf que je l'ai transposée en si bémol majeur, et j'ai terminé le tout, comme Weber a terminé son opéra, par un retour au premier motif sublime. J'avais orchestré cette pièce symphonique, bien adaptée au but, pour huit instruments à vent choisis, et malgré le volume du son, je n'avais pas oublié la douceur et la délicatesse de l'instrumentation. J'ai remplacé l'horrible trémolo des altos, qui apparaît dans cette partie de l'ouverture que j'ai adaptée, par vingt tambours assourdis, et dans l'ensemble j'ai obtenu un effet si extrêmement impressionnant, surtout pour nous qui étions pleins de pensées sur Weber, que Même dans le théâtre où nous répétions, Schröder-Devrient, qui était présent et qui avait été un ami intime de Weber, fut profondément ému. Je n'avais jamais rien fait de plus conforme au caractère du sujet ; et la procession à travers la ville était tout aussi impressionnante.

Comme le tempo très lent, dépourvu d'accents fortement marqués, présentait de nombreuses difficultés, j'avais fait dégager la scène pour la répétition, afin de ménager un espace suffisant pour que les musiciens, une fois le morceau bien pratiqué, puissent se promener autour de moi. en cercle, jouant tout le temps. Plusieurs de ceux qui ont assisté à la procession depuis leurs fenêtres m'ont assuré que l'effet de la procession était indescriptible et sublimement solennel. Après avoir déposé le cercueil dans la petite chapelle mortuaire du cimetière catholique de Friedrichstadt, où Madame Devrient l'accueillit avec une couronne de fleurs, nous accomplîmes, le lendemain matin, la cérémonie solennelle de sa descente dans le caveau. M. Hofrat Schulz et moi-même, en tant que présidents du comité, avons eu l'honneur de prendre la parole au bord de la tombe, et ce qui m'a fourni un sujet approprié pour les quelques paroles quelque peu touchantes que j'ai eu à prononcer, c'est le fait que, peu avant Après l'enlèvement des restes de Weber, le deuxième fils du maître, Alexander von Weber, était décédé. La pauvre mère avait été si terriblement affectée de la mort subite de ce garçon si plein de vie et de santé, que si nous n'avions pas été au milieu de nos arrangements, nous aurions été obligés de les abandonner ; car dans cette nouvelle perte la veuve voyait un jugement de Dieu qui, à son avis, considérait l'enlèvement des restes comme un acte de sacrilège motivé par la vanité. Comme le public semblait particulièrement disposé à partager le même point de vue, il m'incombait de présenter la nature de notre entreprise sous le jour approprié aux yeux du monde. Et j'y suis parvenu jusqu'à présent, à ma grande satisfaction, j'ai appris de tous côtés que ma justification de notre action avait reçu l'acceptation la plus générale.

A cette occasion, j'ai vécu une expérience étrange à mon égard, lorsque, pour la première fois de ma vie, j'ai dû prononcer un discours public solennel. Depuis, j'ai toujours parlé de manière improvisée ; mais cette fois, comme c'était ma première apparition comme orateur, j'avais écrit mon discours et je l'avais soigneusement appris par cœur. Comme j'étais profondément sous l'influence de mon sujet, j'étais si sûr de ma mémoire que je n'ai jamais songé à prendre des notes. Mais grâce à cette omission, j'ai rendu mon frère Albert très malheureux. Il se tenait près de moi lors de la cérémonie et il me raconta ensuite que, malgré sa profonde émotion, il eut à un moment l'impression qu'il aurait pu me maudire de ne pas lui avoir demandé de m'y inciter. Cela s'est passé ainsi : j'ai commencé mon discours d'une voix claire et pleine, mais tout à coup le son de mes propres mots et leur intonation particulière m'ont tellement affecté que, emporté que j'étais par mes propres pensées, j'ai j'imaginais que je me voyais et m'entendais devant la multitude essoufflée. Pendant que je m'apparaissais ainsi objectivement, je restais dans une sorte de transe, pendant laquelle j'avais l'impression d'attendre que quelque chose se produise, et je me sentais une personne tout à fait différente de l'homme qui était censé se tenir là et parler. Ce n'était ni de la nervosité ni de la distraction de ma part ; seulement, à la fin d'une certaine phrase, il y avait une si longue pause que ceux qui me voyaient là devaient se demander ce qu'ils pouvaient bien penser de moi. Finalement, mon propre silence et le calme qui m'entouraient me rappelèrent que je n'étais pas là pour écouter, mais pour parler. Je repris aussitôt mon discours, et je parlai avec une telle aisance jusqu'à la fin que le célèbre acteur Emil Devrient m'assura qu'en dehors du service solennel, il avait été profondément impressionné simplement par le point de vue d'un orateur dramatique.

La cérémonie s'est terminée par un poème écrit et mis en musique par moi-même et, bien qu'il ait présenté de nombreuses difficultés pour les voix d'hommes, il a été magnifiquement interprété par certains des meilleurs chanteurs d'opéra. Lüttichau, qui était présent, était désormais non seulement convaincu de la justesse de l'entreprise, mais aussi fortement en faveur de celle-ci. J'étais profondément reconnaissant que tout ait si bien réussi, et lorsque la veuve de Weber, à qui j'ai rendu visite après la cérémonie, m'a dit à quel point elle aussi avait été profondément émue, le seul nuage qui obscurcissait encore mon horizon s'est dissipé. Dans ma jeunesse, j'avais appris à aimer la musique grâce à mon admiration pour le génie de Weber, et la nouvelle de sa mort fut pour moi un coup terrible. Avoir, pour ainsi dire, repris contact avec lui et après tant d'années lors de ces deuxièmes funérailles, fut un événement qui remua au plus profond de mon être.

De tous les détails que j'ai donnés sur mon intimité avec les grands maîtres qui furent mes contemporains, il est facile de voir par quelles sources j'avais pu étancher ma soif de relations intellectuelles. Ce n'était pas une perspective très satisfaisante que de quitter la tombe de Weber pour se tourner vers ses successeurs vivants ; mais je devais encore découvrir à quel point c'était absolument désespéré.

J'ai passé l'hiver 1844-1845 en partie à céder aux attractions extérieures et en partie à m'adonner à la méditation la plus profonde. A force d'une grande énergie, et en me levant très tôt, même en hiver, j'ai réussi à achever ma partition de Tannhäuser au début d'avril, après en avoir, comme déjà dit, terminé la composition à la fin de l'année précédente. En écrivant l'orchestration, je me suis rendu la tâche particulièrement difficile en utilisant le papier spécialement préparé que le procédé d'impression rend nécessaire et qui m'a entraîné dans toutes sortes de formalités éprouvantes. Je fis transférer immédiatement chaque page sur la pierre, et tirer cent exemplaires de chacune , espérant utiliser ces épreuves pour la diffusion rapide de mon ouvrage. Que mes espoirs se réalisent ou non, j'avais en tout cas quinze cents marks de poche lorsque tous les frais de publication furent payés.

Sur ce travail qui demanda tant de sacrifices, et qui fut si lent et difficile, plus de détails apparaîtront dans mon autobiographie. En tout cas, lorsque le mois de mai arriva, j'étais en possession d'une centaine d'exemplaires soigneusement reliés de mon premier ouvrage nouveau depuis la parution du Fliegender Holländer, et Hiller, à qui j'en montrai quelques parties, se fit une assez bonne impression de son contenu. valeur.

Ces projets visant à répandre rapidement la renommée de mon Tannhäuser étaient faits dans l'espoir d'un succès qui, compte tenu de ma situation de misère, me paraissait de plus en plus souhaitable. Au cours de l'année qui s'est écoulée depuis que j'ai commencé à publier mes opéras, beaucoup de choses ont été faites dans ce sens. En septembre de l'année 1844, j'avais offert au roi de Saxe un exemplaire spécial, richement relié, de l'arrangement complet pour piano de Rienzi, dédié à Sa Majesté. Le Fliegender Holländer était également terminé et l'arrangement pour piano de Rienzi pour duo, ainsi que quelques chansons sélectionnées dans les deux opéras, avaient été publiés ou étaient sur le point de l'être. En outre, j'avais fait réaliser vingt-cinq copies des partitions de ces deux opéras au moyen du procédé dit de transfert autographique, mais uniquement à partir de l'écriture des copistes. Toutes ces lourdes dépenses m'obligeaient à essayer absolument d'envoyer mes partitions aux différents théâtres et de les inciter à produire mes opéras, car la dépense pour les partitions de piano avait été lourde, et celles-ci ne pourraient se vendre que si mes œuvres s'est suffisamment fait connaître grâce au théâtre.

J'envoyais maintenant la partition de mon Rienzi aux théâtres les plus importants, mais ils me rendaient tous mon œuvre, le Théâtre de la Cour de Munich la renvoyant même sans l'avoir ouverte ! Je savais donc à quoi m'attendre et m'épargnais la peine d'envoyer mon Hollandais. D'un point de vue spéculatif, la situation était la suivante : le succès espéré de Tannhäuser entraînerait dans son sillage une demande pour mes œuvres antérieures. Le bon Meser, mon agent, qui était l'éditeur de musique nommé à la cour, commençait aussi à éprouver un peu de doute et comprit que c'était la seule chose à faire. J'ai immédiatement commencé à publier un arrangement pour piano de Tannhäuser, en le préparant moi-même tandis que Röckel entreprenait le Fliegender Holländer, et qu'un certain Klink faisait Rienzi.

La seule chose à laquelle Meser était absolument opposé était le titre de mon nouvel opéra, que je venais de nommer Der Venusberg ; il a soutenu que, comme je ne fréquentais pas le public, je n'avais aucune idée des horribles plaisanteries qui étaient faites à propos de ce titre. Il a ajouté que les étudiants et les professeurs de la faculté de médecine de Dresde seraient les premiers à s'en moquer, car ils avaient une prédilection pour ce genre de plaisanterie obscène. J'étais suffisamment dégoûté par ces détails pour consentir au changement. Au nom de mon héros, Tannhäuser, j'ai ajouté le nom du sujet de la légende qui, bien qu'à l'origine n'appartenait pas au mythe de Tannhäuser, y était donc associé par moi, ce que plus tard Simrock, le grand chercheur et innovateur dans le monde des légendes, que j'estimais tant, prenait beaucoup de mal.

Tannhäuser und der Sangerkrieg auf Wartburg devrait désormais être son titre, et pour donner à l'œuvre un aspect médiéval, j'ai fait imprimer les mots spécialement en caractères gothiques sur l'arrangement pour piano et j'ai ainsi présenté l'œuvre au public.

Les dépenses supplémentaires que cela impliquait étaient très lourdes ; mais je me suis donné beaucoup de mal pour impressionner Meser avec ma croyance dans le succès de mon travail. Nous étions si profondément impliqués dans ce projet, et les sacrifices qu'il nous avait obligés à faire étaient si grands, qu'il n'y avait rien d'autre à faire que de s'en remettre à un tour particulier de la roue de la Fortune. Il se trouve que la direction du théâtre partageait ma confiance dans le succès de Tannhäuser. J'avais convaincu Lüttichau de faire peindre les décors de Tannhäuser par les meilleurs peintres du grand Opéra de Paris. J'avais vu leur travail sur la scène de Dresde : il appartenait au style de l'art scénique allemand alors à la mode et donnait vraiment l'effet d'un travail de premier ordre.

La commande ainsi que les négociations nécessaires avec le peintre parisien Desplechin avaient déjà été réglées à l'automne précédent. La direction a accédé à tous mes souhaits, même à la commande de beaux costumes de caractère médiéval conçus par mon ami Heine. La seule chose que Lüttichau retardait constamment était la commande de la salle des chants de la Wartburg ; il affirmait que la salle du Kaiser Karl le Grand à Obéron, qui venait tout juste d'être livrée par quelques peintres français, répondrait tout aussi bien à cet objectif. Au prix d'efforts surhumains, j'ai dû convaincre mon chef que nous ne voulions pas une salle du trône brillante, mais un tableau scénique d'un certain personnage tel que je le voyais sous mes yeux, et qu'il ne pouvait être peint que selon mes instructions. Comme à la fin je devenais très irritable et contrarié, il me calma en me disant qu'il n'avait aucune objection à ce que cette scène soit peinte, et qu'il ordonnerait qu'on la commence immédiatement, ajoutant qu'il n'était pas d'accord tout de suite, seulement avec le afin de rendre ma joie plus grande, car ce qu'on obtenait sans difficulté, on l'appréciait rarement. Cette Salle des Chants était destinée à me causer de gros ennuis plus tard.

Ainsi tout battait son plein ; les circonstances étaient favorables et semblaient jeter une lumière pleine d'espoir sur la production de ma nouvelle œuvre au début de la saison d'automne. Même le public l'attendait avec impatience et, pour la première fois, j'ai vu mon nom mentionné de manière amicale dans une communication à l'Allgemeine Zeitung. Ils parlèrent même des grandes attentes qu'ils avaient à l'égard de ma nouvelle œuvre, dont le poème avait été écrit « avec un sentiment poétique incontestable ».

Plein d'espoir, j'ai commencé en juillet mes vacances, qui consistaient en un voyage à Marienbad en Bohême, où ma femme et moi avions l'intention de suivre la cure. Je me suis retrouvé à nouveau sur le sol « volcanique » de ce pays extraordinaire, la Bohême, qui m'a toujours autant inspiré. C'était un été merveilleux, presque trop chaud, et j'étais donc de bonne humeur. J'avais eu l'intention de suivre le mode de vie facile qui est une partie nécessaire de ce traitement quelque peu éprouvant, et j'avais choisi mes livres avec soin, emportant avec moi les poèmes de Wolfram von Eschenbach, édités par Simrock et San Marte, ainsi que comme l'épopée anonyme Lohengrin, avec sa longue introduction par Gorres. Mon livre sous le bras, je me cachai dans les bois voisins, et plantant ma tente au bord du ruisseau, en compagnie de Titurel et de Parcival, je me perdis dans le poème étrange et pourtant irrésistiblement charmant de Wolfram. Bientôt, cependant, l'envie m'a saisi d'exprimer l'inspiration générée par ce poème, de sorte que j'ai eu la plus grande difficulté à surmonter mon désir de renoncer au repos qui m'avait été prescrit en buvant l'eau de Marienbad.

Le résultat était un état d'excitation toujours croissant. Lohengrin, dont la première conception date de la fin de mon séjour parisien, se révéla soudain devant moi, complet dans les moindres détails de sa construction dramatique. La légende du cygne, qui constitue un élément si important de toutes les nombreuses versions de cette série de mythes que mes études avaient portées à ma connaissance, exerçait sur mon imagination une fascination singulière.

Me souvenant des conseils du médecin, je luttai courageusement contre la tentation d'écrire mes idées et recouru aux méthodes les plus étranges et les plus énergiques. Grâce à certains commentaires que j'avais lus dans l'Histoire de la littérature allemande de Gervinus, les maîtres chanteurs de Nuremberg et Hans Sachs avaient acquis pour moi un charme tout à fait vital. Le Marker seul et le rôle qu'il joue dans le chant du Maître me plaisaient particulièrement, et au cours d'une de mes promenades solitaires, sans rien savoir de particulier sur Hans Sachs et ses poétiques contemporains, j'ai imaginé une scène humoristique dans laquelle le cordonnier, en artisan-poète populaire, le marteau sur la forme, donne au Marqueur une leçon pratique en le faisant chanter, se vengeant ainsi de ses méfaits conventionnels. Pour moi, la force de toute la scène était concentrée dans les deux points suivants : d'un côté le Marker, avec son ardoise couverte de marques à la craie, et de l'autre Hans Sachs brandissant les chaussures couvertes de ses marques à la craie, chacun laissant entendre à l'autre que le chant avait été un échec. À ce tableau, en guise de conclusion du deuxième acte, j'ai ajouté une scène consistant en une petite rue étroite et tortueuse de Nuremberg, avec des gens qui couraient tous dans une grande excitation et qui finissaient par se livrer à une bagarre de rue. Ainsi, tout à coup, toute ma comédie des Meistersinger prit forme si vivement devant moi, que, dans la mesure où c'était un sujet particulièrement joyeux et qui n'était pas du tout de nature à surexciter mes nerfs, j'ai senti que je devais l'écrire malgré tout. des ordres du médecin. J'ai donc procédé ainsi, espérant que cela pourrait me libérer de l'emprise de l'idée de Lohengrin ; mais je me trompais ; car à peine étais-je entré dans mon bain à midi, que j'ai ressenti un désir irrésistible d'écrire Lohengrin, et ce désir m'a tellement envahi que je ne pouvais pas attendre l'heure prescrite pour le bain, mais quand quelques minutes se sont écoulées, j'ai sauté hors et, me donnant à peine le temps de m'habiller, j'ai couru chez moi pour écrire ce que j'avais en tête. J'ai répété cela pendant plusieurs jours jusqu'à ce que l'esquisse complète de Lohengrin soit sur papier.

Le médecin me dit alors que je ferais mieux de renoncer aux eaux et aux bains, affirmant avec insistance que j'étais tout à fait inapte à de telles cures. Mon excitation était devenue telle que même mes efforts pour dormir ne se terminaient généralement que par des aventures nocturnes. Parmi quelques excursions intéressantes que nous fîmes à cette époque, celle d'Eger me fascina particulièrement, à cause de son association avec Wallenstein et des costumes particuliers des habitants.

À la mi-août, nous sommes retournés à Dresde, où mes amis étaient heureux de me voir de si bonne humeur ; quant à moi, j'avais l'impression d'avoir des ailes. En septembre, alors que tous nos chanteurs étaient revenus de leurs vacances d'été, j'ai repris avec beaucoup de sérieux les répétitions de Tannhäuser. Nous en étions maintenant si loin, du moins en ce qui concerne la partie musicale de la représentation, que la date éventuelle de la production semblait assez proche. Schroder-Devrient fut l'un des premiers à se rendre compte des difficultés extraordinaires qu'entraînerait la production de Tannhäuser. Et en effet, elle a vu ces difficultés si clairement que, à mon grand désarroi, elle a pu me les exposer toutes. Un jour, comme je l'appelais, elle lut à haute voix les principaux passages avec beaucoup d'émotion et de force, puis elle me demanda comment j'avais pu être si simple d'esprit au point de penser qu'une créature aussi enfantine que Tichatschek serait capable de trouver les tons appropriés pour Tannhäuser. J'ai essayé d'attirer son attention et la mienne sur la nature de la musique, qui était écrite si clairement afin de faire ressortir l' accent nécessaire, que, à mon avis, la musique parlait réellement pour celui qui interprétait le passage, même s'il n'était qu'un chanteur musical et rien de plus. Elle secoua la tête, disant que cela irait bien dans le cas d'un oratorio.

Elle chanta alors la prière d'Élisabeth sur la partition de piano et me demanda si je pensais vraiment que cette musique répondrait à mes intentions si elle était chantée par une jeune et jolie voix sans âme ou sans cette expérience de la vie qui seule pouvait donner la véritable expression au interprétation. J'ai soupiré et j'ai dit que, dans ce cas, la jeunesse de la voix et de son propriétaire devait compenser ce qui manquait : en même temps, je lui ai demandé une faveur pour voir ce qu'elle pourrait faire pour que ma nièce Johanna , comprenez son rôle. Mais tout cela n'a pas résolu le problème de Tannhäuser, car tout effort d'enseignement du Tichatschek n'aurait abouti qu'à la confusion. J'étais donc obligé de m'en remettre entièrement à l'énergie de sa voix et au ton particulièrement aigu du chanteur.

L'inquiétude de Devrient à propos des rôles principaux venait en partie de son inquiétude pour les siennes. Elle ne savait que faire du rôle de Vénus ; elle l'avait entrepris pour le succès de la représentation, car, même s'il ne s'agissait que d'un petit rôle, tout dépendait de son interprétation idéale ! Plus tard, lorsque l'ouvrage fut donné à Paris, je fus convaincu que cette partie avait été écrite dans un style trop sommaire, ce qui me poussa à la reconstituer en y faisant de nombreux ajouts et en y ajoutant tout ce qui me semblait lui manquer. Mais pour le moment, il semblait qu'aucun art du chanteur ne pouvait donner à cette esquisse quoi que ce soit de ce qu'elle devrait représenter. La seule chose qui aurait pu contribuer à une imitation satisfaisante de Vénus aurait été la confiance de l'artiste dans sa propre grande attirance physique et dans l'effet qu'elle contribuerait à produire en faisant appel aux sympathies purement matérielles du public. La certitude que ces moyens n'étaient plus à sa disposition paralysait cette grande chanteuse, qui ne pouvait plus cacher son âge et son air de matrone. Elle est donc devenue gênée et incapable d'utiliser même les moyens habituels pour obtenir un effet. Un jour, avec un petit sourire de désespoir, elle s'est déclarée incapable de jouer Vénus, pour la simple raison qu'elle ne pouvait pas apparaître habillée comme la déesse. « Que diable dois-je porter en tant que Vénus ? s'exclama-t-elle. « Après tout, je ne peux pas porter une ceinture seule. Je devrais avoir l'air d'une jolie silhouette amusante, et tu rirais du mauvais côté de ton visage !'

En somme, je fondais encore mes espérances sur le seul effet général de la musique, dont la grande promesse aux répétitions m'encourageait beaucoup. Hiller, qui avait parcouru la partition et en avait déjà fait l'éloge, m'a assuré que l'instrumentation n'aurait pas pu être exécutée avec plus de sobriété. La sonorité caractéristique et délicate de l'orchestre me ravit et me conforta dans ma volonté d'être extrêmement économe dans l'usage de mon matériel orchestral, afin d'atteindre cette abondance de combinaisons dont j'avais besoin pour mes œuvres ultérieures.

A la répétition, ma femme seule manquait les trompettes et les trombones qui donnaient tant d'éclat et de fraîcheur à Rienzi. Bien que j'en ai ri, je n'ai pu m'empêcher d'être inquiet lorsqu'elle m'a confié combien grande avait été sa déception lorsque, à la répétition du théâtre, elle avait remarqué l'impression bien faible faite par la musique de la Sangerkrieg. S'exprimant du point de vue du public, qui a toujours envie d'être amusé ou ému d'une manière ou d'une autre, elle avait ainsi très justement attiré l'attention sur un côté extrêmement discutable de la représentation . Mais je vis tout de suite que la faute en était moins à la conception qu'au fait que je n'avais pas contrôlé la production avec suffisamment de soin.

En ce qui concerne la conception de cette scène, j'étais littéralement face à un dilemme, car il me fallait décider une fois pour toutes si cette Sangerkrieg devait être un concert d'airs ou un concours de poésie dramatique. Il y a encore aujourd'hui beaucoup de gens qui, bien qu'ayant assisté à une production parfaitement réussie de cette scène, n'ont pas reçu la juste impression de son contenu. Leur idée est qu'il appartient au « genre » traditionnel de l'opéra, qui exige que de nombreuses évolutions vocales soient juxtaposées ou contrastées, et que ces différents chants ont pour but d'amuser et d'intéresser le public par leurs changements de rythme purement musicaux. et du temps sur le principe d'un programme de concert, c'est à dire par divers éléments de styles différents. Ce n'était pas du tout mon idée : ma véritable intention était, si possible, d'obliger l'auditeur, pour la première fois dans l'histoire de l'opéra, à s'intéresser à une idée poétique, en lui faisant suivre tous ses développements nécessaires. Car ce n'est que grâce à cet intérêt qu'il a pu comprendre la catastrophe qui, dans ce cas, ne devait être provoquée par aucune influence extérieure, mais devait être simplement le résultat des processus spirituels naturels à l'œuvre. D'où la nécessité d'une grande modération et d'une grande ampleur dans la conception de la musique ; premièrement, afin que, selon mon principe, cela puisse s'avérer utile plutôt que l'inverse à la compréhension des vers poétiques, et deuxièmement, afin que le caractère rythmique croissant de la mélodie qui marque le développement ardent de la passion ne soit pas trop interrompu. arbitrairement par des changements inutiles de modulation et de rythme. De là aussi la nécessité d'un usage très parcimonieux des instruments d'orchestre pour l'accompagnement, et d'une suppression intentionnelle de tous les effets purement musicaux qui doivent être utilisés, et cela progressivement, seulement lorsque la situation devient si intense qu'on cesse presque de penser , et ne peut que ressentir le caractère tragique de la crise. Personne ne pouvait nier que j'avais réussi à produire l'effet propre de ce principe au moment où je jouais la Sangerkrieg au piano. En vue d'assurer tous mes succès futurs, j'étais maintenant confronté à la difficulté exceptionnelle de faire comprendre aux chanteurs d'opéra comment interpréter leurs rôles précisément comme je le souhaitais. Je me rappelai comment, par manque d'expérience, j'avais négligé de diriger correctement la production du Fliegender Holländer, et comme je réalisais maintenant pleinement toutes les conséquences désastreuses de cette négligence, je commençai à réfléchir aux moyens par lesquels je pourrais enseigner aux chanteurs mon propre interprétation. J'ai déjà dit qu'il était impossible d'influencer Tichatschek, car si on lui faisait faire des choses qu'il ne pouvait pas comprendre, il devenait seulement nerveux et confus. Il était conscient de ses avantages. Il savait qu'avec sa voix métallique, il pouvait chanter avec un rythme musical et une précision remarquables, tandis que sa prestation était tout simplement parfaite. Mais, à mon grand étonnement, je dus bientôt apprendre que tout cela ne suffisait en aucun cas ; car, à ma grande horreur, dès la première représentation, ce qui m'avait étrangement échappé lors des répétitions m'est apparu tout à coup . A la fin de la Sangerkrieg, lorsque Tannhäuser (dans une excitation frénétique et oubliant toutes les personnes présentes) doit chanter ses louanges à Vénus, et que j'ai vu Tichatschek se diriger vers Elizabeth et lui adresser son emportement passionné, j'ai pensé à l'avertissement de Schroder-Devrient c'est à peu près la même chose que Crésus a dû penser lorsqu'il s'est écrié : « Ô Solon ! Solon ! au bûcher funéraire. Malgré l'excellence musicale de Tichatschek, l'énorme vie et le charme mélodique de la Sangerkrieg ont complètement échoué.

En revanche, j'ai réussi à faire naître un élément entièrement nouveau, comme on n'en avait probablement jamais vu dans l'opéra ! J'avais observé avec beaucoup d'intérêt le jeune baryton Mitterwurzer dans certains de ses rôles - c'était un homme étrangement réticent, et pas du tout enclin à la sociabilité, et j'avais remarqué que sa voix délicieusement douce possédait la rare qualité de faire ressortir la note intérieure de l'âme. Je lui confiai Wolfram et j'avais toutes les raisons d'être satisfait de son zèle et de la réussite de ses études. Par conséquent, si je voulais que mon intention et ma méthode soient connues, notamment en ce qui concerne cette difficile Sangerkrieg, je devais compter sur lui pour la bonne exécution de mes plans et de tout ce qu'ils comportaient. J'ai commencé par parcourir avec lui la chanson d'ouverture de cette scène ; mais, après avoir fait tout mon possible pour lui faire comprendre comment je voulais que cela soit fait, je fus surpris de constater combien cette interprétation particulière de la musique lui paraissait très difficile. Il était absolument incapable de le répéter après moi, et à chaque effort renouvelé son chant devenait si banal et si mécanique que je comprenais bien qu'il n'avait pas compris ce morceau comme autre chose qu'une phrase sous forme récitative, qu'il pouvait interpréter avec toutes les inflexions de la voix qui se trouvaient être prescrites, ou qui pouvaient être chantées de telle ou telle manière, selon la fantaisie, comme il était d'usage dans les pièces d'opéra. Lui aussi était étonné de son propre manque de capacité, mais il était si frappé par la nouveauté et la justesse de mes vues, qu'il m'a prié de ne plus essayer pour le moment, mais de le laisser découvrir par lui-même comment mieux vaut se familiariser avec ce monde nouvellement révélé. Pendant plusieurs répétitions, il ne chantait qu'à voix basse pour surmonter la difficulté, mais à la dernière répétition il s'acquitta si admirablement de sa tâche et s'y jeta si chaleureusement, que son œuvre est restée jusqu'à ce jour comme mon œuvre la plus précieuse. raison concluante de croire que, malgré l'état insatisfaisant du monde de l'opéra aujourd'hui, il est possible non seulement de trouver, mais aussi de bien former, le chanteur que je devrais considérer comme indispensable pour une interprétation correcte de mes œuvres . C'est grâce à l'impression faite par Mitterwurzer que j'ai finalement réussi à faire comprendre au public l'ensemble de mon œuvre. Cet homme, qui avait complètement changé d'allure, d'apparence et d'apparence pour s'adapter au rôle de Wolfram, était, en résolvant ainsi le problème, non seulement devenu un artiste complet, mais, par son interprétation de son rôle, il était également s'est révélé mon sauveur au moment même où mon œuvre menaçait d'échouer à cause du résultat peu satisfaisant de la première représentation.

A ses côtés, le rôle d'Elizabeth faisait une douce impression. L'apparence juvénile de ma nièce, sa silhouette grande et élancée, ses traits résolument allemands, ainsi que la beauté incomparable de sa voix, avec son expression d'une innocence presque enfantine, l'ont aidée à conquérir le cœur du public, même même si son talent était plus théâtral que dramatique. Elle est rapidement devenue célèbre en incarnant ce rôle, et souvent plus tard, en parlant des représentations de Tannhäuser dans lesquelles elle était apparue, on me disait que le succès lui était entièrement dû. Chose étrange, dans de tels rapports, on parlait principalement du charme de son jeu au moment où elle recevait les invités dans la salle de la Wartburg ; et j'en expliquais l'importance en me rappelant les efforts inlassables avec lesquels mon talentueux frère et moi l'avions entraînée à jouer ce rôle précis. Et pourtant il n'a jamais été possible de lui faire comprendre la bonne interprétation de la prière du troisième acte, et j'ai eu envie de dire : « Ô Solon ! Solon ! comme je l'avais fait pour Tichatschek, lorsqu'après la première représentation j'avais été obligé de faire une coupure considérable dans ce solo, procédé qui en réduisit considérablement l'importance pour toujours. J'ai appris plus tard que Johanna, qui pendant une courte période avait effectivement eu la réputation d'être une grande chanteuse, n'avait jamais réussi à chanter la prière comme il fallait la chanter, alors qu'une chanteuse française, Mademoiselle Marie Sax, y était parvenue à Paris à mon avis. entière satisfaction.

Début octobre, nos répétitions étaient tellement avancées que rien ne s'opposait à une production immédiate de Tannhäuser, à l'exception du décor, qui n'était pas encore terminé. Quelques-unes seulement des scènes commandées à Paris étaient arrivées, et même celles-ci étaient arrivées très tard. La vallée de la Wartburg était magnifiquement efficace et parfaite dans les moindres détails. L'intérieur du Venusberg m'inquiétait cependant beaucoup : le peintre ne m'avait pas compris ; il avait peint des bouquets d'arbres et des statues qui rappelaient Versailles, et les avait placés dans une grotte sauvage ; il n'avait visiblement pas su combiner l'étrange et le séduisant. J'ai dû insister sur des modifications importantes, et principalement sur la peinture des arbustes et des statues, ce qui a demandé du temps. La grotte devait être à moitié cachée dans un nuage rose, à travers lequel la vallée de la Wartburg devait apparaître au loin ; cela devait être fait dans la stricte obéissance à mes propres idées.

Mais le plus grand malheur allait m'arriver : la livraison tardive du décor de la Salle des Chants. Cela était dû à une grande négligence de la part des artistes parisiens ; et nous avons attendu et attendu jusqu'à ce que chaque détail de l'opéra ait été étudié et étudié encore ad nauseam. Chaque jour, j'allais à la gare et examinais tous les colis et cartons qui étaient arrivés, mais il n'y avait pas de Salle des Chants. Finalement, je me suis laissé convaincre de ne pas reporter plus longtemps la première représentation et j'ai décidé d'utiliser la salle de Charles le Grand d'Obéron, initialement suggérée par Lüttichau, à la place de la salle réelle. Compte tenu de l'importance que j'attachais à l'effet pratique, cela impliquait un grand sacrifice de mes sentiments personnels. Et il est vrai qu'au lever du rideau du deuxième acte, la réapparition de cette salle du trône, que le public avait si souvent vue, ajouta considérablement à la déception générale du public, qui s'attendait à d'étonnantes surprises dans cet opéra.

Le 19 octobre eut lieu la première représentation. Le matin de ce jour-là, une très belle jeune femme m'a été présentée par le chef Lipinsky. Elle s'appelait Mme. Ivalergis, et elle était la nièce du chancelier russe, le comte von Nesselrode. Liszt lui avait parlé de moi avec un tel enthousiasme qu'elle s'était rendue jusqu'à Dresde spécialement pour entendre la première production de ma nouvelle œuvre. Je pensais avoir raison de considérer cette visite flatteuse comme un bon présage. Mais bien qu'à cette occasion elle se soit détournée de moi, quelque peu perplexe et déçue par la performance très inintelligible et l'accueil quelque peu douteux qui lui a été réservé, j'ai eu suffisamment de raisons, dans les années suivantes, de savoir à quel point cette femme remarquable et énergique avait néanmoins été profondément impressionné.

Un grand contraste avec cette visite était celui que je reçus d'un homme particulier appelé C. Gaillard. Il était rédacteur en chef d'un journal musical berlinois qui venait tout juste de démarrer et dans lequel j'avais lu avec un grand étonnement une critique tout à fait favorable et importante de mon Fliegender Holländer. Bien que la nécessité m'eût contraint de rester indifférent à l'attitude des critiques, cet avis particulier me fit cependant beaucoup de plaisir, et j'avais invité mon critique inconnu à venir entendre la première production de Tannhäuser à Dresde.

C'est ce qu'il a fait, et j'ai été profondément touché de constater que j'avais affaire à un jeune homme qui, bien que menacé de phtisie et extrêmement mal loti, était venu à mon invitation, simplement par sens du devoir et honneur, et non avec un quelconque motif mercenaire. J'ai vu par ses connaissances et ses capacités qu'il ne pourrait jamais accéder à une position de grande influence, mais sa bonté de cœur et son esprit extraordinairement réceptif m'ont rempli d'un sentiment de profond respect pour lui. Quelques années plus tard, j'appris avec beaucoup de tristesse qu'il avait enfin succombé à la terrible maladie dont je le savais atteint ; car jusqu'au bout il me resta fidèle et dévoué, malgré les circonstances les plus pénibles.

Entre-temps, j'avais renoué avec l'ami que j'avais gagné grâce à la production du Fliegender Holländer à Berlin et que, depuis longtemps, je n'avais jamais eu l'occasion de connaître plus à fond. La deuxième fois que je la rencontrai, c'était chez Schröder-Devrient, avec qui elle entretenait déjà des relations amicales et dont elle parlait comme « d'une de mes plus grandes conquêtes ».

Elle avait déjà dépassé sa première jeunesse et n'avait de beauté de traits que des yeux remarquablement pénétrants et expressifs qui montraient la grandeur d'âme dont elle était douée. Elle était la sœur de Frommann, le libraire d'Iéna, et pouvait raconter de nombreux faits intimes sur Goethe, qui avait séjourné chez son frère lorsque celui-ci était dans cette ville. Elle avait occupé le poste de lectrice et de compagne de la princesse Augusta de Prusse, et avait ainsi fait une connaissance intime avec elle, et était considérée par sa propre association comme presque une amie intime et une confidente de cette grande dame. Elle vivait néanmoins dans une extrême pauvreté et semblait fière de pouvoir, grâce à son talent de peintre d'arabesques, s'assurer une sorte d'indépendance. Elle m'est toujours restée fidèlement dévouée, car elle était une des rares à ne pas être influencées par l'impression défavorable produite par la première représentation de Tannhäuser, et a immédiatement exprimé son appréciation pour ma dernière œuvre avec le plus grand enthousiasme.

En ce qui concerne la mise en scène elle-même, les conclusions que j'en tirais étaient les suivantes : les vrais défauts de l'œuvre, que j'ai déjà évoqués incidemment, résidaient dans la représentation sommaire et maladroite de la partie de Vénus, et par conséquent de l'ensemble de l'œuvre. scène d'introduction du premier acte. En raison de ce défaut, le drame n'a même jamais atteint le niveau de chaleur véritable, et encore moins les sommets de la passion qui, selon la conception poétique du rôle, devraient agir si fortement sur les sentiments du public qu'ils préparez-les à la catastrophe inévitable dans laquelle culmine la scène, et conduisez ainsi au dénouement tragique. Cette grande scène fut un échec complet, bien qu'elle fût confiée à une aussi grande actrice que Schröder-Devrient et à un chanteur aussi singulièrement doué que Tichatschek. Le génie de Devrient aurait pu encore trouver le juste ton de passion dans la scène, si elle n'avait eu le hasard de jouer avec un chanteur incapable de tout sérieux dramatique, et dont les dons naturels ne le prédisposaient qu'aux accents joyeux ou déclamatoires, et qui en était totalement incapable. d'exprimer la douleur et la souffrance. Il a fallu attendre la chanson touchante de Wolfram et la scène finale de cet acte pour que le public montre le moindre signe d'émotion. Tichatschek produisit un tel effet dans la phrase finale par la musique jubilatoire de sa voix que, comme je l'appris ensuite, la fin de ce premier acte laissa le public dans un grand enthousiasme. Cela a été maintenu, et même dépassé dans le deuxième acte, au cours duquel Elizabeth et Wolfram ont fait une impression très sympathique. Seul le héros de Tannhäuser continuait à perdre du terrain et ne parvenait finalement pas à retenir le public, au point que dans la scène finale, il faillit s'effondrer, comme si l'échec de Tannhäuser était le sien. Le défaut fatal de sa performance résidait dans son incapacité à trouver la bonne expression pour le thème du grand passage de l'Adagio du finale commençant par les mots : « Pour conduire le pécheur au salut, le messager envoyé du ciel s'est approché ». J'ai longuement expliqué l'importance de ce passage dans mes instructions ultérieures pour la production de Tannhäuser. En effet, en raison du rendu absolument inexpressif de Tichatschek, qui le faisait paraître terriblement long et fastidieux, j'ai dû l'omettre entièrement de la deuxième représentation. Comme je ne voulais pas offenser un homme aussi dévoué et, à sa manière, aussi méritant que Tichatschek, j'ai laissé entendre que j'étais parvenu à la conclusion que ce thème était un échec. De plus, comme Tichatschek était considéré comme un acteur choisi par moi-même pour jouer le rôle des héros de mes œuvres, ce passage, si inestimablement vital pour l'opéra, a continué à être omis dans toutes les productions ultérieures de Tannhäuser, comme si cette procédure avait été approuvée et réclamée par moi. Je ne me faisais donc aucune illusion sur la valeur du succès universel ultérieur de cet opéra sur la scène allemande. Mon héros, qui, dans le ravissement comme dans le malheur, aurait toujours dû affirmer ses sentiments avec une énergie sans bornes, s'est enfui à la fin du deuxième acte avec l'humble attitude d'un pécheur repentant, pour réapparaître au troisième avec une attitude destinée à éveiller la sympathie charitable du public. Sa prononciation de l'excommunication du Pape, cependant, a été rendue avec toute sa puissance rhétorique habituelle, et il était rafraîchissant d'entendre sa voix dominer les trombones qui l'accompagnaient. Certes, ce défaut radical dans le jeu du héros avait laissé le public dans un suspense dubitatif et insatisfait sur le sens de l'ensemble, mais l'erreur dans l'exécution de la scène finale, née de ma propre inexpérience dans ce nouveau domaine dramatique création, a sans aucun doute contribué à produire une incertitude effrayante quant à la véritable signification de l'action scénique. Dans ma première version complète, j'avais fait apparaître

Vénus, à l'occasion de sa seconde tentative pour rappeler son amant infidèle, dans une vision à Tannhäuser alors qu'il est dans un délire, et l'horreur de la situation n'est que suggérée par un une faible lueur rosée sur le lointain Horselberg. Même l'annonce définitive de la mort d'Elizabeth fut une inspiration soudaine de la part de Wolfram. Cette idée, j'avais l'intention de la transmettre au public qui l'écoutait uniquement par le son des cloches qui sonnaient au loin et par une faible lueur de torches pour attirer son regard vers la Wartburg lointaine. De plus, l'apparition du chœur des jeunes pèlerins, chargés d'annoncer le miracle par leur seul chant, manquait de précision et de clarté. Je ne leur avais alors donné aucun bâton naissant à porter, et j'avais malheureusement gâché leur refrain par une monotonie fastidieuse et ininterrompue de l'accompagnement.

Quand enfin le rideau est tombé, j'ai eu l'impression, non pas tant à cause du comportement amical du public, mais plutôt à cause de ma propre conviction intérieure, que l'échec de cette œuvre était dû à un matériel immature et inadapté. utilisé dans sa production. Ma dépression était extrême et quelques amis présents après la pièce, parmi lesquels ma chère sœur Clara et son mari, furent également touchés. Le soir même, je décidai de remédier aux défauts de la première soirée avant la deuxième représentation. J'avais conscience de la principale faute, mais j'osais à peine exprimer ma conviction. A la moindre tentative de ma part pour expliquer quoi que ce soit à Tichatschek, je devais y renoncer, car je réalisais l'impossibilité du succès, je n'aurais dû que le rendre tellement embarrassé et ennuyé que, sous un prétexte ou un autre, il n'aurait plus jamais chanté Tannhäuser. . Afin d'assurer la répétition de mon opéra, j'ai donc choisi la seule solution qui s'offrait à moi : m'attribuer toute la responsabilité de l'échec. Je pouvais ainsi procéder à des réductions considérables, ce qui, bien sûr, diminuait considérablement la signification dramatique du rôle principal ; cela n'a cependant pas gêné les autres parties de l'opéra, qui avaient été favorablement accueillies. En conséquence, quoique intérieurement très humilié, j'espérais tirer quelque avantage pour mon travail lors de la seconde représentation, et je désirais particulièrement que celle-ci ait lieu le plus rapidement possible. Mais Tichatschek était enroué et j'ai dû garder mon âme patiente pendant une bonne semaine.

Je peux difficilement décrire ce que j'ai souffert pendant cette période ; il semblait que ce retard allait complètement ruiner mon travail. Chaque jour qui s'écoulait entre la première et la deuxième représentation rendait le résultat de la première de plus en plus problématique, jusqu'à ce qu'il apparaisse finalement comme un échec généralement reconnu. Tandis que le public dans son ensemble s'étonnait avec colère qu'après l'approbation qu'il avait témoignée à mon Rienzi, je n'aie pas prêté attention à son goût en écrivant mon nouvel ouvrage, il y avait de nombreux amis bons et judicieux qui étaient tout à fait perplexes devant son inefficacité. les principales parties qu'ils n'avaient pas pu comprendre ou qu'ils avaient pensé étaient imparfaitement esquissées et achevées. Les critiques, avec une joie non dissimulée, l'attaquèrent comme les corbeaux attaquent les charognes qu'on leur jetait. Même les passions et les préjugés du moment furent entraînés dans la controverse afin, si possible, de confondre les esprits et de les préjuger contre moi. C'était justement à l'époque où l'agitation germano-catholique, déclenchée par Czersky et Ronge comme un mouvement hautement méritoire et libéral, provoquait une grande agitation. On prétendait maintenant qu'avec Tannhäuser j'avais provoqué une tendance réactionnaire et que, de même que Meyerbeer et ses huguenots avaient glorifié le protestantisme, de même avec mon dernier opéra je glorifierais le catholicisme.

On a longtemps cru à la rumeur selon laquelle j'avais été soudoyé par la partie catholique en écrivant Tannhäuser. Tandis qu'on s'efforçait par ce moyen de ruiner ma popularité, j'eus l'honneur douteux d'être contacté, d'abord par lettre, ensuite en personne, par un certain M. Rousseau, alors rédacteur en chef de la Staatszeitung prussienne, qui souhaitait mon amitié et mon aide. Je ne l'ai connu que dans le cadre d'une critique acerbe de mon Fliegender Holländer. Il m'informa qu'il avait été envoyé d'Autriche pour faire avancer la cause catholique à Berlin, mais qu'il avait eu tant de tristes expériences de l'inutilité de ses efforts, qu'il retournait maintenant à Vienne pour continuer tranquillement son œuvre dans cette direction. avec laquelle je m'étais déclaré pleinement d'accord par mon Tannhäuser.

Ce journal remarquable, le Dresdener Anzeiger, qui était un organe local de réparation des calomnies et des scandales, publiait chaque jour quelques nouvelles nouvelles à mon préjudice. Enfin, je m'aperçus que ces attaques étaient accueillies par de petits rebuffades spirituels et énergiques, et aussi que des commentaires encourageants apparaissaient en ma faveur, ce qui pendant quelque temps m'étonna beaucoup, sachant que seuls les ennemis et jamais les amis s'intéressaient à de tels cas. Mais j'ai appris, avec beaucoup d'amusement, de Röckel que lui et mon ami Heine avaient mené cette campagne inspirante en mon nom.

L'animosité contre moi dans ce quartier n'était gênante que parce qu'à cette époque malheureuse on m'empêchait de m'exprimer à travers mon travail. Tichatschek restait enroué et on disait qu'il ne chanterait plus jamais dans mon opéra. J'ai appris de Lüttichau que, effrayé par l'échec de Tannhäuser, il se tenait prêt à annuler la commande du décor promis pour la salle des chants, ou à l'annuler complètement. J'étais si terrifié par la lâcheté qui se révélait ainsi, que je commençai moi-même à considérer Tannhäuser comme condamné. Mes perspectives et toute ma position, considérées dans cet état d'esprit, peuvent être facilement comprises à partir de mes communications, en particulier celles se référant à mes négociations pour la publication de mes œuvres.

Cette semaine terrible s'éternisait comme une éternité sans fin. J'avais peur de regarder qui que ce soit en face, mais j'ai été obligé un jour d'aller au magasin de musique de Meser, où j'ai rencontré Gottfried Semper qui venait d'acheter un manuel de Tannhäuser. Peu de temps auparavant, j'avais été très contrarié de discuter de ce sujet avec lui ; il n'écouta rien de ce que j'avais à dire sur les Minnesangers et les pèlerins du Moyen Âge en rapport avec l'art, mais me fit comprendre qu'il me méprisait pour mon choix de tels matériaux.

Tandis que Meser m'assurait qu'aucune demande n'avait été reçue concernant les numéros de Tannhäuser déjà publiés, il était étrange que mon adversaire le plus énergique soit le seul à en avoir effectivement acheté et payé un exemplaire. D'une manière particulièrement sérieuse et impressionnante, il m'a fait remarquer qu'il était nécessaire de bien connaître le sujet pour pouvoir émettre une opinion juste à ce sujet, et que pour cela, malheureusement, on ne disposait que du texte. Cette rencontre même avec Semper, aussi étrange que cela puisse paraître, fut le premier signe vraiment encourageant dont je me souvienne.

Mais j'ai trouvé ma plus grande consolation dans ces jours de troubles et d'inquiétudes auprès de Röckel, qui à partir de ce moment-là entra dans une intimité pour la vie avec moi . Il avait, sans que je m'en aperçoive, contesté, expliqué, disputé et sollicité en ma faveur, et s'était ainsi éveillé à un véritable enthousiasme pour Tannhäuser. La veille de la deuxième représentation, qui devait enfin avoir lieu, nous nous sommes rencontrés autour d'un verre de bière, et son air joyeux m'a tellement réconforté que nous sommes devenus très animés. Après avoir contemplé ma tête pendant un certain temps, il jura qu'il était impossible de me détruire, qu'il y avait quelque chose en moi, quelque chose, probablement, dans mon sang, comme des caractéristiques similaires apparaissaient aussi chez mon frère Albert, qui par ailleurs était si différent de moi. . Pour parler plus clairement, il appelait cela la CHALEUR particulière de mon tempérament ; cette chaleur, pensa-t-il, pourrait en consumer d'autres, tandis que je semblais me sentir mieux quand elle brillait le plus violemment, car il m'avait vu plusieurs fois positivement enflammé. J'ai ri et je ne savais que penser de ses absurdités. Eh bien, dit-il, je devrais bientôt comprendre ce qu'il voulait dire dans Tannhäuser, car il était tout simplement absurde de penser que l'œuvre ne vivrait pas ; et il était absolument certain de son succès. J'ai réfléchi à la question en rentrant chez moi et j'en suis arrivé à la conclusion que si Tannhäuser parvenait effectivement à s'imposer et à devenir vraiment populaire, des possibilités incalculables pourraient être atteintes.

Enfin arriva le moment de notre deuxième représentation. Pour cela, je pensais avoir fait les préparatifs nécessaires en diminuant l'importance de la partie principale et en abaissant mes idéaux originaux concernant certaines des parties les plus importantes, et j'espérais en accentuant certains passages sans aucun doute attrayants pour assurer une véritable appréciation de l'ensemble. J'étais très enchanté du décor qui était enfin arrivé pour la salle des chants au deuxième acte, dont l'effet magnifique et imposant nous réjouissait tous, car nous le considérions comme un bon présage. Malheureusement, j'ai dû supporter l'humiliation de voir le théâtre presque vide. Ceci, plus que toute autre chose, a suffi à me convaincre quelle était réellement l'opinion du public à l'égard de mon travail. Mais, si le public était peu nombreux, la majorité, en tout cas, était composée des premiers amis de mon art, et l'accueil de la pièce fut très cordial. C'est surtout le Mitterwurzer qui suscita le plus grand enthousiasme. Quant à Tichatschek, mes amis inquiets, Röckel et Heine, crurent devoir s'efforcer par tous les artifices de le maintenir de bonne humeur, de son côté. Afin d'aider concrètement à faire ressortir l'obscurité incontestable de la dernière scène, mes amis avaient demandé à plusieurs jeunes gens, notamment des artistes, de donner libre cours à des torrents d'applaudissements dans les parties qui ne sont généralement pas considérées par le public de l'opéra. comme provoquant toute manifestation. Il est étrange de dire que l'explosion d'applaudissements ainsi provoquée après les mots : « Un ange vole vers le trône de Dieu pour toi et fera entendre sa voix ; Heinrich, tu es sauvé», a soudainement rendu toute la situation claire au public. Dans toutes les représentations ultérieures, ce fut toujours le moment principal d'expression de sympathie de la part du public, même si cela était passé assez inaperçu le premier soir. Quelques jours plus tard, une troisième représentation eut lieu, mais cette fois devant une salle comble, Schroder-Devrient, déprimée par la petite part qu'elle pouvait prendre au succès de mon œuvre, regardait le déroulement de l'opéra depuis la petite scène . boîte; elle m'a informé que Lüttichau était venu vers elle avec un visage radieux et lui avait dit qu'il pensait que nous avions désormais mené Tannhäuser avec bonheur.

Et cela s'est certainement avéré être le cas ; nous l'avons répété souvent au cours de l'hiver, mais nous avons remarqué que lorsque deux représentations se succédaient de près, il n'y avait pas une telle précipitation pour la seconde, d'où nous concluions que je n'avais pas encore gagné l'approbation du grand opéra. rendu public, mais seulement de la partie la plus cultivée de la communauté. Parmi ces vrais amis de Tannhäuser, il y en avait beaucoup, comme je l'ai peu à peu découvert, qui, en règle générale, n'allaient jamais du tout au théâtre, et encore moins à l'opéra. Cet intérêt d'un public tout nouveau ne cessait de croître en intensité et s'exprimait d'une manière délicieuse et jusqu'alors inconnue par une forte sympathie pour l'auteur. Il m'était particulièrement pénible, à cause de Tichatschek, de répondre seul aux appels du public après presque chaque acte ; mais je dus finalement m'y soumettre, car mon refus n'aurait fait qu'exposer le chanteur à de nouvelles humiliations, car lorsqu'il apparut sur scène avec ses collègues sans moi, les grands cris lancés à mon intention étaient presque une insulte pour lui. Avec quel réel empressement avais-je souhaité que le contraire se produisît et que l'excellence de l'exécution pût éclipser l' auteur. La conviction que je n'y parviendrais jamais avec mon Tannhäuser à Dresde m'a guidé dans toutes mes entreprises futures. Mais en tout cas, en produisant Tannhäuser dans cette ville, j'avais réussi à faire connaître au moins mes tendances particulières au public cultivé, en stimulant ses facultés mentales et en dépouillant l'interprétation de tout accessoire réaliste. Je n'ai cependant pas réussi à rendre ces tendances suffisamment claires dans une représentation dramatique, et d'une manière si irrésistible et si convaincante qu'elles familiariseraient également avec elles le goût inculte du public ordinaire lorsqu'il les voyait incarnées sur scène.

En élargissant le cercle de mes connaissances et en me faisant des amis intéressants, j'ai eu pendant l'hiver l'occasion d'obtenir sur ce point de plus amples renseignements d'une manière à la fois instructive et encourageante. Ma connaissance et mon intimité étroite à cette époque avec le Dr Hermann Franck de Breslau, qui vivait tranquillement depuis quelque temps à Dresde, étaient également très inspirantes. Il était très aisé et faisait partie de ces hommes qui, grâce à leurs vastes connaissances et leur bon jugement, combinés à des dons considérables en tant qu'auteur, se sont forgés une excellente réputation dans un cercle large et choisi d'amis privés, sans toutefois se faire un grand nom auprès du public. Il s'efforça d'utiliser ses connaissances et ses capacités pour le bien général et fut incité par Brockhaus à diriger la Deutsche Allgemeine Zeitung dès ses débuts. Ce journal avait été fondé par Brockhaus quelques années plus tôt. Cependant, après un an de rédaction, Franck a démissionné de ce poste et, à partir de ce moment-là, ce n'est qu'en de très rares occasions qu'il a pu se laisser convaincre de toucher à tout ce qui touche au journalisme. Ses remarques brèves et pleines d'entrain sur ses expériences en relation avec la Deutsche Allgemeine Zeitung justifiaient sa réticence à s'engager dans tout travail lié à la presse publique. Ma gratitude fut donc d'autant plus grande que, sans aucune persuasion de ma part, il écrivit un article complet sur Tannhäuser pour l'Augsburger Allgemeine Zeitung. Celui-ci parut en octobre ou novembre 1845, dans un supplément à cet article, et bien qu'il contienne le premier compte rendu d'un ouvrage qui a depuis été si largement discuté, je le considère, après mûre réflexion, comme l'ouvrage le plus ambitieux et le plus exhaustif. qui ait jamais été écrit. C'est ainsi que mon nom figurait pour la première fois dans le grand journal politique européen, dont les colonnes, à la suite d'un changement d'orientation remarquable qui était dans l'intérêt des propriétaires, sont depuis ouvertes à tous ceux qui veulent se réjouir. à mes dépens ou à ceux de mon travail.

Ce qui m'a particulièrement attiré chez le Dr Franck, c'est l'art délicat et plein de tact dont il faisait preuve dans sa critique et ses méthodes de discussion. Il y avait chez eux quelque chose de distinctif qui n'était pas tant le résultat de leur rang et de leur position sociale que d'une véritable culture mondiale.

La froideur délicate et la réserve de ses manières me charmèrent plutôt que ne me rebutèrent, car c'était un caractère que je n'avais pas rencontré jusqu'alors. Lorsque je le vis s'exprimer avec quelque réserve à l'égard de personnes qui jouissaient d'une réputation à laquelle je ne pensais pas qu'elles avaient toujours droit, j'étais très heureux de constater, au cours de mes relations avec lui, que j'exerçais à bien des égards une influence décisive sur son avis. Même à cette époque, je ne tenais pas à laisser passer sans contestation le fait qu'on se soustrait à l'analyse minutieuse de l'œuvre de telle ou telle célébrité, en évoquant en termes d'éloge funèbre sa « bonhomie ». J'ai même acculé mon sage ami du monde sur ce point, quand, quelques années plus tard, j'ai eu la satisfaction d'obtenir de lui une explication très concise de la « bonté » de Meyerbeer, dont il avait parlé un jour, et il se rappelait en souriant le questions extraordinaires que je lui avais posées à l'époque. Il fut cependant assez alarmé lorsque je lui fis une explication très lucide du désintéressement et de l'altruisme manifeste de Mendelssohn au service de l'art, dont il avait parlé avec enthousiasme. Dans une conversation sur Mendelssohn, il avait remarqué combien il était délicieux de trouver un homme capable de faire de réels sacrifices pour se libérer d'une fausse position qui ne servait pas l'art. C'était assurément une grande chose, disait-il, d'avoir renoncé à un bon salaire de neuf mille marks comme chef d'orchestre général à Berlin et de s'être retiré à Leipzig comme simple chef d'orchestre aux concerts du Gewandhaus, et Mendelssohn était très admirable à l'époque. ce compte. Juste à ce moment-là, j'étais en mesure de donner quelques détails exacts sur cet apparent sacrifice de la part de Mendelssohn, car lorsque j'avais fait une proposition sérieuse à notre direction générale concernant l'augmentation des salaires de plusieurs des membres les plus pauvres de la orchestre, Lüttichau fut prié de m'informer que, selon les derniers ordres du roi, les dépenses pour les orchestres d'État devaient être si limitées que pour le moment les musiciens de chambre les plus pauvres ne pouvaient prétendre à aucune contrepartie, car Herr von Falkenstein, le gouverneur de le district de Leipzig, fervent admirateur de Mendelssohn, était allé jusqu'à influencer le roi pour qu'il nomme ce dernier chef d'orchestre secret, avec un salaire secret de six mille marks. Cette somme, jointe au salaire de trois mille marks ouvertement accordé par la direction du Gewandhaus de Leipzig, le dédommagerait amplement de la position à laquelle il avait renoncé à Berlin, et il avait par conséquent consenti à émigrer à Leipzig. Cette importante subvention devait, par souci de décence, être gardée secrète par le conseil d'administration qui administrait les fonds de la bande, non seulement parce qu'elle était préjudiciable aux intérêts de l'institution, mais aussi parce qu'elle risquait d'offenser ceux qui agissaient comme chefs d'orchestre lors d'un concert. salaire inférieur, s'ils savaient qu'un autre homme avait été nommé à une sinécure. De ces circonstances, Mendelssohn tirait non seulement l'avantage de garder secrète la subvention, mais aussi la satisfaction de permettre à ses amis de l'applaudir comme un modèle de zèle dévoué pour aller à Leipzig ; ce qu'ils pouvaient facilement faire, même s'ils le savaient dans une bonne situation financière. Lorsque j'ai expliqué cela à Franck, il a été étonné et a admis que c'était l'un des cas les plus étranges qu'il ait jamais rencontré en matière de renommée imméritée.

Nous sommes rapidement parvenus à une compréhension mutuelle de nos opinions sur de nombreuses autres célébrités artistiques avec lesquelles nous sommes entrés en contact à cette époque à Dresde. C'était une affaire simple dans le cas de Ferdinand Hiller, qui était considéré comme le chef des « bon enfant ». En ce qui concerne les peintres les plus célèbres de ce qu'on appelle l'école de Düsseldorf, que j'ai rencontrés fréquemment par l'intermédiaire de Tannhäuser, il n'était pas si facile de tirer une conclusion, car j'étais dans une large mesure influencé par la renommée attachée à leurs œuvres. -les noms connus ; mais là encore Franck m'a surpris avec des raisons de déception opportunes et concluantes. Lorsqu'il s'agissait d'une question entre Bendemann et Hubner, il me semblait que Hubner pouvait très bien être sacrifié à Bendemann. Ce dernier, qui venait tout juste d'achever les fresques d'une des salles de réception du palais royal, et qui avait été récompensé par un banquet par ses amis, me parut avoir le droit d'être honoré comme un grand maître. Je fus donc bien étonné lorsque Franck plaignit calmement le roi de Saxe d'avoir fait « enduire » sa chambre par Bendemann ! Néanmoins, il était indéniable que ces gens étaient « de bonne humeur ». Mes relations avec eux devinrent plus fréquentes et m'offrèrent en tout cas l'occasion de me mêler à la société artistique plus cultivée, à la différence des cercles théâtraux avec lesquels j'avais habituellement fréquenté ; pourtant je n'en ai jamais tiré le moindre enthousiasme ni l'inspiration. Ce dernier semble cependant avoir été l'objectif principal de Hiller, et cet hiver-là, il organisa une sorte de cercle social qui se réunissait chaque semaine au domicile de l'un ou l'autre de ses membres, à tour de rôle. Reinecke, qui était à la fois peintre et poète, entra dans cette société avec Hubner et Bendemann et eut la malchance d'écrire pour Hiller le nouveau texte d'un opéra dont je décrirai plus loin le sort. Robert Schumann, le musicien, qui se trouvait également à Dresde à cette époque et qui travaillait sur l'opéra, qui devint finalement Genovefa, fit des avances à Hiller et à moi-même. J'avais déjà connu Schumann à Leipzig et nous avions tous deux entamé notre carrière musicale à peu près au même moment. J'avais aussi occasionnellement envoyé de petites contributions à la Neue Zeitschrift fur Musik, dont il avait été autrefois rédacteur, et plus récemment une plus longue depuis Paris sur le Stabat Mater de Rossini. On lui avait demandé de diriger ses Paradies und Peri lors d'un concert qui devait être donné au théâtre ; mais sa maladresse particulière à diriger cette occasion éveilla ma sympathie pour le musicien consciencieux et énergique dont le travail m'attirait si fortement, et une confiance bienveillante et amicale s'établit bientôt entre nous. Après une représentation de Tannhäuser à laquelle il assistait, il me rendit visite un matin et se déclara pleinement et résolument en faveur de mon œuvre. La seule objection qu'il avait à faire était que la stretta du deuxième finale était trop abrupte, critique qui prouvait son acuité de perception ; et j'ai pu lui montrer, par la partition, comment j'avais été contraint, bien contre mon inclination, de réduire l'opéra, et de créer ainsi la position à laquelle il s'était opposé. Nous nous rencontrions souvent au cours de promenades et, dans la mesure du possible avec une personne aussi avare de mots, nous échangions sur des sujets d'intérêt musical. Il attendait avec impatience la représentation, sous ma direction, de la Neuvième Symphonie de Beethoven, car il avait assisté aux représentations à Leipzig, et avait été très déçu par la direction de Mendelssohn, qui avait assez mal compris l'heure du premier mouvement. Pour le reste, sa société ne m'a pas particulièrement inspiré, et le fait qu'il était trop conservateur pour bénéficier de mes vues s'est vite manifesté, notamment dans sa conception du poème de Genovefa. Il était évident que mon exemple ne lui avait fait qu'une impression très passagère, juste assez, en fait, pour lui faire croire qu'il était opportun d'écrire lui-même le texte d'un opéra. Il m'a ensuite invité à l'entendre lire son livret, qui était une combinaison des styles de Hebbel et de Tieck. Cependant, lorsque, par un désir sincère du succès de son œuvre, à l'égard de laquelle j'avais de sérieux doutes, j'attirai son attention sur de graves défauts et lui suggérai les modifications nécessaires, je compris où en étaient les choses avec cet homme extraordinaire : il voulait simplement que je me laisse influencer par lui-même, mais il était profondément mécontent de toute interférence avec le produit de ses propres idéaux, de sorte que désormais je laissai les choses tranquilles.

L'hiver suivant, notre cercle, grâce à l'assiduité de Hiller, s'élargit considérablement et devint désormais une sorte de club dont le but était de se réunir librement chaque semaine dans une salle du restaurant d'Engel sur la Postplatz. A peu près à cette époque, le célèbre J. Schnorr de Munich fut nommé directeur des musées de Dresde, et nous le reçûmes à un banquet. J'avais déjà vu quelques-uns de ses grands dessins bien exécutés, qui m'avaient profondément impressionné, non seulement par leurs dimensions, mais aussi par les événements qu'ils représentaient de l'ancienne histoire allemande, dans lesquels je me trouvais à cette époque. moment particulièrement intéressé. C'est grâce à Schnorr que j'ai fait la connaissance de « l'école de Munich » dont il était le maître. Mon cœur a débordé en pensant à ce que cela signifierait pour Dresde si de tels géants de l'art allemand s'y serraient la main. J'ai été très frappé par l'apparence et la conversation de Schnorr, et je n'ai pas pu concilier ses manières pédagogiques plaintives avec ses puissants dessins animés ; cependant, j'ai pensé que c'était une grande chance qu'il se mette également à fréquenter le restaurant Engel le samedi. Il connaissait bien les vieilles légendes allemandes, et j'étais ravi lorsqu'elles formaient le sujet de la conversation. Le célèbre sculpteur Hänel assistait également à ces réunions, et son merveilleux talent m'inspirait le plus grand respect, même si je n'étais pas une autorité sur son œuvre et ne pouvais en juger que par mes propres sentiments. Je vis bientôt que son attitude et ses manières étaient affectées ; il aimait beaucoup exprimer son opinion et son jugement sur les questions d'art, et je n'étais pas en mesure de décider s'ils étaient fiables ou non. En fait, il m'est souvent venu à l'esprit que j'écoutais un philistin fanfaron. Ce n'est que lorsque mon vieil ami Pecht, qui s'était également installé pendant un certain temps à Dresde, m'expliqua clairement et avec insistance la qualité d'artiste de Hänel, que j'ai vaincu tous mes doutes secrets et essayé de trouver du plaisir dans ses œuvres. Rietschel, qui faisait également partie de notre société, était aux antipodes de Hänel. J'ai souvent eu du mal à croire que cet homme pâle et délicat, avec sa façon de s'exprimer nerveusement et plaintivement, soit réellement un sculpteur ; mais comme des particularités semblables chez Schnorr ne m'empêchaient pas de le reconnaître comme un peintre merveilleux, cela m'aida à me lier d'amitié avec Rietschel, car il était tout à fait exempt d'affectation et avait une âme chaleureuse et sympathique qui me rapprochait toujours plus de lui. Je me souviens également d'avoir entendu de sa part une appréciation très enthousiaste de ma personnalité de chef d'orchestre. Cependant, bien que nous soyons membres de notre club d'art polyvalent, nous n'avons jamais atteint un niveau de véritable camaraderie, car, après tout, personne n'accordait beaucoup d'importance aux talents des autres. Par exemple, Hiller avait organisé quelques concerts d'orchestre et, pour les commémorer, il fut reçu par ses amis au banquet habituel, où ses services furent chaleureusement reconnus avec le pathos rhétorique approprié. Pourtant, je n'ai jamais trouvé, dans mes relations privées avec les amis de Hiller, le moindre enthousiasme à l'égard de son œuvre ; au contraire, je n'ai remarqué que des expressions de doute et des haussements d'épaules inquiets.

Ces concerts célébrés prirent bientôt fin. Lors de nos soirées mondaines, nous ne discutions jamais des œuvres des maîtres présents ; ils n'étaient même pas mentionnés, et il devint vite évident qu'aucun des membres ne savait de quoi parler. Semper était le seul homme qui, avec sa manière extraordinaire, égayait souvent nos divertissements à tel point que Rietschel, intérieurement sympathique, bien que douloureusement surpris, se plaignait chaleureusement des explosions effrénées qui conduisaient souvent à de vives discussions entre Semper et moi. Chose étrange, nous semblions toujours partir tous les deux de l'hypothèse que nous étions antagonistes, car il insistait sur le fait que je devenais le représentant du catholicisme médiéval, qu'il attaquait souvent avec une réelle fureur. Je parvins finalement à le persuader que mes études et mes inclinations m'avaient toujours conduit vers l'Antiquité allemande et vers la découverte des idéaux dans les premiers mythes teutoniques. Lorsque nous en sommes arrivés au paganisme et que j'ai exprimé mon enthousiasme pour les véritables légendes païennes, il est devenu un être tout à fait différent, et un intérêt profond et croissant a maintenant commencé à nous unir de telle manière qu'il nous a complètement isolés du reste de la société. . Il était cependant impossible de régler quoi que ce soit sans une discussion animée, non seulement parce que Semper avait l'habitude particulière de tout contredire catégoriquement, mais aussi parce qu'il savait que ses opinions étaient opposées à celles de l'ensemble de la société. Ses affirmations paradoxales, qui n'avaient apparemment pour but que d'attiser la discorde, me firent vite comprendre, sans aucun doute, qu'il était le seul présent à être passionnément sérieux dans tout ce qu'il disait, alors que tous les autres se contentaient de laisser le champ libre. la matière chute lorsque cela est pratique. Un homme de ce dernier type était Gutzkow, qui était souvent avec nous ; il avait été appelé à Dresde par la direction générale de notre théâtre de cour, pour agir en qualité de dramaturge et d'adaptateur de pièces. Plusieurs de ses pièces avaient récemment rencontré un grand succès : Zopf und Schwert, Das Urbild des Tartuffe et Uriel Acosta, jetaient un éclat inattendu sur le dernier répertoire dramatique, et il semblait que l'avènement de Gutzkow allait inaugurer une nouvelle ère de gloire. pour le théâtre de Dresde, où mes opéras avaient également été créés. Les bonnes intentions de la direction étaient certainement indéniables. Mon seul regret à cette occasion fut que les espoirs que mon vieil ami Laube avait d'être appelé à Dresde pour occuper ce poste ne se soient pas réalisés. Il s'était également lancé avec enthousiasme dans l'œuvre de littérature dramatique. Même à Paris, j'avais remarqué l'empressement avec lequel il étudiait la technique de la composition dramatique, en particulier celle du Scribe, dans l'espoir d'acquérir l'habileté de cet écrivain, sans lequel, comme il le découvrit bientôt, aucun drame poétique en allemand ne pourrait être possible. avoir du succès. Il affirmait qu'il maîtrisait parfaitement ce style dans sa comédie Rococo et il avait la conviction qu'il pouvait transformer n'importe quel matériau imaginable en une pièce de théâtre efficace.

En même temps, il veillait à faire preuve d'une égale compétence dans le choix de son matériel. À mon avis, cette théorie était un échec complet, car ses seules pièces réussies étaient celles pour lesquelles l'intérêt populaire était excité par des slogans. Cet intérêt était toujours plus ou moins associé à la politique de l'époque et impliquait généralement des diatribes évidentes sur « l'unité allemande » et le « libéralisme allemand ». Comme cet important stimulant a été appliqué d'abord à titre expérimental aux abonnés de notre Residenz Theater, puis au public allemand en général, il a dû, comme je l'ai déjà dit, être élaboré avec une habileté consommée qui, vraisemblablement, ne pouvait que être appris des auteurs français modernes d'opéra-comique.

J'étais très heureux de voir le résultat de cette étude dans les pièces de Laube, d'autant plus que lorsqu'il nous rendait visite à Dresde, ce qu'il faisait souvent à l'occasion d'une nouvelle production, il reconnaissait sa dette avec une candeur modeste et était loin de prétendre être un vrai poète. En outre, il déployait une grande habileté et un zèle presque ardent, non seulement dans la préparation de ses pièces, mais aussi dans leur production, de sorte que l'offre d'un poste à Dresde, dont l'espoir lui avait été offert, lui permettrait du moins, d'un point de vue pratique, ont été bénéfiques pour le théâtre. Mais finalement, le choix s'est porté sur son rival Gutzkow, malgré son inaptitude évidente au travail pratique de dramaturge. Il était évident que même en ce qui concerne ses pièces à succès, son triomphe était principalement dû à son talent littéraire, car ces pièces efficaces étaient immédiatement suivies de mises en scène fastidieuses qui nous faisaient comprendre, à notre grand étonnement, que lui-même ne pouvait pas avoir conscience de l'habileté il avait précédemment affiché. Mais ce sont précisément ces qualités abstraites du véritable homme de lettres qui, aux yeux de beaucoup, jetaient sur lui l'auréole de la grandeur littéraire ; et lorsque Lüttichau, pensant plus à une réputation éclatante qu'à un bénéfice permanent pour son théâtre, décida de donner la préférence à Gutzkow, il pensa que son choix donnerait un élan particulier à la cause de la culture supérieure. Pour moi, la nomination de Gutzkow comme directeur de l'art dramatique au théâtre était particulièrement répréhensible, car je ne tardai pas à être convaincu de sa totale incompétence pour cette tâche, et cela était probablement dû à la franchise avec laquelle j'exprimais mon opinion. à Lüttichau que notre séparation ultérieure était initialement due. J'ai dû me plaindre amèrement du manque de jugement et de la légèreté de ceux qui choisissaient si imprudemment des hommes pour occuper les postes de directeurs et de chefs d'orchestre dans des institutions artistiques aussi précieuses que les théâtres royaux allemands. Pour éviter l'échec dont j'étais convaincu que cette nomination importante devait résulter, j'ai demandé spécialement que Gutzkow ne soit pas autorisé à s'immiscer dans la direction de l'opéra ; il céda facilement et s'épargna ainsi une grande humiliation. Cette action créait cependant entre nous un sentiment de méfiance, que j'étais tout à fait disposé à éliminer autant que possible en entrant en contact personnel avec lui chaque fois que l'occasion s'en présentait les soirs où les artistes se réunissaient au club, comme déjà décrit. J'aurais volontiers fait se détendre et se décharger cet étrange homme, dont la tête était anxieusement penchée sur sa poitrine, dans ses conversations avec moi, mais je n'y ai pas réussi, à cause de sa réserve et de sa méfiance constantes et de son éloignement étudié. L' occasion se présenta de discuter entre nous lorsqu'il voulut que l'orchestre prenne un rôle mélodramatique (ce qu'ils firent ensuite) dans une certaine scène de son Uriel Acosta, où le héros devait renoncer à sa prétendue hérésie. L'orchestre devait exécuter le doux trémolo pendant un temps donné sur certains accords, mais lorsque j'ai entendu l'interprétation, cela m'a paru absurde et également désobligeant tant pour la musique que pour le drame.

Un de ces soirs, j'ai essayé de m'entendre avec Gutzkow sur ce point et sur l'emploi de la musique en général comme auxiliaire mélodramatique du drame, et j'ai discuté de mes vues sur le sujet conformément aux principes les plus élevés que j'avais conçus. Il a abordé tous les points principaux de ma discussion avec un silence nerveux et méfiant, mais il m'a finalement expliqué que j'allais vraiment trop loin dans l'importance que je prétendais à la musique et qu'il ne comprenait pas comment la musique serait dégradée si elle était appliquée avec plus de parcimonie. au drame, étant donné que les prétentions du vers étaient souvent traitées avec beaucoup moins de respect lorsqu'il était utilisé comme simple accessoire de la musique d'opéra. En pratique, il conviendrait en effet que le librettiste ne soit pas trop délicat en la matière ; il n'était pas toujours possible de donner à l'acteur une sortie brillante ; Mais en même temps, rien ne pourrait être plus douloureux que lorsque le principal interprète s'est retiré sans aucun applaudissement. Dans de tels cas, un petit bruit gênant dans l'orchestre constituait réellement une heureuse diversion. C'est ce que j'ai effectivement entendu Gutzkow dire : en plus, j'ai vu qu'il le pensait vraiment ! Après cela, j'ai senti que j'en avais fini avec lui.

Il ne fallut pas longtemps avant que je n'aie eu également peu de relations avec tous les peintres, musiciens et autres fanatiques de l'art appartenant à notre société. Mais en même temps, j'ai noué des contacts plus étroits avec Berthold Auerbach. C'est avec beaucoup d'enthousiasme qu'Alwine Frommann avait déjà attiré mon attention sur les Histoires pastorales d'Auerbach. Le récit qu'elle faisait de ces modestes œuvres (car c'est ainsi qu'elle les qualifiait) paraissait tout à fait séduisant. Elle disait qu'ils avaient eu sur son cercle d'amis à Berlin le même effet rafraîchissant que celui produit en ouvrant la fenêtre d'un boudoir parfumé (auquel elle comparait la littérature à laquelle ils étaient habitués jusqu'alors) et en laissant entrer l'air frais de les bois. Ensuite, j'ai lu les Histoires pastorales de la Forêt-Noire, qui étaient si vite devenues célèbres, et j'ai moi aussi été fortement attiré par le contenu et le ton de ces anecdotes réalistes sur la vie des habitants d'une localité où il était assez facile à identifier à partir des descriptions vivantes. Comme à cette époque Dresde semblait devenir de plus en plus le rendez-vous des lumières de notre monde littéraire et artistique, Auerbach se résignait également à prendre ses quartiers dans cette ville ; et vécut pendant assez longtemps avec son ami Hiller, qui avait ainsi à nouveau à ses côtés une célébrité au même rang que lui. Le petit et robuste garçon de paysan juif, tel qu'il était censé se présenter, fit une impression très agréable. Ce n'est que plus tard que j'ai compris la signification de sa veste verte, et surtout de sa casquette de chasse verte, qui lui faisaient ressembler exactement à ce à quoi devrait ressembler l'auteur des Histoires pastorales souabes, et cette signification était tout sauf naïve. un. Le poète suisse Gottfried Keller m'a raconté un jour que, lorsqu'Auerbach était à Zürich et qu'il avait décidé de le prendre en charge, il (Auerbach) avait attiré son attention sur la meilleure façon de présenter au public ses effusions littéraires, et pour gagner de l'argent, et il lui conseilla avant tout de se procurer un habit et une casquette comme les siens, car n'étant, comme il le disait, ni beau ni bien adulte, il vaudrait bien mieux se faire délibérément paraître rude et bizarre; En disant cela, il plaça sa casquette sur sa tête de manière à avoir l'air un peu libertin. Pour l'instant, je ne percevais chez Auerbach aucune véritable affectation ; il avait tellement assimilé le ton et les manières du peuple, et l'avait fait avec tant de bonheur, qu'en tout cas on ne pouvait s'empêcher de se demander pourquoi, avec ces délicieuses qualités, il se mouvait avec une si grande aisance dans des domaines qui semblait absolument antagoniste. Quoi qu'il en soit, il a toujours semblé dans son véritable élément, même dans les milieux qui semblaient en réalité les plus opposés à son caractère assumé ; il se tenait là, dans son habit vert, vif, sensible et naturel, entouré de la société distinguée qui le flattait ; et il aimait à montrer les lettres qu'il avait reçues du grand-duc de Weimar et ses réponses, tout en considérant les choses du point de vue de la nature paysanne souabe qui lui convenait si admirablement.

Ce qui m'a particulièrement attiré chez lui, c'est qu'il était le premier juif que j'ai rencontré avec qui l'on pouvait discuter du judaïsme en toute liberté. Il semblait même particulièrement désireux d'écarter, à sa manière agréable, tout préjugé à ce sujet ; et c'était vraiment touchant de l'entendre parler de son enfance et déclarer qu'il était peut-être le seul Allemand à avoir lu jusqu'au bout le Messie de Klopstock. Un jour absorbé par cet ouvrage qu'il lisait en cachette dans sa maison de campagne, il avait fait l'école buissonnière, et lorsqu'il arriva finalement trop tard à l'école, son professeur s'écria avec colère : « Vous avez confondu l'enfant juif. , où étais-tu? Prêter encore de l'argent ? De telles expériences l'avaient seulement rendu pensif et mélancolique, mais non amer, et il lui avait même inspiré une réelle compassion pour la grossièreté de ses bourreaux. Ce sont des traits de caractère qui m'ont fortement attiré vers lui. Cependant, au fil du temps, il me semblait grave qu'il ne puisse s'éloigner de l'atmosphère de ces idées, car je commençais à sentir que l'univers ne contenait pour lui d'autre problème que l'élucidation de la question juive. Un jour, j'ai donc protesté avec autant de bonhomie et de confidentialité que possible, et je lui ai conseillé de laisser de côté tout le problème du judaïsme, car il existait, après tout, bien d'autres points de vue à partir desquels le monde pouvait être critiqué. Chose étrange, non seulement il perdit alors son ingéniosité, mais il se mit aussi à pleurnicher avec extase, ce qui ne me parut pas très authentique, et il m'assura que cela lui serait impossible, car il y avait encore tant de choses à faire. Un judaïsme qui avait besoin de toute sa sympathie. Je ne pus m'empêcher de penser à l'angoisse surprenante qu'il avait manifestée à cette occasion, lorsque j'appris, au fil du temps, qu'il avait arrangé à plusieurs reprises des mariages juifs, dont je n'entendais rien sur l'heureux résultat, sinon qu'il avait, par cela veut dire, j'ai fait une sacrée fortune. Lorsque, plusieurs années après, je le revis à Zürich, je constatai que son aspect avait malheureusement changé d'une manière tout à fait déconcertante : il avait vraiment l'air extraordinairement commun et sale ; son ancienne vivacité rafraîchissante s'était transformée en l'agitation juive habituelle, et il était facile de voir que tout ce qu'il disait était prononcé comme s'il regrettait que ses paroles ne puissent pas être mieux mises à profit dans un article de journal.

Cependant, pendant son séjour à Dresde, l'accord chaleureux d'Auerbach avec mes projets artistiques m'a vraiment fait du bien, même si cela ne concernait peut-être que son point de vue sémitique et souabe ; tout comme la nouveauté de l'expérience que je vivais à cette époque en tant qu'artiste, rencontrant une estime et une reconnaissance toujours croissantes parmi des personnes remarquables, d'importance reconnue et de culture exceptionnelle. Si, après le succès obtenu par Rienzi, je suis resté encore dans le cercle du monde théâtral réel, le succès plus grand qui a suivi Tannhäuser m'a certainement mis en contact avec des gens comme j'ai mentionné plus haut, qui, bien qu'ils aient certes considérablement élargi leur mes idées, en même temps, m'ont impressionné très négativement par ce qui était apparemment le summum de la vie artistique de l'époque. En tout cas, je ne me sentais ni récompensé ni, heureusement, même distrait par les connaissances que je gagnais grâce à la première représentation de mon Tannhäuser cet hiver-là. Au contraire, j'éprouvais une irrésistible envie de me retirer dans ma coquille et de quitter ce milieu gai dans lequel, curieusement, j'avais été introduit à l'instigation de Hiller, que je reconnus bientôt comme un néant. Je sentais qu'il fallait que je compose rapidement quelque chose, car c'était le seul moyen de me débarrasser de toute l'excitation inquiétante et douloureuse que Tannhäuser avait provoquée en moi.

Quelques semaines seulement après les premières représentations, j'avais élaboré l'intégralité du texte de Lohengrin. En novembre, j'avais déjà lu ce poème à mes amis intimes, et peu après au groupe Hiller. Il a été salué et déclaré « efficace ». Schumann l'approuvait également entièrement, bien qu'il ne comprenne pas la forme musicale dans laquelle je souhaitais l'exécuter, car il n'y voyait aucune ressemblance avec les anciennes méthodes d'écriture de solos individuels pour les différents artistes. Je me suis ensuite amusé à lui lire différentes parties de mon œuvre sous forme d'airs et de cavatines, après quoi il s'est déclaré satisfait en riant.

Une réflexion sérieuse, cependant, éveilla mes plus sérieux doutes quant au caractère tragique du matériau lui-même, et à ces doutes j'avais été conduit, d'une manière à la fois sensée et délicate, par Franck. Il trouvait offensant de punir Elsa par le départ de Lohengrin ; car, s'il comprenait que les caractéristiques de la légende étaient précisément exprimées par ce trait hautement poétique, il doutait qu'elle rende pleinement justice aux exigences du sentiment tragique dans ses relations avec le réalisme dramatique. Il aurait préféré voir Lohengrin mourir sous nos yeux à cause de la trahison amoureuse d'Elsa. Mais comme cela ne paraissait pas réalisable, il aurait aimé voir Lohengrin envoûté par quelque motif puissant et empêché de s'enfuir. Même si, bien entendu, je n'acceptais aucune de ces suggestions, j'allais jusqu'à me demander si je ne pouvais pas supprimer la cruelle séparation, tout en retenant l'incident du départ de Lohengrin, qui était essentiel. Je cherchai alors un moyen de laisser Elsa partir avec Lohengrin, comme une pénitence qui la retirerait aussi du monde. Cela semblait plus prometteur à mon talentueux ami. Alors que j'étais encore très dubitatif sur tout cela, j'ai donné mon poème à Mme von Lüttichau, afin qu'elle puisse le parcourir et critiquer le point soulevé par Franck. Dans une petite lettre, où elle exprimait son plaisir pour mon poème, elle écrivit brièvement, mais très résolument, sur la question épineuse, et déclara que Franck devait être dépourvu de toute poésie s'il ne comprenait pas que c'était exactement comme ça. J'avais choisi, et dans aucun autre, que Lohengrin parte. J'avais l'impression qu'un fardeau était tombé de mon cœur. En triomphe, je montrai la lettre à Franck qui, très confus et pour s'excuser, ouvrit une correspondance avec Mme von Lüttichau, qui ne pouvait certainement pas manquer d'intérêt, même si je n'en pus jamais rien voir. En tout cas, le résultat a été que Lohengrin est resté tel que je l'avais initialement conçu. Curieusement, quelque temps plus tard, j'ai vécu une expérience similaire sur le même sujet, ce qui m'a encore mis dans un état d'incertitude temporaire. Lorsqu'Adolf Stahr souleva gravement la même objection à la solution de la question de Lohengrin, je fus vraiment surpris par l'uniformité des opinions ; et comme, par suite d'une certaine excitation, je n'étais à ce moment-là plus dans la même humeur que lorsque j'avais composé Lohengrin, j'ai eu la folie d'écrire à la hâte à Stahr une lettre dans laquelle, avec quelques légères réserves, je le déclarais être droite. Je ne savais pas que je causais ainsi un véritable chagrin à Liszt, qui se trouvait désormais dans la même situation à l'égard de Stahr que Mme von Lüttichau l'était à l'égard de Franck. Heureusement, cependant, le mécontentement de mon grand ami face à ma prétendue trahison envers moi-même ne dura pas longtemps ; car, sans avoir eu vent des ennuis que je lui avais causés, et grâce aux tortures que je subissais moi-même, je pris en quelques jours la bonne décision, et, clair comme le jour, je vis quelle folie cela avait été . J'ai donc pu réjouir Liszt avec la protestation laconique suivante que je lui ai envoyée de ma station suisse : « Stahr a tort et Lohengrin a raison.

Pour le moment, je restais occupé de la révision de mon poème, car il ne pouvait être question d'en planifier la musique pour le moment. Cet état d'esprit paisible et harmonieux, si favorable au travail créateur et qui m'est toujours si nécessaire pour composer, il me fallait maintenant l'obtenir avec les plus grandes difficultés, car c'était une des choses que j'avais toujours eu le plus de mal à obtenir. . Toutes les expériences liées à la représentation de Tannhäuser m'ayant rempli d'un véritable désespoir quant à l'avenir tout entier de mes opérations artistiques, j'ai vu qu'il était désespéré de songer à étendre sa production à d'autres théâtres allemands - car je n'avais pas réussi à réaliser cette fin même avec le succès Rienzi. Il était donc parfaitement évident que mon œuvre se verrait tout au plus accorder une place permanente dans le répertoire de Dresde. Par suite de tout cela, mes affaires pécuniaires, déjà décrites, étaient tombées dans un état si grave qu'une catastrophe semblait inévitable. Tandis que je me préparais à y faire face du mieux que je pouvais, j'essayais de m'étourdir, d'une part, en me plongeant dans l'étude de l'histoire, de la mythologie et de la littérature, qui me devenaient de plus en plus chères, et d'autre part l'autre en travaillant sans cesse à mes entreprises artistiques. En ce qui concerne le premier, je me suis surtout intéressé au Moyen Âge allemand et j'ai essayé de me familiariser avec tout ce qui concerne cette période. Même si je ne pouvais pas entreprendre cette tâche avec une précision philologique, j'ai procédé avec un tel sérieux que j'ai étudié avec le plus grand intérêt les archives allemandes, publiées par exemple par Grimm. Comme je ne pouvais pas appliquer immédiatement les résultats de telles études dans mes scènes, nombreux étaient ceux qui ne comprenaient pas pourquoi, en tant que compositeur d'opéra, je perdais mon temps sur un travail aussi stérile. Différentes personnes ont remarqué plus tard que la personnalité de Lohengrin avait un charme tout à fait particulier ; mais on attribuait cela à l'heureux choix du sujet, et on me félicitait spécialement de l'avoir choisi. C'est pourquoi beaucoup attendaient avec impatience les matériaux du Moyen Âge allemand, et plus tard ceux de l'Antiquité scandinave, et ils s'étonnèrent finalement que je ne leur donne pas un résultat adéquat de tous mes travaux. Peut-être que cela leur serait utile si je leur disais maintenant de prendre à leur secours les vieux disques et ouvrages similaires. J'avais alors oublié d'attirer l'attention de Hiller sur mes documents, et il s'empara avec une grande fierté d'un sujet hors de l'histoire des Hohenstaufen. Mais comme son œuvre n'a pas eu de succès, il trouvera peut-être que j'ai été un peu malin de ne pas lui avoir parlé des vieux disques.

En ce qui concerne mes autres fonctions, ma principale tâche pour cet hiver a consisté en une exécution exceptionnellement soigneusement préparée de la Neuvième Symphonie de Beethoven, qui a eu lieu au printemps le dimanche des Rameaux. Cette performance a nécessité de nombreux combats, en plus d'une multitude d'expériences qui étaient destinées à exercer une forte influence sur mon développement ultérieur. En gros, ils étaient les suivants : l'orchestre royal n'avait qu'une seule occasion par an de montrer ses capacités de manière indépendante lors d'une représentation musicale en dehors de l'Opéra ou de l'église. Au profit de la Caisse de pension des veuves et des orphelins, l'ancien Opéra fut cédé à un grand spectacle initialement destiné uniquement aux oratorios. Finalement, pour le rendre plus attrayant, une symphonie était toujours ajoutée à l'oratorio ; et, comme je l'ai déjà mentionné, j'avais joué à de telles occasions, une fois la Symphonie pastorale, puis la Création de Haydn. Cette dernière m'a fait une grande joie, et c'est à cette occasion que j'ai fait sa connaissance pour la première fois. Comme nous deux chefs d'orchestre avions stipulé des interprétations alternées, la Symphonie du dimanche des Rameaux de l'année 1846 m'échut. J'avais une grande envie de la Neuvième Symphonie et j'ai été amené au choix de cette œuvre par le fait qu'elle était presque inconnue à Dresde. Lorsque les directeurs de l'orchestre, qui étaient les administrateurs de la Caisse de pension et qui devaient promouvoir son augmentation, en eurent connaissance, une telle frayeur les saisit qu'ils interrogeèrent le directeur général Lüttichau et le supplièrent, en vertu de sa haute autorité, pour me dissuader de réaliser mon intention. Ils invoquèrent pour cette demande que la Caisse de Pension souffrirait sûrement du choix de cette symphonie, car l'œuvre avait mauvaise réputation dans le lieu, et empêcherait certainement les gens d'aller au concert. La symphonie avait été interprétée plusieurs années auparavant par Reissiger lors d'un concert de charité et, comme le chef d'orchestre lui-même l'avait honnêtement admis, elle avait été un échec total. Il fallut maintenant toute mon ardeur et toute l'éloquence dont je disposais pour vaincre les doutes de notre directeur. Mais avec les directeurs d'orchestre, je n'avais qu'une querelle, car j'entendais qu'on se plaignait dans toute la ville de mon indiscrétion. Pour ajouter de la honte à leur trouble, je résolus de préparer le public de telle manière, à la représentation que j'avais résolue, et à l'œuvre elle-même, qu'au moins la sensation provoquée amènerait une salle pleine. et ainsi, d'une manière très favorable, garantir des rendements satisfaisants, et contredire leur croyance que le fonds était menacé. Ainsi, la Neuvième Symphonie était devenue pour moi, de toutes les manières imaginables, un point d'honneur, pour le succès duquel je devais exercer au maximum toutes mes forces. Le comité avait des doutes quant aux dépenses nécessaires pour se procurer les parties d'orchestre, c'est pourquoi je les ai empruntées à la Société des Concerts de Leipzig.

Imaginez cependant ce que j'ai ressenti en voyant maintenant, pour la première fois depuis ma plus tendre enfance, les pages mystérieuses de cette partition que j'ai étudiée consciencieusement ! A cette époque, la vue de ces mêmes pages m'avait rempli des rêveries les plus mystiques, et j'étais resté des nuits ensemble pour les recopier. De même qu'au moment de mon incertitude à Paris, en entendant la répétition des trois premiers mouvements interprétée par l'incomparable orchestre du Conservatoire, j'avais été transporté à travers des années d'erreur et de doute pour être merveilleusement mis en contact avec mes débuts. , tandis que toutes mes aspirations les plus intimes avaient été fructueusement stimulées dans une direction nouvelle, de même maintenant, de la même manière, le souvenir de cette musique s'éveillait secrètement en moi lorsque je revoyais sous mes propres yeux ce qui, dans ces premiers jours, n'était également qu'un vision mystérieuse. J'avais alors vécu beaucoup de choses qui, au plus profond de mon âme, me poussaient presque inconsciemment à un processus de synthèse, à une enquête presque désespérée sur mon sort. Ce que je n'osais pas admettre, c'était l' insécurité absolue de mon existence, tant du point de vue artistique que financier ; car je voyais que j'étais étranger à mon propre mode de vie ainsi qu'à ma profession, et je n'avais aucune perspective d'avenir. Ce désespoir, que j'essayais de cacher à mes amis, se transformait désormais en une véritable exaltation, entièrement grâce à la Neuvième Symphonie. Il est peu probable que le cœur d'un disciple ait jamais été rempli d'un ravissement aussi vif devant l'œuvre d'un maître, comme le mien l'était au premier mouvement de cette symphonie. Si quelqu'un m'était tombé à l'improviste alors que j'avais devant moi la partition ouverte, et m'avait vu convulsé de sanglots et de larmes pendant que je parcourais l'œuvre pour réfléchir à la meilleure manière de la rendre, il m'aurait certainement demandé avec étonnement. si c'était vraiment un comportement approprié pour le chef d'orchestre royal de Saxe ! Heureusement, en de telles occasions, j'étais épargné par les visites de nos chefs d'orchestre et de leur digne chef Reissiger, et même par celles de F. Hiller, si versé dans la musique classique.

J'ai d'abord dressé un programme pour lequel le livre de paroles du chœur, toujours ordonnées selon l'usage, me fournissait un bon prétexte. J'ai fait cela dans le but de fournir un guide permettant une compréhension simple de l'œuvre, et j'espérais ainsi faire appel non pas au jugement critique, mais uniquement aux sentiments du public. Ce programme, pour lequel certains des passages principaux du Faust de Goethe m'ont été extrêmement utiles, a été très bien accueilli, non seulement à cette occasion à Dresde, mais plus tard dans d'autres endroits. En outre, j'ai utilisé le Dresden Anzeiger, en écrivant toutes sortes de paragraphes anonymes courts et enthousiastes, afin d'aiguiser le goût du public pour un ouvrage jusqu'alors mal réputé à Dresde.

Non seulement ces efforts purement extérieurs ont réussi à faire en sorte que les recettes de cette année-là dépassent de loin celles qui avaient été réalisées auparavant, mais les chefs d'orchestre eux-mêmes, pendant les années restantes de mon séjour à Dresde, se sont efforcés d'assurer des bénéfices tout aussi importants en interprétations répétées de la célèbre symphonie. Concernant le côté artistique de la représentation, j'ai cherché à ce que l'orchestre donne un rendu le plus expressif possible, et à cet effet j'ai pris moi-même toutes sortes de notes dans les différentes parties, afin d'être bien sûr que leur interprétation serait aussi clair et coloré qu'on peut le désirer. C'est principalement l'usage qui existait alors de doubler les instruments à vent, qui m'a amené à considérer avec le plus grand soin les avantages que présentait ce système, car, dans les exécutions à grande échelle, prévalait la règle un peu grossière suivante : tous les passages marqués piano étaient exécutés par un seul ensemble d'instruments, tandis que ceux marqués forte étaient exécutés par un ensemble dupliqué. Comme exemple de la manière dont j'ai pris soin d'assurer par ce moyen une interprétation intelligible, je pourrais citer un certain passage du deuxième mouvement de la symphonie, où l'ensemble des instruments à cordes joue la figure principale et rythmique de la symphonie. Do majeur pour la première fois ; il est écrit en triples octaves, qui jouent sans interruption à l'unisson et servent, dans une certaine mesure, d'accompagnement au deuxième thème, qui n'est interprété que par de faibles instruments de bois. Comme fortissimo est indiqué de la même manière pour l'ensemble de l'orchestre, le résultat dans chaque rendu imaginable doit être que la mélodie des instruments en bois non seulement disparaît complètement, mais ne peut même pas être entendue à travers les cordes, qui ne sont en fin de compte qu'accompagnatrices. Or, comme je n'ai jamais poussé ma piété jusqu'à prendre des instructions absolument à la lettre, plutôt que de sacrifier l'effet réellement voulu par le maître aux indications erronées données, je n'ai fait jouer les cordes que moyennement fort, au lieu de véritable fortissimo, au point où ils alternent avec les instruments à vent pour reprendre la suite du nouveau thème : ainsi le motif, rendu aussi fort que possible par un double jeu d'instruments à vent, fut, je crois, pour la première fois depuis l'existence du symphonie, entendue avec une réelle distinction. J'ai procédé ainsi partout, afin de garantir la plus grande exactitude dans les effets dynamiques de l'orchestre. Rien, si difficile soit-il, ne pouvait être exécuté de manière à ne pas éveiller les sentiments du public d'une manière particulière. Par exemple, beaucoup de cerveaux ont été intrigués par le Fugato à 6/8 qui vient après le refrain, Froh wie seine Sonnen fliegen, dans le mouvement du finale marqué alia marcia . Au vu des vers inspirants précédents, qui semblaient préparer le combat et la victoire, j'ai conçu ce Fugato comme un chant de guerre joyeux mais sérieux, et je l'ai interprété sur un rythme continuellement enflammé et avec la plus grande vigueur. Le lendemain de la première représentation, j'ai eu la satisfaction de recevoir la visite du directeur musical Anacker de Fribourg, qui est venu me dire avec un certain repentir que, s'il avait été jusqu'alors un de mes antagonistes, depuis la représentation de la symphonie, il se comptait parmi mes amis. Ce qui l'avait absolument bouleversé, disait-il, c'était précisément ma conception et mon interprétation du Fugato. En outre, j'ai accordé une attention particulière à ce passage extraordinaire, semblable à un récitatif pour violoncelles et basses, qui vient au début du dernier mouvement, et qui avait autrefois causé une si grande humiliation à mon vieil ami Pohlenz à Leipzig. Grâce à l'excellence exceptionnelle de nos bassistes, j'étais certain d'atteindre la perfection absolue dans ce passage. Après douze répétitions spéciales des seuls instruments concernés, j'ai réussi à les faire jouer d'une manière qui non seulement sonnait parfaitement libre, mais qui exprimait aussi la tendresse la plus exquise et la plus grande énergie d'une manière tout à fait impressionnante.

Dès le début de mon entreprise, j'avais immédiatement reconnu que la seule méthode pour obtenir un succès populaire écrasant avec cette symphonie était de surmonter, par un moyen idéal, les difficultés extraordinaires présentées par les parties chorales. J'ai réalisé que les exigences de ces parties ne pouvaient être satisfaites que par un corps nombreux et enthousiaste de chanteurs. Il fallait donc avant tout se procurer un très bon et très grand chœur ; ainsi, en plus d'ajouter l'Académie de chant de Dreissig, quelque peu faible, au nombre habituel de membres du chœur du théâtre, j'ai également fait appel, malgré de grandes difficultés, à l'aide du chœur de la Kreuzschule, avec ses belles voix de garçons, et des chorale du séminaire de Dresde, qui avait une grande pratique du chant religieux. D'une manière qui m'était propre, j'essayais maintenant de mettre ces trois cents chanteurs, fréquemment réunis pour les répétitions, dans un état d'extase véritable ; par exemple, j'ai réussi à démontrer aux basses que les passages célèbres Seid umschlungen, Millionen, et surtout Bruder, uber'm Sternenzelt muss ein guter Vater wohnen, ne pouvaient pas être chantés d'une manière ordinaire, mais devaient, pour ainsi dire, être chantés. proclamé avec le plus grand ravissement. En cela, j'ai pris les devants avec une telle exaltation que je pense vraiment les avoir littéralement transportés dans un monde d'émotions qui leur était totalement étranger pendant un moment ; et je n'ai pas renoncé jusqu'à ce que ma voix, qui avait été clairement entendue au-dessus de toutes les autres, ait commencé à ne plus être distincte pour moi-même, mais a été noyée, pour ainsi dire, dans la mer chaude des sons.

J'ai eu un plaisir particulier, avec la coopération de Mitterwurzer, à donner une interprétation extrêmement expressive du récitatif pour baryton : Freunde, nicht diese Tone. En raison de ses difficultés exceptionnelles, ce passage pourrait presque être considéré comme impossible à exécuter, et pourtant il l'a exécuté d'une manière qui montrait quel fruit notre échange mutuel d'idées avait porté. J'ai également veillé à ce que, grâce à la reconstruction complète de la salle, j'obtienne de bonnes conditions acoustiques pour l'orchestre, que j'avais arrangé selon un système tout à fait nouveau qui m'était propre. Comme on peut l'imaginer, ce n'est qu'avec les plus grandes difficultés que l'on put trouver l'argent nécessaire à cette fin ; cependant, je n'ai pas abandonné, et grâce à une construction totalement nouvelle de la plate-forme, j'ai pu concentrer tout l'orchestre vers le centre et l'entourer, en amphithéâtre, par la foule des chanteurs logés sur sièges très considérablement surélevés. Non seulement cela contribuait grandement à l'effet puissant du chœur, mais cela donnait également une grande précision et une grande énergie à l'orchestre finement organisé dans les mouvements purement symphoniques.

Même à la répétition générale, la salle était bondée. Reissiger s'est rendu coupable de l'incroyable stupidité d'avoir soulevé l'esprit du public contre la symphonie et d'avoir attiré l'attention sur l'erreur très regrettable de Beethoven. Gade, en revanche, venu nous rendre visite de Leipzig, où il dirigeait alors les Concerts du Gewandhaus, m'a assuré après la répétition générale, qu'il aurait volontiers payé le double du prix de son billet pour entendre le récitatif de les basses encore une fois ; tandis que Hiller estimait que j'étais allé trop loin dans ma modification du tempo. Ce qu'il voulait dire par là, je l'ai appris plus tard lorsque je l'ai entendu diriger des œuvres orchestrales complexes ; mais j'en aurai davantage à dire plus tard.

Il est indéniable que le spectacle a été, dans l'ensemble, un succès ; en fait, il a dépassé toutes nos attentes et a été particulièrement bien accueilli par le public non musical. Parmi eux, je me souviens du philologue Dr Kochly, qui est venu me voir à la fin de la soirée et m'a avoué que c'était la première fois qu'il pouvait suivre une œuvre symphonique du début à la fin avec un intérêt intelligent. Cette expérience m'a laissé un agréable sentiment de capacité et de puissance, et m'a fortement confirmé dans la conviction que si seulement je désirais quelque chose avec suffisamment de sérieux, j'étais capable de l'atteindre avec un succès irrésistible et écrasant. Il me fallait cependant maintenant réfléchir aux difficultés qui, jusqu'ici, avaient empêché une production tout aussi heureuse de mes propres conceptions nouvelles. La Neuvième Symphonie de Beethoven, qui posait encore tant de problèmes à tant de personnes et qui, en tout cas, n'avait jamais atteint la popularité, j'avais pu obtenir un succès complet ; pourtant, chaque fois qu'il était mis en scène, mon Tannhäuser m'apprenait que les possibilités de son succès restaient encore à découvrir. Comment cela devait-il être fait ? Telle fut et resta la question secrète qui influença toute mon évolution ultérieure.

Je n'osais cependant à ce moment-là me livrer à aucune méditation sur ce point en vue d'arriver à des résultats particuliers, car la véritable signification de mon échec, dont j'étais intérieurement convaincu, était absolument nue devant moi avec tout ce qu'elle avait de terrifiant. cours. Mais je ne pouvais plus tarder à prendre les mesures les plus désagréables en vue d'éviter la catastrophe qui menaçait ma situation financière.

J'y ai été amené, grâce à l'influence d'un présage ridicule. Mon agent, l'éditeur purement nominatif de mes trois opéras, Rienzi, le Fliegender Holländer et Tannhäuser, l'excentrique éditeur de musique de cour CF Meser, m'a invité un jour au café connu sous le nom de « Verderber » pour discuter de nos affaires d'argent. C'est avec beaucoup de scrupules que nous parlions des résultats possibles de la Foire annuelle de Pâques, et nous demandions s'ils seraient passablement bons ou tout à fait mauvais. Je lui ai donné du courage et j'ai commandé une bouteille du meilleur Haut-Sauterne. Un vénérable flacon fit son apparition ; J'ai rempli les verres, et nous avons bu au bon succès de la Foire ; quand tout à coup nous criâmes tous les deux comme si nous étions devenus fous, tandis que, avec horreur, nous essayions de débarrasser notre bouche du fort vinaigre d'estragon qu'on nous avait servi par erreur. 'Cieux!' s'écria Meser, rien ne pourrait être pire ! « C'est vrai, répondis-je, il y a sans doute beaucoup de choses qui se transformeront pour nous en vinaigre. Ma bonne humeur me révéla en un éclair qu'il me fallait essayer un autre moyen de me sauver que par la foire de Pâques.

Non seulement il fallait rembourser le capital rassemblé à force de sacrifices toujours croissants, pour subvenir aux frais de publication de mes opéras ; mais, du fait que j'avais dû finalement demander l'aide des usuriers, le bruit de mes dettes s'était répandu si loin à l'étranger, que même les amis qui m'avaient aidé lors de mon arrivée à Dresde étaient saisis d'inquiétude. sur mon compte. C'est à cette époque que j'ai vécu une expérience vraiment triste de la part de Mme Schroder-Devrient, qui, par suite de son incompréhensible manque de discrétion, a beaucoup contribué à ma perte définitive. Lors de mon premier établissement à Dresde, comme je l'ai déjà signalé, elle me prêta trois mille marks, non seulement pour m'aider à acquitter mes dettes, mais aussi pour me permettre de contribuer à l'entretien de mon vieil ami Kietz à Paris. La jalousie envers ma nièce Johanna et le soupçon que je l'avais fait venir à Dresde pour permettre à la direction générale de se passer plus facilement des services du grand artiste s'étaient réveillés chez cette femme par ailleurs si noble. les sentiments habituels d'animosité à mon égard, qu'on rencontre si souvent dans le métier de théâtre. Elle avait maintenant renoncé à ses fiançailles ; elle a même déclaré ouvertement que j'avais contribué en partie à obtenir son licenciement ; et abandonnant toute considération amicale pour moi, par laquelle elle m'avait profondément fait du tort à tous égards, elle remit la reconnaissance de dette que je lui avais donnée entre les mains d'un avocat énergique, et sans plus tarder, cet homme me poursuivit en justice pour le paiement de l'argent. Je fus donc obligé de faire part de tout à Lüttichau et de le supplier d'intervenir en ma faveur et, si possible, d'obtenir une avance royale qui me permettrait de rétablir ma position si gravement compromise.

Mon principal s'est déclaré disposé à appuyer toute demande que je souhaiterais adresser au Roi à ce sujet. A cet effet, j'ai dû noter le montant de mes dettes ; mais comme je découvris bientôt que la somme nécessaire ne pouvait m'être cédée qu'à titre d'emprunt de la Caisse de Pension du Théâtre, à un intérêt de cinq pour cent, et que je devrais en outre assurer le capital de la Caisse de Pension par un viager. police d'assurance, qui me coûterait annuellement trois pour cent du capital emprunté, j'étais, pour des raisons évidentes, tenté de laisser de côté toutes celles de mes dettes qui n'étaient pas urgentes et pour lesquelles le paiement Je pensais pouvoir compter sur les recettes que je pourrais enfin espérer de mes entreprises d'édition. Néanmoins les sacrifices que je dus faire pour rembourser l'aide qui m'était offerte augmentèrent à tel point que mon salaire de chef d'orchestre, en lui-même très maigre, promettait d'être sensiblement diminué pendant quelque temps encore. J'étais obligé de faire les efforts les plus fastidieux pour réunir la somme nécessaire à l'assurance-vie et j'étais donc obligé de faire fréquemment appel à Leipzig. En outre, j'avais à surmonter les doutes les plus effroyables, tant sur ma santé que sur la durée probable de ma vie, au sujet desquels il me semblait avoir entendu toutes sortes d'appréhensions malveillantes exprimées par ceux qui m'avaient observé mais par hasard. dans l'état misérable dans lequel je me trouvais à ce moment-là. Mon ami Pusinelli, en tant que médecin très intime avec moi, parvint finalement à donner des renseignements si satisfaisants sur mon état de santé, que je parvins à assurer ma vie au taux de trois pour cent.

Le dernier de ces pénibles voyages à Leipzig se fit en tout cas dans des circonstances agréables grâce à une aimable invitation du vieux maestro Louis Spohr. J'en ai été particulièrement heureux, car pour moi cela ne signifiait rien de moins qu'un acte de réconciliation. En fait, Spohr m'avait écrit un jour et m'avait déclaré que, stimulé par le succès de mon Fliegender Holländer et par le plaisir qu'il y prenait, il avait décidé de reprendre la carrière de compositeur dramatique, ce qui, ces dernières années, ne lui avait valu que si peu de succès. Sa dernière œuvre était un opéra — Die Kreuz-fahrer — qu'il avait envoyé au théâtre de Dresde au cours de l'année précédente dans l'espoir, comme il me l'assurait lui-même, que j'encouragerais sa production. Après avoir demandé cette faveur, il a attiré mon attention sur le fait que dans cette œuvre il avait fait un départ absolument nouveau par rapport à ses opéras antérieurs et qu'il s'en était tenu à la déclamation dramatique rythmiquement la plus précise, ce qui lui avait certainement été rendu d'autant plus facile. par le « excellent sujet ». Sans être réellement surpris, mon horreur fut en effet grande lorsque, après avoir étudié non seulement le texte, mais aussi la partition, je découvris que le vieux maestro s'était absolument trompé sur le récit qu'il m'avait fait de son œuvre. L'usage en vigueur à cette époque, selon lequel la décision concernant la production des œuvres ne devait pas, en règle générale, appartenir à un seul des chefs d'orchestre, ne tendait pas à me faire moins craindre de me déclarer catégoriquement en faveur de cette œuvre. En outre, Reissiger, qui, comme il s'en était souvent vanté, était un vieil ami de Spohr, devait à son tour sélectionner et réaliser une nouvelle œuvre. Malheureusement, comme je l'appris plus tard, la direction générale avait restitué l'opéra de Spohr à son auteur d'une manière si sèche qu'elle l'offensait, et il s'en plaignit amèrement auprès de moi. Véritablement préoccupé par cela, j'avais visiblement réussi à le calmer et à l'apaiser, car l'invitation mentionnée ci-dessus était clairement une reconnaissance amicale de mes efforts. Il écrivit qu'il lui était très pénible de devoir toucher à Dresde pour se rendre à l'une des stations d'eau ; mais comme il avait un réel désir de faire ma connaissance, il me pria de le rencontrer à Leipzig, où il allait séjourner quelques jours.

Cette rencontre avec lui ne m'a pas laissé de marbre. C'était un homme grand et majestueux, d'apparence distinguée, d'un tempérament sérieux et calme. Il m'a fait comprendre, d'une manière touchante, presque désolée, que l'essence de son éducation et de son aversion pour les nouvelles tendances musicales avait son origine dans les premières impressions qu'il avait reçues en entendant, alors qu'il était un très jeune garçon. , La Flûte enchantée de Mozart, une œuvre assez nouvelle à cette époque et qui a eu une grande influence sur toute sa vie. Concernant mon livret de Lohengrin, que je lui avais laissé pour qu'il le lise, et l'impression générale que ma connaissance personnelle avait faite sur lui, il s'exprima avec une chaleur presque surprenante à mon beau-frère Hermann Brockhaus, chez qui nous avions été invités à dîner, et où, pendant le repas, la conversation fut la plus animée. Nous nous étions d'ailleurs rencontrés lors de véritables soirées musicales chez le chef d'orchestre Hauptmann ainsi que chez Mendelssohn, au cours desquelles j'entendis le maître prendre le violon dans un de ses propres quatuors. C'est précisément dans ces milieux que j'ai été impressionné par la dignité touchante et vénérable de son attitude absolument calme. Plus tard, j'appris par des témoins, dont je ne peux cependant garantir le témoignage, que Tannhäuser, lors de sa représentation à Cassel, lui avait causé tant de confusion et de douleur qu'il déclarait ne plus pouvoir me suivre et craignait de me suivre. que je dois être sur la mauvaise route.

Afin de me remettre de toutes les épreuves et de tous les soucis que j'avais endurés, je parvins maintenant à obtenir une faveur spéciale de la direction, sous la forme d'un congé de trois mois, pour améliorer ma santé dans une retraite rustique et obtenir de l'air pur à respirer tout en composant de nouvelles œuvres. J'avais choisi pour cela une maison de paysan dans le village de Gross-Graupen, à mi-chemin entre Pillnitz et la frontière de ce qu'on appelle la « Suisse saxonne ». De fréquentes excursions au Porsberg, au Liebethaler voisin et au bastion éloigné contribuèrent à renforcer mes nerfs à vif. Alors que je préparais pour la première fois la musique de Lohengrin, j'étais sans cesse dérangé par les échos de certains airs de Guillaume Tell de Rossini, qui était le dernier opéra que j'avais à diriger. Enfin, je trouvai par hasard un moyen efficace pour mettre fin à cette intrusion gênante : au cours de mes promenades solitaires, je chantais avec une grande insistance le premier thème de la Neuvième Symphonie, qui était aussi récemment revenu dans ma mémoire. C'est réussi ! A Pirna, où l'on peut se baigner dans la rivière, j'ai eu la surprise, lors d'une de mes soirées constitutionnelles presque régulières, d'entendre l'air du chœur des pèlerins de Tannhäuser sifflé par un baigneur invisible pour moi. Ce premier signe de la possibilité de vulgariser l'œuvre que j'avais réussi si difficilement à faire jouer à Dresde, m'a fait une impression qu'aucune expérience similaire n'a jamais pu surpasser par la suite. Parfois, je recevais la visite d'amis à Dresde, et parmi eux Hans von Bulow, alors âgé de seize ans, venait accompagné de Lipinsky. Cela me fit grand plaisir, car j'avais déjà remarqué l'intérêt qu'il me portait. Mais en général, je devais compter uniquement sur la compagnie de ma femme et, lors de mes longues promenades, je devais me contenter de mon petit chien Peps. Pendant ces vacances d'été, dont une grande partie du temps devait au début être consacrée à la tâche désagréable de régler mes affaires, et aussi à l'amélioration de ma santé, je réussis néanmoins à faire une esquisse de la musique pour l'ensemble des trois actes de Lohengrin, bien qu'on ne puisse dire qu'il s'agisse là d'autre chose qu'une esquisse très hâtive.

Fort de ce gain, je revins en août à Dresde, et repris mes fonctions de chef d'orchestre, qui me paraissaient chaque année de plus en plus lourdes. D'ailleurs, je me replongeai aussitôt au milieu de troubles qui venaient à peine d'être temporairement apaisés. L'édition de mes opéras, dont je comptais encore sur le succès comme le seul moyen de me libérer de ma situation difficile, exigeait des sacrifices toujours nouveaux pour que l'entreprise en vaille la peine. Mais comme mes revenus étaient désormais très réduits, même les plus petites dépenses m'entraînaient nécessairement à des complications toujours nouvelles et plus douloureuses ; et j'ai encore une fois perdu tout courage.

En revanche, j'ai essayé de me renforcer en travaillant à nouveau énergiquement à Lohengrin. Ce faisant, j'ai procédé d'une manière que je n'ai plus répétée depuis. J'ai d'abord achevé le troisième acte, et compte tenu des critiques déjà évoquées sur les personnages et la conclusion de cet acte, je me suis résolu à essayer d'en faire le pivot même de tout l'opéra. Je souhaitais faire cela, ne serait-ce que pour le motif musical qui apparaît dans l'histoire du Saint Graal ; mais à d'autres égards, le plan me parut parfaitement satisfaisant.

Suite à mes précédentes suggestions, Iphigénie de Gluck à Aulis devait être réalisée cet hiver. Je crus de mon devoir d'accorder plus de soin et d'attention à cet ouvrage, qui m'intéressait particulièrement par son sujet, que je n'en avais donné à l'étude de l'Armide. En premier lieu, j'ai été bouleversé par la traduction dans laquelle nous a été présenté l'opéra avec la partition berlinoise. Afin de ne pas me laisser entraîner dans de fausses interprétations par les ajouts instrumentaux que je jugeais très mal appliqués dans cette partition, j'ai écrit pour l'édition originale de Paris. Lorsque j'eus procédé à une révision approfondie de la traduction, dans le seul but de garantir l'exactitude de la déclamation, mon intérêt croissant me poussa à réviser la partition elle-même. J'ai essayé de rapprocher le plus possible le poème de la pièce du même nom d'Euripide, en éliminant tout ce qui, par respect pour le goût français, faisait de la relation entre Achille et Iphigénie une relation de tendre amour. Le principal changement fut de supprimer l'inévitable mariage à la fin. Pour la vitalité du drame, j'ai essayé de relier les airs et les chœurs, qui se succédaient généralement immédiatement sans rime ni raison, en reliant les liens, les prologues et les épilogues. En cela, j'ai fait de mon mieux, en utilisant les thèmes de Gluck, pour rendre aussi imperceptibles que possible les interpolations d'un compositeur étrange. Dans le troisième acte seulement, je fus obligé de donner à Iphigénie, ainsi qu'à Artémis, que j'avais moi-même présentée, des récitatifs de ma composition. Pendant tout le reste de l'ouvrage, j'ai révisé l'ensemble de l'instrumentation plus ou moins en profondeur, mais uniquement dans le but de faire en sorte que la version existante produise l'effet que je désirais. Ce n'est qu'à la fin de l'année que je pus achever cette immense tâche, et je dus remettre au nouvel an l'achèvement du troisième acte de Lohengrin, que j'avais déjà commencé.

La première chose qui retint mon attention au début de l'année (1847) fut la production d'Iphigénie. J'ai dû jouer ici le rôle de régisseur et j'ai même été obligé d'aider les décorateurs et les mécaniciens dans les moindres détails. En raison du fait que les scènes de cet opéra s'enchaînaient généralement de manière assez maladroite et sans aucun lien apparent, il a fallu les refondre complètement, afin d'animer la représentation de manière à donner à l'action dramatique la vie qui lui manquait. Une grande partie de ces défauts de construction me paraissait due aux nombreuses pratiques conventionnelles qui prévalaient à l'Opéra de Paris à l'époque de Gluck. Mitterwurzer était le seul acteur de toute la distribution à me faire plaisir. Dans le rôle d'Agamemnon, il montra une parfaite compréhension de ce personnage et exécuta à la lettre mes instructions et suggestions, de sorte qu'il réussit à donner une interprétation vraiment splendide et intelligente du rôle. Le succès de l'ensemble de la représentation a dépassé de loin mes espérances, et même les metteurs en scène ont été si surpris de l'enthousiasme exceptionnel suscité par un opéra de Gluck que, pour la deuxième représentation, ils ont, de leur propre initiative, fait inscrire mon nom au programme comme 'Réviseur.' Cela a immédiatement attiré l'attention des critiques sur cet ouvrage, et pour une fois ils m'ont presque rendu justice ; mon traitement de l'ouverture, la seule partie de l'opéra que ces messieurs entendirent interprétée de la manière triviale habituelle, était la seule chose à laquelle ils pouvaient trouver à redire. J'ai discuté et donné un compte rendu précis de tout ce qui s'y rapporte dans un article spécial sur « L'Ouverture de Gluck pour Iphigénie à Aulis » et je souhaite seulement ajouter ici que le musicien qui a fait des commentaires si étranges à cette occasion était Ferdinand Hiller.

Comme les années précédentes, les réunions hivernales des différents éléments artistiques de Dresde, inaugurées par Hiller, continuèrent à avoir lieu ; mais ils prenaient désormais davantage le caractère de « salons » dans la propre maison de Hiller, et cela me semblait destiné uniquement à jeter les bases d'une reconnaissance générale de la grandeur artistique de Hiller. Il avait déjà fondé, parmi les mécènes les plus fortunés, dont le principal était le banquier Kaskel, une société d'organisation de concerts par abonnement. Comme il était impossible de mettre à sa disposition à cet effet l'orchestre royal, il dut se contenter de musiciens de la ville et de musiques militaires pour son orchestre, et on ne peut nier que, grâce à sa persévérance, il parvint à un résultat louable. Comme il a produit de nombreuses compositions encore inconnues à Dresde, notamment dans le domaine de la musique plus moderne, j'étais souvent tenté d'aller à ses concerts. Mais son principal appât auprès du grand public semblait résider dans le fait qu'il présentait des chanteurs inconnus (parmi lesquels, malheureusement, on ne trouvait pas Jenny Lind) et des virtuoses, parmi lesquels Joachim, alors très jeune, J'ai fait connaissance.

La façon dont Hiller traitait ces œuvres que je connaissais déjà bien montrait ce que valait réellement sa puissance musicale. La manière négligente et indifférente avec laquelle il interprétait un Triple Concerto de Sébastien Bach m'a vraiment étonné. Dans le tempo di minuetto de la Huitième Symphonie de Beethoven, j'ai trouvé que le rendu de Hiller était encore plus étonnant que celui de Reissiger et Mendelssohn. J'ai promis d'assister à l'exécution de cette symphonie si je pouvais compter sur lui pour rendre correctement le tempo de la troisième phrase, qui était généralement si douloureusement déformée. Il m'a assuré qu'il était tout à fait d'accord avec moi sur ce point, et mon ma déception fut d'autant plus grande que je trouvai à nouveau adoptée la célèbre mesure de valse. Lorsque je lui en demandai compte, il s'excusa en souriant, disant qu'il avait été pris d'un accès d'abstraction passagère juste au début de la phrase en question, qui lui avait fait oublier sa promesse. Pour l'inauguration de ces concerts, qui en réalité n'ont duré que deux saisons, Hiller a reçu un banquet auquel j'ai également eu grand plaisir d'assister.

Les gens de ces milieux étaient alors surpris de m'entendre parler, souvent avec beaucoup d'animation, de la littérature et de l'histoire grecques, mais jamais de musique. Au cours de mes lectures, que je poursuivais avec zèle et qui m'éloignaient de mes activités professionnelles vers la retraite et la solitude, je fus alors poussé par mes besoins spirituels à tourner à nouveau mon attention vers une étude systématique de tout cela. importante source de culture, dans le but de combler le fossé perceptible entre la connaissance que mon enfance avait des éléments éternels de la culture humaine et la négligence de ce domaine d'apprentissage en raison de la vie que j'avais été obligé de mener. Afin d'aborder dans le bon état d'esprit le véritable objectif de mes désirs, l'étude du vieux et du moyen haut-allemand, je suis reparti depuis le début avec l'Antiquité grecque, et j'étais maintenant rempli d'un tel enthousiasme pour ce sujet que, chaque fois que j'entrais dans une conversation et que, par crochet ou par escroc, j'arrivais à l'amener à ce thème, je ne pouvais parler qu'en termes d'émotion la plus forte. Il m'arrivait de rencontrer quelqu'un qui semblait écouter ce que j'avais à dire ; Mais dans l'ensemble, on préférait ne me parler que de théâtre, car, depuis ma mise en scène d'Iphigénie de Gluck, on se croyait en droit de penser que j'étais une autorité en la matière. J'ai reçu une reconnaissance particulière de la part d'un homme à qui j'ai, à juste titre, reconnu le mérite d'être au moins aussi compétent que moi en la matière. Il s'agissait d'Eduard Devrient, qui avait été contraint à l'époque de démissionner de son poste de metteur en scène en chef en raison d'un complot contre lui de la part des acteurs, dirigés par son propre frère Emil. Nos conversations à ce sujet nous ont rapprochés davantage , ce qui l'a conduit à des dissertations sur la trivialité et le désespoir total de toute notre vie théâtrale, en particulier sous l'influence ruineuse de directeurs de cour ignorants, qui ne pourraient jamais être surmontées.

Nous étions également réunis par sa compréhension intelligente du rôle que j'avais joué dans la production d'Iphigénie, qu'il comparait à la production berlinoise de la même pièce, qu'il avait totalement condamnée. Il fut longtemps le seul homme avec qui je pus discuter sérieusement et en détail des besoins réels du théâtre et des moyens par lesquels on pouvait remédier à ses défauts. Grâce à son expérience plus longue et plus spécialisée, il pouvait me dire et me faire comprendre beaucoup de choses ; En particulier, il m'a aidé à surmonter avec succès l'idée selon laquelle la simple excellence littéraire suffisait au théâtre et a confirmé ma conviction que le chemin de la véritable prospérité réside uniquement dans la scène elle-même et dans les acteurs du drame.

À partir de ce moment-là, jusqu'à mon départ de Dresde, mes relations avec Eduard Devrient devinrent de plus en plus amicales, bien que son caractère sec et ses limites évidentes en tant qu'acteur ne m'avaient que peu attiré auparavant. Son ouvrage très méritoire, Die Geschichte der deutschen

Schauspielkunst (« Histoire de l'art dramatique allemand »), qu'il termina et publia à cette époque, jeta une lumière nouvelle et instructive sur de nombreux problèmes qui occupaient mon esprit et m'aida à les maîtriser pendant longtemps. la première fois.

Je parvins enfin à reprendre ma tâche de composer le troisième acte de Lohengrin, interrompu au milieu de la Scène des Noces, et je l'achevai à la fin de l'hiver. Après que la répétition, sur demande spéciale, de la Neuvième Symphonie au concert du dimanche des Rameaux m'eut ranimé, j'essayai de trouver du réconfort et du rafraîchissement pour la suite de mon nouveau travail en changeant de domicile, cette fois sans demander la permission. L'ancien palais Marcolini, doté d'un très grand jardin aménagé en partie à la française, était situé dans une banlieue éloignée et peu peuplée de Dresde.

Il avait été vendu à la municipalité et une partie devait être louée. Le sculpteur Hänel, que je connaissais depuis longtemps et qui m'avait offert en marque d'amitié un ornement en forme de plâtre parfait d'un des bas-reliefs du monument de Beethoven représentant la Neuvième Symphonie, m'avait a pris les grandes pièces du rez-de-chaussée d'une aile latérale de ce palais pour son habitation et son atelier. À Pâques, j'emménageai dans les appartements spacieux au-dessus de lui, dont le loyer était extrêmement bas, et constatai que le grand jardin planté d'arbres magnifiques, qui était mis à ma disposition, et le calme agréable de tout l'endroit, non seulement fournissaient nourriture mentale pour l'artiste fatigué, mais en même temps , en réduisant mes dépenses, j'ai amélioré mes finances difficiles. Nous nous installâmes bientôt assez confortablement dans la longue enfilade de chambres agréables sans avoir engagé de dépenses inutiles, Minna étant très pratique dans ses aménagements. Le seul inconvénient réel que j'ai trouvé avec le temps dans notre nouvelle maison était sa distance excessive du théâtre. Ce fut pour moi une grande épreuve après des répétitions fatigantes et des représentations fatigantes, car le coût d'un taxi était une considération sérieuse. Mais nous fûmes favorisés par un été exceptionnellement beau, qui me mit dans un état d'esprit heureux et contribua bientôt à surmonter tous les inconvénients.

A cette époque, j'insistais avec la plus grande fermeté pour ne plus prendre part à la direction du théâtre, et j'avais des raisons très convaincantes à faire valoir pour défendre ma conduite. Tous mes efforts pour mettre de l'ordre dans le chaos volontaire qui régnait dans l'utilisation des matériaux artistiques coûteux dont disposait cette institution royale ont été à plusieurs reprises contrecarrés, simplement parce que je voulais introduire une certaine méthode dans les arrangements. Dans une brochure soigneusement écrite que j'avais compilée au cours de l'hiver dernier, en plus de mes autres travaux, j'avais dressé un plan pour la réorganisation de l'orchestre et montré comment nous pourrions accroître la puissance productive de notre capital artistique en faire un usage plus méthodique des fonds royaux destinés à son entretien et faire preuve d'une plus grande discrétion en matière de salaires. Cet accroissement de la force productive élèverait l'esprit artistique et améliorerait la situation économique des membres de l'orchestre, car j'aurais souhaité qu'ils forment en même temps une société de concert indépendante. A ce titre, leur tâche aurait été de présenter de la meilleure façon possible aux habitants de Dresde une musique dont ils n'avaient jusqu'alors pratiquement pas eu l'occasion d'apprécier. Il aurait été possible qu'une telle union, qui, comme je l'ai souligné, avait tant de circonstances extérieures en sa faveur, fournisse à Dresde une salle de concert convenable. Cependant, j'entends dire qu'un tel endroit fait encore défaut à ce jour.

Dans ce but, j'entrai en étroite communication avec les architectes et les constructeurs, et les plans furent achevés, selon lesquels les bâtiments scandaleux faisant face à une aile de la célèbre prison en face de l'Ostra Allee, et consistant en un hangar pour les membres du théâtre et un lavoir public, devaient être démolis et remplacés par un bel édifice qui, outre qu'il contenait une grande salle de concert adaptée à nos besoins, aurait eu aussi d'autres grandes salles qui auraient pu être louées à prix réduit. un bénéfice. Le caractère pratique de ces projets n'était contesté par personne, car même les administrateurs du fonds des veuves de l'orchestre y voyaient une opportunité de placement sûr et avantageux du capital ; pourtant ils me furent rendus, après une longue réflexion de la part de la direction générale, avec des remerciements et une reconnaissance de mon travail minutieux, et la réponse brève qu'il avait été jugé préférable que les choses restent telles qu'elles étaient.

Toutes mes propositions visant à remédier au gaspillage inutile et à drainer notre capital artistique par un arrangement plus méthodique ont rencontré le même succès dans chaque détail que celui que j'avais suggéré. J'avais également découvert par une longue expérience que toute proposition qui devait être discutée et décidée au cours des réunions de commission les plus fatigantes, comme par exemple le début d'un répertoire, pouvait à tout moment être renversée et altérée pour le pire par l'humeur du président. un chanteur ou le plan d'un inspecteur d'affaires junior. J'ai donc été poussé à renoncer à mes efforts inutiles et, après de nombreuses discussions orageuses et l'expression franche de mes sentiments, je me suis retiré de toute participation à quelque branche que ce soit de la direction, et je me suis entièrement limité à faire des répétitions et à diriger des représentations d'opéras. fourni pour moi.

Même si mes relations avec Lüttichau devenaient de plus en plus tendues à cause de cela, peu importait pour le moment que ma conduite lui plaise ou non, car sinon ma position imposait le respect, en raison de la popularité toujours croissante de Tannhäuser et Rienzi, présentés durant l'été devant des maisons remplies de visiteurs de marque, et invariablement choisis pour les représentations de gala.

En suivant ainsi mon propre chemin et en refusant d'être gêné, j'ai réussi cet été, dans le délicieux et parfait isolement de ma nouvelle demeure, à me conserver dans un état d'esprit extrêmement favorable à l'achèvement de mon Lohengrin. Mes études, que, comme je l'ai déjà dit, je poursuivais avec ardeur en même temps que je travaillais sur mon opéra, me rendirent plus légère que jamais. Pour la première fois, je maîtrisais AEschyle avec un sentiment et une compréhension réels. Les commentaires éloquents de Droysen en particulier ont contribué à faire comprendre à mon imagination l'effet enivrant de la production d'une tragédie athénienne, de sorte que je pouvais voir l'Orestie avec mon œil mental, comme si elle était réellement jouée, et son effet sur moi était indescriptible. Rien pourtant ne pouvait égaler l'émotion sublime que m'inspirait la trilogie d'Agamemnon, et jusqu'au dernier mot des Euménides j'ai vécu dans une atmosphère si éloignée du présent que je n'ai jamais pu vraiment me réconcilier avec la modernité. littérature. Mes idées sur toute la signification du drame et du théâtre ont été sans aucun doute façonnées par ces impressions. Je me suis frayé un chemin parmi les autres tragédiens et j'ai finalement atteint Aristophane. Quand j'avais passé la matinée assidûment à terminer la musique de Lohengrin, je me glissais au fond d'un épais buisson dans ma partie du jardin pour m'abriter de la chaleur estivale, qui devenait chaque jour plus intense. Mon plaisir pour les comédies d'Aristophane était sans bornes, lorsqu'un jour ses Oiseaux m'avaient plongé dans tout le torrent du génie de ce favori insensé des Grâces, comme il s'appelait avec une audace consciente. A côté de ce poète, j'ai lu les principaux dialogues de Platon et, grâce au Banquet, j'ai acquis une connaissance si profonde de la merveilleuse beauté de la vie grecque que je me suis senti plus vraiment chez moi dans l'Athènes antique que dans les conditions du monde moderne. a à offrir.

Comme je poursuivais un programme d'auto-éducation bien établi, je ne souhaitais pas poursuivre mon chemin plus loin dans les ficelles d'une quelconque histoire littéraire et j'ai par conséquent détourné mon attention des études historiques, qui semblaient être mon domaine particulier. province, et dans quel département l'histoire d'Alexandre et de la période hellénistique de Droysen, ainsi que celle de Niebuhr et Gibbon, m'ont été d'une grande aide, et j'ai eu recours une fois de plus à mon ancien et fidèle guide, Jakob Grimm, pour l'étude de l'antiquité allemande. . Dans mes efforts pour maîtriser les mythes de l'Allemagne de manière plus approfondie que cela n'avait été possible lors de ma précédente lecture du Nibelung et du Heldenbuch, le commentaire particulièrement suggestif de Mone sur ce Heldensage m'a rempli de plaisir, bien que des érudits plus stricts considéraient cet ouvrage avec suspicion en raison de la l'audace de certaines de ses déclarations. C'est ainsi que j'ai été irrésistiblement attiré par les sagas du Nord ; et j'essayai maintenant, autant que possible sans une connaissance courante des langues scandinaves, de me familiariser avec l'Edda, ainsi qu'avec la version en prose qui existait d'une partie considérable du Heldensage.

Lu à la lumière des Commentaires de Mone, le Wolsungasaga a eu une influence décisive sur ma méthode de manipulation de ce matériel. Mes conceptions, qui s'étaient développées depuis longtemps, sur la signification intérieure de ces légendes du vieux monde, se sont peu à peu renforcées et se sont modelées sur les formes plastiques qui ont inspiré mes œuvres ultérieures.

Tout cela s'enfonçait dans mon esprit et mûrissait lentement, tandis que j'achevais avec un plaisir non feint la musique des deux premiers actes de Lohengrin, enfin terminés. Je parvins maintenant à faire abstraction du passé et à me construire un nouveau monde futur, qui se présentait avec une clarté toujours croissante à mon esprit comme le refuge où je pourrais me retirer de toutes les misères de la vie moderne de l'opéra et du théâtre. En même temps, ma santé et mon humeur s'installaient dans une atmosphère de sérénité presque intacte, qui me faisait longtemps oublier tous les soucis de ma situation. Je me promenais tous les jours dans les collines voisines, qui s'élevaient des rives de l'Elbe jusqu'au Plauenscher Grand. J'y allais généralement seul, sauf en compagnie de notre petit chien Peps, et mes excursions aboutissaient toujours à un nombre d'idées satisfaisant. En même temps, j'ai découvert que j'avais développé une capacité, que je n'avais jamais possédée auparavant, pour des relations de bonne humeur avec les amis et connaissances qui aimaient venir de temps en temps au jardin Marcolini pour partager mon simple dîner. Mes visiteurs me trouvaient souvent perché sur une haute branche d'arbre, ou sur le cou de Neptune qui était la figure centrale d'un grand groupe de statuaire au milieu d'une vieille fontaine, malheureusement toujours sèche, appartenant à la p jours d'amitié du domaine Marcolini. J'avais plaisir à parcourir avec mes amis le large sentier de l'allée menant au véritable palais, aménagé spécialement pour Napoléon, dans la fatale année 1813, lorsqu'il y avait établi son quartier général.

En août, dernier mois de l'été, j'avais complètement terminé la composition de Lohengrin et je sentais qu'il était grand temps pour moi de le faire, car les nécessités de ma position exigeaient impérativement que je m'occupe très sérieusement d'améliorer ma composition. et il devenait pour moi de la plus haute importance de prendre à nouveau des mesures pour que mes opéras soient représentés dans les théâtres allemands.

Même le succès de Tannhäuser à Dresde, qui devenait chaque jour plus évident, n'a attiré la moindre attention nulle part ailleurs. Berlin était le seul endroit qui avait une quelconque influence dans le monde théâtral allemand, et j'aurais dû depuis longtemps accorder toute mon attention à cette ville. D'après tout ce que j'avais entendu sur les goûts particuliers de Friedrich Wilhelm IV, je me sentais parfaitement justifié de supposer qu'il se sentirait enclin à sympathiser avec mes œuvres et conceptions ultérieures si seulement je parvenais à les lui faire remarquer sous le bon jour. Dans cette hypothèse, j'avais déjà pensé à lui dédier Tannhäuser et, pour obtenir l'autorisation, j'ai dû m'adresser au comte Redern, directeur musical de la cour. De lui, j'appris que le roi ne pouvait accepter la dédicace que d'œuvres qui avaient été effectivement exécutées en sa présence et dont il avait donc une connaissance personnelle. Comme mon Tannhäuser avait été refusé par les directeurs du théâtre de la cour parce qu'il était jugé trop épique dans sa forme, le comte ajouta que si je voulais rester ferme dans ma résolution, il n'y avait qu'une seule issue à l'embarras, c'était de adapter mon opéra autant que possible à une fanfare militaire, et tâcher de le faire connaître au roi lors des parades. Cela m'a poussé à déterminer un autre plan d'attaque contre Berlin.

Après cette expérience, j'ai compris que je devais y ouvrir ma campagne avec l'opéra qui avait remporté le triomphe le plus décisif à Dresde. J'obtins donc audience de la reine de Saxe, sœur du roi de Prusse, et la priai d'user de son influence auprès de son frère pour obtenir une représentation à Berlin sur ordre royal de mon Rienzi, qui était aussi un favori de la cour. de Saxe. Cette manœuvre réussit, et je reçus bientôt une communication de mon vieil ami Küstner me disant que la représentation de Rienzi était fixée pour une date très rapprochée au Théâtre de la Cour de Berlin, et exprimant en même temps l'espoir que je dirigerais mon œuvre en personne. Comme ce théâtre avait payé une très belle redevance d'auteur, à l'instigation de Küstner, à l'occasion de la production de l'opéra Katharina von Cornaro de son vieil ami munichois Lachner, j'espérais réaliser une amélioration très substantielle de mes finances si seul le succès de Rienzi dans cette ville rivalisait dans une certaine mesure avec celui de Dresde. Mais mon principal désir était de faire la connaissance du roi de Prusse, afin de lui lire le texte de mon Lohengrin et d'éveiller son intérêt pour mon ouvrage. Ceci, d'après divers signes dont je me flattais, était parfaitement possible, auquel cas j'avais l'intention de le prier de commander la première représentation de Lohengrin qui serait donnée dans son théâtre de cour.

Après mes étranges expériences sur la manière dont mon succès à Dresde avait été tenu secret du reste de l'Allemagne, il me paraissait d'une importance vitale de faire du futur centre de mes entreprises artistiques le seul lieu qui exerçait une quelconque influence sur le monde extérieur et, en tant que tel, j'ai été obligé de penser à Berlin. Inspiré par le succès de ma recommandation auprès de la reine de Prusse, j'espérais avoir accès au roi lui-même, ce que je considérais comme une étape des plus importantes. Plein de confiance et d'excellente humeur, je partis pour Berlin en septembre, comptant sur un tour favorable de la roue, en premier lieu pour les répétitions de Rienzi, bien que mes intérêts n'étaient plus centrés sur cette œuvre.

Berlin m'a fait la même impression que lors de ma précédente visite, lorsque je l'ai revu après ma longue absence à Paris. Le professeur Werder, mon ami du Fliegender Holländer, m'avait hébergé à l'avance sur la célèbre Gensdarmeplatz, mais lorsque je regardais chaque jour la vue depuis mes fenêtres, je ne pouvais pas croire que je me trouvais dans une ville qui était le centre même de Allemagne. Bientôt, cependant, je fus complètement absorbé par les soucis de la tâche que j'avais en main.

Je n'avais rien à redire en ce qui concerne les préparatifs officiels de Rienzi, mais je m'aperçus vite qu'il était considéré comme un simple opéra de chef d'orchestre, c'est-à-dire que tout le matériel dont je disposais était dûment mis à ma disposition, mais la direction n'avait pas la moindre intention de faire autre chose pour moi. Tous les arrangements pour mes répétitions furent complètement bouleversés dès l'annonce de la visite de Jenny Lind, et elle occupa pendant quelque temps le Royal Opera en exclusivité.

Pendant le retard ainsi causé, je fis tout ce que je pus pour atteindre mon objectif principal : une introduction au roi, et j'utilisai à cette fin mes anciennes connaissances avec le directeur musical de la cour, le comte Redern. Ce monsieur me reçut aussitôt avec la plus grande affabilité, m'invita à dîner et à une soirée, et entra avec moi dans une discussion chaleureuse sur les démarches nécessaires pour arriver à mon dessein, dans laquelle il promit de faire tout son possible pour m'aider. J'ai également fait de fréquentes visites à Sans-Souci, afin de présenter mes respects à la Reine et de lui exprimer mes remerciements. Mais je n'allai jamais plus loin qu'un entretien avec les dames d'honneur, et on me conseilla de me mettre en communication avec M. Illaire, chef du Conseil privé royal. Ce monsieur parut impressionné par le sérieux de ma demande et promit de faire tout ce qu'il pourrait pour satisfaire mon souhait d'être présenté personnellement au roi. Il m'a demandé quel était mon véritable objectif, et je lui ai répondu que c'était d'obtenir du roi la permission de lui lire mon livret Lohengrin. A l'occasion d'une de mes fréquentes visites de Berlin, il me demanda si je ne pensais pas qu'il serait opportun d'apporter une recommandation de Tieck sur mon travail. Je pus lui dire que j'avais déjà eu le plaisir de porter mon cas à la connaissance du vieux poète, qui vivait près de Potsdam comme pensionné royal.

Je me souvenais très bien que Madame von Lüttichau avait envoyé il y a quelques années les thèmes Lohengrin et Tannhäuser à son vieil ami, lorsque ces questions furent pour la première fois évoquées entre nous. Lorsque je rendis visite à Tieck, je fus accueilli par lui presque comme un ami et je trouvai mes longs entretiens avec lui extrêmement précieux. Même si Tieck avait peut-être acquis une réputation quelque peu douteuse en raison de l'indulgence avec laquelle il recommandait les œuvres dramatiques de ceux qui s'adressaient à lui, j'étais néanmoins satisfait du véritable dégoût avec lequel il parlait de notre dernière littérature dramatique, qui était se modelant sur le style de la scène française moderne, et sa plainte concernant l'absence totale de tout véritable sentiment poétique était sincère. Il se déclara ravi de mon poème de Lohengrin, mais ne comprit pas comment tout cela devait être mis en musique sans un changement complet dans la structure conventionnelle d'un opéra, et à ce propos il s'opposa à des scènes telles que celle entre Ortrud et Frédéric. au début du deuxième acte. Je pensais l'avoir éveillé à un véritable enthousiasme en lui expliquant comment je me proposais de résoudre ces apparentes difficultés et en lui décrivant également mes propres idéaux en matière de drame musical. Mais plus je m'élevais, plus il devenait triste quand je lui avais fait connaître un jour mon espoir d'obtenir le patronage du roi de Prusse pour ces conceptions et l'élaboration de mon projet de drame idéal. Il ne doutait pas que le roi m'écouterait avec le plus grand intérêt, et même s'emparerait de mes idées avec chaleur ; seulement je ne devais pas nourrir le moindre espoir de résultat pratique, à moins que je ne veuille m'exposer au plus amer désappointement. « Que peut-on attendre d'un homme qui est aujourd'hui enthousiasmé par Iphigénie en Tauride de Gluck et demain fou de Lucrezia Borgia de Donizetti ? il a dit. La conversation de Tieck sur ces sujets et sur des sujets similaires était beaucoup trop amusante et charmante pour que je puisse accorder un sérieux poids à l'amertume de ses opinions. Il promit volontiers de recommander mon poème, plus particulièrement au conseiller privé Illaire, et me renvoya avec une chaleureuse bonne volonté et sa bénédiction sincère mais anxieuse. Le seul résultat de tous mes travaux fut que l'invitation désirée du roi restait en suspens. Comme les répétitions de Rienzi, qui avaient été ajournées à cause de la visite de Jenny Lind, reprenaient sérieusement, je me suis résolu à ne plus me donner de peine avant la représentation de mon opéra, car je pensais moi-même, du moins, j'avais le droit de compter sur la présence du monarque le premier soir, puisque la pièce était jouée sur son ordre exprès, et en même temps j'espérais que cela conduirait à l'accomplissement de mon objectif principal. Cependant, plus nous nous rapprochions de l'événement, plus les espoirs que j'avais fondés sur lui diminuaient. Pour jouer le rôle du héros, je devais me contenter d'un ténor absolument dépourvu de talent et bien au-dessous de la moyenne. C'était un homme consciencieux et minutieux, et il m'avait d'ailleurs été fortement recommandé par mon aimable hôte, le célèbre Meinhard. Après avoir pris un soin infini à son égard et avoir en conséquence, comme cela arrive si souvent, suscité dans mon esprit certaines illusions sur ce que je pouvais attendre de son jeu, j'ai été obligé, lorsqu'il s'agissait de l'épreuve finale de la robe répétition, pour avouer ma véritable opinion. Je me suis rendu compte que le décor, le chœur, le ballet et les parties mineures étaient dans l'ensemble excellents, mais que le personnage principal, autour duquel tout se concentrait dans cet opéra particulier, s'est évanoui dans un fantôme insignifiant. L'accueil que cet opéra rencontra auprès du public lors de sa représentation en octobre lui fut également dû ; mais grâce à l'assez bonne interprétation de quelques passages brillants, et surtout à la reconnaissance enthousiaste de Frau Koster dans le rôle d'Adriano, on aurait pu conclure, d'après tous les signes extérieurs, que l'opéra avait été assez réussi. Néanmoins, je savais très bien que ce triomphe apparent ne pouvait avoir aucune substance réelle, puisque seules les parties immatérielles de mon œuvre pouvaient atteindre les yeux et les oreilles du public ; son esprit essentiel n'était pas entré dans leur cœur. De plus, les critiques berlinois, à leur manière habituelle, commencèrent immédiatement leurs attaques, dans le but de démolir tout succès que mon opéra aurait pu remporter, de sorte qu'après la deuxième représentation, que j'avais également dirigée moi-même, je commençai à me demander si mes travaux désespérés étaient vraiment digne d'intérêt.

Lorsque j'ai demandé aux quelques amis intimes avec qui j'avais leur opinion sur ce point, j'ai obtenu des informations très précieuses. Parmi ces amis, je dois citer en premier lieu Hermann Franck, que j'ai retrouvé. Il s'était récemment installé à Berlin et avait beaucoup contribué à m'encourager. J'ai passé la partie la plus agréable de ces tristes deux mois en sa compagnie, dont je n'avais pourtant que trop peu. Notre conversation tournait généralement sur des réminiscences d'autrefois et sur des sujets qui n'avaient aucun rapport avec le théâtre, de sorte que j'avais presque honte de le déranger avec mes plaintes à ce sujet, d'autant plus qu'elles concernaient mes inquiétudes au sujet d'une œuvre que je Je ne pouvais pas prétendre qu'il avait une quelconque importance pratique pour la scène. De son côté, il en arriva bientôt à la conclusion que j'avais été insensé de choisir mon Rienzi pour cette occasion, car c'était un opéra qui ne s'adressait qu'au grand public, de préférence à mon Tannhäuser, qui aurait pu éduquer un parti en Berlin utile à mes objectifs supérieurs. Il affirmait que la nature même de cette œuvre aurait suscité un nouvel intérêt pour le théâtre dans l'esprit de gens qui, comme lui, ne faisaient plus partie des habitués du théâtre, précisément parce qu'ils avaient abandonné tout espoir d' un jour trouver des idéaux plus nobles de la scène.

Les curieuses informations sur le caractère de l'art berlinois à d'autres égards, que Werder me donnait de temps en temps, étaient des plus décourageantes. A propos du public, il me dit un jour que lors de la représentation d'une œuvre inconnue, il était tout à fait inutile pour moi d'attendre qu'un seul spectateur, depuis les stalles jusqu'à la galerie, prenne place avec en vue un meilleur objet que choisir autant de trous que possible dans la production. Même si Werder ne voulait me décourager dans aucune de mes entreprises, il se sentait obligé de me mettre en garde sans cesse de ne pas attendre quelque chose de supérieur à la moyenne de la société cultivée de Berlin. Il aimait à voir le respect dû aux dons vraiment considérables du roi ; et quand je lui demandai comment il pensait que celui-ci recevrait mes idées sur l'ennoblissement de l'opéra, il répondit, après avoir écouté attentivement une longue et enflammée tirade de ma part : « Le roi vous dirait : « Allez consulter Stawinsky. !'" C'était le directeur de l'opéra, un gros être suffisant, devenu rouillé à force de suivre la routine la plus jogg-trot. Bref, tout ce que j'apprenais était fait pour me décourager. J'ai rendu visite à Bernhard Marx, qui, il y a quelques années, s'était montré aimablement intéressé par mon Fliegender Holländer, et il l'a reçu avec courtoisie. Cet homme, qui dans ses écrits antérieurs et ses critiques musicales m'avait semblé rempli d'un feu d'énergie, me paraissait maintenant extraordinairement mou et apathique lorsque je le voyais aux côtés de sa jeune épouse, d'une beauté radieuse et envoûtante. De sa conversation, j'appris bientôt qu'il avait lui aussi abandonné le moindre espoir de succès pour tout effort dirigé vers le but si cher à nos deux cœurs, à cause de l'inconcevable superficialité de tous les fonctionnaires liés à l'autorité suprême. Il me raconta le sort extraordinaire qu'était arrivé au projet qu'il avait porté à la connaissance du roi de fonder une école de musique. Au cours d'une audience spéciale, le roi avait étudié la question avec le plus grand intérêt et avait remarqué les moindres détails, de sorte que Marx se sentait en droit d'entretenir les plus grands espoirs de succès. Cependant, tous ses travaux et négociations sur l'affaire, au cours desquels il fut poussé de pilier en poste, se révélèrent totalement vains, jusqu'à ce qu'on lui ordonne enfin d'avoir une entrevue avec un certain général. Ce personnage, comme le roi, se fit expliquer dans les moindres détails les propositions de Marx et exprima sa plus vive sympathie pour l'entreprise. « Et là, dit Marx à la fin de ce long charlatan, l'affaire s'est terminée et je n'en ai plus jamais entendu parler.

Un jour, j'appris que la comtesse Rossi, la célèbre Henriette Sontag, qui vivait dans une retraite tranquille à Berlin, avait de bons souvenirs de moi à Dresde et souhaitait que je lui rende visite. Elle était déjà tombée à cette époque dans une situation malheureuse et si préjudiciable à sa carrière artistique. Elle aussi se plaignait amèrement de l'apathie générale des classes influentes de Berlin, qui empêchait effectivement la réalisation de tout objectif artistique. Elle pensait que le roi trouvait une sorte de satisfaction à savoir que le théâtre était mal géré, car s'il ne s'opposait jamais aux critiques qu'il recevait à ce sujet, il ne soutenait non plus aucune proposition visant à son amélioration. Elle a exprimé le désir de connaître quelque chose de mon dernier ouvrage et je lui ai donné mon poème de Lohengrin pour qu'il le lise. A l'occasion de mon appel du lendemain matin, elle m'a dit qu'elle m'enverrait une invitation à une soirée musicale qu'elle allait organiser chez elle en l'honneur du Grand-Duc de Mecklembourg-Strelitz, son vieux patron, et elle m'a également donné elle reprit le manuscrit de Lohengrin, avec l'assurance qu'il lui avait beaucoup plu, et qu'en le lisant elle avait souvent vu les petites fées et les lutins danser devant elle. Comme autrefois j'avais été chaleureusement encouragé par la sympathie chaleureuse et amicale de cette femme naturellement cultivée, j'avais maintenant l'impression que de l'eau froide m'était soudainement versée dans le dos. Je pris bientôt congé et ne la revis plus. En fait, je n'y avais aucune intention particulière, puisque l'invitation promise n'est jamais arrivée. Herr E. Kossak est également venu me chercher et, bien que notre connaissance n'ait pas abouti à grand-chose, j'ai été assez aimablement reçu par lui pour lui donner à lire mon poème de Lohengrin. Un jour, je suis allé le voir sur rendez-vous et j'ai constaté que sa chambre venait d'être lavée à l'eau bouillante. La vapeur de cette opération était si insupportable qu'elle lui avait déjà donné mal à la tête, et ne m'était pas moins désagréable. Il m'a regardé en face avec une expression presque tendre lorsqu'il m'a rendu le manuscrit de mon poème, et m'a assuré, avec des accents qui ne laissaient aucun doute sur sa sincérité, qu'il le trouvait « très joli ».

J'ai trouvé mes relations occasionnelles avec H. Truhn plutôt amusantes. Je lui offrais un bon verre de vin chez Lutter et Wegener, où je me rendais occasionnellement en raison de son association avec Hoffmann, et il écoutait alors avec un intérêt apparemment croissant mes idées sur l'évolution possible de l'opéra et le but de l'opéra. vers lequel nous devrions viser. Ses commentaires étaient généralement spirituels et très pertinents, et ses manières vives et animées me plaisaient beaucoup. Mais après la production de Rienzi, lui aussi, en tant que critique, s'est joint à la majorité des moqueurs et des détracteurs. La seule personne qui m'a soutenu vaillamment mais inutilement, contre vents et marées, était mon vieil ami Gaillard. Son petit magasin de musique n'était pas un succès, son journal musical avait déjà échoué, de sorte qu'il ne pouvait m'aider que de manière modeste. Malheureusement, j'ai découvert non seulement qu'il était l'auteur de nombreuses œuvres dramatiques extrêmement douteuses, pour lesquelles il souhaitait obtenir mon soutien, mais aussi qu'il était apparemment aux derniers stades de la maladie dont il souffrait, de sorte que les rares rapports sexuels Je n'avais auprès de lui, malgré toute sa fidélité et son dévouement, qu'exercer sur moi une influence mélancolique et déprimante.

Mais comme je m'étais lancé dans cette entreprise berlinoise contrairement à tous mes vœux les plus intimes et poussé uniquement par le désir de remporter le succès si essentiel à ma position, je me décidai à lancer un appel personnel à Rellstab.

Comme dans le cas du Fliegender Holländer il avait plus particulièrement critiqué son « nébulosité » et son « manque de forme », j'ai pensé que je pourrais avantageusement lui signaler les contours plus clairs et plus clairs de Rienzi. Il semblait heureux que je pense que je pourrais tirer quelque chose de lui, mais il me fit immédiatement part de sa ferme conviction que toute nouvelle forme d'art était totalement impossible après Gluck et que la seule chose que la chance et le travail acharné pouvaient apporter. était capable de produire était une grandiloquence dénuée de sens. J'ai alors compris qu'à Berlin, tout espoir avait été abandonné. On m'a dit que Meyerbeer était le seul homme capable de maîtriser la situation.

J'ai retrouvé mon ancien mécène à Berlin et il m'a déclaré qu'il s'intéressait toujours à moi. Dès mon arrivée, je lui rendis visite, mais dans le hall je trouvai son domestique occupé à préparer des malles et j'appris que Meyerbeer s'en allait. Son maître a confirmé cette affirmation et a regretté de ne pouvoir rien faire pour moi, j'ai donc dû lui dire au revoir et comment vas-tu en même temps. Pendant quelque temps, j'ai cru qu'il était réellement absent, mais au bout de quelques semaines, j'ai appris avec surprise qu'il restait toujours à Berlin sans se laisser voir de personne et, enfin, il a réapparu à l'une des répétitions de Rienzi. Ce que cela signifiait, je ne l'ai découvert que plus tard grâce à une rumeur qui circulait parmi les initiés et qui me fut communiquée par Eduard von Bulow, le père de mon jeune ami. Sans avoir la moindre idée de l'origine de cette histoire, j'appris, vers le milieu de mon séjour à Berlin, par le chef d'orchestre Taubert, qu'il avait appris de très bonne source que je postulais pour un poste de directeur au théâtre de la cour et qu'il avait de bonnes attentes quant à l'obtention du rendez-vous en plus de privilèges spéciaux. Afin de rester en bons termes avec Taubert, ce qui était bien nécessaire pour moi, je dus lui donner les assurances les plus solennelles qu'une telle idée ne m'était même jamais venue à l'esprit, et que je n'accepterais pas une telle position si on me l'a proposé. D'un autre côté, tous mes efforts pour avoir accès au roi restèrent vains. Mon principal médiateur, vers qui je m'adressais toujours, était toujours le comte Redern, et bien que mon attention ait été attirée sur son fervente adhésion à Meyerbeer, son attitude extraordinairement ouverte et amicale a toujours renforcé ma confiance en son honnêteté. Finalement, le seul moyen qui me restait ouvert était le fait que le roi ne pouvait pas rester à l'écart de la représentation de Rienzi, donnée sur son ordre exprès, et c'est sur cette conviction que je fondais tout espoir ultérieur de l'approcher. Sur quoi le comte Redern m'informa, avec une expression de profond désespoir, que le jour même de la première représentation, le monarque partait à la chasse. Une fois de plus, je le suppliai de faire tous les efforts en son pouvoir pour assurer la présence du roi, au moins à la seconde représentation , et enfin mon inépuisable patron me dit qu'il n'y comprenait rien, mais Sa Majesté semblait avoir conçu une réticence totale à accéder à mon souhait ; lui-même avait entendu ces paroles dures sortir des lèvres royales : « Oh ! tu es revenu vers moi avec ton Rienzi ?

Lors de cette deuxième représentation, j'ai eu une expérience agréable. Après l'impressionnant deuxième acte, le public montrait vouloir m'appeler, et tandis que j'allais de l'orchestre au vestibule, pour être prêt s'il le fallait, mon pied glissa sur le parquet lisse, et j'aurais peut-être eu un grave problème. Je serais tombé si je n'avais pas senti mon bras saisi par une main forte. Je me retournai et reconnus le prince héritier de Prusse , [14] qui était sorti de sa loge, et qui saisit aussitôt l'occasion de m'inviter à le suivre chez sa femme, qui désirait faire ma connaissance. Elle venait tout juste d'arriver à Berlin et m'a dit qu'elle avait entendu mon opéra pour la première fois ce soir-là et m'en a exprimé son appréciation. Cependant, elle avait depuis longtemps reçu des rapports très favorables sur moi et mes objectifs artistiques de la part d'un ami commun, Alwine Frommann. Toute la teneur de cet entretien, auquel le prince assistait, était inhabituellement amicale et agréable.

[14] Ce prince devint par la suite l'empereur Guillaume Ier. Il reçut le titre de prince héritier en 1840 à la mort de son père, Frédéric-Guillaume III, car il était alors héritier présomptif de son frère, Frédéric-Guillaume IV, dont le mariage était sans issue.

C'était en effet ma vieille amie Alwine qui, à Berlin, non seulement avait suivi toute ma fortune avec la plus grande sympathie, mais qui avait aussi fait tout ce qui était en son pouvoir pour me donner du réconfort et du courage pour endurer. Presque tous les soirs, lorsque les affaires de la journée le permettaient, je lui rendais visite pour une heure de récréation et je tirais de sa conversation ennoblissante des forces pour lutter contre les revers du lendemain. J'étais particulièrement heureux de la sympathie chaleureuse et intelligente qu'elle et notre ami commun Werder vouaient à Lohengrin, l'objet de tous mes travaux à cette époque. A l'arrivée de son amie et patronne, la princesse héritière, qui avait été retardée jusqu'à présent, elle espérait entendre quelque chose de plus précis sur la situation de mes affaires avec le roi, même si elle m'a laissé entendre que même cette grande dame était profondément en difficulté. disgrâce, et ne pouvait exercer son influence sur le roi qu'en observant l'étiquette la plus stricte. Mais de cette source non plus, aucune nouvelle ne me parvint jusqu'au moment où je quittai Berlin et je ne pus plus retarder mon départ.

Comme je devais diriger une troisième représentation de Rienzi, et qu'il restait encore une lointaine possibilité de recevoir une commande soudaine à Sans-Souci, je fixai en conséquence une date qui serait la toute dernière que je pourrais attendre pour connaître le sort des projets. J'avais le plus proche du cœur. Cette période est passée et j'ai dû constater que mes espoirs de Berlin étaient complètement brisés.

J'étais dans un état très déprimé lorsque je me suis décidé à cette conclusion. Je me souviens rarement avoir été aussi terriblement affecté par l'influence d'un temps froid et humide et d'un ciel éternellement gris que lors de ces dernières semaines misérables à Berlin, où tout ce que j'entendais, en plus de mes propres inquiétudes privées, pesait sur moi d'une manière terrible. poids de plomb du découragement.

Mes conversations avec Hermann Franck sur la situation sociale et politique avaient pris un ton particulièrement sombre, les efforts du roi de Prusse pour convoquer une conférence unie ayant échoué. J'étais de ceux qui avaient d'abord été enclins à voir dans cette entreprise une portée pleine d'espoir, mais ce fut un choc de voir tous les détails intimes du projet clairement exposés devant moi par un homme aussi bien informé que Franck. Ses opinions impartiales sur ce sujet, ainsi que sur l'État prussien en particulier, censé être représentatif du renseignement allemand et universellement considéré comme un modèle d'ordre et de bon gouvernement, m'ont tellement désillusionné et détruit toutes les velléités favorables. et les opinions pleines d'espoir que j'en avais formées, j'avais l'impression d'avoir plongé dans le chaos, et je réalisais combien il était inutile d'attendre de ce côté un règlement prospère de la question allemande. Si, au milieu de ma misère à Dresde, j'avais fondé de grands espoirs de gagner pour mes idées la sympathie du roi de Prusse, je ne pouvais plus fermer les yeux sur le vide effrayant que l'état des choses me révélait de toutes parts.

Dans cet état de désespoir, je n'éprouvai que peu d'émotion lorsque, allant dire au revoir au comte Redern, il m'annonça avec un visage très triste la nouvelle, qui venait d'arriver, de la mort de Mendelssohn. Je n'avais certainement pas réalisé ce coup du sort, que le chagrin évident de Redern m'a fait remarquer pour la première fois. En tout cas, il lui fut épargné des explications plus détaillées et plus sincères sur mes propres affaires, qui lui tenaient tant à cœur.

La seule chose qui me restait à faire à Berlin était d'essayer de faire en sorte que ma réussite matérielle compense ma perte matérielle. Lors d'un séjour de deux mois, durant lequel ma femme et ma sœur Clara étaient avec moi, attirées par l'espoir que la production de Rienzi à Berlin serait un brillant succès, j'ai retrouvé mon vieil ami, le metteur en scène Küstner, qui n'était en aucun cas enclin à me dédommager. Par sa correspondance avec moi, il pouvait prouver jusqu'au bout que, légalement, il avait seulement exprimé le désir de ma coopération dans l'étude de Rienzi, mais ne m'avait adressé aucune invitation positive. Comme le chagrin du comte Redern suite à la mort de Mendelssohn m'empêchait de lui demander de l'aide dans ces affaires privées insignifiantes, je n'avais d'autre choix que d'accepter de bonne grâce la bienfaisance de Küstner qui me payait sur-le-champ les redevances sur les trois représentations. qui avait déjà eu lieu. Les autorités de Dresde furent surprises lorsque je me trouvai obligé de leur demander une avance de revenus pour mener à bien cette brillante entreprise à Berlin.

Alors que je voyageais avec ma femme par le temps le plus horrible à travers un pays désert pour rentrer chez moi, je suis tombé dans un état de désespoir le plus noir, auquel je pensais que je pourrais peut-être survivre une fois dans ma vie, mais plus jamais. Néanmoins, pendant que je regardais silencieusement hors de la voiture dans la brume grise, cela m'amusait d'entendre ma femme entrer dans une discussion animée avec un voyageur de commerce qui, au cours d'une conversation amicale, avait parlé de manière désobligeante du 'nouvel opéra Rienzi.' Ma femme, avec beaucoup de chaleur et même de passion, corrigea diverses erreurs commises par ce critique hostile, et, à sa grande satisfaction, lui fit avouer qu'il n'avait pas entendu l'opéra lui-même, mais qu'il n'avait fondé son opinion que sur des ouï-dire et des critiques. Sur quoi ma femme lui fit remarquer très sincèrement qu'« il ne pouvait pas savoir à qui il ne pourrait pas nuire par un commentaire aussi irresponsable ».

Ce furent les seules impressions réconfortantes et réconfortantes que je rapportai à Dresde, où je ressentis bientôt les conséquences directes des revers que j'avais subis à Berlin dans les condoléances de mes connaissances. Les journaux avaient répandu la nouvelle que mon opéra avait été un lamentable échec. Le plus pénible de tout cela, c'est que j'ai dû affronter ces expressions de pitié avec un visage joyeux et l'assurance que les choses n'étaient en aucune façon aussi mauvaises qu'on le prétendait, mais qu'au contraire j'avais eu de nombreuses difficultés. expériences agréables.

Cet effort inaccoutumé me plaça dans une situation étrangement semblable à celle dans laquelle je trouvai Hiller à mon retour à Dresde. Il avait donné ici à peu près à cette époque une représentation de son nouvel opéra, Conradin von Hohenstaufen. Il m'avait gardé secrète la composition de cette œuvre et espérait en faire un succès décisif après les trois représentations qui eurent lieu en mon absence. Le poète et le compositeur pensaient avoir combiné dans cette œuvre les tendances et les effets de mon Rienzi avec ceux de mon Tannhäuser d'une manière particulièrement adaptée au public de Dresde. Comme il partait pour Düsseldorf, où il avait été nommé directeur de concert, il recommanda son œuvre avec une grande confiance à mes tendres miséricordes, et regretta de n'avoir pas le pouvoir de m'en nommer chef d'orchestre. Il a reconnu qu'il devait en partie son grand succès à l'interprétation merveilleusement heureuse du rôle masculin de Conradin par ma nièce Johanna. Elle, à son tour, me dit avec la même assurance que, sans elle, l'opéra de Hiller n'aurait pas connu un triomphe aussi extraordinaire. J'avais maintenant vraiment hâte de voir par moi-même cette œuvre heureuse et sa merveilleuse mise en scène ; et c'est ce que j'ai pu faire puisqu'une quatrième représentation a été annoncée après que Hiller et sa famille eurent quitté définitivement Dresde. Quand j'entrai dans le théâtre au début de l'ouverture pour prendre place dans les parterres, je fus étonné de trouver tous les sièges, à quelques exceptions à peine visibles, absolument vides. À l'autre bout de ma rangée, j'ai vu le poète qui avait écrit le livret, le doux peintre Reinike. Nous nous sommes déplacés, naturellement, vers le milieu de l'espace et avons discuté de la position étrange dans laquelle nous nous trouvions. Il m'a adressé des plaintes mélancoliques à propos de la manière dont Hiller mettait en musique sa poésie ; Il n'expliqua pas le secret de l'erreur commise par Hiller quant au succès de son œuvre et fut visiblement très bouleversé par l'échec flagrant de l'opéra. C'est d'un autre côté que j'ai appris comment Hiller avait pu se tromper d'une manière aussi extraordinaire. Mme Hiller, d'origine polonaise, avait réussi, lors des fréquentes réunions polonaises qui avaient lieu à Dresde, à convaincre un grand nombre de ses compatriotes, amateurs de théâtre, d'assister à l'opéra de son mari. Le premier soir, ces amis, avec leur enthousiasme habituel, incitèrent le public à applaudir, mais avaient eux-mêmes trouvé si peu de plaisir dans leur travail qu'ils s'étaient tenus à l'écart de la deuxième représentation, par ailleurs peu fréquentée, de sorte que l'opéra ne put que être considéré comme un échec. En réquisitionnant toute l'aide possible des Polonais sous forme d'applaudissements, on s'efforçait d'obtenir une troisième représentation un dimanche, lorsque le théâtre se remplissait généralement de lui-même. Ce but fut atteint, et l'aristocratie polonaise du théâtre, avec la charité qui lui était habituelle, remplit son devoir envers le couple nécessiteux dans le salon duquel elle avait souvent passé de si agréables soirées.

Une fois de plus, le compositeur fut appelé devant le rideau et tout se passa bien. Hiller fit alors confiance au verdict de la troisième représentation, selon lequel son opéra était un succès incontestable, tout comme cela avait été le cas pour mon Tannhäuser. Le caractère artificiel de cette procédure a cependant été révélé par cette quatrième représentation, à laquelle j'ai assisté et à laquelle personne n'était obligé envers le compositeur décédé d'assister. Même ma nièce en était dégoûtée et pensait que le meilleur chanteur du monde ne pourrait pas réussir un opéra aussi fastidieux. Pendant que nous assistions à ce misérable spectacle, j'ai réussi à signaler au poète quelques faiblesses et défauts qui se trouvaient dans le sujet. Ce dernier fit part de mes critiques à Hiller, sur quoi je reçus de Düsseldorf une lettre chaleureuse et amicale dans laquelle Hiller reconnaissait l'erreur qu'il avait commise en rejetant mon avis sur ce point. Il me fit clairement comprendre qu'il n'était pas trop tard pour modifier l'opéra selon mes suggestions ; J'aurais donc dû avoir l'inestimable bénéfice d'avoir au répertoire une œuvre aussi visiblement bien intentionnée et, à sa manière, si significative, mais je n'en suis jamais arrivé là.

En revanche, j'ai eu la petite satisfaction d'apprendre que deux représentations de mon Rienzi avaient eu lieu à Berlin, pour le succès desquelles le chef d'orchestre Taubert, comme il me l'a dit lui-même, croyait avoir acquis un certain crédit en raison du combinaisons extrêmement efficaces qu'il avait arrangées. Malgré cela, j'étais absolument convaincu que je devais abandonner tout espoir de succès durable et profitable à Berlin, et je ne pouvais plus cacher à Lütticchau que, si je devais continuer à remplir mes fonctions avec la bonne humeur nécessaire, , Je dois insister sur une augmentation de salaire, car, au-delà de mon revenu régulier, je ne pouvais compter sur aucun succès substantiel pour faire face à mes malheureuses transactions d'édition. Mes revenus étaient si faibles que je ne pouvais même pas en vivre, mais je ne demandais rien d'autre que d'être mis sur un pied d'égalité avec mon collègue Reissiger, perspective qui m'était offerte dès le début.

Lüttichau voyait alors une occasion favorable de me faire sentir ma dépendance à l'égard de sa bonne volonté, qui ne pouvait être assurée que par le respect que je lui accordais. Après avoir exposé mon cas au roi, lors d'un entretien personnel, et demandé la faveur de l'augmentation modérée de mes revenus qui était mon objet, Lüttichau promit de rendre le rapport qu'il était obligé de faire de moi aussi favorable que possible. Quelle ne fut pas ma consternation et mon humiliation lorsqu'un jour il ouvrit notre entrevue en me disant que son rapport était revenu du roi. Il y était exposé que j'avais malheureusement surestimé mon talent à cause des éloges insensés de divers amis haut placés (parmi lesquels il comptait Frau v. Konneritz), et que j'avais ainsi été amené à considérer que j'avais un tout aussi bon droit au succès comme Meyerbeer. J'avais ainsi causé une offense si grave qu'il pourrait peut-être être jugé opportun de me renvoyer complètement. D'un autre côté, mon travail et ma prestation louable dans la révision de l'Iphigénie de Gluck, portée à la connaissance de la direction, pourraient justifier qu'on me donne une nouvelle chance, auquel cas ma condition matérielle devra être dûment prise en considération. . À ce stade, je ne pouvais plus lire et, stupéfait de surprise, je rendis le journal à mon patron. Il essaya immédiatement d'effacer la mauvaise impression que cela m'avait fait, en me disant que mon souhait avait été exaucé et que je pouvais retirer immédiatement de la banque les neuf cents marks qui m'appartenaient. Je pris congé en silence et réfléchis à la conduite à tenir face à cette disgrâce, car il était tout à fait hors de question pour moi d'accepter les neuf cents marks.

Mais au milieu de ces adversités, une visite du roi de Prusse à Dresde fut un jour annoncée, et en même temps, à la demande spéciale de celui-ci, une représentation de Tannhäuser fut organisée. Il fit effectivement son apparition au théâtre lors de cette représentation en compagnie de la famille royale de Saxe, et y resta avec un intérêt apparent du début à la fin. A cette occasion, le roi donna une curieuse explication pour s'être abstenu d'assister aux représentations de Rienzi à Berlin, qui me fut rapportée plus tard. Il disait qu'il s'était refusé le plaisir de présenter un de mes opéras à Berlin, parce qu'il était important d'en avoir une bonne impression, et il savait que dans son propre théâtre, ils ne seraient que mal produits. Cet étrange événement eut en tout cas pour résultat de me redonner suffisamment de confiance en moi pour accepter les neuf cents marks dont j'avais si désespérément besoin.

Lüttichau semblait également vouloir regagner dans une certaine mesure ma confiance, et je devinai à sa calme amitié que je devais supposer que cet homme totalement inculte n'avait pas conscience de l'outrage qu'il m'avait fait. Il est revenu sur l'idée d'organiser des concerts d'orchestre, conformément aux suggestions que j'avais faites dans mon rapport rejeté sur l'orchestre, et pour m'inciter à organiser de telles représentations musicales au théâtre, il a déclaré que l'initiative était venue de la direction et pas de l'orchestre lui-même. Dès que j'ai découvert que les bénéfices allaient à l'orchestre, j'ai volontairement adhéré au projet. Grâce à un dispositif spécial de ma part, la scène du théâtre a été transformée en salle de concert (considérée par la suite comme de première classe) au moyen d'une caisse de résonance enfermant tout l'orchestre, ce qui s'est avéré un grand succès. À l'avenir, six représentations devaient avoir lieu pendant les mois d'hiver. Mais cette fois, comme c'était la fin de l'année et que nous n'avions devant nous que la seconde moitié de l'hiver, des billets d'abonnement furent émis pour trois concerts seulement, et toute la place disponible dans le théâtre fut remplie par le public. J'ai trouvé les préparatifs pour cela assez amusants et j'ai abordé la fatidique année 1848 dans un état d'esprit un peu plus réconcilié et aimable.

Au début de la nouvelle année, le premier de ces concerts orchestraux eut lieu et m'apporta une grande popularité en raison de son programme inhabituel. J'avais découvert que si l'on voulait donner une signification réelle à ces concerts, à la différence de ceux constitués de morceaux hétérogènes de musique de toutes sortes sous le soleil, et qui sont si opposés à tout goût artistique sérieux, nous ne pouvions nous permettre que de donnez alternativement deux genres de musique authentique si l'on veut produire un bon effet. C'est pourquoi, entre deux symphonies, j'ai placé une ou deux pièces vocales plus longues, qu'on n'entendait pas ailleurs, et c'étaient les seules pièces de tout le concert. Après la Symphonie en ré majeur de Mozart, j'ai fait bouger tous les musiciens de leur place pour laisser place à un chœur imposant, qui devait chanter le Stabat Mater de Palestrina, d'après une adaptation du récitatif original, que j'avais soigneusement remanié, et le Motet de Bach. pour huit voix : Singet dem Herrn ein neues Lied (« Chantez au Seigneur un chant nouveau ») ; là-dessus, je laisse l'orchestre reprendre sa place pour jouer la Sinfonia Eroica de Beethoven, et ainsi terminer le concert.

Ce succès fut très encourageant et m'ouvra une perspective quelque peu consolante d'accroître mon influence de chef d'orchestre à une époque où mon dégoût grandissait chaque jour davantage face à l'ingérence constante dans notre répertoire d'opéra, qui me faisait perdre de plus en plus d'influence au fur et à mesure. comparé aux souhaits de ma future nièce prima donna, que même Tichatschek soutenait. Dès mon retour de Berlin, j'avais commencé l'orchestration de Lohengrin et, à tous autres égards, je m'étais livré à une plus grande résignation, qui me fit sentir que je pouvais affronter sereinement mon sort, lorsque je reçus soudain une nouvelle très inquiétante.

Début février, on m'a annoncé le décès de ma mère. Je me précipitai aussitôt à ses funérailles à Leipzig et fus rempli d'une profonde émotion et d'une grande joie devant l'expression merveilleusement calme et douce de son visage. Elle avait passé les dernières années de sa vie, auparavant si active et si agitée, dans une aisance joyeuse, et à la fin dans un bonheur paisible et presque enfantin. Sur son lit de mort, elle s'est exclamée avec une humble modestie et avec un sourire éclatant sur le visage : « Oh ! que c'est beau! si jolie! comme c'est divin ! Pourquoi est-ce que je mérite une telle faveur ? C'était un matin glacial lorsque nous avons déposé le cercueil dans la tombe du cimetière, et les mottes de terre dure et gelée que nous avons dispersées sur le couvercle, au lieu de la poignée habituelle de poussière, m'ont effrayé par le grand bruit qu'ils faisaient. Sur le chemin du retour vers la maison de mon beau-frère Hermann Brockhaus, où toute la famille devait se réunir pendant une heure, Laube, que ma mère aimait beaucoup, était mon seul compagnon. Il m'exprima son inquiétude devant mon apparence inhabituellement épuisée, et lorsqu'il m'accompagna ensuite à la gare, nous discutâmes du fardeau insupportable qui nous semblait peser comme un poids mort sur tout noble effort fait pour résister à la tendance du temps à sombrer dans l'absurdité. une totale inutilité. A mon retour à Dresde, je me suis rendu compte pour la première fois en pleine conscience de ma solitude totale, car je ne pouvais m'empêcher de savoir qu'avec la perte de ma mère, tous les liens naturels d'union avec mes frères et sœurs, chacun d'eux, s'étaient relâchés. qui était occupé de ses propres affaires familiales. Je me plongeai donc froidement et ennuyé dans la seule chose qui pût me réconforter et me réchauffer, la mise au point de mon Lohengrin et mes études d'antiquité allemande.

Ainsi s'ouvraient les derniers jours de février qui allaient replonger l'Europe dans la révolution. Je faisais partie de ceux qui s'attendaient le moins à un renversement probable, voire possible, du monde politique. Ma première connaissance de ces choses avait été acquise dans ma jeunesse, au moment de la Révolution de Juillet et de la longue et pacifique réaction qui a suivi. Depuis, j'avais connu Paris, et d'après tous les signes de la vie publique que j'y voyais, je pensais que tout ce qui s'était passé n'était que les préliminaires d'un grand mouvement révolutionnaire. J'avais assisté à l'érection des forts détachements autour de Paris, qu'avait exécutée Louis Philippe, et j'avais été instruit de la valeur stratégique des diverses sentinelles fixes disséminées dans Paris, et j'étais d'accord avec ceux qui estimaient que tout était prêt pour faire même une tentative de soulèvement de la population parisienne était tout à fait impossible. C'est pourquoi, lorsque la guerre de séparation en Suisse à la fin de l'année précédente et la révolution sicilienne réussie au début de la nouvelle année ont attiré tous les regards avec une grande excitation sur l'effet de ces soulèvements sur Paris, je n'ai pas pensé. ne s'intéresse pas le moins du monde aux espoirs et aux craintes qui ont été suscités. La nouvelle de l'agitation croissante dans la capitale française nous est effectivement parvenue, mais j'ai contesté la conviction de Röckel selon laquelle on pouvait y attacher une quelconque signification. J'étais assis dans le pupitre du chef d'orchestre à une répétition de Marthe lorsque, pendant un entracte, Röckel, avec la joie particulière d'avoir raison, m'apporta la nouvelle de la fuite de Louis-Philippe et de la proclamation de la République à Paris. Cela me fit une impression étrange et presque étonnante, même si en même temps le doute sur la véritable signification de ces événements me permettait de sourire intérieurement. Moi aussi, j'ai attrapé la fièvre de l'excitation qui s'était répandue partout. Les journées de la marche allemande approchaient et des nouvelles toujours plus alarmantes arrivaient de toutes parts. Même dans les limites étroites de ma Saxe natale, des pétitions sérieuses étaient formulées, auxquelles le roi résista longtemps ; lui-même fut trompé, d'une manière qu'il devait bientôt reconnaître, sur le sens de cette agitation et sur l'humeur qui régnait dans le pays.

Le soir d'un de ces jours vraiment anxieux, alors que l'air était lourd et plein de tonnerre, nous donnâmes notre troisième grand concert orchestral, auquel le roi et sa cour étaient présents, comme les deux fois précédentes. Pour l'ouverture de celle-ci j'avais choisi la Symphonie en la mineur de Mendelssohn, que j'avais jouée à l'occasion de ses funérailles. L'ambiance de cette pièce, qui même dans les phrases prétendument joyeuses est toujours tendrement mélancolique, correspondait étrangement à l'anxiété et à la dépression de l'ensemble du public, qui étaient plus particulièrement accentuées dans l'attitude de la famille royale. Je n'ai pas caché à Lipinsky, le chef de l'orchestre, mes regrets de l'erreur que j'avais commise dans l'arrangement du programme de ce jour, puisque la Cinquième Symphonie de Beethoven, également en ton mineur, devait suivre cette symphonie mineure. Avec un joyeux scintillement dans les yeux, l'excentrique Polonais m'a réconforté en s'écriant : « Oh, jouons seulement les deux premiers mouvements de la Symphonie en do mineur, alors personne ne saura si nous avons joué Mendelssohn en majeur ou en mineur. .' Heureusement, avant le début de ces deux mouvements, à notre grande surprise, un grand cri s'est élevé au milieu de l'assistance d'un esprit patriotique qui a crié : « Vive le Roi ! et le cri fut promptement répété de toutes parts avec un enthousiasme et une énergie inhabituels. Lipinsky avait parfaitement raison : la symphonie, avec l'excitation passionnée et orageuse du premier thème, s'enflait comme un ouragan de réjouissance et avait rarement produit un tel effet sur le public que ce soir-là. C'était le dernier des concerts nouvellement inaugurés que j'ai dirigés à Dresde.

Peu de temps après, les inévitables changements politiques eurent lieu. Le roi renvoya son ministère et en élut un nouveau, composé en partie de libéraux et en partie même de démocrates vraiment enthousiastes, qui proclamèrent aussitôt les règles bien connues et les mêmes dans le monde entier, pour fonder une constitution entièrement démocratique. J'ai été vraiment touché par ce résultat et par la joie sincère qui régnait parmi toute la population, et j'aurais donné beaucoup pour pouvoir avoir accès au Roi et me convaincre de sa profonde confiance dans l'amour du peuple pour lui, ce qui me paraissait un aboutissement si désirable. Le soir, la ville était joyeusement illuminée et le roi parcourait les rues en voiture découverte. Dans la plus grande excitation, je sortais parmi la foule dense et suivais ses mouvements, courant souvent là où je pensais qu'il était probable qu'un cri particulièrement chaleureux pourrait réjouir et réconcilier le cœur du monarque. Ma femme a eu très peur lorsqu'elle m'a vu rentrer tard dans la nuit, fatigué et très enroué à force de crier.

Les événements qui ont eu lieu à Vienne et à Berlin, avec leurs conséquences apparemment capitales, ne m'ont ému que comme des articles de journaux intéressants, et la réunion d'un parlement de Francfort à la place du Bundestag dissous a semblé étrangement agréable à mes oreilles. Pourtant, tous ces événements significatifs ne pouvaient m'arracher un seul jour à mes heures habituelles de travail. Avec une immense, presque immense satisfaction, j'ai terminé, dans les derniers jours de ce mois de mars mouvementé et historique, la partition de Lohengrin avec l'orchestration de la musique jusqu'à la disparition du Chevalier du Saint Graal dans le lointain et mystique lointain. .

Vers cette époque, une jeune Anglaise, Madame Jessie Laussot, qui avait épousé un Français à Bordeaux, se présenta un jour chez moi en compagnie de Karl Ritter, qui avait à peine dix-huit ans. Ce jeune homme, né en Russie de parents allemands, faisait partie d'une de ces familles du Nord qui s'étaient établies définitivement à Dresde, en raison de l'atmosphère artistique agréable de ce lieu. Je me souviens que je l'avais vu une fois, peu de temps après la première représentation de Tannhäuser, lorsqu'il me demandait mon autographe pour un exemplaire de la partition de cet opéra, qui était en vente au magasin de musique. J'appris alors que cet exemplaire appartenait réellement à Mme Laussot, qui avait assisté à ces représentations, et qu'on me présentait maintenant. Prise par la timidité, la jeune femme exprima son admiration d'une manière que je n'avais jamais connue auparavant, et me dit en même temps combien elle regrettait d'être éloignée pour des raisons familiales de sa maison préférée à Dresde avec la famille Ritter, qui , me fit-elle entendre, m'étaient profondément dévoués. C'est avec une sensation étrange et, à sa manière, tout à fait nouvelle, que je fis mes adieux à cette jeune dame. C'était la première fois depuis ma rencontre avec Alwine Frommann et le Werder, lors de la production du Fliegender Hollände r, que je rencontrais ce ton sympathique, qui semblait venir comme un écho d'un vieux passé familier, mais que je n'ai jamais entendu de près. main. J'invitais le jeune Ritter à venir me voir quand il le voulait et à m'accompagner parfois dans mes promenades. Son extraordinaire timidité semblait cependant l'en empêcher, et je me souviens de l'avoir vu très occasionnellement chez moi. Il se présentait plus souvent avec Hans von Bulow, qu'il semblait bien connaître et qui était déjà entré à l'Université de Leipzig comme étudiant en droit. Ce jeune homme instruit et bavard me montrait plus ouvertement son dévouement chaleureux et chaleureux, et je me sentais obligé de lui rendre la pareille. Il fut le premier à me faire comprendre le caractère authentique du nouvel enthousiasme politique. Sur son chapeau, comme sur celui de son père, la cocarde noire, rouge et or défilait sous mes yeux.

Maintenant que j'avais terminé mon Lohengrin et que j'avais le loisir d'étudier le cours des événements, je ne pouvais plus m'empêcher de sympathiser avec l'effervescence suscitée par la naissance des idéaux allemands et les espoirs attachés à leur réalisation. Mon vieil ami Franck m'avait déjà doté d'un jugement politique assez solide et, comme beaucoup d'autres, j'avais de sérieux doutes quant à l'utilité du Parlement allemand qui se réunit actuellement. Néanmoins, l'humeur de la population, dont il ne pouvait être question, même si elle n'avait pas été exprimée de manière très évidente, et la croyance, partout répandue, qu'il était impossible de revenir aux anciennes conditions, ne pouvaient manquer de s'exercer. son influence sur moi. Mais je voulais des actes plutôt que des paroles, et des actes qui obligeraient nos princes à rompre pour toujours avec leurs vieilles traditions, si préjudiciables à la cause de la république allemande. Dans ce but, je me suis senti inspiré d'écrire un appel populaire en vers, appelant les princes et les peuples allemands à lancer une grande croisade contre la Russie, pays qui avait été le principal instigateur de cette politique en Allemagne qui avait si fatalement séparé les monarques. de leurs sujets. L'un des versets était le suivant : -

Le vieux combat contre l'Est
revient aujourd'hui. L'épée du peuple ne doit pas rouiller Celui qui souhaite la liberté.

Comme je n'avais aucun lien avec les journaux politiques et que j'avais appris par hasard que Berthold Auerbach faisait partie de la rédaction d'un journal à Mannheim, où les vagues de révolution étaient fortes, je lui ai envoyé mon poème en lui demandant de faire ce qu'il jugerait le mieux avec lui. et depuis ce jour jusqu'à ce jour, je n'en ai jamais rien entendu ni vu.

Tandis que le Parlement de Francfort continuait à siéger de jour en jour et qu'il semblait vain de deviner où mèneraient ces grands discours de petits hommes, j'étais très impressionné par les nouvelles qui nous parvenaient de Vienne. Au mois de mai de cette année, une tentative de réaction, telle qu'elle avait réussi à Naples et restait indécise à Paris, avait été triomphalement étouffée dans l'œuf par l'enthousiasme et l'énergie du peuple viennois sous la direction de la bande étudiante. qui avait agi avec une fermeté si inattendue. J'étais parvenu à la conclusion que, dans les affaires qui concernaient directement le peuple, on ne pouvait s'en remettre ni à la raison ni à la sagesse, mais seulement à la force, appuyée par le fanatisme ou la nécessité absolue ; mais le cours des événements à Vienne, où j'ai vu la jeunesse des classes instruites travailler côte à côte avec l'ouvrier, m'a rempli d'un enthousiasme particulier, que j'ai exprimé dans un autre appel populaire en vers. Je l'ai envoyé au Oesterreichischen Zeitung, où il a été imprimé dans ses colonnes avec ma signature complète.

A Dresde, deux unions politiques s'étaient formées à la suite des grands changements survenus. Le premier s'appelait Deutscher Verein (Union allemande), dont le programme visait « une monarchie constitutionnelle reposant sur la base démocratique la plus large ». Les noms de ses principaux dirigeants, parmi lesquels, malgré son large fondement démocratique, mes amis Eduard Devrient et le professeur Rietschel ont eu le courage de figurer ouvertement, garantissaient la sécurité de ses objets. Cette union, qui s'efforçait d'inclure tous les éléments qui considéraient avec horreur une véritable révolution, donna naissance à un club d'opposition qui s'appelait Vaterlands-Verein (Union patriotique). En cela, le « fondement démocratique » semblait être la base principale, et la « monarchie constitutionnelle » ne fournissait que le manteau nécessaire.

Röckel a fait campagne avec passion pour ce dernier, car il semblait avoir perdu toute confiance dans la monarchie. Le pauvre garçon était en effet dans un très mauvais état. Il avait depuis longtemps abandonné tout espoir d'accéder à une quelconque position dans le monde musical ; sa fonction d'administrateur était devenue une pure corvée et était, malheureusement, si mal payée qu'il ne pouvait pas subvenir à ses besoins et à ceux de sa famille chaque année croissante avec les revenus qu'il tirait de son poste. Il a toujours eu une aversion invincible pour l'enseignement, qui était un emploi assez lucratif à Dresde parmi les nombreux visiteurs fortunés. Il alla donc de mal en pis, s'endettant lamentablement et ne voyant pendant longtemps aucun espoir pour sa position de père de famille, sauf dans l'émigration vers l'Amérique, où il pensait pouvoir assurer sa subsistance et celle de ses personnes à charge. par le travail manuel, et pour son esprit pratique en travaillant comme agriculteur, classe dont il était issu à l'origine. Bien que fastidieux, cela serait au moins certain. Au cours de nos promenades, il m'avait récemment diverti presque exclusivement avec des idées qu'il avait glanées en lisant des livres sur l'agriculture, doctrines qu'il appliquait avec zèle à l'amélioration de sa situation encombrée. C'est dans cet état d'esprit que le trouva la Révolution de 1848, et il passa immédiatement du côté des socialistes extrêmes qui, grâce à l'exemple donné par Paris, menaçaient de devenir sérieux. Tous ceux qui le connaissaient furent stupéfaits du changement apparemment vital qui s'était produit si soudainement en lui, lorsqu'il déclara qu'il avait enfin trouvé sa véritable vocation, celle d'agitateur.

Ses facultés de persuasion, sur lesquelles il ne pouvait cependant pas s'appuyer suffisamment pour des fins de tribune, se développèrent dans les relations privées en une énergie stupéfiante. Il était impossible d'arrêter son débit de langage avec une quelconque objection, et ceux qu'il ne pouvait pas rallier à sa cause, il les écartait pour toujours. Dans son enthousiasme pour les problèmes qui occupaient son esprit jour et nuit, il a aiguisé son intellect pour en faire une arme capable de démolir toute objection insensée, et s'est soudainement tenu parmi nous comme un prédicateur dans le désert. Il était à l'aise dans tous les domaines du savoir. Le Vaterlands-Verein avait élu un comité chargé de mettre à exécution un plan d'armement de la population ; parmi eux se trouvaient Röckel et d'autres démocrates convaincus, ainsi que certains experts militaires, parmi lesquels se trouvait mon vieil ami Hermann Müller, lieutenant de la Garde qui avait été autrefois engagé à Schröder-Devrient. Lui et un autre officier nommé Zichlinsky étaient les seuls membres de l'armée saxonne à rejoindre le mouvement politique. Le rôle que j'ai joué dans les réunions de ce comité, comme dans tout le reste, était dicté par des motifs artistiques. Autant que je me souvienne, les détails de ce plan, qui devint finalement une nuisance, constituaient une base très solide pour un véritable armement du peuple, même s'il était impossible de le réaliser pendant la crise politique.

Mon intérêt et mon enthousiasme pour les problèmes sociaux et politiques qui occupaient le monde entier augmentaient chaque jour, jusqu'à ce que les réunions publiques et les relations privées, ainsi que les platitudes superficielles qui formaient l'éloquence de base des orateurs de l'époque, me prouvent la terrible superficialité de leur tout le mouvement.

Si seulement je pouvais être assuré que, alors qu'une telle confusion insensée était à l'ordre du jour, des gens bien versés dans ces matières s'abstiendraient de toute démonstration (ce que j'ai, à mon grand regret, observé chez Hermann Franck et lui ai parlé ouvertement), alors, au contraire, je me sentirais obligé, dès que l'occasion se présenterait, de discuter de la portée de ces questions et de ces problèmes selon mon jugement. Il va sans dire que les journaux ont joué un rôle passionnant et important à cette occasion. Un jour, alors que j'allais par hasard (comme j'allais voir une pièce de théâtre) à une réunion du Vaterlands-Verein, alors qu'ils étaient réunis dans un jardin public, ils choisirent pour sujet de leur discussion : « République ou monarchie ? J'ai été étonné d'entendre et de lire avec quelle incroyable trivialité cela était fait, et à quel point l'ensemble de leur explication était que, certes, une république est la meilleure chose, mais que, dans le pire des cas, on pourrait supporter une monarchie si elle était bien conduite. A la suite de nombreuses discussions animées sur ce point, j'ai été incité à exposer mon point de vue sur le sujet dans un article que j'ai publié dans le DRESDENER ANZEIGER, mais que je n'ai pas signé. Mon objectif particulier était d'attirer l'attention de quelques-uns qui prenaient réellement la question au sérieux, de la forme extérieure du gouvernement vers sa valeur intrinsèque. Après avoir poursuivi et discuté avec constance les conclusions les plus idéalistes de tout ce qui, à mon avis, était nécessaire et inséparable de l'État parfait et de l'ordre social, je me demandai s'il ne serait pas possible de réaliser tout cela avec un roi au pouvoir. chef, et entra si profondément dans la question qu'il dépeint le roi de telle manière qu'il semblait encore plus soucieux que quiconque que son État soit organisé sur des lignes véritablement républicaines, afin qu'il puisse parvenir à l'accomplissement de ses objectifs. ses propres objectifs les plus élevés. Je dois cependant avouer que je me sentais obligé d'inciter ce roi à adopter une attitude beaucoup plus familière envers son peuple que l'atmosphère de cour et la société presque exclusive de ses nobles ne semblaient le permettre. Enfin, je désignai le roi de Saxe comme étant spécialement choisi par le destin pour montrer la voie dans la direction que j'avais indiquée et pour donner l'exemple à tous les autres princes allemands. Röckel considérait cet article comme une véritable inspiration de l'Ange de la Propitiation, mais comme il craignait qu'il ne soit pas suffisamment reconnu et apprécié dans le journal, il m'a exhorté à en parler publiquement lors de la prochaine réunion du Vaterlands-Verein pour lui. attachait une grande importance à mon discours personnel sur le sujet. Ne sachant pas vraiment si je pourrais vraiment me persuader de le faire, j'assistais à la réunion, et là, à cause des insupportables calomnies prononcées par un certain avocat nommé Blode et un maître fourreur Klette, que Dresde vénérait alors comme un Démosthène et un Cléon, je résolus avec passion de comparaître à ce tribunal extraordinaire avec mon papier, et d'en donner une lecture très animée à environ trois mille personnes.

Le succès que j'ai eu était tout simplement épouvantable. Le public stupéfait semblait ne se souvenir de rien du discours du chef d'orchestre royal, à l'exception de l'attaque accidentelle que j'avais lancée contre les courtisans de la cour. La nouvelle de cet événement incroyable s'est répandue comme une traînée de poudre. Le lendemain, j'ai répété Rienzi, qui devait être joué le lendemain soir. De toutes parts, je fus félicité pour mon audace altruiste. Cependant, le jour de la représentation, Eisolt, le préposé à l'orchestre, m'informa que les plans avaient été modifiés, et il me fit comprendre que c'était là une histoire en suspens. Il est vrai que la sensation terrible que j'avais provoquée devint si grande que les metteurs en scène redoutèrent les manifestations les plus inouïes à aucune représentation de Rienzi. Alors une véritable tempête de dérision et de vitupération s'est déchaînée dans la presse, et j'ai été assiégé de toutes parts à tel point qu'il était inutile de penser à la légitime défense. J'avais même offensé la garde communale de Saxe et j'ai été mis au défi par le commandant de présenter des excuses complètes. Mais les ennemis les plus inexorables que je me suis fait étaient les fonctionnaires du tribunal, en particulier ceux qui occupaient des fonctions mineures, et jusqu'à ce jour, je continue d'être persécuté par eux. J'appris que, autant que cela était en leur pouvoir, ils suppliaient sans cesse le roi, et enfin le directeur, de me priver immédiatement de ma charge. C'est pourquoi j'ai cru nécessaire d'écrire personnellement au monarque pour lui expliquer que mon acte devait être considéré plutôt comme une indiscrétion irréfléchie que comme un délit coupable. J'envoyai cette lettre à M. von Lüttichau, le priant de la remettre au roi, et de m'accorder en même temps un court congé, afin que les troubles provoquants aient une chance de s'apaiser pendant mon absence de Dresde. La gentillesse et la bonne volonté frappantes que M. von Lüttichau m'a témoignées à cette occasion m'ont fait une grande impression, et je n'ai pris aucune peine à le lui cacher. Cependant, au fil du temps, sa colère incontrôlée contre diverses choses, et en particulier contre beaucoup de choses qu'il avait mal comprises dans ma brochure, s'est déchaînée, j'ai appris que ce n'était pas pour des motifs humains qu'il avait parlé dans d'une manière si propitiatoire à mon égard, mais plutôt par le désir du roi lui-même. Sur ce point, j'ai reçu des informations très précises et j'ai appris que lorsque tout le monde, et même von Lüttichau lui-même, assiégeaient le roi pour me rendre visite avec punition, le roi avait interdit toute nouvelle conversation à ce sujet. Après cette expérience très encourageante, je me flattais que le Roi avait compris non seulement ma lettre, mais aussi mon pamphlet, mieux que beaucoup d'autres.

Afin de me changer un peu d'avis, je résolus pour le moment (c'était le début du mois de juillet) de profiter du court congé qui m'était accordé, en me rendant à Vienne. Je suis passé par Breslau, où j'ai retrouvé un vieil ami de ma famille, le directeur musical Mosewius, chez qui j'ai passé une soirée. Nous avons eu une conversation très animée, mais nous n'avons malheureusement pas pu rester à l'écart des questions politiques brûlantes de l'heure. Ce qui m'intéressait le plus était sa collection exceptionnellement vaste, voire, si je me souviens bien, complète, des cantates de Sébastien Bach, dans des exemplaires des plus excellents. En outre, il racontait, avec un humour qui lui était propre, quelques anecdotes musicales amusantes qui restèrent un agréable souvenir pendant de nombreuses années. Lorsque Mosewius me rendit visite au cours de l'été à Dresde, je jouai pour lui une partie du premier acte de Lohengrin au piano, et l'expression de son véritable étonnement devant cette conception me fut très gratifiante. Plus tard, cependant, j'ai découvert qu'il avait parlé de moi de manière quelque peu moqueuse ; mais je ne m'arrêtai pas pour réfléchir sur la véracité de cette information, ni sur le caractère réel de cet homme, car peu à peu j'avais dû m'habituer aux choses les plus inconcevables. A Vienne, la première chose que je fis fut de rendre visite au professeur Fischhof, sachant qu'il possédait d'importants manuscrits, principalement de Beethoven, parmi lesquels l'original de la Sonate en do mineur, opus 111, que j'étais particulièrement curieux de voir. Par l'intermédiaire de ce nouvel ami, que je trouvais un peu sec, je fis la connaissance de M. Vesque von Puttlingen, qui, en tant que compositeur d'un opéra des plus insignifiants (Jeanne d'Arc), joué à Dresde, avait avec un bon goût prudent n'a adopté que les deux dernières syllabes du nom de Beethoven : Haven. Un jour, nous étions chez lui pour dîner, et je reconnus alors en lui un ancien confident du prince Metternich, qui maintenant, avec son ruban noir, rouge et or, suivait le courant de l'époque, en apparence tout à fait convaincu. J'ai fait une autre connaissance intéressante en la personne de M. von Fonton, conseiller d'État russe et attaché à l'ambassade de Russie à Vienne. J'ai souvent rencontré cet homme, soit chez Fischhof, soit lors d'excursions dans les environs ; et c'était pour moi intéressant de me heurter pour la première fois à un homme qui pouvait si fortement professer sa foi dans le point de vue pessimiste, qu'un despotisme conséquent garantit le seul ordre de choses qui puisse être toléré. Non sans intérêt, et certainement pas sans intelligence, car il se vantait d'avoir été formé dans les écoles les plus éclairées de Suisse, il écouta mon récit enthousiaste de l'idéal artistique que j'avais en tête et qui était destiné à exercer une grande influence. et une influence décisive sur la race humaine. Comme il devait admettre que la réalisation de cet idéal ne pouvait se faire par la force du despotisme, et comme il ne pouvait prévoir aucune récompense pour mes efforts, au moment où nous arrivâmes au champagne, il décongela avec un tel degré d'affable bonne humeur au point de me souhaiter plein succès. J'ai appris plus tard que cet homme, dont je n'avais alors pas une petite opinion du talent et du caractère énergique, avait été mentionné pour la dernière fois comme étant dans une grande détresse.

Or, comme je n'entreprenais jamais quoi que ce soit sans un objet sérieux en vue, j'étais décidé à profiter de cette visite à Vienne pour essayer d'une manière pratique de promouvoir mes idées sur la réforme du théâtre. Vienne me paraissait particulièrement adaptée à cet usage, car elle comptait alors cinq théâtres, tous de caractère totalement différent, qui traînaient une existence misérable. J'ai rapidement élaboré un plan selon lequel ces divers théâtres pourraient être constitués en une sorte d'organisation coopérative et placés sous une seule administration composée non seulement de membres actifs, mais aussi de tous ceux qui ont un lien littéraire avec le théâtre. En vue de leur soumettre mon projet, je me suis alors renseigné auprès des personnes possédant les capacités qui semblaient les plus susceptibles de répondre à mes exigences. Outre M. Friedrich Uhl, que j'avais connu au tout début par l'intermédiaire de Fischer et qui m'avait rendu de très bons services, on me parlait d'un certain M. Franck (le même, je présume, qui publia plus tard une grande œuvre épique intitulée Tannhäuser), et un certain Dr Pacher, agent de Meyerbeer et arnaqueur dont je n'aurais plus tard aucune raison d'être fier. Le plus sympathique, et certainement le plus important, de ceux que j'avais choisis pour la conférence chez Fischhof, était sans aucun doute le Dr Becher, un homme passionné et extrêmement cultivé. Il était le seul présent à suivre sérieusement la lecture de mon projet, même si, bien sûr , il n'était pas du tout d'accord avec tout. J'ai observé chez lui une certaine sauvagerie et une certaine véhémence, dont l'impression m'est revenue très vivement quelques mois plus tard, lorsque j'ai appris qu'il avait été fusillé comme rebelle ayant participé à l'insurrection d'Octobre à Vienne. Pour le moment, je devais donc me contenter d'avoir lu le projet de ma réforme théâtrale à quelques auditeurs attentifs. Tous semblaient convaincus que le moment n'était pas opportun pour proposer des projets de réforme aussi pacifiques. En revanche, Uhl crut devoir me donner une idée de ce qui faisait actuellement fureur à Vienne, en m'emmenant un soir dans un club politique des tendances les plus avancées. Là, j'entendis un discours de M. Sigismond Englander, qui peu après attira beaucoup d'attention dans les journaux politiques mensuels ; l'audace sans faille avec laquelle lui et d'autres s'exprimèrent ce soir-là à l'égard des personnages les plus redoutés du pouvoir public m'étonna presque autant que la pauvreté des opinions politiques exprimées à cette occasion. Par contre, j'ai eu une très belle impression de Herr Grillparzer, le poète, dont le nom était pour moi comme une fable, associé dès mes premiers jours à son Ahnfrau. Je l'ai également contacté au sujet de ma réforme théâtrale. Il semblait tout disposé à écouter amicalement ce que j'avais à lui dire ; il ne cachait cependant pas sa surprise devant mes appels directs et les exigences personnelles que je lui exprimais. C'était le premier dramaturge que je voyais en uniforme officiel.

Après avoir rendu une visite infructueuse à M. Bauernfeld au sujet des mêmes affaires, j'en conclus que Vienne ne servait plus à rien pour le moment, et je me livrai aux impressions exceptionnellement stimulantes produites par la vie publique de la foule hétéroclite, qui avait récemment subi des changements si marqués. Si la fanfare étudiante, toujours représentée en grand nombre dans les rues, m'avait déjà amusé par l'extraordinaire constance avec laquelle ses membres arboraient les couleurs allemandes, j'étais très diverti par l'effet produit lorsqu'au théâtre je voyais même le glaces servies par des serviteurs dans les couleurs noir, rouge et or de l'Autriche. Au Théâtre Karl, dans le quartier Léopold de la ville, j'ai vu une nouvelle farce, de Nestroy, qui introduisait en fait le personnage du prince Metternich, et dans laquelle cet homme d'État, à la question de savoir s'il avait empoisonné le duc de Reichstadt, avait pour s'enfuir derrière les coulisses en pécheur démasqué. Dans l'ensemble, l'aspect de cette ville impériale, d'habitude si friande de plaisirs, impressionnait par un sentiment de confiance juvénile et puissante. Et cette impression s'est ravivée en moi lorsque j'ai entendu parler de la participation énergique de la jeunesse de la population, pendant ces fatidiques journées d'octobre, à la défense de Vienne contre les troupes du prince Windischgratz.

Sur le chemin du retour, je suis arrivé à Prague, où j'ai retrouvé mon vieil ami Kittl (qui était devenu beaucoup plus corpulent) toujours dans la plus terrible frayeur des événements tumultueux qui s'y étaient déroulés. Il semblait penser que la révolte du parti tchèque contre le gouvernement autrichien était dirigée contre lui personnellement, et il crut devoir se reprocher la terrible agitation de l'époque, qu'il croyait avoir particulièrement attisée par sa composition au sein du parti. mon texte d'opéra de Die Franzosen vor Nizza, dont une sorte d'air révolutionnaire semblait être devenu très populaire. Pour mon plus grand plaisir, lors de mon voyage de retour, j'ai eu la compagnie du sculpteur Hänel, que j'ai rencontré sur le bateau à vapeur. Voyageait également avec nous le comte Albert Nostitz, avec qui il venait de régler ses affaires concernant la statue de l'empereur Charles IV, et il était de la plus grande gaieté, car l'état extrêmement précaire du papier-monnaie autrichien l'avait amené à étant payé avec un grand profit pour lui-même, en pièces d'argent conformément à son accord. J'ai été très heureux de constater que, grâce à cette circonstance, il était d'humeur si confiante et si libre de préjugés, que, arrivant à Dresde, il m'accompagna tout le long du chemin, sur une très longue distance, depuis l'embarcadère. à ce moment-là nous avions laissé le bateau à vapeur jusqu'à chez moi, dans une voiture découverte ; et cela malgré le fait qu'il savait très bien que, quelques semaines auparavant, j'avais fait un véritable émoi dans cette même ville.

Pour le public, la tempête semblait complètement apaisée, et je pus reprendre mes occupations et mon train de vie habituels sans plus de soucis. Je suis désolé de dire, cependant, que mes vieux soucis et angoisses ont recommencé ; J'avais grand besoin d'argent et je n'avais pas la moindre idée de l'endroit où aller en chercher. J'examinai ensuite très minutieusement la réponse que j'avais reçue l'hiver précédent à ma demande d'augmentation de salaire. Je ne l'avais pas lu, car les modifications qui y étaient apportées m'avaient déjà dégoûté. Si j'avais cru jusqu'ici que c'était M. von Lüttichau qui avait provoqué l'augmentation de salaire que j'avais réclamée, sous la forme d'un supplément que je devais recevoir chaque année - chose en soi humiliante -, je voyais maintenant avec horreur que pendant tout ce temps, il n'avait été question que d'un seul supplément, et rien n'indiquait que cela devait être répété chaque année. En apprenant cela, je vis que je serais maintenant dans une situation désavantageuse, si j'essayais d'en faire une, si j'essayais d'en faire une, j'arriverais trop tard avec une remontrance ; il ne me restait donc plus qu'à subir une insulte qui, dans ces circonstances, était tout à fait inédite. Mes sentiments à l'égard de M. von Lüttichau, qui peu auparavant avaient été plutôt chaleureux en raison de son attitude prétendument aimable à mon égard lors de la dernière perturbation, subirent maintenant un changement sérieux et j'eus bientôt une nouvelle raison (en fait liée à l'affaire mentionnée ci-dessus). pour avoir modifié mon opinion favorable à son sujet et pour m'être finalement retourné contre lui pour de bon et pour tout. Il m'avait informé que les membres de l'Orchestre Impérial lui avaient envoyé une députation exigeant mon renvoi immédiat, estimant que cela affectait leur honneur d'être plus longtemps sous la direction d'un chef qui s'était compromis politiquement autant que moi. Il m'informa également qu'il les avait non seulement réprimandés très sévèrement, mais qu'il s'était également efforcé de les apaiser à mon sujet. Tout cela, que Lüttichau avait présenté sous un jour très favorable, m'avait rendu ces derniers temps très amical à son égard. Mais ensuite, à la suite d'une enquête à ce sujet, j'ai appris par hasard par des membres de l'orchestre que les faits étaient presque exactement le contraire. Ce qui s'était passé, c'est que les membres de l'Orchestre Impérial avaient été approchés de toutes parts par les fonctionnaires de la cour et qu'ils avaient non seulement été instamment priés de faire ce que Lüttichau avait déclaré avoir fait de leur propre gré, mais aussi menacés. au grand mécontentement du roi, et d'encourir les plus forts soupçons s'ils refusaient d'obtempérer. Afin de se prémunir contre cette intrigue, et d'éviter toutes conséquences fâcheuses s'ils ne prenaient pas la mesure requise, les musiciens s'étaient tournés vers leur directeur, et lui avaient envoyé une députation, par laquelle ils déclaraient que, en tant que corporation d'artistes, ils ne se sentaient nullement appelés à se mêler d'une affaire qui ne les regardait pas. Ainsi, l'auréole dont mon ancien attachement pour M. von Lüttichau l'avait entouré disparut enfin pour toujours, et c'est surtout ma honte d'avoir été si profondément bouleversé par sa fausse conduite qui m'inspirait désormais pour toujours des sentiments si amers. pour cet homme. Ce qui déterminait ce sentiment, plus encore que les insultes que j'avais subies, c'était la reconnaissance du fait que j'étais désormais tout à fait incapable de pouvoir un jour rallier son influence à la cause de la réforme théâtrale, qui m'était si chère. Il était naturel que j'apprenne à attacher de moins en moins d'importance au simple maintien du poste de chef d'orchestre avec un salaire si extraordinairement insuffisant et réduit ; et, pour m'acquitter de cette fonction, je me suis simplement incliné devant ce qui était une circonstance inévitable, quoique purement accidentelle, d'un sort misérable. Je n'ai rien fait pour rendre le poste plus intolérable, mais, en même temps, je n'ai pas bougé le petit doigt pour assurer sa pérennité.

La prochaine chose que je devais faire était d'essayer d'établir sur une base beaucoup plus solide mes espoirs d'un revenu plus élevé, si malheureusement voué à l'échec jusqu'ici. A cet égard, il m'est venu à l'esprit que je pourrais consulter mon ami Liszt et le prier de me suggérer un remède à ma situation douloureuse. Et voilà, peu de temps après ces jours fatidiques de mars, et peu de temps avant l'achèvement de ma partition de Lohengrin, à mon grand plaisir et à mon plus grand étonnement, l'homme que je voulais est entré dans ma chambre. Il venait de Vienne, où il avait vécu les « journées des barricades », et se rendait à Weimar, où il comptait s'établir définitivement. Nous avons passé une soirée ensemble chez Schumann, avons joué un peu de musique et avons finalement entamé une discussion sur Mendelssohn et Meyerbeer, dans laquelle Liszt et Schumann différaient si fondamentalement que ce dernier, complètement en colère, se retira furieux dans sa chambre pendant un bon bout de temps. longue durée. Cet incident nous a effectivement mis dans une position quelque peu embarrassante envers notre hôte, mais il nous a fourni un sujet de conversation des plus amusants sur le chemin du retour. J'ai rarement vu Liszt d'une gaieté aussi extravagante que cette nuit-là, où, malgré le froid et qu'il n'était vêtu que d'une tenue de soirée ordinaire, il a accompagné d'abord le directeur musical Schubert, puis moi-même, dans nos maisons respectives. Par la suite, je profitai de quelques jours de vacances en août pour faire une excursion à Weimar, où je trouvai Liszt installé en permanence et, comme on le sait, menant une vie de relations des plus intimes avec le Grand-Duc. Même s'il n'a pu m'aider dans mes affaires, qu'en me donnant une recommandation qui s'est finalement révélée inutile, l'accueil qu'il m'a réservé lors de cette courte visite a été si chaleureux et si extrêmement stimulant, qu'il m'a profondément réconforté et encouragé. De retour à Dresde, j'essayai autant que possible de réduire mes dépenses et de vivre selon mes moyens ; et comme tous les moyens de secours me manquaient, j'eus recours à l'expédient d'envoyer une lettre circulaire adressée conjointement à mes créanciers restants, qui étaient tous réellement amis ; et en cela je leur parlai franchement de ma situation, et leur enjoignis de renoncer à leurs demandes pour un temps indéterminé, jusqu'à ce que mes affaires prennent une tournure meilleure, car sans cela je ne serais certainement jamais en mesure de les satisfaire. Par ce moyen, ils seraient en tout cas en mesure de s'opposer à mon directeur général, que j'avais toutes les raisons de soupçonner de mauvais desseins, et qui n'aurait que trop volontiers saisi les signes d'hostilité à mon égard. partie de mes créanciers, comme prétexte pour prendre les pires mesures contre moi. L'assurance dont j'avais besoin m'a été donnée sans hésitation ; mon ami Pusinelli et Mme Klepperbein (une vieille amie de ma mère), allant même jusqu'à déclarer qu'elles étaient prêtes à renoncer à tout droit sur l'argent qu'elles m'avaient prêté. Ainsi, dans une certaine mesure rassuré et avec ma position par rapport à Lüttichau tellement améliorée que je pouvais consulter mes propres souhaits pour savoir si et quand je devrais abandonner complètement mon poste, je continuai maintenant à remplir mes fonctions de chef d'orchestre avec autant de patience et consciencieusement autant que je le pouvais, tout en reprenant avec beaucoup de zèle mes études qui m'entraînaient toujours plus loin.

Ainsi installé, je commençai maintenant à observer les développements merveilleux du sort de mon ami Röckel. Comme chaque jour apportait de nouvelles rumeurs de menaces de coups d'État réactionnaires et d'éclatements de violence similaires, que Röckel croyait devoir empêcher, il rédigea un appel aux soldats de l'armée de Saxe, dans lequel il expliqua dans tous les détails la cause de cette guerre. qu'il a présenté, et qu'il a ensuite fait imprimer et diffuser. C'était un délit trop flagrant pour le ministère public : il fut donc immédiatement placé en état d'arrestation, et dut rester trois jours en prison pendant qu'une action pour haute trahison était intentée contre lui. Il n'a été libéré que lorsque l'avocat Minkwitz a payé la caution de trois mille marks (soit L150). Ce retour chez lui auprès de sa femme et de ses enfants inquiets fut célébré par une petite fête publique, que le comité du Vaterlands-Verein avait organisée en son honneur, et l'homme libéré fut salué comme le champion de la cause du peuple. Mais d'un autre côté, la direction générale du théâtre de la cour, qui l'avait auparavant suspendu temporairement, lui a accordé son licenciement définitif. Röckel laissa pousser sa barbe et commença la publication d'un journal populaire appelé Volksblatt, dont il était l'unique rédacteur. Il dut compter sur son succès pour compenser la perte de son salaire de directeur musical, car il loua aussitôt un bureau dans la Brudergasse pour son entreprise. Ce journal a réussi à attirer l'attention d'un grand nombre de personnes sur son rédacteur et a montré ses talents sous un jour tout à fait nouveau. Il ne s'est jamais mêlé à son style ni ne s'est livré à aucune élaboration de mots, mais s'est limité aux questions d'importance immédiate. et d'intérêt général ; ce n'est qu'après les avoir discutés d'une manière calme et sobre, qu'il en a tiré de nouvelles déductions d'un intérêt encore plus grand. Les articles individuels étaient courts et ne contenaient jamais rien de superflu, et en plus ils étaient écrits si clairement qu'ils lançaient un appel instructif et convaincant à l'esprit le moins instruit. En allant toujours à la racine des choses, au lieu de se livrer à des périphrases qui, en politique, ont causé tant de confusion dans l'esprit des masses incultes, il eut bientôt un large cercle de lecteurs, tant parmi les gens cultivés que chez les incultes. Le seul inconvénient était que le prix du petit hebdomadaire était trop bas pour lui rapporter un bénéfice correspondant. En outre, il fallait l'avertir que si le parti réactionnaire revenait un jour au pouvoir, il ne pourrait jamais lui pardonner ce journal. Son frère cadet,

Edward, qui lui rendait visite à l'époque à Dresde, se déclara prêt à accepter un poste de professeur de piano en Angleterre, ce qui, bien que peu agréable à ses yeux, serait lucratif et le mettrait en mesure d'aider la famille de Röckel, si, comme cela semblait probable, il rencontrait sa récompense en prison ou sur la potence. En raison de ses relations avec diverses sociétés, son temps était tellement occupé que mes relations avec lui se limitaient à des promenades, qui devenaient de plus en plus rares. À ces occasions, je me perdais souvent dans les discussions les plus spéculatives et les plus profondes, tandis que cet homme merveilleusement excitant restait toujours calmement réfléchi et lucide. Avant tout, il avait projeté une réforme sociale drastique des classes moyennes, telles qu'elles sont actuellement constituées, en visant à une modification complète des bases de leur condition. Il a construit un ordre moral de choses totalement nouveau, fondé sur l'enseignement de Proudhon et d'autres socialistes concernant l'anéantissement du pouvoir du capital, par un travail immédiatement productif, en supprimant les intermédiaires. Peu à peu, il m'a converti, par des arguments des plus séduisants, à ses propres vues, à tel point que j'ai commencé à reconstruire sur elles mes espoirs de réalisation de mon idéal artistique. Il y avait donc deux questions qui me préoccupaient de très près : il voulait abolir complètement le mariage, dans l'acception habituelle du mot. Je lui ai alors demandé quel serait, selon lui, le résultat de relations sexuelles légères avec des femmes de caractère douteux. Avec une aimable indignation, il me fit comprendre que nous ne pouvions avoir aucune idée de la pureté des mœurs en général, et des rapports des sexes en particulier, aussi longtemps que nous ne saurions libérer complètement les gens du joug des métiers, des corporations. , et des institutions coercitives similaires. Il m'a demandé de réfléchir quel serait le seul motif qui pousserait une femme à s'abandonner à un homme, lorsque non seulement les considérations d'argent, de fortune, de situation et les préjugés familiaux, mais aussi les diverses influences qui en découlent nécessairement, avaient été prises en compte. disparu. Quand je lui ai demandé à mon tour d'où il trouverait des personnes d'une grande intelligence et d'une grande capacité artistique, si tout le monde se fondait dans la classe ouvrière, il a répondu à mon objection que, du fait même que tout le monde participerait dans le travail nécessaire selon ses forces et ses capacités, le travail cesserait d'être une charge, et deviendrait simplement une occupation qui prendrait finalement un caractère entièrement artistique. Il le démontra sur le principe que, comme cela avait déjà été prouvé, un champ, travaillé laborieusement par un seul paysan, était infiniment moins productif que lorsqu'il était cultivé par plusieurs personnes d'une manière scientifique. Ces suggestions et d'autres similaires, que Röckel m'a communiquées avec un enthousiasme vraiment délicieux, m'ont amené à de nouvelles réflexions et ont donné naissance à de nouveaux projets sur lesquels, à mon avis, une organisation possible du genre humain, qui correspondrait à mes idéaux les plus élevés. en art, pourrait seul être fondé. En référence à cela, j'ai immédiatement tourné mes pensées vers ce qui était à portée de main et dirigé mon attention vers le théâtre. La motivation en était venue non seulement de mes propres sentiments, mais aussi de circonstances extérieures. Conformément aux dernières lois sur le suffrage démocratique, des élections générales semblaient imminentes en Saxe ; l'élection des radicaux extrémistes, qui avait maintenant lieu presque partout ailleurs, nous montra que si le mouvement durait, il y aurait des changements les plus extraordinaires même dans l'administration des impôts. Apparemment, une résolution générale avait été adoptée pour soumettre la liste civile à une révision stricte ; tout ce qui était jugé superflu dans la maison royale devait être supprimé ; le théâtre, en tant que lieu de divertissement inutile pour une partie dépravée du public, fut menacé de retirer de la liste civile la subvention qui lui était accordée. Je résolus alors, vu l'importance que j'attachais au théâtre, de suggérer aux ministres d'informer les parlementaires que si le théâtre dans son état actuel ne méritait aucun sacrifice de la part de l'État, il coulerait. des tendances encore plus douteuses — et qui pourraient même devenir dangereuses pour la moralité publique — s'ils étaient privés de ce contrôle étatique qui avait pour objectif l'idéal et, en même temps, se sentaient appelés à placer la culture et l'éducation sous sa protection bénéfique. Il était pour moi de la plus haute importance d'assurer une organisation du théâtre qui ferait de la réalisation de ses idéaux les plus élevés non seulement une possibilité mais aussi une certitude. En conséquence, j'ai élaboré un projet selon lequel la même somme que celle qui était prévue sur la liste civile pour l'entretien d'un théâtre de cour serait employée à la fondation et à l'entretien d'un théâtre national pour le royaume de Saxe. En montrant le caractère pratique des détails bien planifiés de mon projet, je les ai définis avec une si grande précision, que j'étais assuré que mon travail servirait de guide utile aux ministres sur la manière dont ils devraient soumettre cette question au Parlement. Il s'agissait maintenant d'avoir un entretien personnel avec l'un des ministres, et il me vint à l'esprit que la meilleure personne à qui s'adresser en la matière serait Herr von der Pfordten, le ministre de l'Éducation. Même s'il avait déjà la réputation d'être un transfuge en politique et qu'il luttait, disait-on, pour effacer l'origine de sa promotion politique, survenue à une époque de grande agitation, le simple fait qu'il ait été auparavant professeur était cela suffisait pour me faire supposer que c'était un homme avec qui je pouvais discuter de la question qui me tenait tant à cœur. J'appris cependant que les véritables institutions artistiques du royaume, comme par exemple l'Académie des Beaux-Arts, au nombre de laquelle je désirais si ardemment voir ajouter le théâtre, appartenaient au ministère de l'Intérieur. C'est à cet homme, le digne Herr Oberlander, quoique peu cultivé et peu artistique, que j'ai soumis mes plans, non sans m'être d'abord fait connaître à Herr von der Pfordten, afin, pour les raisons exposées ci-dessus, de commander mon projet à lui. Cet homme, apparemment très occupé, m'a reçu de manière polie et rassurante ; mais toute son attitude, et même l'expression même de son visage, semblaient détruire tout espoir que j'aurais jamais pu nourrir de trouver en lui la compréhension que j'espérais. Le ministre Oberlander, en revanche, a gagné ma confiance par le sérieux avec lequel il a promis une enquête approfondie sur l'affaire. Malheureusement, cependant, il m'informa en même temps, avec la plus simple franchise, qu'il ne pouvait avoir que très peu d'espoir d'obtenir l'autorisation du roi pour un traitement inhabituel d'une question jusqu'alors livrée à la routine. Il faut comprendre que les relations du roi avec ses ministres étaient à la fois tendues et non confidentielles, et que cela était plus particulièrement vrai dans le cas d'Oberlander, qui ne s'adressait jamais au monarque pour d'autres affaires que celles qui exigeaient l'acquittement le plus strict de son mandat actuel. devoirs rendus indispensables. Il pensait donc qu'il serait préférable que mon projet soit présenté en premier lieu par la Chambre des députés. Comme, en cas de discussion sur la nouvelle liste civile, je tenais particulièrement à éviter que la question de la continuation du théâtre judiciaire ne soit traitée de manière radicale, ignorante et à courte vue, ce qu'il fallait surtout craindre, je ne désespérais pas. de faire la connaissance de certains des plus influents parmi les nouveaux parlementaires. De cette manière, je me trouvai tout à coup plongé dans un monde tout à fait nouveau et étrange, et je fis la connaissance de personnes et d'opinions dont je n'avais même pas soupçonné l'existence jusqu'alors . Je trouvais un peu pénible d'être toujours obligé de rencontrer ces messieurs autour de leur bière et enveloppés dans les nuages denses de leur fumée de tabac, et de devoir discuter avec eux de sujets qui, bien que très chers à mes yeux, devaient paraître un peu fantastiques. à leur esprit. Après qu'un certain Herr von Trutschler, un homme très beau, énergique, dont le sérieux était presque sombre, m'avait écouté calmement pendant un certain temps et m'avait dit qu'il ne connaissait plus rien à l'État, mais seulement à la société, et qu'il celui-ci saurait, sans son ou mon aide, comment il devait agir à l'égard de l'art et du théâtre, j'étais rempli de sentiments si extraordinaires, à moitié mêlés de honte, que sur-le-champ j'abandonnai, non seulement tout mon efforts, mais tous mes espoirs aussi. Le seul souvenir que j'ai jamais eu de toute cette affaire est venu quelque temps après, après avoir rencontré Herr von Lüttichau, j'ai vite compris à son attitude à mon égard qu'il avait eu vent de l'épisode et que cela n'avait fait que lui inspirer une nouvelle hostilité envers moi.

Au cours de mes promenades, que je faisais désormais tout seul, je réfléchissais de plus en plus profondément — et au grand soulagement de mon esprit — à mes idées concernant cet état de la société humaine pour lequel les espoirs et les efforts les plus audacieux des socialistes et des communistes, alors occupés engagés dans la construction de leur système, ne m'ont offert que les bases les plus grossières. Ces efforts ne pourraient commencer à avoir un sens et une valeur pour moi que lorsqu'ils auraient atteint la révolution politique et la reconstruction qu'ils visaient ; car c'est alors seulement que je pus, à mon tour, commencer mes réformes artistiques.

En même temps, mes pensées étaient occupées par un drame dont l'empereur Frédéric Ier (surnommé « Barberousse ») devait être le héros. Le souverain modèle y était représenté d'une manière qui lui conférait la signification la plus grande et la plus puissante. Sa digne résignation face à l'impossibilité de faire prévaloir ses idéaux visait non seulement à présenter une véritable transcription de la multiplicité arbitraire des choses de ce monde, mais aussi à susciter de la sympathie pour le héros. J'ai voulu réaliser ce drame en rimes populaires, et dans le style allemand employé par nos poètes épiques du moyen âge, et à cet égard le poème Alexandre, du curé Lambert, m'a paru comme un bon exemple ; mais je n'ai jamais pu aller plus loin dans cette pièce qu'en esquisser les grandes lignes de la manière la plus large possible. Les cinq actes ont été planifiés de la manière suivante : Acte i. Diète Impériale dans les champs de Roncaglian, démonstration de l'importance du pouvoir impérial qui devrait s'étendre jusqu'à l'investiture de l'eau et de l'air ; Acte II. le siège et la prise de Milan ; Acte III. révolte d'Henri le Lion et son renversement à Ligano ; Acte IV. Diète impériale d'Augsbourg, humiliation et punition d'Henri le Lion ; Acte contre la Diète impériale et l'assemblée de la grande cour de Mayence ; paix avec les Lombards, réconciliation avec le Pape, acceptation de la Croix et départ vers l'Orient. Cependant, j'ai perdu tout intérêt pour la réalisation de ce projet dramatique dès que j'ai découvert sa ressemblance avec le sujet des mythes des Nibelungen et de Siegfried, qui possédaient pour moi un attrait plus puissant. Les points de similitude que je reconnus entre l'histoire et la légende en question m'incitèrent alors à écrire un traité sur le sujet ; et en cela j'ai été aidé par quelques monographies stimulantes (trouvées dans la bibliothèque royale), écrites par des auteurs dont les noms ont maintenant échappé à ma mémoire, mais qui m'ont appris d'une manière très attrayante une quantité considérable de choses sur l'ancien royaume originel d'Allemagne. Plus tard, j'ai publié cet essai assez détaillé intitulé Les Nibelungen, mais en l'élaborant, j'ai finalement perdu toute envie d'élaborer le matériau historique d'un véritable drame.

En relation directe avec cela, j'ai commencé à esquisser un résumé clair de la forme que le vieux mythe originel des Nibelungen avait pris dans mon esprit dans son association immédiate avec la légende mythologique des dieux - une forme qui, bien que pleine de détails, était pourtant bien plus complexe. condensé dans ses principales caractéristiques. Grâce à ce travail, j'ai pu transformer l'essentiel du matériel lui-même en un drame musical. Ce n'est cependant que peu à peu et après de longues hésitations que j'ai osé approfondir mes projets pour cet ouvrage ; car l'idée de la réalisation pratique d'une telle œuvre sur notre scène m'a littéralement consterné. Je dois avouer qu'il fallut tout le désespoir que j'éprouvais alors d'avoir un jour la chance de faire quelque chose de plus pour notre théâtre, pour me donner le courage nécessaire pour commencer cette nouvelle œuvre. Jusque-là, je me laissais simplement dériver, tandis que je méditais sans relâche sur la possibilité que les choses poursuivent leur cours dans les circonstances actuelles. En ce qui concerne Lohengrin, j'en étais arrivé à ce point où je n'espérais rien d'autre que la meilleure représentation possible au théâtre de Dresde, et sentais que je devrais être satisfait à tous égards et pour toujours si j'étais capable d'atteindre même cela. J'avais dûment annoncé l'achèvement de la partition à M. von Lüttichau ; mais, compte tenu de la nature défavorable de ma situation à l'époque, je lui avais laissé entièrement le soin de décider du moment où mon œuvre devait être réalisée.

Entre-temps, le moment arriva où le conservateur des Archives de l'Orchestre Royal rappela que trois cents ans seulement s'étaient écoulés depuis la fondation de cette institution royale et qu'il faudrait donc célébrer un jubilé. À cette fin, un grand festival de concerts était prévu, dont le programme devait être composé des compositions de tous les chefs d'orchestre saxons ayant vécu depuis la création de l'institution. L'ensemble des musiciens, leurs deux chefs d'orchestre en tête, devaient d'abord présenter au roi, à Pillnitz, leurs hommages reconnaissants ; et à cette occasion un musicien devait, pour la première fois, être élevé au rang de chevalier de l'Ordre civil du mérite de Saxe. Ce musicien était mon collègue Reissiger. Jusqu'alors, il avait été traité par le tribunal et par le directeur lui-même de la manière la plus méprisante possible, mais, grâce à sa loyauté remarquable en cette période critique, notamment envers moi, il avait trouvé une faveur exceptionnelle aux yeux de nos comités. Lorsqu'il apparut devant le public décoré de cet ordre merveilleux, il fut accueilli avec une grande jubilation par le public fidèle qui remplissait le théâtre le soir du concert du festival. Son ouverture à Yelva fut également accueillie par un tumulte parfait d'applaudissements enthousiastes, comme il n'en avait jamais reçu; tandis que le finale du premier acte de Lohengrin, composé comme l'œuvre du plus jeune chef d'orchestre, ne reçut qu'un accueil indifférent. C'était d'autant plus étrange que je n'étais pas habitué à un tel sang-froid de la part du public de Dresde à l'égard de mon travail. Après le concert, il y eut un souper de fête, et quand celui-ci fut terminé, tandis que des discours de toutes sortes étaient prononcés, je proclamai librement à l'orchestre, d'un ton fort et décidé, mes vues sur ce qui était désirable pour leur perfection. à l'avenir. Marschner, qui, en tant qu'ancien chef d'orchestre à Dresde, avait été invité aux célébrations du jubilé, exprima alors l'opinion que je me ferais beaucoup de mal en ayant une trop bonne opinion des musiciens. Il a dit que je devais simplement considérer à quel point ces gens avec qui j'avais affaire étaient incultes ; il a souligné qu'ils étaient formés simplement pour le seul instrument dont ils jouaient ; et me demanda si je ne pensais pas qu'en leur discutant des aspirations de l'art je produirais non seulement de la confusion, mais peut-être même de l'animosité ? Bien plus agréable pour moi que ces festivités est le souvenir de la cérémonie commémorative tranquille qui nous a réunis le matin du jour du jubilé, dans le but de déposer des couronnes sur la tombe de Weber. Comme personne ne pouvait trouver un mot à prononcer, et que même Marschner n'était capable d'exprimer que les discours les plus secs et les plus triviaux sur le maître défunt, j'ai cru devoir dire quelques mots sincères concernant la cérémonie commémorative pour laquelle nous étions réunis. Cette brève période d'activité artistique fut bientôt interrompue par de nouvelles excitations, qui continuaient à affluer sur nous en provenance du monde politique. Les événements d'octobre à Vienne ont éveillé notre plus vive sympathie, et nos murs flamboyaient quotidiennement de pancartes rouges et noires, d'appels à marcher sur Vienne, de malédictions de la « Monarchie rouge », par opposition à la « République rouge » détestée, et de autre sujet tout aussi surprenant. Sauf chez ceux qui étaient les mieux informés du déroulement des événements, et qui ne pullulaient certainement pas dans nos rues, ces événements soulevèrent partout un grand malaise. Avec l'entrée de Windischgratz à Vienne, l'acquittement de Frobel et l'exécution de Blum, il semblait que Dresde même était à la veille d'une explosion. Une vaste manifestation de deuil est organisée pour Blum, avec un cortège interminable dans les rues. En tête marchait le ministère, parmi lequel le peuple était particulièrement heureux de voir M. von der Pfordten prendre une part sympathique à la cérémonie, car il était déjà devenu pour eux un objet de suspicion. À partir de ce jour, de sombres pressentiments de désastre se firent de plus en plus répandus de tous côtés. On alla même jusqu'à dire, sans chercher à détourner la circonlocution, que l'exécution de Blum avait été un acte d'amitié de la part de l'archiduchesse Sophie envers sa sœur, la reine de Saxe, car lors de son agitation à Leipzig, le l'homme s'était fait à la fois haïr et craindre. Des troupes de fugitifs viennois, déguisés en membres des bandes étudiantes, commencèrent à arriver à Dresde et constituèrent un formidable ajout à sa population, qui désormais parcourait les rues avec une confiance toujours croissante. Un jour, alors que j'allais au théâtre pour diriger une représentation de Rienzi, le chef de chœur m'apprit que plusieurs messieurs étrangers me demandaient. Alors une demi-douzaine de personnes se présentèrent, me saluèrent en frère démocrate et me prièrent de leur procurer des billets d'entrée gratuits. Parmi eux, je reconnus un ancien amateur de littérature, un homme nommé Hafner, un peu bossu, au chapeau calabrais dressé à un angle formidable, à qui Uhl m'avait présenté à l'occasion de ma visite au club politique de Vienne. Si grand que fût mon embarras lors de cette visite, qui évidemment étonna nos musiciens, je ne me sentis nullement obligé de faire un aveu compromettant, mais je me rendis tranquillement au bureau de réservation, pris six billets et les remit à mes étranges visiteurs, qui se séparèrent de moi devant tout le monde avec de chaleureuses poignées de main. On peut douter que cette visite du soir ait amélioré ma position de chef d'orchestre à Dresde dans l'esprit des responsables du théâtre et d'autres ; mais, en tout cas, jamais je n'ai été appelé avec autant de frénésie après chaque acte qu'à cette représentation particulière de Rienzi.

Il me semblait même qu'à cette époque j'avais gagné à mes côtés un parti d'adhérents presque passionnés parmi le public du théâtre, en opposition à la clique qui avait fait preuve d'une si grande froideur à l'occasion du concert de gala déjà évoqué. Peu importe que l'on jouât Tannhäuser ou Rienzi, j'étais toujours accueilli par des applaudissements particuliers ; et bien que les tendances politiques de ce parti aient pu inquiéter notre direction, elles les ont néanmoins forcés à me considérer avec une certaine crainte. Un jour, Lüttichau proposa de faire jouer mon Lohengrin au plus tôt. J'expliquai les raisons pour lesquelles je ne le lui avais pas proposé auparavant, mais me déclarai prêt à répondre à ses souhaits, estimant que la compagnie d'opéra était désormais suffisamment puissante. Le fils de mon vieil ami F. Heine revenait tout juste de Paris, où il avait été envoyé par la direction de Dresde pour étudier la peinture de scène auprès des artistes Desplechin et Dieterle. Afin de tester ses capacités, en vue d'un engagement au Théâtre Royal de Dresde, on lui confia la tâche de préparer des décors adaptés à cet opéra. Il avait déjà demandé l'autorisation de le faire pour Lohengrin, à l'instigation de Lüttichau, qui souhaitait attirer l'attention sur mon dernier ouvrage. Par conséquent, lorsque j'ai donné mon consentement, le souhait du jeune Heine a été exaucé.

J'ai considéré cette tournure des événements avec une grande satisfaction, croyant que dans l'étude de cet ouvrage particulier je trouverais une diversion saine et efficace de toute l'excitation et de la confusion des événements récents. Mon horreur n'en fut donc que plus grande, lorsqu'un jour le jeune Wilhelm Heine vint dans ma chambre m'annoncer que le décor de Lohengrin avait été brusquement annulé et qu'on lui avait donné instruction de préparer un autre opéra. Je n'ai fait aucune remarque, ni demandé la raison de ce comportement singulier. Les assurances que Luttichan fit ensuite à ma femme, si elles étaient vraiment vraies, me firent regretter d'avoir imputé à sa porte la responsabilité principale de cette mortification et de lui avoir ainsi irrévocablement éloigné ma sympathie. Lorsqu'elle l'interrogea à ce sujet plusieurs années plus tard, il lui assura qu'il avait trouvé la cour farouchement hostile à mon égard et que ses tentatives bien intentionnées pour produire mon œuvre s'étaient heurtées à des obstacles insurmontables.

Quoi qu'il en soit, l'amertume que j'éprouvais maintenant exerça un effet décisif sur mes sentiments. Non seulement j'ai abandonné tout espoir de réconciliation avec les autorités du théâtre par une splendide représentation de mon Lohengrin, mais j'ai décidé de tourner à jamais le dos au théâtre et de ne plus tenter de me mêler de ses préoccupations. Par cet acte, j'ai non seulement exprimé ma totale indifférence quant à savoir si je conservais ou non ma position de chef d'orchestre musical, mais mes ambitions artistiques m'ont également entièrement coupé de toute possibilité de cultiver à nouveau les conditions théâtrales modernes.

Je me mis aussitôt à exécuter mes plans longtemps caressés pour le Tod de Siegfried, dont j'avais à moitié peur auparavant. Dans cet ouvrage, je n'ai plus pensé au théâtre de Dresde ni à aucun autre théâtre de cour du monde ; ma seule préoccupation était de produire quelque chose qui me libèrerait, une fois pour toutes, de cet asservissement irrationnel. Comme je ne pouvais rien obtenir de plus de Röckel à ce sujet, je correspondais désormais exclusivement avec Eduard Devrient sur des questions liées au théâtre et à l'art dramatique. Lorsque, une fois mon poème terminé, je le lui ai lu, il m'a écouté avec étonnement et a immédiatement réalisé qu'une telle production serait une drogue absolue sur le marché théâtral moderne, et il ne pouvait naturellement pas accepter de le laisser faire. demeure ainsi. D'un autre côté, il a essayé jusqu'à présent de se réconcilier avec mon travail en essayant de le rendre moins surprenant et plus adapté à la production réelle. Il prouva la sincérité de ses intentions en soulignant mon erreur d'en demander trop au public et d'exiger qu'il fournisse, d'après sa propre connaissance, beaucoup de choses nécessaires à une bonne compréhension de mon sujet, auxquelles je n'avais fait qu'insinuer. en suggestions brèves et éparses. Il m'a montré, par exemple, qu'avant de montrer Siegfried et Brunhilda dans une position d'hostilité amère l'un envers l'autre, ils auraient dû d'abord être présentés dans leur relation véritable et plus calme. J'avais en effet ouvert le poème de SIEGFRIED'S TOD par ces scènes qui forment aujourd'hui le premier acte du GOTTERDAMMERUNG. Les détails de la relation de Siegfried avec Brunhilda avaient été simplement esquissés aux auditeurs dans un dialogue lyrico-épisodique entre la femme du héros, qu'il avait laissée dans la solitude, et une foule de Walkyries passant devant son rocher. À ma grande joie, l'allusion de Devrient sur ce point a dirigé ma pensée vers les scènes que j'ai ensuite élaborées dans le prologue de ce drame.

Ceci et d'autres choses de même nature me mirent en contact intime avec Eduard Devrient et rendirent nos relations beaucoup plus vives et plus agréables. Il invitait souvent un cercle restreint d'amis à assister chez lui à des lectures dramatiques auxquelles je prenais volontiers part, car je constatais, à ma grande surprise, que son don pour la déclamation, qui l'avait complètement abandonné sur scène, ressortait ici avec un fort relief. . C'était d'ailleurs une consolation de verser dans une oreille compatissante mes inquiétudes face à mon impopularité croissante auprès du réalisateur.

Devrient semblait particulièrement soucieux d'empêcher une brèche définitive ; mais il y avait peu d'espoir. À l'approche de l'hiver, la cour était revenue en ville et fréquentait à nouveau le théâtre, et divers signes de mécontentement dans les hautes sphères à l'égard de mon comportement de chef d'orchestre commençaient à se manifester. Une fois, la Reine a pensé que j'avais mal dirigé NORMA, et une autre fois que j'avais « mal pris le temps » dans ROBERT LE DIABLE. Comme Luettichau devait me communiquer ces réprimandes, il était naturel que nos relations, dans de pareils moments, ne fussent guère de nature à nous rendre mutuellement satisfaction.

Malgré tout cela, il semblait encore possible d'éviter que les choses n'aboutissent à une crise, même si tout se poursuivait dans un état d'incertitude et de fermentation agitée. En tout cas, les forces de réaction, qui se tenaient prêtes de toutes parts, n'étaient pas encore suffisamment sûres que l'heure de leur triomphe était venue pour ne pas juger opportun, pour le moment, d'éviter au moins toute provocation. Notre direction ne s'est donc pas mêlée aux musiciens de l'orchestre royal qui, conformément à l'air du temps, s'étaient constitués en syndicat de débat et de protection de leurs intérêts artistiques et civiques. Dans cette affaire, l'un de nos plus jeunes musiciens, Theodor Uhlig, s'est montré particulièrement actif. C'était un jeune homme d'une vingtaine d'années et il était violoniste dans l'orchestre. Son visage était étonnamment doux, intelligent et noble, et il se distinguait parmi ses semblables par son grand sérieux et son caractère calme mais inhabituellement ferme. Il avait particulièrement attiré mon attention à plusieurs reprises par sa vivacité d'esprit et sa connaissance approfondie de la musique. Comme je reconnaissais en lui un esprit vivement alerte dans toutes les directions et particulièrement avide de culture, je ne tardai pas à le choisir pour compagnon de mes promenades régulières — habitude que je continuais encore à cultiver — et que Roeckel avait jusqu'alors accompagné. moi. Il m'engagea à venir à une réunion de ce syndicat de la compagnie d'orchestre, afin que je puisse m'en faire une opinion, et encourager et soutenir un mouvement si louable. A cette occasion, j'ai communiqué aux membres le contenu de mon mémorandum au directeur, qui avait été rejeté un an auparavant et dans lequel j'avais fait des suggestions de réformes dans le groupe, et j'ai également expliqué d'autres intentions et projets qui en découlaient. En même temps, j'ai dû admettre que j'avais perdu tout espoir de réaliser des projets de ce genre par l'intermédiaire de la direction générale et je dois donc lui recommander de prendre vigoureusement l'initiative en main. Ils ont accueilli l'idée avec enthousiasme. Même si, comme je l'ai déjà dit, Luettichau laissait ces musiciens tranquilles dans leur union plus ou moins démocratique, il prenait cependant soin d'être informé par des espions de ce qui se passait lors de leurs réunions hautement traîtres. Son instrument principal était un clairon nommé Lewy qui, au grand dégoût de tous ses camarades de l'orchestre, jouissait d'une faveur particulièrement élevée auprès du directeur. Il reçut donc des récits précis, ou plutôt exagérés, de ma présence là-bas, et crut qu'il était grand temps de me faire sentir à nouveau le poids de son autorité. J'ai été officiellement convoqué en sa présence et j'ai dû écouter une longue et courroucée tirade qu'il avait accumulée depuis un certain temps sur plusieurs sujets. J'appris aussi qu'il était au courant du projet de réforme du théâtre que j'avais présenté au ministère. Il a trahi cette connaissance dans une phrase populaire de Dresde, que je n'avais jamais entendue jusqu'alors : ; il savait très bien, disait-il, que dans un mémorandum concernant le théâtre, je l'avais « ridiculisé » (ihm an den Laden gelegt). En réponse à cela, je ne me suis pas empêché de lui dire comment j'allais agir en représailles, et lorsqu'il a menacé de me dénoncer au roi et d'exiger mon renvoi, j'ai répondu calmement qu'il pouvait faire ce qu'il voudrait, comme j'étais bien assuré. que je pouvais compter sur la justice de Sa Majesté pour entendre non seulement ses accusations, mais aussi ma défense. D'ailleurs, ajoutai-je, c'était la seule manière convenable pour moi de discuter avec le roi des nombreux points sur lesquels j'avais à me plaindre, non-seulement dans mon propre intérêt, mais encore dans celui du théâtre et de l'art. Ce n'était pas une audience agréable pour Lüttichau, et il se demandait comment il lui était possible d'essayer de coopérer avec moi, alors que pour ma part, j'avais ouvertement déclaré (pour reprendre sa propre expression) que tout le travail était inutile pour lui (Hopfen et Malz verloren seien). Nous dûmes enfin nous séparer en haussant mutuellement les épaules. Ma conduite semblait troubler mon ancien patron, et il fit donc appel au tact et à la modération d'Edouard Devrient à son service, et lui demanda d'user de son influence auprès de moi pour faciliter un nouvel arrangement entre nous. Mais, malgré tout son zèle, Devrient a dû admettre en souriant, après que nous ayons discuté de son message, qu'il n'y avait pas grand-chose à faire ; et comme je persistais dans mon refus de rencontrer à nouveau le directeur pour une consultation sur le service du théâtre, il dut enfin reconnaître que sa propre sagesse devrait le tirer d'affaire.

Pendant toute la période pendant laquelle j'étais destiné à occuper le poste de chef d'orchestre à Dresde, les effets de cette antipathie de la part de la cour et du directeur continuèrent à se faire sentir en tout. Les concerts d'orchestre que j'avais organisés l'hiver précédent furent cette année placés sous le contrôle de Reissiger et tombèrent aussitôt au niveau habituel des concerts ordinaires. L'intérêt du public a rapidement décliné et l'entreprise n'a pu que difficilement être maintenue en vie. À l'opéra, je n'ai pas pu réaliser la reprise proposée du Fliegender Holländer, pour lequel j'avais trouvé dans le talent plus mûr de Mitterwurzer un représentant admirable et prometteur. Ma nièce Johanna, que j'avais destinée au rôle de Senta, n'aimait pas ce rôle, car il offrait peu de possibilités de costumes splendides. Elle préférait ZAMPA et FAVORITA, en partie pour plaire à son nouveau protecteur, mon ancien passionné de RIENZI, Tichatschck, en partie pour le bien de TROIS COSTUMES BRILLANTS que la direction devait fournir pour chacune de ces parties. En fait, ces deux chefs de file de l'opéra de Dresde de l'époque avaient formé une alliance de rébellion contre mon règne vigoureux en matière de répertoire lyrique. Leur opposition, à mon grand désarroi, fut couronnée de succès lorsqu'ils obtinrent la production de cette FAVORITA de Donizetti, dont j'avais été obligé une fois d'entreprendre l'arrangement pour Schlesinger à Paris. J'avais d'abord catégoriquement refusé d'avoir quoi que ce soit à voir avec cet opéra, bien que son rôle principal convenait admirablement à la voix de ma nièce, même aux yeux de son père. Mais maintenant qu'ils connaissaient ma querelle avec le directeur, et ma perte volontaire d'influence, et enfin ma disgrâce évidente, ils crurent que l'occasion était mûre pour me contraindre à diriger moi-même ce travail fastidieux, car c'était justement mon tour.

En outre, ma principale occupation au Théâtre royal pendant cette période consistait à diriger l'opéra MARTHA de Flotow, qui, bien que n'ayant pas réussi à attirer le public, était néanmoins joué avec une fréquence excessive, en raison de sa distribution commode. En examinant les résultats de mes travaux à Dresde — où j'étais maintenant depuis près de sept ans — je ne pouvais m'empêcher de me sentir humilié en considérant l'impulsion puissante et énergique que je savais avoir donnée dans de nombreuses directions au théâtre de cour, et je me trouvai Je dois admettre que si je quittais maintenant Dresde, la moindre trace de mon influence resterait derrière moi. De divers signes, je comprenais aussi que, si jamais il y avait un procès devant le Roi entre le directeur et moi, même si Sa Majesté était en ma faveur, cependant, par considération pour le courtisan, le verdict serait contre moi.

Néanmoins, le dimanche des Rameaux de la nouvelle année 1849, j'ai reçu d'amples amendes. Afin d'assurer des recettes généreuses, notre orchestre avait de nouveau décidé de produire la Neuvième Symphonie de Beethoven. Chacun a fait de son mieux pour que cette représentation soit une de nos plus belles représentations, et le public s'est saisi de l'affaire avec un réel enthousiasme. Michael Bakounine, inconnu de la police, était présent à la répétition publique. À la fin, il s'est approché sans hésitation de moi dans l'orchestre et m'a dit d'une voix forte que si toute la musique qui avait jamais été écrite était perdue dans l'conflagration mondiale attendue, nous devions nous engager à sauver cette symphonie, même au péril de notre vie. Peu de semaines après cette représentation, il semblait vraiment que cette conflagration mondiale allait réellement s'allumer dans les rues de Dresde et que Bakounine, avec qui j'étais entre-temps devenu plus étroitement associé par des circonstances étranges et inhabituelles, assumerait la fonction de chef chauffeur.

C'est bien avant cette date que j'ai fait pour la première fois la connaissance de cet homme dès plus remarquables. Depuis des années, j'avais entendu son nom dans les journaux, et toujours dans des circonstances extraordinaires. Il s'est présenté à Paris à une réunion polonaise, mais bien qu'il soit Russe, il a déclaré que peu importait qu'un homme soit Russe ou Polonais, pourvu qu'il veuille être un homme libre, et que c'était tout cela. comptait. J'appris ensuite, par George Herwegh, qu'il avait renoncé à toutes ses sources de revenus en tant que membre d'une famille russe influente, et qu'un jour, alors que toute sa fortune se composait de deux francs, il les avait donnés à un mendiant de la rue. boulevard, parce qu'il lui était pénible d'être lié par cette possession pour penser au lendemain. J'ai été informé un jour de sa présence à Dresde par Röckel, alors que ce dernier était devenu un républicain effréné. Il avait accueilli le Russe chez lui et m'avait invité à venir faire sa connaissance. Bakounine était alors persécuté par le gouvernement autrichien pour sa participation aux événements qui eurent lieu à Prague au cours de l'été 1848 et parce qu'il était membre du Congrès slave qui les avait précédés. Il s'était donc réfugié dans notre ville, ne souhaitant pas s'installer trop loin de la frontière de Bohême. L'extraordinaire sensation qu'il avait créée à Prague venait du fait que, lorsque les Tchèques recherchaient la protection de la Russie contre la redoutable politique germanisante de l'Autriche, il les conjurait de se défendre par le feu et l'épée contre ces mêmes Russes, et même contre tout autre. des gens qui vivaient sous le règne d'un despotisme comme celui des tsars. Cette connaissance superficielle des objectifs de Balumin avait suffi à transformer les préjugés purement nationaux des Allemands à son encontre en sympathie. Ainsi, lorsque je l'ai rencontré sous l'humble abri du toit de Röckel, j'ai été immédiatement frappé par sa personnalité singulière et tout à fait imposante. Il était en pleine épanouissement de sa virilité, âgé entre trente et quarante ans. Tout en lui était colossal, et il était plein d'une exubérance et d'une force primitives. Je n'ai jamais compris qu'il accordait beaucoup d'importance à mes connaissances. En fait, il ne semblait pas se soucier uniquement des hommes intellectuels ; ce qu'il exigeait, c'étaient des hommes dotés d'une énergie inconsidérée. Comme je m'en suis rendu compte par la suite, la théorie avait dans ce cas plus de poids pour lui que le sentiment purement personnel ; et il parlait beaucoup et s'expliquait librement sur le sujet. Son mode général de discussion était la méthode socratique , et il semblait tout à fait à son aise lorsque, étendu sur le canapé dur de son hôte, il pouvait discuter de manière discursive avec une foule d'hommes de toutes sortes sur les problèmes de la révolution. Dans ces occasions, il prenait invariablement le dessus sur l'argumentation. Il était impossible de triompher de ses opinions, exprimées avec la plus grande conviction et dépassant dans tous les sens les limites du radicalisme, même les plus extrêmes. Il était si communicatif que dès le premier soir de notre rencontre il me donna tous les détails sur les différentes étapes de son développement. C'était un officier russe de haute naissance, mais irrité sous le joug de la tyrannie martiale la plus étroite, il avait été dirigé par une étude des écrits de Rousseau pour s'enfuir en Allemagne sous prétexte de prendre un congé. A Berlin, il s'était lancé dans l'étude de la philosophie avec tout l'enthousiasme d'un barbare nouvellement éveillé à la civilisation. La philosophie de Hegel était celle qui faisait fureur à ce moment-là, et il en devint bientôt un tel expert qu'il avait réussi à faire tomber les disciples les plus célèbres de ce maître du siège de leur propre philosophie, dans une thèse formulée en termes de la dialectique hégélienne la plus stricte. Après s'être débarrassé de la philosophie, comme il l'exprimait, il se rendit en Suisse, où il prêcha le communisme, et de là parcourut la France et l'Allemagne jusqu'aux frontières du monde slave, d'où il chercha la régénération de l'humanité. , parce que les Slaves avaient été moins énervés par la civilisation. Ses espoirs à cet égard étaient centrés sur le type slave, plus prononcé, caractéristique de la classe paysanne russe. Dans la détestation naturelle du serf russe pour son cruel oppresseur le noble, il croyait pouvoir déceler un substrat d'amour fraternel naïf et cet instinct qui porte les animaux à haïr les hommes qui les chassent. À l'appui de cette idée, il citait la joie enfantine, presque démoniaque, du peuple russe face au feu, qualité sur laquelle Rostopschin comptait lors de son incendie stratégique de Moscou. Il affirmait que tout ce qui était nécessaire pour déclencher un mouvement mondial était de convaincre le paysan russe, chez qui la bonté naturelle de la nature humaine opprimée avait conservé ses caractéristiques les plus enfantines, qu'il était parfaitement juste et agréable à Dieu de ils brûlèrent les châteaux de leurs seigneurs, avec tout ce qui s'y trouvait et autour d'eux. Le moins qui pourrait résulter d'un tel mouvement serait la destruction de toutes ces choses qui, bien considérées, doivent apparaître, même aux penseurs les plus philosophiques d'Europe, la véritable source de toutes les misères du monde moderne. Mettre en action ces forces destructrices lui paraissait le seul objet digne de l'activité d'un homme sensé. (Même pendant qu'il prêchait ces horribles doctrines, Bakounine, remarquant que mes yeux me troublaient, les protégea de sa main tendue de la lumière nue pendant une heure entière, malgré mes protestations.) Cet anéantissement de toute civilisation était le but recherché. auquel son cœur était attaché. En attendant, il s'amusait à utiliser tous les leviers d'agitation politique sur lesquels il pouvait mettre la main pour faire avancer ce but, et ce faisant, il trouvait souvent matière à une gaieté ironique. Dans sa retraite, il recevait des personnes appartenant à toutes les nuances de la pensée révolutionnaire. Les plus proches de lui se trouvaient ceux de nationalité slave, car ce seraient, pensait-il, les armes les plus pratiques et les plus efficaces qu'il pourrait utiliser pour déraciner le despotisme russe. Malgré leur république et leur socialisme à la Proudhon, il ne pensait pas aux Français, et quant aux Allemands, il ne m'en a jamais parlé. La démocratie, le républicanisme et toute autre chose de ce genre lui paraissaient indignes d'une considération sérieuse.

Chaque objection soulevée par ceux qui avaient le moindre désir de reconstruire ce qui avait été démoli, il rencontrait une critique accablante. Je me souviens bien qu'un Polonais, effrayé par ses théories, soutenait qu'il fallait un État organisé pour garantir à l'individu la possession des champs qu'il avait cultivés. 'Quoi!' il a répondu; "Voudriez-vous clôturer soigneusement votre champ pour que la police puisse à nouveau gagner sa vie !" Cela ferma la bouche au Polonais terrifié. Il se consolait en disant que les créateurs du nouvel ordre de choses surgiraient d'eux-mêmes, mais que notre seule affaire en attendant était de trouver le pouvoir de détruire. L'un d'entre nous était-il assez fou pour croire qu'il survivrait à la destruction souhaitée ? Il faudrait imaginer l'Europe entière avec Saint-Pétersbourg, Paris et Londres transformés en un vaste tas d'ordures. Comment pourrions-nous espérer que les allumeurs d'un tel incendie conservent une certaine conscience après une dévastation aussi vaste ? Il avait l'habitude de dérouter tous ceux qui prétendaient être prêts au sacrifice de soi en leur disant que ce n'étaient pas les soi-disant tyrans qui étaient si odieux, mais les Philistins suffisants. Comme type de ceux-ci, il citait un curé protestant et déclara qu'il ne croirait pas avoir réellement atteint la pleine stature d'un homme jusqu'à ce qu'il le voie jeter son propre presbytère, avec sa femme et son enfant, aux flammes.

J'ai été d'autant plus perplexe pendant un moment, face à des idées aussi terribles, que Bakounine, à d'autres égards, se révélait un homme vraiment aimable et au cœur tendre. Il était pleinement conscient de mon anxiété et de mon désespoir face au risque que je courais de détruire à jamais mes idéaux et mes espoirs pour l'avenir de l'art. Il est vrai qu'il a refusé de recevoir toute instruction supplémentaire concernant ces projets artistiques et n'a même pas voulu regarder mon travail sur la saga des Nibelungen. Je venais alors de m'inspirer d'une étude des Évangiles pour concevoir le plan d'une tragédie de l'étape idéale du futur, intitulée Jésus de Nazareth. Bakounine m'a prié de lui épargner tous les détails ; et lorsque je cherchais à l'rallier à mon projet par quelques allusions verbales, il me souhaitait bonne chance, mais insistait sur le fait que je devais à tout prix faire apparaître Jésus comme un personnage faible. Quant à la musique du morceau, il m'a conseillé, parmi toutes les variations, de n'utiliser qu'une seule phrase, à savoir : pour le ténor : « Coupe-lui la tête ! '; pour la soprano, « Pendez-le ! » ; et pour la basse continue, « Feu ! feu !' Et pourtant je me sentis plus sympathiquement attiré vers cet homme prodige quand je le fis un jour m'entendre jouer et chanter les premières scènes de mon Fliegender Holländer. Après avoir écouté avec plus d'attention que la plupart des gens n'en accordaient, il s'est exclamé, pendant une pause momentanée : « C'est incroyablement bien ! et je voulais en savoir plus.

Comme sa vie de dissimulation permanente était très ennuyeuse, je l'invitais occasionnellement à passer une soirée avec moi. Pour le souper, ma femme lui présenta des tranches de saucisses et de viande finement coupées, qu'il dévora aussitôt en gros, au lieu de les étaler frugalement sur son pain à la manière saxonne. Remarquant l'inquiétude de Minna à ce sujet, j'eus la faiblesse de lui dire que nous avions l'habitude de consommer de telles viandes, sur quoi il me rassura en riant, disant que c'était bien assez, seulement qu'il aimerait manger ce qui lui était proposé. à sa manière. J'étais également étonné de la manière dont il buvait du vin dans nos petits verres de taille ordinaire. En fait, il détestait le vin, qui ne satisfaisait son besoin de stimulants alcooliques qu'à des doses dérisoires, prolongées et subdivisées ; tandis qu'un bon verre d'eau-de-vie, avalé d'un trait, produisait aussitôt le même résultat, qui, après tout, n'était atteint que temporairement. Par-dessus tout, il méprisait le sentiment qui cherche à prolonger la jouissance par la modération, arguant qu'un véritable homme ne devrait s'efforcer que de calmer les désirs de la nature, et que le seul véritable plaisir de la vie digne d'un homme était l'amour.

Ces petites caractéristiques et d'autres similaires montraient clairement que chez cet homme remarquable, les impulsions les plus pures d'une humanité idéale entraient étrangement en conflit avec une sauvagerie entièrement hostile à toute civilisation, de sorte que mes sentiments, lors de mes rapports avec lui, oscillaient entre l'horreur involontaire et l'attirance irrésistible. Je l'appelais fréquemment pour partager mes errances solitaires. Il le faisait volontiers, non seulement pour s'entraîner physiquement, mais aussi parce qu'il pouvait le faire dans cette partie du monde sans craindre de rencontrer ses poursuivants. Mes tentatives au cours de nos conversations pour l'instruire plus complètement sur mes objectifs artistiques restèrent tout à fait vaines tant que nous ne parvînmes pas à quitter le terrain de la simple discussion. Toutes ces choses lui paraissaient prématurées. Il refusait d'admettre que, à partir des besoins mêmes du mal présent, toutes les lois pour l'avenir devraient être élaborées et que celles-ci, en outre, devraient être modelées sur des idées tout à fait différentes de la culture sociale. Voyant qu'il continuait à prôner la destruction, et encore la destruction, je dus enfin m'enquérir de la manière dont mon merveilleux ami se proposait de mettre en œuvre cette œuvre de destruction. Il devint alors bientôt évident, comme je l'avais soupçonné et comme l'événement le prouva bientôt, que chez cet homme à l'activité sans bornes tout reposait sur les hypothèses les plus impossibles. Sans aucun doute, moi, avec mes espoirs d'un futur remodelage artistique de la société humaine, je lui ai semblé flotter dans l'air aride ; Pourtant, il m'est vite apparu évident que ses hypothèses quant à la démolition inévitable de toutes les institutions culturelles étaient au moins tout aussi visionnaires. Ma première idée était que Bakounine était le centre d'une conspiration internationale ; mais ses plans pratiques semblent avoir été limités à l'origine à un projet de révolution de Prague, où il s'appuyait simplement sur un syndicat formé entre une poignée d'étudiants. Croyant que le moment était venu de porter un grand coup, il se prépara un soir à s'y rendre . Cette démarche n'était pas sans danger, et il partit sous la protection d'un passeport établi pour un marchand anglais. Mais avant tout, en vue de s'adapter à la culture la plus philistine, il dut soumettre son immense barbe et ses cheveux touffus à la tendre merci du rasoir et des cisailles. Comme aucun coiffeur n'était disponible, Röckel a dû se charger de cette tâche. Un petit groupe d'amis a assisté à l'opération, qui a dû être exécutée avec un rasoir émoussé, provoquant de nombreuses douleurs, sous lesquelles seule la victime elle-même est restée passive. Nous avons fait nos adieux à Bakounine avec la ferme conviction que nous ne le reverrons jamais vivant. Mais au bout d'une semaine, il était de retour, car il avait immédiatement compris à quel point il avait reçu une description déformée de la situation à Prague, où il ne trouvait prêt à lui qu'une poignée d'étudiants enfantins. Ces aveux ont fait de lui la cible de la bonne humeur de Röckel, et après cela, il a gagné parmi nous la réputation d'être un simple révolutionnaire qui se contentait de conspirations théoriques. Ses prétentions à l'égard du peuple russe étaient très semblables à ses attentes à l'égard des étudiants de Prague. Celles-ci se sont également révélées par la suite totalement infondées et fondées uniquement sur des hypothèses gratuites tirées de la prétendue nature des choses. Je me suis donc trouvé poussé à expliquer la croyance universelle en la terrible dangerosité de cet homme par ses vues théoriques, telles qu'exprimées ici et ailleurs, et non par une expérience réelle de son activité pratique. Mais je devais bientôt devenir presque un témoin oculaire du fait que sa conduite personnelle n'était jamais un instant influencée par la prudence, comme on a l'habitude de rencontrer chez ceux dont les théories ne sont pas sérieuses. Cela fut bientôt prouvé lors de l'insurrection capitale de mai 1849.

L'hiver de cette année, jusqu'au printemps de 1849, se passa dans une évolution multiforme de ma situation et de mon caractère, tels que je les ai décrits, c'est-à-dire dans une sorte d'agitation sourde. Ma dernière activité artistique avait été le drame en cinq actes Jésus de Nazareth, dont je viens de parler. Désormais, je m'attardais dans un état d'instabilité maussade, plein d'attentes, mais sans aucun souhait précis. J'étais pleinement convaincu que mon activité artistique à Dresde était terminée et j'attendais seulement que la pression des circonstances me libère. D'un autre côté, la situation politique dans son ensemble, tant en Saxe que dans le reste de l'Allemagne, tendait inévitablement vers une catastrophe. De jour en jour, cela se rapprochait et je me flattais de considérer mon propre destin personnel comme étant lié à ce trouble universel. Maintenant que les puissances de réaction se préparaient partout de plus en plus ouvertement au conflit, la lutte décisive finale semblait en effet proche. Mes sentiments partisans n'étaient pas assez passionnés pour me donner envie de prendre une part active à ces conflits. J'étais simplement conscient d'une impulsion à m'abandonner imprudemment au courant des événements, peu importe où ils pouvaient nous mener.

Mais à ce moment précis, une influence entièrement nouvelle s'immisça d'une façon très étrange dans ma fortune et fut d'abord accueillie par moi avec un sourire de scepticisme. Liszt a écrit pour annoncer une première production à Weimar de mon Tannhäuser sous sa propre direction – la première qui ait eu lieu en dehors de Dresde – et il a ajouté avec une grande modestie qu'il s'agissait simplement d'un accomplissement de son désir personnel. Afin d'assurer le succès, il avait envoyé une invitation spéciale à Tichatschek pour qu'il soit son invité aux deux premières représentations. A son retour, ce dernier me dit que la production avait été, dans l'ensemble, un succès, ce qui m'a beaucoup surpris. J'ai reçu du Grand-Duc en souvenir une tabatière en or que j'ai continué à utiliser jusqu'en 1864. Tout cela m'était nouveau et étrange, et j'étais encore enclin à considérer cet événement par ailleurs agréable comme un épisode passager. en raison du sentiment amical d'un grand artiste. 'Qu'est ce que cela signifie pour moi?' Je me suis demandé. « Est-ce arrivé trop tôt ou trop tard ? Mais une lettre très cordiale de Liszt m'incita à me rendre quelques jours plus tard à Weimar pour une troisième représentation de Tannhausar, qui devait être interprétée entièrement par des talents locaux, en vue d'ajouter définitivement cet opéra au répertoire. . A cet effet, j'ai obtenu un congé de ma direction pour la deuxième semaine du mois de mai.

Quelques jours seulement s'écoulèrent avant l'exécution de ce petit plan ; mais ils étaient destinés à être importants. Le 1er mai, les Chambres furent dissoutes par le nouveau ministère Beust, que le roi avait chargé de mettre en œuvre la politique réactionnaire qu'il projetait. Cet événement m'a imposé la tâche amicale de prendre soin de Röckel et de sa famille. Jusqu'alors, sa position de député l'avait mis à l'abri du danger de poursuites pénales ; mais dès que les Chambres furent dissoutes, cette protection lui fut retirée, et il dut échapper par la fuite pour éviter d'être de nouveau arrêté. Comme je ne pouvais pas faire grand-chose pour l'aider dans cette affaire, j'ai promis au moins de pourvoir à la poursuite de la publication de son populaire Volksblatt, principalement parce que les bénéfices de cette publication permettraient de subvenir aux besoins de sa famille. A peine Röckel avait-il franchi en toute sécurité la frontière de Bohême, alors que je travaillais encore, à grand inconvénient, dans le bureau de l'imprimeur, afin de fournir du matériel pour un numéro de son journal, lorsque la tempête tant attendue éclata sur Dresde. Des députations d'urgence, des manifestations populaires nocturnes, des réunions houleuses des différents syndicats et tous les autres signes qui précèdent une décision rapide dans les rues se manifestèrent. Le 3 mai, l'attitude des foules qui se déplaçaient dans nos rues montrait clairement que ce terme serait bientôt atteint, comme on le souhaitait sans doute. Chaque députation locale qui demandait la reconnaissance de la constitution allemande, ce qui était le cri universel, se voyait refuser une audience par le gouvernement, et cela avec une péremption qui finissait par devenir effrayante. J'étais présent un après-midi à une réunion du comité du Vaterlands-Verein, bien qu'en tant que simple représentant du Volksb latt de Röckel, dont je me sentais tenu au maintien, tant pour des raisons économiques qu'humaines. Ici, j'étais immédiatement absorbé par l'observation de la conduite et du comportement des hommes que la faveur populaire avait élevés à la direction de tels syndicats. Il était évident que les événements échappaient au contrôle de ces personnes ; Plus particulièrement, ils ne savaient absolument pas comment réagir face à ce terrorisme particulier exercé par les classes populaires, toujours si promptes à réagir contre les représentants des théories démocratiques. De tous côtés, j'entendais un mélange de propositions farfelues et de réponses hésitantes. L'un des principaux sujets débattus était la nécessité de préparer la défense. Les armes et la manière de se les procurer furent discutées avec ardeur, mais tout cela au milieu d'un grand désordre ; et quand enfin ils découvrirent qu'il était temps de rompre, la seule impression que je reçus fut celle d'une confusion des plus folles. Je partage la salle avec un jeune peintre nommé Kaufmann, de la main duquel j'avais déjà vu une série de dessins animés à l'exposition d'art de Dresde, illustrant « L'histoire de l'esprit ». Un jour, j'avais vu le roi de Saxe debout devant l'un d'eux, représentant le supplice d'un hérétique sous l'Inquisition espagnole, et je l'avais vu se détourner avec un hochement de tête désapprobateur d'un sujet aussi abstrus. J'étais sur le chemin du retour, en pleine conversation avec cet homme, dont le visage pâle et l'air troublé trahissaient qu'il prévoyait le désastre imminent, quand, au moment où nous atteignions la Postplatz, près de la fontaine érigée d'après le projet de Semper, le bruit de les cloches de la tour voisine de l'église Sainte-Anne sonnèrent soudain le tocsin de la révolte. Avec un cri terrifié : « Bon Dieu, ça a commencé ! mon compagnon a disparu de mon côté. Il m'a écrit plus tard pour me dire qu'il vivait en fugitif à Berne, mais je n'ai jamais revu son visage.

Le tintement de cette cloche, si proche, me fit aussi une profonde impression. C'était un après-midi très ensoleillé, et je remarquai aussitôt le même phénomène que celui décrit par Goethe dans sa tentative de décrire ses propres sensations lors du bombardement de Valmy. La place entière semblait éclairée par une lumière jaune foncé, presque brune, comme celle que j'avais déjà vue une fois à Magdebourg lors d'une éclipse de soleil. Au-delà de cela, ma sensation la plus prononcée était celle d'une grande satisfaction, presque extravagante. J'ai ressenti soudain un étrange désir de jouer avec quelque chose jusqu'alors considéré comme dangereux et important. Ma première idée, probablement suggérée par la proximité de la place, fut de me renseigner chez Tichatschek pour le fusil dont il avait l'habitude de se servir en tant que sportif enthousiaste du dimanche. Je n'ai trouvé sa femme qu'à la maison, car il était en voyage de vacances. Sa terreur évidente quant à ce qui allait se passer m'a provoqué un rire incontrôlable. Je lui conseillai de mettre le fusil de son mari en lieu sûr, en le remettant au comité du Vaterlands-Verein contre récépissé, car autrement il risquait d'être bientôt réquisitionné par la foule. J'ai appris depuis que ma conduite excentrique à cette occasion m'a ensuite été imputée comme un crime grave. Je suis ensuite retourné dans les rues pour voir si quelque chose d'autre qu'un tintement de cloches et une éclipse jaunâtre du soleil pouvait se produire dans la ville. Je me suis d'abord dirigé vers la place du vieux marché, où j'ai remarqué un groupe d'hommes. rassemblés autour d'un orateur bruyant. Ce fut aussi pour moi une agréable surprise de voir Schröder-Devrient descendre à la porte d'un hôtel. Elle venait d'arriver de Merlin et était vivement excitée par la nouvelle qui lui était parvenue, selon laquelle la population avait déjà été la cible de tirs. Comme elle venait tout récemment d'assister à une insurrection avortée écrasée par les armes à Berlin, elle était indignée de constater que les mêmes choses se produisaient dans sa « Dresde paisible », comme elle l'appelait.

Lorsqu'elle se tourna vers moi au milieu de la foule impassible qui avait écouté avec complaisance ses épanchements passionnés, elle parut soulagée de trouver quelqu'un à qui elle pourrait faire appel pour s'opposer de toutes ses forces à ces horribles procédures. Je l'ai rencontrée une autre fois chez mon vieil ami Heine, où elle s'était réfugiée. Lorsqu'elle remarqua mon indifférence, elle m'adjura de nouveau de déployer tous les efforts possibles pour empêcher ce conflit insensé et suicidaire. J'appris ensuite qu'une accusation de haute trahison pour sédition avait été portée contre Schroder-Devrient en raison de sa conduite dans cette affaire. Elle dut prouver son innocence devant un tribunal afin d'établir sans conteste son droit à la pension qui lui avait été promise par contrat pour ses nombreuses années de service à Dresde en tant que chanteuse d'opéra.

Le 3 mai, je me rendis directement dans ce quartier de la ville où j'entendis des bruits désagréables selon lesquels un conflit sanglant avait eu lieu. J'appris ensuite que la véritable cause du différend entre le pouvoir civil et le pouvoir militaire était née lors du changement de montre devant l'Arsenal. A ce moment-là, la foule, dirigée par un chef audacieux, avait saisi l'occasion pour prendre possession par la force de l'armurerie. Une démonstration de force militaire fut faite et la foule reçut le feu de quelques canons chargés de mitraille. Alors que j'approchais du lieu des opérations par la Rampische Gasse, je rencontrai une compagnie des gardes communaux de Dresde qui, bien qu'innocents, avaient apparemment été exposés à cet incendie. Je remarquai qu'un des gardes citoyens, appuyé lourdement sur le bras d'un camarade, essayait de se presser, même si sa jambe droite semblait traîner derrière lui, impuissante. Une partie de la foule, voyant le sang sur le trottoir derrière lui, a crié : « Il saigne ». Au milieu de cette excitation, je pris soudain conscience du cri qui s'élevait de toutes parts : « Aux barricades ! aux barricades ! Poussé par une impulsion mécanique, je suivis le flot de gens qui se dirigeaient de nouveau vers l'Hôtel de Ville du Vieux Marché. Au milieu de ce tumulte terrible, j'ai particulièrement remarqué un groupe important qui s'étendait de l'autre côté de la rue et longeait la Rosmaringasse. Cela me rappelait, même si la comparaison était un peu exagérée, la foule qui s'était autrefois tenue aux portes du théâtre et réclamait l'entrée gratuite à Rienzi ; parmi eux se trouvait un bossu qui suggéra aussitôt le Vansen de Goethe à Egmont, et tandis que le cri révolutionnaire montait à ses oreilles, je le vis se frotter les mains avec une grande joie devant l'extase de révolte tant désirée qu'il avait enfin réalisée.

Je me souviens très bien qu'à partir de ce moment j'ai été attiré par la surprise et l'intérêt pour le drame, sans éprouver aucune envie de rejoindre les rangs des combattants. Cependant l'agitation provoquée par ma sympathie de simple spectateur augmentait à chaque pas que je me sentais poussé à faire. J'ai pu me faufiler jusque dans les locaux du conseil municipal, échapper à la foule tumultueuse, et il me semblait que les fonctionnaires étaient coupables de collusion avec la foule. Je pénétrai sans être remarqué dans la salle du conseil ; ce que j'y ai vu était un désordre et une confusion complets. Quand la nuit tomba, j'errai lentement à travers les barricades dressées à la hâte, composées principalement d'étals de marché, pour rentrer chez moi dans la lointaine Friedrichstrasse, et le lendemain matin j'observais de nouveau ces événements étonnants avec un intérêt sympathique.

Le jeudi 4 mai, je constatais que l'Hôtel de Ville devenait peu à peu le centre incontestable de la révolution. La partie du peuple qui avait espéré une entente pacifique avec le monarque fut secouée par la plus grande consternation en apprenant que le roi et toute sa cour, agissant sur le conseil de son ministre Beust, avaient quitté le palais et étaient passés par là. Descendez l'Elbe jusqu'à la forteresse de Königstein. Dans ces circonstances, le conseil municipal se rendit compte qu'il n'était plus en mesure de faire face à la situation et participa alors à la convocation des membres de la Chambre saxonne qui se trouvaient encore à Dresde. Ces derniers se réunirent désormais à l'Hôtel de Ville pour décider des mesures à prendre pour la protection de l'État. Une députation a été envoyée au ministère, mais elle est revenue avec le rapport qu'ils étaient introuvables. Au même moment arrivait de toutes parts la nouvelle que, conformément à un pacte antérieur, les troupes du roi de Prusse s'avanceraient pour occuper Dresde. Un tollé général s'éleva immédiatement pour que des mesures soient prises pour empêcher cette incursion de troupes étrangères.

Simultanément survint la nouvelle de l'insurrection nationale du Wurtemberg, où les troupes elles-mêmes avaient contrecarré les intentions du gouvernement par leur déclaration de fidélité au parlement, et le ministère avait été contraint, contre son gré, de reconnaître la Constitution pangermaniste. . L'opinion de nos hommes politiques, réunis en consultation, était que la question pourrait encore être réglée par des moyens pacifiques, s'il était possible d'amener les troupes saxonnes à adopter une attitude similaire, car par ce moyen le roi serait au moins placé dans la saine nécessité d'offrir une résistance patriotique à l'occupation prussienne de son pays.

Tout semblait dépendre de la nécessité de faire comprendre aux bataillons saxons de Dresde l'importance primordiale de leur action. Comme cela me semblait le seul espoir d'une paix honorable dans ce chaos insensé, j'avoue que, cette seule fois, je me suis laissé égarer jusqu'à organiser une manifestation qui s'est cependant révélée vaine.

J'ai incité l'imprimeur du Volksblatt de Röckel, qui était pour le moment à l'arrêt, à employer tous les caractères qu'il aurait utilisés pour son prochain numéro, en imprimant en gros caractères sur des bandes de papier les mots : Seid Ihr mit uns gegen fremde Truppen. ? (« Êtes-vous de notre côté contre les troupes étrangères ? »). Des pancartes portant ces mots étaient apposées sur les barricades dont on pensait qu'elles seraient les premières attaquées, et étaient destinées à arrêter les troupes saxonnes si elles recevaient l'ordre d'attaquer les révolutionnaires. Bien entendu, personne n'a prêté attention à ces pancartes, à l'exception des informateurs potentiels. Ce jour-là, il n'y eut que des négociations confuses et une agitation sauvage qui ne jetèrent aucune lumière sur la situation. La vieille ville de Dresde, avec ses barricades, offrait un spectacle assez intéressant pour les spectateurs. J'ai regardé avec étonnement et dégoût, mais mon attention a été soudainement distraite en voyant Bakounine sortir de sa cachette et errer parmi les barricades dans une redingote noire. Mais j'avais grandement tort de penser qu'il serait content de ce qu'il verrait ; il reconnut l'inefficacité enfantine de toutes les mesures qui avaient été prises pour se défendre, et déclara que la seule satisfaction qu'il pouvait ressentir dans l'état des choses était de ne pas avoir à s'inquiéter de la police, mais de pouvoir envisager calmement la question d'aller ailleurs. car il ne trouvait aucune incitation à prendre part à une insurrection menée d'une manière aussi négligée. Pendant qu'il se promenait en fumant son cigare et en se moquant de la naïveté de la révolution de Dresde, je regardais les gardes communaux se rassembler sous les armes devant l'hôtel de ville à la convocation de leur commandant. Dans les rangs de son corps le plus populaire, la Schützen-Compagnie, je fus abordé par Rietschel, très inquiet de la nature du soulèvement, et aussi par Semper. Rietschel, qui semblait penser que j'étais mieux informé que lui des faits, m'assura qu'il estimait que sa situation était très difficile. Il disait que la société choisie à laquelle il appartenait était très démocratique et que, comme sa chaire à l'Académie des Beaux-Arts le plaçait dans une situation particulière, il ne savait pas comment concilier les sentiments qu'il partageait avec sa société avec son devoir de citoyen. Le mot « citoyen » m'a amusé ; J'ai jeté un coup d'œil aigu à Semper et j'ai répété le mot « citoyen ». Semper répondit avec un sourire particulier et se détourna sans autre commentaire.

Le lendemain (vendredi 5 mai), alors que je repris ma place de spectateur passionné des débats à l'Hôtel de Ville, les événements prirent une tournure décisive. Le reste des dirigeants du peuple saxon rassemblés là-bas jugea opportun de se constituer en un gouvernement provisoire, car il n'existait aucun gouvernement saxon avec lequel des négociations pourraient être menées. Le professeur Kochly, qui était un orateur éloquent , fut choisi pour proclamer la nouvelle administration. Il a célébré cette cérémonie solennelle depuis le balcon de l'Hôtel de Ville, face aux restes fidèles des Gardes Communales et à une foule peu nombreuse. En même temps, l'existence légale de la Constitution pangermaniste était proclamée et les forces armées de la nation prêtaient allégeance à celle-ci. Je me souviens que ces procédés ne me paraissaient pas imposants, et l'opinion réitérée de Bakounine sur leur trivialité devint peu à peu plus compréhensible. Même d'un point de vue technique, ces réflexions furent justifiées lorsque, à mon grand amusement et surprise, Semper, en grand uniforme de garde citoyen, avec un chapeau orné des couleurs nationales, me demanda à la mairie et m'informa moi de la construction extrêmement défectueuse des barricades dans la Wild Strufergasse et la Brudergasse voisine. Pour apaiser sa conscience artistique d'ingénieur, je l'ai dirigé vers le bureau de la « Commission militaire pour la défense ». Il suivit mes conseils avec une satisfaction consciencieuse ; peut-être a-t-il obtenu l'autorisation nécessaire pour donner des instructions pour la construction d'ouvrages de défense appropriés sur ce point négligé. Après cela, je ne l'ai plus jamais revu à Dresde ; mais je présume qu'il a exécuté les travaux stratégiques qui lui avaient été confiés par ce comité avec toute la conscience d'un Michel-Ange ou d'un Léonard de Vinci.

Le reste de la journée se passa en négociations continues sur la trêve qui, en accord avec les troupes saxonnes, devait durer jusqu'au lendemain midi. Dans cette affaire, j'ai remarqué l'activité très prononcée d'un ancien ami d'université, Marschall von Bieberstein, avocat qui, en sa qualité d'officier supérieur de la Garde communale de Dresde, se distinguait par son zèle sans limite au milieu des cris d'une puissante bande de camarades. -orateurs. Ce jour-là, un certain Heinz, ancien colonel grec, fut placé à la tête des forces armées. Ces procédés ne parurent pas du tout satisfaisants à Bakounine, qui se présentait occasionnellement. Alors que le gouvernement provisoire plaçait tous ses espoirs dans la recherche d'un règlement pacifique du conflit par la persuasion morale, lui, au contraire, avec sa vision claire, prévoyait une attaque militaire bien planifiée des Prussiens et pensait qu'elle ne pourrait être combattue que par de bonnes mesures stratégiques. Il insista donc de toute urgence pour recruter des officiers polonais expérimentés qui se trouvaient à Dresde, car les révolutionnaires saxons semblaient absolument manquer de tactique militaire. Tout le monde avait peur de suivre ce cours ; en revanche, de grands espoirs étaient suscités par les négociations avec l'Assemblée des États de Francfort, qui étaient à bout de souffle. Tout devait être fait dans la mesure du possible sous forme légale. Le temps passa assez agréablement. Des dames élégantes accompagnées de leurs cavaliers se promenaient dans les rues barricadées lors de ces belles soirées de printemps. Cela semblait n'être qu'un drame divertissant. L' aspect inhabituel des choses me procurait même un réel plaisir, combiné avec le sentiment que tout cela n'était pas bien sérieux et qu'une proclamation amicale du gouvernement y mettrait un terme. Je rentrai donc tranquillement chez moi à travers les nombreuses barricades à une heure tardive, pensant en chemin au sujet d'un drame, Achilleus, dont je m'occupais depuis quelque temps.

À la maison, j'ai retrouvé mes deux nièces, Clara et Ottilie Brockhaus, les filles de ma sœur Louisa. Ils vivaient depuis un an chez une gouvernante à Dresde, et leurs visites hebdomadaires et leur bonne humeur contagieuse me ravissaient. Tout le monde était très heureux de la révolution ; ils approuvaient tous chaleureusement les barricades et n'éprouvaient aucun scrupule à désirer la victoire de leurs défenseurs. Protégé par la trêve, cet état d'esprit est resté intact tout au long de la journée de vendredi 5 mai. De toutes parts arrivaient des nouvelles qui nous faisaient croire à un soulèvement universel dans toute l'Allemagne. Bade et le Palatinat étaient en proie à une révolte au nom de l'Allemagne toute entière. Des rumeurs similaires arrivaient de villes libres comme Breslau. À Leipzig, des étudiants volontaires avaient rassemblé des contingents pour Dresde, qui arrivèrent au milieu de l'exultation de la population. Un département de défense entièrement équipé était organisé à l'Hôtel de Ville, et le jeune Heine, déçu comme moi dans ses espoirs de performance de Lohengrin, avait également rejoint cet organisme. De vigoureuses promesses de soutien sont venues de l'Erzgebirge saxonne, ainsi que des annonces annonçant l'arrivée de contingents armés. Tout le monde pensait donc que si seulement la vieille ville était bien barricadée, elle pourrait défier en toute sécurité la menace d'une occupation étrangère. Tôt le samedi 6 mai, il était évident que la situation devenait plus grave. Les troupes prussiennes avaient marché dans la Nouvelle Ville et les troupes saxonnes, qu'il n'avait pas été jugé opportun d'utiliser pour une attaque, restaient fidèles au drapeau. La trêve expira à midi, et les troupes, appuyées par plusieurs canons, ouvrirent aussitôt l'attaque sur une des principales positions tenues par le peuple sur le Neumarkt.

Jusqu'à présent, je n'avais eu d'autre conviction que celle que l'affaire serait tranchée de la façon la plus sommaire dès qu'il s'agirait d'un conflit réel, car il n'y avait aucune preuve dans l'état de mes propres sentiments (ni, en fait, dans ce que je pensais). a pu rassembler indépendamment d'eux) de ce sérieux passionné, sans lequel des épreuves aussi sévères n'ont jamais été résistées avec succès. C'était irritant pour moi, alors que j'entendais le crépitement aigu du feu, de ne pouvoir rien comprendre de ce qui se passait, et je pensais qu'en grimpant sur la tour Kreuz, j'aurais peut-être une bonne vue. Même de cette hauteur, je ne pouvais rien voir clairement, mais j'en rassemblai suffisamment pour me convaincre qu'après une heure de tirs nourris, l'artillerie avancée des troupes prussiennes s'était retirée et avait finalement été complètement réduite au silence, leur retraite étant signalée par un fort bruit. cri de liesse de la population. Apparemment, la première attaque s'était épuisée ; et maintenant mon intérêt pour ce qui se passait commençait à prendre une teinte de plus en plus vive. Pour obtenir des informations plus détaillées, je me suis précipité à la mairie. Je ne pus cependant rien tirer de la confusion sans bornes que je rencontrai, jusqu'à ce que je tombe enfin sur Bakounine au milieu du groupe principal des orateurs. Il a pu me donner un récit extraordinairement précis de ce qui s'était passé. D'une barricade du Neumarkt, là où l'attaque était la plus grave, l'information était parvenue au quartier général, que tout y était dans un état de confusion avant l'assaut des troupes ; alors mon ami Marschall von Bieberstein et Léon de Zichlinsky, officiers du corps des citoyens, avaient appelé quelques volontaires et les avaient conduits sur le lieu du danger. Kreis-Amtmann Heubner, de Freiberg, sans arme pour se défendre et la tête nue, sauta aussitôt au sommet de la barricade, qui venait d'être abandonnée par tous ses défenseurs. Il est le seul membre du gouvernement provisoire à rester sur place, les dirigeants Todt et Tschirner ayant disparu au premier signe de panique. Heubner se retourna pour exhorter les volontaires à avancer, en leur adressant des paroles émouvantes. Son succès fut complet, la barricade fut reprise, et un feu aussi inattendu que violent fut dirigé sur les troupes, qui, comme je le vis moi-même, furent forcées de se retirer. Bakounine avait été étroitement associé à cette action, il avait suivi les volontaires et il m'expliqua maintenant que, si étroites que fussent les opinions politiques de Heubner (il appartenait à la gauche modérée de la Chambre saxonne), c'était un homme de conviction. personnage noble, au service duquel il avait immédiatement mis sa propre vie.

Bakounine n'avait eu besoin que de cet exemple pour déterminer sa propre ligne de conduite ; il avait décidé de risquer sa peau dans cette tentative et de ne plus poser de questions. Heubner aussi était désormais obligé de reconnaître la nécessité de mesures extrêmes et ne reculait plus devant aucune proposition de Bakounine qui allait dans ce sens. Les conseils militaires d'officiers polonais expérimentés furent appliqués au commandant, dont l'incapacité n'avait pas tardé à se révéler ; Bakounine, qui avouait ouvertement ne rien comprendre à la stratégie pure, ne quitta jamais l'Hôtel de Ville, mais resta aux côtés de Heubner, donnant conseils et informations dans toutes les directions avec un sang-froid merveilleux. Pour le reste de la journée, la bataille se limita à des escarmouches entre tireurs d'élite venus des différentes positions. J'avais hâte de gravir à nouveau la tour Kreuz, afin d'avoir une vue d'ensemble la plus large possible sur tout le champ d'action. Pour accéder à cette tour depuis l'Hôtel de Ville, il fallait traverser un espace qui était sous le feu croisé des tirs de fusil des troupes postées dans le palais royal. Au moment où cette place était tout à fait déserte, je cédai à mon élan d'audace et la traversai lentement pour me rendre à la tour Kreuz, me rappelant qu'en pareille circonstance il est conseillé au jeune soldat de ne jamais se presser, car ce faisant, il peut tirer le coup sur lui-même. En arrivant à ce poste d'observation, j'y trouvai plusieurs personnes rassemblées, les unes poussées par une curiosité comme la mienne, les autres obéissant à un ordre du quartier général des révolutionnaires de reconnaître les mouvements de l'ennemi. Parmi eux, je fis la connaissance d'un maître d'école nommé Berthold, un homme au caractère calme et doux, mais plein de conviction et de détermination. Je me suis perdu dans une discussion philosophique sérieuse avec lui qui s'étendait aux sphères les plus larges de la religion. En même temps, il montrait un souci simple de nous protéger des balles coniques des tireurs d'élite prussiens en nous plaçant ingénieusement derrière une barricade constituée d'une des paillasses qu'il avait cajolées hors du gardien. Les tireurs d'élite prussiens étaient postés sur la tour lointaine de la Frauenkirche et avaient choisi pour cible la hauteur que nous occupions. A la tombée de la nuit, je n'arrivais pas à me décider à rentrer chez moi et à quitter mon intéressant lieu de refuge. J'ai donc persuadé le gardien d'envoyer un subordonné à Friedrichstadt avec quelques lignes à ma femme et avec pour instructions de lui demander de me laisser entrer. avoir quelques dispositions nécessaires. Je passai ainsi une des nuits les plus extraordinaires de ma vie, veillant et dormant à tour de rôle avec Berthold, tout près de la grosse cloche au tintement terrible et gémissante, accompagnée du crépitement continu du boulet prussien qui frappait contre lui. les murs de la tour.

Le dimanche (7 mai) était l'un des plus beaux jours de l'année. J'ai été réveillé par le chant d'un rossignol, qui montait jusqu'à nos oreilles du jardin Schütze tout proche. Un calme et une paix sacrés régnaient sur la ville et les vastes banlieues de Dresde, visibles de mon point d'observation. Vers le lever du soleil, une brume s'installa aux abords, et tout à coup, à travers ses plis, on entendit la musique de la Marseillaise venir clairement et distinctement du quartier de la Tharanderstrasse. À mesure que le bruit se rapprochait, la brume se dissipa et la lueur du soleil levant répandit une lumière scintillante sur les armes d'une longue colonne qui serpentait vers la ville. Il était impossible de ne pas être profondément impressionné à la vue de ce cortège continu. Soudain, la perception de cet élément qui m'avait si longtemps manqué chez le peuple allemand m'est venue dans toute sa fraîcheur essentielle et sa couleur vitale. Le fait que jusqu'à ce moment j'avais été obligé de me résigner à son absence n'avait pas peu contribué aux sentiments qui m'avaient dominé. Ici, je vis quelques milliers d'hommes de l'Erzgebirge, pour la plupart des mineurs, bien armés et organisés, qui s'étaient ralliés à la défense de Dresde. Bientôt nous les vîmes remonter l'Altmarkt, en face de l'Hôtel de Ville, et, après avoir reçu un accueil joyeux, y bivouaquer pour se remettre de leur voyage. Les renforts continuèrent à affluer tout au long de la journée, et l'exploit héroïque de la veille recevait désormais sa récompense sous la forme d'une élévation universelle du moral. Un changement semblait avoir été apporté au plan d'attaque des troupes prussiennes. Cela peut être déduit du fait que de nombreuses attaques simultanées, mais de type moins concentrées, ont été lancées sur diverses positions. Les troupes venues en renfort apportaient avec elles quatre petits canons, propriété d'un certain Herr Thade von Burgk, dont j'avais fait la connaissance auparavant à l'occasion de l'anniversaire de la fondation de la Société Chorale de Dresde, lorsqu'il avait a prononcé un discours bien intentionné mais ennuyant au point d'être ridicule. Le souvenir de ce discours me revint avec une ironie particulière, maintenant que ses canons tiraient depuis la barricade sur l'ennemi. Mais j'éprouvais une impression encore plus profonde lorsque, vers onze heures, je vis le vieil Opéra, dans lequel j'avais dirigé, quelques semaines auparavant, la dernière représentation de la Neuvième Symphonie, prendre feu. Comme j'ai eu l'occasion de le mentionner auparavant, le danger d'incendie auquel était exposé ce bâtiment, rempli de bois et de tissus de toutes sortes, et construit à l'origine uniquement pour un usage temporaire, avait toujours été un sujet de terreur et de crainte. appréhension de ceux qui l'ont visité.

On m'a dit que l'Opéra avait été incendié pour des raisons stratégiques, afin de faire face à une attaque dangereuse de ce côté exposé, et aussi pour protéger la fameuse barricade « Semper » d'une trop forte surprise. J'en ai conclu que les raisons de ce genre constituent dans le monde des motifs bien plus puissants que les considérations esthétiques. Depuis longtemps, les hommes de goût réclamaient en vain l'abolition de ce laid édifice qui faisait si honte à côté des proportions élégantes de la galerie Zwinger de son quartier. En quelques instants, l'Opéra (qui, en termes de dimensions, était, il est vrai, un édifice imposant), et son contenu hautement inflammable, furent une vaste mer de flammes. Lorsque celle-ci atteignit les toits métalliques des ailes voisines du Zwinger et les enveloppa de merveilleuses vagues de feu bleuâtres, la première expression de regret se fit entendre parmi les spectateurs. Quel désastre! Certains pensaient que la collection d'Histoire naturelle était en danger ; d'autres soutenaient qu'il s'agissait de l'Armurerie, ce à quoi un citoyen soldat rétorqua que si tel était le cas, ce serait un très bon travail si les « nobles empaillés » étaient réduits en cendres. Mais il apparut qu'un sens aigu de la valeur de l'art savait comment freiner la soif de domination du feu et, en fait, il ne causait que peu de dégâts dans ce domaine. Finalement, notre poste d'observation, qui jusqu'alors était resté relativement tranquille, se remplit de nuées et de nuées d'hommes armés, qui avaient reçu l'ordre de défendre l'approche de l'église jusqu'à l'Altmarkt, sur laquelle on craignait une attaque de côté. de la Kreuzgasse, mal sécurisée. Des hommes non armés gênaient désormais le passage ; de plus, j'avais reçu un message de ma femme me rappelant à la maison après la longue et terrible anxiété qu'elle avait endurée.

Enfin, après avoir rencontré d'innombrables obstacles et surmonté une foule de difficultés, je parvins, par toutes sortes de détours, à atteindre mon faubourg éloigné, dont j'étais coupé par les parties fortifiées de la ville, et surtout par une canonnade dirigée depuis le Zwinger. Mon logement était rempli à craquer de femmes excitées qui s'étaient rassemblées autour de Minna ; parmi eux, l'épouse de Röckel, affolée, qui soupçonnait son mari d'être au cœur du combat, car elle pensait qu'à la nouvelle de l'insurrection de Dresde, il serait probablement revenu. En fait, j'avais entendu dire que Röckel était arrivé ce jour même, mais je ne l'avais pas encore aperçu. Mes jeunes nièces m'ont encore une fois aidé à me remonter le moral. Le licenciement les avait mis dans un état de grande joie, qui a en quelque sorte infecté ma femme, dès qu'elle a été rassurée sur ma sécurité personnelle. Tous étaient furieux contre le sculpteur Hänel, qui n'avait cessé d'insister sur l'opportunité de verrouiller la maison pour empêcher l'entrée des révolutionnaires. Toutes les femmes sans exception plaisantaient sur sa terreur abjecte à la vue de quelques hommes armés de faux qui étaient apparus dans la rue. Ainsi le dimanche se passait comme une sorte de réjouissance familiale.

Le lendemain matin (lundi 8 mai), j'ai tenté à nouveau de me renseigner sur la situation en me rendant de force à la Mairie depuis ma maison coupée du lieu de l'action. Alors qu'au cours de mon voyage je franchissais une barricade près de l'église Sainte-Anne, un membre de la garde communale m'a crié : « Bonjour, chef d'orchestre, votre der Freude schöner Götterfunken [15] a en effet mis le feu aux choses. . Le bâtiment pourri est rasé. De toute évidence, cet homme était un membre enthousiaste du public lors de ma dernière représentation de la Neuvième Symphonie. Arrivant sur moi de manière si inattendue, cette salutation pathétique m'a rempli d'un curieux sentiment de force et de liberté. Un peu plus loin, dans une ruelle isolée du faubourg de Plauen, je rencontrai le musicien Hiebendahl, premier hautboïste de l'orchestre royal, et homme qui jouissait encore d'une très haute réputation ; il était en uniforme des gardes communales, mais ne portait pas d'arme et causait avec un citoyen en costume similaire. Dès qu'il m'a vu, il a senti qu'il devait immédiatement me faire appel pour que j'use de mon influence contre Röckel, qui, accompagné d'officiers d'artillerie du parti révolutionnaire, lançait une recherche d'armes dans ce quartier. Dès qu'il s'est rendu compte que je lui enquêtais avec sympathie sur Röckel, il s'est retiré effrayé et m'a dit avec la plus profonde anxiété : « Mais, chef d'orchestre, n'avez-vous pas pensé à votre situation et à ce que vous pourriez perdre en dénonçant toi-même de cette façon ? Cette remarque m'a fait l'effet le plus dramatique ; J'ai éclaté de rire et lui ai dit que ma position ne valait pas la peine d'être réfléchie dans un sens ou dans l'autre. C'était en effet l'expression de mes sentiments réels, qui avaient longtemps été réprimés et qui éclataient maintenant en une expression presque jubilatoire. À ce moment-là, j'ai aperçu Röckel et deux hommes de l'armée citoyenne qui portaient des fusils, se dirigeant vers moi. Il me salua très amicalement, mais se tourna aussitôt vers Hiebendahl et son compagnon et lui demanda pourquoi il traînait ici en uniforme au lieu d'être à son poste. Lorsque Hiebendahl prétexta que son arme avait été réquisitionnée, Röckel lui cria : « Vous êtes de braves gens ! et il s'en alla en riant. Il me fit un bref récit au fur et à mesure de ce qui lui était arrivé depuis que je l'avais perdu de vue, et m'épargna ainsi l'obligation de lui remettre un rapport de son Volksblatt. Nous fûmes interrompus par une imposante troupe de jeunes élèves du gymnase bien armés qui venaient d'entrer dans la ville et souhaitaient avoir un sauf-conduit pour se rendre à leur lieu de rassemblement. La vue de ces rangées serrées de jeunes personnages, au nombre de plusieurs centaines, qui s'avançaient courageusement vers leur devoir, ne manquait pas de me faire l'impression la plus élevée. Röckel s'est engagé à les accompagner en toute sécurité par-dessus la barricade jusqu'à la place de mastering devant l'hôtel de ville. Il profita de l'occasion pour déplorer l'absence totale de véritable esprit qu'il avait jusqu'ici rencontré chez ceux qui commandaient. Il avait proposé, en cas d'extrémité, de défendre les barricades les plus gravement menacées en les fatiguant à coups de brandons ; à ce seul mot, le gouvernement provisoire était tombé dans un véritable état de panique. Je l'ai laissé partir pour jouir du privilège d'être solitaire et rejoindre l'Hôtel de Ville par un raccourci, et ce n'est que treize ans plus tard que je l'ai revu.

[15] Ces mots font référence à l'ouverture du chœur de la Neuvième Symphonie : « Freude, Freude, Freude, schöner götterfunken Tochter aus Elysium » — (Louez-la, louez-la, louez-la, louez Joy, la fille divine de l'Elysée.) Version anglaise par Natalia Macfarren.—Rédactrice.

A l'Hôtel de Ville, j'appris de Bakounine que le gouvernement provisoire avait pris, sur son conseil, la résolution d'abandonner la position de Dresde, entièrement négligée depuis le début et par conséquent tout à fait intenable pour un certain temps. Cette résolution proposait une retraite armée vers l'Erzgebirge, où il serait possible de concentrer les renforts affluant de tous côtés, notamment de Thuringe, avec une force telle que la position avantageuse pourrait être utilisée pour inaugurer une guerre civile allemande qui ne sonnerait pas. note hésitante au début. En revanche, persister à défendre les rues isolées et barricadées de Dresde ne pouvait donner à la lutte que le caractère d'une émeute urbaine, bien qu'elle ait été menée avec le plus grand courage. Je dois avouer que cette idée m'a paru magnifique et pleine de sens. Jusqu'à présent, je n'avais été ému que par un sentiment de sympathie pour une méthode de procédure abordée d'abord avec une incrédulité presque ironique, puis poursuivie avec la vigueur de la surprise. Maintenant, cependant, tout ce qui semblait auparavant incompréhensible s'est déroulé devant ma vision sous la forme d'une solution grande et pleine d'espoir. Sans me sentir en aucune façon obligé, ni que c'était ma vocation de me voir attribuer un rôle ou une fonction dans ces événements, j'ai maintenant définitivement abandonné toute considération pour ma situation personnelle et j'ai décidé de m'abandonner au courant. d'évolutions qui allaient dans la direction vers laquelle mes sentiments m'avaient poussé avec une joie pleine de désespoir. Je ne voulais cependant pas laisser ma femme sans défense à Dresde et j'ai rapidement trouvé un moyen de l'entraîner dans la voie que j'avais choisie, sans l'informer immédiatement de ce que signifiait ma résolution. Lors de mon retour précipité à Friedrichstadt, je reconnus que cette partie de la ville avait été presque entièrement coupée du centre-ville par l'occupation des troupes prussiennes ; Je voyais mentalement notre propre banlieue occupée et les conséquences d'un état de siège militaire sous leur jour le plus répugnant. Ce fut une tâche facile de persuader Minna de m'accompagner lors d'une visite, par la Tharanderstrasse, encore gratuite, à Chemnitz, où vivait ma sœur Clara, mariée. Ce n'était qu'une question d'un instant pour qu'elle règle ses tâches ménagères, et elle a promis de me suivre au prochain village dans une heure avec le perroquet. Je partis en avance avec mon petit chien Peps, afin de louer une voiture pour continuer notre voyage vers Chemnitz. C'était par un souriant matin de printemps que je parcourus pour la dernière fois les sentiers que j'avais si souvent parcourus au cours de mes promenades solitaires, sachant que je ne les emprunterais plus jamais. Tandis que les alouettes s'élevaient à des hauteurs vertigineuses au-dessus de ma tête et chantaient dans les sillons des champs, l'artillerie légère et lourde ne cessait de tonner dans les rues de Dresde. Le bruit de cette fusillade, qui durait depuis plusieurs jours sans interruption, s'était martelé d'une manière si indélébile sur mes nerfs, qu'il continuait à résonner longtemps dans mon cerveau ; de même que le mouvement du navire qui me conduisait à Londres m'avait fait chanceler pendant quelque temps après. Accompagné de cette musique terrible, je lançai mes salutations d'adieu aux tours de la ville qui s'élevaient derrière moi, et me disais en souriant que si, il y a sept ans, mon entrée avait eu lieu sous des auspices tout à fait obscurs, du moins ma sortie s'est déroulée avec quelque spectacle de pompe et de cérémonie.

Quand enfin je me retrouvais avec Minna dans une calèche en route vers l'Erzgebirge, nous rencontrions fréquemment des renforts armés en route vers Dresde. Leur vue allumait toujours en nous une joie involontaire ; même ma femme ne pouvait s'empêcher d'adresser des paroles d'encouragement aux hommes ; à l'heure actuelle, il semble qu'aucune barricade n'ait été perdue. Par contre, une sombre impression nous était faite par une compagnie d'habitués qui se dirigeait en silence vers Dresde. Nous avons demandé à quelques-uns d'entre eux où ils allaient ; et leur réponse : « Faire leur devoir », leur avait manifestement été imprimée par ordre. Nous rejoignîmes enfin mes relations à Chemnitz. J'ai effrayé tous mes proches lorsque j'ai déclaré mon intention de retourner à Dresde le lendemain le plus tôt possible, afin de m'assurer de la façon dont les choses s'y passaient. Malgré toutes les tentatives pour m'en dissuader, j'exécutai ma décision, animé par le soupçon que je rencontrerais les forces armées du peuple de Dresde sur la grande route rurale en train de battre en retraite. Plus j'approchais de la capitale, plus se confirmaient les rumeurs selon lesquelles on ne songeait pas encore à Dresde à une capitulation ou à un retrait, mais qu'au contraire la lutte se révélait très favorable au parti national. Tout cela m'est apparu comme un miracle après l'autre. Ce jour-là, mardi 9 mai, je me frayais une fois de plus un chemin, en pleine excitation, sur un terrain devenu de plus en plus inaccessible. Il fallait éviter toutes les routes, et l'on ne pouvait progresser qu'à travers les maisons percées. J'arrivai enfin à l'hôtel de ville de l'Altstadt, au moment où la nuit tombait. Un spectacle vraiment terrible s'offrit à mes yeux, car je traversais les quartiers de la ville où l'on se préparait à se battre de maison en maison. Les gémissements incessants des gros et petits canons réduisaient à un murmure inquiétant tous les autres bruits qui venaient des hommes armés s'interpellant sans cesse de barricade en barricade et d'une maison à l'autre qu'ils avaient percée. Des brandons brûlés ici et là, des silhouettes au visage pâle gisaient prosternées autour des postes de surveillance, à moitié mortes de fatigue, et tout voyageur non armé qui se forçait à se frayer un chemin était vivement interpellé. Rien cependant de ce que j'ai vécu ne peut être comparé à l'impression que j'ai ressentie en entrant dans l'enceinte de l'Hôtel de Ville. Il y avait là une foule sombre, mais assez compacte et sérieuse ; un air de fatigue indicible était sur tous les visages ; pas une seule voix n'avait conservé son ton naturel. Il y eut un brouhaha rauque de conversations inspiré par un état de plus haute tension. Le seul spectacle familier qui ait survécu était celui des vieux serviteurs de la mairie dans leur curieux uniforme vieillot et leurs tricornes. Ces hommes de grande taille, parfois l'objet d'une grande peur, je les trouvais occupés tantôt à beurrer des morceaux de pain, à couper des tranches de jambon et de saucisses, tantôt à empiler dans des paniers d'immenses réserves de provisions pour les messagers envoyés par les défenseurs de la frontière. barricades pour les approvisionnements. Ces hommes étaient devenus de véritables mères allaitantes de la révolution.

A mesure que j'avançais, je tombai enfin sur les membres du gouvernement provisoire, parmi lesquels Todt et Tschirner, après leur première fuite affolée, se retrouvaient une fois de plus, sombres comme des spectres, glissant çà et là, sombres comme des spectres. enchaînés à l'accomplissement de leurs lourdes tâches. Heubner seul avait conservé toute son énergie ; mais c'était un spectacle vraiment pitoyable : un feu fantomatique brûlait dans ses yeux qui n'avaient pas dormi depuis sept nuits. Il était ravi de me revoir, car il regardait mon arrivée comme un bon présage pour la cause qu'il défendait ; tandis que d'autre part, dans la succession rapide des événements, il était entré en contact avec des éléments sur lesquels aucune conclusion ne pouvait se dégager à son entière satisfaction. J'ai trouvé l'attitude de Bakounine sereine et son attitude ferme et calme. Il n'a pas montré le moindre changement dans son apparence, bien qu'il n'ait pas dormi pendant tout ce temps, ce que j'ai appris par la suite comme étant un fait. Un cigare à la bouche, il me reçut assis sur l'un des matelas répartis sur le sol de l' Hôtel de Ville. A ses côtés se trouvait un très jeune Polonais (Galicien) nommé Haimberger, un violoniste qu'il m'avait demandé un jour de recommander à Lipinsky, afin qu'il lui donne des leçons, car il ne voulait pas de ce garçon brut et inexpérimenté, qui avait s'attacher passionnément à lui, se laisser entraîner dans le tourbillon des bouleversements actuels. Mais maintenant qu'Haïmberger avait pris un fusil et s'était présenté aux barricades, Bakounine l'avait accueilli avec joie. Il l'avait fait asseoir à ses côtés sur le canapé, et chaque fois que le jeune homme frémissait de peur au bruit violent du coup de canon, il lui frappait vigoureusement le dos et criait : « Vous n'êtes pas de la compagnie. de ton violon ici, mon ami. Quel dommage que tu ne sois pas resté là où tu étais ! Bakinine me fit alors un récit bref et précis de ce qui s'était passé depuis que je l'avais quitté la veille au matin. La retraite alors décidée se révéla bientôt peu judicieuse, car elle eût découragé les nombreux renforts déjà arrivés ce jour-là. En outre, le désir de combattre était si grand et la force des défenseurs si considérable qu'il avait été possible jusqu'à présent de s'opposer avec succès aux troupes ennemies. Mais comme ces derniers avaient également reçu d'importants renforts, ils avaient de nouveau pu lancer une attaque combinée efficace contre la solide barricade de Wildstruf. Les troupes prussiennes avaient évité de combattre dans les rues, choisissant plutôt la méthode du combat de maison en maison en brisant les murs. Cela avait fait comprendre que toute défense par barricades était devenue inutile et que l'ennemi réussirait lentement mais sûrement à se rapprocher de l'Hôtel de Ville, siège du gouvernement provisoire. Bakounine avait alors proposé que toutes les poudrières soient rassemblées dans les salles basses de l'hôtel de ville et qu'elles soient détruites à l'approche de l'ennemi. Le conseil municipal, qui était encore en consultation dans une arrière-salle, avait protesté avec la plus grande véhémence. Bakounine, cependant, avait insisté avec beaucoup de fermeté sur l'exécution de la mesure, mais il avait finalement été complètement trompé par la suppression de toutes les réserves de poudre. De plus, Heubner, à qui Bakounine ne pouvait rien refuser, était gagné à l'autre camp. Il fut alors décidé que, comme tout était prêt, la retraite vers l'Erzgebirge, initialement prévue pour la veille, serait fixée pour le lendemain matin. Le jeune Zichlinsky avait déjà reçu l'ordre de couvrir la route de Plauen afin de la rendre stratégiquement sûre. Lorsque je lui demandai des nouvelles de Röckel, Bakounine répondit promptement qu'il n'avait pas été revu depuis la veille au soir et qu'il s'était très probablement laissé prendre : il était dans un état tellement nerveux. Je rendis maintenant compte de ce que j'avais observé sur mon chemin vers et depuis Chemnitz, décrivant les grandes masses de renforts, parmi lesquelles se trouvait la garde communale de cet endroit, forte de plusieurs milliers. J'avais rencontré à Freiberg quatre cents réservistes, venus en excellente forme pour soutenir l'armée citoyenne, mais qui ne pouvaient aller plus loin, épuisés par leur marche forcée. Il semblait évident qu'il s'agissait là d'un cas dans lequel l'énergie nécessaire pour réquisitionner les wagons avait fait défaut, et que si les limites de la loyauté étaient transgressées dans cette affaire , l'avènement de forces nouvelles serait considérablement favorisé. On me pria de revenir immédiatement et de transmettre l'opinion du gouvernement provisoire aux personnes dont j'avais fait la connaissance. Mon vieil ami Marschall von Bieberstein m'a immédiatement proposé de m'accompagner. J'accueillis favorablement son offre, car il était officier du gouvernement provisoire et était par conséquent plus apte que moi à communiquer des ordres. Cet homme, qui auparavant avait été presque extravagant dans son enthousiasme, était maintenant complètement épuisé par l'insomnie et incapable d'émettre un autre mot de sa gorge rauque. Il se rendit alors avec moi de l'Hôtel de Ville à sa maison du faubourg de Plauen par les chemins détournés qui nous avaient été indiqués, afin de réquisitionner pour notre usage une voiture auprès d'un cocher qu'il connaissait et de faire ses adieux à sa famille, dont il pensait qu'il devrait probablement se séparer pour un certain temps.

Pendant que nous attendions le cocher, nous prenâmes le thé et souper, tout en causant d'une manière assez calme et posée avec les dames de la maison. Nous arrivâmes à Freiberg de bonne heure le lendemain matin, après diverses aventures, et je partis aussitôt retrouver les chefs du contingent de réservistes que je connaissais déjà. Marschall leur conseilla de réquisitionner chevaux et charrettes dans les villages partout où cela était possible.

Lorsqu'ils furent tous partis en ordre de marche pour Dresde, et tandis que je me sentais poussé par mon intérêt passionné pour le sort de cette ville à y retourner une fois de plus, Marschall conçut le désir de porter sa commission plus loin, et dans ce but demandé à pouvoir me quitter. Alors, je tournai de nouveau le dos aux hauteurs de l'Erzgebirge, et je voyageais en voiture spéciale en direction de Tharand, quand, moi aussi, je fus pris de sommeil et ne fus réveillé que par des cris violents et le bruit de quelqu'un tenant des pourparlers avec le postillon. En ouvrant les yeux, je constatai avec étonnement que la route était remplie de révolutionnaires armés marchant non pas vers Dresde, mais s'en éloignant, et certains d'entre eux essayaient de réquisitionner la voiture pour soulager leur fatigue du retour.

'Quel est le problème?' J'ai pleuré. 'Où vas-tu?'

«À la maison», fut la réponse. « À Dresde, c'est fini. Le gouvernement provincial nous suit de près dans cette calèche là-bas.

Je suis descendu du carrosse comme une fléchette, le laissant à la disposition des hommes fatigués, et je me suis dépêché, sur la route en forte pente, à la rencontre du malheureux groupe. Et c'est là que je les trouvai effectivement — Heubner, Bakounine et Martin, l'énergique employé de la poste, les deux derniers armés de mousquets — dans une élégante voiture de location venant de Dresde qui montait lentement la colline. Sur la loge se trouvaient, comme je le supposais, les secrétaires, tandis que le plus grand nombre possible de gardes nationaux fatigués se battaient pour s'asseoir derrière. Je me dépêchai de monter dans la voiture et j'entrai ainsi pour une conversation qui eut alors lieu entre le chauffeur, qui était également propriétaire de la voiture, et le gouvernement provisoire. L'homme les suppliait d'épargner sa voiture, qui, disait-il, était très légèrement suspendue et tout à fait inapte à porter une pareille charge ; il demanda qu'on dise au peuple de ne pas s'asseoir derrière et devant. Mais Bakounine resta totalement indifférent et choisit de me raconter brièvement la retraite de Dresde, qui s'était déroulée avec succès et sans perte. Il avait fait abattre les arbres de la nouvelle avenue Maximilien tôt le matin pour former une barricade contre une éventuelle attaque de flanc de la cavalerie, et avait été extrêmement amusé par les lamentations des habitants, qui pendant le processus ne faisaient que pleurer leur *Scheene. Beeme*. [16] Pendant tout ce temps, les lamentations de notre chauffeur sur son carrosse devenaient de plus en plus importunes. Finalement, il éclata en sanglots et en larmes, sur quoi Bakounine, le regardant avec un plaisir positif, s'écria : « Les larmes d'un Philistin sont le nectar des dieux. Il ne voulut pas lui dire un mot, mais Heubner et moi trouvâmes la scène ennuyeuse, sur quoi il me demanda si nous ne devions pas au moins sortir, car il ne pouvait pas le demander aux autres. En effet, il était grand temps de descendre du car, car de nouveaux contingents de révolutionnaires s'étaient formés en rangs tout au long de la route pour saluer le gouvernement provisoire et recevoir les ordres. Heubner parcourut la ligne avec une grande dignité, informa les dirigeants de l'état des choses et les exhorta à garder confiance dans la justesse de la cause pour laquelle tant de personnes avaient versé leur sang. Tous devaient maintenant se retirer à Freiberg, pour y attendre de nouveaux ordres.

[16] Corruption saxonne de *schöne Bäume* , beaux arbres.—ÉDITEUR.

Un jeune homme d'allure sérieuse sortit alors des rangs des rebelles pour se placer sous la protection spéciale du gouvernement provisoire. C'était un certain Menzdorff, prêtre catholique allemand, que j'avais eu l'avantage de rencontrer à Dresde. (C'est lui qui, au cours d'une conversation significative, m'avait le premier incité à lire Feuerbach.) Il avait été traîné comme prisonnier et abominablement traité par la garde municipale de Chemnitz au cours de cette marche particulière, après avoir été à l'origine l'instigateur de une manifestation pour forcer ce corps à prendre les armes et à marcher vers Dresde. Il ne devait sa liberté qu'à la rencontre fortuite d'autres corps de volontaires mieux disposés. Nous avons vu nous-mêmes la garde de cette ville de Chemnitz, postée au loin sur une colline. Ils envoyèrent des représentants pour prier Heubner de leur dire où en étaient les choses. Lorsqu'ils eurent reçu les renseignements requis et qu'on leur eut fait savoir que la lutte se poursuivrait d'une manière déterminée, ils invitèrent le gouvernement provisoire à s'installer à Chemnitz. Dès qu'ils ont rejoint leur corps principal, nous les avons vu faire demi-tour et rebrousser chemin.

Avec de nombreuses interruptions similaires, le cortège quelque peu désorganisé atteignit Freiberg. Ici, des amis de Heubner sont venus à sa rencontre dans les rues pour lui demander instamment de ne pas plonger leur pays natal dans la misère d'une lutte de rue désespérée en y établissant le gouvernement provisoire. Heubner ne répondit rien, mais nous pria, Bakounine et moi, de l'accompagner chez lui pour une consultation. Nous avons d'abord dû assister à la douloureuse rencontre entre Heubner et sa femme ; il souligne en quelques mots la gravité et l'importance de la tâche qui lui est confiée, lui rappelant que c'est pour l'Allemagne et pour la haute destinée de son pays qu'il risque sa vie.

Le petit-déjeuner fut ensuite préparé et après le repas, au cours duquel régnait une humeur assez joyeuse, Heubner fit un bref discours à Bakounine, parlant doucement mais fermement. « Mon cher Bakounine, dit-il (sa connaissance antérieure de Bakounine était si limitée qu'il ne savait même pas comment prononcer son nom), avant que nous décidions quoi que ce soit de plus, je dois vous demander d'indiquer clairement si votre objectif politique est réellement la République Rouge, dont on me dit que vous êtes un partisan. Dis-le-moi franchement, pour que je sache si je pourrai compter sur ton amitié à l'avenir ?

Bakounine a expliqué brièvement qu'il n'avait aucun projet de forme politique de gouvernement et qu'il ne risquerait sa vie pour aucune d'entre elles. Quant à ses propres désirs et espoirs de grande envergure, ils n'avaient absolument rien à voir avec les combats de rue à Dresde et tout ce que cela impliquait pour l'Allemagne. Il avait considéré le soulèvement de Dresde comme un mouvement insensé et ridicule jusqu'à ce qu'il réalise l'effet de l'exemple noble et courageux de Heubner. A partir de ce moment, toute considération et tout objectif politiques avaient été relégués au second plan par sa sympathie pour cette attitude héroïque, et il avait immédiatement résolu d'aider cet excellent homme avec tout le dévouement et l'énergie d'un ami. Il savait, bien sûr, qu'il appartenait au parti dit modéré, dont il ne pouvait se faire une opinion sur l'avenir politique, car il n'avait pas beaucoup profité de l'occasion qu'il avait d'étudier la situation des différents partis en Allemagne.

Heubner se déclara satisfait de cette réponse et demanda à Bakounine ce qu'il pensait de l'état actuel des choses : s'il ne serait pas consciencieux et raisonnable de renvoyer les hommes et d'abandonner une lutte qui pourrait être considérée comme désespérée. En réponse, Bakounine insista, avec son assurance calme habituelle, sur le fait que quiconque aurait jeté l'éponge, Heubner ne devait certainement pas le faire. Il avait été le premier membre du gouvernement provisoire et c'est lui qui avait lancé l'appel aux armes. L'appel a été entendu et des centaines de vies ont été sacrifiées ; disperser à nouveau le peuple équivaudrait à croire que ces sacrifices avaient été faits à une vaine folie. Même s'ils étaient les seuls à rester, ils ne devraient pas pour autant abandonner leur poste. S'ils succombaient, leur vie pourrait être perdue, mais leur honneur devait rester intact, afin qu'un appel similaire à l'avenir ne pousse pas tout le monde au désespoir.

C'était bien suffisant pour Heubner. Il fit aussitôt une convocation pour l'élection d'une assemblée représentative de la Saxe, qui aurait lieu à Chemnitz. Il pensait qu'avec l'aide de la population et des nombreuses bandes insurgées qui arrivaient de toutes parts, il pourrait maintenir la ville comme quartier général d'un gouvernement provisoire jusqu'à ce que la situation générale en Allemagne soit plus réglée. Au milieu de ces discussions, Stephan Born entra dans la salle pour annoncer qu'il avait amené les bandes armées jusqu'à Freiberg, en bon ordre et sans aucune perte. Ce jeune homme était un compositeur qui avait grandement contribué à la tranquillité d'esprit de Heubner au cours des trois derniers jours à Dresde en prenant le commandement en chef. Sa simplicité de manière nous a fait une impression très encourageante, particulièrement lorsque nous avons entendu son rapport. Cependant, lorsque Heubner lui demanda s'il entreprendrait de défendre Freiberg contre les troupes qui pourraient s'attendre à une attaque à tout moment, il déclara que c'était le travail d'un officier expérimenté et que lui-même n'était pas un soldat et ne connaissait rien à la stratégie. Dans ces conditions, il semblait préférable, ne serait-ce que pour gagner du temps, de se rabattre sur la ville de Chemnitz, plus densément peuplée. Mais la première chose à faire était de veiller à ce que les révolutionnaires, rassemblés en grand nombre à Freiberg, soient convenablement soignés, et Born partit immédiatement prendre les dispositions préliminaires. Heubner nous quitta également et alla rafraîchir son cerveau fatigué par une heure de sommeil. Je restai seul sur le canapé avec Bakounine, qui tomba bientôt vers moi, pris d'un irrésistible somnolence, et laissa tomber le poids terrible de sa tête sur mon épaule. Comme je vis qu'il ne se réveillerait pas si je me débarrassais de ce fardeau, je le repoussai avec quelque difficulté et pris congé du dormeur et de la maison d'Heubner ; car je voulais voir par moi-même, comme je l'avais fait depuis plusieurs jours, quel cours prenaient ces événements extraordinaires. Je me rendis donc à l'hôtel de ville, où je vis les habitants divertir du mieux qu'ils pouvaient une horde fanfaronnade de révolutionnaires excités, tant à l'intérieur qu'à l'extérieur des murs. À ma grande surprise, j'y trouvai Heubner en plein travail. Je pensais qu'il dormait à la maison, mais l'idée de laisser les gens, même pour une heure, sans conseiller, avait chassé toute pensée de repos. Il n'avait pas perdu de temps pour superviser l'organisation d'une sorte de bureau de commandant et s'occupait de nouveau de rédiger et de signer des documents au milieu du tumulte qui faisait rage de toutes parts. Bakounine ne tarda pas à apparaître à son tour, principalement à la recherche d'un bon officier, mais celui-ci ne se montra pas disponible. Le commandant d'un important contingent du Vogtland, un homme d'un certain âge, faisait naître l'espoir de Bakounine par l'énergie passionnée de ses discours, et il l'aurait fait nommer sur-le-champ commandant général. Mais il semblait que toute décision réelle était impossible dans cette frénésie et cette confusion, et comme le seul espoir de la maîtriser semblait être d'atteindre Chemnitz, Heubner donna l'ordre de marcher vers cette ville dès que tout le monde aurait eu à manger. Une fois cette affaire réglée, je dis à mes amis que je devrais avancer leur colonne vers Chemnitz, où je les retrouverais le lendemain ; car j'avais envie d'être libéré de ce chaos. J'ai effectivement pris le car dont le départ était fixé à cette heure-là et j'ai obtenu une place à bord. Mais les révolutionnaires étaient en train de s'en aller sur la même route, et on nous a dit qu'il fallait attendre qu'ils soient passés pour ne pas être pris dans le tourbillon. Cela signifiait un retard considérable, et pendant un long moment j'observai l'allure particulière des patriotes alors qu'ils sortaient. J'ai remarqué notamment un régiment du Vogtland, dont le pas de marche était assez orthodoxe, suivant le rythme d'un batteur qui essayait de varier artistiquement la monotonie de son instrument en frappant alternativement le cadre en bois avec la peau du tambour. Le cliquetis désagréable ainsi produit me rappelait fantomatiquement le cliquetis des os des squelettes dans la danse nocturne autour de la potence que Berlioz avait rappelé à mon imagination avec un réalisme si terrible dans son interprétation du dernier mouvement de sa Sinfonie Fantastique. à Paris.

Soudain, l'envie m'a pris de retrouver les amis que j'avais laissés derrière moi et de voyager à Chemnitz en leur compagnie si possible. Je m'aperçus qu'ils avaient quitté l'hôtel de ville et, en arrivant chez Heubner, on me dit qu'il dormait. Je retournai donc vers le car, qui, cependant, retardait encore son départ, la route étant bloquée par des troupes. J'ai marché quelque temps nerveusement de long en large, puis, perdant confiance dans le voyage en carrosse, je suis retourné chez Heubner pour m'offrir définitivement comme compagnon de voyage. Mais Heubner et Bakounine avaient déjà quitté la maison et je n'ai pu trouver aucune trace d'eux. En désespoir de cause, je retournai vers l'autocar et le trouvai à ce moment-là vraiment prêt à partir. Après divers retards et aventures, il m'a amené tard dans la nuit à Chemnitz, où je suis descendu et me suis rendu à l'auberge la plus proche. Le lendemain matin, à cinq heures, je me levai (après quelques heures de sommeil) et partit à la recherche de la maison de mon beau-frère Wolfram, située à environ un quart d'heure de marche de la ville. Chemin faisant, je demandai à un sentinelle de la garde municipale s'il était au courant de l'arrivée du gouvernement provisoire.

« Gouvernement provisoire ? » fut la réponse. "Eh bien, tout est fini avec ça." Je ne le comprenais pas et je ne pus rien apprendre de la situation lorsque j'arrivai pour la première fois chez mes parents, car mon beau-frère avait été envoyé dans la ville comme agent spécial. Ce n'est qu'à son retour chez lui, luth dans l'après-midi, que j'appris ce qui s'était passé dans un hôtel de Chemnitz pendant que je me reposais dans une autre auberge. Heubner, Bakounine et le dénommé Martin, dont j'ai déjà parlé, étaient, semble-t-il, arrivés avant moi en fiacre aux portes de Chemnitz. Lorsqu'on lui avait demandé leurs noms, Heubner s'était annoncé avec autorité et avait ordonné aux conseillers municipaux de venir le trouver dans un certain hôtel. A peine arrivés à l'hôtel, ils s'effondrèrent tous trois de fatigue excessive. Soudain, la police est entrée par effraction dans la pièce et les a arrêtés au nom du gouvernement local, après quoi ils ont seulement supplié de dormir tranquillement quelques heures, soulignant que la fuite était hors de question dans leur état actuel. J'appris en outre qu'ils avaient été transférés à Altenbourg sous une forte escorte militaire. Mon beau-frère fut obligé d'avouer que la garde municipale de Chemnitz, qui avait été contrainte de partir pour Dresde bien contre son gré, et qui avait résolu dès le début de se mettre à la disposition des forces royales en y arrivant, Il avait trompé Heubner en l'invitant à Chemnitz et l'avait attiré dans le piège. Ils étaient arrivés à Chemnitz bien avant Heubner et avaient pris la garde aux portes dans le but de le voir arriver et de préparer immédiatement son arrestation.

Mon beau-frère s'était également beaucoup inquiété pour moi, car les chefs de la garde municipale lui avaient dit d'un ton furieux que j'avais été vu en étroite association avec les révolutionnaires. Il considérait que c'était une merveilleuse intervention de la Providence que je ne sois pas arrivé avec eux à Chemnitz et que je sois allé dans la même auberge, auquel cas leur sort aurait certainement été le mien. Le souvenir de mon évasion d'une mort presque certaine lors de duels avec les épéistes les plus expérimentés de mes années d'étudiant m'a traversé comme un éclair. Cette dernière expérience terrible m'a fait une telle impression que j'étais incapable de souffler un mot en rapport avec ce qui s'était passé. Mon beau-frère, répondant aux appels pressants, de ma femme en particulier, très soucieuse de ma sécurité personnelle, entreprit de me conduire de nuit à Altenbourg dans sa voiture. De là, je continuai mon voyage en autocar jusqu'à Weimar, où j'avais initialement prévu de passer mes vacances, sans penser que j'arriverais par des chemins aussi détournés.

L'irréalité onirique de mon état d'esprit à cette époque s'explique mieux par le sérieux apparent avec lequel, en rencontrant de nouveau Liszt, j'ai immédiatement commencé à discuter de ce qui semblait être le seul sujet qui l'intéressait réellement en ce qui concerne moi : la reprise prochaine de Tannhäuser à Weimar. Il m'était très difficile d'avouer à cet ami que je n'avais pas quitté Dresde de la manière réglementaire pour un chef d'orchestre de l'Opéra royal. A vrai dire, j'avais une conception très floue du rapport que j'avais avec le droit de mon pays (au sens étroit). Ai-je fait quelque chose de criminel aux yeux de la loi ou non ? Il m'a été impossible de tirer une conclusion à ce sujet. Pendant ce temps, des nouvelles alarmantes sur les terribles conditions de vie à Dresde continuaient d'affluer à Weimar. C'est surtout Genast, le régisseur, qui suscita un grand émoi en répandant la rumeur selon laquelle Röckel, bien connu à Weimar, était coupable d'incendie criminel. Liszt dut bientôt comprendre par ma conversation, dans laquelle je ne pris pas la peine de dissimuler, que moi aussi j'étais étrangement lié à ces terribles événements, bien que mon attitude à leur égard l'ait induit en erreur pendant un certain temps. Car je n'étais nullement disposé à me proclamer combattant lors des récents combats, et cela pour des raisons tout autres que celles qui auraient semblé valables aux yeux de la loi. Mon ami fut donc encouragé dans son délire par l'effet non prémédité de mon attitude. Lorsque nous nous sommes rencontrés chez la princesse Caroline de Wittgenstein, à qui j'avais été présenté l'année précédente lors de sa visite éclair à Dresde, nous avons pu avoir des conversations stimulantes sur toutes sortes de sujets artistiques. Un après-midi, par exemple, une discussion animée a éclaté à partir d'une description que j'avais faite d'une tragédie intitulée Jésus de Nazareth. Liszt garda un silence discret après que j'eus terminé, tandis que la princesse protesta vigoureusement contre ma proposition de mettre en scène un tel sujet. De la tiède tentative que j'ai faite pour soutenir les théories paradoxales que j'avais avancées, j'ai réalisé l'état de mon esprit à cette époque. Même si cela n'était pas très évident aux yeux des spectateurs, j'avais été, et j'étais toujours, secoué au plus profond de mon être par mes récentes expériences.

Le moment venu, une répétition orchestrale de Tannhäuser eut lieu, ce qui stimula de diverses manières l'artiste en moi. La direction de Liszt, bien que principalement axée sur le côté musical plutôt que dramatique, m'a rempli pour la première fois de la chaleur flatteuse de l'émotion suscitée par la conscience d'être compris par un autre esprit en pleine sympathie avec le mien. En même temps, malgré mon état rêveur, j'ai pu observer d'un œil critique le niveau de capacité dont faisaient preuve les chanteurs et leur chef de chœur. Après la répétition, avec le directeur musical Stohr et le chanteur Götze, j'ai accepté l'invitation de Liszt à un dîner simple, dans une auberge différente de celle où il vivait. J'eus ainsi l'occasion de m'alarmer d'un trait de son caractère qui était entièrement nouveau pour moi. Après avoir été excité jusqu'à un certain point, son humeur devint franchement alarmante, et il grinça presque des dents dans une fureur dirigée contre une certaine partie de la société qui avait aussi suscité ma plus profonde indignation. J'ai été très touché par cette étrange expérience avec cet homme merveilleux, mais je n'ai pas pu voir l'association d'idées qui avait conduit à son terrible emportement. Je restai donc dans un état d'étonnement, tandis que Liszt devait se remettre pendant la nuit d'une violente crise de nerfs provoquée par son excitation. Une autre surprise m'attendait le lendemain matin, lorsque je trouvai mon ami tout équipé pour un voyage à Karlsruhe, les circonstances qui l'exigeaient m'étant absolument incompréhensibles. Liszt nous invita, ainsi que le directeur Stohr, à l'accompagner jusqu'à Eisenach. En chemin, nous fûmes arrêtés par Beaulieu, le Seigneur Chambellan, qui voulait savoir si j'étais prêt à être reçu par la Grande-Duchesse de Weimar, sœur de l'Empereur Nicolas, au château d'Eisenach. Comme mon excuse pour un costume de voyage inapproprié n'avait pas été admise, Liszt l'accepta en mon nom et je reçus ce soir-là un accueil étonnamment aimable de la part de la Grande-Duchesse, qui causa avec moi de la manière la plus amicale et me présenta à elle. chambellan avec toute la cérémonie requise. Liszt affirma par la suite que sa noble patronne avait été informée que je serais recherché par les autorités de Dresde dans les prochains jours et qu'elle s'était donc empressée de faire ma connaissance personnelle immédiatement, sachant que cela la compromettrait trop plus tard.

Liszt a continué son voyage depuis Eisenach, me laissant divertir et s'occuper de Stohr et du directeur musical Kuhmstedt, un maître du contrepoint assidu et habile avec qui j'ai effectué ma première visite à la Wartburg, qui n'avait alors pas été restaurée. J'étais rempli d'étranges réflexions sur mon sort lorsque j'ai visité ce château. Ici, j'étais en effet sur le point d'entrer, pour la première fois, dans ce bâtiment qui était si chargé de sens pour moi ; là aussi, je dus me dire que les jours de mon prochain séjour en Allemagne étaient comptés. En effet, lorsque nous revînmes à Weimar le lendemain, les nouvelles de Dresde étaient vraiment sérieuses. Liszt, à son retour le troisième jour, trouva une lettre de ma femme, qui n'avait pas osé m'écrire directement. Elle a rapporté que la police avait perquisitionné ma maison à Dresde, où elle était retournée, et qu'elle avait d'ailleurs été avertie en aucun cas de me permettre de retourner dans cette ville, car un mandat d'arrêt avait été lancé contre moi, et je devait bientôt être assigné à comparaître et arrêté. Liszt, qui ne se préoccupait plus que de ma sécurité personnelle, fit appel à un ami qui avait une certaine expérience du droit, pour réfléchir à ce qu'il fallait faire pour me tirer du danger qui me menaçait. Von Watzdorf, le ministre que j'avais déjà rendu visite, avait été d'avis que je me soumettrais, si on le demandait, tranquillement à être conduit à Dresde, et que le voyage se ferait dans une voiture privée respectable. D'un autre côté, les rapports qui nous étaient parvenus sur la manière brutale avec laquelle les troupes prussiennes à Dresde s'étaient appliquées à appliquer l'état de siège étaient d'une nature si alarmante que Liszt et ses amis du conseil insistèrent sur mon départ rapide de Weimar. , où il serait impossible de me protéger. Mais j'insistai pour prendre congé de ma femme, dont l'inquiétude était grande, avant de quitter l'Allemagne, et je demandai qu'on me permette de rester encore un peu, au moins dans les environs de Weimar. Ceci fut pris en considération et le professeur Siebert me suggéra de m'abriter temporairement chez un intendant sympathique au village de Magdala, distant de trois heures. Je m'y rendis en voiture le lendemain matin pour me présenter à cet aimable intendant et protecteur, le professeur Werder de Berlin, qui, avec une lettre de recommandation du professeur Siebert, était venu mettre ses études financières à profit pour aider à l'administration de ces domaines. Ici, dans une retraite rurale, j'ai passé trois jours, un divertissement d'une nature particulière étant fourni par la réunion d'une assemblée populaire, qui comprenait le reste du contingent de révolutionnaires qui avait marché vers Dresde et était maintenant revenu en désordre. J'ai écouté avec des sentiments curieux, allant presque jusqu'au mépris, les discours prononcés à cette occasion, qui étaient de toutes sortes et de toutes sortes. Le deuxième jour de mon séjour, la femme de mon hôte revint de Weimar (où c'était jour de marché) pleine d'une curieuse histoire : le compositeur d'un opéra qui y était joué ce jour-là avait été obligé de quitter brusquement Weimar. parce que le mandat d'arrêt contre lui était arrivé de Dresde. Mon hôte, à qui le professeur Seibert avait révélé mon secret, me demanda d'un ton ludique quel était son nom. Comme sa femme ne semblait pas le savoir, il lui vint en aide en suggérant que c'était peut-être Röckel dont le nom était familier à Weimar.

«Oui», dit-elle, «Röckel, c'était son nom, c'est tout à fait vrai.»

Mon hôte rit bruyamment et dit qu'il ne serait pas assez bête pour se laisser attraper, malgré son opéra.

Enfin, le 22 mai, jour de mon anniversaire, Minna arriva effectivement à Magdala. Elle s'était précipitée à Weimar dès qu'elle avait reçu ma lettre, et de là elle était partie selon les instructions, résolue à me persuader à tout prix de fuir le pays immédiatement et pour de bon. Aucune tentative pour l'élever au niveau de mon humeur n'a réussi ; elle persistait à me considérer comme une personne peu avisée et inconsidérée qui s'était plongée, elle et lui, dans la situation la plus terrible. Il avait été convenu que je la rencontrerais le lendemain soir dans la maison du professeur Wolff à Iéna pour lui faire un dernier adieu. Elle devait passer par Weimar, tandis que moi je prenais le sentier de Magdala. Je commençai donc ma promenade d'environ six heures et traversai le plateau pour arriver au coucher du soleil dans la petite ville universitaire (qui m'accueillit maintenant avec hospitalité pour la première fois). Je retrouvai ma femme chez le professeur Wolff, qui, grâce à Liszt, était déjà mon ami, et avec l'ajout d'un certain professeur Widmann, une autre conférence eut lieu au sujet de ma nouvelle évasion. En fait, j'étais poursuivi pour avoir été fortement soupçonné de participation à l'insurrection de Dresde et je ne pouvais en aucun cas compter sur un refuge sûr dans aucun des Länder allemands. Liszt insistait pour que j'aille à Paris, où je pourrais trouver un nouveau champ d'activité, tandis que Widmann me déconseillait de prendre la route directe via Francfort et Baden, car le soulèvement y battait encore son plein et la police y serait certainement prête. exercer une vigilance louable à l'égard des voyageurs entrants munis de passeports suspects. La route à travers la Bavière serait la plus sûre, car tout y était de nouveau calme ; Je pourrais alors me diriger vers la Suisse, et de là le voyage jusqu'à Paris pourrait être organisé sans aucun danger. Comme j'avais besoin d'un passeport pour le voyage, le professeur Widmann m'offrit le sien, délivré à Tübingen et non mis à jour. Ma femme était au désespoir et cette séparation me causait une véritable douleur. Je suis parti en voiture postale et j'ai traversé sans autre entrave de nombreuses villes (dont Rudolstadt, un lieu plein de souvenirs pour moi) jusqu'à la frontière bavaroise. De là, j'ai continué mon voyage en autocar postal directement jusqu'à Lindau. Aux portes, on m'a demandé, ainsi qu'aux autres passagers, mon passeport. Je passai la nuit dans un état d'excitation étrange et fiévreuse, qui dura jusqu'au départ du paquebot sur le lac de Constance, de bon matin. Mon esprit était rempli du dialecte souabe, parlé par le professeur Widmann, avec le passeport duquel je voyageais. Je me suis imaginé mes relations avec la police bavaroise au cas où je devrais m'entretenir avec elle conformément aux irrégularités mentionnées ci-dessus dans ce document. En proie à une agitation fébrile, j'ai passé toute la nuit à essayer de me perfectionner dans le dialecte souabe, mais, comme je m'amusais de le constater, sans le moindre succès. Je m'étais préparé à affronter le moment crucial tôt le lendemain matin, lorsque le policier est entré dans ma chambre et, ne sachant pas à qui appartenaient les passeports, m'en a donné trois au hasard. Le cœur plein de joie, je saisis la mienne et renvoyai le redoutable messager de la manière la plus amicale . Une fois à bord du paquebot, je réalisai avec une réelle satisfaction que j'avais désormais mis le pied sur le territoire suisse. C'était une belle matinée de printemps ; de l'autre côté du large lac, je pouvais contempler le paysage alpin qui s'étendait sous mes yeux. Lorsque j'arrivai sur le sol républicain à Rorschach, je passai les premiers instants à écrire quelques lignes chez moi pour raconter mon arrivée saine et sauve en Suisse et ma délivrance de tout danger. Le trajet en autocar à travers l'agréable campagne de Saint-Gall jusqu'à Zürich m'a merveilleusement remonté le moral, et lorsque je suis descendu d'Oberstrass à Zürich ce soir-là, le dernier jour de mai, à six heures, et que j'ai vu pour la première fois le Glarner Les Alpes qui encerclent le lac luisant au coucher du soleil, je résolus aussitôt, sans en être pleinement conscient, d'éviter tout ce qui pourrait empêcher mon installation ici.

J'avais été d'autant plus disposé à accepter la suggestion de mes amis de prendre la route suisse jusqu'à Paris que je savais que je retrouverais à Zürich une vieille connaissance, Alexander Muller. J'espérais avec son aide obtenir un passeport pour la France, car je tenais à ne pas y arriver en tant que réfugié politique. J'avais autrefois eu des relations très amicales avec Müller à Würzburg. Il était installé depuis longtemps à Zürich comme professeur de musique ; c'est ce que j'ai appris d'un de ses élèves, Wilhelm Baumgartner, qui m'était venu il y a quelques années à Dresde pour me transmettre les salutations de ce vieil ami. A cette occasion, je confiai à l'élève un exemplaire de la partition de Tannhäuser pour son maître, en guise de souvenir, et cette aimable attention n'était pas tombée sur un sol stérile : Muller et Baumgartner, que je visitai aussitôt, me présentèrent aussitôt à Jacob. Sulzer et Franz Hagenbuch, deux secrétaires cantonaux qui, parmi tous leurs bons amis, étaient les plus susceptibles de réaliser la réalisation immédiate de mon désir. Ces deux personnes, auxquelles s'étaient joints quelques intimes, me reçurent avec une curiosité et une sympathie si respectueuses que je me sentis tout de suite à l'aise avec elles. La grande assurance et la modération avec lesquelles ils commentaient les persécutions qui m'avaient frappé, comme en témoigne leur simple point de vue républicain habituel, m'ont ouvert une conception de la vie civile qui semblait m'élever dans une sphère entièrement nouvelle. Je me sentais tellement en sécurité et protégé ici, alors que dans mon propre pays, j'étais, sans vraiment m'en rendre compte, considéré comme un criminel en raison du lien particulier entre mon dégoût face à l'attitude du public à l'égard de l'art et les troubles politiques généraux. Pour mettre entièrement en ma faveur les deux secrétaires (l'un d'eux, Sulzer, avait bénéficié d'une excellente éducation classique), mes amis organisèrent un soir un rendez-vous au cours duquel je devais lire mon poème sur la Mort de

Siegfried. Je suis prêt à jurer que je n'ai jamais eu d'auditeurs plus attentifs, parmi les hommes, que ce soir-là. L'effet immédiat de mon succès fut l'établissement d'un passeport fédéral pleinement valable pour le pauvre Allemand sous mandat d'arrêt, avec lequel je commençai gaiement mon voyage vers Paris après un assez court séjour à Zürich. De Strasbourg, où j'étais fasciné par la fascination de la cathédrale mondialement connue, je me suis rendu à Paris par ce qui était alors le meilleur moyen de locomotion, la malle-poste. Je me souviens d'un phénomène remarquable à propos de ce transport. Jusqu'alors, le bruit de la canonnade et de la mousqueterie des combats de Dresde résonnait constamment dans mes oreilles, surtout lorsque j'étais à moitié éveillé ; maintenant, le bourdonnement des roues, alors que nous roulions rapidement sur la grande route, m'envoûtait tellement que pendant tout le trajet, il me semblait entendre la mélodie de Freude, schöner Götterfunken [17] de la Neuvième Symphonie, jouée, comme c'était le cas, sur des instruments de basse profonde.

[17] Voir note page 486 .

Depuis mon arrivée en Suisse jusqu'à mon arrivée à Paris, mon esprit, qui avait sombré dans une apathie onirique, s'est élevé progressivement jusqu'à un niveau de liberté et de confort dont je n'avais jamais joui auparavant. Je me sentais comme un oiseau dans les airs dont le destin n'est pas de sombrer dans un bourbier ; mais peu après mon arrivée à Paris, dans la première semaine de juin, une réaction très palpable s'est produite. J'avais été présenté par Liszt à son ancien secrétaire Belloni, qui estimait de son devoir, fidèle aux instructions reçues, de mettre m'a mis en communication avec un homme de lettres, un certain Gustave Vaisse, dans le but de lui confier la commande d'un livret d'opéra destiné à être produit à Paris. Je n'ai cependant pas fait la connaissance personnelle de Vaisse. L'idée ne me plaisait pas et je trouvai une excuse suffisante pour éviter les négociations en disant que j'avais peur de l'épidémie de choléra qui faisait rage dans la ville. Je logeais rue Notre-Dame de Lorette pour être près de Belloni. Dans cette rue, des cortèges funèbres, annoncés par les tambours assourdis des bateaux de la Garde nationale, passaient pratiquement toutes les heures. Bien que la chaleur fût étouffante, il m'était strictement interdit de toucher à l'eau, et on me conseillait d'observer la plus grande précaution en ce qui concerne mon alimentation à tous égards. Outre ce poids d'inquiétude sur mon moral, tout l'aspect extérieur de Paris, tel qu'il me paraissait alors, me faisait l'effet le plus déprimant. La devise Liberté, Égalité, Fraternité était encore visible sur tous les édifices publics et autres établissements, mais, en revanche, j'étais alarmé de voir les premiers garçons caissiers sortir de la banque avec leurs longs sacs d'argent. sur leurs épaules et leurs gros portefeuilles à la main. Je ne les avais jamais rencontrés aussi fréquemment qu'aujourd'hui, juste au moment où l'ancien régime capitaliste, après sa lutte triomphale contre la propagande socialiste autrefois redoutée, s'efforçait vigoureusement de regagner la confiance du public par son faste presque insultant. J'étais entré, pour ainsi dire, machinalement dans le magasin de musique de Schlesinger, où était désormais installé un successeur, un type de juif beaucoup plus prononcé, nommé Brandus, d'apparence très sale. La seule personne qui m'accueillit amicalement était le vieux commis, Monsieur Henri. Après que je lui eus parlé quelque temps à haute voix, la boutique étant apparemment vide, il me demanda enfin avec un certain embarras si je n'avais pas vu mon maître (*votre maître*) Meyerbeer.

« Est-ce que M. Meyerbeer est là ? J'ai demandé.

« Certainement », fut la réponse encore plus embarrassée ; 'tout près, là-bas derrière le bureau.'

Et bien sûr, alors que je me dirigeais vers le bureau, Meyerbeer en sortit, couvert de confusion. Il sourit et trouva une excuse pour avoir pressé des épreuves. Il s'y cachait tranquillement depuis plus de dix minutes depuis qu'il avait entendu ma voix pour la première fois. J'en avais assez de mon étrange rencontre avec cette apparition. Cela m'a rappelé tant de choses qui m'affectaient et qui renvoyaient des soupçons à l'égard de cet homme, en particulier l'importance de son comportement à mon égard à Berlin la dernière fois. Cependant, comme je n'avais plus plus affaire à lui, je le saluai avec une certaine gaieté facile induite par le regret que j'éprouvai en voyant son trouble manifeste en apprenant mon arrivée à Paris. Il croyait que j'y chercherais encore fortune, et parut très surpris lorsque je lui assurai au contraire que l'idée d'y avoir un travail m'était odieuse.

« Mais Liszt a publié sur vous un article si brillant dans le *Journal des Débats* », dit-il.

"Ah," répondis-je, "il ne m'était vraiment pas venu à l'esprit que le dévouement enthousiaste d'un ami devait être considéré comme une spéculation mutuelle."

«Mais l'article a fait sensation. Il est incroyable que vous ne cherchiez pas à en tirer un quelconque profit.

Cette ingérence offensante m'a incité à protester avec une certaine violence auprès de Meyerbeer que je m'intéressais à tout plutôt qu'à la production d'œuvres artistiques, surtout à l'époque où le cours des événements semblait indiquer que le monde entier était en train de réagir.

« Mais qu'attendez-vous de la révolution ? il a répondu. « Vas-tu écrire des partitions pour les barricades ?

Sur quoi je lui ai assuré que je n'envisageais pas du tout d'écrire des partitions. Nous nous sommes séparés, évidemment sans être parvenus à un accord mutuel.

Dans la rue, je fus également arrêté par Moritz Schlesinger qui, également sous l'influence du brillant article de Liszt, me considérait évidemment comme un parfait prodige. Lui aussi pensait que je devais compter sur un succès à Paris et était sûr que j'avais de très bonnes chances d'y parvenir.

« Voulez-vous vous charger de mes affaires ? Je lui ai demandé. 'Je n'ai pas d'argent. Pensez-vous vraiment que la représentation d'un opéra d'un compositeur inconnu puisse être autre chose qu'une question d'argent ?

« Vous avez tout à fait raison », dit Moritz en me laissant sur place.

Je me détournai de ces rencontres désagréables dans la capitale du monde pestiférée pour m'enquérir du sort de mes compagnons de Dresde, car quelques-uns de ceux avec lesquels j'étais intime étaient également arrivés à Paris, lorsque je rendis visite à Desplechins, qui avait peint le décor pour Tannhäuser. J'y trouvai Semper, qui avait, comme moi, été déposé dans cette ville. Nous nous retrouvâmes avec beaucoup de plaisir, même si nous ne pouvions nous empêcher de sourire de notre situation grotesque. Semper s'était retiré de la bataille lorsque la fameuse barricade, qu'il surveillait de près, en sa qualité d'architecte, avait été encerclée. (Il pensait qu'il était impossible de la prendre.) Il estimait néanmoins qu'il s'était suffisamment exposé pour la mettre en état de siège et occuper Dresde. Il s'estime chanceux, en tant que natif du Holstein, de dépendre non pas du gouvernement allemand, mais du gouvernement danois pour son passeport, car cela l'a aidé à rejoindre Paris sans difficulté. Lorsque j'ai exprimé mes regrets réels et sincères face à la tournure des événements qui l'avait arraché à une entreprise professionnelle qu'il venait de démarrer – l'achèvement du Musée de Dresde – il a refusé de la prendre trop au sérieux, affirmant que cela lui avait donné un grand beaucoup d'inquiétude. Malgré notre situation difficile, c'est avec Semper que j'ai passé les seules heures lumineuses de mon séjour à Paris. Nous fûmes bientôt rejoints par un autre réfugié, le jeune Heine, qui avait autrefois souhaité peindre mon paysage de Lohengrin. Il n'avait aucun scrupule quant à son avenir, car son maître Desplechins était prêt à lui donner un emploi. Moi seul, j'avais l'impression d'avoir été lancé sans but dans Paris. J'avais un désir passionné de quitter cette atmosphère chargée de choléra et Belloni m'a offert une opportunité que j'ai saisie promptement et avec joie. Il m'a invité à le suivre lui et sa famille dans une campagne près de La Ferté-sous-Jouarre, où je pourrais me rafraîchir par l'air pur et le calme absolu, et attendre un changement positif dans ma situation. J'ai fait le petit voyage jusqu'à Rueil après encore une semaine à Paris, et j'ai pris pour le moment un pauvre logement (une seule pièce, construite avec des niches) dans la maison de

Monsieur Raphaël, négociant en vins, près de la mairie du village où vivait la famille Belloni. restaient. Ici, j'attendais de nouveaux développements. Pendant la période où toutes les nouvelles d'Allemagne cessaient, j'essayais de m'occuper autant que possible de lecture. Après avoir parcouru les écrits de Proudhon, et en particulier son De la propriété, de manière à glaner des consolations à ma situation de manières curieusement diverses , je me suis amusé longtemps avec l'Histoire des Girondins de Lamartine, ouvrage des plus séduisants et des plus attrayants. Un jour, Belloni m'apporta la nouvelle du malheureux soulèvement tenté à Paris, le 13 juin, par les républicains de Ledru-Rollin contre le gouvernement provisoire alors en pleine réaction. Si grande que fut l'indignation avec laquelle la nouvelle fut accueillie par mon hôte et le maire du lieu (un de ses parents, à la table duquel nous prenions notre modeste repas quotidien), elle ne me fit, dans l'ensemble, que peu d'impression, car mon attention était toujours fixée avec une grande agitation sur les événements qui se passaient sur le Rhin, et particulièrement sur le grand-duché de Bade, qui avait été confié à un gouvernement provisoire. Mais quand, de ce côté-ci, la nouvelle me parvint que les Prussiens avaient réussi à maîtriser un mouvement qui, au premier abord, ne paraissait pas désespéré, je me sentis extrêmement abattu.

J'étais obligé de considérer soigneusement ma situation, et la nécessité de vaincre mes difficultés contribuait à apaiser l'excitation dont j'étais en proie. Les lettres de mes amis de Weimar, ainsi que celles de ma femme, me ramenèrent maintenant complètement à la raison. Les premiers se sont exprimés très sèchement sur mon comportement face aux événements récents. L'opinion était que pour le moment je n'aurais rien à faire, et surtout pas à Dresde, ni à la cour grand-ducale, « car on ne pouvait pas très bien frapper à des portes battues » ; « On ne frappe pas à des portes enfoncées » (Princesse von Wittgenstein à Belloni).

Je ne savais que répondre, car je n'avais jamais songé à espérer quoi que ce soit de leur intervention en ma faveur de ce côté-là ; par conséquent, j'ai été très satisfait qu'ils m'aient envoyé une aide financière temporaire. Avec cet argent, je me décidai à partir pour Zürich et à demander à Alex Muller de m'héberger pendant un certain temps, car sa maison était suffisamment grande pour accueillir un invité. Mon moment le plus triste fut celui où, après un long silence, je reçus enfin une lettre de ma femme. Elle a écrit qu'elle ne pouvait pas rêver de vivre à nouveau avec moi ; qu'après avoir abandonné si sans scrupules une relation et une position dont l'équivalent ne se présenterait plus jamais à moi, on ne pouvait raisonnablement s'attendre à ce qu'aucune femme ne s'intéresse davantage à mes entreprises futures.

J'appréciais pleinement la situation malheureuse de ma femme ; Je ne pouvais d'aucune manière l'aider, sinon en lui conseillant de vendre nos meubles de Dresde et en faisant appel en sa faveur à mes parents à Leipzig.

Jusque-là, j'avais pu penser avec plus de légèreté à la misère de sa situation, simplement parce que je l'avais imaginée plus profondément en sympathie avec ce qui m'agitait. Souvent, lors des récents événements extraordinaires, j'avais même cru qu'elle comprenait mes sentiments. Mais maintenant, elle m'avait déçu sur ce point : elle ne voyait en moi que ce que le public voyait, et le seul point rédempteur de son jugement sévère était qu'elle excusait ma conduite sous le prétexte que j'étais imprudent. Après avoir supplié Liszt de faire ce qu'il pouvait pour ma femme, j'ai vite commencé à considérer son comportement inattendu avec plus de sérénité. En réponse à son annonce qu'elle ne m'écrirait plus pour le moment, je lui dis que j'avais également résolu de lui épargner toute nouvelle inquiétude sur mon sort très douteux, en cessant de communiquer avec elle. J'ai examiné d'un œil critique le panorama de nos longues années d'association, à commencer par cette première année orageuse de notre vie conjugale, qui avait été si douloureuse. Nos jeunes années d'inquiétude et de soucis à Paris nous avaient sans aucun doute été bénéfiques à tous les deux. Le courage et la patience avec lesquels elle avait affronté nos difficultés, tandis que moi, j'avais essayé d'y mettre fin à force de travail, nous avaient liés par des liens de fer. Minna fut récompensée de toutes ces privations par les succès de Dresde, et surtout par la position très enviable que j'y avais occupée. Sa position d'épouse du chef d'orchestre (Frau Kapellmeisterin) lui avait valu la réalisation de ses vœux les plus chers, et tout ce qui conspirait pour me rendre si intolérable mon travail dans cette charge officielle, n'était pour elle que autant de menaces adressées. contre son contenu suffisant. La conduite que j'avais adoptée à l'égard de Tannhäuser l'avait déjà fait douter de mes succès au théâtre et lui avait ôté tout courage et toute confiance dans notre avenir. Plus je m'écartais de la voie qu'elle considérait comme la seule profitable, en partie à cause du changement de mes opinions (que je devenais de moins en moins disposé à lui communiquer), et en partie à cause du changement dans mon attitude envers la scène, de plus, elle s'éloignait de cette position d'étroite communion avec moi dont elle avait joui dans les années précédentes et qu'elle croyait avoir le droit de lier d'une manière ou d'une autre à mes succès.

Elle considérait mon comportement à l'égard de la catastrophe de Dresde comme le résultat de cette déviation du droit chemin et l'attribuait à l'influence de personnes sans scrupules (en particulier le malheureux Röckel) qui étaient censés m'avoir entraîné avec eux vers la ruine. en faisant appel à ma vanité. Mais plus profondément que tous ces désaccords, qui ne concernaient après tout que des circonstances extérieures, était la conscience de notre incompatibilité fondamentale, qui m'était devenue de plus en plus apparente depuis le jour de notre réconciliation. Dès le début, nous avions eu des scènes des plus violentes : jamais, après ces fréquentes querelles, elle n'avait reconnu ses torts ni tenté de redevenir amie.

La nécessité de rétablir au plus vite notre paix domestique, ainsi que ma conviction (confirmée par chacun de ses élans extravagants) que, vu la grande disparité de nos caractères et surtout de nos éducations, il m'incombait d'empêcher de telles scènes. en observant une grande prudence dans mon comportement, m'a toujours amené à assumer l'entière responsabilité de ce qui m'était arrivé et à apaiser Minna en lui montrant que j'étais désolé. Malheureusement, et à mon grand chagrin, j'ai dû reconnaître qu'en agissant ainsi, j'avais perdu tout pouvoir sur ses affections, et surtout sur son caractère. Nous nous trouvions désormais dans une position dans laquelle je ne pouvais absolument pas recourir aux mêmes moyens de réconciliation, car cela aurait signifié que je serais incohérent dans toutes mes opinions et mes actions. Et puis je me suis trouvé confronté à une telle dureté chez la femme que j'avais gâtée par ma mansuétude, qu'il était hors de question d'attendre d'elle qu'elle reconnaisse l'injustice que je me faisais. Qu'il suffise de dire que le naufrage de ma vie conjugale avait contribué de manière non négligeable à la ruine de ma situation à Dresde et à la manière négligente avec laquelle je la traitais, car au lieu de trouver aide, force et consolation à la maison, je trouvai ma femme conspirait involontairement contre moi, de concert avec toutes les autres circonstances hostiles qui m'assaillirent alors. Après avoir surmonté le premier choc de son comportement sans cœur, j'ai été absolument clair à ce sujet. Je me souviens que je n'ai pas souffert d'un grand chagrin, mais qu'au contraire, avec la conviction d'être maintenant tout à fait impuissant, un calme presque exalté m'a envahi lorsque j'ai réalisé que jusqu'à présent ma vie avait été construite sur les fondations de du sable et rien de plus. Quoi qu'il en soit, le fait que j'étais absolument seul a beaucoup contribué à restaurer ma tranquillité d'esprit, et dans ma détresse, je trouvais maintenant force et réconfort, même dans mon extrême pauvreté. Enfin du secours arriva de Weimar. Je l'ai accepté avec empressement, et c'était le moyen de me sortir de ma vie inutile actuelle et de mes espoirs échoués.

Ma démarche suivante fut de trouver un lieu de refuge, mais qui n'avait que peu d'attrait pour moi, car il n'y avait pas le moindre espoir de pouvoir avancer davantage dans les sentiers que j'avais empruntés jusqu'ici. progressé. Ce refuge, c'était Zürich, une ville dépourvue de tout art au sens public, et où pour la première fois je rencontrai des gens simples qui ne connaissaient rien de moi en tant que musicien, mais qui, apparemment, se sentaient attirés vers moi par le le pouvoir de ma seule personnalité. J'arrivai chez Muller et lui demandai de me louer une chambre, en lui donnant en même temps ce qui me restait de mon capital, soit vingt francs. J'ai vite découvert que mon vieil ami était gêné par ma confiance parfaitement ouverte en lui, et qu'il ne savait plus que faire de moi. J'abandonnai bientôt la grande pièce contenant un piano à queue, qu'il m'avait attribuée sur un coup de tête, et me retirai dans une modeste petite chambre. Les repas étaient ma grande épreuve, non pas parce que j'étais exigeant, mais parce que je ne parvenais pas à digérer les épines. Au contraire, devant la maison de mon ami, je jouis de ce qui, compte tenu des habitudes du lieu, était la réception la plus luxueuse. Les mêmes jeunes gens qui avaient été si gentils avec moi lors de mon premier voyage à Zurich se sont montrés une fois de plus soucieux d'être continuellement en ma compagnie, et c'était particulièrement le cas d'un jeune homme appelé Jakob Sulzer. Il devait avoir trente ans pour pouvoir devenir membre du gouvernement zurichois et il lui restait donc encore plusieurs années à attendre. Cependant, malgré sa jeunesse, l'impression qu'il fit sur tous ceux avec qui il entra en contact était celle d'un homme d'un âge plus mûr, dont le caractère était formé. Lorsqu'on me demanda longtemps après si j'avais jamais rencontré un homme qui, moralement parlant, représentait le beau idéal de caractère et de droiture, je ne pus, après réflexion, penser à nul autre que ce nouvel ami, Jakob Sulzer.

Il doit sa nomination précoce au poste de secrétaire cantonal permanent (Staatsschreiber), l'un des postes gouvernementaux les plus prestigieux du canton de Zürich, au parti libéral récemment revenu, dirigé par Alfred Escher. Comme ce parti ne pouvait pas employer les membres les plus expérimentés du parti conservateur les plus âgés dans les fonctions publiques, sa politique consistait à choisir des jeunes hommes exceptionnellement doués pour ces postes. Sulzer s'est montré extraordinairement prometteur et leur choix s'est donc rapidement porté sur lui. Il venait tout juste de rentrer des universités de Berlin et de Bonn avec l'intention de s'établir comme professeur de philologie à l'université de sa ville natale, lorsqu'il fut nommé membre du nouveau gouvernement. Pour se préparer à son poste, il dut rester six mois à Genève pour se perfectionner dans la langue française, qu'il avait négligée lors de ses études de philologie. Il était vif d'esprit et travailleur, ainsi qu'indépendant et ferme, et il ne s'est jamais laissé influencer par aucune tactique de parti. Il accéda donc très rapidement à de hautes fonctions gouvernementales, auxquelles il rendit des services précieux et importants, d'abord comme ministre des Finances, poste qu'il occupa pendant de nombreuses années, puis avec une distinction particulière comme membre de la Fédération scolaire. Sa connaissance inattendue avec moi semblait le placer dans une sorte de dilemme ; des études philologiques et classiques qu'il avait entreprises de son propre choix, il se trouva soudain arraché de la manière la plus déconcertante par cette convocation inattendue du gouvernement. Il semblait presque que sa rencontre avec moi lui avait fait regretter d'avoir accepté cette nomination. Comme c'était un homme d'une grande culture, mon poème La Mort de Siegfried lui révéla naturellement ma connaissance de l'antiquité allemande. Il avait également étudié ce sujet, mais avec une plus grande précision philologique que je n'aurais pu espérer. Lorsque, plus tard, il connut ma manière d'écrire de la musique, cet homme particulièrement sérieux et réservé s'intéressa si profondément à mon domaine artistique, si éloigné de son propre domaine de travail, que, comme il l'avoua lui-même, il se sentit il était de son devoir de lutter contre ces influences perturbatrices en étant volontairement brusque et sec avec moi. Mais au début de mon séjour à Zurich, il se réjouissait de se laisser égarer quelque peu dans le domaine de l'art. L'ancienne résidence officielle du premier secrétaire cantonal était souvent le théâtre de rassemblements uniques, composés de personnes telles que je ne manquerais pas d'attirer. On pourrait même dire que ces fonctions sociales se produisaient un peu plus fréquemment qu'il ne convenait à la réputation d'un fonctionnaire de ce petit État philistin. Ce qui attirait particulièrement le musicien Baumgartner à ces rencontres, c'était le produit des vignobles de Sulzer à Winterthour, pour lequel nos hôtes traitaient ses invités avec la plus grande libéralité. Lorsque, dans mes humeurs d'exubérance folle, j'exprimais en effusions dithyrambiques mes vues les plus extrêmes sur l'art et la vie, mes auditeurs réagissaient souvent d'une manière que, le plus souvent, j'avais parfaitement raison d'attribuer aux effets du vin plutôt qu'aux effets du vin. qu'à la puissance de mon enthousiasme. Un jour, alors que le professeur Ettmuller, germaniste et érudit d'Edda, avait été invité à écouter une lecture de mon Siegfried et ramené chez lui dans un état d'enthousiasme mélancolique, il y eut une explosion régulière d'esprits dévergondés parmi ceux qui étaient restés sur place. J'ai eu l'idée absurde de retirer de leurs gonds toutes les portes de la maison du fonctionnaire.

Herr Hagenbuch, un autre serviteur de l'État, voyant quel effort cela me coûtait, m'offrit l'aide de son gigantesque physique, et avec une relative facilité nous réussissâmes à enlever chaque porte et à la mettre de côté, un procédé dont Sulzer se contenta de sourire. -naturellement. Le lendemain, cependant, lorsque nous nous sommes renseignés, il nous a dit que le remplacement de ces portes (ce qui devait mettre à rude épreuve sa constitution délicate) lui avait pris toute la nuit, car il avait décidé de garder la porte. la connaissance de nos orgies par le sergent, qui arrivait toujours très tôt le matin.

L'extraordinaire liberté d'oiseau de mon existence avait pour effet de m'exciter de plus en plus. J'étais souvent effrayé par les excès d'exaltation auxquels j'étais sujet, peu importe avec qui je me trouvais, et qui m'amenaient à me livrer aux paradoxes les plus extraordinaires dans ma conversation. Peu de temps après mon installation à Zürich, j'ai commencé à écrire mes diverses idées sur les choses auxquelles j'étais parvenu grâce à mes expériences privées et artistiques, ainsi que sous l'influence des troubles politiques de l'époque. Comme je n'avais d'autre choix que d'essayer, du mieux que je pouvais, de gagner quelque chose par ma plume, j'ai pensé à envoyer une série d'articles à un grand journal français comme le National, qui existait encore à cette époque. Dans ces articles, j'avais l'intention d'exposer mes idées (à ma manière révolutionnaire) sur le thème de l'art moderne dans sa relation avec la société. J'en ai envoyé six à un ami âgé, Albert Franck, en lui demandant de les faire traduire en français et de les publier. Ce Franck était le frère du plus connu Hermann Franck, aujourd'hui à la tête de la maison de librairie franco-allemande, qui appartenait à l'origine à mon beau-frère Avenarius. Il m'a renvoyé mon ouvrage avec la remarque très naturelle qu'il était hors de question d'attendre du public parisien qu'il comprenne ou apprécie mes articles, surtout à un moment aussi critique.

J'ai dirigé le manuscrit Kunst und Revolution (« Art et Révolution ») et je l'ai envoyé à Otto Wigand à Leipzig, qui s'est effectivement engagé à le publier sous forme de brochure et m'a envoyé cinq louis d'or pour cela. Ce succès inattendu m'a incité à continuer à exploiter mes dons littéraires. J'ai cherché dans mes papiers l'essai que j'avais écrit l'année précédente comme résultat de mes études historiques sur la légende des « Nibelungen » ; Je lui ai donné le titre de Die Nibelungen Weltgeschichte aus der Sage, et j'ai encore tenté ma chance en l'envoyant à Wigand.

Le titre sensationnel de Kunst und Revolution, ainsi que la notoriété acquise par le « chef d'orchestre royal » en tant que réfugié politique, avaient fait espérer à l'éditeur radical que le scandale qui allait naître lors de la publication de mes articles reviendrait à son profit ! Je découvris bientôt qu'il était sur le point de publier une deuxième édition de Kunst und Revolution, sans toutefois m'en informer. Il a également acheté mon nouveau pamphlet pour cinq louis d'or supplémentaires. C'était la première fois que je gagnais de l'argent grâce à des travaux publiés, et je commençais maintenant à croire que j'étais parvenu à ce point où je pourrais vaincre mes malheurs. J'y ai réfléchi et j'ai décidé de donner des conférences publiques à Zürich sur des sujets liés à mes écrits au cours de l'hiver prochain, espérant ainsi garder un peu de temps mon corps et mon esprit ensemble, même si je n'avais pas de rendez-vous fixe et que je n'avais pas de rendez-vous. Je n'ai pas l'intention de travailler dans le domaine de la musique.

Il me semblait nécessaire de recourir à ces moyens, car je ne savais pas comment me maintenir en vie autrement. Peu après mon arrivée à Zürich, j'avais assisté à l'arrivée des fragments de l'armée badoise, dispersés sur le territoire suisse et accompagnés de volontaires fugitifs, et cela m'avait fait une impression douloureuse et étrange. La nouvelle de la capitulation de Gorgey près de Villagos paralysa les derniers espoirs quant à l'issue de la grande lutte européenne pour la liberté, qui jusqu'alors était restée tout à fait indécise. Avec une certaine appréhension et anxiété, je détournai maintenant mes yeux de tous ces événements du monde extérieur vers ma propre âme.

J'avais l'habitude de fréquenter le café littéraire, où je prenais mon café après mon copieux repas de midi, dans une atmosphère enfumée, entouré d'une foule joyeuse et plaisante d'hommes jouant aux dominos et au « jeûne ». Un jour, j'ai regardé son papier peint commun représentant des sujets antiques, qui, d'une manière inexplicable, me rappelait une certaine aquarelle de Genelli, représentant « L'éducation de Dionysos par les Muses ». Je l'avais vu dans ma jeunesse chez mon beau-frère Brockhaus et il m'avait alors profondément marqué. C'est à ce même endroit que j'ai conçu les premières idées de mon Kunstwerk der Zukunft (« L'œuvre d'art du futur »), et cela m'a semblé un présage significatif d'être réveillé un jour d'un de mes rêves post-prandiaux par le nouvelle que Schroder-Devrient séjournait à Zürich. Je me levai aussitôt avec l'intention de lui rendre visite à l'hôtel voisin, « Zum Schwerte », mais, à mon grand désarroi, j'appris qu'elle venait de partir en bateau à vapeur. Je ne l'ai jamais revu et, longtemps après, j'ai seulement appris sa mort douloureuse par ma femme, qui, plus tard, est devenue assez intime avec elle à Dresde.

Après avoir passé deux mois d'été remarquables de cette façon sauvage et extraordinaire, je reçus enfin des nouvelles rassurantes de Minna, restée à Dresde. Bien que sa manière de me quitter ait été à la fois dure et blessante, je ne pouvais pas me résoudre à croire que je m'étais complètement séparé d'elle. Dans une lettre que j'écrivais à l'un de ses proches, et que je présumais qu'ils me transmettraient, je m'enquéris avec sympathie à son sujet, alors que j'avais déjà fait tout ce qui était en mon pouvoir, par des appels répétés à Liszt, pour qu'elle soit bien soignée. pour. Je reçus alors une réponse directe qui, outre qu'elle témoignait de la vigueur et de l'activité avec laquelle elle avait combattu ses difficultés, me montrait en même temps qu'elle désirait ardemment me retrouver. C'est presque avec mépris qu'elle exprima de sérieux doutes quant à ma possibilité de gagner ma vie à Zürich, mais elle ajouta que, dans la mesure où elle était mon épouse, elle souhaitait me donner une autre chance. Elle semblait également tenir pour acquis que j'avais l'intention de faire de Zürich seulement notre résidence temporaire et que je ferais tout mon possible pour promouvoir ma carrière de compositeur d'opéra à Paris. Sur quoi elle annonça son intention d'arriver à Rorschach en Suisse à une certaine date en septembre de la même année, en compagnie du petit chien Peps, du perroquet Papo et de sa soi-disant sœur Nathalie. Après avoir réservé deux chambres pour notre nouvelle maison, je me préparais maintenant à partir à pied pour Saint-Gall et Rorschach à travers les beaux et célèbres Toggenburg et Appenzell, et je me sentis finalement très ému lorsque la famille particulière, composée pour moitié d'animaux de compagnie, , débarqua au port de Rorschach. Je dois honnêtement avouer que le petit chien et l'oiseau m'ont fait très plaisir. Mais ma femme a aussitôt mis de l'eau froide dans mes émotions en déclarant que si je me comportais à nouveau mal, elle était prête à retourner à Dresde à tout moment et qu'elle y avait de nombreux amis qui se feraient un plaisir de me protéger et de secourir. si elle était forcée de mettre sa menace à exécution. Quoi qu'il en soit, un seul regard sur elle me convainquit combien elle avait vieilli en si peu de temps, et combien je devais la plaindre, et ce sentiment parvint à bannir toute amertume de mon cœur.

Je m'efforçai de lui donner confiance et de lui faire croire que nos malheurs présents n'étaient que momentanés. Ce n'était pas une tâche facile, car elle comparait constamment l'aspect minuscule de la ville de Zürich à la majesté plus noble de Dresde et semblait se sentir amèrement humiliée. Les amis que je lui ai présentés n'ont trouvé aucune grâce à ses yeux. Elle considérait le secrétaire cantonal Sulzer comme « un simple commis municipal qui n'aurait aucune importance en Allemagne » ; et la femme de mon hôte Muller la dégoûta absolument lorsque, en réponse aux plaintes de Minna sur ma terrible situation, elle répondit que ma grandeur résidait dans le fait même que j'y avais fait face. Là encore, Minna m'a apaisé en m'annonçant l'arrivée prévue de certaines de mes affaires de Dresde, qu'elle pensait indispensables à notre nouvelle maison.

La propriété dont elle parlait consistait en un piano à queue Breitkopf et Hartel qui paraissait meilleur qu'il n'en avait l'air, et de la « page de titre » des Nibelungen de Corneille dans un cadre gothique qui pendait au-dessus de mon bureau à Dresde.

Avec ce noyau d'effets ménagers, nous avons décidé de prendre un petit logement dans ce qu'on appelle « hinteren Escherhausern » dans le Zeltweg. Avec une grande habileté, Minna avait réussi à vendre avantageusement les meubles de Dresde et, grâce au produit de cette vente, elle avait emporté trois cents marks avec elle à Zurich pour nous aider à construire notre nouvelle maison. Elle m'a dit qu'elle avait gardé pour moi ma petite mais très sélective bibliothèque en la confiant à l'éditeur Heinrich Brockhaus (frère du mari de ma sœur et membre de la Diète saxonne), qui avait insisté pour en prendre soin. Grande fut donc sa consternation lorsque, après avoir demandé à cet aimable ami de lui envoyer les livres, il répondit qu'il les détenait en garantie d'une dette de mille cinq cents marks que j'avais contractée avec lui pendant mes jours de troubles à Dresde. et qu'il avait l'intention de les conserver jusqu'à ce que cette somme lui soit restituée. Comme même après de nombreuses années il m'était impossible de rembourser cet argent, ces livres, rassemblés pour mes propres besoins particuliers, furent perdus à jamais pour moi.

Merci plus particulièrement à mon ami Sulzer, secrétaire cantonal, que ma femme méprisa d'abord tant à cause de son titre qu'elle comprenait mal, et qui, bien qu'il fût lui-même loin d'être aisé, trouva naturel qu'il l'aide. Malgré mes difficultés, nous avons rapidement réussi à rendre notre petit endroit si confortable que mes simples amis zurichois s'y sentaient tout à fait à l'aise. Ma femme, avec tous ses indéniables talents de héros, a trouvé largement de quoi se distinguer, et je me souviens avec quelle ingéniosité elle a fabriqué un petit truc avec la boîte dans laquelle elle avait aimablement apporté ma musique et mon manuscrit à Zurich.

Mais il fut bientôt temps de réfléchir à la manière de gagner suffisamment d'argent pour subvenir à nos besoins à tous. Mon idée de donner des conférences publiques fut traitée avec mépris par ma femme, qui y voyait une insulte à son orgueil. Elle ne pouvait acquiescer qu'à un seul projet, celui suggéré par Liszt, à savoir que j'écrive un opéra pour Paris. Pour la satisfaire, et compte tenu du fait que je ne voyais aucune chance d' occupation rémunératrice à portée de main, j'ai effectivement rouvert une correspondance à ce sujet avec mon grand ami et son secrétaire Bello ni à Paris. Entre-temps, je ne pouvais pas rester les bras croisés, c'est pourquoi j'ai accepté une invitation de la Société musicale de Zurich à diriger une composition classique lors d'un de leurs concerts et j'ai travaillé à cette fin avec leur très pauvre orchestre sur la Symphonie en la majeur de Beethoven. Bien que le résultat ait été réussi et que j'ai reçu cinq napoléons pour ma peine, cela a rendu ma femme très malheureuse, car elle ne pouvait pas oublier l'excellent orchestre et le public beaucoup plus reconnaissant, qui, peu de temps auparavant à Dresde, aurait secondé et récompensé. efforts similaires de ma part. Son seul et unique idéal était que, par tous les moyens, et au mépris total de tout scrupule artistique, je me fasse une brillante réputation à Paris. Tandis que nous étions tous deux absolument embarrassés de savoir d'où nous trouverions les fonds nécessaires à notre voyage à Paris et à notre séjour, je me replongeai dans mon étude philosophique de l'art, comme étant le seul domaine qui me restait encore ouvert.

Harcelé par les soucis d'une terrible lutte pour l'existence, j'ai écrit l'intégralité de Das Kunstwerk der Zukunft dans l'atmosphère glaciale d'une petite pièce sans soleil au rez-de-chaussée pendant les mois de novembre et décembre de cette année-là. Minna n'avait aucune objection à cette occupation lorsque je lui ai parlé du succès de mon premier pamphlet et de l'espoir que j'avais d'être payé encore mieux pour ce travail plus étendu.

Ainsi, pendant un certain temps, je jouis d'une paix relative, même si dans mon cœur un esprit d'inquiétude commençait à régner, grâce à ma connaissance croissante des œuvres de Feuerbach. J'ai toujours eu envie de sonder les profondeurs de la philosophie, tout comme j'avais été amené par l'influence mystique de la Neuvième Symphonie de Beethoven à fouiller les recoins les plus profonds de la musique. Mes premiers efforts pour satisfaire ce désir avaient échoué. Aucun des professeurs de Leipzig n'avait réussi à me fasciner avec ses cours sur la philosophie et la logique fondamentales. Je m'étais procuré l'ouvrage de Schelling, Idéalisme transcendantal, recommandé par Gustav Schlesinger, un ami de Laube, mais c'était en vain que je me creusais la tête pour essayer de tirer quelque chose des premières pages, et je revenais toujours à ma Neuvième Symphonie. .

Durant la dernière partie de mon séjour à Dresde, j'étais revenu à ces anciennes études, dont le désir s'était soudain réveillé en moi, et j'y ajoutais les études historiques plus approfondies qui m'avaient toujours fasciné. Comme introduction à la philosophie, j'ai choisi maintenant la Philosophie de l'histoire de Hegel. Une grande partie de cela m'a profondément impressionné, et il me semblait maintenant que je devais finalement pénétrer dans le Saint des Saints par ce chemin. Plus nombre de ses conclusions spéculatives me paraissaient incompréhensibles, plus je me sentais désireux d'approfondir la question de « l'Absolu » et tout ce qui s'y rapportait jusqu'au cœur. Car j'admirais tellement l'esprit puissant de Hegel qu'il me semblait qu'il était la clé de voûte même de toute pensée philosophique.

La révolution est intervenue ; les tendances pratiques d'une reconstruction sociale ont détourné mon attention, et comme je l'ai déjà dit, c'est un prêtre catholique allemand et agitateur politique (ancien étudiant en théologie nommé Menzdorff, qui portait un chapeau calabrais) [18] qui a dessiné mon attention au « seul véritable philosophe des temps modernes », Ludwig Feuerbach. Mon nouvel ami zurichois, le professeur de piano Wilhelm Baumgartner, m'a fait cadeau du livre de Feuerbach sur Tod und Unsterblichkeit (« Mort et immortalité »). Le style lyrique bien connu et émouvant de l'auteur m'a beaucoup fasciné en tant que profane. Les questions complexes qu'il pose dans ce livre comme si elles étaient discutées pour la première fois par lui, et qu'il traite d'une manière charmante et exhaustive, m'avaient souvent occupé l'esprit depuis les premiers jours de ma connaissance avec Lehrs à Paris. tout comme ils occupent l'esprit de tout homme imaginatif et sérieux. Mais chez moi cela ne durait pas, et je m'étais contenté des suggestions poétiques sur ces sujets importants qui apparaissent çà et là dans les œuvres de nos grands poètes.

[18] Un grand chapeau de feutre blanc à larges bords, effilé en pointe, porté à l'origine par les habitants de la Calabre et, en 1848, signe du républicanisme.—EDITEUR.

La franchise avec laquelle Feuerbach expose ses vues sur ces questions intéressantes, dans les parties les plus matures de son livre, m'a plu autant par leurs tendances tragiques que par leurs tendances social-radicales. Il semblait juste que la seule véritable immortalité soit celle des actes sublimes et des grandes œuvres d'art. Il était plus difficile de maintenir un quelconque intérêt pour Das Wesen des Christenthums (« L'Essence du christianisme ») du même auteur, car il était impossible, en lisant cet ouvrage, de ne pas prendre conscience, même involontairement, de la manière prolixe et maladroite avec laquelle il s'étend sur l'idée simple et fondamentale, à savoir la religion expliquée d'un point de vue purement subjectif et psychologique. Néanmoins, à partir de ce jour, j'ai toujours considéré Feuerbach comme le représentant idéal de la libération radicale de l'individu de l'esclavage des notions acceptées, fondée sur la croyance en l'autorité. Les initiés ne s'étonneront donc pas que j'aie dédié mon Kunstwerk der Zukunft à Feuerbach et que je lui ai adressé sa préface.

Mon ami Sulzer, fervent disciple de Hegel, était très désolé de me voir si intéressé par Feuerbach, qu'il ne reconnaissait même pas du tout comme philosophe. Il dit que la meilleure chose que Feuerbach avait faite pour moi était d'avoir été le moyen d'éveiller mes idées, alors que lui-même n'en avait pas. Mais ce qui m'avait réellement incité à attacher tant d'importance à Feuerbach, c'était la conclusion par laquelle il s'était séparé de son maître Hegel, à savoir que la meilleure philosophie était de ne pas avoir de philosophie, théorie qui simplifiait grandement ce que j'avais auparavant. considéré comme une étude très terrifiante – et deuxièmement, que seul était réel ce qui pouvait être constaté par les sens.

Le fait qu'il ait proclamé ce que nous appelons « esprit » comme étant une perception esthétique de nos sens, ainsi que sa déclaration concernant la futilité de la philosophie, ce sont les deux choses en lui qui m'ont été d'une aide si utile dans mes conceptions d'un tout. une œuvre d'art enveloppante, un drame parfait qui devrait faire appel aux émotions les plus simples et les plus purement humaines au moment même où il approche de son accomplissement en tant que Kunstwerk der Zukunft. C'est sans doute cela que Sulzer avait en tête lorsqu'il parlait de manière désobligeante de l'influence de Feuerbach sur moi. Quoi qu'il en soit, au bout d'un moment, je ne pouvais certainement plus revenir à ses œuvres, et je me souviens que son livre récemment publié, Uber das Wesen der Religion (« Conférences sur l'essence de la religion »), m'a tellement effrayé par l'ennui de son seul titre, que lorsque Herwegh l'a ouvert à mon intention, je l'ai refermé avec fracas sous son nez.

A cette époque, je travaillais avec beaucoup d'enthousiasme à la rédaction d'un essai connexe et je fus ravi un jour de recevoir la visite du romancier et érudit tieckien Eduard von Bülow (le père de mon jeune ami Bülow), qui était de passage à Berlin. Zurich. Dans ma petite chambre, je lui ai lu mon chapitre sur la poésie, et je n'ai pu m'empêcher de remarquer qu'il était très surpris par mes idées sur le drame littéraire et sur l'avènement du nouveau Shakespeare. Je pensais que c'était une raison de plus pour que l'éditeur Wigand accepte mon nouveau livre révolutionnaire et espérait qu'il me paierait une redevance proportionnelle à la plus grande taille de l'ouvrage. Je demandai vingt louis d'or, et cette somme il accepta de me la payer.

La perspective de recevoir cette somme m'incita à réaliser le projet que la nécessité m'avait imposé de voyager à Paris et d'y tenter ma chance comme compositeur d'opéra. Ce plan présentait des inconvénients très sérieux ; non seulement je détestais cette idée, mais je savais que je me faisais une injustice en croyant au succès de mon entreprise, car je sentais que je ne pourrais jamais m'y lancer sérieusement corps et âme. Mais tout concourait à me faire tenter l'expérience, et ce fut surtout Liszt qui, persuadé que c'était mon seul chemin vers la gloire, insista pour que je rouvre les négociations dans lesquelles Belloni et moi étions engagés au cours de l'été précédent. Pour montrer avec quel sérieux j'essayais d'envisager les chances de réaliser mon projet, j'ai rédigé l'intrigue de l'opéra, que le poète français n'aurait qu'à mettre en vers, car je n'ai jamais imaginé un seul instant que cela serait possible. pour qu'il réfléchisse et écrive un livret dont je n'aurais qu'à composer la musique. J'ai choisi pour sujet la légende de Wieland der Schmied, que j'ai commentée avec une certaine insistance à la fin de mon Kunstwerk der Zukunft récemment terminé, et dont la version de Simrock, tirée de la légende de Wilkyna, m'avait beaucoup attiré.

J'ai esquissé le scénario complet avec indication précise des dialogues en trois actes et, le cœur lourd, j'ai décidé de le confier à mon auteur parisien pour qu'il l'élabore. Liszt pensait voir un moyen de faire connaître ma musique à travers ses relations avec Seghers, directeur musical d'une société alors connue sous le nom de « Concerts de Sainte-Cécile ». En janvier de l'année suivante, l'ouverture de Tannhäuser devait être donnée sous sa direction, et il me paraissait donc opportun que j'arrive à Paris quelque temps avant cet événement. Cette entreprise, qui paraissait si difficile à cause de mon manque total de fonds, fut enfin facilitée d'une manière tout à fait inattendue.

J'avais écrit à ma famille pour demander de l'aide et j'avais fait appel à tous les vieux amis auxquels je pouvais penser, mais en vain. De la part de la famille de mon frère Albert notamment, dont la fille venait d'entamer une brillante carrière théâtrale, j'ai été traité à peu près de la même manière qu'on traite un malade dont on craint d'être infecté. Par contraste avec leur dureté, j'ai été profondément touché par le dévouement de la famille Ritter, restée à Dresde ; car, à part ma connaissance du jeune Karl, je connaissais à peine ces gens. Par la gentillesse de mon vieil ami Heine, qui avait été informé de ma situation, Mme Julie Ritter, la vénérable mère de famille, avait cru de son devoir de mettre, par l'intermédiaire d'un ami d'affaires, la somme de mille cinq cents marks à ma disposition. . Vers la même époque, je reçus une lettre de Mme. Laussot, qui m'avait rendu visite à Dresde l'année précédente et qui m'assurait maintenant, dans les termes les plus touchants, de sa sympathie continue.

Ce furent les premiers signes de cette nouvelle phase de ma vie dans laquelle j'entrai à partir de ce jour et dans laquelle je m'habituai à considérer les circonstances extérieures de mon existence comme étant simplement soumises à ma volonté. Et c'est ainsi que j'ai pu échapper à l'étroitesse de ma vie familiale.

Pour le moment, l'aide financière proposée me répugnait beaucoup, car elle semblait m'interdire de soulever de nouvelles objections à la réalisation des projets détestés de Paris. Cependant, lorsque, fort de ce changement favorable dans mes affaires, je suggérai à ma femme que nous pourrions quand même nous contenter de rester à Zürich, elle s'emporta dans la plus violente colère à cause de ma faiblesse et de mon manque d'entrain, et a déclaré que si je ne me décidais pas à réaliser quelque chose à Paris, elle perdrait toute confiance en moi. Elle a dit en outre qu'elle refusait absolument d'être témoin de ma misère et de mon chagrin en tant que misérable homme de lettres et insignifiant chef d'orchestre de concerts locaux à Zürich.

Nous étions entrés dans l'année 1850 ; J'avais décidé d'aller à Paris, ne serait-ce que pour la paix, mais j'ai dû reporter mon voyage en raison de problèmes de santé. La réaction consécutive à la terrible excitation des derniers temps n'avait pas manqué d'agir sur mes nerfs à bout, et un état d'épuisement complet s'en était suivi. Les rhumes continuels, malgré lesquels j'avais été obligé de travailler dans ma chambre très insalubre, avaient fini par donner lieu à des symptômes alarmants. Une certaine faiblesse de la poitrine devint apparente, et le médecin (réfugié politique) entreprit de la guérir par l'application d'emplâtres à la poix. A cause de ce traitement et de l'effet irritant qu'il produisit sur mes nerfs, je perdis complètement la voix pendant un moment ; sur quoi on me dit que je devais partir pour changer. En sortant acheter mon billet pour le voyage, je me sentais si faible et j'étais pris de sueurs si terribles que je me dépêchai de retourner auprès de ma femme pour la consulter sur l'opportunité, dans les circonstances, d'abandonner l'idée du voyage. expédition tout à fait. Elle soutenait cependant (et peut-être à juste titre) non seulement que mon état n'était pas dangereux, mais qu'il était en grande partie dû à l'imagination, et qu'une fois au bon endroit, je me rétablirais bientôt.

Un inexprimable sentiment d'amertume me stimula les nerfs, car, furieux et désespéré, je quittai précipitamment la maison pour acheter le maudit billet de voyage et, au début de février, je pris effectivement la route de Paris. J'étais rempli des sentiments les plus extraordinaires, mais l'étincelle d'espoir qui s'alluma alors dans mon cœur n'avait certainement rien à voir avec la croyance qu'on m'avait imposée du dehors, que j'allais réussir à Paris comme compositeur d'opéras.

J'avais particulièrement hâte de trouver des chambres calmes, car la paix était désormais devenue ma première nécessité, quel que soit l'endroit où je séjournais. Le cocher qui me conduisait de rue en rue à travers les quartiers les plus isolés, et que j'accusais enfin de toujours garder dans les quartiers les plus animés de la ville, protesta enfin avec désespoir qu'on ne venait pas à Paris pour vivre dans un couvent. Finalement, j'ai eu l'idée de chercher ce que je voulais dans une de ces villes où aucun véhicule ne semblait passer, et j'ai décidé de louer des chambres à la Cité de Provence.

Conformément aux plans qui m'avaient été imposés, je rendis immédiatement visite à Herr Seghers au sujet de l'exécution de l'Ouverture de Tannhäuser.

Il s'avéra que, malgré mon arrivée tardive, je n'avais manqué de rien, car ils se creusaient encore la tête pour savoir comment se procurer les parties d'orchestre nécessaires.

J'ai donc dû écrire à Liszt pour lui demander de commander les exemplaires et attendre leur arrivée. Belloni n'était pas en ville, les choses étaient donc au point mort, et j'avais tout le temps de réfléchir à l'objet de ma visite à Paris, tandis qu'un accompagnement incessant était versé à mes méditations par les orgues de Barbarie qui infestent les villes de Paris. Paris.

J'eus beaucoup de peine à convaincre un agent du gouvernement, qui me rendit visite peu après mon arrivée, que ma présence à Paris était due à des raisons artistiques et non à ma situation douteuse de réfugié politique.

Heureusement il fut impressionné par la partition que je lui montrai, ainsi que par l'article de Liszt sur l'Ouverture de Tannhäuser, écrit l'année précédente dans le Journal des Débats, et il me quitta, m'invitant poliment à poursuivre paisiblement et assidûment mes occupations, car la police n'avait pas l'intention de me déranger.

J'ai également consulté mes anciennes connaissances parisiennes. Dans la maison hospitalière de Desplechins, je rencontrai Semper, qui essayait de rendre sa situation aussi tolérable que possible en écrivant une œuvre artistique inférieure. Il avait laissé sa famille à Dresde, d'où nous reçumes bientôt les nouvelles les plus alarmantes. Les prisons s'y remplissaient peu à peu des malheureuses victimes du récent mouvement saxon. Röckel, Bakounine et Heubner, on entendait seulement qu'ils étaient accusés de haute trahison et qu'ils attendaient la peine de mort.

Compte tenu des nouvelles qui arrivaient continuellement concernant la cruauté et la brutalité avec lesquelles les soldats traitaient les prisonniers, nous ne pouvions nous empêcher de considérer notre sort comme très heureux.

Mes rapports avec Semper, que je voyais fréquemment, étaient généralement animés d'une gaieté parfois assez risquée ; il était déterminé à rejoindre sa famille à Londres, où la perspective de diverses nominations lui était ouverte. Mes dernières tentatives d'écriture et les pensées exprimées dans mon travail l'intéressaient beaucoup et donnaient lieu à des conversations animées dans lesquelles nous étions rejoints par Kietz, qui était d'abord amusant, mais visiblement ennuyait considérablement Semper. Je trouvai le premier dans la même situation où je l'avais laissé il y a de nombreuses années : il n'avait pas progressé dans sa peinture et il aurait été heureux que la révolution ait pris une tournure plus décisive, de sorte que, sous le couvert de l'ordre général, confusion, il aurait pu échapper à sa position embarrassante avec son propriétaire. Il a fait à cette époque un assez bon portrait au pastel de moi dans son meilleur et premier style. Pendant que j'étais assis, je lui ai malheureusement parlé de mon Das Kunstwerk der Zukunft et je lui ai ainsi posé les bases de troubles qui ont duré de nombreuses années, alors qu'il essayait d'inculquer mes nouvelles idées à la bourgeoisie parisienne aux tables de laquelle il avait jusqu'alors été un invité de bienvenue. Il restait néanmoins, comme autrefois, un homme bon, serviable et sincère, et même Semper ne pouvait s'empêcher de le supporter joyeusement. J'ai aussi recherché mon ami Anders. Il était difficile de le retrouver à n'importe quelle heure de la journée, car, hors des heures de sommeil, il était enfermé dans la bibliothèque, où il ne pouvait recevoir personne, et se retirait ensuite dans la salle de lecture pour passer ses heures de repos, et il allait généralement dîner chez certaines familles bourgeoises où il donnait des cours de musique. Il avait considérablement vieilli, mais j'étais heureux de le trouver, comparativement parlant, en meilleure santé que l'état dans lequel je l'avais vu pour la dernière fois ne me permettait d'espérer, comme lorsque je quittai Paris auparavant, il semblait en déclin. . Curieusement, une jambe cassée avait été le moyen d'améliorer sa santé, les soins nécessaires l'ayant conduit à une station thermale, où son état s'était beaucoup amélioré. Sa seule idée était de me voir obtenir un grand succès à Paris, et il souhaitait s'assurer à l'avance une place pour la première représentation de mon opéra, dont il tenait pour acquis qu'il serait présenté, et il répétait que ce serait très éprouvant. pour lui d'occuper une place dans n'importe quelle partie du théâtre où il y aurait probablement une cohue. Il ne voyait pas l'utilité de mon œuvre littéraire actuelle ; malgré cela, je m'y livrai de nouveau exclusivement, car je m'aperçus bientôt que mon ouverture à Tannhäuser n'avait aucune chance d'être réalisée. Liszt avait montré le plus grand zèle pour obtenir et transmettre les parties d'orchestre ; mais Herr Seghers m'a informé qu'en ce qui concerne son propre orchestre, il se trouvait dans une démocratie républicaine où chaque instrument avait un droit égal à exprimer son opinion, et il avait été décidé à l'unanimité que pour le reste de la saison d'hiver, ce qui était maintenant sur le point de se terminer, on pouvait se passer de mon ouverture. J'ai tiré suffisamment de cette tournure des choses pour comprendre à quel point ma situation était précaire.

Il est vrai que le résultat de mes écrits n'était guère moins décourageant. Un exemplaire de l'édition Wigand de mon Kunstwerk der Zukunft m'a été envoyé plein d'horribles fautes d'impression, et au lieu de la rémunération attendue de vingt louis d'or, mon éditeur m'a expliqué que pour le moment il ne pouvait me payer que la moitié de cette somme, car , du fait qu'au début la vente du Kunst und Revolution avait été très rapide, il avait été amené à attacher une valeur commerciale trop élevée à mes écrits, erreur qu'il avait vite découverte en constatant qu'il n'y avait pas de demande pour Die Nibelungen.

D'un autre côté, j'ai reçu une offre de travail rémunérateur de la part d'Adolph Kolatschek, qui était également un fugitif et qui allait publier un mensuel allemand comme organe du parti progressiste. En réponse à cette invitation, j'ai écrit un long essai sur Kunst und Klima (« Art et climat »), dans lequel j'ai complété les idées que j'avais déjà évoquées dans mon Kunstwerk der Zukunft. En outre, j'avais, depuis mon arrivée à Paris, élaboré une esquisse plus complète de Wieland der Schmied. Il est vrai que ce travail n'avait plus aucune valeur, et je me demandais avec appréhension ce que je pourrais écrire à ma femme, maintenant que le dernier précieux envoi de fonds avait été si inutilement sacrifié. L'idée de retourner à Zürich me répugnait autant que la perspective de rester plus longtemps à Paris. Mes sentiments à l'égard de cette dernière alternative furent intensifiés par l'impression que me fit l'opéra Le Prophète de Meyerbeer, qui venait d'être produit et que je n'avais jamais entendu auparavant. S'élevant sur les ruines des espoirs d'un effort nouveau et plus noble qui avait animé les meilleures œuvres de l'année écoulée - seul résultat des négociations de la république française provisoire pour l'encouragement de l'art - j'ai vu cette œuvre de la rupture de Meyerbeer sur le monde comme l'aube annonçant ce jour de désolation honteuse. J'étais tellement écoeuré par cette représentation que, bien que malheureusement placé au centre des gradins et que j'aurais volontiers évité le dérangement nécessairement occasionné par le mouvement d'un des spectateurs au milieu d'un acte, cette considération même ne m'a pas empêché de se lever et quitter la maison. Lorsque la célèbre mère du prophète exprime enfin sa douleur dans la célèbre série de roulades ridicules, j'étais rempli de rage et de désespoir à l'idée qu'on me demanderait d'écouter une pareille chose, et je ne l'ai plus jamais fait. Je prête la moindre attention à cet opéra.

Mais que devais-je faire ensuite ? De même que les républiques sud-américaines m'avaient attiré lors de mon premier misérable séjour à Paris, mon désir se tournait désormais vers l'Est, où je pourrais vivre ma vie d'une manière digne d'un être humain, loin de ce monde moderne. Pendant que j'étais dans cet état d'esprit, je fus appelé à répondre à une autre demande de Mme. Laussot à Bordeaux. Il s'est avéré que ma réponse l'a incitée à m'envoyer une invitation aimable et pressante à aller rester chez elle, au moins pour une courte période, pour me reposer et oublier mes ennuis. En tout cas, une excursion dans des régions plus méridionales, que je n'avais pas encore vues, et une visite à des gens qui, bien que totalement étrangers, me témoignaient un intérêt si amical, ne pouvaient manquer de s'avérer attrayantes et flatteuses. J'acceptai, réglai mes affaires à Paris, et partis en car via Orléans, Tours et Angoulême, descendis la Gironde jusqu'à la ville inconnue, où je fus reçu avec beaucoup de courtoisie et de cordialité par le jeune négociant en vins Eugène Laussot, et présenté à mon jeune ami sympathique, sa femme. Une connaissance plus étroite de la famille, dans laquelle Mme Taylor, Mme. La mère de Laussot y était désormais également incluse, ce qui fit mieux comprendre le caractère de la sympathie que m'accordaient d'une manière si cordiale et si inattendue des personnes jusqu'alors inconnues. Jessie, comme on appelait la jeune épouse à la maison, était devenue, au cours d'un assez long séjour à Dresde, très intime avec la famille Ritter, et je n'avais aucune raison de douter de l'assurance qui m'avait été donnée que l'intérêt des Laussot pour moi et mon le travail était principalement dû à cette intimité. Après ma fuite de Dresde, dès que la nouvelle de mes difficultés fut parvenue aux Ritter, une correspondance s'était établie entre Dresde et Bordeaux en vue de déterminer la meilleure manière de m'aider. Jessie attribuait toute l'idée à Mme Julie Ritter qui, tout en n'étant pas assez aisée pour me verser une allocation suffisante, s'efforçait de s'entendre avec la mère de Jessie, la veuve aisée d'un avocat anglais, dont les revenus a entièrement soutenu le jeune couple bordelais. Ce plan avait si bien réussi, que peu après mon arrivée à Bordeaux, Mme Taylor m'informa que les deux familles s'étaient réunies, et qu'il avait été décidé de me demander d'accepter une aide de trois mille francs par an jusqu'au retour de meilleurs jours. Mon seul objectif était maintenant d'éclairer mes bienfaiteurs sur les conditions exactes dans lesquelles j'accepterais une telle assistance. Je ne pouvais plus compter sur aucun succès comme compositeur d'opéra, ni à Paris ni ailleurs ; quelle ligne devrais-je adopter à la place, je ne le savais pas ; mais, en tout cas, j'étais déterminé à me préserver de la honte qui se refléterait sur ma vie entière si j'utilisais les moyens tels que cette offre présentée pour assurer le succès. Je suis sûr de ne pas avoir tort de croire que Jessie était la seule à me comprendre, et même si je n'ai éprouvé que de la gentillesse de la part du reste de la famille, j'ai vite découvert le gouffre par lequel elle, ainsi que moi, étions séparés d'elle. mère et mari. Tandis que le mari, qui était un beau jeune homme, était absent la plus grande partie de la journée pour vaquer à ses affaires, et que la surdité de la mère l'excluait en grande partie de nos conversations, nous découvrîmes bientôt, par un rapide échange d'idées, que nous partagions les mêmes opinions sur de nombreux sujets importants, ce qui a créé entre nous un grand sentiment d'amitié. Jessie, qui avait alors environ vingt-deux ans, ne ressemblait guère à sa mère et tenait sans doute de son père, dont j'ai entendu des récits des plus flatteurs. Une collection de livres importante et variée offerte par cet homme à sa fille montrait ses goûts, car en plus d'exercer sa lucrative profession d'avocat, il s'était consacré à l'étude de la littérature et des sciences. De lui, Jessie avait également appris l'allemand lorsqu'elle était enfant et elle parlait cette langue avec une grande aisance. Elle avait été élevée dans les contes de Grimm et connaissait, en outre, à fond la poésie allemande, ainsi que celle de l'Angleterre et de la France, et sa connaissance en était aussi approfondie que l'éducation la plus avancée pouvait l'exiger. La littérature française ne l'attirait pas beaucoup. Sa rapidité de compréhension était étonnante. Tout ce que j'évoquais, elle le saisit et l'assimila immédiatement. Il en était de même pour la musique : elle lisait à vue avec la plus grande facilité et était une joueuse accomplie. Pendant son séjour à Dresde, on lui avait dit que j'étais toujours à la recherche d'un pianiste capable de jouer la grande Sonate en si bémol majeur de Beethoven, et elle m'a maintenant étonné par son interprétation achevée de cette pièce des plus difficiles. L'émotion suscitée en moi par la découverte d'un talent aussi exceptionnellement développé s'est soudainement transformée en anxiété lorsque je l'ai entendu chanter. Sa voix aiguë et aiguë, dans laquelle il y avait de la force mais pas de réelle profondeur de sentiment, m'a tellement choqué que je n'ai pas pu m'empêcher de la supplier de cesser de chanter à l'avenir. Quant à l'exécution de la sonate, elle écoutait avec attention mes instructions sur la manière de l'interpréter, même si je ne sentais pas qu'elle parviendrait à la rendre selon mes idées. Je lui ai lu mes derniers essais et elle semblait comprendre parfaitement même les descriptions les plus extraordinaires. Mon poème sur Tod de Siegfried l'a profondément émue, mais elle a préféré mon esquisse de Wieland der Schmied. Elle a admis par la suite qu'elle préférerait s'imaginer jouer le rôle de la digne épouse de Wieland plutôt que de se retrouver dans cette situation et obligée de subir le sort de Gutrune dans Siegfried. Il s'ensuivait inévitablement que la présence des autres membres de la famille s'avérait gênante lorsque nous voulions discuter et aborder ces différents sujets. Si nous étions quelque peu gênés de devoir nous avouer que Mme Taylor ne comprendrait certainement jamais pourquoi on me proposait de l'aide, j'étais encore plus décontenancé de constater au bout d'un moment l'absence totale d'harmonie entre le jeune couple, notamment d'un point de vue intellectuel. Le fait que Laussot était depuis quelque temps bien conscient de l'aversion de sa femme pour lui se montra clairement lorsqu'un jour il s'oublia jusqu'à se plaindre haut et fort qu'elle n'aimerait même pas un de ses enfants si elle en avait un, et qu'il trouvait donc heureux qu'elle ne soit pas mère. Étonné et attristé, je contemplai soudain un abîme qui se cachait ici, comme c'est souvent le cas, sous les apparences d'une vie conjugale assez heureuse. Vers cette époque, et au moment où ma visite, qui durait déjà trois semaines, touchait à sa fin, je reçus de ma femme une lettre qui ne pouvait avoir un effet plus fâcheux sur mon état d'esprit. Elle était, dans l'ensemble, contente que j'aie trouvé de nouveaux amis, mais elle m'expliqua en même temps que si je ne retournais pas immédiatement à Paris et n'y essayais pas d'assurer la production de mon ouverture avec les résultats escomptés, elle ne saurait pas. que penser de moi, et je ne me comprendrais certainement pas si je retournais à Zürich sans avoir atteint mon dessein. En même temps, ma dépression fut terriblement aggravée par une annonce dans les journaux annonçant que Röckel, Bakounine et Heubner avaient été condamnés à mort et que la date de leur exécution était fixée. J'écrivis aux deux premiers une lettre d'adieu courte mais émouvante, et comme je ne voyais aucune possibilité de la faire parvenir aux prisonniers, qui étaient enfermés dans la forteresse de Königstein, je décidai de l'envoyer à Mme von Lüttichau, pour qu'elle la fasse parvenir. par elle, parce que je pensais qu'elle était la seule personne en qui il était possible de faire cela pour moi, alors qu'en même temps elle avait suffisamment de générosité et d'indépendance d'esprit pour lui permettre de respecter et d'exécuter mes souhaits, en malgré toute éventuelle divergence d'opinions qu'elle pourrait entretenir. On m'apprit quelque temps après que Lüttichau s'était emparé de la lettre et l'avait jetée au feu. Pour le moment, cette douloureuse impression m'a aidé à la détermination de rompre avec tout et avec tout, à perdre tout désir d'en apprendre davantage sur la vie ou sur l'art, et, même au risque de devoir endurer les plus grandes privations, à faire confiance à chance et me mettre hors de portée de tout le monde. Le petit revenu que m'avaient confié mes amis, je voulais le partager entre moi et ma femme, et aller avec ma moitié en Grèce ou en Asie Mineure, et là, Dieu seul savait comment, chercher à oublier et à se faire oublier. Je communiquai ce projet à la seule confidente qu'il me restait, principalement afin qu'elle pût éclairer mes bienfaiteurs sur la manière dont je comptais disposer des revenus qu'ils m'avaient offerts. Elle semblait contente de cette idée, et la résolution de s'abandonner au même sort lui paraissait aussi, dans son ressentiment contre sa position, une affaire assez facile. Elle nous exprimait beaucoup par des allusions et un mot laissé tomber ici et là. Sans bien comprendre à quoi cela aboutirait, et sans m'entendre avec elle, je quittai Bordeaux vers la fin avril, plus excité qu'apaisé, rempli de regret et d'inquiétude. Je suis rentré à Paris, pour le moment, abasourdi et plein d'incertitude quant à la suite des événements. Très malade, épuisé et en même temps excité par le manque de sommeil, j'arrivai à destination et m'arrêtai à l'hôtel Valois, où je restai une semaine, luttant pour me maîtriser et faire face à mon étrange situation. Même si j'avais souhaité reprendre les projets qui avaient contribué à m'amener à Paris, je me suis vite convaincu que peu ou rien ne pouvait être fait. J'étais rempli de détresse et de colère d'être appelé à gaspiller mes énergies dans une direction contraire à mes goûts, simplement pour satisfaire les exigences déraisonnables qui m'étaient imposées. Je fus enfin obligé de répondre à la dernière communication pressante de ma femme et je lui écrivis une lettre longue et détaillée dans laquelle je retraçai avec bonté, mais en même temps franchement, toute notre vie commune et lui expliquai que j'étais pleinement déterminé à mettre fin à ma vie commune. elle était libre de toute participation immédiate à mon sort, car je me sentais tout à fait incapable de l'arranger de manière à rencontrer son approbation. Je lui ai promis la moitié des moyens dont je disposerais maintenant ou dans l'avenir, et je lui ai dit qu'elle devait accepter cet arrangement de bonne grâce, car l'occasion s'était présentée maintenant de prendre cette mesure de se séparer de moi qui, notre première rencontre en Suisse, elle s'était déclarée prête à le faire. J'ai terminé ma lettre sans lui dire un dernier adieu. J'écrivis alors immédiatement à Bordeaux pour informer Jessie de la mesure que j'avais prise, bien que mes moyens ne me permettaient pas encore de former un plan précis que je pourrais lui communiquer pour ma fuite complète hors du monde. En retour, elle m'annonça qu'elle était résolue à faire de même et demanda ma protection, sous laquelle elle comptait se placer une fois libérée. Très alarmé, j'ai fait tout ce qui était en mon pouvoir pour lui faire comprendre que c'était une chose pour un homme, placé dans une situation aussi désespérée que moi, de se laisser à la dérive face à des difficultés insurmontables, mais une tout autre chose pour une jeune femme. , du moins selon toutes les apparences, heureusement installée, de décider de démolir son foyer, pour des raisons que personne, à part moi, ne serait probablement en mesure de comprendre. Concernant le caractère peu conventionnel de sa résolution aux yeux du monde, elle m'a assuré qu'elle se déroulerait aussi discrètement que possible et que pour le moment elle pensait simplement à organiser une visite à ses amis les Ritter à Dresde. Tout cela me bouleversa tellement que je cédai à mon besoin de retraite et la cherchai à peu de distance de Paris. Vers le milieu d'avril, je me rendis à Montmorency, dont j'avais entendu de nombreux récits agréables, et j'y cherchai une modeste cachette. Avec beaucoup de peine, je me traînai jusqu'aux abords de la petite ville, où la campagne avait encore un aspect hivernal, et me dirigeai vers le petit bout de jardin appartenant à un marchand de vins, qui n'était rempli de visiteurs que le dimanche et qui s'y rafraîchissait. moi-même avec du pain et du fromage et une bouteille de vin. Une foule de poules m'entourait, et je leur lançais des morceaux de pain, et j'étais touché par l'abnégation altruiste avec laquelle le coq donnait tout à ses femmes, bien que je le visais particulièrement. Ils devinrent de plus en plus hardis, et finirent par se jeter sur la table et attaquer mes provisions ; le coq vola après eux, et, s'apercevant que tout était à l'envers, se jeta sur le fromage avec l'empressement d'un besoin longtemps insatisfait. Lorsque je me trouvai chassé de table par ce chaos de battements d'ailes, j'étais rempli d'une gaieté à laquelle j'avais longtemps été étranger. Je ris de bon cœur et cherchai du regard l'enseigne de l'auberge. Je découvris ainsi que mon hôte se réjouissait au nom d'Homo. Cela semblait être un indice du Destin, et je sentais que je devais chercher refuge ici à tout prix. On me montra une chambre extraordinairement petite et étroite, dans laquelle je m'occupai immédiatement. Outre le lit, il contenait une table grossière et deux chaises en rotin. J'en ai disposé un comme lavabo, et sur la table j'ai placé quelques livres, du matériel d'écriture et la partition de Lohengrin, et j'ai presque poussé un soupir de contentement malgré mon logement extrêmement exigu. Même si le temps restait incertain et que les bois aux arbres sans feuilles ne semblaient pas offrir des perspectives de promenades très alléchantes, je sentais quand même qu'ici il y avait une possibilité d'être oublié, et qu'on me permette aussi à mon tour d'oublier les événements qui s'étaient produits. m'avait récemment rempli d'une anxiété désespérée en Midi. Mon vieil instinct artistique s'est réveillé à nouveau. J'ai examiné ma partition de Lohengrin et j'ai rapidement décidé de l'envoyer à Liszt et de lui laisser le soin de la faire ressortir du mieux qu'il pouvait. Maintenant que je m'étais également débarrassé de cette partition, je me sentais libre comme un oiseau et aussi insouciant que Diogène quant à ce qui pouvait m'arriver. J'ai même invité Kietz à venir séjourner chez moi et à partager les plaisirs de ma retraite. Il est effectivement venu, comme il l'avait fait pendant mon séjour à Mendon ; mais il me trouva encore plus modestement installé que je ne l'avais été là. Il était cependant tout à fait disposé à partager des repas partagés et dormait gaiement sur un lit improvisé, promettant de garder le monde en contact avec moi à son retour à Paris. Je fus soudain tiré de mon état de complaisance par la nouvelle que ma femme était venue à Paris pour me chercher. J'eus une heure de lutte pénible avec moi-même pour décider de la voie que je devais suivre, et je décidai de ne pas laisser la démarche que j'avais prise à son égard être considérée comme un caprice inconsidéré et excusable. Je quittai Montmorency et me rendis à Paris, convoquai Kietz à mon hôtel et lui demandai de dire à ma femme, qui avait déjà essayé de se faire admettre chez lui, qu'il ne savait plus rien de moi, sinon que j'avais quitté Paris. Le pauvre garçon, qui avait autant de pitié pour Minna que pour moi, fut si complètement abasourdi à cette occasion, qu'il déclara qu'il se sentait comme l'axe sur lequel tournait toute la misère du monde. Mais il se rendit apparemment compte de la signification et de l'importance de ma décision, comme il le fallait, et s'acquitta de cette affaire délicate avec intelligence et bon sentiment. Cette nuit-là, je quittai Paris en train pour Clermont-Tonnerre, d'où je me rendis à Genève, où j'attendais des nouvelles de Mme Ritter à Dresde. Mon épuisement était tel que, même si j'avais eu les moyens nécessaires, je n'aurais pas encore pu envisager de subir les fatigues d'un long voyage. Afin de gagner du temps pour de futurs développements, je me retirai à Villeneuve, à l'autre bout du lac Léman, où je m'installai à l'hôtel Byron, alors complètement vide. C'est là que j'appris que Karl Ritter était arrivé à Zürich, comme il l'avait annoncé, avec l'intention de me rendre visite.

Lui faisant comprendre la nécessité du secret le plus strict, je l'invitai à me rejoindre au bord du lac Léman et, la deuxième semaine de mai, nous nous rencontrâmes à l'hôtel Byron. Ce qui me plaisait chez lui, c'était son dévouement absolu, sa compréhension prompte de ma position et de la nécessité de mes résolutions, ainsi que sa disponibilité à se soumettre sans contestation à tous mes arrangements, même en ce qui le concernait lui-même. Il était plein de mes derniers efforts littéraires, me racontait l'impression qu'ils avaient faite sur ses connaissances et m'incitait ainsi à consacrer les quelques jours de repos dont je jouissais à préparer la publication de mon poème du Tod de Siegfried.

J'ai écrit une courte préface dédicaçant ce poème à mes amis comme une relique de l'époque où j'avais espéré me consacrer entièrement à l'art, et notamment à la composition musicale. J'ai envoyé ce manuscrit à M. Wigand à Leipzig, qui me l'a rendu après quelque temps avec la remarque que si j'insistais pour qu'il soit imprimé en caractères latins, il ne pourrait pas en vendre un seul exemplaire. Plus tard, j'appris qu'il refusait délibérément de me payer les dix louis d'or qui m'étaient dus pour Das Kunstwerk der Zukunft, que je lui avais ordonné d'envoyer à ma femme. Aussi décevant que tout cela fût, je ne pus néanmoins poursuivre mon travail, car quelques jours seulement après l'arrivée de Karl, les réalités de la vie se faisaient sentir d'une manière inattendue, bouleversant au plus haut point ma tranquillité d'esprit. J'ai reçu une lettre très excitée de Mme. Laussot de me dire qu'elle n'avait pas pu s'empêcher de faire part de ses intentions à sa mère, qu'en le faisant elle avait immédiatement éveillé le soupçon que j'étais coupable, et que par conséquent sa révélation avait été communiquée à M. Laussot, qui a juré de me chercher partout pour me tirer une balle dans le corps. La situation était assez claire, et je décidai de me rendre immédiatement à Bordeaux pour m'entendre avec mon adversaire. J'écrivis aussitôt en détail à M. Eugène, tâchant de lui faire voir les choses sous leur vrai jour, mais en même temps je me suis déclaré incapable de comprendre comment un homme pouvait se résoudre à retenir de force une femme auprès de lui, alors qu'elle ne voulait plus rester. Je finis par lui dire que j'arriverais à Bordeaux en même temps que ma lettre, et qu'à mon arrivée, je lui ferais savoir à quel hôtel me trouver ; aussi que je ne dirai pas à sa femme la démarche que je faisais , et qu'il pourra par conséquent agir sans retenue. Je ne lui ai pas caché, en effet, que j'entreprenais ce voyage avec de grandes difficultés, car dans ces circonstances je jugeais impossible d'attendre que mon passeport soit visé par l'envoyé français. En même temps j'écrivais quelques lignes à Mme. Laussot, l'exhortant au calme et à la maîtrise d'elle-même, mais, fidèle à mon dessein, s'abstint même de faire allusion à un quelconque mouvement de ma part. (Quand, des années après, je racontai cette histoire à Liszt, il déclara que j'avais agi très bêtement en faisant part de mes intentions à Mme Laussot.) Je pris congé de Karl le même jour, pour partir le lendemain matin de Genève à mon fastidieux voyage à travers la France. Mais j'étais tellement épuisé par tout cela que je ne pouvais m'empêcher de penser que j'allais mourir. Le soir même, j'écrivis à Mme Ritter à Dresde, en lui faisant un bref compte rendu des incroyables difficultés dans lesquelles j'avais été entraîné. En effet, j'ai éprouvé de grands inconvénient à la frontière française à cause de mon passeport ; On m'a demandé de donner mon lieu exact de destination, et ce n'est qu'après leur avoir assuré que des affaires familiales urgentes exigeaient ma présence immédiate, que les autorités ont fait preuve d'une indulgence exceptionnelle et m'ont permis de continuer.

J'ai voyagé par Lyon à travers l'Auvergne en diligence pendant trois jours et deux nuits, jusqu'à ce que j'atteigne enfin Bordeaux. Nous étions au milieu du mois de mai et, tandis que j'examinais la ville de haut, au petit matin, je la vis éclairée par un incendie qui s'était déclaré. Je descendis à l'hôtel des Quatre-Sœurs, et j'envoyai aussitôt un billet à M. Laussot pour l'informer que je me tenais à sa disposition et que je resterais toute la journée pour le recevoir. Il était neuf heures du matin lorsque je lui ai envoyé ce message. J'attendis en vain une réponse, jusqu'à ce qu'enfin, en fin d'après-midi, je reçoive une convocation du commissariat pour me présenter immédiatement. Là, on m'a d'abord demandé si mon passeport était en règle. J'ai reconnu la difficulté dans laquelle je me trouvais à cet égard et j'ai expliqué que des questions familiales m'avaient nécessité de me placer dans cette situation.

On m'informa alors que c'était précisément cette affaire de famille, qui m'avait sans doute amené là, qui était la cause pour laquelle on devait me refuser la permission de rester plus longtemps à Bordeaux. En réponse à ma question, ils n'ont pas caché que ces poursuites contre moi étaient menées à la demande expresse de la famille concernée. Cette révélation extraordinaire me rendit aussitôt ma bonne humeur. Je demandai à l'inspecteur de police si, après un voyage si éprouvant, on ne me permettrait pas quelques jours de repos avant de rentrer ; Il accéda volontiers à cette demande et me dit que, de toute façon, je n'aurais aucune chance de rencontrer la famille en question, puisqu'elle avait quitté Bordeaux à midi. J'ai utilisé ces deux jours pour me remettre de ma fatigue, et j'ai également écrit une lettre à Jessie, dans laquelle je lui racontais exactement ce qui s'était passé, sans cacher mon mépris pour la conduite de son mari, qui pouvait exposer l'honneur de sa femme par une dénonciation. à la police. J'ajoutai aussi que notre amitié ne pourrait certainement pas continuer tant qu'elle ne se serait pas libérée d'une position aussi humiliante. La prochaine étape était de faire livrer cette lettre en toute sécurité. Les renseignements qui m'ont été fournis par les policiers n'étaient pas suffisants pour m'éclairer sur ce qui s'était exactement passé dans la famille Laussot, s'ils avaient quitté le domicile familial pour un certain temps ou seulement pour une journée, alors je me suis simplement résolu à aller chez eux. J'ai sonné et la porte s'est ouverte ; sans rencontrer personne, je me dirigeai vers l'appartement du premier étage, dont la porte était ouverte, et passai de pièce en pièce jusqu'à ce que j'atteigne le boudoir de Jessie, où je déposai ma lettre dans son panier à travail et revins par où j'étais venu. . Je ne reçus aucune réponse et me mis en route dès que le délai de repos qui m'était accordé fut expiré. Le beau temps de mai m'a réconforté, et l'eau claire, ainsi que le nom agréable de la Dordogne, le long des rives de laquelle la chaise de poste a parcouru une certaine distance, m'ont fait un grand plaisir.

J'ai été aussi amusé par la conversation de deux compagnons de voyage, un prêtre et un officier, sur la nécessité de mettre fin à la République française. Le curé se montra beaucoup plus humain et large d'esprit que son interlocuteur militaire, qui ne pouvait que répéter le seul refrain : « Il faut en finir ». Je jetai maintenant un coup d'œil à Lyon et, en me promenant dans la ville, j'essayai de me rappeler les scènes de l'Histoire des Girondins de Lamartine, où il décrit si vivement le siège et la reddition de la ville pendant la période de la Convention nationale. J'arrivai enfin à Genève et retournai à l'hôtel Byron, où m'attendait Karl Hitter. Pendant mon absence, il avait eu des nouvelles de sa famille, qui m'avait écrit très gentiment à mon sujet. Sa mère l'avait aussitôt rassuré sur mon état, et lui avait fait remarquer que chez les personnes atteintes de troubles nerveux, l'idée de mourir prochainement était un symptôme fréquent, et qu'il n'y avait par conséquent aucune raison de s'inquiéter pour moi. Elle nous a également annoncé son intention de venir nous rendre visite à Villeneuve avec sa fille Emilie dans quelques jours. Cette nouvelle m'a redonné courage ; cette famille dévouée, si soucieuse de mon bien-être, semblait envoyée par la Providence pour me conduire, comme je désirais tant l'être, à une vie nouvelle. Les deux dames sont arrivées à temps pour célébrer mon trente-septième anniversaire, le vingt-deux mai. La mère, Frau Julie, m'a particulièrement fait une profonde impression. Je ne l'avais rencontrée qu'une seule fois à Dresde, lorsque Karl m'avait invité à assister à la représentation d'un quatuor de sa propre composition, donné chez sa mère. A cette occasion, le respect et le dévouement que m'avait témoigné chacun des membres de la famille m'avaient ravi. La mère m'avait à peine parlé, mais quand je partais, elle était émue jusqu'aux larmes en me remerciant de ma visite. Je n'arrivais pas à comprendre son émotion à ce moment-là, mais maintenant, quand je lui en ai rappelé, elle a été surprise et m'a expliqué qu'elle s'était sentie tellement touchée par ma gentillesse inattendue envers son fils.

Elle et sa fille sont restées avec nous environ une semaine. Nous avons cherché à nous divertir en faisant des excursions dans le beau Valais, mais nous n'avons pas réussi à dissiper la tristesse de Mme Hitter, causée par la connaissance des événements récents dont elle avait maintenant été informée, ainsi que par son inquiétude face au cours de ma vie. prise. Comme je l'ai appris plus tard, ce voyage avait coûté un grand effort à cette femme nerveuse et délicate, et lorsque je l'ai exhortée à quitter sa maison pour venir s'établir en Suisse avec sa famille, afin que nous soyons tous unis, elle a dit : La dernière fois m'a fait remarquer qu'en proposant ce qui lui paraissait une entreprise si farfelue, je comptais sur une force et une énergie qu'elle n'avait plus. Pour le moment, elle recommanda à mes soins son fils, qu'elle voulait laisser avec moi, et me donna les moyens nécessaires pour nous entretenir tous deux pour le moment. Sur l'état de sa fortune, elle me dit que ses revenus étaient limités, et que maintenant qu'il lui était impossible d'accepter une quelconque aide des Laussot, elle ne savait pas comment elle pourrait me venir en aide suffisamment pour assurer mon indépendance. Profondément émus, nous avons pris congé de cette vénérable femme au bout d'une semaine, et elle est revenue à Dresde avec sa fille, et je ne l'ai plus jamais revue.

Toujours déterminé à découvrir un moyen de disparaître du monde, j'ai pensé à choisir un coin de montagne sauvage où je pourrais me retirer avec Karl. C'est dans ce but que nous avons cherché le Visper Thal, un village isolé du canton du Valais, et avons emprunté non sans difficulté les routes impraticables menant à Zermatt. Là, au pied du colossal et magnifique Cervin, on pourrait en effet se considérer coupé du monde extérieur. J'ai essayé de rendre les choses aussi confortables que possible dans cette nature sauvage primitive, mais j'ai découvert trop vite que Karl ne pouvait pas se réconcilier avec son environnement. Dès le deuxième jour, il avoua que cela lui paraissait horrible et suggéra que ce serait plus agréable dans le voisinage d'un des lacs. Nous avons étudié la carte de la Suisse et avons choisi Thoune comme prochaine destination. Malheureusement, je me trouvai de nouveau réduit à un état de fatigue nerveuse extrême, dans lequel le moindre effort produisait une transpiration abondante et affaiblie. Ce n'est qu'avec la plus grande force de volonté que j'ai pu sortir de la vallée ; mais finalement nous arrivâmes à Thoune, et avec un courage renouvelé nous occupâmes quelques chambres modestes mais gaies donnant sur la route, et nous proposâmes d'attendre et de voir comment cela nous plairait. Malgré la réserve qui trahissait encore sa timidité de caractère, je trouvais la conversation avec mon jeune ami toujours agréable et animée. Je réalisais alors à quel point le jeune homme pouvait atteindre une vivacité fluide et débordante, surtout la nuit, avant de se coucher, lorsqu'il s'accroupissait à côté de mon lit et, dans le dialecte agréable et pur des provinces baltes allemandes, donnait gratuitement expression de tout ce qui avait suscité son intérêt. J'ai été extrêmement réconforté pendant ces jours par la lecture de l'Odyssée, que je n'avais pas lue depuis si longtemps et qui était tombée entre mes mains par hasard. Le héros endurant d'Homère, toujours nostalgique du pays mais condamné à une errance perpétuelle et surmontant toujours vaillamment toutes les difficultés, me témoignait une étrange sympathie. Soudain, l'état de paix dans lequel j'étais à peine entré fut troublé par une lettre que Karl reçut de Mme. Laussot. Il ne savait pas s'il devait me le montrer, car il pensait que Jessie était devenue folle. Je l'ai arraché des mains et j'ai découvert qu'elle avait écrit pour me dire qu'elle se sentait obligée de faire savoir à mon amie qu'elle avait été suffisamment éclairée sur moi pour lui faire abandonner complètement ma connaissance. J'ai découvert ensuite, principalement grâce à l'aide de Frau Ritter, qu'à la suite de ma lettre et de mon arrivée à Bordeaux, M. Laussot et Mme Taylor avaient immédiatement emmené Jessie à la campagne, avec l'intention d'y rester jusqu'à ce que la nouvelle soit connue. reçu de mon départ, pour accélérer lequel il avait demandé aux autorités policières. Pendant leur absence, et sans lui parler de ma lettre et de mon voyage, ils avaient obtenu de la jeune femme la promesse de se taire pendant un an, de renoncer à sa visite à Dresde et surtout de cesser toute correspondance avec moi. ; puisque, dans ces conditions, on lui promettait sa liberté entière au terme de ce temps, elle avait jugé préférable de donner sa parole. Non contents de cela, les deux conspirateurs s'étaient aussitôt mis à me calomnier de toutes parts, et enfin à Mme. Laussot elle-même, disant que j'étais l'initiateur de ce projet de fugue. Mme Taylor avait écrit à ma femme pour se plaindre de mon intention de commettre l'adultère, tout en exprimant sa pitié pour elle et en lui offrant son soutien ; la malheureuse Minna, qui pensait maintenant avoir trouvé une raison jusqu'alors insoupçonnée pour ma résolution de rester séparé d'elle, a répondu en se plaignant de moi à Mme Taylor. Le sens d'une remarque innocente que j'avais faite autrefois avait été étrangement mal interprété, et les choses s'aggravaient maintenant en donnant l'impression que j'avais intentionnellement menti. Au cours d'une conversation ludique, Jessie m'avait dit un jour qu'elle n'appartenait à aucune forme de religion reconnue, son père ayant été membre d'une certaine secte qui ne baptisait ni selon le rituel protestant ni selon le rituel catholique romain ; sur quoi je l'avais réconfortée en lui assurant que j'avais été en contact avec des sectes bien plus douteuses, car peu après mon mariage à Königsberg j'avais appris qu'il avait été célébré par un hypocrite. Dieu seul sait sous quelle forme cela avait été répété à la digne matrone britannique, mais, en tout cas, elle a dit à ma femme que j'avais dit que je n'étais « pas légalement marié avec elle ». Quoi qu'il en soit, la réponse de ma femme à cette question avait sans aucun doute fourni un matériau supplémentaire pour empoisonner l'esprit de Jessie contre moi, et cette lettre à mon jeune ami en fut le résultat. Je dois admettre que, vu sous cet angle, la circonstance qui m'a le plus indigné était la façon dont ma femme avait été traitée, et bien que j'étais parfaitement indifférent quant à ce que le reste de la fête pensait de moi, j'ai immédiatement accepté l'offre de Karl. aller à Zürich la voir, afin de lui donner les explications nécessaires à sa tranquillité d'esprit. En attendant son retour, je reçus une lettre de Liszt, me faisant part de la profonde impression que lui avait faite ma partition de Lohengrin, qui l'avait amené à se prononcer sur l'avenir qui me réservait. Il m'annonça en même temps que, comme je lui en avais donné l'autorisation, il entendait faire tout ce qui était en son pouvoir pour réaliser la production de mon opéra au prochain festival Herder à Weimar. Vers cette époque, j'eus aussi des nouvelles de Mme Ritter, qui, à la suite d'événements dont elle était bien au courant, se crut obligée de me prier de ne pas prendre cette affaire trop à cœur. À ce moment-là, Karl revenait également de Zurich et parlait avec beaucoup de chaleur de l'attitude de ma femme. Ne m'ayant pas trouvé à Paris, elle s'était ressaisie avec une énergie remarquable et, conformément à un de mes vœux antérieurs, avait loué une maison au bord du lac de Zürich, s'était installée confortablement et y restait dans l'espoir d'entendre enfin de moi encore. En outre, il avait beaucoup à me dire sur le bon sens et la gentillesse de Sulzer, celui-ci s'étant tenu à mes côtés, ainsi que ma femme, et lui ayant témoigné une grande sympathie. Au milieu de son récit, Karl s'écria soudain : « Ah ! on pourrait les appeler des gens sensés ; mais avec une Anglaise aussi folle, rien ne pouvait être fait. À tout cela, je n'ai pas dit un mot, mais finalement, avec un sourire, je lui ai demandé s'il voulait aller à Zürich ? Il s'est levé en s'exclamant : « Oui, et le plus tôt possible. «Vous aurez ce que vous voulez», dis-je; « Faisons nos valises. Je ne vois aucun sens à quoi que ce soit ici ou là. Sans souffler une autre syllabe sur tout ce qui s'était passé, nous partîmes le lendemain pour Zürich.